Kierkegaard Studies
Monograph Series
6

Kierkegaard Studies

Edited on behalf of the
Søren Kierkegaard Research Centre
by Niels Jørgen Cappelørn and Hermann Deuser

Monograph Series
6

Edited by
Hermann Deuser

Walter de Gruyter · Berlin · New York
2001

Tilman Beyrich

Ist Glauben wiederholbar?
Derrida liest Kierkegaard

Walter de Gruyter · Berlin · New York
2001

Gedruckt mit Unterstützung der Deutschen Forschungsgemeinschaft.
D9

Kierkegaard Studies
Edited on behalf of the Søren Kierkegaard Research Centre
by Niels Jørgen Cappelørn and Hermann Deuser

Monograph Series
Volume 6

Edited by Hermann Deuser

The Foundation for the Søren Kierkegaard Research Centre
at Copenhagen University
is funded by The Danish National Research Foundation.

♾ Printed on acid-free paper which falls within the guidelines of the ANSI
to ensure permanence and durability.

Die Deutsche Bibliothek – CIP-Einheitsaufnahme

> Beyrich, Tilman:
> Ist Glauben wiederholbar? : Derrida liest Kierkegard / Tilman Beyrich. – Berlin ; New York : de Gruyter, 2001
> (Kierkegaard studies : Monograph series ; Vol. 6)
> Zugl.: Greifswald, Univ., Diss., 2000
> ISBN 3-11-017128-7

ISSN 1434-2952

© Copyright 2001 by Walter de Gruyter GmbH & Co. KG, D-10785 Berlin
All rights reserved, including those of translation into foreign languages. No part of this book may be reproduced or transmitted in any form or by any means, electronic or mechanical, including photocopy, recording or any information storage and retrieval system, without permission in writing from the publisher.
Printed in Germany
Disk conversion: OLD-Satz digital, Neckarsteinach
Printing: Werner Hildebrand, Berlin
Binding: Lüderitz & Bauer-GmbH, Berlin

Inhalt

Danksagung... VII

Einleitung: Kierkegaard und die Postmoderne –
        Wiederholungen 1

Teil I: Was heißt (religiöse) Schriftstellerei?

1.	Der Extraschreiber: Kierkegaards Stil	21
1.1.	Warum ‚Vorworte'?	21
1.2.	Unter Falschmünzern. Kierkegaards Absicht	41
2.	Der Schriftgelehrte: Schreiben nach Derrida..........	61
2.1.	„Dies hier wird kein Buch gewesen sein."	64
2.2.	Schreiben als Gabe	87
2.3.	Dekonstruktion und Theologie?	112

Teil II: Eine Lektüre von *Donner la mort*

3.	Kontexte	129
3.1.	*Donner la mort* als Textur.........................	129
3.2.	In Furcht und Zittern	144
4.	Das ‚Ethische': Zwischen Mensch und Mensch.........	163
4.1.	Das ‚Opfer Isaaks' als die alltägliche Situation der Verantwortung...................................	163
4.2.	Kierkegaards Ethik als Ethik der Dekonstruktion	184
4.3.	Der/die Andere im Denken Kierkegaards	221
5.	Das ‚Religiöse': Zwischen Mensch und Gott	229
5.1.	Gott und die Möglichkeit, ein Geheimnis zu wahren ...	230
5.2.	Der ‚christliche Denker'	247
5.3.	Kierkegaard und das Judentum	271
5.4.	Kierkegaard an den Grenzen der Wahrheit...........	308

Teil III: Derridas Wiederholung

6.	,Religion ohne Religion'	321
6.1.	Die Religion jenseits der Grenzen der bloßen Vernunft..	321
6.2.	,Meine Religion'	334
6.3.	Chancen – Derridas Herausforderung der Theologie ...	347

Nachschrift: Vom Drang weiterzugehen 367

Literaturverzeichnis.. 371
Personenregister 395

Danksagung

Die vorliegende Arbeit wurde im WS 1999/2000 von der Theologischen Fakultät der Ernst-Moritz-Arndt-Universität Greifswald als Dissertation angenommen und für den Druck geringfügig überarbeitet. Mein Dank für all das, was ich auf dem Weg dorthin an Unterstützung erfahren habe, gilt vor allem meinen Lehrern Prof. Dr. Bernd Hildebrandt, Prof. Dr. Eberhard Jüngel D.D. und Prof. Dr. Werner Stegmaier.

Desweiteren danke ich Prof. Dr. Hermann Deuser und Direktor Dr. h.c. Niels Jørgen Cappelørn für die Aufnahme dieser Arbeit in die Reihe *Kierkegaard Studies. Monograph Series* sowie der Deutschen Forschungsgemeinschaft für die Übernahme der Druckkostenzuschüsse. Mein besonderer Dank gilt stud. theol. Angela Scharf, die mich bei den Korrekturarbeiten unterstützte.

Gewidmet ist dieses Buch meiner Frau Beate Kempf-Beyrich.

Greifswald, im Januar 2001

Einleitung:
Kierkegaard und die Postmoderne –
Wiederholungen

„Jedenfalls, was mich angeht, so erkläre ich unerschrocken und allen Ernstes: wenn ich etwas auf höchste Gültigkeit Berechnetes zu schreiben hätte, so wollte ich schon lieber so schreiben, daß aus meinen Worten das Echo aller eine Wahrheit treffenden Gedanken, die irgendwer über diesen Gegenstand sich machen kann, herauszuhören wäre, als in der andern Weise, daß ich einen einzigen wahren Sinn so überscharf ins Licht setze, daß ich alle anderen Deutungen ausschlösse, auch wenn mir nichts Falsches daran zum Anstoß wäre." (Augustinus)[1]

„Aber die Hermeneutik des Religiösen – kann sie auf unausgewogene Gedanken verzichten? Und besteht die Philosophie selbst nicht darin, ‚verrückte' Gedanken mit Weisheit zu behandeln oder darin, der Liebe Weisheit beizubringen? Die Erkenntnis, die Antwort, das Ergebnis gehören möglicherweise zu einem seelisch-geistigen Leben, das noch nicht zu Gedanken fähig ist, in denen das Wort *Gott* Sinn gewinnt." (E. Levinas)[2]

‚Sokrates der Postmoderne'

Kierkegaard hat oft damit gespielt, sich als eine Art modernen Sokrates zu empfehlen: als einen Sokrates für *seine Zeit*. Dies wäre das mindeste, was jene nötig hätte – wenn auch das eigentlich ‚Christliche' damit gerade erst in den Blick gebracht wäre. Denn eigentlich wurde mit dem Christentum das Sokratische noch einmal überboten. Aber tatsächlich könne und müsse die gegenwärtige Christenheit noch einiges bei Sokrates lernen, bevor es darum gehen könne ‚weiterzugehen'.

In diesem Sinne ist nun vorgeschlagen worden, auch die Bedeutung Kierkegaards für *unsere Zeit* in dieser Sokrates-Typologie einzufangen: „Sokrates der Postmoderne"[3] – so überschreibt Henning Schröer

---

[1] Augustinus: *Bekenntnisse*, XII, xxxi, 42.
[2] E. Levinas: *Wenn Gott ins Denken einfällt*, 149.
[3] Vgl. H. Schröer: *Sokrates der Postmoderne*, 23.

einen Artikel, der Kierkegaards Aktualität für die gegenwärtige Gesellschaft umreißt. Das ‚Postmoderne' an Kierkegaards Sokratik bestünde demnach darin, daß er im Gegensatz zu den modernen Fortschrittsprojekten und großen Systementwürfen keinen Gegenentwurf anzubieten hatte. Wenn es eine Aufgabe für alle Menschen gäbe, dann bestünde sie darin, sich selbst zu wählen, als diese Einzelne oder jener Einzelne. „Die Wahrheit der Wirklichkeit kann nicht objektiv ergriffen werden. Die Wahrheit ist nur in der Lebenskunst der persönlichen Aneignung ergreifbar."[4] Und zwar im Sinne einer Lebenskunst, die es gerade heute erst noch zu lernen gelte – gegen die gleichzeitigen massiven Nivellierungstendenzen der modernen Mediengesellschaft. Insofern scheint sich Kierkegaard als ‚postmoderner' Denker par excellence zu empfehlen.

Es bleibt allerdings zu fragen, ob man Kierkegaard mit einer solchen Titulatur – als „Sokrates der Postmoderne" – einen guten Dienst erweist. Denn das Wort ‚Postmoderne' hat hierzulande einen schlechten Klang. Zumal bei Theologen.[5] Kierkegaard in diesen Kontext zu stellen, setzt sich eventuell von vornherein dem Verdacht der Verspieltheit und des nicht ganz ernst Gemeinten aus. Und dies um so mehr, wenn ihm im folgenden Jacques Derrida an die Seite gestellt werden soll. Denn Derrida hat, auch wenn er selber sich nur mit großem Vorbehalt des Wortes ‚postmodern' bedient, hierzulande den Ruf, ein besonders suspekter ‚Wortführer der Postmoderne'[6] zu sein. Aber wenn man sich vor Augen führt, mit welchem Recht gerade auch Derrida als ‚Sokrates der Postmoderne' tituliert werden könnte, bekommt jene Nebeneinanderstellung von Kierkegaard und Derrida einige Plausibilität. Und sie verhilft dazu, Kierkegaard aus einer interessanten Perspektive neu wahrzunehmen – wie umgekehrt auch Derrida. Beide stehen für eine Relektüre des abendländischen Denkens,

---

[4] H. Schröer: a.a.O., 23.
[5] Ich verweise hier nur auf die sehr polemischen Darstellungen der Postmoderne bei H.J. Türk: *Postmoderne* oder H.M. Barth: *Der Protestantismus und die Pluralitätskonzepte der Moderne.* Vor allem die französischen, sogenannten ‚Theoretiker der Postmoderne' haben lange so gut wie keine ernstzunehmende theologische Rezeption erfahren. Erst in den letzten Jahren kann man hier eine veränderte Diskussionslage verzeichnen. Zur Rezeption der Postmoderne in der Theologie vgl. die ausführliche Studie von M. Schnell: *Die Herausforderung der Postmoderne-Diskussion für die Theologie der Gegenwart* und D. Brown: *Art. Postmoderne II*, 87ff. Weiter sind hier vor allem die Sammelbände von W. Lesch / G. Schwind (Hrsg.): *Das Ende der alten Gewißheiten* und H.J. Luibl (Hrsg.): *Spurensuche im Grenzland* zu nennen.
[6] Vgl. z.B. D. Brown: *Art. Postmoderne II*, 88: „Die profilierteste Form von Postmoderne ist jedoch die von J. Derrida."

die durch den Rückbezug auf Sokrates an etwas durch Platon und seine Leser – d.h. die ganze ‚Philosophie' – systematisch Ausgeschlossenes zu erinnern versucht. Sie spielen noch einmal die Rolle des Sokrates angesichts einer späten Moderne – aber eben mit anderen Pointen als sie ihm gemäß einer langen Tradition zugestanden wurden, einer Tradition, die auf der Überzeugung beruht, daß man bei Sokrates nicht stehen bleiben könne noch dürfe. Und wie Kierkegaard so geht es dabei auch Derrida darum, neu zu verstehen, was *glauben* heißt, von dem bekanntlich ebenso gilt, daß es nicht darauf ankommt, ‚weiterzugehen', sondern erst einmal zu ihm zu gelangen.

Vielleicht ist es am ehesten Klaus-M. Kodalle, der Kierkegaard mit Nachdruck in den Zusammenhang derartiger zeitgenössischer „‚Abenteuer' des Geistes" zu stellen versucht hat.[7] Seine Kierkegaardinterpretation hebt ganz darauf ab, „einen Typ der Reflexion auf die ‚Gegenwart des Absoluten' zu umreißen, der auf die neuzeitliche Religionskritik und die moderne Entwicklung des Rationalitätsverständnisses"[8] antwortet. Denn deren Pointe sieht er vor allem in der Überwindung *teleologischer* Denkstrukturen bzw. der Kritik der *Zweckrationalität* des klassischen Vernunftgebrauchs. Die verschiedenen Tendenzen gegenwärtigen Philosophierens machten darauf aufmerksam, daß eine auf ‚Begründungen' setzende Vernunft zuallererst einer sublimen „Wunschökonomie" diene.[9] Deren Destruktion mache aber erst den Blick frei für ein angemessenes Verständnis des ‚Absoluten' bzw. für den essentiell „gegenutilitaristischen"[10] Charakter *religiöser* Existenz. Zwar gäbe es derzeitig die Versuchung, auf diese „Schwebelage", in die die neuzeitliche Vernunft geraten sei, durch Rückgriff auf Stabilisierung *durch Religion* zu reagieren. Aber Theologie bzw. Religion dürfen, so Kodalle, gerade nicht das Verlangen des frommen Selbstbewußtseins nach Sicherheit unterstützen. Eine solche „*religiöse Existenz, die sich zentral als Kritik zweckrationaler Sinnkonstrukte auslegt*"[11], findet Kodalle exemplarisch bei Kierkegaard vorgebildet. Auch wenn es die Chronologie sprengt: Kierkegaards Denken sei in besonderer Weise geeignet, Antworten zu geben auf die Frage nach dem Wesen des ‚Religiösen' angesichts ‚spätmoderner' Vernunftkritik.

---

[7] Vgl. K.-M. Kodalle: *Die Eroberung des Nutzlosen*, 27-86.
[8] A.a.O., 23.
[9] Vgl. a.a.O., 14.
[10] A.a.O., 18.
[11] A.a.O., 16.

Allerdings möchte sich auch Kodalle hierbei gerade nicht positiv auf das Stichwort der ‚Postmoderne' beziehen. Der „zeitgenössische französische Diskurs" wird von ihm vielmehr unter der Überschrift „ästhetisch verspielt" einer scharfen Kritik unterzogen: „Gewiß erinnert der von Kierkegaard inspirierte Versuch, oberflächlich gesehen, an Motive jenes Denkens, welches man das *postmoderne* zu nennen sich inzwischen angewöhnt hat: Die Offenheit für Vieldeutigkeit und Pluralismus der Äußerungen eines souveränen, in seinen Freiheitsmöglichkeiten auch nicht durch Vernunftkonzepte *vorweg* regulierten Daseins springt als Gemeinsamkeit vor allem ins Auge. Und eine deutliche Distanz zu den leben*spraktischen* Umsetzungen systemlogischer Rationalität wird auch in beiden Bewegungen signalisiert. Doch die ‚unheimliche' *ethische* und *religiöse* Radikalität der *religions*philosophischen Erschließung absoluter Geistesgegenwart setzt sich von der indifferenten, nicht selten spielerischen Permissivität dieser neuesten Mode doch entschieden ab."[12] Für Kodalle steht der ‚französische Diskurs' unter dem grundsätzlichen Verdacht, die extremen Zumutungen, die aus der Aufkündigung ‚metaphysischer' Denkrahmen für die ungesicherte und ‚unheimliche' Existenz erwachsen, auf ein Niveau zu verlagern, „das strukturell einer existentiellen Verbindlichkeit ermangelt"[13].

In diesem Sinne bezieht sich Kodalle nun auch ausdrücklich auf Derrida. Zwar käme durchaus eine Reihe von Themen Derridas als „Kierkegaardianisch" in Betracht. Von Kierkegaard her auf Derrida verweisend könne man in der Absage an den Logozentrismus durchaus einen Versuch sehen, sich in Abenteuer außerhalb der Idealität, der Teleologie, der Wunschökonomie und Kalkulation à la Kierkegaard zu verlieren. „Derrida möchte das Denken auf die Spur einer Realitätserschließung stoßen, die nicht selber *produziert* sein *kann*, eine Spur, an der der Verstand mit seinen zurichtenden Rekonstruktionsbemühungen scheitert."[14] Auch Derrida verweise darauf, daß sich eine solche „rückhaltlose Verausgabung" nur als „Beziehung zum ganz Anderen" ereigne.[15] Allerdings beklagt Kodalle, daß Derrida diese – und andere – „religiösen Anklänge" bestreite und insofern für die theologische Dimension der von ihm aufgezeigten Aporien kein Sensorium besitze. Überdies sei die „expressive *Heiterkeit* dieser Philosophen der Wahrheitsindifferenz [...] nur die Gelassenheit der Re-

---

[12] A.a.O., 70.
[13] Ebd.
[14] A.a.O., 73.
[15] Ebd.

signierten, die auf keine ‚Wirklichkeit' mehr stoßen, welche des *leidenschaftlichen Einsatzes eines Selbst* nach dem Paradigma Kierkegaards lohnen würde; und so kommt ihnen das Selbst abhanden – es geht unter in der Zerstreuung, die sich als verschwenderische Durchbrechung der Ordnung gefällt. Aber diese ‚Durchbrüche' sind in jeder Hinsicht nicht nur folgen-, sondern auch verantwortungslos"[16]. Die ‚Manifestation souveränen Seins', die er den postmodernen Philosophen bescheinigt, sei hier nicht nur „verspielt" in jenem Sinne, dem auch Kierkegaard etwas abgewinnen könnte, sondern sie sei tatsächlich *ver-spielt*: Anstatt die Entbindung von aller teleologischen Rationalität als *ethische* Herausforderung zu begreifen, gäbe sie sich mit einer bloß *ästhetischen* Eroberung des Nutzlosen zufrieden.[17]

Eine solche Interpretation Derridas beruht nun allerdings auf einem offenbar tief sitzenden Vorurteil. Dagegen stehen nicht nur diejenigen Texte Derridas, wo er auf sehr ‚verantwortliche' Weise über den Begriff der ‚Verantwortung' nachdenkt und überdies sehr engagiert politisch Stellung nimmt. Auch die zahlreichen Auseinandersetzungen Derridas mit religionsphilosophischen Fragen einschließlich seines ‚Umkreisens' der ‚eigenen' jüdischen Tradition stehen für alles andere als eine einfache „Bestreitung" der Berührungen von Dekonstruktion und Theologie. Im besonderen aber unterstreichen gerade Derridas Berührungen mit Kierkegaard, wie sie im Mittelpunkt meines Interesses stehen, daß sich das Verhältnis Derridas zu der von Kierkegaard leidenschaftlich ergriffenen ‚Wirklichkeit' weitaus nuancierter gestaltet, als es Kodalle wahrhaben will. Das Denken Derridas erinnert nicht nur „oberflächlich"[18] an Kierkegaard, sondern es gibt durchaus ‚tiefer' liegende Verflechtungen beider Diskurse, die zu einer Lektüre Derridas aus der Sicht Kierkegaards geradezu einladen – ebenso wie umgekehrt zu einer Relektüre Kierkegaards aus der Sicht Derridas. Ich versuche vorläufig, einige Motive einer solchen Verflechtung zusammenzustellen:

1. Will man Kierkegaard mit dem Denken Derridas in Beziehung bringen, so wird man zunächst vor allem auf ihre Provokationen der ‚wissenschaftlichen' Theologie bzw. Philosophie verweisen. In seinem Affront gegen das Allgemeine, seiner ironischen Infragestellung vorgegebener klassischer philosophischer Denkschemata, seinem gewollt unsystematischen, unwissenschaftlichen Denken, seinem Spiel mit

---

[16] A.a.O., 70.
[17] Vgl. A.a.O., 13.
[18] A.a.O., 70.

Pseudonymen und Masken usw. erscheint Kierkegaard mit einem gewissen Recht als ein ‚Vorläufer' Derridas. Kierkegaards Schriften geben sich – wie diejenigen Derridas – als dezidiert ‚unphilosophisch'. Aber natürlich verfahren sie gerade dort, wo sie gegen die ‚Philosophie' opponieren, ihrerseits ‚philosophisch', wenn auch in einem *anderen* Sinn.[19] Einem Sinn, der die Zuordnung von Kierkegaards Texten zu einem bestimmten Genre (Philosophie / Theologie / Literatur) so vage macht[20] – wie es bei Derrida der Fall ist. Denn beiden geht es darum, *im Philosophieren das Andere* der Philosophie kenntlich zu machen, dieses Andere, von ihr systematisch Ausgeschlossene und unsichtbar bzw. undenkbar Gemachte, denkbar und sichtbar werden zu lassen. In Kierkegaards Neuinterpretation zentraler Begriffe der philosophischen Tradition wie ‚Wahrheit', ‚Erinnerung', ‚Entscheidung', ‚Verantwortung', ‚Selbst', ‚Geschichte', ‚Geist' usw. vollzieht sich eine analoge Geste zu der, mit welcher Derrida das Begriffskorpus der sogenannten abendländischen Metaphysik aufzulockern, oder anders gesagt: zu *dekonstruieren* versucht. Beiden, Kierkegaard und Derrida, geht es dabei um eine Art von ‚Entplatonisierung' unseres Denkens: um einen Zugang zu dem, was ein bestimmter ‚Platonismus' uns hindert zu denken. (Darunter fällt natürlich zuerst Kierkegaards Denken der ‚Wiederholung', das auch ein ganz zentrales Motiv Derridas seit seinen ersten Veröffentlichungen bildet.) Bei beiden äußert sich dies auch in einer bestimmten Hegelkritik, die allein ein sehr interessantes Material für eine komparative Lektüre böte. Die mit dieser Dekonstruktion traditioneller Denkschemata einhergehende Vorliebe beider für das Paradox, die Aporie, das Geheimnis, ja den ‚Wahnsinn', dem ein solches Denken an den Grenzen traditioneller Konzepte von Rationalität nahekommt, sind Ausdruck jener von Kierkegaard eingeforderten „Leidenschaft des Denkens", die man ohne Einschränkung auch bei Derrida konstatieren kann. Johannes Climacus' berühmtes Plädoyer für ein seinen „Untergang" suchendes Denken (vgl. PB 204) gilt wohl mit gleichem Recht für die Texte Derridas.

---

[19] Darauf hat z.B. schon Merleau-Ponty 1961 hingewiesen: „Il ne s'agit pas de lutte entre [la] philosophie et ses adversaires, mais d'une philosophie qui veut être philosophie en étant non-philosophie" (M. Merleau-Ponty: *Philosophie et non-philosophie depuis Hegel*, 88.) Vgl. dazu bes. die jüngste umfangreiche Studie von J. Colette: *Kierkegaard et la non-philosophie*, wo dieser Kierkegaards Stellung innerhalb der Selbst-Dekonstruktionsversuche der Philosophie seit Hegel analysiert. Besonders verweise ich hier auf das Kapitel *Antimoderne – postmoderne?*, a.a.O., 75-95.

[20] Vgl. H. Deuser: *Kierkegaard*, 1ff.

2. Kierkegaards bzw. Derridas Versuche, das ausgeschlossene *Andere* der abendländischen Philosophie zu markieren, setzen auf das Ernstnehmen ihres *Stils*. Kierkegaards Insistieren auf die ‚Kunstfertigkeit' seiner Schriften war erklärtermaßen theologisches Programm.[21] Das, was er mitzuteilen hatte, ließ sich nur in der Form einer Irritation des geläufigen Stils ‚wissenschaftlicher' Texte sagen. Seine Theorie indirekter Mitteilung ist kein lediglich didaktischer Beirat, der sich von dem, was er zu sagen hat, trennen ließe.[22] Kierkegaard hat selbst immer wieder betont, daß man seinen Texten nicht ‚gerecht' würde, wenn man das Problem der ‚Darstellung' lediglich in methodischen Vorbemerkungen konstatiert, um dann in alter Manier zur Rekonstruktion seiner ‚Thesen' überzugehen. Seine Texte wollen sich nicht einfügen in das klassische (Platonische) Schema von Inhalt und Form oder These und deren Darbietung usw. Ihren *literarischen* Charakter ernst nehmen bedeutet gerade nicht, ihren Anspruch auf Wahrheit aufzugeben, sondern es fordert dazu auf, das, was *Schreiben* heißt, anders zu denken – und dies zumal in Sachen der *Bezeugung des Glaubens*.

Genau dies aber ist das Thema von fast allen Arbeiten Derridas. Indem er das klassische Vorurteil hinterfragt, gemäß dem die Wahrheit ihrer ‚Darstellung' gegenüber vorgängig und äußerlich sei, wird die Reflexion über die *Schrift* und mithin auf seinen eigenen Stil zur entscheidenden Signatur seines Denkens.[23] In einer faszinierenden Vielfalt von literarischen Experimenten erprobt Derrida seine These, daß es keinen Sinn außerhalb seiner ‚Verschriftlichung' gibt, daß Sinn erzeugt wird im Akt des Schreibens (bzw. des Lesens) und daß er sich aus dieser Textualität nicht übersetzen läßt in ein neutrales Medium der reinen ‚Bedeutungen'. *Schreiben* ist etwas anderes als die Re-präsentation der Meinungen eines ‚Autors'. Wie Kierkegaard hat auch Derrida keine Lehre, sondern ihr Schreiben steht ganz im Interesse des *Vermeidens* jeglicher Lehre. Es gälte daraus zu lernen, was ‚lernen' heißt. Dies macht am deutlichsten die ‚Sokratik' beider

---

[21] Vgl. dazu die Arbeiten von G. Heath King: *Existenz, Denken, Stil*, pass. und E. Strowick: *Passagen der Wiederholung*, pass., wo der theologische und philosophische Anspruch, der in Kierkegaards Stil liegt, ausdrücklich thematisiert und vorbildlich *dargestellt* wird. Ebenso verweise ich auf das kongeniale Eingehen auf Kierkegaards Stil bei S. Agacinsky: *Aparté*, pass. In der älteren deutschsprachigen ‚Kierkegaardforschung' ist dies (leider) viel zu wenig der Fall, vgl. dazu H. Deuser: *Kierkegaard*, 58 ff.
[22] E. Jüngel führt dies überzeugend in seinem Aufsatz „... *Du redest wie ein Buch* ..." anhand der *Philosophischen Brocken* vor.
[23] Vgl. dazu bes. R. Steinmetz: *Les styles de Derrida*, 5 ff.

aus.[24] Die eigentliche Herausforderung besteht folglich darin, was es in *ihrem* Sinne heißt, ein ‚guter Leser' zu sein.

3. Kierkegaards Versuch der Auflockerung überlieferter Denkgewohnheiten versteht sich dabei dezidiert als ein Akt der ‚Aneignung' und der ‚Wiederholung' des eigentlichen *Christentums*. Dies wird von ihm geradezu als das Andere der ‚Philosophie' Platonischen Typs vorgestellt. Je mehr sich das Denken der ‚spekulativen', auf ‚Überschau' und Begründungen setzenden Ambitionen entschlagen könne, um so freier werde der Horizont dafür, dem *christlichen Glauben* entsprechend zu denken. Die philosophischen Texte Kierkegaards sind immer auch *religiöse* Schriftstellerei. Und zwar nicht nur im Sinne einer taktisch ‚doppelt reflektierten' Unterweisung und Einübung der Leser im Christentum, sondern auch (oder vor allem) der eigenen, ganz individuellen, unverwechselbaren ‚Aneignung' und Neuinterpretation ‚seines Glaubens'. Kierkegaards Schriften sind Versuche in Autonomie[25], so sehr sie sich auch der Heteronomie der Glaubensüberlieferung zu unterwerfen vorgeben.

Etwas Ähnliches läßt sich auch in den späteren Arbeiten Derridas beobachten. Seine Dekonstruktion bzw. seine *relecture* der philosophischen Tradition unterhält auch so etwas wie eine geheime Beziehung zur ‚Religion', zu ‚Derridas Religion' – allerdings in einem anderen Sinne als bei Kierkegaard. Während es diesem um ‚Wiederholung' der *christlichen* Überlieferung geht, handelt es sich bei Derrida um eine bewußt *unbestimmt* gehaltene Öffnung des Denkens auf ‚Andersheit' schlechthin. Zwar ist es bis zu einem gewissen Punkt möglich, in Derridas Philosophieren einen bestimmten *jüdischen* Einfluß oder eine besondere Orientierung zum ‚jüdischen Denken' aufzuweisen. Aber letztlich drängt sich dem Denken Derridas das ‚Andere' auf, ohne *jeden* Erwartungshorizont. Auch er spricht zwar in diesem Zusammenhang immer wieder von einem bestimmten ‚Glauben', dem sich das Denken zu öffnen habe. Aber dieser Glaube äußert sich eher als eine ‚Religion ohne Religion'. Diese schwierige Beziehung Derridas auf ‚seine Religion', ohne sein Denken einer bestimmten Glaubenstradition zuordnen zu wollen, wird eine der Fragen sein, die mich bei meiner Derridalektüre vor allem beschäftigen.

---

[24] Vgl. W. Stegmaier: *Philosophieren als Vermeiden einer Lehre*, 233ff, wo diese besondere „Sokratik" Derridas analysiert wird.

[25] Ich beziehe mich hierbei auf Rortys Interpretation der sogenannten „Ironikerinnen", zu denen er Kierkegaard und Derrida zählt. Vgl. R. Rorty: *Kontingenz, Ironie und Solidarität*, 127-228.

Nun wird man allerdings kaum sagen können, daß Kierkegaards Werk zu den entscheidenden philosophischen Einflüssen Derridas gehörte.[26] Bennington notiert zwar in seinem *Curriculum vitae* Derridas für die Jahre 1948/49 eine „,begeisterte' Lektüre Kierkegaards"[27]. Aber eine ausdrückliche Auseinandersetzung mit Kierkegaard sucht man in den frühen Arbeiten Derridas vergebens. Zwar finden sich immer wieder wichtige Hinweise auf Kierkegaard, aber erst der 1992 erschienene Text *Donner la mort / Den Tod geben*[28] geht ausführlich auf einen Text Kierkegaards ein. Es handelt sich dabei u.a. um eine Lektüre von Kierkegaards Schrift *Furcht und Zittern*, die nun allerdings außerordentlich aufschlußreich für Derridas Verhältnis zu den zentralen Themen des Kierkegaardschen Denkens ist. *Donner la mort* soll von daher im Mittelpunkt der vorliegenden Untersuchung stehen. Die Arbeit versteht sich vor allem als ein in verschiedene Richtungen ausschweifender ‚Kommentar' dieser Schrift. Zumindest wird der Teil II dieser Arbeit (Kap. 3-5) ganz der Lektüre von *Donner la mort* gewidmet sein. Dem sind jedoch im Teil I zwei ausführliche Hinführungen vorangestellt: einmal über den *Stil* Kierkegaards als Zugang zu dessen Theologie (Kap. 1) und zum anderen über Derridas Umgang mit *Schrift* und sein sich darauf beziehendes Verhältnis zur theologischen Tradition (Kap. 2). (Beide Einleitungen kreisen also ‚lediglich' um die Frage *Was heißt Schreiben?* bei Kierkegaard bzw. bei Derrida. Daß man mit dieser Frage ins Zentrum des Derridaschen Denkens gerät, steht außer Frage. Daß Entsprechendes für Kierkegaard gilt, ist zwar alles andere als abwegig, aber vielleicht nicht so selbstverständlich. In der Tat behaupte ich nicht nur, daß die Frage nach dem Stil bei Kierkegaard eine wichtige Rolle spielt, daß sie seiner theologischen

---

[26] An Einführungen und Gesamtdarstellungen zu Derrida ist zu verweisen auf U. Dreisholtkamp: *Jacques Derrida*; H. Kimmerle: *Derrida*; G. Bennington: *Derridabase*; R. Gasché: *The tain of the mirror*; P. v. Zima: *Die Dekonstruktion* und D. Thiel: *Über die Genese philosophischer Texte*. Bei Thiel findet sich auch ein kurzer Überblick über die deutschsprachige Derrida-Rezeption bis 1990 (32-38); eine sehr informative Besprechung der wichtigsten englischsprachigen Monographien bietet H.-D. Gondek: *Jacques Derridas Recht auf (Zugehörigkeit zur) Philosophie*.

[27] G. Bennington: *Derridabase*, 302.

[28] Dieser Text war Derridas Beitrag zu einem von J.-M. Rabaté und M. Wetzel organisierten Kolloquium im Dezember 1990, das unter dem Thema stand: „L' éthique du don". Jacques Derrida et la pensée du don". Derrida hat 1999 den Text zusammen mit dem Aufsatz *La littérature au secret. Une filiation impossible* als Buch unter dem Titel *Donner la mort* neu veröffentlicht. Meine Seitenangaben im folgenden beziehen sich auf die deutsche Übersetzung bzw. auf die französische Erstveröffentlichung.

Absicht und seiner Dichterbegabung *angepaßt* ist[29], sondern daß sie wesentliche Entscheidungen in seiner Theologie *generiert*. Dies ist zumindest meine Hypothese, mit der ich Kierkegaards Theologie im ganzen in den Derridaschen Horizont einer *Problematik der Schrift* zu stellen versuche.) Am Ende (Teil III) gebe ich unter Bezugnahme auf andere Texte Derridas eine Charakterisierung seiner ‚Religion ohne Religion' und deren Herausforderungen für die christliche Theologie (Kap. 6).

Freilich bleibt ein solches Unternehmen eines ‚Kommentars' mit allen Vorbehalten belastet, die von Derrida aus gegenüber dieser Gattung vorgebracht wurden.[30] Aber vielleicht werden das weite Ausholen und die Abschweifungen und Exkurse, die ich mir erlaube, in meine Lektüre von Derridas Text einzuschalten, ein wenig dem gerecht, was es für Derrida heißt, ein ‚guter Leser' / eine ‚gute Leserin' zu sein. Denn natürlich lädt Derridas Text nachdrücklich dazu ein, die Illusion der ‚Kommentatoren' aufzugeben, d.h. in bezug auf die verschiedenen ‚Fäden', die die Textur bilden, „Herr des Spiels [werden zu wollen], alle Fäden davon zugleich zu überwachen, sich so dem Trug hingebend, den Text[31] erblicken zu wollen, ohne daran zu rühren, ohne an den ‚Gegenstand' Hand anzulegen, ohne Gefahr zu laufen, dem irgendeinen neuen Faden hinzuzufügen – einzige Chance, ins Spiel einzutreten, indem man die Finger zur Hilfe nimmt. Hinzufügen heißt hier nichts anderes als zu lesen geben." (D 71f.)

Was also möchte ich in diesem Sinne zu lesen *geben*?

---

[29] Vgl. K. Schäfer: *Hermeneutische Ontologie*, 226.
[30] Mit einer solchen Gegenüberstellung von ‚Lektüre' und ‚Kommentar' hat bekanntlich Derridas Provokation der hermeneutisch orierentierten Literaturwissenschaften ihren Anfang genommen. Vgl. GR 273ff. und SPO pass. und dazu v.a. B. Menke: *Dekonstruktion – Lektüre: Derrida literaturtheoretisch*, 235ff.; A. Köpper: *Dekonstruktive Textbewegungen*, pass.; J. Culler: *Dekonstruktion*, 200ff., 257ff.; M. Frank: *Was ist Neostrukturalismus?*, 497ff.; J. Greisch: *Herméneutique et grammatologie*, pass. bzw. H.G. Gadamer: *Dekonstruktion und Hermeneutik*, 138ff.
[31] Derrida *spielt* hier natürlich mit der Ethymologie von *textum* (lat. Gewebe, Geflecht, vgl. Textilien). Übrigens „spielen" auch bei Kierkegaard die Bilder vom *Flechten, Spinnen und Weben* eine entscheidende Rolle (und das des „Spiels" natürlich auch): vgl. G.H. King: *Existenz, Denken, Stil*, 32ff.

Derridas Herausforderung der Theologie

Einerseits soll dadurch ein schwieriger und für die Beurteilung von Derridas Denken gewichtiger Text erschlossen[32] und dem theologischen Publikum näher gebracht werden. Denn mir geht es besonders um einen ‚theologischen' Blick auf Derridas Denken, und der Text *Donner la mort* eignet sich wie wenige andere zu einem solchen. Welche Aufschlüsse lassen sich aus Derridas Umgang mit Kierkegaard über sein Verhältnis zur ‚Religion' ziehen? Auf welche systematisch-theologischen Problemstellungen läßt sich Derridas Denken beziehen? Welche ‚Chancen' könnte ein Gespräch mit Derrida für die Theologie bieten?

Denn ein solches Gespräch hat in der deutschsprachigen Theologie gerade erst begonnen.[33] Lediglich zwei größere Arbeiten sind in dieser Hinsicht zu nennen: nämlich die Dissertationen von Joachim Valentin *Atheismus in der Spur Gottes. Theologie nach Jacques Derrida* (1997) bzw. von Johannes Hoff *Spiritualität und Sprachverlust. Theologie nach Foucault und Derrida* (1999).[34] Valentin bietet vor allem eine sehr gute Einführung in Derridas Denken und fragt anhand einiger Themenfelder nach der Relevanz, die die Dekonstruktion für die Zukunft einer Theologie beanspruchen kann, welche „sich ihrer Verantwortung in den Theoriedebatten der späten Moderne bewußt ist"[35]. Dabei konzentriert sich Valentin einerseits auf Derridas Ver-

---

[32] Eine ausführliche Interpretation von *Donner la mort* hat m.W. bisher nur J.D. Caputo gegeben: Ders.: *Prayers,* 188-222. (Eine leicht davon abweichende Fassung dieses Textes bietet der Aufsatz *Instants, Secret, and Singularities: Dealing Death in Kierkegaard and Derrida.*) Einzelne Aspekte des Textes werden diskutiert bei J. Hoff: *Spiritualität und Sprachverlust,* 136ff. und 179ff. bzw. bei E. Strowick: *Passagen der Wiederholung,* 195ff. Zu erwähnen ist außerdem eine Akademietagung der Evangelischen Akademie Tutzing vom 20.-22.3.1998 unter dem Titel ‚Auf Leben und Tod. Philosophische Passagen um Jacques Derrida'.

[33] Vgl. dazu die instruktive Annäherung von Derrida und Theologie bei dem katholischen Theologen W. Lesch: *Wer hat Angst vor Dekonstruktion?,* der den festgefahrenen „Weltanschauungskrieg", der sich um die Rezeption Derridas entspannt, aufzulockern versucht.

[34] Neben diesen beiden Dissertationen gibt es noch einige wenige Aufsätze bzw. Arbeiten, die sich mit Derridas auseinandersetzen. Ich verweise hierbei auf J. Bauke-Ruegg: *„Nur ein paar Deut"* bzw. Ders.: *Gott und Kontingenz bei Jacques Derrida*; K. Huizing: *Homo legens. Vom Ursprung der Theologie im Lesen*; U.H.J. Körtner: *Weltangst und Weltende,* 237-239; H.J. Luible: *Europa verstehen* und J. Valentin: *Deconstruktion. Theologie. Eine Anstiftung.*

[35] A.a.O., 244.

hältnis zum Judentum. Andererseits analysiert er Texte, die sich auf das Thema ‚Negative Theologie als Dekonstruktion' beziehen. In einer Gegenüberstellung von biblischem Bilderverbot und Derridas „Ikonoklasmus des eigenen Verstehens"[36] interpretiert er die Derridasche Metaphysikkritik als einen „adäquaten Zugang zur Gottesfrage"[37]. Derridas Texte könnten als wertvolle Anstöße für eine „Theologie der späten Moderne" gelten.[38]

Noch etwas ambitionierter versucht Johannes Hoff „im Anschluß an Derrida und Foucault in philosophische Grundfragen katholischer Theologie einzuführen"[39]. Unter Anknüpfung[40] an Derridas semiotische Analysen von ‚Gedächtnistechnologien' und seinen (bzw. Foucaults) machtkritischen Diskursanalysen erarbeitet Hoff eine Propädeutik zur Fundamentaltheologie, die sich an den Traktaten der *demonstratio religiosa – demonstratio christiana – demonstratio catholica* orientiert. Bemerkenswert ist tatsächlich das „unverwechselbar katholische Profil"[41], das Hoff seiner Arbeit gibt. Insofern sich meine Derridalektüre eher in einem – über Kierkegaard vermittelten – protestantischen Kontext bewegt, ergibt sich hier vielleicht auch eine interessante *ökumenische* Diskussion über die Chancen einer theologischen Derridarezeption.

In der englischsprachigen Theologie hat es dagegen schon seit längerem – vor allem unter dem Einfluß des literaturwissenschaftlich orientierten *Deconstructionism*[42] – eine breit gefächerte theologische

---

[36] *Atheismus*, 246.
[37] A.a.O., 252.
[38] In einem ähnlichen Sinne, wenn auch etwas stärker in Hinblick auf eine politische Theologie, hat auch W. Lesch im Dialog mit Derrida „eine selbstkritische und befreiende Dekonstruktion einer steril gewordenen Theologie" gesehen: „Ob derartige Anstrengungen luxuriös sind oder nicht steht auf einem anderen Blatt. Ehrlicherweise sollten wir uns dann aber auch fragen, ob wir uns unsere latenten theologischen und ethischen Fundamentalismen leisten können oder wollen oder nicht. Wenn wir als TheologInnen die Chance intellektueller Zeitgenossenschaft nutzen wollen, dann wäre die kritische Begegnung mit der Dekonstruktion *eines* von vielen aussichtsreichen Projekten kontextueller Theologie." *Wer hat Angst vor Dekonstruktion?*, 47.
[39] J. Hoff: *Spiritualität und Sprachverlust*, 18.
[40] Eine wesentliche Rolle bei dieser theologischen Anknüpfung an Derrida spielen für Hoff die Arbeiten von Michel de Certeau SJ. Auf diese aufmerksam zu machen, ist schon für sich genommen ein großes Verdienst von Hoffs Buch.
[41] J. Hoff: *Spiritualität und Sprachverlust*, 24.
[42] Zu diesen besonderen Rezeptionskontexten Derridas in Amerika vgl. U. Horstmann: *Parakritik und Dekonstruktion. Eine Einführung in den amerikanischen Poststrukturalismus*, pass. und R. Tonn: *Zwischen Rezeption und Revision*, pass.

bzw. religionsphilosophische Derridarezeption gegeben.⁴³ Hier sind vor allem Mark C. Taylor⁴⁴, David Tracy⁴⁵, Kevin Hart⁴⁶, Graham Ward⁴⁷ und John D. Caputo zu nennen.⁴⁸ Dabei ist es vor allem der zuletzt genannte John D. Caputo, der mich in meinem Zusammenhang beschäftigen wird. Und zwar deswegen, weil auch bei Caputo Derrida und Kierkegaard sehr stark einander angenähert werden.

John D. Caputos Buch *The Prayers and Tears of Jacques Derrida. Religion without Religion* ist der Versuch, das Gesamtwerk von Derrida unter der Fragestellung neu zu lesen, inwiefern sich in den einzelnen Texten Derridas so etwas wie ein Bekenntnis zu ‚seiner Religion' herauskristallisiere. Caputo nimmt dabei seinen Ausgang in Derridas später autobiographischer Schrift *Circonfession*, wo Derrida ausdrücklich von „meiner Religion, von der niemand das Geringste begreift" (CIR 167) spricht. Von da aus interpretiert Caputo Derridas Texte als getragen von einem ‚messianischen', ‚apokalyptischen' oder ‚prophetischen' Ton, der sich bis in die frühen Werke Derridas zurückverfolgen läßt. Trotz oder gerade im Bruch mit seiner jüdischen Herkunft bezeugen die Texte das, was Derrida in *Circonfession* schreibt: „daß die beständige Anwesenheit Gottes in meinem Leben andere Namen trägt, weshalb ich denn nicht zu Unrecht als Atheist gelte, daß die Allgegenwärtigkeit dessen, was ich in meiner absolvier-

---

⁴³ Vgl. z.B. die Arbeiten in den Sammelbänden H. Coward / T. Foshay (Hrsg.): *Derrida and Negative Theology*; R.P. Scharlemann (Hrsg.): *Negation and Theology*, bzw. Ders. (Hrsg.): *Theology at the End of the Century*. Dazu: J.B. Cobb Jr.: *Theologie in den Vereinigten Staaten: Woher und Wohin?*, 200ff.

⁴⁴ M.C. Taylor: *Erring. A Postmoderne A/theology*; Ders.: *Deconstructing Theology*. Zur kritischen Auseinandersetzung mit Taylor vgl. D.R. Griffin: *Postmodern Theology and A/theology. A Reponse to Marc C. Taylor* und J. Valentin: *Atheismus*, 220ff.

⁴⁵ D. Tracy: *The Analogical Imagination*, bzw. Ders.: *Theologie als Gespräch*, bes. 84ff.

⁴⁶ K. Hart: *The Trespass of the Sign*.

⁴⁷ Der Birminghamer Theologe G. Ward unternimmt den interessanten Versuch, Derrida und Karl Barth miteinander „ins Gespräch" zu bringen, und zwar über die Frage nach der Bedeutung der *Sprache* im Denken Barths: G. Ward: *Barth, Derrida and the language of theology*. Ward interpretiert dort Barths *analogia fidei* im Sinne von Derridas „Logik des Supplements". Eine Wards Fragestellung weiterführende Untersuchung bietet die Dissertation von Isolde Andrew: *Deconstructing faith: a study of the complementary method in Karl Barth and Jacques Derrida*. Ward hat sein theologisches Interesse an Derrida auch in dem Aufsatz *Why is Derrida important for theology?* zusammengefaßt. Er unterstreicht dort „the indispensability of deconstruction's findings for modern theology" (a.a.O., 269).

⁴⁸ J. Valentin widmet der Diskussion mit dieser amerikanischen Derridarezeption in seinem Buch ein eigenes Kapitel: *Atheismus*, 218-243. Vgl. auch J.B. Cobb Jr.: *Theologie in den Vereinigten Staaten: Woher und Wohin?*

ten, absolut privaten Sprache Gott nenne", das „Geheimnis" seines Denkens bilde (vgl. CIR 167f.).[49] Caputo geht es darum, Derrida als diesen ‚Mann des Gebets, der Tränen' und der Konfessionen zu lesen: als einen ‚Jüdischen Augustin'. „Jacques Derrida has religion, a certain religion, his religion, and he speaks of God all the time. The point of view of Derrida's work as an author is religious – but without religion and without religion's God – and no one understands a thing about this alliance."[50] Caputo beobachtet dabei nicht nur eine bestimmte ‚Apophantik', bzw. eine bestimmte Art ‚Negativer Theologie', welche die (christliche) Theologie bei Derrida lernen könne. Sondern Caputo spricht durchaus von einer ‚Positivität' der Derridaschen ‚Religion':

> „What we will not have understood about deconstruction, and this causes us to read it less and less well, is that deconstruction is set in motion by an overarching aspiration, which on a certain analysis can be called a religious or prophetic aspiration, what would have been called, in the plodding language of the tradition (which deconstruction has rightly made questionable), a movement of ‚transcendence'. Vis-à-vis such transcendence, the immanent is the sphere not only of the actual and the present, but also of the possible and the plannable, of the foreseeable and the representable, so that deconstruction, as a movement of transcendence, means excess, the exceeding of the stable borders of the presently possible."[51]

Dekonstruktion wiederhole regelmäßig die Struktur ‚religiöser Erfahrung', die Kategorien des Religiösen. Dies jedoch *ohne* die Inhalte der konkreten, historischen Religionen. Sie wiederhole die Leidenschaft des messianischen Versprechens und der messianischen Erwartung *ohne* die konkreten Messianismen. Sie wiederhole das *Komm!*, den apokalyptischen Ruf nach dem Unvorhersehbaren und Unmöglichen, *ohne* die ‚Apokalypsen' der offenbarten Religionen. Sie wiederhole das Werk der Beschneidung als ‚den Einschnitt, der das Selbe für das ganz Andere öffnet' *ohne* sektiererische Abschließung. „[I]t repeats Abraham's trek up to Moriah and makes a gift without return of Isaac, *sans* the economy of blood sacrifice, repeating the madness of giving without return; it repeats the movements of faith, of expecting what we cannot know but only believe [...] of the blindness of faith *sans savoir, sans avoir, sans voir*[52] in the impossible, but without the dogmas of the positive religious faiths."[53]

---

[49] Vgl. J.D. Caputo: *Prayers*, xviif.
[50] A.a.O., xviii.
[51] A.a.O., xix.
[52] Zitat aus PAR 25.
[53] A.a.O. xxi.

Diese Anspielungen auf Kierkegaards ‚Wiederholungsbegriff' und auf den Abraham aus *Furcht und Zittern* sind von Caputo beabsichtigt. Ausdrücklich stellt er Derrida in die Nähe von Johannes de Silentio und Johannes Climacus.[54] In diesem Sinne hatte er auch in seinem Aufsatz in *Kierkegaard in Post/Modernity* Derrida als „an ironical rabbi from the Juthland heaths"[55] bezeichnet. Und auch schon in seinem Buch *Against Ethics* hat Caputo Derridas Dekonstruktion der ‚Ethik' stark an Kierkegaard-de Silentios Umgang mit Ethik angelehnt.[56] In *The Prayers and Tears of Jacques Derrida* geht es Caputo nun darum, auch die ‚Religion Derridas' im Anschluß an Kierkegaards Verständnis von Religion zu interpretieren.

Dafür sprechen auch die immer wieder in Caputos Text eingebauten Zitationen Kierkegaards: Zwischen den einzelnen Kapiteln seines Buches finden sich z.B.[57] immer wieder sogenannte „Edifying Divertissements", wo Caputo in Anlehnung an die *Erbaulichen Reden* Kierkegaards so etwas wie biblische Meditationen über das soeben in philosophischer Sprache Referierte anstellt: über Elias, das Reich Gottes, die Bergpredigt, über ‚Jesus, den Juden', über das Beten usw. Schon in der Einleitung hatte Caputo sein Programm wie folgt umschrieben: „Like Levinas and Derrida, I am interested in measuring the shock that biblical categories deliver to philosophy, to metaphysics, to onto-theo-logic, to what is called thinking."[58] Zu fragen wäre aber, wie dieser ‚shock' und jene ‚Erbaulichkeit' zueinander gehören. Bei Caputo hat man oft den Eindruck, daß er Derridas Texte zu unmittelbar in die Proklamation einer Art von ‚neuer Religiosität' übergehen läßt. Aber natürlich wäre das ein Problem jeder ‚theologischen' Lektüre Derridas, namentlich einer solchen, die Derridas Denken

---

[54] „Derrida's religion meets the most rigorous requirements of Johannes de Silentio's delineation of the traits of the religious, where to make a pact with the possible is mere aestheticism, and with the eternal, mere rationalism, while expecting the impossible, making a deal with the impossible, being impassioned by the impossible, is the religious, is religious passion. The ultimate passion of thought, Johannes Climacus says, is to discover something that thought cannot think, something impossible, something at the frontier of thought and desire, something paradoxical." A.a.O., xx.

[55] J.D. Caputo: *Instants, Secrets and Singularities*, 216.

[56] J.D. Caputo: *Against Ethics*, 105 ff.

[57] Außerdem verweise ich auf Kapitelüberschriften wie „Armed Neutrality" (a.a.O., 12), „Repeating Religion without Religion" (a.a.O., 194) oder „The Point of View of Derrida's Work as an Author" (a.a.O., 314). Schließlich sind dem ganzen Buch zwei Mottos vorangestellt: eins aus Kierkegaards *Furcht und Zittern* und das andere aus Derridas *Circonfession* (a.a.O., xvii).

[58] J.D. Caputo: *Prayers*, 340, Anm. 2.

ausdrücklich auf Kierkegaards Theologie zu beziehen versucht. Anders gefragt: Wie kann man Derrida und Kierkegaard gleichzeitig lesen und sowohl dem ‚Philosophen' Derrida und dem ‚Theologen' Kierkegaard gerecht werden?

Kierkegaard noch einmal

Auf der *anderen* Seite geht es um die Diskussion einer bestimmten *Lesart* von Kierkegaard. Wie verhält sich die von Derrida in *Donner la mort* vorgeschlagene Lektüre Kierkegaards zu anderen Texten und Themen seines Werkes? Was interessiert Derrida überhaupt an Kierkegaards ‚religiöser Schriftstellerei'? Und welche besonderen, neuen Perspektiven ergeben sich daraus (vielleicht) für die Interpretation von Kierkegaards Theologie bzw. seinen Umgang mit der theologischen Tradition? Es geht also darum, Derridas Denken anhand einer wiederholten Lektüre Kierkegaards zu *erproben*.[59]

Der Text von *Donner la mort* bringt es dabei mit sich, daß *Furcht und Zittern* auch den Ausgangspunkt meiner Kierkegaard-Leseproben bilden wird. Allerdings wird schnell deutlich werden, daß Derrida den Text sehr selektiv liest, nur auf einige wenige Figuren eingeht und überdies, verglichen mit seinem sonstigen akribischen Umgang mit dem *Text* (mit den Signifikanten der den Text organisierenden Begriffe und deren Etymologien, mit bestimmten rhetorischen Figuren, mit dem *literarischen* Charakter des Textes usw.), nur sehr wenig mit der Textgestalt von *Furcht und Zittern* arbeitet. Eine wirklich ‚derridi-

---

[59] Versuche, Kierkegaard in den Kontext ‚postmodernen' Denkens zu stellen, finden sich bisher eher im französisch- bzw. englischsprachigen Raum. Ich denke hierbei vor allem an die Arbeiten von S. Agacinsky: *Aparté* oder J. Colette: *Kierkegaard et la non-philosophie,* bzw. Ch. Norris: *The ethics of reading and the limits of Irony: Kierkegaard among the postmodernists;* Ders: *Fictions of authority: narrative and viewpoint in Kierkegaard's writing* und an den Sammelband von M.J. Matuštík / M. Westphal (Hrsg.): *Kierkegaard in Post/Modernity.* Die am weitesten in diese Richtung der Kierkegaardrezeption weisende deutschsprachige Arbeit ist m.E. die psychoanalytisch ausgerichtete Dissertation von E. Strowick: *Passagen der Wiederholung,* in der auf souveräne Weise Kierkegaard, Lacan und Freud in Beziehung zueinander gesetzt werden. Was Strowick auf diese Weise bei Kierkegaard zu lesen gibt, ist außerordentlich faszinierend, vor allem was die Genauigkeit der Textwahrnehmung und ihre Leichtigkeit in den Übergängen zu Freud und Lacan betrifft. Bedauerlich ist nur, daß sie an dem *Theologen* Kierkegaard so gar kein Interesse zu haben scheint.

stische' Lektüre Kierkegaards[60] bietet *Donner la mort* eigentlich nicht. Im Grunde hält sich Derrida lediglich an einige wenige ,Thesen' Kierkegaards und bringt diese in Zusammenhang mit den ansonsten in Donner la mort behandelten Themen und Autoren. Ich habe daher Derridas Lektüre als Anregung genommen, einigen aufgezeigten Verflechtungen in Kierkegaards Werk in eigener Verantwortung genauer nachzugehen, Derridas Lektüre also meinerseits als *Chance* zu begreifen.[61]

Auch die Auswahl und die Perspektive *meiner* ,Leseproben' wird dabei zugestandenermaßen sehr selektiv und ein wenig ,zufällig' bleiben. Sie läßt sich davon leiten, welche Themen und Motive von Derrida her in den Blick fallen: Eine große Rolle wird dabei Kierkegaards Begriff der *Wiederholung* spielen und das, was dieser Begriff bei Derrida evoziert. Eine entscheidende Bedeutung kommt auch demjenigen Metapherngeflecht Kierkegaards zu, das er der Sprache der *Ökonomie* entlehnt, wie: ,die Spekulation', ,Falschgeld', ,die Gabe' usw. (Mit einem gewissen Recht könnte man sagen, daß auch Derridas Denken um nichts anderes kreist als um das, was diese Metaphorik zu denken gibt.) Selbstverständlich können daher meine Leseproben nicht den Anspruch erheben, eine ,Darstellung' Kierkegaards zu bieten. Ebenso wenig werde ich behaupten, daß diese Sicht auf Kierkegaard dessen eigenem „Gesichtspunkt für seine Wirksamkeit als Schriftsteller" völlig entspricht oder daß sich *alle* Texte Kierkegaards in diesem Sinne lesen lassen. Es wird mir darum gehen, etwas zu beschreiben, was in seinen Texten *passiert* – mitunter auch von Kierkegaard unbemerkt. Allerdings hat auch Kierkegaard dafür ein ausgeprägtes Sensorium besessen und im übrigen sehr viel Sorgfalt

---

[60] Anregende Versuche in diese Richtung hat z.B. Th. Pepper unternommen in: *Abraham: Who could possibly understand him?* und Ders.: *Male Midwifery: Maieutics in ,The concept of Irony' and ,Repetition'*. In sehr verwandtem Stil liest auch J. Garff Kierkegaard, z.B. in: *Johannes de silentio: Rhetorician of Silence* und v.a. in „*Den Søvnløse*", pass.

[61] Vgl. dazu Derridas Freudinterpretation in *Mes chances*, fol. 2ff., wo er darüber nachdenkt, welchen *Zu-fällen* und *Chancen* sich eine Lektüre verdankt, die dadurch ganz in das Wortfeld des lateinischen *cadere* eintaucht: *choir* (fallen), *échoir* (zufallen: das, was sich nicht voraussehen bzw. beherrschen läßt), *échéance* (Verfall: die Abweichung), *malchance* (schlechte Chancen: die Aussicht zu verlieren) d.h. *méchance* (Unglück) homonym mit *mes chance* (meine Chancen) aber auch *méchant* (der Böse) – schließlich: *bon chance!* (Viel Glück!) All das bedeutet zu *lesen*: den Text als *Chance* zu jenen Zufallseffekten zu begreifen, die er zugleich produziert und begrenzt. Den Text als *Bon chance!* zu verstehen. Ist es erlaubt, an dieser Stelle Johannes de Silentios Schlußbemerkung seines *Vorworts* zu zitieren: „Ich wünsche ihnen allen insgemein und jedem insbesondere Glück und Segen." (FZ 6)?

darauf verwandt, sich beim Schreiben – so weit dies überhaupt geht – *über die Schulter zu sehen.*

Auch kann man einwenden, daß ich dabei allzusehr bei den *Marginalien* und den *Prolegomena* zu Kierkegaards Theologie stehen bleibe und die ‚eigentliche' theologische ‚Systematik' Kierkegaards ziemlich außen vor lasse. Es wird daher darauf ankommen, dies in gewisser Hinsicht zu *rechtfertigen*, d.h. um *Verzeihung* zu bitten dafür, das ‚Eigentliche' (noch) nicht gesagt zu haben. Aber immerhin läge genau darin eine der Pointen, auf die Derridas Kierkegaardlektüre hinausläuft: *Pardon de ne pas vouloir dire.* (LS 161) – Ergibt sich daraus ein Beitrag zur ‚Kierkegaardforschung'? Wohl kaum. Allenfalls im Sinne einer mehr oder weniger ‚unwissenschaftlichen Nachschrift'. Aber lädt nicht Kierkegaard – genauso wie Derrida – wie wenige andere dazu ein, dies für verzeihlich zu halten?

Kierkegaards ‚Bindung Isaaks' – ein christlich-jüdisches Gespräch?

Durch Derridas Konzentration auf *Furcht und Zittern* steht zugleich die Erzählung von der ‚Bindung Isaaks' in Gen 22 im Mittelpunkt seines Textes. Diese Erzählung, zweifellos ein Grundtext für die jüdische / christliche (/ moslemische) Tradition in der Frage danach, was *Glauben* bedeutet, wird für Derrida zur entscheidenden Herausforderung für ein philosophisches Nachdenken über den Begriff der *Verantwortung*, über das Verhältnis von Ethik und Religion und nicht zuletzt über die Grenzen des Sagbaren. Die Auslegung der *Akedah* wird so zum Brennpunkt eines Diskurses über Möglichkeiten von ‚Ethik' und ‚Theologie' am Ende des 20. Jahrhunderts.

Vor allem die Heranziehung von Gen 22 zur Deutung des „Holocausts" – wie sie von Elie Wiesel vorgenommen wurde – stellt *jede* Auslegung dieses Textes für uns heute in einen ganz besonderen Kontext.[62] In diesem Zusammenhang soll wahrgenommen werden, daß sich bei *jüdischen* Denkern eine große Sensibilität dafür findet, daß Kierkegaard, der „Durchdenker des Christentums" (M. Buber[63]),

---

[62] Vgl. dazu W. Zuidema (Hrsg.): *Isaak wird wieder geopfert*, 7ff bzw. P. Tschuggnall: *Das Abraham-Opfer als Glaubensparadox*. Auch Tschuggnall stellt in seinem breit angelegten Überblick zur Auslegungsgeschichte von Gen 22 Kierkegaards *Furcht und Zittern* in den Kontext eines Denkens ‚nach Auschwitz'.

[63] M. Buber: *Das dialogische Prinzip*, 199.

nach dem Holocaust nur mit „Furcht und Zittern" gelesen werden könne. *Furcht und Zittern* stünde demnach für eine außerordentlich gefährliche und folgenreiche Suspension des Ethischen, für „the realm of risk and terror beyond morality" (R.D. Williams).[64] Besonders pointiert hat dies Th. W. Adorno zum Ausdruck gebracht, der 1963 behauptete, Kierkegaard habe „daran mitgewirkt, dem ausgespitzten Obskurantismus der totalitären Zeiten das intellektuelle gute Gewissen zu schaffen [...]. Kierkegaard wurde wahrhaft zu dem Verführer, den er in seinem frühen Werk so hilflos spielte".[65] Ähnlich sah auch E. Levinas in Kierkegaards Denkstil des permanenten Skandals jene verhängnisvolle verbale Gewalt des Nationalsozialismus antizipiert.[66] Auf der anderen Seite aber kann gerade Levinas bei Kierkegaard viel von dem entdecken, um was es auch ihm geht bei seinem Versuch, eine verhängnisvolle Entwicklung abendländischen ‚ontologischen' Denkens zu korrigieren. Kierkegaard ist in dieser Hinsicht auf jeden Fall *ambivalent*. Und um diese Ambivalenz des Kierkegaardschen Diskurses scheint es Derrida bei seiner Lektüre besonders zu gehen. Überhaupt läßt sich Derrida bei seiner Kierkegaardlektüre stark von Levinas inspirieren.[67]

In diesem Zusammenhang interessieren mich im besonderen Fragen wie: Welche Rolle spielt der Bezug auf Kierkegaard bzw. auf *Furcht und Zittern* bei *jüdischen* Denkern? (Ich werde dies exemplarisch anhand von Martin Buber, Emil Fackenheim und Emmanuel

---

[64] R.D. Williams: *Postmodern Theology and the Judgment of the World*, 92. Vgl. in diesem Sinne auch das eindrückliche Kapitel „Von einer Suspension des Ethischen" in M. Bubers *Gottesfinsternis*, 119ff. „Unser Zeitalter", so heißt es dort, sei eines, „in dem die Suspension des Ethischen in einer karikaturhaften Gestalt die Menschenwelt fällt", *Gottesfinsternis*, 123.

[65] Th. Adorno: *Kierkegaard noch einmal*, 246f. W. Grewe hat in seinem materialreichen Aufsatz *Kierkegaard und der Nationalsozialismus* jedoch deutlich gezeigt, daß die *tatsächliche* „Indienstnahme" Kierkegaards durch die Nationalsozialisten so gut wie nicht stattfand. Wie sehr Kierkegaard aber im antiparlamentarischen Lager der Weimarer Epoche Anklang fand, ist damit nicht in Abrede gestellt. Die prominentesten Beispiele hierfür sind sicher die großen Kierkegaardleser M. Heidegger, C. Schmitt und natürlich E. Hirsch. Vgl. dazu auch M. Kiefhaber: *Christentum als Korrektiv*, 14f.: Auschwitz „wirft einen Schatten auf einen bedeutenden Teil der Rezeptionsgeschichte [Kierkegaards], einen Schatten, der möglicherweise bis an Kierkegaard selbst heranreicht".

[66] Vgl. E. Levinas: *Noms propres*, 89.

[67] Zu Derridas Verhältnis zu Levinas gibt es mittlerweile eine beträchtliche Sekundärliteratur. Ich verweise hier besonders auf S. Critchley: *Überlegungen zu einer Ethik der Dekonstruktion;* R. Bernasconi: *The trace of Levinas in Derrida* und ders.: *Ethische Aporien*; W. Stegmaier: *Die Zeit und die Schrift* und J. Valentin: *Atheismus*, 87-110.

Levinas verfolgen.) Wie verhalten sich jüdische Ausleger von Gen 22 zu Kierkegaards Interpretation in *Furcht und Zittern*? Läßt sich in diesem Sinne auch Derrida in seiner Kierkegaardlektüre als ‚jüdischer' Denker verstehen? Wie versteht andererseits Kierkegaard seine Auslegung von Gen 22 im Rahmen *seines* Bildes vom „Judentum" bzw. seiner Verhältnisbestimmung von ‚jüdisch' und ‚christlich'? Wie hängt diese Abgrenzung, das Denken *dieser* Differenz mit anderen Grundentscheidungen in Kierkegaards Denken zusammen? All diese Fragen werden von Derrida nicht ausdrücklich gestellt. Aber seine Kierkegaardlektüre regt dazu an, diese keineswegs neuen[68], aber für heutige Kierkegaardleser unumgänglichen Fragen noch einmal aus einer anderen Betrachtungsweise zu verfolgen. Zumal es Derrida in *Donner la mort* ausdrücklich um das spezifisch ‚Christliche' an Kierkegaards Lesart von Gen 22 geht. Und er macht dies an einer – vielleicht – überraschenden Denkfigur Kierkegaards fest.

Alle diese Aspekte können in die Frage zusammengefaßt werden: Läßt sich Glauben wiederholen? Denn *Furcht und Zittern* handelt von der gleichzeitig *gebotenen* wie *unmöglichen* Wiederholung von Abrahams Glaubens – allerdings in jenem spezifischen Sinne des Begriffs der ‚Wiederholung', wie Kierkegaard ihn erfunden hat. Welches Gottesbild, welches Verständnis des Menschen vor Gott, welche Ethik generiert jene *aporetische* Wiederholung? Vor allem: Auf welche Weise gilt es, von Abraham zu erzählen bzw. zu schreiben (die Überlieferung zu *wiederholen*), damit *die* Wiederholung möglich wird? Derridas Kierkegaardlektüre läßt diese Fragen schließlich hinüberspielen in die Frage nach der Möglichkeit der Wieder-holung der jüdisch-christlichen Glaubensüberlieferung am Ende des 20. Jahrhunderts.

---

[68] Vgl. etwa F.-W. Marquardts Bezugnahmen auf Kierkegaard z.B. in *Das christliche Bekenntnis zu Jesus, dem Juden*, Bd. 1, 176.

Teil I: Was heißt (religiöse) Schriftstellerei?

1. Der Extraschreiber: Kierkegaards Stil

Kierkegaards *Theologie* beginnt mit dem Ernstnehmen seines *Stils*. Ich schreibe mit Bedacht: seine ‚Theologie'. Denn Darstellungsfragen sind bei Kierkegaard alles andere als Vorbemerkungen, die man einem Vorwort anvertrauen könnte, um alsdann *zur Sache selbst* zu kommen. Vielleicht hat kein anderer Theologe seines Ranges so viel Reflexion darauf verwendet, *wie* er zu schreiben habe – und inwiefern gerade das Christentum zu dieser (doppelten) Reflexion nötige. Denn es komme nicht nur darauf an, dieses Problem zu ‚erkennen', zu ‚denken' oder zu ‚sehen', sondern *dem entsprechend zu schreiben*. Ein religiöser Schriftsteller ist jemand, der auf diese *Reduplikation* aufmerksam *ist* und aufmerksam *macht*. Sagen wir: auf eine bestimmte *Wiederholung*.

„Meine These ist nicht, daß das, was so verkündigt wird in der Christenheit, nicht Christentum sei. Nein, meine These ist: die *Verkündigung* ist nicht Christentum. Es ist ein wie, eine Verdopplung, worum ich streite – aber das versteht sich· ohne diese ist das Christentum nicht Christentum." (Pap. X³ A 431 / T IV 225)

1.1. Warum ‚Vorworte'?

Beginnen wir mit den *Vorworten*. Nicht weil es selbstverständlich wäre, sich von dem, was der Autor den Leser(inne)n bezüglich ‚Thema' und ‚Gang der Untersuchung' *vor*zuschreiben versucht, in das ‚Buch' einführen zu lassen. Selbstverständlich ist es gewiß nicht, diese künstliche Unterscheidung von ‚Vorwort' und ‚Buch' im eigentlichen Sinne und deren pädagogisch-didaktisches Programm *ernst* zu nehmen, die tatsächliche Nachträglichkeit der ‚Vorrede' zu ignorieren und die Fiktion mitzuspielen, als wolle uns der Autor im vorhinein ‚vorläufig' darüber aufklären, was er im folgenden schreiben bzw. geschrieben haben wird. Es ist nicht selbstverständlich, im Vorwort die autoritäre Lesart des Textes finden zu wollen. Und dies gilt schon gar nicht für Kierkegaard – einem Genie in Sachen ‚Vorworte', wie man nicht umhinkommt, ihm zuzugestehen. Kierkegaard ist, gerade was Vorworte betrifft, ein ‚Extraschreiber'[1] gewesen. Im ‚Vorwort' zu *Furcht und Zittern* heißt es:

> „Verfasser vorliegender Schrift ist keineswegs ein Philosoph, er ist poetisch und elegant gesagt, ein Extraschreiber, der weder das System schreibt noch *Versprechungen* des Systems, der sich weder *beim* System noch *dem* System verschreibt. Er schreibt, weil es für ihn ein Luxus ist, der an Behaglichkeit und Einsicht gewinnt, je weniger Leute kaufen und lesen, was er schreibt. Er sieht leicht sein Schicksal voraus in einer Zeit, da man einen Strich durch die Leidenschaften gezogen hat, um der Wissenschaft zu dienen, in einer Zeit, da ein Schriftsteller, der Leser haben will, darauf achten muß, so zu schreiben, daß man es leicht überblättern kann während des Mittagsschlafes, und darauf achten muß, in seinem äußeren Auftreten sich jenem höflichen Gärtnerburschen im Lokalanzeiger anzugleichen, der mit dem Hut in der Hand und den besten Zeugnissen von seinem letzten Dienstplatz sich einem hochgeehrten Publikum empfiehlt." (FZ 5f.)

Solche Empfehlungsschreiben sind in der Regel die Vorworte, und es gehört zur *leichten* Lesbarkeit eines Buches, daß der Autor dem Leser gegenüber *Versprechungen* macht, was dieser im Buch finden werde. Wenn auch nicht das *System* im Sinne Hegels, so doch zumindest das Organisationsprinzip des folgenden Textes, sein *telos*, seine Bewegung, sein Sinn und sein Ziel. Von all dem verraten Kierkegaards ‚Vorworte' in der Regel nicht viel.

Bleibt man bei *Furcht und Zittern* (vgl. FZ 3ff.), so erfährt der Leser etwas über „unsere Zeit", nämlich die Johannes de Silentios und über deren Drang „weiterzugehen": um nicht beim „Zweifel" stehenzubleiben und ebenso wenig beim „Glauben", sondern *weiterzugehen* zu dessen ‚Aufhebung im Begriff'. Johannes de Silentio deutet damit durchaus sein ‚Thema' an, nämlich die Frage danach, was ‚Glauben' bedeutet. Aber er unternimmt keinen Versuch, dieses im Zusammenhang mit dem folgenden Buch zu explizieren oder gar den Gang der Untersuchung im voraus zu skizzieren. (Was die Frage der *Methode* betrifft, zitiert er nicht nur Descartes' Versicherung, keine *allgemeine* Methode aufstellen zu wollen, sondern verzichtet überdies auch auf Descartes' ‚Vorsatz': nämlich „nur diejenige [Methode, T. B.] zu er-

---

[1] E. Hirsch erläutert seine Übersetzung wie folgt: „ein Scherzwort Kierkegaards: ein Sonder-Schreiber als Schreiber von Sonderlichem oder Absonderlichem oder Überflüssigem, Gelegenheitsschreiber; aber auch die Ausnahme im auszeichnenden Sinne klingt mit." (FZ 143f., Anm. 7). Übrigens übersetzt die englische Übersetzung mit „supplemental clerk"!

1. Der Extraschreiber: Kierkegaards Stil

klären, deren ich mich persönlich bedient habe"[2].) Johannes de Silentios ‚Vorwort' bietet keine Gelegenheit, schon im voraus lesen zu können, was er in *Furcht und Zittern* sagen will (bzw. wollte). Kierkegaards Textstrategie besteht geradezu in der Durchstreichung solcher Erwartungshorizonte seiner Leser(innen). So wie es ‚im Text' darum gehen wird, das voreilige ‚Verstehen' des Glaubens zu irritieren, zu *problematisieren*, auf jeden Fall zu verlangsamen (denn damit wird man sein Leben lang nicht ‚fertig')[3] – so verlangsamt er schon im Vorwort das ‚Verstehenwollen', d.h. die Lektüre seines Buches. Kierkegaard zu *lesen* fordert dazu auf, Erwartungshorizonte eines klassischen ‚Lesers' abzubauen, sich aufhalten zu lassen, Vorverständnisse darüber, was ein ‚gutes Buch' zu sein hat, ins Leere laufen zu lassen. Vor allem bezüglich der Ansprüche an die ‚Wissenschaftlichkeit' eines Textes. Kierkegaards ‚Vorworte' arbeiten daran, seine Nichtrezipierbarkeit in den Regeln des herrschenden Diskurses auf kalkulierte Weise anzumelden:

„Er [der Extraschreiber, T. B.] sieht es als sein Schicksal voraus, gänzlich ignoriert zu werden, er ahnt das Furchtbare, daß eine eifernde Kritik ihn zu mehreren Malen wie einen Schuljungen abstrafen wird; ihm graut vor dem noch Furchtbareren, daß der eine oder andere betriebsame Registrator und Paragraphenfresser [...] ihn in Paragraphen zerschnipseln wird [...]." (FZ 6)

Daß Kierkegaard vor einer solchen *nachträglichen* ‚Systematisierung' graute und er versuchte, einer solchen so gut wie möglich entgegenzuarbeiten, dafür stehen vor allem seine ‚Epiloge', ‚Nachschriften', ‚Anhänge' und ‚Erste und letzte Erklärungen', die jede(n), die /der daran geht, über Kierkegaard zu schreiben, die strengen Worte zurufen: „Und möge denn kein Leichtmatrose dialektisch Hand an diese Arbeit legen wollen, sondern sie stehen lassen, wie sie nun dasteht." (AUN II 344)

Kierkegaard schreibt seine Vorworte so, daß er durch die Art ihrer Abfassung ständig sagt: ‚Dies hier wird kein *Vorwort* gewesen sein – zumindest nicht das, was ihr darunter versteht. Ich werde euch nicht den Gefallen tun, mein Werk selbst zu kommentieren.' Genau dies nämlich läßt er Johannes Climacus im *Anhang* zum ersten Teil der *Unwissenschaftlichen Nachschrift* an gewissen pseudonymen Schriftstellern bewundern:

---

[2] Zitat aus Descartes' *Dissertatio de methodo* p. 2 und 3. Vgl. FZ 4.
[3] Vgl. den „Epilog" FZ 141, wo er von der *Ernsthaftigkeit* spricht, die dazu gehört, sich *lange genug* bei einem *Spiel* (!) aufzuhalten.

„Aber dafür freut mich, daß die Pseudonyme [...] selbst nichts gesagt haben, oder ein Vorwort dazu mißbraucht haben, eine offizielle Stellung zu ihrem Werk einzunehmen, als wäre der Verfasser in rein juristischem Sinne der beste Dolmetscher seiner eigenen Worte oder als könnte es einem Leser nützen, daß ein Verfasser ‚das und das beabsichtigt habe', wenn es nicht realisiert worden ist. Oder als ob es gewiß wäre, daß es realisiert worden ist, weil der Verfasser es selbst im Vorwort sagt." (AUN I 245f.)

Damit gerät er – bei aller Opposition – in eine scheinbare Nähe zu Hegel, der von einem ähnlichen Wunsch, die Gattung der Vorworte zu vermeiden, umgetrieben war. Allerdings aus ganz anderen Gründen. Es ist interessant, diese Weisen des Vermeidens kurz miteinander zu vergleichen.

1.1.1. Nichts als Vorworte

Auch Hegels ‚Vorreden' sind in der Absicht ihrer eigenen Ausstreichung geschrieben. Immer weist er darauf hin, daß sie der Entwicklung des von ihnen angekündigten Inhalts vorweg und *äußerlich* sind. Indem die Vorrede eines *philosophischen* Werkes dem vorangeht, was sich selbst darstellen können muß, gerät sie für Hegel immer in die Nähe des leeren Geschwätzes. Es gehört zum Wesen der philosophischen Exposition, ohne Vorrede auskommen zu können und zu müssen. Denn die *Sache*, um die es in der Philosophie geht, ist nicht in ihrem Ziel oder ‚Zweck' angebbar, sondern in ihrer Ausführung. Genauso wenig wie die Resultate für das *wirkliche Ganze* stehen können, sondern nur das Resultat zusammen mit seinem Werden.[4] Ich zitiere den Beginn der *Vorrede zur Phänomenologie des Geistes*:

„Eine Erklärung, wie sie einer Schrift in einer Vorrede nach der Gewohnheit vorausgeschickt wird – über den Zweck, den der Verfasser sich in ihr vorausgesetzt, sowie über die Veranlassungen und das Verhältnis, worin er sie zu anderen früheren oder gleichzeitigen Behandlungen desselben Gegenstandes zu stehen glaubt –, scheint bei einer philosophischen Schrift nicht nur überflüssig, sondern um der Natur der Sache willen sogar unpassend und zweckwidrig zu sein. Denn wie und was von Philosophie in einer Vorrede zu sagen schicklich wäre, – etwa eine historische Angabe der Tendenz und des Standpunkts, des allgemeinen Inhalts und der Resultate, eine Verbindung hin und her sprechender Behauptungen und Versicherungen über das Wahre – kann nicht für die Art und Weise gelten, in der die philosophische Wahrheit darzustellen sei."[5]

Oder in der berühmten *Vorrede* zu den *Grundlinien der Philosophie des Rechts* heißt es am Ende (unmittelbar im Anschluß an die Rede

---

[4] Vgl. G.W.F. Hegel: *Phänomenologie des Geistes*, 5.
[5] A.a.O., 3.

vom ‚Grau in Grau der Philosophie', für das es in gewisser Hinsicht immer zu spät ist, so daß auch die Vorworte unter Zeitdruck geraten):

„Doch es ist Zeit, dieses Vorwort zu schließen; als Vorwort kam ihm ohnehin nur zu, äußerlich und subjektiv von dem Standpunkt der Schrift, der es vorangeschickt ist, zu sprechen. Soll philosophisch von einem Inhalte gesprochen werden, so verträgt er nur eine wissenschaftliche, objektive Behandlung, wie denn auch dem Verfasser Widerrede anderer Art als eine wissenschaftliche Abhandlung der Sache selbst, nur für ein subjektives Nachwort und beliebige Versicherung gelten und ihm gleichgültig sein muß."[6]

Die Vorrede reduziere *die Sache selbst* (hier den Begriff, den Sinn des sich denkenden und sich selbst im Element der Allgemeinheit hervorbringenden Denkens) auf die Form des besonderen endlichen Gegenstandes. Genau dies aber sei der Stellung eines philosophischen ‚Buches' unangemessen. Dennoch schreibt Hegel Vorreden, um darin eine zugleich unmögliche und unumgängliche Vorrede zu denunzieren. Denn wenn die Vorwegsagungen unabdingbar sind, so hat das seinen Grund darin, daß die herrschende Kultur diese nach wie vor aufzwingt. Man muß die Vorreden also umbilden, auch wenn eine solche Didaktik der Philosophie ‚eigentlich' äußerlich sei. „Daß die Erhebung der Philosophie zur Wissenschaft *an der Zeit* ist, dies aufzuzeigen, würde daher die einzig wahre Rechtfertigung der Versuche sein, die diesen Zweck haben, weil sie dessen Notwendigkeit dartun, ja ihn zugleich ausführen würde."[7]

Blickt man von hier aus auf Kierkegaard, so könnte man in *seiner* Vermeidung der Vorreden ‚klassischen Typs' ein geradezu entgegengesetztes ‚Programm' erkennen: Was für ihn *an der Zeit* zu sein scheint, ist eine Art ‚Entwissenschaftlichung' des Denkens, ein Setzen auf die ‚Subjektivität' des Geschriebenen – und hierfür sind die ‚Vorworte' der geeignete Ort. Namentlich so ‚verrückte' Bücher wie dasjenige, welches Kierkegaard 1844 unter dem Titel *Vorworte. Unterhaltungslektüre für einzelne Stände je nach Zeit und Gelegenheit / von Nikolaus Notabene* erscheinen ließ, – und welches vielleicht zu Unrecht außerhalb des Interesses traditioneller Kierkegaardlektüren steht[8] – zeigen, was es für Kierkegaard bedeutet, ein ‚Autor' zu sein, was es bedeutet zu *schreiben*. Gewiß handelt es sich bei dem ‚Buch' *Vorworte* um einen literarischen Spaß Kierkegaards. Ein Text, der aus

---

[6] G.W.F. Hegel: *Grundlinien der Philosophie des Rechts*, 17f.
[7] G.W.F. Hegel: *Phänomenologie des Geistes*, 6.
[8] Eine ausdrückliche (und sehr instruktive) Lektüre von *Vorworte* habe ich nur bei S. Agacinsky gefunden: vgl. *Aparté*, 211-228.

acht einzelnen Vorworten für nie geschriebene Bücher besteht, denen überdies noch ein ‚Vorwort' vorausgeschickt ist, will offenbar nicht *ernst* genommen werden. In einer kurzen ‚Nachschrift' heißt es ausdrücklich: „Es braucht wohl kaum gesagt zu werden, daß diese Unterhaltungslektüre unmöglich, das heißt, ohne daß alle Erfahrungen und Begriffe umgestoßen würden, Anlaß zu Zank und Streit geben kann." (V 239) Aber natürlich ist diese Unschuld gespielt. Das ‚Buch' *Vorworte* ist allemal dazu geeignet, wenn nicht „alle", so doch zumindest entscheidende Begriffe umzustoßen, die üblicherweise die Aufgabe eines ‚Schriftstellers' zu begreifen versuchen.

Das ‚Vorwort' zu den *Vorworten* beginnt in gewisser Hinsicht konventionell und zwar so sehr, daß diese Konvention gleich mit den ersten drei Sätzen verdoppelt und dadurch auf kunstvolle Weise parodiert wird. Denn das ‚Vorwort' beginnt seinerseits mit einer Art Vorspruch, der sich aber sofort in die Schranken der Konvention zurückruft[9], sich als unwesentlich und nicht zur Sache gehörig selbst denunziert, um Zeit zu sparen und zu dem zu kommen, was *eigentlich* gesagt werden soll. Die Einleitungssätze des ‚Vorwortes' verhalten sich zum ganzen ‚Vorwort', wie das ‚Vorwort' zum Buch, das in diesem Falle aus anderen Vorworten besteht. Sie verlieren sich an etwas „ganz Unbedeutendes":

> „Es ist eine Erfahrung, die sich oft bewährt hat: durch etwas ganz Unbedeutendes, durch eine Kleinigkeit, eine rücksichtslose Bemerkung, einen ungehörigen Ausbruch, eine zufällige Miene, eine willkürliche Handbewegung bekommt man Gelegenheit sich bei einem Menschen einzuschleichen und das zu entdecken, was sich der sorgfältigsten Beobachtung entzogen hatte. Damit indes diese unbedeutende Bemerkung nicht ausarte und sich selber wichtig werde, verzichte ich auf der Stelle darauf sie weiter zu verfolgen, und beeile mich meinem Vorhaben näher zu treten. Eine Vorrede ist im Verhältnis zu einem Buch etwas Unbedeutendes; [....]." (V 173)

Notabenes Vorwort scheint also das zu bestätigen, was auch Hegel sagt: „Eine Vorrede ist im Verhältnis zu einem Buch etwas Unbedeutendes". Wenig später nimmt das Vorwort ausdrücklich auf Hegel Bezug. In der

---

[9] Dieses Sich-zurück-Rufen des Autors *inszeniert* Kierkegaard mehrere Male. Kurz darauf, als Notabene dem Reiz einer ausschließlichen Lektüre von Vorworten nachsinnt, heißt es: „Jedoch ich gebiete diesem Gedankenflug Einhalt, vermutlich würde er mich lediglich in die Irre führen, da ich des gelehrten Apparats ermangle." (V 174) Der Ruf ‚Zurück zur Sache!' ist *die* Geste gelehrter Schriftstellerei, die ein ‚Umherirren' grundsätzlich zu vermeiden sucht, bzw. *nachträglich zu tilgen* versucht. Kierkegaards Texte dagegen setzen dieses Abschweifen – nichts anderes heißt *schreiben* – immer wieder bewußt in Szene. Und er kennzeichnet dies ausdrücklich, indem er sich immer wieder *demonstrativ* zurückruft – zur ‚Sache', die aber dann meist nur in eine *andere* Abschweifung führt.

„neueren Wissenschaft" habe „das Vorwort seinen Todesstoß empfangen". Denn „wenn man das Buch mit der Sache beginnt und das System mit Nichts, so bleibt ersichtlich nichts übrig, was man in einer Vorrede sagen könnte" (V 174). Allerdings zieht Notabene daraus eine andere Konsequenz als Hegel bzw. ‚die Wissenschaft'. Wenn diese nämlich darauf aufmerksam machen, daß „Vorworte eine ganz eigene Art von literarischem Erzeugnis sind", dann sei es hohe Zeit, daß sich diese „verstoßene" Gattung nunmehr „wie alles andere emanzipiere" (ebd.).

„Das Inkommensurable, das man in älterer Zeit in dem Vorwort zu einem Buch niederlegte, kann nun seinen Platz in einem Vorwort finden, das nicht mehr Vorwort zu einem Buche ist. Damit, glaube ich, ist der Streit beigelegt, zu gegenseitiger Zufriedenheit und Vergnügung; können das Vorwort und das Buch nicht miteinander karren, so laß das eine dem andern einen Scheidebrief geben." (V 174)

Notabene stellt es geradezu als sein „Verdienst" heraus, „die Sache mit dem Bruch ernst zu nehmen" (ebd.). Er habe erkannt, daß ein Vorwort schreiben etwas ganz anderes ist als ein Buch schreiben, denn man könne leicht einsehen, daß ein Vorwort „nicht von einer Sache handeln kann, denn solchenfalls wird das Vorwort selber zu einem Buch" (V 175). „Das Vorwort als solches, das emanzipierte Vorwort, darf also keine Sache abzuhandeln haben, sondern muß von Nichts handeln, und insofern es von etwas zu handeln scheint, muß dies doch ein Schein und eine vorgetäuschte Bewegung sein." (ebd.) Diese halb possenhafte, halb ernste Argumentation Notabenes hält sich deutlich *innerhalb* der Hegelschen Schemata bezüglich dessen, was ein ‚Buch', die ‚Sache', eine ‚Bewegung' usw. zu sein habe. Aber indem er diese Begrifflichkeit scheinbar bestätigt und mit der Idee von ‚emanzipierten Vorworten' ernst macht, indem er es aufgibt, ‚Bücher' im ‚eigentlichen', Hegelschen Sinne zu schreiben, sondern ‚nur' noch Vorworte, stellt er auch das Konzept des Buches „im gemeinen und überlieferten Sinne" (V 175) auf radikale Weise in Frage. Denn nicht nur Notabenes Nicht-Buch *Vorworte*, sondern auch die Bücher der anderen Pseudonyme Kierkegaards lassen sich mit einigem Recht als ‚Vorworte' lesen: als Versuche, den überlieferten Sinn der Unterscheidung von Vorwort und Buch – und das ganze Begriffskorpus, das eine solche Unterscheidung trägt – in Frage zu stellen. Kierkegaards ‚Werk' ist im tatsächlichen und übertragenen Sinne – wenn man auf diese Unterscheidung etwas geben will – eine Sammlung von Prolegomena und Paralipomena, von Postskripten, von Anmerkungen, theatralischen Inszenierungen, Diapsalmata, tatsächlichen und fiktiven Tagebüchern, Brocken und allen möglichen Para-Texten, ausgehändigt von Buchbindern und Herausgebern und Entdeckern von Manuskripten, die nichts als Vorworte enthalten. Die Frage nach dem

Status eines Vorworts führt von daher ins Zentrum der Kierkegaardschen Schriftstellerei.[10] Denn das Vorwort ist eine Seite dessen, was die Philosophie zu neutralisieren, zu limitieren und zu überwinden versucht: Es steht für alles Idiomatische, Partikuläre, Kontextuelle, Kontingente und der ‚Sache‘ nur ‚Äußerliche‘ (vgl. V 173).

Bei Notabene heißt es: „Ein Vorwort ist Stimmung." (V 175) In diesem Sinne bilden beispielsweise auch *Furcht und Zittern* (und zwar nicht nur die ‚Stimmungen‘ überschriebenen Seiten) oder *Der Begriff Angst* (und zwar nicht nur dessen ‚Einleitung‘[11]) über weite Strecken so etwas wie ‚Vorworte‘ zu noch ausstehenden ‚Abhandlungen‘ über die Begriffe des ‚Glaubens‘ bzw. der ‚Sünde‘. Vielleicht kann man sogar sagen, daß Kierkegaard ‚Abhandlungen‘ im strengen Sinne niemals geschrieben hat, daß es sich auch dort, wo jene Bücher die ‚Sache‘ zu behandeln scheinen, nur um „eine vorgetäuschte Bewegung" handelt.[12] Kierkegaards Schriftstellerei hat fast überall den Charakter weit ausgreifender ‚Vorworte‘ zu niemals geschriebenen ‚Büchern‘, d.h. *Stimmungen* zu erzeugen für die allererst angemessene Behandlung bestimmter Probleme.[13] Die Bilder, mit denen Notabene das Schreiben eines Vorwortes umschreibt, passen auf Kierkegaards Wirksamkeit als Schriftsteller überhaupt:

---

[10] In diesem Sinne heißt es auch bei S. Agacinsky: „Si par exemple on appelait ‚préface‘ une forme redondante et superfétatoire d'écriture, toujours capable de se montrer elle-même, de se reprendre, de se mettre en cause, de s'illustrer, se débordant elle-même et le livre, tous les livres de K. et de ses pseudonymes pourraient être considérés comme des *préfaces*." (*Aparté*, 228)

[11] Vgl. BA 11f. und vor allem die Anmerkung: „Daß auch die Wissenschaft ebenso wie Poesie und Kunst Stimmung voraussetzt sowohl beim Schaffenden wie beim Empfangenden, daß ein Fehler in der Klangfarbe ebenso störend ist wie ein Fehler in der Gedankenentwicklung, hat man in unsrer Zeit gänzlich vergessen [...]." Zur Bedeutung der Stimmung für Kierkegaard vgl. die schöne Analyse des „Dufts des Erlebten" bei G.H. King: *Existenz, Denken, Stil*, 29ff. und W. Stegmaier: *Hauptwerke der Philosophie*, 334.

[12] Auch im „Vorwort" des Buches *Vorworte* ist davon die Rede, daß angesichts der „neuen Wissenschaft" der „ältere Schriftsteller" eine „betrübliche Figur" mache. (V 174) Und zwar aufgrund seines „Ungeschick[s] zur Sache zu kommen", d.h. sich lediglich in ‚Vorbemerkungen‘ zu ergehen.

[13] G.H. King schreibt dazu: „Wir treffen hier auf eine Form des Denkens, die sich von der Konstruktion von Systemen und axiomatischen Behauptungen abwendet, statt dessen [...] sich dem Zeigen von Prozessen, dem Erregen von Aufmerksamkeit, dem Erwecken von Gefühlen, der Schaffung von Stimmung zuwendet – und dies durch das beständige Weben einer sich selbst erneuernden, reflexiven Tätigkeit. [... d.h. hin zu] einem Denken, daß dem Fließen der Existenz folgt. In der Mitteilung dieses Fließens geschieht es, daß sich das philosophische Denken in größerem Maße seiner *poetischen* und *rhetorischen* Fähigkeiten bewußt wird." *Existenz, Denken, Stil*, 59.

„Ein Vorwort schreiben", so heißt es in *Vorworte*, „heißt gleichsam die Sense wetzen, gleichsam die Guitarre stimmen, gleichsam mit einem Kinde plaudern, [...] gleichsam die Türglocke eines Mannes ziehen um ihn zu foppen, [...] gleichsam etwas getan haben, das dazu berechtigt, eine gewisse Aufmerksamkeit zu beanspruchen, gleichsam etwas auf dem Gewissen haben, das die Verantwortung reizt, [...]. Ein Vorwort schreiben heißt gleichsam angekommen sein, in der traulichen Stube stehen, die sehnsüchtig begehrte Gestalt grüßen, im Lehnstuhl sitzen, die Pfeife stopfen, sie anzünden[14] – und so unendlich viel mit einander zu reden haben. Ein Vorwort schreiben heißt gleichsam an sich selber bemerken, daß man im Begriffe ist sich zu verlieben, daß die Seele in süßer Unruhe ist, das Rätsel aufgegeben, jedes Begebnis ein Wink für die Auflösung." (V 175f.)

Jemand, der (nur) Vorworte schreibt, beteiligt sich nicht an der Akkumulation von Wissen über bestimmte Sachverhalte, er arbeitet nicht mit am ‚System', er ‚spekuliert' auf keinen ‚Ertrag' seiner Schriftstellerei. Er ist ein ‚Extraschreiber' in genau dem Sinne, wie sich Johannes de Silentio im Vorwort zu *Furcht und Zittern* empfiehlt. Er ist im Grunde „eine unmoralische Person, denn er geht nicht auf die Börse um Geld zusammen zu scharren, sondern geht nur durch sie hindurch, [...] er besorgt keine Geschäfte für das System" (V 176).

Nikolaus Notabene führt nun allerdings (konsequenterweise!) seine ausschließliche Beschäftigung mit dieser Art von Schriftstellerei auf keinerlei systematische Ambitionen, sondern auf eine ganz persönliche ‚Notsituation' zurück. Die Schilderung seiner familiären Situation, die den größten Teil des ‚Vorwortes' der *Vorworte* ausmacht, reduziert gewissermaßen Notabenes Projekt auf ein *zufälliges, persönliches* Problem. Aber gerade so bekommt sein Vorwort jenes Gepräge, das er allen Vorreden bescheinigt: „Vorreden tragen das Gepräge des Zufälligen ebenso wie Dialekte, Idiome, Provinzialismen." (V 173). Notabene also ist glücklich verheiratet. Allerdings stünde seine Frau entschieden auf dem Standpunkt, daß sich sein Eheversprechen in keiner Weise mit einer schriftstellerischen Tätigkeit vereinbaren lasse. Mit einer entwaffnenden Liebenswürdigkeit bestehe sie auf der Ansicht: „ein Ehemann,

---

[14] Ich erlaube mir, hier darauf zu verweisen, daß ein bestimmter Tabakgenuß eine sicherlich sehr diskrete, aber vielleicht nicht unbedeutende Rolle in Kierkegaards Texten spielt: z.B. in AUN I 176f., wo Johannes Climacus über den entscheidenden „Einfall" für seine schriftstellerische Tätigkeit berichtet. Dieser wird vorbereitet durch eine bestimmte „glänzende Untätigkeit": „So saß ich also da und rauchte meine Zigarre, bis ich in Gedanken versank [...]." In diesem Moment kommt ihm die sein weiteres Leben entscheidende Idee. – Auf jeden Fall bei Derrida spielt eine solche „Poetik des Tabaks" (FG 97ff.) eine wesentliche Rolle: Denn Rauchen bedeutet eine ganz und gar luxuriöse, ‚sinnlose' Verschwendung, bei der nichts übrigbleibt als *Asche*. Dies aber ist für Derrida eine ‚Metapher' für *Schrift*, für das was (üb)rig)bleibt, wenn das *Feuer (des Geistes)* erloschen ist; vgl. FA pass. bzw. VG 98ff. *Rauchen* und *Schreiben* haben etwas gemeinsam!

der schriftstellert, ist nicht eben viel besser als ein Ehemann, der allabendlich in den Klub geht, ja sogar schlimmer; denn der, welcher in den Klub geht, muß doch selber gestehen, daß es ein Treubruch ist, aber Schriftsteller sein, ist eine vornehme Art von Untreue, die keinerlei Reue zu wecken vermag, obwohl die Folgen schlimmer sind." (V 180) Jede Argumentation dagegen wird von Notabenes Frau für „nichts als Neckerei" abgetan. Auch wird jeder Versuch Notabenes, etwas zu Papier zu bringen, schon nach dem einleitenden Paragraphen von seiner Frau im Keime erstickt, so daß er sich schließlich dazu verpflichten muß, nicht mehr Schriftsteller sein zu wollen. Allerdings gelingt es ihm, sich die Erlaubnis vorzubehalten, ‚Vorworte' schreiben zu dürfen. „Sie nahm den Vorschlag an, vielleicht in der Meinung, es sei unmöglich, ein Vorwort zu schreiben, wenn man kein Buch schreibe" (V 183). Die vorliegende Sammlung von Vorworten, die er zwar heimlich, doch mit „unversehrtem Gewissen" geschrieben habe, sei das Ergebnis dieses Gelübdes.

Ich lasse diese schöne Geschichte als einen Hinweis auf die *existentielle* Verwurzelung jeder Schriftstellerei – und im besonderen derjenigen Kierkegaards und seiner Gelübde, ‚Sie' betreffend – auf sich beruhen und frage statt dessen nach einigen texttheoretischen Implikationen eines solchen Buches wie *Vorworte*.[15]

Gegen die Bauchredner. Von der Schwierigkeit, ‚Ich' zu schreiben

Gemäß einer klassischen Konvention ist es allein das „Vorwort", wo der Autor von sich selbst *als* Autor reden darf. Im Verlaufe des ‚eigentlichen' Buches hat er im Interesse der ‚Sache' in den Hintergrund der Szene zu treten. Indem Notabene diesen Spielraum der Autorindividualität verselbständigt und zum ‚Buch' macht, parodiert er jene klassische Ordnung von Autor und Gegenstand, von individueller Subjektivität und der Neutralität der Sache – und zwar, indem er unentwegt auf diese

---

[15] Vgl. zum folgenden die hervorragende Zusammenfassung der diesbezüglichen Diskussion bei H. Deuser: *Kierkegaard*, 58 ff., der die entsprechenden Ausführungen unter die Überschrift: „Kierkegaards Sprache – Literatur als Lebensform" stellt. Deuser interpretiert allerdings die gesamte Problematik der „pseudonym-literarischen Vermittlung" von der *Existenzdialektik* Kierkegaards her: Nur im Modus der *dichterischen Möglichkeit* ist der „Einbindung [des Denkens] in Lebenswirklichkeit kritisch nahezukommen" (a.a.O., 60). Dies entspricht zweifellos auch Kierkegaards Zugang zu seiner Schriftstellerei. Mir liegt hier jedoch vor allem daran, die ganze Thematik einmal anders anzugehen: nämlich vom Phänomen des *Schreibens überhaupt* aus. Deuser schreibt übrigens: „Selten wurde in der Forschung bisher Kierkegaards Literatur wirklich als solche gelesen und verstanden." (a.a.O., 61) Vgl. dazu L. Mackey: *Kierkegaard: A kind of Poet*, pass. und G. Heath King: *Existenz, Denken, Stil*, 131 ff.

Ordnung referiert. Was sonst nur als verzichtbare Zugabe und nachträgliche Ergänzung erlaubt ist, wird in *Vorreden* zur ‚Sache' selbst. Es ist der ‚Autor' als schreibende Instanz, der revoltiert, der seinen Ausschluß aus dem ‚Werk' anklagt, der seinen Anspruch bekräftigt, in der Sache selbst mit von der Partie zu sein. Der Autor und sein Vorwort protestieren dagegen, vom Buch ausgelöscht zu werden. Insofern könnte dieses Buch von Vorworten illustrieren, was es heißt, ein ‚subjektiver Denker' zu sein. Ganze Bücher *wie* Vorworte zu schreiben, bindet den Text in einem ungehörigen Sinne an seinen Autor, an eine Subjektivität, die jede ‚Objektivität' der verhandelten ‚Sache' ausdrücklich untergräbt.[16]

Der wissenschaftliche Schriftsteller im geläufigen Sinne läuft nach Kierkegaard dagegen immer Gefahr, ein „Bauchredner" zu sein. In dem ein Buchautor alles Persönliche aus seinem Text verbannt, kann man nie sicher sein, *wer* hier eigentlich spricht, woher die Stimme kommt. Ein wissenschaftlicher Text à la Hegel[17] impliziert eine Stimme ohne Subjekt, ohne ein *Ich*, ohne eine Unterschrift. Nicht zufällig legt Kierkegaard in seinem Vorlesungsentwurf zur *Dialektik der ethischen*

---

[16] Auch Mackeys Kierkegaardinterpretation läuft auf die These zu: „What this says is that in Kierkegaard *philosophy becomes poetry*. Modern philosophers have always thought it possible to be objectiv [...]. Kierkegaard counters: every standpoint is in fact not neutral but biased, not objective but subjective, not angelic but human and finite. Philosophy as understood by modern tradition is impossible." L. Mackey: *Kierkegaard: A kind of Poet*, 266.

[17] Vgl. z.B. die ironische Kritik an Hegel in AUN II 35f., wo Climacus das ‚reine Denken' ad absurdum führt: „Wenn Hegel seine Logik unter dem Titel: Das reine Denken herausgegeben hätte; herausgegeben hätte ohne Verfassernamen, ohne Jahreszahl, ohne Vorwort, [...] ohne störende Erklärung für das, was sich nur selbst erklären könnte; herausgegeben hätte als ein Seitenstück zu den Naturlauten auf Ceylon: als die eigenen Bewegungen des reinen Denkens: das wäre griechisch gehandelt gewesen. So hätte ein Grieche es gemacht, wenn ihm jene Idee gekommen wäre." Hier geht es also um die fehlende Reduplikation des Inhalts in der Form, die Climacus Hegel vorwirft. Aber natürlich wird die ganze ‚Idee' Hegels damit lächerlich gemacht: Sie verrät sich selbst. Es gibt kein *reines* Denken: „In einem solchen Werk in Anmerkungen gegen diesen und jenen mit Namen Genannten polemisieren, Wegweisende Winke geben, was bedeutet das? Das heißt verraten, daß ein Denkender da ist, der das reine Denken denkt, ein Denkender, der ‚in den eigenen Bewegungen des Gedankens' mitredet, und wohl sogar zu einem anderen Denkenden redet, mit dem er sich also einlassen will." Climacus macht hier auf eine interessante *andere* Lesart von Hegel aufmerksam: Man müßte die *ganze* Hegelsche Philosophie als *Ideosynkrasie* zu lesen versuchen. Aber Hegel sagt (leider) nicht das, *was er ‚eigentlich' tut*. (Zum Verhältnis Kierkegaard-Hegel in bezug auf das „Wagnis des Sich-Zeigens" und dessen Niederschlag im Stil vgl. auch G.H. King: *Existenz, Denken, Stil*, 102ff., wo sie das ganze Thema anhand einer Verschiebung der Licht-Metaphorik bei Kierkegaard – dessen Forderung eines „Offenbarwerdens" – verfolgt!)

32   Teil I: Was heißt (religiöse) Schriftstellerei?

und der ethisch-religiösen Mitteilung[18] besonderen Nachdruck auf seinen Gebrauch des Wörtchens ‚Ich':

> „*Ich muß mich wohl entschuldigen für die Art, in der ich das ‚Ich' in diesen Vorlesungen gebrauche.* Ich muß jedoch hinzufügen: Wie sehr ich auch bereit bin, diese Entschuldigung zu machen, so ist sie [doch] von meinem Standpunkt [aus gesehen] eine Anpassung. Meines Erachtens ist es meine Schwachheit und Unvollkommenheit, teilweise eine Folge meines Seufzens unter dem Gewicht des Herkömmlichen, daß ich es nicht wage, mein ‚Ich' dreister zu gebrauchen. Eines der Unglücke der heutigen Zeit ist eben die Tatsache, daß man das ‚Ich', das persönliche ‚Ich' abgeschafft hat. [...] Und ich achte es deshalb als mein Verdienst, daß ich durch Anbringen gedichteter Persönlichkeiten, die ‚Ich' sagen, mitten in der Wirklichkeit des Lebens (meine Pseudonyme) dazu beigetragen habe, die Zeitgenossen womöglich daran zu gewöhnen, wieder ein ‚Ich', ein persönliches ‚Ich' reden zu hören (und nicht jenes phantastische reine Ich und seine Bauchrednerei)." (Pap. VIII B 88, p. 183 / T II 120f.)

Natürlich kann *man* die Sprache immer benutzen, ohne sie auszufüllen, ohne sie zu bewohnen, auf eine eigentümliche Weise. Aber Kierkegaard sieht in der Vermeidung der ‚Bauchrednerei' die eigentliche Herausforderung im Umgang mit Sprache. Die Gefahr der Anonymisierung ist für ihn schlimmer als diejenige, etwas ‚Falsches' zu sagen. Die Gefahr zu sprechen oder zu schreiben, liegt weniger in der Möglichkeit der Inadäquatheit der Rede, sondern in dieser Möglichkeit einer *leeren Rede* durch das Verschwinden des Subjekts:

> „Die meisten Schriftsteller schreiben so wenig eigentümlich, daß fast jeder Mann im Königreich Verfasser dessen sein könnte, was geschrieben wird, und da somit der Name eine völlig nichtssagende Beigabe wird, so sieht man hieraus ein, daß die Anonymität auch im poetischen Sinne ihre Bedeutung hat, da ja überdies, von der entgegengesetzten Seite gesehen, die Schriftsteller, die eine Individualität haben, ihren Namen gar nicht darunter zu setzen brauchen." (Pap. II A 412 / T I 193)

Kierkegaard jedoch *unterschreibt* seine Texte. Nicht nur am Ende der Vorworte. Sondern fast jede Seite trägt diese Signatur. Daß er nicht im Namen des ‚eigenen Ichs' signiert, sondern in vielerlei Namen, bezeichnet er in dem Vorlesungsentwurf als ein gewisses Zugeständnis an seine Zeit. Pseudonymität sei demnach vor allem ein Mittel, in einer Zeit, wo niemand mehr wagt, „Ich" zu sagen, die Leser(innen) daran zu *gewöhnen*, was es heißt, es mit ‚subjektiven' Schriftstellern zu tun zu haben: „Die dichterische Persönlichkeit hat stets etwas, was sie erträglicher macht für eine Welt, die es sich gänzlich abgewöhnt hat, ein ‚Ich' zu hören. Und weiter gelange ich wohl niemals. Ich werde es wohl niemals wagen, mein eigenes ‚Ich' ganz unmittelbar zu

---
[18] Vgl. Pap. VIII B 80ff. / T II 113-127. Vgl. dazu H. Deuser: *Kierkegaard*, 75ff.

gebrauchen." (Pap. VIII B 88, p. 183 / T II 121)[19] Aber daß Kierkegaard *nicht* im eigenen Namen signiert, sondern darüber hinaus mehrere dichterische Persönlichkeiten, die sich aufeinander beziehen und einander widersprechen, zwischen sich und seine Leser(innen) schiebt, verstärkt im Grunde sein Anliegen. Was er durch die Vielstimmigkeit der jeweiligen Individualitäten seiner Pseudonyme evoziert, ist eine neue Möglichkeit, Individuelles und Allgemeines in Beziehung zu setzen. Kierkegaards Schriftstellerei weist mit Nachdruck darauf hin, daß ‚Allgemeinheit' niemals unter Absehung bzw. Aufhebung der ‚Subjektivität' des Denkenden zu erreichen ist. Alles Denken und jede Verwendung von Begriffen ist individuell. Wenn nun innerhalb eines ‚Werkes' solche individualitätsverschiedenen Standpunkte, wie sie die Pseudonyme repräsentieren, aufeinander bezogen und ineinander gespiegelt werden, dann entsteht dadurch zwar etwas ‚Interindividuelles', aber dieses behält selbstverständlich den Index von ‚Subjektivität'. Es entsteht kein Allgemeines, das den Anspruch erhebt, von seiner Individualität absehen zu können. Werner Stegmaier schreibt dazu: „Bei dieser Reflexion überschreitet er [Kierkegaard] die Subjektivität jeder einzelnen, ohne aus der Subjektivität überhaupt herauszutreten, ohne Objektivität im herkömmlichen Sinn zu beanspruchen [...]. Er konzipiert eine Objektivität als Reflexivität von Subjektivität in anderer Subjektivität. Es ist die Objektivität, die in der Kommunikation unter Individuen allein möglich ist, keine überindividuelle, sondern eine interindividuelle Objektivität."[20] Kierkegaards Werk setzt in Szene, daß es – namentlich in Sachen des Glaubens – keine ‚Sachlichkeit' gibt, die nicht durch die Brechung individueller Aneignung hindurchgegangen ist. Gegenüber jedwedem Ruf *Zur Sache!* ist der Vorbehalt dieses Ernstnehmens der ‚Vorworte' zu machen, die daran erinnern, daß es immer *jemand* ist, der da zur ‚Sache' ruft.[21]

---

[19] Interessant ist hier auch Kierkegaards ‚prophetisch-messianischer' Blick auf einen ‚der nach ihm kommt': „Aber dessen bin ich sicher: Es wird die Zeit kommen, da ein ‚Ich' in der Welt aufsteht, welches ohne weiteres ‚Ich' sagt und in der ersten Person redet. Er erst wird auch wirklich im strengsten Sinne ethische und ethisch-religiöse Wahrheit mitteilen." (ebd.) Wie hat man diesen Ausblick auf eine *direkte* Mitteilung der Wahrheit zu verstehen?
[20] W. Stegmaier: *Hauptwerke der Philosophie*, 335.
[21] Vgl. dazu den schönen Aufsatz von P. Stoellger: „*Zur Sache...*". Sinn und Unsinn der Rhetorikkritik, pass.

1.1.2. Nach-Schriften: Was heißt Schreiben?

Vorworte sind bekanntlich meist als ‚Nachschriften' entstanden. „O, welch eine Lust ist es doch ein Buch geschrieben zu haben!" parodiert Nikolaus Notabene im Vorwort Nr. 1 jene Schreiberlinge, die nach Beendigung des Buches ihren Stolz über das Geleistete zum Ausdruck bringen und „Nutzen für alle" (V 185) versprechen. Vor allem *versprechen*, denn üblicherweise enthält ein Vorwort die Ankündigung von weiteren Plänen und Fortsetzung: „(F)ernerhin gelobe ich ein System der Ethik und der Dogmatik und endlich *das* System. Sobald dies erschienen ist, wird das nachfolgende Geschlecht nicht einmal mehr nötig haben das Schreiben zu lernen; denn es wird nichts weiter zu schreiben sein, man braucht nur noch zu lesen – nämlich das System." (V 186) Notabene parodiert den Gestus eines jeden Vorworts, am Ende noch nicht am Ende zu sein. Ungeachtet aller Versprechen, daß es irgendwann einmal nichts mehr zu schreiben gibt, bekundet das Vorwort, daß *weitergeschrieben* werden muß. Weit davon entfernt, lediglich zu *rekapitulieren*, eröffnet das Vorwort die Reihe der *Nachschriften* eines Werks. Und auch diese stellen den gewöhnlichen Begriff des Buches gehörig in Frage.

Genauso wie Kierkegaards *Vorworte* kann die *Abschließende Unwissenschaftliche Nachschrift* als eine Art Parodie betrachtet werden, wo ein ‚Postskriptum' eine derartig überdimensionierte Länge und Bedeutung bekommt, daß das klassische Verhältnis von ‚Buch' und ‚Nachwort' umgedreht wird. Was ist hier der ‚maßgebliche' Text und was sein ‚Kommentar'? Welche Orientierung bietet z.B. die Sectio „Zur Orientierung in der Anlage der ‚Brocken'"(vgl. AUN II 65ff.) für eine Lektüre der *Philosophischen Brocken*? Oder welchen Status haben die Kommentare, die Johannes Climacus in der *Unwissenschaftlichen Nachschrift* von den anderen pseudonymen Schriften gibt (vgl. AUN I 245ff.), für die Interpretation der betreffenden Werke? Kierkegaard mutet seinen Leser(inne)n nicht nur zu, alle Texte konsequent von ihren Vorworten her zu lesen, d.h. als Äußerungen einer bestimmten Subjektivität, sondern die verschiedenen Texte und Pseudonyme kommentieren sich noch einmal, ohne daß *einem* dieser Kommentatoren eine übergeordnete Autorität zugeordnet werden könnte. Jeder Text wird zur ‚Nachschrift' eines anderen und zwar in ausdrücklicher Betonung der Kontinuität und Diskontinuität in einem. Jeder Text *verlangt* nach einer Nachschrift, weil er innerhalb seines Textkörpers zu keinem Ende findet. Indem die Kommentatoren (z.B. Johannes Climacus oder Anti-Climacus oder ‚Sören Kierkegaard') so tun, als blickten sie zurück und vollziehen eine Rückkehr, *werfen sie wieder auf*, fügen einen Text hinzu, der dem vorgeblichen Referenten der ‚Nachrede' zwar nicht fremd ist, doch auch nicht auf diesen zurückgeführt werden kann. In der ‚Einleitung' der *Abschließenden Unwissenschaftlichen Nachschrift* schreibt Climacus:

„Du wirst dich, mein lieber Leser, vielleicht daran erinnern, daß sich am Schluß der *Philosophischen Brocken* eine Äußerung findet, ein Etwas, das wie das Versprechen einer Fortsetzung aussehen könnte. Als Versprechen betrachtet war jene Äußerung (,wenn ich je einen nächsten Teil schreibe') allerdings wohl so achtlos wie nur möglich, so fern wie möglich von einem feierlichen Gelöbnis." (AUN I 7)

Denn natürlich will Climacus sich gerade unterschieden wissen von jenen „systematischen" Denkern, die beständig das System versprechen und behaupten: „Erst am Schluß des Ganzen wird alles klar." (AUN I 11) Nein, so will er die *Brocken* nicht verstanden wissen. „Wesentlich betrachtet" verlangen sie nach keiner Fortsetzung. Genau diesen Taschenspielertrick mit dem noch ausstehenden Schluß wirft er ja den Systematikern vor: „Fehlt nämlich der Schluß am Schluß, dann fehlt er auch am Anfang. Das sollte also am Anfang gesagt worden sein." (ebd.) Climacus aber hat nicht dieses Problem des systematischen Denkens, weil er „in jener Pièce" lediglich ein *Problem* vortragen wollte, "ohne daß diese jedoch tat, als habe sie es gelöst, da sie es ja bloß vortragen wollte" (AUN I 13). Auch die *Nachschrift* bietet keine Lösungen an. Sie versichert lediglich, das „historische Gewand" nachzuliefern, was sich jeder „Pfarramtskandidat" leicht selber schreiben könnte. „Es ist daher in der Ordnung, daß es in einer Nachschrift eingelöst wird, und man ist weit, weit davon entfernt, den Verfasser, wenn überhaupt etwas Wichtiges an der ganzen Sache ist, beschuldigen zu können, daß er nach Frauenzimmerart das Wichtigste in einem Postskriptum sage." (AUN I 9) Faktisch nimmt dieses ‚historische Gewand' dann aber einen verschwindend geringen Teil[22] der opulenten *Nachschrift* ein. Im Mittelpunkt des sog. „subjektiven Problems" stehen, wenn nicht ganz andere, so doch ganz neue Fragestellungen. Und so gibt auch Climacus am Ende der ‚Einleitung' zu: „Das ist im Grunde mehr als die versprochene Fortsetzung [...] Der erste Teil ist die versprochene Fortsetzung, der zweite Teil ist ein erneuter Versuch in derselben Richtung wie die Pièce, ein neuer Anlauf zum Problem der Brocken." (AUN I 16) Nachdem man nun diesen Versuch als Leser(in) über mehr als 600 Seiten begleitet hat, er-

---

[22] D.h. 38 von 640 Seiten in der deutschen Übersetzung!

fährt man in einem „Anhang. Verständigung mit dem Leser": „Die ganze Schrift handelt in der Abseitigkeit des Experiments von mir selbst, einzig und allein von mir selbst." (AUN II 331) Man würde das Gesagte völlig mißverstehen, wollte man sich in irgend einer Weise darauf berufen: „so enthält, was ich schreibe, zugleich eine Nachricht darüber, daß alles so verstanden werden soll, daß es widerrufen ist; daß das Buch nicht nur einen Schluß hat, sondern obendrein einen Widerruf. Mehr kann man doch nicht verlangen, weder vorher noch hinterher." (AUN II 333)

Wozu also dann *schreibt* J. Climacus alias Kierkegaard dieses Buch? Ich werde den mehr oder weniger geheimen ‚Absichten' Kierkegaards unten genauer nachgehen. Aber jenseits der zur Schau gestellten Gleichgültigkeit gegenüber jedwedem Anspruch auf öffentliche Wirkung[23] *und* jenseits der später gestandenen bzw. behaupteten ‚Taktik', die hinter der gesamten dichterischen Tätigkeit stehe[24], bekundet Kierkegaards Schriftstellerei zunächst eine unstillbare Nötigung zum *Schreiben* überhaupt: zum Schreiben immer neuer Projekte, Experimente, „mimisch-pathetisch-dialektischer Sammelschriften", kurz: zu immer neuen ‚Nachschriften' zu ‚Vorworten' verschiedenster Art. Schreiben ist für ihn alles andere als das Hervorbringen von Resultaten. Schreiben ist eine ganz eigene Art, sich auf so etwas wie ‚Wahrheit' zu beziehen, auf eine Wahrheit, die niemals im Darlegen einer ‚Lehre' gesehen werden könne, sondern in einer bestimmten Erfahrung im Akt des Schreibens bzw. des Lesens eines solchen Texts. Im besagten ‚Anhang' zu der *Unwissenschaftlichen Nachschrift* wendet sich Climacus an einen „eingebildeten" idealen Leser, der von der gleichen „Lust der Unendlichkeit, der reinsten Äußerung der Gedankenfreiheit" durchdrungen ist, der die Geduld besitzt, „Zwischensätze nicht zu überspringen und vom Einschlag der Episode zu den Kettenfäden des Inhaltsregisters zu eilen": ein solcher Leser könne verstehen, „daß das Verstehen das Widerrufen ist". Er könne verstehen, „daß ein Buch schreiben und es widerrufen etwas anderes ist, als es zu schreiben unterlassen, daß ein Buch schreiben, das keine Bedeu-

---

[23] Vgl. etwa „Ein Buch zu schreiben und herauszugeben, wenn man nicht einmal einen Verleger hat, der in Verlegenheit kommen könnte, daß es nicht verkauft würde, ist ja ein unschuldiger Zeitvertreib und (ein ebensolches) Vergnügen, ein erlaubtes privates Unternehmen in einem wohlgeordneten Staat, der Luxus toleriert, und wo es jedem vergönnt wird, seine Zeit und sein Geld zu verwenden, wie er will, sei es um Häuser zu bauen, Pferde zu kaufen, ins Theater zu gehen oder überflüssige Bücher zu schreiben und sie drucken zu lassen." (AUN II 333f.)
[24] Vgl. *Der Gesichtspunkt für meine Wirksamkeit als Schriftsteller* (SS 21ff.).

tung für jemand fordert, doch etwas anderes ist, als es ungeschrieben sein lassen" (AUN II 335). Schreiben bedeutet für Kierkegaard die Präsentation von etwas in Form von ‚Thesen' und ‚Meinungen' nicht Repräsentierbarem, die Vorführung eines Entzugs, der jedoch nur *in seiner Inszenierung* erfahrbar wird, die Darlegungen von Problemata, die es vor jeder Auflösung zu schützen gilt. Schon von daher verlangt jedes ‚Buch' nach einem ‚Nachwort', welches es widerruft: *als Buch* bzw. *als Lehre* widerruft und einschreibt in eine Kette erneuter Versuche „in derselben Richtung".

Die Emanzipation des Textes

Aber gleichzeitig parodieren die Vorworte auch die merkwürdige Inszenierung, die jedes Vorwort darstellt. Im Vorwort erscheint ‚der Autor' als *erster* Kommentator seines Werkes. Hier spricht er vom Gesichtspunkt seiner Wirksamkeit als Schriftsteller, stellt sich seinem eigenen Text noch einmal mit *Autor*ität gegenüber und befindet über die Richtlinien von dessen Lektüre. Das Vorwort ist eine Szene, auf/in der der Autor *die Rolle des Autors* spielen kann, *sich darstellen kann als ein Autor*, indem er – wie S. Agacinsky schreibt – den Leser einlädt, die Kulissen zu besichtigen, sich selbst sehen läßt in seinem Morgenrock, an seinem Schreibtisch sitzend und die Geheimnisse seines Werks enthüllt[25]. Der Anspruch des Autors, alle Fäden des Buches in der Hand zu (be)halten, bekundet sich klassisch in dieser Geste des ‚Vorworteschreibers'. *Nur* Vorworte zu schreiben – zu nicht geschriebenen Büchern und insofern in doppelter Hinsicht *nichts* zu sagen zu haben – bedeutet daher auch, diese privilegierte und fundamentale Position des Autors zu unterhöhlen: den Moment der Wiederaneignung und der beherrschenden, das ganze noch einmal überschauenden Perspektive des Verfassers.[26]

Denn Kierkegaards Spiel mit Vorworten bekundet: Auch die Wiederaneignung eines Textes durch ein ‚Vorwort' ist kontingent. Sie kann auf verschiedene Weisen erfolgen. Das Erklärungsverhältnis zwischen Vorwort und Text ist selbst eine Inszenierung, die auch anderen Verknüpfungen Raum geben könnte. Kierkegaards Werk, die Ent- und Aneignungen, die Verschiebungen, Zitierungen und Parodien seiner eigenen Texte sind das beste Beispiel für eine solche ir-

---

[25] Vgl. Agacinsky: *Aparté*, 226.
[26] Vgl. dazu auch Ch. Norris: *Fictions of authority: narrative and viewpoint in Kierkegaard's writing*, 85ff.

ritierende *Autonomie* der Texte. Man nehme nur das berühmte Vorwort Nr. VII, also jenes, das ‚ursprünglich' für den *Begriff Angst* gedacht war. Wenn es dort heißt: „Gegenwärtiges Buch, das ich hiermit aussende, ist so geschrieben wie man, glaube ich, in älterer Zeit Bücher geschrieben hat." (V 210) – dann kann man zwar wie der deutsche Übersetzer unter Vorbehalt anmerken: „Gemeint gewesen ist der ‚Begriff Angst'" (Anm. 370). Aber *dieses* Buch ist vielleicht gemeint *gewesen*. Doch bei dem „gegenwärtigen Buch" handelt es sich auch um das *fiktive nie* geschriebene Werk, dem das Vorwort als solches hätte dienen sollen *oder* um Notabenes Buch „Vorworte". Das *hier und jetzt* des Textes ist Notabenes Buch. Nikolaus Notabene alias Kierkegaard führt vor, was passiert, wenn ein Text derartig *umsigniert* wird. Man unterbietet das literarische Projekt dieses Buches, wenn man es als Fundquelle dafür benutzt, was anderenorts ursprünglich „gemeint gewesen ist". Das Austauschen der Signaturen wie eben die Verschiebung des ‚ursprünglich' im eigenen Namen geschriebenen Vorworts von *Der Begriff Angst* in die Serie der *Vorworte* oder die ‚nachträgliche' Umsignierung von *Die Krankheit zum Tode* usw. verlangen nicht, danach zu fahnden, was ‚Kierkegaard' *ursprünglich eigentlich* sagen wollte, sondern vor allem belegen sie die immer gegebene *Möglichkeit* einer solchen Loslösung der Texte vom ‚Autor' und dessen Intentionen.[27] Jeder Text läßt sich immer wieder neu und anders *gegenzeichnen*: durch den neuen Herausgeber, eine neue Signatur bzw. ‚einen neuen Leser'.[28] Kierkegaards Signaturen bilden jeweils einen Teil der Texte selbst. Sie sind keine Instanzen *außerhalb* des Textes, die es erlaubten, die verschiedenen Texte *von dorther* besser zu verstehen. Die Texte sind ‚autonom', weil ihre fiktiven Verfasser keinen *Halt* bei einem bestimmten ‚Autor' bieten, den es gelte, mit Hilfe seiner Texte besser zu verstehen als dieser sich selbst.

Es geht dabei bekanntlich nicht um eine Schutzmaßnahme, um den ‚wahren Verfasser' zu verbergen. Sören Kierkegaard, als die Person, die die Feder führt, war immer bereit, die ‚zivilrechtliche Verantwor-

---

[27] Vgl. Agacinski: *Aparté*, 222.
[28] Vgl. dazu K. Schäfer, der zwar auch von einer Autonomie des Textes spricht, jedoch im Interesse der existentiellen Aneignung ‚der Sache': „Diese Verselbständigung des Textes ist eines der Mittel, mit denen Climacus den Leser in ein Verhältnis zum Problem des Textes als der in diesem übertragenen Sache und somit zu sich selbst zu bringen sucht. Denn der Vorgang teilt nicht etwas über etwas mit, sondern bewirkt im Leser eine Aufmerksamkeit auf eine bestimmte Möglichkeit, sich zu sich zu verhalten, bestimmt ihn also auf Selbstbestimmung hin." *Hermeneutische Ontologie*, 53.

tung' für seine Schriften zu übernehmen. („... auch ist der Buchdrukker, sowie der Zensor qua Beamter, gleichzeitig mit der Herausgabe der Schrift immer offiziell davon unterrichtet gewesen, wer der Verfasser war" (AUN II 339).) Kierkegaard ging es darum, eine bestimmte *Lektüre* von Texten zu provozieren, ihre eigentümliche Weise zu *bedeuten* und zu *kommunizieren*, die sich nicht auf das klassische Darlegen von ‚Meinungen' reduzieren läßt.[29] Während die gewöhnliche Betrachtung aus der Unterschrift gerade das Recht ableitet, das Geschriebene auf die Identität derjenigen Person zu beziehen, die den Stift in der Hand hält, vervielfältigen Kierkegaards Unterschriften den Autor. Man hat es in der Regel mit *drei* verschiedenen Instanzen zu tun, und man weiß nie genau, *wer* es ist, der da spricht.

„Denn mein Verhältnis ist noch äußerlicher als das eines Dichters, der Personen *dichtet* und doch *selbst* im Vorwort der *Verfasser* ist. Ich bin nämlich unpersönlich, oder persönlich in dritter Person, ein Souffleur, der dichterisch *Verfasser* hervorgebracht hat, deren Vorworte wiederum ihr Erzeugnis sind, ja deren *Namen* es sind." (AUN II 339f.)

Die Namen, die Unterschriften sind *Erzeugnisse* des Texts. Sie repräsentieren *fiktive* Autoren und weisen darauf hin, daß *jede* Autorunterschrift so gelesen werden kann. Die Unterschriften drücken lediglich die Tatsache aus, daß der Text *gegengelesen* wurde: und zwar als erstes von seinem ‚Autor'. Aber begründet dies eine Autorität in Fragen der Lektüre des Textes? In der *Ersten und letzten Erklärung* erklärt der Unterzeichner „S. Kierkegaard" ausdrücklich: „Es ist also in den pseudonymen Büchern nicht ein einziges Wort von mir selbst; ich habe keine Meinung über sie außer als dritter, kein Wissen um ihre Bedeutung außer als Leser, nicht das entfernteste private Verhältnis zu ihnen" (AUN II 340). Er sei gewissermaßen nur „*Pflegevater*" (Ich unterstreiche dieses Wort, weil ich später darauf zurückkommen möchte). Seine „Verhältnis-Stellung ist die Einheit des Sekretärseins und, recht ironisch, des dialektisch reduplizierten Verfasser-Seins von dem Verfasser oder den Verfassern" (AUN II 341). Er ist nur „uneigentliche[r] Verfasser" (AUN II 342). Kierkegaard wehrt sich dagegen, das unterzeichnende „Ich, S. Kierkegaard" als autoritäre und gültige hermeneutische Instanz seiner Texte heranzu-

---

[29] H. Deuser verweist übrigens in diesem Zusammenhang auf Versuche, Kierkegaards Verständnis von Kommunikation von Wittgenstein her neu zu deuten: *Sören Kierkegaard*, 81ff. Vgl. dazu auch W. Stegmaier: *Denkprojekte des Glaubens*, pass., der Kierkegaards Theorie der indirekten Mitteilung mit Wittgensteins Theorem „geregelter Sprachspiele" parallelisiert.

ziehen. Er ist nur *ein* Leser seiner Texte – und er hofft auf weitere Leser(innen).[30]

Man könnte nun darauf hinweisen, daß das eben Gesagte allenfalls für die *pseudonymen* Schriften gilt. In den *Erbaulichen Reden*[31] aber und in den letzten Schriften aus der Zeit des ‚Augenblick-Streits' redet Kierkegaard im *eigenem* Namen. Man ist oft geneigt zu sagen: Kierkegaard unterzeichnet mit S. K. dann, wenn er nicht mehr *dichterisch schreibt*, wenn er sich nicht mehr als Dichter begreift. Und immerhin gibt es einen beträchtlichen Teil des Werkes, der in diesem Sinne als die ‚eigentliche' Meinung Kierkegaards gelesen werden könnte. Aber genauso wenig wie der Eigenname zu einem Namen *neben* anderen (Pseudonymen) wird, so deutlich wehrt sich Kierkegaard auch dagegen, daß sich die Unterschrift „S. K." integrierend über die anderen Pseudonyme stellen dürfte und dazu herangezogen werden könnte, zu entscheiden, wie jene anderen Texte gelesen werden müssen bzw. was sie bedeuten.[32] Kierkegaard hat den ‚*Gesichtspunkt für meine Wirksamkeit als Schriftsteller*', der alles aufzuklären scheint, *nicht* veröffentlicht. Er hat die Schrift der Veröffentlichung nach seinem Tode vorbehalten. Und auch dann noch hat die Unterschrift Kierkegaards lediglich eine bestimmte, partikulare Funktion in bezug

---

[30] Zum Umgang mit den Pseudonymen bei Kierkegaard vgl. auch W. Dietz: *Sören Kierkegaard*, 43ff., der „die Pseudonyme als Ausdruck einer vermittelten Gebrochenheit zum jeweiligen Standpunkt" (a.a.O., 43) versteht. Allerdings gebietet es für W. Dietz die „Redlichkeit", „diese Relation nicht einfach in der Schwebe zu lassen" (a.a.O., 44). Namentlich in Sachen christlicher Existenzmitteilung. Von daher fragt sich Dietz, ob sich das Christsein und das Dichtersein in Kierkegaard wirklich vereinen lassen. Das sei ja auch zeitlebens Kierkegaards Problem gewesen. – Meine Lektüre besteht jedoch darin, gerade in jenem ‚in der Schwebe Halten' der Beziehung zwischen Autor und Pseudonym das *religiöse* Anliegen Kierkegaards herauszuarbeiten.

[31] Zur Kennzeichnung von deren Rhetorik vgl. R.E. Anderson: *Kierkegaards Theorie der Mitteilung*, 449ff.

[32] Das berührt die Frage nach einer letztlichen Kohärenz von Kierkegaards Denken. Noch einmal W. Dietz: „die Aporie der Pseudonymität liegt im Problem einer konsistenten Rückbeziehung auf das Denken des Autors selbst: Die Pseudonyme dürfen sich nicht derart verselbständigen, daß ihr Miteinander in bezug auf den Verfasser nur noch durch die Diagnose der Schizophrenie zu klären ist." (A.a.O., 44.) Aber warum sofort in die Sprache der Pathologie verfallen? Wer hat gesagt, daß Inkohärenz nicht sein *darf*? Und was, wenn es verschiedene Kohärenzen gäbe, z.B. die von Johannes Climacus vorgeschlagene (AUN I 245ff.) oder die des *Gesichtspunkts* usw.? Was heißt das ‚Denken des Autors selbst'? Natürlich ist der Versuch, der Rekonstruktion einer „möglichen Einheit – zumindest ihrer Intention betreffend" (a.a.O., 44), so wie es W. Dietz unternimmt, immer *möglich*. Aber es ist dann eben der Rekonstruierende, der das *unterschreibt*.

auf den von ihr unterzeichneten Text.[33] Daß der Autor seine pseudonymen Schriften geschieden wissen wollte von den anderen, ist unbestreitbar. Aber was spricht dafür, daß wir es hier in ‚unmittelbarerer' Weise mit Sören Kierkegaard zu tun hätten? Auch für die Schriften im eigenen Namen – und besonders für diese – gilt Kierkegaards Vorbehalt, daß er keineswegs ‚Vollmacht' für sich beansprucht: „Ich betrachte mich selbst am liebsten als einen *Leser* meiner Bücher, nicht als den *Verfasser*." (SS 19) Im Fall der *Rechenschaft* geht es Kierkegaard ausdrücklich darum zu versichern, daß er sich von seinen Texten *selbst* ansprechen lassen will, sich durch sie aufmerksam machen lassen will auf das Religiöse. Aber damit wären wir bei der Frage nach der ‚Absicht', die Kierkegaard – bei allem Beharren auf der Extravaganz seines Schreibens (!) – mit diesem offensichtlich verbindet. Und bei seiner Theologie.

1.2. Unter Falschmünzern. Kierkegaards Absicht

Der künstlerische Stil von Kierkegaards Texten ist zunächst, wie immer wieder beteuert, notwendige Konsequenz einer bestimmten Auffassung von Wahrheit. Ein „subjektiver Denker" *muß* so schreiben. Tut er es nicht – und man muß laut Kierkegaard immer sehr aufmerksam zwischen den Zeilen lesen, auf die Nebenbemerkungen und Metaphern achten, viel mehr als auf die fettgedruckten Thesen –, hat er also seinen eigenen Stil nicht vollständig ‚unter Kontrolle', so zeigt sich daran vor allem, daß er kein ‚subjektiver Denker' ist, d.h. daß er nicht in dem, was er denkt, ‚existiert': im Sinne dessen, was Kierkegaard darunter versteht. Es geht also bei dieser Art des Schreibens zunächst nicht um eine Absicht gegenüber dem Leser / der Leserin, sondern um eine Art Selbstdisziplin. Insofern kann Kierkegaard immer wieder mit großer Emphase beteuern, daß er mit seinen Büchern keinerlei *Zwecke* verfolgt. Besonders ambitioniert ist dies in der kleinen Schrift *Über den Unterschied zwischen einem Genie und einem Apostel* dargelegt, deren Axiomatik mich weiter unten genauer beschäftigen wird. Hier sei bloß das ‚Ergebnis' zitiert. Ein „Genie" – und es gibt keinen Zweifel daran, daß Kierkegaard sich als ein solches versteht – ist (an-

---

[33] Agacinsky schreibt zu dieser Signierung im Namen ‚Kierkegaards', d.h. im Namen des *Vaters*, daß auch dies – vielleicht – als eine Weise gelesen werden könne, das zu kennzeichnen, zu designieren, was seinem *Vater* geschuldet ist. Wie es die Widmungen der *Erbaulichen Reden* bekräftigen. Vgl. *Aparté*, 224.

ders als der „Apostel") in bezug auf die Welt „eine unnütze Überflüssigkeit und ein köstlicher Schmuck". Der geniale Schriftsteller hat

> „jegliches teleologische Verhältnis zur Umwelt vernichtet und sich humoristisch als Lyriker bestimmt. Das Lyrische hat durchaus mit Recht keinerlei Ziel und Zweck (telos) außerhalb seiner; ob jemand eine einzige Seite Lyrik oder Folianten Lyrik schreibt, hat überhaupt nichts zu tun mit der Bestimmung der Richtung seiner Wirksamkeit. Der lyrische Schriftsteller kümmert sich allein um die Hervorbringung, genießt die Freude des Schaffens, oft vielleicht durch Schmerz und Anstrengung hindurch; nichts aber hat er zu schaffen mit andern, er schreibt nicht um zu, etwa um die Menschen aufzuklären, ihnen auf den rechten Weg zu helfen, etwas durchzusetzen, kurz er schreibt nicht: um zu." (ZKA 134)

Ein Schriftsteller, dem es zunächst darum geht, „sich selbst zu verstehen", legt es nicht darauf an, wichtigtuerisch nach außen wirken zu wollen, sondern er ist „nach innen reflektiert": „so schreibt man ein Buch, wie der Vogel sein Lied singt, wie der Baum seine Krone reckt; ist da jemand, der sich daran freut, nun, umso besser." (V 211)

Aber jede(r) Leser(in) von Kierkegaards Texten weiß, daß der Text so unschuldig nicht ist. Natürlich handelt es sich um eine Art von Kommunikation mit ‚seinem Leser'. Alle Texte sind *adressiert* und zwar weitaus deutlicher und nachdrücklicher als diejenigen wissenschaftlichen Texte, die vorgeben, der Nachwelt dienen zu wollen. Kierkegaards Kommunikation *bezweckt* durchaus etwas bei seinen Lesern. Und zwar vor allem *indem* er sich bestimmter Erwartungen an eine Kommunikation *verweigert* bzw. diese zu durchkreuzen versucht. Seine Texte wollen vor allem die Erwartung enttäuschen, daß es darum ginge, ein *Resultat* mitzuteilen, eine *Lehre* oder eine Meinung, die der oder die Leser(in) festhalten könnte. Denn eine Lehre[34] setzt ihre Begriffe als selbständig gegenüber jeder individuellen Verwendung und Aneignung voraus. Sie beansprucht eine Allgemeinheit und Überindividualität, d.h. eine ‚Objektivität' des Denkers, der sie vorträgt, die Kierkegaard um alles vermeiden wollte. Kierkegaards Texte lehren, inwiefern man von einem guten (theologischen) Text gerade keine Lehre erwarten dürfe.

---

[34] Vgl. dazu und zum folgenden W. Stegmaier: *Philosophieren als Vermeiden einer Lehre*. Stegmaier vergleicht dort Platon, Nietzsche und Derrida miteinander. Gegenüber dem Vorwurf, Philosophie gebe sich als Wissenschaft auf, wenn sie auf eine Lehre verzichtet, verweist er darauf, „daß Philosophien, die bewußt eine Lehre vermieden haben, zu den aussagekräftigsten und wirkungsvollsten der Geschichte gehören." Z.B. Platon und Nietzsche. Daß „sie dennoch gerade dadurch wirkten, daß man ihnen Lehren, massive Lehren zuschrieb", ist dadurch nicht ausgeschlossen. „Die inter-individuelle Anlage ihres Philosophierens mußte gegen solche Zuschreibungen erst wieder herausgearbeitet werden." (A.a.O., 216.) Kierkegaard ließe sich in eine solche Betrachtung sehr gut einfügen.

1.2.1. Negative Mäeutik: Der christliche Revisor

Er will damit nicht mehr aber auch nicht weniger als *Sokrates* mit seiner Lust am Disputieren auf den Straßen Athens.[35] Genau dessen Unterredungskunst hatte ja schon der Magister Kierkegaard in seiner Dissertation bewundert.[36] Im Gegensatz zu Platon, so Kierkegaards These, der die Methode des Sokrates letztlich immer zu einem Resultat führen wolle, sei die Ironie des Sokrates prinzipiell ohne den Wunsch nach einem Ergebnis (vgl. BI 56). Sokrates Zergliederungen der Begriffe sammeln kein Ganzes zusammen, sie zerstreuen vielmehr (vgl. BI 115). Seine Dialektik ist ein „müßiges Bummeln", ein grillenhaftes Räsonnement über abwegige Dinge (vgl. BI 154), das keine andere Absicht hatte, als das Denken ins Nichts überzusetzen, gleich dem Charon in der griechischen Mythologie (vgl. BI 241). Die Ironie des Sokrates habe keinerlei andere Absicht, als zur Selbstbefreiung von überzogenen Ansprüchen an das Denken beizutragen. Und diese Einsicht betrifft zunächst den Ironiker selbst – und mittelbar diejenigen, mit denen er solchermaßen kommuniziert. Die mäeutische Absicht zielt nicht auf die Hilfe beim Gebären von *eigenen* ‚Theorien', des Allgemeinen, Objektiven und Substantiellen[37], sondern auf eine ‚Freiheit' im Umgang mit solchen (eigenen oder fremden) ‚Theorien'[38]. Sie hält die von Sokrates gleichermaßen geführten

---

[35] Vgl. hierzu auch die subtile Einordnung von Kierkegaards Ironieverständnis in die spätromantische Ironiedebatte bei E. Behler: *Ironie und literarische Moderne*, 150 ff. Behler unterstreicht dort, daß Kierkegaard die Gestalt des Sokrates „im engsten Bezug mit sich selbst und seiner Funktion im neunzehnten Jahrhundert" gesehen habe. „Sokrates ist für Kierkegaard der gegenwärtige Lehrer, und in dieser Hinsicht ist die Parallele zwischen Sokrates und Christus von Wichtigkeit." (A.a.O., 165.)

[36] Vgl. dazu E. Behler: *Ironie und literarische Moderne*, 150ff. und vor allem E. Strowicks Interpretation von Kierkegaards „Ethik der Ironie" in: *Passagen der Wiederholung*, 327ff.

[37] Vgl. die These IX der Disputation: „Sokrates hat alle seine Zeitgenossen aus der Substantialität gleich nackten Schiffbrüchigen verscheucht, hat die Wirklichkeit umgestürzt, die Idealität von ferne geschaut, sie berührt, aber nicht ergriffen." (BI 3f.)

[38] Vgl. Kierkegaards Beschreibung der Absicht einer *Frage*: „Entweder kann man nämlich in der Absicht fragen, eine Antwort zu erhalten, welche die begehrte Fülle enthält, so daß die Antwort um so tiefer und bedeutungsvoller wird, je mehr man fragt; oder man kann fragen, nicht um der Antwort willen, sondern um durch die Frage den scheinbaren Inhalt auszusaugen und alsdann eine Leere zurückzulassen. [...] Das erste Verfahren ist das *spekulative*, das zweite das *ironische*. In dem zweiten Verfahren hat sich nun in Sonderheit Sokrates betätigt." (BI 35) Vgl. auch Kierkegaards Abwehr, die sokratische Mäeutik im Sinne der Anamnesislehre zu interpretieren: BI 62.

wie irregeführten Gesprächspartner wachsam auch gegenüber ihren *eigenen* Urteilen und Argumenten, d.h. in Distanz zu ihren eigenen Begriffen. Man weiß nie, ob das Gesagte gilt, aber auch nicht, ob es nicht gilt. Sokrates bringt die Kriterien der Gültigkeit als solche in die Schwebe. Jedes Verstehen wird augenblicklich von der Angst des Mißverstehens verdrängt. Und dies gilt im besonderen für die *Leser* der niedergeschriebenen Dialoge! Denn man weiß als Leser(in) nicht nur nie genau, was Sokrates ‚eigentlich' denkt, sondern auch nicht, wann Platon ‚ironisch' mit seinem Sokrates umgeht und wann nicht. Kierkegaard hat sich hier vielleicht zu sehr von seiner Quellenscheidungstheorie einnehmen lassen und Platon zum Vorläufer Hegels machen wollen – um die Differenz zu Sokrates, auf die es ihm ankam, zu zeigen. Gleichwohl ist er äußerst sensibel dafür gewesen, daß es die kunstvolle *Verschriftlichung* der Dialoge ist, die deren Ironie unauflöslich macht.[39]

Johannes Climacus übersetzt das, was ein Sokrates seiner Zeit zu leisten hätte, bekanntlich in die spaßige Formel:

„Aus Liebe zur Menschheit, aus Verzweiflung über meine peinliche Lage, nichts getan und ausgerichtet zu haben und nichts leichter machen zu können, als es schon gemacht ist [...] verstand ich es da als meine Aufgabe: überall Schwierigkeiten zu machen." (AUN I 177)

Das Denken schwerer zu machen, es aufzulockern, zu verunsichern, bedeutet aber für Kierkegaard, den anderen *frei* zu machen: ihn oder sie frei zu machen vom Glauben an eine lehrbare Wahrheit, die es gälte, lediglich zu unterschreiben. Dies begründet gleichzeitig die („lyrische") Selbstbeschränkung, die auf jedem Schriftsteller, der darüber nachdenkt, lastet, als auch die große Aufgabe und Herausforderung, die von daher an die Weise des Schreibens erwächst. In den *Stadien auf des Lebens Weg* läßt Kierkegaard den Tagebuchschreiber darüber nachgrübeln:

„Die höchste Wahrheit, was mein Verhältnis zu ihm anlangt, ist die: wesentlich kann ich ihm nichts nützen [...]; und der angemessenste Ausdruck dieser Wahrheit ist, daß ich ihn betrüge, denn ansonst wäre es ja möglich, daß er sich irrte und die Wahrheit von mir lernte, und betrogen wäre dadurch nämlich, daß er vermeinte, von mir sie gelernt zu haben." (SLW I 364)

---

[39] Noch einmal W. Stegmaiers Lesart von Platon in *Philosophieren als Vermeiden einer Lehre*, 225 f.: „Man kann die Platonischen Dialoge im ganzen als Darstellung der Ironie verstehen: Ironie, die die Eindeutigkeit des Begreifens unter Individuen verwehrt, kann selbst nicht eindeutig *begriffen*, sondern nur *gezeigt* werden, in Dialogen unter Individuen. Platonische Dialoge sind darum Dialoge im strengen Sinn: interindividuelle Kommunikationen, in denen unter Individuen nichts feststeht."

In Kierkegaards Terminologie bedeutete das, dem anderen dazu zu verhelfen, ein *Selbst* zu werden. Damit ist nun aber doch eine sehr weitreichende *Absicht* benannt, die Kierkegaards angebliche Bescheidenheit in ein schillerndes Licht rückt. Im Kern geht es hierbei um genau das, was ihn der „religiöse Schriftsteller" sein läßt, als den er sich – gemäß den *Schriften über sich selbst* – immer verstanden hat. Dort suggeriert er uns nämlich, daß alle seine Schriften einer gut geplanten ‚Taktik' und Absicht entsprochen hätten[40], die auf nichts Geringeres zielt, als das Christentum in die Christenheit einzuführen. Denn gemäß Kierkegaards schriftstellerischem *credo* ist ausschließlich ein Text, der seine Rezipierbarkeit *im Sinne einer bloßen Belehrung* verweigert, dazu in der Lage, *jene existentielle Aneignung* zu provozieren, auf die namentlich in Sachen Religion alles ankommt. Gerade in der angeblichen „Christenheit", wo die Wahrheit irgendwie jedermann „bekannt" sei, geht es allein um die Aneignung, und hier helfe nur die „indirekte Form". Und dies um so mehr als es sich bei dieser angeblichen „Bekanntheit" des Christentums in Wirklichkeit um einen „ungeheuren Sinnentrug" handelt, den man keineswegs *geradezu* korrigieren könne. In diesem schwierigen Umgang mit jener allgemeinen und bestens institutionalisierten ‚Verblendung' hat die Kunst der Mitteilung ihre eigentliche Aufgabe. Es gilt hier nicht nur die Wahrheit mitzuteilen, sondern mit List in sie „hineinzutäuschen" (SS 6). Es geht also nicht darum, einem lernbegierigen Schüler irgendein *Wissen* beizubringen, sondern zunächst muß die Einbildung eines Schon-Wissens fortgenommen werden, was die weit schwierigere Aufgabe ist: „so ist denn auch ein Unterschied zwischen dem Beschreiben eines

---

[40] K. Pulmer hat eine solche „Totalität" des Gesamtwerks als eine „nachträgliche Konstruktion" Kierkegaards bezeichnet, die keineswegs als Deutungshorizont Kierkegaards dienen könne/dürfe. Vielmehr stelle sie im fiktionalen Zusammenhang von Kierkegaards Schriften eine Unstimmigkeit dar, vgl. *Die dementierte Alternative*, 27. K. Pulmer geht es dabei um eine streng literar-ästhetische Untersuchung Kierkegaards, und zwar von *Entweder/Oder*, die den Text von seiner „immanenten Intentionalität" her verstehen will. Damit möchte sie die übliche Rückführung der *Literatur* Kierkegaards auf seine Biographie und auf theologische bzw. existenzdialektische Denkmodelle vermeiden. Auch wenn ich für diese Unterstreichung der *literarischen* Autonomie der Texte viel Sympathie aufbringe, *hindert* das Kierkegaard nicht daran, sich seine Texte (immer) wieder neu anzueignen (und sei es gegen deren ‚immanente Intentionalität')! Insofern ist der Deutehorizont der *Schriften über sich selbst*, d.h. der einer ‚Totalität des Gesamtwerks', auf jeden Fall ‚legitim' und überdies wesentlicher Bestandteil der Theologie des Spätwerks, worauf H. Deuser in seiner kritischen Auseinandersetzung mit K. Pulmer zu Recht hinweist, vgl. H. Deuser: *Kierkegaard*, 70ff.

Stück weißen Papiers – und dem Ätzmittel brauchenden Hervorrufen einer Schrift, die unter einer anderen Schrift sich versteckt." (SS 48) Dieses Ätzmittel aber sei die „Täuschung", das heißt „daß man nicht *unmittelbar* mit dem beginnt, das man mitteilen will" (SS 49). Jede Mitteilung, die etwas verschieben will im Denken des anderen, muß sich also auf subversive Weise in den Text des anderen *einschreiben*. Die Wahrheit ereignet sich überhaupt nur als „Palimpsest" (ebd.)! Die Ausführung dieses Plans eines ‚Überschreibens' von altem Text, so wie er in *Der Gesichtspunkt für meine Wirksamkeit als Schriftsteller* dargelegt ist (vgl. SS 34-50) soll mich hier nicht im Einzelnen beschäftigen. Mich interessiert vor allem die Metapher dieses Überschreibens von überlieferten Denkgewohnheiten[41], dem sich Kierkegaards Schriftstellerei verschreibt.

Denn diesem textuellen Manöver hat Kierkegaard auch noch eine andere schöne Metapher gegeben: Wenn die Einbildung vor allem darin besteht, daß falsche Begriffe vom Christentum zirkulieren – gewissermaßen als eine Art „Falschgeld" – dann kann auch hier die Polizei im Reiche des Geistes nicht ohne List zu Werke gehen. In einer Tagebuchnotiz[42], die hier etwas ausführlicher zitiert werden muß, schreibt Kierkegaard:

„Was in der Welt der Endlichkeit das Geld ist, sind geistlich die Begriffe. In diesen werden alle Umsätze vollzogen. Wenn es nun so von Geschlecht zu Geschlecht geht, daß jeder die Begriffe übernimmt, so wie er sie von dem vorhergehenden Geschlecht empfangen hat [...]: so geschieht es nur allzu leicht, daß die Begriffe nach und nach verwischt werden, etwas ganz anderes werden, als sie ursprünglich waren, etwas ganz anderes zu bedeuten beginnen, ja, sie Falschgeld werden – während alle Umsätze doch ganz ungerührt weiterhin in ihnen vollzogen werden [...] Doch auf das Geschäft, die Begriffe zu revidieren, hat niemand Lust. Jeder weiß mehr oder weniger deutlich, daß auf diese Weise, zu diesem Geschäft angebracht zu werden, genau dasselbe ist, wie ge-

---

[41] Aus Gründen, die unten deutlicher werden, möchte ich hier eine schöne Passage aus Martin Bubers Erläuterung seiner Verdeutschung der Schrift zitieren: „Die besondere Pflicht zu einer erneuten Übertragung der Schrift, die in der Gegenwart wach wurde und zu unserm Unternehmen geführt hat, ergab sich aus der Entdeckung der Tatsache, daß die Zeiten die Schrift vielfach in ein Palimpsest verwandelt haben. Die ursprünglichen Schriftzüge, Sinn und Wort von erstmals, sind von einer geläufigen Begrifflichkeit teils theologischer, teils literarischer Herkunft überzogen [...] Das gilt nicht nur für das Lesen von Übersetzungen, sondern auch für das Lesen des Originals [...] die hebräische Bibel selber wird als Übersetzung gelesen, als schlechte Übersetzung, als Übersetzung in die verschliffene Begriffssprache, ins angeblich Bekannte, in Wahrheit nur eben Geläufige." M. Buber: *Zu einer neuen Verdeutschung der Schrift*, 5.

[42] Vgl. dazu auch Ch. Norris' Bezugnahme auf diese Notiz in: *Fictions of authority: narrative and viewpoint in Kierkegaard's writing*, 85ff.

opfert zu sein [...] So muß die Vorsehung sich eines Individuums bemächtigen, welches dazu gebraucht wird. Ein solcher Revisor ist natürlich etwas ganz anderes als die ganze Schwatz- und Quatschcompagnie der Pfarrer und Professoren – doch ist er auch kein Apostel, eher das Gegenteil. [...]

Ich habe immer nur ein Bild, aber dieses ist sehr bezeichnend. Stell dir vor, daß die Bank in London darauf aufmerksam würde, daß falsche Geldzettel zirkulierten – und noch dazu so gut gemacht wären, daß es zum Verzweifeln wäre, wollte man sicher sein, sie zu kennen, und sich für die Zukunft vor Nachahmungen zu schützen. Trotz aller Talente, die es da geben könnte unter dem Personal der Bank oder der Polizei – da gab es doch nur einen, der gerade in dieser Hinsicht ein unbedingtes Talent war – aber das war einer der verurteilten Personen, ein Verbrecher. Er wird nun eingesetzt, aber nicht als Mann, dem man vertraut. Er wird unter die fürchterlichste Kontrolle gestellt, den Tod über sich schwebend muß er sitzen und es mit allen diesen Geld-Massen zu tun haben; er wird jedes Mal am ganzen Körper visitiert usw. usw. So verhält es sich mit dem christlichen Revisor [...]"[43]

Die Metapher vom Falschgeld ist übrigens in Kierkegaards Texten ständig präsent.[44] Es beginnt damit, daß er sich selbst als „Falschgeld" versteht, als einen 1813 geborenen, „in dem verrückten Geldjahr, indem so viele andere falsche Scheine in Umlauf gesetzt wurden" (Pap. V A 3 / T I 323, vgl. AUN II, Anm. 369) – und endet damit, daß Bischof Münster, seines „Lebens Unglück" letztlich ein „falscher Wechsel" gewesen ist, den er aus Pietät gegen den Vater honoriert habe (A 8). Ich möchte diese Metaphorik hier unterstreichen. Denn es handelt sich um eine *alte* Metapher von höchster Tragweite: Was bedeutet es für das Verständnis von *Sprache*, sie nach dem Modell der *zirkulierenden* Geldwert*zeichen*, der getätigten „Umsätze", der Tauschäquivalente, der abgegriffenen Münzen, die ihre ursprüngliche *Echtheit* verlieren[45], usw. zu denken? Ist diese *ökonomische* Metapho-

---

43 Pap. XI ²A 36 (1954) Übersetzung D. Glöckner.
44 Vgl. zur Metapher des Falschgeldes weiterhin: BI 52, 253; FZ 3, 139; AUN I, 222; AUN II 91, 256; BÜA 10; KT 106; EC 53 u.ö.
45 Vgl. z.B. die berühmte Passage Nietzsches aus *Über Wahrheit und Lüge im außermoralischen Sinne*, 880f., wo dieselbe Metaphorik – freilich mit einer anderen Pointe! – bemüht wird: „Was ist also die Wahrheit? Ein bewegliches Heer von Metaphern, Metonymien, Anthropomorphismen kurz eine Summe von menschlichen Relationen, die, poetisch und rhetorisch gesteigert, übertragen, geschmückt wurden, und die nach langem gebrauch einem Volke fest, canonisch und verbindlich dünken: die Wahrheiten sind Illusionen, von denen man vergessen hat, dass sie welche sind, Metaphern, die abgenutzt und sinnlich kraftlos geworden sind, Münzen, die ihr Bild verloren haben und nun als Metall, nicht mehr als Münzen in Betracht kommen." Zur Geschichte dieser Metapher von Diogenes Laertius bis hin zu Nietzsches Spätwerk, wo sie im Zusammenhang seiner *Umwertung / Umprägung aller Werte* eine entscheidende Rolle spielt vgl. A.U. Sommer: *Friedrich Nietzsches ‚Der Antichrist'*, 154-159.

rik in bezug auf die Sprache zufällig? Ist auch diese Metapher nicht „weit klüger als ihr Verfasser"[46]. Dieser „Schauplatz des Austauschs zwischen dem Sprachlichen und dem Ökonomischen"[47] ist vielleicht sogar einer der Hauptschauplätze von Kierkegaards Theologie.[48]

Doch betrachten wir vorerst nur die Tagebuchnotiz. Wie versteht Kierkegaard hier seine Bestimmung[49], denn zweifellos ist Kierkegaard dieser Agent, dieser ‚verdeckte Ermittler'? Sein Auftrag ist äußerst zweideutig. Wie könnte es anders sein!

Zum einen sieht zunächst alles nach einer *hermeneutischen* Aufgabe aus. Es geht darum, die „ursprüngliche" Bedeutung der abgegriffenen Begriffe zu sichern. Ja, diese müßten überhaupt erst wieder zu Bewußtsein gebracht werden, nachdem die zirkulierenden Begriffe inzwischen eine „ganz andere" Bedeutung bekommen hätten. Alles erinnert an die klassische (,reformatorische') Parole: zurück zum Ursprung! Eine Geldrevision müsse das viele ungedeckte Papiergeld zurücknehmen und zu den *ursprünglichen, echten* Goldmünzen zurückführen.

Aber Kierkegaard ist sich andererseits im klaren darüber, das dies so einfach nicht geht. Ein solcher Revisor kann kein „Apostel" sein, der in direkter Rede wieder Goldmünzen in Umlauf bringen würde. In der gegenwärtigen Situation ist nur durch einen „verdeckten Ermittler" etwas auszurichten. Sein Geschäft ist es, *seinerseits* Falschgeld weiterzureichen und gleichzeitig bzw. *dadurch* „Verfälschungen aufzudecken, diese kenntlich und dadurch unmöglich zu machen" (ebd.). Es geht Kierkegaard um einen Umbau des unser Denken prägenden Begriffsapparates bei gleichzeitiger ‚Verwendung' dieser unbrauchbar gewordenen Münzen. Es geht um eine *Benutzung* der Begriffe, die zugleich ihre *Unbenutzbarkeit* deutlich werden läßt. Ein Sinnentrug läßt sich nicht dadurch beheben, daß etwas anderes ‚dagegen gesetzt wird' („Apostel können daher nie wieder kommen", ebd.), sondern nur durch ein geschicktes, „durchtriebenes" Agieren mit Falsch-

---

[46] G.Ch. Lichtenberg: *Aphorismen*, 263. G.H. King stellt ihre Beobachtungen zu Kierkegaard unter diesen Leitspruch, vgl. *Existenz, Denken, Stil*, 15ff.
[47] So Derrida in *La mythologie blanche* (M 212).
[48] Vgl. dazu unten S. 267ff.
[49] Die Tagebuchnotiz bildet auch einen Mosaikstein in Kierkegaards Theorie der *Vorsehung* – mit ihren weitreichenden Implikationen für seine gesamte Theologie. Vgl. dazu die in jeder Hinsicht gewichtige Monographie von H. Schulz: *Eschatologische Identität*, pass.

geld, durch eine Sprache, die im Inneren ihres eigenen Systems Irritationen verursacht.[50]

Kierkegaard hat dies auch mit Hilfe der Logik des „Korrektivs"[51] zu beschreiben versucht: „Meine Aufgabe war es, [so legt es sich Kierkegaard nachträglich zurecht] im Verhältnis zum Bestehenden ein Korrektiv anzubringen, nicht ein Neues zu bringen, welches ein Bestehendes umstürzen oder verdrängen soll." (Pap. X,3 A 565) Welche Logik regelt hier das Verhältnis von Alt und Neu? Was ist das für eine Art von ‚Anbringung' (Hinzufügung, Supplementierung), die das Bestehende nicht umstürzt (destruiert) oder verdrängt, aber dennoch in seiner (fälschlichen) Positivität nachhaltig untergräbt und unmöglich macht (also: dekonstruiert)?[52] Kierkegaard verkündigt keine positive *Alternative*.[53] Er räumt bereitwillig ein, ‚tüchtig einseitig' zu sein und alle Bedenklichkeiten in Kauf zu nehmen, die solche Einseitigkeiten mit sich bringen: zum Beispiel mißverstanden zu werden! Aber darin bestehe nun einmal das Korrektivische: Es verliert seine *Spannkraft*, wenn es allzu ausgewogen auch noch die andere Seite hinzusetzen würde.[54] An anderer Stelle heißt es im Tagebuch:

---

[50] Etwas ähnliches läßt sich übrigens auch für Nietzsches Falschgeldmetaphorik konstatieren. Er kämpft nicht nur gegen die ‚Falschmünzerei' der ‚Priester' sondern er betreibt selber ‚Falschmünzerei' im großen Stil. „Falschmünzerei oder Umwertung ist zu einer Frage der Perspektive geworden." A.U. Sommer: *Friedrich Nietzsches ‚Der Antichrist'*, 156. Und Nietzsche – wie Kierkegaard – sind sich darüber im Klaren, daß die *Umwertung* strukturell immer auf das Gefälschte bezogen bleibt. Nur durch das bewußte Kalkül mit der *Nicht-Unterscheidbarkeit* beider Sorten funktioniert ihre Strategie der Störung und Verunsicherung der geltenden *Ökonomie*.

[51] Vgl. zum folgenden die interessante Studie von M. Kiefhaber: *Christentum als Korrektiv*, 136ff.

[52] „Hat der Apostel die Aufgabe, die Wahrheit zu verkünden, so hat der Revisor die Aufgabe: die Fälschungen aufzudecken, sie kenntlich und damit unmöglich zu machen." (Pap. XI² A 36).

[53] M. Kiefhaber: „Kierkegaards Werk insgesamt und v.a. seine Kritik an der ‚Christenheit' wären gründlich mißverstanden, wenn man aus seinen Schriften eine positive Darstellung einer eigenen Position herauslesen wollte, von der aus dann, etwa zu Abgrenzungs- und Profilierungszwecken, andere Positionen kritisch abgegrenzt würden." *Christentum als Korrektiv*, 138.

[54] „Wer nun das ‚Korrektiv' abgeben soll, der muß genau und gründlich die schwachen Seiten des Bestehenden studieren – und dann einseitig das Gegenteil zur Geltung bringen, tüchtig einseitig. Eben darin liegt das Korrektiv, und darin wieder die Entsagung bei dem, der es tun soll. Das Korrektiv wird ja in gewissem Sinne für das Bestehende spendiert. Wenn dann dies Verhältnis richtig ist, dann kann wieder ein vermeintlich kluger Kopf kommen und das ganze Publikum glauben machen, es sei etwas daran. Du guter Gott! Nichts ist für den, der das Korrektiv abgibt, leichter als die andere Seite hinzusetzen; aber dann hört es ja gerade auf, das Korrektiv zu sein und wird selbst ein Bestehendes." (Pap. X¹ A 640 / T III 275)

„Etwas Neues soll nicht gebracht werden, aber überall sollen die Sprungfedern derart wieder instandgesetzt werden, daß das Alte, durchaus das Alte wieder wie neu sei." (Pap. VIII, A 414 / T II, 181)

Mit anderen Worten: Es geht um eine bestimmte *Wiederholung*. Die Re-vision der Christenheit ist nur möglich als Wiederholung – doch solcherart, daß sich das Alte nicht präsentiert in der Positivität des Gesagten, sondern durch eine bestimmte *Beunruhigung* (die ‚Unruhe' in einer Uhr ist eine Art ‚Sprungfeder') des bestehenden, geltenden Diskurses. Aber heißt das am Ende, daß das Christentum überhaupt *nur als Korrektiv* auftreten kann?[55] Daß das Wesen des Christentums ‚heute' (d.h., wo es keine ‚Apostel' mehr gibt) niemals *als solches* ‚dargestellt', präsentiert, *erinnert* werden kann?

In seiner Dissertationsschrift hatte der Magister Kierkegaard auch die Ironie des Sokrates mit der Metapher des Falschmünzers zu beschreiben versucht:

„… jedoch das Zahlungsmittel, das er ausgibt, hat nicht den inneren Wert, auf den es lautet, sondern ist dem Papiergelde gleich ein Nichts, und gleichwohl benutzt er in seinem ganzen Verkehr mit der Welt diese Münzsorte." (BI 52)

Die Begriffsmünzen des Sokrates, sein Falschgeld der Ironie, haben allerdings nicht den Makel, *abgegriffene* Münzen zu sein, d.h. *ursprünglich* authentisch und erst durch den Gebrauch unbrauchbar geworden zu sein. Sondern sie sind ‚ursprünglich' ungedecktes Papiergeld. Sie sind nur Verweisungen auf andere Zeichen, deren ‚innerer Wert' und Äquivalent nirgends deponiert ist. So zumindest setzt Kierkegaard an anderer Stelle Sokrates dem Platon – wie einen ‚Nominalisten' dem ‚Realisten' – entgegen. In Bezug auf das Wiederlernen der Tugend heißt es dort nämlich:

„Im Sinne Platos hieße dies das Dasein stärken mit dem erbaulichen Gedanken, daß der Mensch nicht mit leeren Händen in die Welt hinausgetrieben worden sei, d.h. damit, daß man sich vermöge der Erinnerung auf seine reiche Mitgift besinnt; in sokratischem Sinne heißt es, die ganze Wirklichkeit verwerfen und den Menschen auf eine Erinnerung verweisen, welche sich fort und fort immer weiter zurückzieht gegen eine Ver-

---

[55] Gewissermaßen nur *protestierend* – aber wohlgemerkt im Sinne eines *semper reformandum*. Denn auch der Protestantismus ist gegenüber dem Katholizismus für Kierkegaard nur als ‚Korrektiv' berechtigt, nicht aber als „Normativ" oder „Paradigma". Tatsächlich war dies Kierkegaards Bestimmung des Reformatorischen, und von hier aus formuliert sich auch seine später immer stärker werdende Kritik an Luther: „Aber Luther war kein Dialektiker […] Er verstand nicht, daß er ein Korrektiv abgegeben hatte und daß er mit äußerster Vorsicht hätte vorgehen müssen, damit man ihn nicht zum Paradigma mache. Eben das aber geschah." (Pap. X³ A 217f. Übersetzung Eva Schlechter) Vgl. dazu M. Kiefhaber: *Christentum als Korrektiv*, 140ff.

gangenheit hin, die ihrerseits sich so weit zurückzieht in der Zeit, wie der Ursprung jener adligen Familie, dessen niemand sich entsinnen konnte." (BI 62)

Es ist unbestritten, daß der Falschmünzer Kierkegaard mehr und anderes leisten will als sein griechisches Vorbild. Aber wie hat man sich die Chancen des ‚christlichen Revisors' bezüglich der Wiederholung *ursprünglichen authentischen* Glaubens zu denken? In welchem Sinne *wieder-holt* Kierkegaard die theologische Tradition?

Und noch eine ganz andere Frage drängt sich hier auf: Der Vergleich mit dem Falschgeld-Revisor suggeriert, daß sich Kierkegaard nicht nur mit einer ganz bestimmten ‚Mission' (von Gott) beauftragt sah, sondern daß seine ganze ‚Tätigkeit als Schriftsteller/Falschmünzer' stabsmäßig organisiert, geplant und durchgeführt wurde. Und in der Tat hat Kierkegaard, besonders in den *Schriften über sich selbst*, eine solche klare *Teleologie* seines schriftstellerischen Werkes entworfen. Aber kann ein verdeckter Ermittler seine eigenen Geldgeschäfte tatsächlich solcherart kontrollieren? Lebt nicht der Erfolg seines Unternehmens von den unkalkulierbaren zufälligen Effekten, die Falschgeldgeschäfte mit sich bringen? Und ist es nicht so, daß auch Kierkegaard seine Themen und Projekte im Prozess des Schreibens erst zufallen, in der Auseinandersetzung mit der Rezeption – oder der ausbleibenden Rezeption – seines Werkes, im Durchspielen verschiedener Pseudonyme, die je für sich einen anderen Aufschub von Kierkegaards „Ich" ausprobieren – bis hin zu jenem radikalen Versuch, im ‚eigenen Namen' zu sprechen: im sogenannten *Kirchenkampf*. In welchem Verhältnis steht die schriftstellerische Produktion zur Identität ‚Kierkegaards'? Und zu seinen ‚Intentionen' und ‚Taktiken'? Kann Kierkegaard tatsächlich behaupten, sein Werk zu kontrollieren und einer bestimmten ‚Absicht' entgegenzuführen? Arbeitet nicht etwas in seinem Werk, das sich zumindest der Kontrolle dessen, der hier „Ich" sagt, notwendig entzieht? Joakim Garff hat diesen Aspekt in Kierkegaards Schriftstellerei unter dem Stichwort der „Bio-graphie" hervorragend herausgearbeitet:

„‚What I wrote, I wrote' is here transformed into ‚What I wrote, I became'. That is, the second ‚I' which becomes visible is the ‚I' which the written work puts forth in writing, and of course it does so, somewhat ambivalently, by writing off an empirical ‚I'. Consequently, the written canon can be read as a process in which the writing subject traverses back and forth between his own construction and destruction, and is thus deconstructed.[56] This is why [...] he could not say ‚I' in a solid and autonomous sense. [...] his autonomy has been limited: it is not Kierkegaard who has guided their writings, but rather the reverse, the writings which have guided their writer."[57]

---

[56] Offensichtlich spielt Garff hier – ohne ihn zu nennen – auf Derrida an.
[57] J. Garff: *Johannes de Silentio: Rhetorician of Silence*, 205f.

Es geht darum, das Schreiben als ein Geschehen zu begreifen, das sich der ‚Absicht' und der ‚Taktik' des Schreibenden in wesentlicher Hinsicht entzieht. Gerade dann, wenn er sich als Emittend von Falschgeld versteht.

1.2.2. ‚Zeichen des Widerspruchs'. Die Theorie der indirekten Mitteilung als Zugang zur Christologie Kierkegaards

Das eigentliche Vorbild für Kierkegaards Strategie war indes nicht Sokrates, der Falschmünzer, sondern Christus selbst. In einem außerordentlich interessanten Abschnitt der *Einübung im Christentum*, der „Gedankliche Bestimmung des Ärgernisses, das heißt des wesentlichen Ärgernisses" (EC 125-149) überschrieben ist, bezieht Anti-Climacus das Verfahren der indirekten Mitteilung ausdrücklich auf seine „Christologie", die seiner Taktik eine höchst aufregende theologische Pointe verleiht.[58] Schließlich geht es dabei genau um den „Inhalt", der kommuniziert werden soll. Der Inhalt der christlichen Verkündigung, nämlich der Gott-Mensch selbst, gibt sich nur indirekt. Und in der Christenheit ist das Christentum abgeschafft gerade durch die Weise, *wie* davon geredet wird. Jesu *Lehre* sei die Hauptsache geworden. „Daher kommt es, daß man sich einbildet, daß das ganze Christentum lauter *unmittelbare* Mitteilung sei, in seiner Einfalt noch unmittelbarer als die tiefsinnigen Diktate des Professors. Man hat sinnlos vergessen, daß der Lehrer hier wichtiger ist als die Lehre." (EC 125)

Anti-Climacus bezieht sich hier, wie er später ausführt, auf seine Kunst der *Verdopplung*, durch die eine Mitteilung zu einer *indirekten Mitteilung* wird. Entweder müsse die Mitteilung verzweifacht werden, indem beständig Gegensätze in eins gesetzt würden, und somit der Hörer provoziert wird, ein eigenes Urteil zu fällen.[59] Oder aber die Verdopplung erfolgt so,

---

[58] Vgl. zur Interpretation dieser Passage: R.E. Anderson: *Kierkegaards Theorie der Mitteilung*, 446f. und W. Stegmaier: *Denkprojekte des Glaubens*, 6f.

[59] Dies ist die Taktik des religiösen *Schriftstellers* Kierkegaard. Denn es heißt ausdrücklich: „Die mittelbare Mitteilung kann sein eine Mitteilungskunst, welche die Mitteilung verzwiefacht. Die Kunst besteht somit eben darin, sich selbst (den Mitteilenden), rein objektiv betrachtet, zu einem Niemand zu machen, und dann ohne abzubrechen, qualitative Gegensätze als eins zu setzen." (EC 135f.) Z.B. könnte vielleicht durch einen „geschickten Spion" (ebd.), um den Glauben hervorzulocken, Verteidigung und Angriff des Glaubens derart zur Einheit gebracht werden, daß niemand unmittelbar ersehen kann, worum es sich handelt. Der eifrigste Anhänger und der ärgste Feind der Sache würden beide einen Verbündeten in einem vermuten. Aber so würde der Spion vermöge der Mitteilung zu wissen bekommen, wie es denn steht: wer gläubig ist und wer Freidenker: „denn dies wird offenbar, indem sie das Hervorgebrachte beurteilen" (ebd.). Sich selbst „zu einem Niemand zu machen", also z.B. nicht anwesend sein: das heißt im einfachsten Falle zu *schreiben* – und dann, um sich vor allen Rückfragen und jeder komparativen Hermeneutik zu schützen, den Text unter einem Pseudonym zirkulieren lassen.

daß das Verhältnis zwischen der Mitteilung und dem Mitteilenden den Widerspruch erzeugt, den der Hörer auflösen müsse. (vgl. EC 135 ff.)

Im Falle von Jesus ist nun vor allem das zweite der Fall. Wenn ein Mensch ‚in Knechtsgestalt' sagt, er sei Gott, dann liegt offensichtlich der größtmögliche Widerspruch vor. Jesu Erscheinung und der Anspruch seiner Worte müssen notwendig zu einem Ärgernis führen. Glaube heißt: *diesem* Ärgernis standhalten, um sich nun erst recht dafür zu *entscheiden*. Glaube ist somit angewiesen auf diese Provokation, die in der Verdopplung der Mitteilung liegt. Jedes Bekenntnis zum Christsein, was sich auf ein mehr oder weniger wahrscheinliches Wissen stützen zu können meint, hat daher nach Kierkegaard mit Glauben gar nichts zu tun. Allein durch die Kunst indirekter Mitteilung wird Glauben möglich. Und umgekehrt: Diese Kunst macht aus dem Glauben etwas ganz anderes als ein Fürwahrhalten einer *Lehre*. Denn was wird durch die indirekte Mitteilung Christi *offenbar*?

Anti-Climacus erläutert dies anhand einer Bezugnahme auf eine Formulierung aus dem Lukas-Evangelium, wo Jesus als „Zeichen des Widerspruchs" (*semeion antilegomenon*) bezeichnet wird. „Der Gott-Mensch ist ein ‚Zeichen'" – so tituliert Anti-Climacus den entsprechenden Paragraphen. Was aber heißt hier ein ‚Zeichen‚? (Man beachte die Anführungszeichen in denen das „Zeichen" in der Überschrift steht!) Zunächst wird eine Art allgemeine Zeichentheorie vorgeschlagen. Demnach ist ein Zeichen „die verneinte Unmittelbarkeit, oder das zweite Sein, unterschieden vom ersten Sein" (EC 126). Denn ein Zeichen ist nicht das, was es unmittelbar ist, sondern gemäß einer Konvention nehme ich es *für etwas anderes*: insofern es etwas *bedeuten* soll:

„Das Auffallende ist ein Unmittelbares, aber daß ich es für ein Zeichen halte, (welches ein Reflektiertes ist, etwas, das ich im gewissen Sinne aus mir selber nehme), ist ja ein Ausdruck dafür, daß ich meine, es solle etwas bedeuten; aber daß es etwas bedeuten soll, dies heißt ja etwas anderes sein, als es unmittelbar ist." (ebd.)

Dies ist an sich schon eine recht komplizierte Situation. Denn ist damit nicht gesagt, daß es *keinerlei* unmittelbare Mitteilung geben kann? Alles Sprechen beruht ja auf Zeichengebrauch und somit auf „verneinter Unmittelbarkeit". Weil ich die Bedeutung der Laute oder der Schriftzeichen „im gewissen Sinne aus mir selber nehme", gibt es nirgends unmittelbares Verstehen. Kierkegaard schreibt wenig später, daß ich eigentlich nie „mit Bestimmtheit weiß, daß es ein Zeichen ist, und was es bedeuten soll" (ebd.). Worin unterscheidet sich dann eigentlich noch die indirekte Mitteilung von der direkten?[60] Vielleicht doch nur darin, daß die indirekte Mitteilung auf das Problem jeder Mitteilung aufmerksam macht; daß sie dazu *zwingt*, auf die erste Reflexion *noch einmal* zu reflektieren, sie zu wiederholen. Doch diesmal auf andere Weise!

Um wieviel komplizierter aber wird die Struktur des Zeichens, wenn das „Unmittelbare" das „Mittelbare" geradezu ausschließt. Hier wird die Reflexion der Unmittelbarkeit nicht nur ungewiß, sondern aporetisch: Sie führt notwendig zum Ärgernis:

„Zeichen sein heißt, außer dem was man unmittelbar ist, zugleich etwas andres sein; Zeichen des Widerspruchs sein heißt, etwas andres sein, das in Widerstreit steht zu dem, was man unmittelbar ist. So mit dem Gott-Menschen. Unmittelbar ist er ein einzelner Mensch, ganz wie andre Menschen, ein geringer unansehnlicher Mensch; aber nun der Widerspruch, daß *er* Gott ist." (EC 128)

Alles kommt, wie gesagt, darauf an, diesen Widerspruch ja nicht aufzulösen, die Reflexion also zu keinem klaren und eindeutigen mitteilbaren „zweiten Sein" zu führen. Es geht gar darum, dieses „zweite Sein" *problematisch zu halten*, es nicht in ein Wissen um die ‚Bedeutung' des Zeichens, also Jesu Dasein, zu überführen. Der Gottmensch ist nicht ‚Zeichen' im eigentlichen Sinne – und vielleicht steht das Wort daher in Anführungszeichen. Sondern *Zeichen des Widerspruchs*. Die Pointe der Offenbarung, die durch den Gott-Menschen statt hat, liegt nicht ‚hinter' dem Zeichen, sondern auf der Seite derer, die es *deuten*. Es geht um das Verhalten der Hörer(innen) bzw. der Leser(innen) des Evangeliums. Denn warum ist der Gott-Mensch ein Zeichen des Widerspruchs, so fragt Anti-Climacus: „Weil er, antwortet die Schrift, den Rat der Herzen offenbaren soll." (EC 128) Überraschend wechselt hier der Begriff der ‚Offenbarung' die Seiten: Nicht Christus offenbart irgend etwas, wie man es erwarten würde, sondern er *macht offenbar*, und zwar: die Herzen der *anderen*:

„[E]r ist alles andre eher als ein Dozent, der unmittelbar lehrt für Wortmacher, oder Paragraphen für Schnellschreiber diktiert, er tut gerade das Umgekehrte, er offenbart den Rat der Herzen. O, es ist so behaglich, Hörer oder Nachschreiber zu sein, wenn alles so ganz unmittelbar geht: die Herren Hörer und Nachschreiber mögen sich wohl hüten – *ihrer* Herzen Rat ist es, der offenbart werden wird." (EC 128)

Das Geheimnis Christi ist nicht eine Verborgenheit, die offenbar werden soll, sondern er ist „das Geheimnis, *durch das* alles offenbart worden, jedoch im Geheimnis" (EC 137, Hervorhebung T. B.). Diese Öko-

---

[60] Vgl. E. Strowicks Analysen von Kierkegaards Theorie der Mitteilung, die sie – mit der Psychoanalyse – dazu führen, diese Unterscheidung grundsätzlich in Frage zu stellen: *Passagen der Wiederholung*, 356 ff. u. ö.

nomie von Geheimnis und Offenbarung beschreibe gerade die Pointe eines spezifisch *christlichen* Offenbarungsbegriffs. „Offenbarung" ist hier etwas, was *auf Seiten des Interpreten* geschieht. Das Geheimnis der Religion ist diese ‚*Selbst*durchsichtigkeit' im Angesicht Gottes. Ich zitiere die Schlußpassage dieses Paragraphen im Zusammenhang:

„Und das vermag nur das Zeichen des Widerspruchs: es zieht die Aufmerksamkeit auf sich, und dann hält es einen Widerspruch vor Augen. Da ist etwas, das macht, daß man es nicht lassen kann, hinzusehn – und sieh, indem man sieht, sieht man wie in einen Spiegel, man gelangt dazu, sich selber zu sehn, oder auch: er, der des Widerspruches Zeichen ist, sieht einem unmittelbar ins Herz, indes man hineinstarrt in den Widerspruch. Ein Widerspruch, einem Menschen unmittelbar gegenübergestellt – und wenn man ihn dann dazu kriegt, darauf hinzusehen: das ist ein Spiegel; indem der Sehende urteilt, muß es offenbar werden, was in ihm wohnt. Es ist ein Rätsel; aber indem er etwas zu raten sucht, wird es offenbar, was in ihm wohnt, dadurch, worauf er rät. Der Widerspruch stellt ihn vor eine Wahl, und indem er wählt, und zugleich in dem, das er wählt, wird er selber offenbar." (EC 129)

Anti-Climacus schreibt über das, was durch Christus offenbar wird. Aber weder verweist er hier auf irgendeine Erkenntnis Gottes, auf dessen ‚Gerechtigkeit' o.ä., sondern er scheint das paulinische Bild vom Spiegel und von der Erkenntnis, die darin besteht, selbst erkannt zu werden (1. Kor 13,12 bzw. 8,3), aufzugreifen: Auf Christus zu sehen bedeutet vor allem, „sich selber zu sehen" – und zwar darin, wie man das Zeichen des Widerspruchs *deutet*. Und genau dies heißt, daß Christus, also Gott, einem „unmittelbar ins Herz" sieht. Daß „Gott auf einen sehe" (KT 69), ist im ganzen Werk Kierkegaards ein Begriff für *den Ernst* der eigenen Existenz. Gott sieht „in das Verborgene" (FZ 138), also ins Herz des Menschen – das ist es, was durch Christus offenbar wird. Nicht das „Rätsel" Gottes oder Christi wird enthüllt oder offenbart, sondern der Ratende, „dadurch, worauf er rät" (EC 129).

Das Christsein hat es bleibend mit einer solchen Provokation zur *Deutung* zu tun. Das Verhalten des Hörers der Botschaft – und nicht nur im Sinne einer ethischen Nachfolge Jesu, sondern auch die Deutung der jeweiligen Gegenwart – bildet das Ereignis von Offenbarung. Darauf zielt Kierkegaards Begriff der *Gleichzeitigkeit*: in der Gegenwart unter dem Ärgernis des *Deutenmüssens* zu stehen, ohne sich auf ein Wissen um die Bedeutung der gegebenen Zeichen stützen zu können. Auch und gerade die Gleichzeitigkeit herstellende *Christusverkündigung* gibt nur ‚Zeichen des Widerspruchs'. Sie muß solche geben, damit ‚der Rat der Herzen offenbar wird'. Insofern ist das Christentum das, was schon Johannes Climacus ein „wesentliches Geheimnis" (AUN I 71) genannt hat:

„Gesetzt, das Christentum wäre ein Geheimnis und wollte eins sein, solch ein gründliches Geheimnis, kein theatralisches Geheimnis, das im fünften Akt offenbar wird, während der schlaue Zuschauer es schon in der Exposition durchschaut. Gesetzt, eine

Offenbarung sensu strictissimo muß ein Geheimnis sein und gerade einzig und allein daran kenntlich sein, daß sie das Geheimnis ist, während die Offenbarung im weiteren Sinne (sensu laxiori), das Zurücknehmen durch Wiedererinnern ins Ewige hinein, eine Offenbarung im unmittelbaren Sinne wäre." (AUN I 205)

Schon deswegen kann Christentum keine ‚Lehre' sein.[61] Eine Lehre müßte für alle dieselbe und darum unabhängig von ihrer Deutung durch die Hörer(innen) sein. Sie müßte auf eine reine ‚Bedeutung' bezogen bleiben. Sie müßte unabhängig sein von der Form ihrer Präsentation. Sie müßte Zeichen geben, deren Deutung durch Konventionen gesichert ist, aber nicht *Zeichen des Widerspruchs*. Wer eine Lehre erwartet, versucht von den Zeichen abzusehen und zur von der Mitteilung unabhängigen Bedeutung hindurchzudringen. Wer im Christentum eine Lehre erwartet, übergeht damit aber das eigentliche Proprium des Christentums: nämlich daß der Lehrer hier wichtiger ist als die Lehre. Weil er der Gott-Mensch ist.

Fragen wir trotzdem noch einmal: Was erfahren wir durch Christus *über* Gott? Antwort: *Wie* er mit den Menschen verkehren will. Wenn es Gott gefiel, sich in Christus – also auf so paradoxe Weise – mitzuteilen, dann sagt offenbar die Art der Mitteilung einiges über das *Wesen Gottes*. Die Kunst der Mitteilung definiert gewissermaßen den „Inhalt". Der wahre Gott unterscheidet sich vom Götzen durch die Art, wie er sich mitteilt, und insofern kann Kierkegaard eine Art ‚Rangordnung' der Religionen von dieser Typologie der Mitteilung abhängig machen. Das Wesen des Christentums wird – merkwürdigerweise – *hier* definiert. Christliche Religiosität unterscheidet sich von anderen Religionen darin, *wie sie sich mitteilt*.[62] Und darin liegt

---

[61] Freilich entsteht hier das Problem, wie sich die direkte Mitteilung der ‚wißbaren' Gehalte des Christentums zu diesem indirekten Verfahren verhalte. Denn Kierkegaard sieht sehr wohl, daß christlich-religiöse Mitteilung „vorläufig ein Wissen vom Christentum" voraussetzt (vgl. etwa Pap. VIII B 85, 29 / T II 115). Auch wenn in diesem Wißbaren nicht der wesentliche Gehalt des Christlichen liegt, so baut es sich doch darauf auf. H. Gerdes bemerkt dazu: „Hier zeigt sich eine Unsicherheit bei Kierkegaard, welche auf die […] Frage nach dem Nebeneinander von pseudonymer Schriftstellerei und erbaulichen Reden zurückverweist." H. Gerdes: *S. Kierkegaards „Einübung im Christentum"*, 72.

[62] Vgl. EC 146f.; AUN I 236ff. u.ö. Freilich verweist W. Dietz zu Recht darauf, daß Kierkegaard zwar immer vorgibt, das „wesentlich Christliche" zu thematisieren, aber „weniger im ‚interreligiösen' Vergleich (z.B. mit Judentum und Islam), noch weniger in konfessioneller Strenge (in Abgrenzung gegen Katholizismus oder Calvinismus), sondern im Vergleich mit anderen Grundeinstellungen und Lebensweisen des Menschen" W. Dietz: *Sören Kierkegaard*, 56f. Aber ich komme auf diese Frage, im besonderen auf Kierkegaards Verhältnis zum Judentum, im Kap. 5.3. ausführlich zurück.

auch die Überlegenheit des Christentums. Denn das christliche Paradox ist die geeignetste Weise, wie sich Gott den Menschen gerade in seinem Gott-Sein mitteilen kann. Es gehört zum wahren Gott, daß er sich in der indirektesten, am meisten paradoxen, das größte Ärgernis darstellenden Weise mitteilt. Bei Johannes Climacus[63] wird solch ein „wahrer Gott" geradezu von dieser Problemstellung her ‚postuliert': 1. Ein wahres Gottesverhältnis des Menschen setzt ein Höchstmaß an Subjektivität voraus, d.h. an Wagnis, Leidenschaft und Entscheidung. 2. Diese Subjektivität wird am besten durch ‚das Paradox' hervorgerufen. 3. Das höchste Paradox ist der Gott-Mensch. Folglich: Ein Gott, der den Menschen zum Menschsein erlöst, muß sich als Gott-Mensch mitteilen. (Man könnte in der Hervorbringung des Christentums bei Climacus – und zwar als Gedankenexperiment – ein zwar gänzlich anders geartetes, aber doch vergleichbares *Cur Deus homo* sehen). Das Christentum bewirkt die Erlösung des Menschen, weil es die paradoxeste Form der Selbstmitteilung Gottes ist. Im Christentum findet Gott zu der ihm angemessensten Mitteilungsform.

„Das unmittelbare Verhältnis zu Gott ist gerade Heidentum, und erst wenn der Bruch geschehen ist, erst dann kann von einem wahren Gottesverhältnis die Rede sein." (AUN I 236)

Climacus kommt nun aber – und darum geht es mir hier – auf diese indirekte Selbstmitteilung Gottes zu sprechen im Zusammenhang seines *eigenen* Verfahrens der indirekten Mitteilung. Diejenigen objektiven Denker, die ständig nach Resultaten in direkter Mitteilung verlangen, sollten doch bedenken, so erinnert er, daß Gott im Grunde der größte „Mäeutiker" sei, weit listiger als jeder „anonyme Verfasser" (vgl. AUN I 236). Die Transzendenz Gottes in der Schöpfung z.B. sichert, daß Gott nirgends unmittelbar zu sehen ist. „Wohl ist die Natur Gottes Werk, aber nur das Werk ist unmittelbar zur Stelle, nicht Gott." (Ebd.) Gott ist *nirgends* unmittelbar zur Stelle, so wie ein abwesender pseudonymer Autor:

„Heißt das nicht, sich dem einzelnen Menschen gegenüber wie ein trügerischer Verfasser benehmen, der an keiner Stelle seines Werks das Resultat mit großen Buchstaben hinsetzt, oder es in einem Vorwort im voraus an die Hand gibt? Und warum ist Gott trügerisch? Gerade weil er die Wahrheit ist und dadurch, daß er das ist, den Menschen von der Unwahrheit abhalten will. (AUN I 236)

Es gehört also zur Wahrheit Gottes, „trügerisch" zu sein, weil er nur so den Menschen erlösen kann. Andererseits erweist sich Gott gerade so

---

[63] Vgl. z. B. AUN I 191 und Climacus' Zugeständnis in einer Anmerkung: „Auf diese Weise wird Gott freilich ein Postulat [...]".

– und nur so – als der Gott, der die *Liebe* ist. Es zeigt, wie sehr Gott den Menschen liebt, wenn er ihm auf dem Wege der größten Selbstverleugnung, nämlich als Gott-Mensch, dem alle direkte Mitteilung versagt ist, in die Wahrheit verhilft. Denn das eigentliche Leiden Christi bestand in diesem Inkognito: daß er sich nicht unmittelbar mitteilen konnte: denen, die er liebte. Aber nur so konnte er sie erlösen:

„Er ist Liebe; und dennoch muß er jeden Augenblick, den er da ist, alles menschliche Mitleiden und Fürsorgen gleichsam ans Kreuz schlagen – denn er kann allein der Gegenstand des Glaubens werden. [Dies aber setzt indirekte Mitteilung voraus, T.B.] [...] Indes, wird er nicht Gegenstand ‚des Glaubens', so ist er nicht wahrer Gott; und ist er nicht wahrer Gott, so ist er nicht des Menschen Erlöser." (EC 140)

Findet Kierkegaards Schreibstil hier seine Begründung – und seine Rechtfertigung?

1.2.3. Ethik der indirekten Mitteilung

Mag es auch zum Wesen Gottes gehören, durch diese (‚trügerische') Selbstverleugnung gerade seine Liebe zu erweisen, so bleibt doch die Frage, ob sich dieses Verfahren so auch auf das Verhältnis von Mensch zu Mensch übertragen läßt. ‚Hat ein Mensch das Recht, auf die Art irre zu führen?' Das ist eine regelmäßig wiederkehrende Frage in Kierkegaards Schriften. Gibt es (ethische) „Grenzen der Ironie"[64]?

Für Kierkegaard war das zunächst bekanntlich eine sehr persönliche Frage. Auf einer bestimmten Ebene ging es bei dieser Frage immer um Regine. Hat ein Liebhaber das Recht, seine Geliebte so von sich abzustoßen, daß ihre Liebe eine paradoxe *Entscheidung*, gewissermaßen wider allen Augenschein wird? So ungefähr hat sich ja Kierkegaard sein eigenes Täuschungsmanöver gegen Regine zurechtgelegt. Das ist zumindest eine Version, oder auch eine Täuschung, die er uns Lesern oder sich selbst immer wieder suggeriert. Auch in der *Einübung im Christentum* kommt er bei der Behandlung des Inkognito Christi mit Folgerichtigkeit auf das Beispiel von zwei Liebenden zu sprechen (vgl. EC 144ff.). Angenommen also, ein Liebender versichert der Geliebten, daß er sie liebe, und fragt darauf: „Glaubst du mir?". Es ist wahrscheinlich, daß sie dies bejahen wird. Nun aber nimmt Anti-Climacus an:

---

[64] Vgl. Ch. Norris: *The ethics of reading and the limits of Irony: Kierkegaard among the postmodernists*, 1ff.

„... daß der Liebende auf den Gedanken kommt, die Geliebte auf die Probe zu stellen, ob sie ihm glaube. Was tut er dann? Er schert alle unmittelbare Mitteilung fort, verwandelt sich selbst zur Zwiefältigkeit; von der Möglichkeit her sieht es täuschend so aus, als könnte er womöglich ebenso gut ein Betrüger sein wie der Treuliebende" (EC 144f.).

Was hätte er damit erreicht? Er wäre ganz analog zu einem Zeichen des Widerspruchs geworden, das das Herz der Geliebten offenbar machte: „Die Absicht der letzten Methode ist, die Geliebte in einer Wahl offenbar zu machen; sie muß nun nämlich aus der Zwiefältigkeit wählen, welche Gestalt sie glaubt als der wahren. [...] er hat im Gegenteil vermittelst der Zwiefältigkeit sie ganz für sich alleingestellt ohne jegliche Unterstützung." (ebd.) M.a.W.: Sie wäre ein „Selbst" geworden. Doch kaum ist diese ethische Pointe ausgesprochen, fällt sich Anti-Climacus ins Wort:

„Ob er ein Recht dazu hat, entscheide ich jetzt nicht, ich gehe lediglich den gedanklichen Bestimmungen nach. Sein Vorgehen, welches vielleicht, so lange es Bestand hat, ihm unbeschreibliches Leiden in Unruhe und Kummer verursacht, ist zugleich eine eisige, unmenschliche Gleichgiltigkeit, und wiederum doch die zum höchsten gesteigerte Leidenschaft." (ebd.)

Wenn Kierkegaard irgendwo auf das Verhältnis Mensch zu Mensch zu sprechen kommt, dann geht es immer um dieses Abstoßen des andern. Dies aber impliziert, daß ich den andern „betrüge". Ich zitiere noch einmal die sehr prägnante und keineswegs singuläre Passage aus *Stadien auf des Lebens Weg* aus der Feder von Quidam:

„Vermöge meines Nachdenkens darüber bin ich zu dem Ergebnis gelangt, daß man einem Menschen am meisten nützt, wenn man ihn betrügt. Die höchste Wahrheit, was mein Verhältnis zu ihm anlangt, ist die: wesentlich kann ich ihm nichts nützen; ... und der angemessenste Ausdruck dieser Wahrheit ist, daß ich ihn betrüge, denn ansonst wäre es ja möglich, daß er sich irrte und die Wahrheit von mir lernte, und betrogen wäre, dadurch nämlich, daß er vermeinte, von mir sie gelernt zu haben ... Am besten, jedoch auch auf die härteste Weise, habe ich das gelernt aus meinem Verhältnis zu ‚ihr', in dem die wünschende Sympathie ständig eine Ausnahme hat machen wollen, in dem ich verzweiflungsvoll gewünscht habe, ihr alles sein zu können, bis daß ich es mit Schmerzen gelernt, es sei unendlich viel höher, nichts für sie zu sein." (SLW 364)

Der subjektive religiöse Denker ist sich bewußt, daß die direkte Mitteilung ein „Betrug" wäre, und zwar ein Betrug gegen Gott – denn möglicherweise würde so Gott „um eines anderen Menschen Anbetung in der Wahrheit„ betrogen (AUN I 67) –, ein Betrug gegen den andern Menschen – der durch die provozierte und zugelassene Anhängerschaft nur ein relatives Gottesverhältnis erreichen würde – und selbstverständlich ein Betrug gegen sich selbst – „als hätte er aufgehört ein Existierender zu sein" (ebd.). Es ist nach Kierkegaard Verrat gegen Gott und die Menschen, "Schüler" haben zu wollen. Jedes Dozieren sei letztlich Überheblichkeit, Anmaßung oder Verführung. Wohlwollend interpretiert ist es „eine Art Ungeduld ..., die fürchtet, daß es zu lange dauern werde, bis man dazu komme, sich gegenseitig zu verstehen" (AUN I 271). Johannes Climacus erwägt sogar den Fall, daß der Mitteilende (er selbst!) möglicherweise darüber stürbe, ohne verstanden worden zu sein. Und möge der Mitteilende auch ganz vergessen werden – es wäre doch „konsequenter [...], sich nicht der geringsten Anpassung schuldig zu machen" (AUN I 272).

Kierkegaard entwirft hier eine befremdliche Ethik.[65] Sie bricht mit allen üblichen Modellen kommunikativer Verständigung. Das Verstanden-werden-Wollen tritt bei ihm ganz zurück hinter der Sorge um die Freiheit der/des Anderen. Die Kunst der Mitteilung hat etwas damit zu tun, der oder dem Anderen *Zeit* zu lassen. Auch die größte Wahrheitsgewißheit fände ihre Grenze darin, daß der oder die Andere sich auf *seine / ihre* Weise diese Wahrheit erst ‚anzueignen' habe. Alle (religiöse) Schriftstellerei könnte nur darin bestehen, eine solche *Chance* zu eröffnen. Und zwar dadurch, daß man auf besondere Weise zu schreiben versucht. Mehr kann ein Mensch nicht für andere tun. Aber auch das läßt sich eigentlich nicht mit Bestimmtheit verbreiten. Ob dies *verantwortlich* gehandelt wäre, dessen kann man sich auf keinen Fall sicher sein. Zumindest fügt Anti-Climacus dies hinzu:

„Ob ein Mensch das Recht hat, auf die Art irre zu führen, ob ein Mensch es vermag, und falls er es vermöchte, ob seine Rechtfertigung genügt, daß er den andern entwickle mit maieutischer Kunst, oder nach der andern Seite, ob es nicht gerade Pflicht ist, vorausgesetzt nämlich, es sei wirklich Selbstverleugnung und nicht Stolz: das lasse ich dahingestellt sein. Man betrachte es lediglich als einen gedanklichen Versuch ..." (EC 133f.)

---

[65] Nach R. E. Anderson müsse Kierkegaards Methode „als ‚teleologische Suspension' des ethischen Grundsatzes verstanden werden, daß man immer die Wahrheit sagen soll" (*Kierkegaards Theorie der Mitteilung*, 449). Aber was heißt hier eigentlich „die Wahrheit sagen" – wenn denn gerade die „Täuschung" der „Wahrheit" dient? Warnt nicht Kierkegaard davor, sich „von dem Wort ‚Täuschung' nicht täuschen" (SS 48) zu lassen?

2. Der Schriftgelehrte: Schreiben nach Derrida

Wechseln wir die Szene: ein anderer Schauplatz von Schrift. So wie Kierkegaards Schriftstellerei von der Frage beherrscht wird: ‚Wie kann man so schreiben, daß die Erzeugnisse dieser Schriftstellerei nicht als Mitteilung irgendeines Wissens gelesen werden, sondern als Provokationen zum eigenen, subjektiven Denken?' so kreisen auch Derridas Texte immer wieder um die Frage: „Wie kann man Bücher schreiben, die keine ‚Bücher' sind?". Denn die klassische Konzeption des *Buches* als eine Totalität an Sinn ist dem, was Derrida unter *Schreiben* versteht, zutiefst fremd.

Das abendländische Denken, so Derrida, lebt von der Idee des *Buches*: dem Ideal einer Versammlung und Vergegenwärtigung von Sinn in *einem* Buch. Diese Idee des Buches – so wie sie besonders in der Metapher[1] vom ‚Buch der Natur' bzw. der ‚Enzyklopädie' (von Leibniz über Novalis und Hegel bis zu heutigen Verlagsprogrammen) ihren Niederschlag findet – ist aber die Idee einer Totalität an Signifikanten, die sie nur sein kann, insofern ihr eine Totalität an Bedeutung, an Signifikaten, an irgendwie präexistenter ‚Wahrheit' vorausgeht. Hegels *Enzyklopädie* als die Selbstgegenwärtigkeit des absoluten (göttlichen) Geistes stünde für die konsequenteste ‚Realisierung' dieser Idee. *Schrift* im Sinne Derridas steht dagegen für die Nicht-Gegenwärtigkeit von ‚Sinn', für die differentielle Organisation jedes Zeichensystems, dessen Signifikanten auf kein ursprüngliches Signifikat verweisen, sondern auf andere Signifikanten: auf Spuren von anderen Spuren. Schrift steht für den bleibenden Aufschub (*différence*) von Sinn, der auf seiten des Schreibenden zu immer neuen Ergänzungen, Durchstreichungen, Hinzufügungen usw. herausfor-

---

[1] Vgl. dazu: E.R. Curtius: *Europäische Literatur und lateinisches Mittelalter*, besonders das Kap. 16: *Das Buch als Symbol*, 306-352. Weiter verweise ich auf H. Blumenberg: *Die Lesbarkeit der Welt*. Blumenberg zeichnet dort sehr aufschlußreich die Geschichte dieser Metapher nach, um letzlich den in ihr implizierten Erwartungshorizont von Welterfahrung „wenn nicht zu vermeiden, so doch als das nicht Selbstverständliche, als das geschichtlich Kontingente erkennbar zu machen" (a.a.O., 11).

dert und auf der anderen Seite immer neue Lektüren eines Textes ermöglicht und erfordert. Damit wären nicht nur die Grundvoraussetzungen philologischer Hermeneutik in Frage gestellt, sondern das gesamte Begriffsgefüge, mit dem seit Platon so etwas wie ‚Philosophie' getrieben wird. Mit dem Hinterfragen der klassischen Abwertung der Schrift gegenüber der Stimme, des Buchstabens gegenüber dem Geist, der Differenzen zugunsten einer höheren Identität des Sinns, gerät das Begriffskorpus der abendländischen Metaphysik in Dekonstruktion.

Aber Derrida hütet sich davor, dies in Form einer neuen Lehre des ‚Dekonstruktivismus'[2] o.ä. vorzutragen. Derrida gibt keinen Begriff von *der* Dekonstruktion. Was sie ist, hängt ganz von den Texten ab, die Derrida im Begriffe ist zu lesen, indem er deren systematische Ambitionen durchkreuzt.[3] Er philosophiert stets von anderen Texten her, denkt an ihnen und an ihrem Vokabular entlang, um dann überraschend eigene Wege zu gehen und neue Kontextualisierungen vorzuschlagen.[4] Zwar *unterschreibt* er – anders als Kierkegaard – alle seine Texte mit seinem Namen, aber Derridas Stil hat einen ähnlichen

---

[2] Dies stellt alle „Einführungen in Derrida" vor die gleiche Schwierigkeit, die scheinbar zentralen Begriffe Derridas nicht *definieren* zu können. Vgl. z.B. J. Culler: *Dekonstruktion*, 99ff.; G. Bennington: *Derridabase*, 23ff., 79ff.; J. Valentin: *Atheismus*, 26ff. Aber der *Verzicht* auf die Suche nach einem *kontextunabhängigen* Metavokabular von Derridas ‚Methode' gehört zu den Grundvoraussetzungen seines Philosophierens.

[3] Nach Derrida operiert die Dekonstruktion „notwendigerweise von innen her". Sie bedient sich „aller subversiven, strategischen und ökonomischen Mittel der alten Struktur" (GR 45), um deren *Konstruktion* offenzulegen und *dadurch* auf ihre stillschweigenden *Ausschließungen* und *Marginalisierungen* hinzuweisen. In Anlehnung an Lévi-Strauss hat Derrida dieses Verfahren auch als „Bastelei" (*bricolage*) charakterisiert: Anstatt mit einem fremden Vokabuar eine *Kritik* zu üben, komme es darauf an, „alle diese alten Begriffe [...] wie Werkzeuge, die noch zu etwas dienlich sein können, aufzubewahren und nur hier und da die Grenzen ihrer Brauchbarkeit anzuzeigen. Man gesteht ihnen keinen Wahrheitswert und keine strenge Bedeutung mehr zu, man wäre sogar bereit, sie bei Gelegenheit aufzugeben, für den Fall, daß passendere Werkzeuge zur Hand sind" (SD 430). Mir liegt hier daran, die Aufmerksamkeit auf die Vergleichbarkeit dieser ‚Bastelei' mit Kierkegaards ‚Revision' der Begriffe zu lenken.

[4] Wie E. Behler treffend sagt, haben seine Schriften eher einen „expositorischen" Stil: „er verfolgt keine gerade Linienführung der Darstellung, keine Ordnung von Begründungen, keine Strategie des Endzwecks, keine Taktik des Telos, keinen philosophisch-logischen Diskurs, sondern setzt seinen Gegenstand [...] in Szene." E. Behler: *Derrida – Nietzsche Nietzsche – Derrida*, 118.

Effekt wie der Kierkegaards und seiner Pseudonyme.[5] Immer ist es (fast) unmöglich, ‚Referat' und ‚Kommentar' streng zu unterscheiden und dahin vorzudringen, was Derrida ‚eigentlich damit sagen will'. Die Sinnverschiebungen, die Derrida dabei an den verschiedenen gelesenen Autoren vornimmt (Platon, Kant, Hegel, Husserl, Heidegger, Benjamin, Kafka, Celan, Levinas, Blanchot – um nur einige zu nennen), fügen sich nicht zu einer Theorie oder einer Lehre Derridas im klassischen Sinne. Derrida führt vielleicht lediglich vor, was es heißen könnte, einen anderen Text zu *lesen*. Stets brechen die ‚Bücher' ab – ähnlich wie Platonische Dialoge[6] und ähnlich wie es Kierkegaard vorzuschweben scheint – ohne ein abziehbares, lehrbares Resultat. Sie sind Übungen im *individuellen* Philosophieren, Übungen darin, sein eigenes Verstehen in die Schwebe zu bringen, Übungen in Nachdenklichkeit. Eine (postmoderne) Wiederholung der Ironie Kierkegaards[7].

Ich will dies im folgenden anhand zweier Texte Derridas aus *Dissémination*[8] näher erläutern, die sich in großer Nähe zu dem bewegen,

---

[5] Vgl. dazu Derridas Aufsatz *Nietzsches Otobiographie oder Politik des Eigennamens. Die Lehre Nietzsches* oder auch den kurzen Text aus der Debatte mit Gadamer *Guter Wille zur Macht (II). Die Unterschriften interpretieren (Nietzsche/Heidegger)*, wo an entscheidender Stelle der Name Kierkegaards fällt (!): „War Nietzsche nicht neben Kierkegaard einer der wenigen, der seinen Namen vervielfältigt und mit den Unterschriften, Identitäten und Masken gespielt hat? Der sich mehrere Male und mit mehreren Namen genannt hat? Und wenn genau das die Sache, die *causa* seines Denkens, der Streitfall gewesen wäre?" (A.a.O., 72; vgl. die ganz ähnliche Nebeneinanderstellung von Nietzsche und Kierkegaard in *Nietzsches Otobiographie oder Politik des Eigennamens*, 72). Auf das vielschichtige Verhältnis Derridas zu Nietzsche will ich jetzt nicht näher eingehen. Auch wenn Derrida viele der mich hier interessierenden Themen (die Frage des *Stils*, die Signatur, der Ökonomie usw.) anhand von Nietzschelektüren entwickelt hat, z.B. auch in *Sporen. Die Stile Nietzsches*, wo Derrida über Nietzsches ‚Umkehrungen' auf eine Weise schreibt, wie sie genauso auch für Kierkegaard gelten könnte: Nietzsche „hat sich sehr wohl vor der überstürzten Ablehnung gehütet [...]. Ohne diskrete Parodie, ohne Strategie der *écriture*, ohne Differenzierung oder Sonderung der Federn, ohne den Stil also, den großen, läuft die Umkehrung mit der lärmenden Verkündigung der Antithese wieder auf das gleiche hinaus." (SPO 149) Niemand hat das neben Nietzsche wohl so gut gewußt wie Kierkegaard! Vgl. zu diesem Text auch C. Klinger: *Eine Fallstudie zum Thema postmoderne Philosophie der Weiblichkeit*, 205 ff., und E. Behler: *Derrida – Nietzsche Nietzsche – Derrida*, pass.
[6] Vgl. dazu die Gegenüberstellung von Derrida und Platon bzw. Sokrates bei W. Stegmaier: *Philosophieren als Vermeiden einer Lehre*, 234 ff.
[7] Zur Interpretation Derridas im Kontext des Übergangs von einer modernen (Schlegel, Hegel, Kierkegaard) zu einer postmodernen Ironie vgl. wieder E. Behler: *Ironie und literarische Moderne*, 279-327.
[8] Zur Interpretation von Derridas Platonlektüre verweise ich auf C. Norris: *Derrida*, 28-62 und J. Culler: *Dekonstruktion*, 123 ff.

was mich bisher an Kierkegaards Schriftstellerei interessiert hat: Wie geht Derrida mit dem Genre der ‚Vorworte' um? Auch bei Derrida führt dies ins Zentrum – wenn es ein solches gibt – seiner Schriftstellerei, und nicht zufällig kommt auch er in diesem Zusammenhang auf Hegel zu sprechen – und (beiläufig) auf Kierkegaard.

2.1. „Dies hier wird kein Buch gewesen sein."

Derridas ‚Buch' *Dissémination* beginnt mit den Worten „Dies hier wird kein Buch gewesen sein" (D 11). Unter dem Titel *Buch-Außerhalb. Vorreden* und gewissermaßen *anstelle eines Vorwortes* zu den drei folgenden Arbeiten erklärt er, daß ein Buch wie *Dissémination* keine ‚Vorrede' verträgt. Denn eine ‚Vorrede' folge klassischerweise einem Programm, welches das, was er „*dissémination*" nennt, gerade zu unterbinden versuche:

> „Sie würde im Futur (‚dieses hier werden Sie lesen') den begrifflichen Sinn oder Inhalt [...] dessen sagen, was *bereits geschrieben* sein würde. Also hinreichend *gelesen*, um in seinem semantischen Gehalt versammelt und vorweg vorgelegt werden zu können. [...] Sehen Sie hier, was ich geschrieben, dann gelesen habe, und was ich schreibe, was Sie dann lesen werden. [...] Das *Vor* der Vorrede macht das Zukünftige gegenwärtig, vergegenwärtigt es [Le *pré* de la préface rend présent l'avenir, le représent], nähert es an, saugt es an und setzt es, es überholend, sich selbst gegenüber. Es reduziert es auf die Form offenkundiger Gegenwärtigkeit [présence manifeste]." (D 15 / 13)

Dies sei offenkundig eine „lächerliche Operation". Und dies nicht nur, weil sie sich auf die Wirkungen des Sagen-Wollens eines Autors beschränkt oder auf die Herauslösung von ‚Thesen', deren es stets mehr geben wird, als der Autor vorgibt, sondern weil sie verkennt, was *Schreiben* heißt, und weil sie daran mitarbeitet, ein klassisches Vorurteil bezüglich dessen, was ein *Buch* zu sein habe, zu bestätigen. Wenn eine Vorrede Derrida unstatthaft erscheint, so deshalb, weil der (gespielten) Antizipation bzw. der (versuchten) Rekapitulation des Buches ein Begriff von *Text* zugrunde liegt, der mit einer restlosen „semantischen Sättigung" (D 29) des Geschriebenen rechnet. Aber nicht nur der Autor verfügt *nicht* über den semantischen Horizont des Gesagten (der Signifikanten), sondern dieser ließe sich auch nicht ‚strukturalistisch'[9] um-

---

[9] Diese ‚These', die Derrida vor allem in den Aufsätzen in *Schrift und Differenz* entwickelt, hat ihm in Deutschland den Titel eines ‚Poststrukturalisten' eingetragen. Vgl. v. a. die Arbeiten von M. Frank bzw. Habermas, über Derrida. Wenn dies auch schon für den ‚frühen Derrida' nur einen ganz bestimmten Kontext seiner Arbeiten trifft, so lassen sich die späteren Arbeiten überhaupt nicht mehr unter diese Typologie bringen.

grenzen. Ein geschriebener Text enthält immer eine „signifikante Überstürzung" (ebd.), ein *mehr* an ‚Bedeutung', als es von seinem Autor – oder von einem noch so präzise vorgehenden Kommentator – wiederangeeignet werden könnte. Das, was ein Vorwort vielmehr offenbaren würde, wäre die Unmöglichkeit und die Unterbrechung dieser *Zirkulation*: nämlich die Unmöglichkeit des Zurückkommens und des Einsammelns des ‚Sinns' zu bzw. in seinem ‚Ursprung': d.h. seinem Vor-wort. Denn weit davon entfernt, lediglich zu rekapitulieren, *fügt* jedes Vorwort faktisch *hinzu*. Der Text des Vorworts steht nicht *außerhalb* des eigentlichen Textes, sondern er schreibt diesen fort. Er wiederholt ohne eine strenge Identität des Gesagten. Er verwandelt das angeblich Ganze in einen Teil, der danach verlangt, vervollständigt oder *supplementiert* zu werden. Er *verschiebt* mitunter die Fragestellung und die Perspektiven des ‚Autors', der sich auf eigentümliche Weise verdoppelt, um sich mit sich selbst zu identifizieren. Diese „textuelle Verschiebung", die sich gerade in den großen ‚Vorreden' der philosophischen Literatur ereignet, wäre demnach das eigentlich Interessante an solchen Prä-texten. Hegels Vorreden bilden dabei auch für Derrida mehr als nur ein Beispiel. „Könnte man [sie] nicht anders lesen denn als den Auswurf der philosophischen Wesentlichkeit, gewiß nicht, um dergleichen aufzuheben, sondern um zu lernen, anders mit ihm zu rechnen?" (D 19)

Wie Kierkegaard konstatiert Derrida Hegels Versuch, die Vorreden zu vermeiden. Aber Derrida sieht darin eine interessante Ambivalenz Hegels, gemäß der er „einer ‚modernen' Konzeption des Textes oder der Schrift so nah und so fern wie möglich ist". Allerdings nur dann, wenn man Hegel anders liest, als er selber es vor-schreibt. Indem Hegel nämlich seinen Vorworten verweigert, irgendetwas vorwegnehmen oder zusammenfassen zu können, bestätigt er im Grunde die ‚These' Derridas: „nichts geht der textuellen Allgemeinheit absolut voraus" (D 28). Es gibt kein Text-Außerhalb, keine Welt der reinen Signifikate, die im Text lediglich re-präsentiert, dargestellt, wiederholt würden. Und insofern gäbe es auch für Derrida „keine Vorrede, kein Programm, oder zumindest ist jedes *Programm* bereits Programm[10], Moment des Textes, Wiederaufnahme seiner eigenen Äußerlichkeit durch den Text." (D 28). Hegel freilich führt dies durch, indem er den Text teleologisch seinem begrifflichen Gehalt

---

[10] Das griechische Wort *gramme* (die Spur) bildet für Derrida den Grundbegriff seiner Auffassung von der Schrift (*Gramma-tologie*) als *Spur* bzw. *Ur-Spur*, als Verweisung von Signifikanten auf andere Signifikanten usw. Vgl. besonders den Aufsatz *Ousia und Gramme*, in: M 53-84.

gleichsetzt. Er postuliert eine ideale Immanenz, die kein Text-Außerhalb duldet, sondern dieses aufhebt in den Begriff. Derrida jedoch erkennt in dem Grund, aus dem Hegel die Vorrede abwertet (also deren formale ‚Äußerlichkeit', ihre von der Autorität des Begriffs befreite Textualität usw.), das Anliegen der *Schrift* überhaupt: so wie er sie *lesen* möchte. Alles Schreiben ist zwangsläufig ‚äußerlich' und strukturell unabschließbar. Alles Schreiben hat den Charakter der Hinzufügung, des Versprechens, des Wiederaufgreifens und Wiederholens, *ohne* der Darstellung einer idealen Immanenz oder einer Identität mit sich unterworfen zu sein. Wenn Derridas ‚Bücher' daher ohne Vorreden – im klassischen Sinne – sind, so nicht, um den Weg zu einer Art Selbstdarstellung des Begriffs freizugeben (Hegel), sondern im Gegenteil, weil sie die wesentlichen Grenzen dieser (veralteten) Rhetorik der Vorreden markieren wollen.

Derridas Text *Text-Außerhalb* vollführt nun in etwa das, was Nikolaus Notabene im Vorwort zu seinem Buch *Vorworte* vorschwebte: „[K]ein Mensch aber denkt daran, welchen Vorteil es hätte, wenn man den einen oder andern Literaturbeflissenen dazu abrichten könnte, nichts als Vorreden zu lesen, dies aber so erschöpfend zu tun, daß er mit den allerfrühesten Zeiten begönne und fortführe durch alle Jahrhunderte hindurch bis hin zu unseren Tagen." (V 173) Derrida verfährt zwar nicht in diesem Sinne ‚erschöpfend', aber seine Lektüre von Vorworten Hegels, Marx', Descartes', Nietzsches, Jean Pauls, Feuerbachs, Novalis' u.a. ist ähnlich wie Notabenes Buch dazu angetan, die klassische ‚Teleologie des Buches' in Frage zu stellen. In einer opulenten Fußnote zitiert Derrida auch ausführlich aus Kierkegaards ‚Nachreden'. Und zwar so, daß er sie der Hegelschen Logik der nachträglichen Vorreden gegenüberstellt:

„Gemäß der Logik der Aufhebung ist die Nachrede die Wahrheit der (stets nachträglich ausgesagten) Vorrede und des (vom absoluten Wissen aus hervorgebrachten) Diskurses. [...] Diese Operation kann sich in Mühsal und in Ungeduld lang hinziehen, wenn derjenige, der *geschrieben hat, der gerade aufhört zu schreiben*, sich bemüht, das Faktum des vergangenen Textes auf angemessene Weise einzuholen, um dessen wirkliche Vorgehensweise oder dessen volle Wahrheit zu entschleiern. [...] Doch das Simulacrum [der Nachrede, T. B.] kann auch *gespielt* sein: indem man so tut, als blicke man zurück und vollziehe eine Rückkehr, *wirft* man *wieder auf*, fügt man nun einen Text hinzu, kompliziert man die Szene, praktiziert man im Labyrinth die Eröffnung einer supplementären Digression, eines blinden Spiegels auch, der in einer gemimten, das heißt endlosen Spekulation die Unendlichkeit darin wie einen Keil eintreibt. [...] (Buch-Außerhalb wäre demnach – zum Beispiel – der [...] Aufriß eines in seiner Struktur stark differenzierten *Appendix* (die Dissemination beschreibt, um genauer zu sein, *illustriert* von einem Ende zum anderen, das *Anhängen (appendre)*) zu allen Abhandlungen [...] über das *Post-skriptum:* [...]" (D 35, Anm. 15)

Und nun folgen ausführliche Zitate aus Kierkegaards *Nachschriften*. Ich habe daher schon weiter oben versucht, Kierkegaards *Nachschriften* und *Vorworte* von dieser Derridaschen Logik des Supplements bzw. der Dissemination her zu lesen: Indem die Nachrede die Rekapitulation simuliert, faktisch aber nichts anderes als ein weiterer Text ist, unterhöhlt sie die Fiktion der Teleologie des Buches und seines Vorwortes. Auch bei Hegel war die Vorrede eine Fiktion. Doch sie stand im Dienst der Wahrheit des Sinns. Sie verneinte sich selbst als Beiwerk des Begriffs. Im Falle Kierkegaard – und anderer Extraschreiber seines Schlages – affirmieren sich die Nachschriften selbst als trügerischer Schein und lösen eben durch diese textuelle Finte „die Organisation aller Gegensätze auf, in denen die Teleologie des Buches sie gewaltsam unterzuordnen genötigt war" (D 43). Dazu gehörte für Kierkegaard bekanntlich die Unterordnung der Wahrheitserkenntnis unter das (Platonische) Modell der *Erinnerung* (*anamnesis*). Auch für Derrida hängt das Problem der Rehabilitierung der Schrift, die außerhalb der Idee des Buches führt, wesentlich mit Platon zusammen und mit dessen Modell der *Wiederholbarkeit* der ‚Wahrheit'. „Wie ist diese Wiederholung möglich? Was (ist) mit diesem *Rest*?[11] Das ist die Frage außerhalb des Buches / des Buch-Außerhalb [*la question (du) hors-livre*]." (D 23 Anm. 10)

2.1.1. Väter und Söhne. Platon und Derrida

Kierkegaard hat es, wie oben gesehen, abgelehnt, als ‚Vater' seiner Bücher zu gelten. Bestenfalls könne von einem „Pflegevater" (AUN II 340) die Rede sein, der nur sehr bedingt dazu in der Lage ist, seinen Zöglingen, d.h. seinen Texten, erklärend zu Hilfe zu kommen. Bewußt oder unbewußt bedient sich Kierkegaard hier einer alten Metaphorik, mit der schon Platon das Verhältnis von einem Autor zu seinen schriftstellerischen ‚Erzeugnissen' beschrieben hat. Es handelt

---

[11] Dieser „Rest", der die Wiederholbarkeit einer Rede durch eine Schrift sichern soll, meint das, was bleibt (*rester*), was von einem Sagenwollen des Autors übrigbleibt, wenn sich dieser entfernt hat und wie sein Testament einen Text dem Leser / der Leserin übergibt. Die Frage nach der *restance*, d.h. der *Bleibendheit* der ‚Buchstaben' (des ‚Äußerlichen', das klassisch im Gegensatz zum ‚Geist' des Gesagten steht) – diese Frage durchzieht fast alle Arbeiten Derridas. Z.B. beginnt in *Glas* die Spalte über Hegel mit dem Satzfragment: „quoi du reste aujourd'hui, pour nous, ici, maintenant, d'un Hegel?" (GL 7) Vgl. bes. *Feuer und Asche*, wo Derrida das Problem dessen, was bleibt, anhand der Metapher der Asche (*la cendre*) verfolgt.

sich um die berühmte Passage im *Phaidros* 275d bis 277a, wo Sokrates davor warnt, die philosophische Lehre einer *Schrift* anzuvertrauen. Denn eine Schrift irrt immer umher *wie ein Waisenkind*, dem der Vater nicht mehr zu Hilfe kommen könne. Kierkegaard verwendet dieselbe Metaphorik, allerdings mit einer anderen Pointe als Platon. Eine solche andere Pointe hat auch Derrida dieser Passage entnommen.[12] Betrachten wir diesen Zusammenhang etwas genauer. Er führt von einer anderen Richtung herkommend zu dem, was Kierkegaard mit seinem Begriff der *Wiederholung* dem ‚Platonismus' entgegensetzen wollte.

„... ob eine Wiederholung möglich sei ... "

Ich beginne noch einmal bei der Gattung des Vorworts. In *Buch-Außerhalb* schreibt Derrida:

„Als Vorrede des Buches ist sie das Sprechen des Vaters, das an seinem Geschriebenen Anteil nimmt und es bewundert, für seinen Sohn die Verantwortung übernimmt und seinen Atem daran setzt, seinen Samen zu unterstützen, zurückzuhalten, zu idealisieren, wieder-zuverinnerlichen und zu beherrschen. [...] Die Szene wird immer noch von der väterlichen Figur der platonischen *boetheia* besetzt werden: das Prolegomenon *wird sich* als *moralische* Instanz *darstellen* und nur um der Wiederbelebung eines gesprochenen Wortes willen geschrieben werden." (D 53)

Derrida zitiert hier fast mit jedem Wort Platon. Im *Phaidros* läßt dieser nämlich Sokrates die größten Vorbehalte gegenüber der Verschriftlichung der philosophischen Unterweisung vortragen. Denn, so Sokrates, auch wenn die Schriften vorgeben, die lebendige Rede festzuhalten und dadurch eine Art Heilmittel, ein *Pharmakon*[13], *für das Gedächtnis* zu sein, so untergraben sie nicht nur die rechte *Kunst des Erinnerns* (das heißt des Philosophierens!), sondern ihnen fehlt eben auch die *Lebendigkeit*, die die philosophische Rede auszeichnet. Sie sind *toter* Buchstabe: Befragt man sie „lernbegierig über das Gesagte, so enthalten sie doch nur ein und dasselbe stets" (275d). Ist eine Rede daher erst einmal schriftlich fixiert, so „schweift sie umher" auch unter denen, die sie nicht verstehen. Dieses Abschweifen muß laut Pla-

---

[12] Dies vor allem in dem Text *Platons Pharmazie / La pharmacie de Platon,* enthalten in: *Dissemination,* 69-190. Vgl. für meinen Zusammenhang besonders S. 84ff. und 160ff. Aber Derrida spielt fast in allen frühen Arbeiten auf diese ‚Urszene' der ‚Philosophie' an.

[13] Die Semantik des *pharmakon* organisiert auf raffinierte Weise die gesamte Platonlektüre Derridas in *Platons Pharmazie.* Ich muß hier darauf verzichten, dies im einzelnen vorzuführen.

ton in Grenzen gehalten werden, und zwar durch die Präsenz des „Vaters", d.h. des Verfassers des jeweiligen Schriftstückes: Wird die Schrift mißverstanden oder „unverdienterweise beschimpft, so bedarf sie immer ihres Vaters Hilfe (*boetheia*); denn selbst ist sie weder imstande sich zu schützen noch sich zu helfen" (275e). Sokrates richtet dagegen die Aufmerksamkeit seines Gesprächspartners Phaidros auf jene andere „Rede" (*logos*), „welche mit Einsicht geschrieben wird in des Lernenden Seele, wohl imstande, sich selbst zu helfen, und wohl wissend zu reden und zu schweigen, gegen wen sie beides soll" (276a). Wer vom Gerechten, Schönen und Guten Erkenntnis besitzt, wird sich demnach davor hüten, – ähnlich wie der Landmann seinen Samen in den rechten Boden sät – seine Samen „ins Wasser [zu] schreiben, mit Tinte sie durch das Rohr aussäend mit Worten, die doch unvermögend sind [...] die Wahrheit hinreichend zu lehren. [...] die Schriftgärtchen wird er nur Spieles wegen, wie es scheint, besäen und beschreiben. [...] Weit herrlicher aber, denke ich, ist der Ernst mit diesen Dingen, wenn jemand nach den Vorschriften der dialektischen Kunst, eine gehörige Seele dazu wählend, mit Einsicht Reden sät und pflanzt, die sich selbst und dem, der sie gepflanzt, zu helfen imstande und nicht unfruchtbar sind." (276c-e). Soweit Sokrates, „derjenige, der nicht schreibt" – wie es als Motto über dem I. Kapitel von Derridas *Grammatologie* steht.[14]

Sokrates geht es bei dieser schönen Metaphorik darum, die Meinung zu widerlegen, daß die Schrift dem *besseren Gedächtnis* dienen würde. Denn indem dieses sich auf die Schrift verlasse, würde es vielmehr geschwächt. Es legt keinen Wert mehr darauf, sich gespannt, gegenwärtig, in nächster Nähe zur Wahrheit des Seienden zu halten. Die

---

[14] GR 16. Derrida entnimmt dieses Motto dem Nachlaß Nietzsches, wo es heißt „Sokrates als der ‚Nichtschreiber': er will nichts mittheilen, sondern nur erfragen." (F. Nietzsche: *Nachlaß Herbst 1869*, (KSA 7), 17. Zu Derridas Kommentierung von Nietzsches Sokratesinterpretation vgl. auch PK I 28.) Man wird sofort konstatieren, daß *Platon*, der uns dieses Gespräch *aufschreibt*, etwas Merkwürdiges tut: Er läßt Sokrates die Schrift gegenüber der Rede abwerten und schließt die Schrift somit für eine philosophische Lehre aus – aber gleichzeitig *schreibt* er: nämlich Dialoge, in denen er andere sich vergeblich über die Möglichkeit einer lehrbaren Wahrheit unterreden läßt. W. Stegmaier schreibt dazu: „Dennoch hat [Platon] damit die Schrift, die Sokrates aus der Philosophie ausgeschlossen hat, für sie wiedergewonnen, wenn auch nicht für eine mögliche Lehre. Die Lehre kommt erst durch den ‚Schreiber' Aristoteles. Er hat die Philosophie als geschriebene Lehre zur Selbstverständlichkeit gemacht und zugleich eine neue Philosophie der Schrift gelehrt, nach der die Schrift die Lehre unbeschadet wiedergibt, indem sie deren Form treu bewahrt." W. Stegmaier: *Philosophieren als Vermeiden einer Lehre*, 235.

Bewegung der *aletheia* aber ist wesentlich *mneme*: und zwar des *lebendigen* Gedächtnisses, das in der eigenen Seele die Wahrheit sucht, anstatt sich an *tote* Buchstaben zu halten. Genau dies nämlich wäre die Definition des Sophisten. Derrida: „Der Sophist verkauft also die Zeichen (*signes*) und Insignien der Wissenschaft: nicht das Gedächtnis selbst (*mneme*), sondern die Monumente (*hypomnemata*), die Inventarien, die Archive, die Zitate, die Kopien, die Erzählungen [...]." (D 119) Was Platon angreift, ist die Vertretung und Supplementierung des lebendigen Gedächtnisses durch eine Gedächtnishilfe. Doch die Grenze, die Platon hier zieht zwischen dem wahren, lebendigen und dem nur scheinbaren, toten Wissen, „trennt nicht einfach zwischen gesprochenem Wort und Schrift, sondern zwischen dem Gedächtnis als Gegenwärtigkeit (re-)produzierende Entschleierung und der Wieder-Erinnerung als Wiederholung des Monuments: zwischen der Wahrheit und seinem Zeichen, dem Seienden und dem Typos." (D 121) Das Übel der ‚Schrift' beginnt in der Bewegung dieser Suppliierung, „in der Differenz zwischen *mneme* und *hypomnesis*. [...] Das Übel schleicht sich ein in die Selbstbeziehung des Gedächtnisses, in die allgemeine Organisation der mnestischen Aktivität." (Ebd.) Denn das Gedächtnis braucht als endliches, das niemals über die Unendlichkeit einer Selbstgegenwärtigkeit verfügt, stets Zeichen, um sich des Nicht-Gegenwärtigen zu erinnern. Überraschenderweise beschreibt Sokrates auch die Schulung des eigenen Gedächtnisses als eine Art *Einschreibung* „in des Lernenden Seele". Wäre demnach nicht auch das Gedächtnis immer schon kontaminiert? Von Schriftzügen, die die Gegenwärtigkeit des Seins selbst *ersetzen* und somit verstellen? „Doch Platon *träumt* von einem Gedächtnis ohne Zeichen. Das heißt ohne Supplement." (D 121 f.).

„Und die Schrift erscheint Platon (und nach ihm der gesamten Philosophie, die sich als solche in dieser Geste konstituiert) als dieses schicksalhafte *Mitreißen* der Verdopplung: Supplement eines Supplements, Signifikant eines Signifikanten[15], Repräsentant eines Repräsentanten. [...] Während sich letzterer [d.i. der phonische Signifikant, T. B.]

---

[15] Derrida meint hiermit die klassische Verhältnisbestimmung von gesprochener Rede und deren Abbildung in der Schrift. Die findet sich nach Derrida (vgl. GR 23ff.) bei Aristoteles in *De interpretatione* 1, 16a. Die jeweiligen Abbildungen folgen einer natürlichen Ordnung: „das in der Stimme verlautende [ist] Zeichen für die in der Seele hervorgerufenen Zustände/Abdrücke (*pathemata*) und das Geschriebene Zeichen für das in der Stimme Verlautende". Es zeigt sich, daß die Stimme als Erzeuger der *ersten* Zeichen wesentlich mit der Seele vertraut ist. Zwar beruht diese erste Zeichengebung auch auf Konvention: „Und wie nicht alle dieselben Schriftzeichen haben, so sind auch ihre stimmlichen Verlautbarungen nicht dieselben" (*De int* 1, 16a).

in der beseelten Nähe, in der lebendigen Gegenwart von *mneme* und *psyche* hielte, entfernt sich der graphische Signifikant, der ihn reproduziert oder ihn nachahmt, davon um einen Grad, fällt aus dem Leben heraus, reißt dieses aus sich selbst heraus und versetzt es in den Schlaf." (D 122)

Auf beiden Seiten, der von Sokrates geforderten *mneme* und der *hypomnesis* (der Schrift), geht es dabei um *Wiederholung*. Und dies ist der Grund, warum ich mich hier so genau auf das Sokratische Modell einlasse. Denn Kierkegaards Versuch, sich mit Hilfe *seines* Begriffs der ‚Wiederholung' von der Sokratischen *anamnesis*-Lehre abzusetzen, hat auch in *seiner* Kunst des Schreibens eine genaue Entsprechung. Kierkegaard wiederholt nicht Sokrates' Verdammung der Schrift! Das, was er zu sagen hat, läßt sich überhaupt *nur* Schriften anvertrauen. Auf dem Wege dieser ‚schlechten Wiederholung'. Eben nicht *unmittelbar*.

Das lebendige Gedächtnis habe, folgt man Sokrates, die Aufgabe, die Gegenwärtigkeit des *eidos* zu wiederholen. Es entschleiert das *ontos on*, das heißt das, was in seiner Identität nachgeahmt, reproduziert, wiederholt werden kann. Aber bei der anamnetischen Bewe-

---

Aber in der sprachlichen Konvention ist noch ein unmittelbarer Bezug auf die Seelenzustände gegeben, in denen die Wahrheit verbürgt ist: „worauf diese Zeichen freilich allererst verweisen, das sind bei allen gleiche Seelenzustände, und ebenso sind die Dinge, denen diese entsprechen, für alle vorweg die Gleichen" (ebd.). Die Stimme ist von allen Bezeichnungen dem Signifikat, d.h. den *pathemata* und damit indirekt den Dingen (*pragmata*) am nächsten, sie ist unmittelbar dem nahe, was im „Denken des Logos" auf den „Sinn" bezogen ist, ihn aufnimmt und in die Sprache entäußert. Ungeachtet der großen Differenzen, das Verhältnis dieser Begriffe zueinander zu denken, sieht Derrida hierin *das* gemeinsame Merkmal der abendländischen Philosophie überhaupt. Immer ging es darum, einen „Logos" als die noch vorkonventionelle also gewissermaßen natürliche Repräsentation der Dinge zu finden, einen „ursprünglichen Sinn", der aber als *logos*, als *Wort*, nur im *gesprochenen*, oder noch besser: *nur gedachten* Wort zugänglich ist. In Bezug darauf ist jede weitere Bezeichnung abgeleitet. Der Logos ist nur im Gedachten, im zu sich selbst gesprochenen Wort unmittelbar präsent. Schrift dagegen ist nur-Repräsentation. Sie erzeugt keinen Sinn. Die Figur einer solchen Abkünftigkeit ist der Ursprung des Wortes „Zeichen": Zeichen ist immer ein konventionelles Etwas, das unmittelbar oder über eine Kette von anderen Zeichen auf ein nicht mehr konventionelles Anderes verweist, einen Sinn der nur als „gedachter" gegeben ist. „Gedachter" aber heißt: nur in der (evt. „lautlosen") Stimme gegenwärtig. Im Zeichenbegriff selbst steckt immer schon diese Differenz einer *mittelbaren* Gegebenheit, die *nur* Zeichen ist, und einer *unmittelbaren* Gegebenheit des Sinns als ein *gesprochenes* Wort. Diese letztere begründet die „absolute Nähe der Stimme zum Sein, der Stimme zum Sinn des Seins, der Stimme zur Idealität des Sinns" (GR 25). Diese Bindung des „Sinns von Sein" an das gesprochene Wort nennt Derrida „Logozentrismus", der als solcher immer auch „Phonozentrismus" ist: die Epoche der *Metaphysik*.

gung der Wahrheit kommt es darauf an, daß sich das Wiederholte *als solches* darstellt, als das, was es *ist*. Das Wahre ist, so Derrida, „das Wiederholte der Wiederholung, das in der Repräsentation präsente Repräsentierte. Es ist nicht das Wiederholende der Wiederholung, der Signifikant der Signifikation." (D 124) Auf der anderen Seite setzt zwar auch die Entfaltung der *hypomnese* die Möglichkeit der Wiederholung voraus. Jedoch ist diesmal das, was sich wiederholt, „das Nachahmende, das Signifizierende, das Repräsentierende, anläßlich der Abwesenheit *der Sache selbst*, die sie, und zwar ohne die psychische und mnestische Belebung, ohne die lebendige Anspannung der Dialektik aufs neue herauszugeben scheinen" (ebd.). Wer *schreibt, wiederholt* demnach auf unangemessene, ‚unphilosophische' Weise. Und um so mehr derjenige, der sich an *Geschriebenes* hält. Der geschriebene Logos ist allenfalls für den, der bereits weiß, ein Mittel, sich die Wahrheit zu rememorieren (*Phaidros* 275d). Für den anderen, den Leser, bietet sie keinerlei Zugang zur *Sache selbst*. Diese bleibt abwesend. Sie wird durch Schrift nicht re*präsentiert*. Der Leser hat es nur mit Supplementen zu tun. Eine Schrift ist das Monument dieses Entzuges: nicht nur des ‚Vaters', sondern auch der ‚Wahrheit'.

In gewisser Hinsicht unterschreibt Derrida das, was Sokrates sagt. Aber er bewertet es anders. Das, was bei Sokrates als bloßes Spiel, als Unvermögen und Hilflosigkeit der Schrift abgewertet wird, versucht er, als *Chance* der Schrift zu begreifen. Eben, weil die Schrift den Beistand des Vaters – der *immer* abwesend ist, auch wenn die ‚Vorworte' dies zu verbergen suchen – nicht mehr genießt, eröffnet sie eine ‚Fruchtbarkeit' ganz eigener Art. Und zwar eröffnet sie den Bezug auf ein Jenseits von ‚Wahrheit' und ‚Unwahrheit', d.h. auf ein *Anderes*, dessen ‚Wirklichkeit' nicht mehr am Ideal der *Präsenz*, des *unmittelbar Einsichtigen,* des Besitzbaren, des durch keine Zeichen Vermittelten, immer Identischen orientiert wäre.

Denn Schrift eröffnet vor allem die Chance zum Immer-wieder-*anders*-Verstehen, welches von Sokrates, idealer Rede (als rechtmäßiger Sohn des Vaters, d.h. als der *logos*) gerade ferngehalten werden sollte. Die Schrift erweist sich in dieser Metaphorik als der verlorene Sohn, der das Vaterhaus auf immer verläßt. Dem in der Nähe des Vaters verbleibenden „Samen" kontrastiert ein „Aussäen" als *Dis-semination*. „Die Dissemination figuriert als das, was *nicht* zum Vater zurückkommt ... Die Dissemination *bekräftigt* (ich sage nicht produziert oder konstituiert) die Substitution ohne Ende, weder arretiert sie noch überwacht sie das Spiel." (POS, 169) Derrida weiß, daß er mit dieser *Bejahung* der Dissemination im Konflikt steht mit dem, was seit Platon *Philosophie* heißt: „Dieses wesentliche Abdriften, das sich auf die Schrift gründet als iterative Struktur, abgeschnitten von aller absoluten Verantwortlichkeit, vom *Bewußtsein* als Autorität letzter Instanz, Waise und seit seiner Geburt von der Assistenz seines Vaters getrennt, ist eben das, was Platon im *Phaidros* verdammte. Wenn die Geste Platons, wie ich glaube, die philosophische Bewegung *par excellence* ist, ermißt man hier den Einsatz, der uns beschäftigt." (RG, 135)

Schriftspiele. Die Logik der différance

In gewisser Weise setzt die Dissemination – Sokrates sagt es selbst – die Philosophie *auf's Spiel*. Der Exzeß einer Schrift, die nicht mehr durch ein mit sich identisches Wissen gelenkt ist, nimmt es in Kauf, als ‚nur' *Literatur* nicht *ernst* genommen zu werden. Aber dieses Spiel der Schrift ist nur so lange ‚nur' Literatur, als es die negative Rolle im Gegensatz zum philosophischen *Ernst* der *Wahrheitssuche* zu spielen gezwungen wird. Aber wer hätte gesagt, daß Sokrates hier ganz im Ernst versucht, das Spiel zu verbieten bzw. ein Spiel gegen ein *anderes* auszuspielen: Denn nicht umsonst sagt Phaidros (von Sokrates unwidersprochen): „Ein gar herrlich Spiel, o Sokrates, nennst du neben den geringeren Spielen: das Spiel dessen, der von der Gerechtigkeit und dem, was du sonst erwähnst, dichtend mit Reden zu spielen weiß." (276e) Auch die ‚Philosophie' ist ein ‚Spiel'[16] und eine ‚gar herrliche Dichtung'.

Wer hätte dies besser gezeigt als Platon? „In Wirklichkeit hat nur eine blinde oder oberflächliche Lektüre das Gerücht aufkommen lassen können, Platon habe die Tätigkeit des Schriftstellers *schlechthin* verdammt." (D 74) Denn selbstverständlich *schreibt* Platon all dies! Er schreibt nicht nur (merkwürdigerweise), daß es darum ginge, *nicht* zu schreiben, er spielt nicht nur mit Reden darüber, daß das Spiel zu vermeiden sei, er fordert nicht nur, Söhne zu zeugen, anstatt den Sa-

---

[16] Zu Derridas programmatischem Verständnis des ‚Spiels' und dessen Bedeutung für seine Art zu schreiben vgl. den Aufsatz *Die Struktur, das Zeichen und das Spiel im Diskurs der Wissenschaft vom Menschen* (SD 422-442). Man kann durchaus sagen, daß die ‚spielerische' Art Derridas, in anderen Texten herumzuschreiben, *seine* Weise der Wiederholung der Sokratischen Ironie darstellt. Vgl. dazu E. Behler: *Ironie und literarische Moderne*, 314ff. Behler betont dabei, daß konsequenterweise der Begriff der Ironie bei Derrida kaum vorkomme: „Die totale Erscheinungsform der Ironie bedarf dieses Namens nicht mehr." (A.a.O., 314.)

men auf die Erde fallen zu lassen[17] – sondern er schreibt auch ausdrücklich *ausgehend vom Tod des Sokrates*: Platon beginnt zu schreiben in dem Moment, wo der ‚Vater' tot und definitiv abwesend ist. „Die Schrift ist Vatermord" (D 182), auch und gerade die Platons, des Schülers des Sokrates. Diese Abwesenheit des ‚Vaters' ist es, die „das Spiel der Differenz und der Schrift eröffnet" (D 183). Und dieser Verlust der ‚Präsens' steht stellvertretend für alle weiteren Suppliierungen im Herzen des Platonismus:

> „Die absolute Unsichtbarkeit des Ursprungs des Sichtbaren, des Guten-der Sonne-des Vaters-des Kapitals, der Entzug der Form der Anwesenheit oder der Seiendheit, dieses ganze Darüberhinausgehen, welches Platon als *epekeina tes ousias* (jenseits der Seiendheit oder der Anwesenheit) bezeichnet, gibt einer Struktur der Suppliierung statt, wenn man das so noch sagen kann, derart, daß alle Anwesenheiten dem abwesenden Ursprung substituierte Supplemente sein werden [...]. Ebenso wie, wir haben es ja gesehen, Sokrates den Vater suppliiert, suppliiert auch die Dialektik die unmögliche *noesis*, die untersagte Anschauung des Gesichts des Vaters [...]. Der Rückzug des Gesichts eröffnet und begrenzt zugleich die Ausübung der Dialektik. Er verschweißt sie unauflöslich mit den ‚unter ihr stehenden', den mimetischen Künsten, dem Spiel, der Grammatik, der Schrift etc. Das Verschwinden des Gesichts ist die Bewegung der *différance*, die gewaltsam die Schrift eröffnet [...]." (D 186)

Diese Derridasche *différance* steht für das ständige Sich-Entziehen des ‚Originals', des ‚Ursprünglichen', für das beständige *Aufschieben (différer)* und Setzen eines Unterschiedes *(différence)*, der nicht ‚gehört' werden kann, aber ‚markiert' wird durch die Schrift und in der Schrift. Diese *Verschiebung von Sinn*, das Gleiten der Signifikate unter den Signifikanten, die ‚Dehnbarkeit der Begriffe' als Bedingung der Möglichkeit *und* der Unmöglichkeit jedes Zeichengebrauchs ist die Ökonomie der *différance* oder die Logik des Supplements. Der ‚Platonismus' wäre nun, nach Derrida, *zugleich* die allgemeine Wiederholung dieser unvermeidlichen Suppliierungen des ‚Vaters' im ‚Sohn'[18] *und*

---

[17] So wird auch in den *Nomoi* VIII, 838 e gefordert, daß man die „Vereinigung zur Erzeugung von Kindern nur ihrem natürlichen Zweck entsprechend vollziehen soll". Derrida: „Man könnte hier die Schrift *und* die Päderastie eines jungen Mannes namens Platon vor Gericht laden." (D 172)

[18] Derrida verweist hier nicht zufällig darauf, daß sich diese Logik des Supplements in einer *christologischen* Sprache beschreiben läßt – oder auch umgekehrt! Dies aber hätte offenbar weitreichende Konsequenzen für die Christologie. Ich verweise hier darauf, daß G. Ward seiner komparativen Lektüre von Derrida und Karl Barth u.a. diese Pointe gegeben hat: Barths Lehre vom ‚Wort Gottes', wie er sie in der *Kirchlichen Dogmatik* §5 entwickelt, entspreche der Derridaschen Logik des Supplements. Ward analysiert dort vor allem Barths vielschichtige Verwendung der Wörter „Repräsentation", „Stellvertretung", „eintreten", „Vorstellung" bzw. „Darstellung": also das, was die *analogia fidei* meint, vgl. G. Ward: *Barth, Derrida*, 235ff.

die mächtige Anstrengung, sie zu beherrschen, ja sie zu verbergen. Das Verschwinden des Guten-des-Vaters-der-Sonne ist die Bedingung der dialektischen Rede. Aber damit wäre das „Verschwinden der Wahrheit als Anwesenheit, der Entzug des anwesenden Ursprungs der Anwesenheit [...] die Bedingung jeder (Bekundung von) Wahrheit" (D 187). Die *différance* ist zugleich die Bedingung der Möglichkeit und die Bedingung der Unmöglichkeit der Wahrheit:

> „‚Zugleich' will sagen, daß das Anwesend-Seiende *(on)* in seiner Wahrheit, in der Anwesenheit seiner Identität und der Identität seiner Anwesenheit *sich verdoppelt*, sobald es erscheint, sobald es sich präsentiert. [...] Es ist das, was es ist, es ist identisch und identisch mit sich, einzig nur, indem die Möglichkeit, als solches *wiederholt* zu werden, *hinzugefügt* wird. Und seine Identität wird durch diese Hinzufügung ausgehöhlt, entzieht sich hinein in das es präsentierende Supplement." (D 187)

Die Wiederholung *erzeugt* das, was sie ‚wiederholt'. Diese Wiederholung aber ist nur möglich in der „Graphik der Supplementarität" (ebd.), d.h. in der *Schrift*. Schreiben heißt wiederholen. Aber eben *nicht* jene Wiederholung der *anamnese*, der Dialektik oder Didaktik, die zu der Idealität des *eidos* zurückführt, sondern jene Bewegung der Platonischen ‚Nicht-Wahrheit': Die Anwesenheit des Seienden geht darin verloren, wird darin verstreut (disseminiert), wird durch Nachbilder, Abbilder usw. vervielfältigt: „Irreduzibles Hinausgehen über jede selbstbezügliche Intimität des Lebenden, des Guten, des Wahren im *Spiel des Supplements*." (D 188, Hervorhebung von mir) Ein Spiel, das nicht Willkür bedeutet[19], aber doch eben die Freiheit des Spiels.

Die ‚große Wiederholung'

Das Spiel des Supplements ist ein Spiel der *Wiederholungen*. Derrida hat das, was er in seinen Texten mit anderen Texten tut, ausdrücklich in diesen Begriff der ‚Wiederholung' eingeschrieben:

> „Was mich betrifft, so fühle ich mich außerdem als Erbe: so treu wie möglich, liebend und begierig nach wiederholten Lektüren und philosophischen Genüssen, die nicht nur ästhetische Spielereien sind. Ich liebe die Wiederholung, so als ob die Zukunft sich auf

---

[19] Vgl. das durchaus programmatisch zu nennende Vorwort zu Derridas Platonlektüre: „Es gälte also, in einer einzigen, aber zweigeteilten (dédoublé) Geste zu lesen und zu schreiben. Und derjenige hätte nichts von dem Spiel verstanden, der sich aus dem Grunde autorisiert fühlte, dem weiter hinzuzufügen, das heißt irgendetwas hinzuzufügen. Er würde nichts hinzugefügt haben: die Naht würde nicht halten. [...] Das Supplement an Lektüre oder Schrift muß streng vorgeschrieben sein, allerdings durch die Notwendigkeit eines *Spiels*." (D 72)

uns verließe, als ob sie uns in der Geheimschrift einer sehr alten Rede erwartete – die man noch nicht hat sprechen lassen. Ich gestehe, all dies ergibt ein seltsames Gemisch von Verantwortung und Respektlosigkeit [...]. Wir haben von der ‚Tradition' mehr erhalten, als wir zu wissen glauben, aber der Schauplatz der Gabe zwingt uns auch zu einer Art kindlichen Gottlosigkeit, die ernsthaft und leichtfertig mit dem Denken umgeht, dem man am meisten verdankt." (APU 140)[20]

Oder in einem anderen Interview erklärt Derrida, daß es ihm bei allem Schreiben darum ginge, einem gewissen „Gedächtnisverlust" entgegenzuarbeiten:

„den Verlust der Wiederholung, nicht der Wiederholung im mechanischen Sinne des Ausdrucks, sondern den Verlust der Auferstehung, Wiederbelebung und der Wiedergeburt. Ich schreibe also, um zu bewahren. Das Bewahren ist aber keine trübsinnige und tote Archivierung. Es handelt sich im Grunde um unendliche Erinnerungen, Erinnerungen ohne Grenzen, die nicht zwingend ein philosophisches oder literarisches Werk sein müssen, sondern einfach nur eine große Wiederholung." (APU 155)[21]

Aber eine solche *große Wiederholung* folgt eben einer anderen Logik als derjenigen, die in der Gestalt des ‚Platonismus'[22] das abendländische Denken geprägt hat: Die Derridasche Wiederholung setzt auf das (unvermeidliche!) Immer-wieder-*anders*-Verstehen der Texte, auf eine immer neue Kontextualisierung, auf eine spielerische Verschiebung der Bedeutungen der gegebenen Zeichen, auf eine Unentscheidbarkeit an Bedeutung, die sich öffnet gegenüber dem Neuen und nicht Beherrschbaren. Anders gesagt: die sich öffnet gegenüber dem *Anderen*. Auf diese ‚ethische' oder auch ‚religiöse' Wendung kommt es mir hier vor allem an. Derridas ‚Verspieltheit' ist eben nicht ‚Frivolität'[23], sondern der Versuch, der spielerischen Offenheit des Verstehens einen eminent *ethischen* Sinn zu geben: Das Spiel der Wiederholung steht für eine Bewegung, die sich dem Anderen, Zukünftigen und Nichtbeherrschbaren öffnet. Wiederholung hat es für Der-

---

[20] Aus dem Interview „(‚Die alte neue Sprache') entsiegeln", erschienen in *Le nouvelle Observateur*, 983, 9.-15. September 1983.
[21] Dieses Gespräch mit dem Titel *Quersprachen* erschien im Dezember 1993.
[22] Vgl. dazu Derridas Kennzeichnung des ‚Platonismus' als eine bestimmte Abstraktion, die man aus dem Platonischen Text herausgezogen hat, in CH 59ff.: Wenn diese Abstraktion auch nicht illegitim und willkürlich ist, so besteht ihre Gewalt doch darin, „über eine bestimmte Zeit hinweg das Gesetz zu bilden, und in einer Art, die just die gesamte Philosophie ist, über andere Denkmotive zu herrschen, die auch im Text am Werk sind, z.B. die, die uns hier privilegiert und aus einer anderen Situation heraus interessieren".
[23] Vgl. dazu Derridas Einleitung zu einem Essay von Condillac *Die Archäologie des Frivolen*.

rida stets mit einem besonderen Verhältnis zur Abwesenheit von
‚Wahrheit' zu tun, die nicht auf eine ‚Erinnerung' an ein ‚Ursprüngliches', sondern an ein „*Komm!*" dem Anderen gegenüber verweist.
Die Wahrheit des Gesagten, des Geschriebenen, des Tradierten ist
stets ausgeliefert an ein solches *Komm!* Sie appelliert an einen Anderen oder an etwas anderes, das noch aussteht und als solches noch *unentschieden* ist. Etwas, das vom Schreibenden aus nicht zu entscheiden
ist. Dieses *Komm!* sei jedem seiner Diskurse eingeschrieben: das
„Komm!" einer Apokalypse[24], die nichts beendet oder enthüllt. Einer
solchen Unentschiedenheit fühlt sich Derridas Schreiben verpflichtet:
„Unentschieden zu bleiben bedeutet, sich der Entscheidung des Anderen zu überlassen. [...] Das bedeutet, daß ein Anderer sich gegenüber befindet, mit [...] seinem Blick, und er wird es sein, der die
Wahrheit sehen, sie sagen oder festhalten wird. Die Wahrheit *machen*
wird."[25] (APU 159) Und in Anspielung auf den kurz zuvor genannten
Kierkegaard („Denke hier an Kierkegaard!" (APU 158)) fügt Derrida hinzu: „was zu entscheiden ist, steht dem Anderen zu; im Fall von
Abraham entscheidet tatsächlich Gott. Das bedeutet nicht, daß Abraham untätig bleibt, er tut alles, was zu tun ist, aber in gewisser Weise
weiß er, daß er dem Anderen gehorcht; der Andere wird entscheiden,
was ‚komm' bedeutet; dort liegt die Antwort." (APU 159) Damit wären wir mitten in Derridas Lektüre von *Furcht und Zittern*.

2.1.2. Kierkegaards Wiederholung als Logik der différance

Führt von Derridas *großer Wiederholung* aber tatsächlich ein Weg zurück zu Kierkegaard und dessen Begriff der „Wiederholung"? Zunächst einmal muß man sagen, daß Derridas Denken der Wiederholung sicherlich nicht von Kierkegaard herkommt. Wie eben in meiner
Lektüre von *La Pharmazie de Platon* gesehen, entwickelt Derrida
diese Figur von anderen Kontexten aus: von Platon her (D 69ff.), entlang Rousseaus Verwendung des Wortes *supplément* (GR 248ff.) oder
Husserls Bestimmung des Zeichenbegriffs (SP pass.), anhand von

---

[24] Derrida hat diese Figur des *Komm!* vor allem in seinen Blanchot-Lektüren (vgl. GS 23ff.) entwickelt bzw. anhand einer Lektüre der Offenbarung des Johannes, welche bekanntlich in ein solches „Komm!" (Off 22,20) mündet: als gewissermaßen *letztes Wort* der Bibel. Vgl. dazu meine Ausführungen auf S. 116ff.
[25] Eine Anspielung auf eine Formulierung aus Augustins *Confessiones*, vgl. dazu CIR 58 und meine Lektüre dieses Textes in Kap. 6.2.

Freuds Theorie über das ‚Erinnern, Wiederholen und Durcharbeiten' (SD 302 ff. bzw. PK II 7 ff., 113 f.), in Anlehnung an Lacans Interpretation der Wiederholung als einen der vier ‚Grundbegriffe der Psychoanalyse', andererseits aber auch anhand von Artauds Konzept eines nicht-mimetischen Theaters (SD 351 ff.), oder Mallarmés Text *Mimique* (D 193 ff.), im Anschluß an Batailles Hegelinterpretation (SD 380 ff.) und schließlich natürlich anhand von Heideggers ‚Wieder-holung' in *Sein und Zeit*.

Derrida bewegt sich damit in einem Diskurskontext[26], in dem der Begriff der *Wiederholung* eine enorme Rolle spielt – gleichsam als wäre Constantins Ausspruch wahr geworden: „ebenso wird die neuere Philosophie lehren, daß das ganze Leben eine Wiederholung ist."

Alle diese Kontexte der Wiederholung sind nun aber auch in Kierkegaards Texten am Werk. Auch Kierkegaard geht es beim Wiederholungsbegriff um eine Auseinandersetzung mit Hegel[27]. Die Phänomene, die Freud bzw. Lacan dem Wiederholungsbegriff zuordnen, lassen sich fast alle auch bei Kierkegaard wiederfinden.[28] Heideggers ‚Wieder-holung' ist weit stärker von Kierkegaard geprägt als es jener einräumt[29]. Auch Kierkegaard inszeniert das Thema der Wiederholung anhand einer Theateraufführung (vgl. W 34 ff.)[30]. Wir haben es

---

[26] Hier sei nur erinnert an solche einflußreichen Bücher wie Gilles Deleuze, *Différence et répétition*, Jean-François Lyotards *Le Différend* oder Paul Ricoeurs *Temps et récit*, die alle ganz vom Thema der *répétition* und der *mimesis* heimgesucht werden. In diesen Kontext muß auch die Kierkegaardinterpretation von H.B. Vergote gestellt werden. Sie trägt den bezeichnenden Titel: *Sens et Répétition. Essai sur l'ironie kierkegaardienne*.

[27] Daß Kierkegaards Nachdenken über die Wiederholung aus einer Beschäftigung mit Hegels *Phänomenologie des Geistes* hervorging, macht J. Stewart plausibel in: *Hegel als Quelle für Kierkegaards Wiederholungsbegriff*.

[28] Vgl. die brillianten Kierkegaardlektüren von E. Strowick in: *Passagen der Wiederholung*, pass.

[29] Vgl. z.B. L. Reimer: *Die Wiederholung als Problem der Erlösung bei Kierkegaard*, 326 ff.

[30] Vgl. die Lektüre dieser Szene bei S. Agacinsky: *Aparté*, 152-167 als Beispiel einer Wiederholung innerhalb von *Die Wiederholung*, welches die *Mimesis* zum Thema hat: Offenbar handelt es sich hier um ein *mis en abîme*. Vgl. auch G. Deleuze, der in Kierkegaards (und Nietzsche) Analysen des ‚Theaters' etwas völlig Neues in der Philosophie beginnen sieht: „Sie reflektieren über das Theater nicht in Hegelscher Manier. Sie betreiben nicht länger philosophisches Theater. Sie erfinden in der Philosophie ein unglaubliches Äquivalent zum Theater und begründen damit jenes Theater der Zukunft und gleichzeitig eine neue Philosophie." G. Deleuze: *Differenz und Wiederholung*, 24.

2. Der Schriftgelehrte: Schreiben nach Derrida 79

hier mit einem Knäuel von Bezügen zu tun, dessen Entwirrung eine sorgfältige Analyse verdiente.[31]

Ich halte mich lediglich an einen einzigen Faden: an Derridas Referenz auf Platon (der all diese Wiederholungen inauguriert haben soll). Denn dies wird ja auch in *Die Wiederholung* als der Anknüpfungspunkt der ganzen Problematik ausgegeben.[32] Wie Derrida bezieht sich Kierkegaard auf das Platonische Anamnesismodell, um darzulegen, inwiefern sein Denken und Schreiben einer *anderen* Logik zu folgen versucht. Bei Constantin Constantius kleidet sich dies in nichts Geringeres als die Proklamation einer ‚neuen Philosophie':

„denn *Wiederholung* ist ein entscheidender Ausdruck für das, was ‚*Erinnerung*' bei den Griechen gewesen ist. Gleich wie diese also gelehrt haben, daß alles Erkennen ein sich Erinnern sei, ebenso wird die neuere Philosophie lehren, daß das ganze Leben eine Wiederholung ist." (W 3)

Die Kühnheit, mit der Kierkegaard hier ganz verschiedenartige Probleme mit dieser einen neuen Kategorie neu zu deuten versteht, ist bemerkenswert. Denn man kann sich schon fragen: Was haben Constantin Constantius' psychologische Experimente bzw. die unglückliche Liebe des jungen Manns, was haben Hiob und Abraham, was hat die christliche Erlösung[33] oder der christliche Freiheitsbegriff[34] oder der Gedanke der Schöpfung[35] mit Platons *mimesis*-Problem zu tun? Kierkegaards *Erinnerung* an Platon ist eine *Wiederholung* im großen Stil: Er fügt unendlich viel hinzu, um die Problemstellung Platons für seine Zwecke nutzbar zu machen[36], aber gerade so bestätigt er die

---

[31] Einen Versuch in diese Richtung hat kürzlich N. N. Eriksen vorgelegt: *Kierkegaard's Category of Repetition*, pass, wo er Kierkegaards Wiederholungsbegriff im Lichte seiner späteren Entwicklung bei Nietzsche, Heidegger und Freud interpretiert.

[32] Zum ganzen Problem der Umkehrungen antiker Philosophie bei Kierkegaard verweise ich auf H. Deuser: Kierkegaard, 31 ff. und neuerdings J. Ringleben: *Kierkegaards Begriff der Wiederholung*, pass.

[33] Vgl. L. Reimer: *Die Wiederholung als Problem der Erlösung*, pass.

[34] Vgl. bei W. Dietz: *Sören Kierkegaard*, 238 ff. das Kapitel 6: „Wiederholung als künftige Redintegration der Freiheit".

[35] Vgl. D. Glöckner: *Kierkegaards Begriff der Wiederholung*, wo die Wiederholung in Hinblick auf das Handeln des Menschen (a.a.O., 63 ff.), für dessen Selbstwerdung (a.a.O., 163 ff.) und für Religiösität (a.a.O., 200 ff.) analysiert wird. Schließlich aber handele es sich bei der Kierkegaardschen ‚Wiederholung' um eine bestimmte Qualifizierung der Wirklichkeit: und zwar als Gottes Schöpfung (a.a.O., 212 ff.).

[36] W. Anz: „Die Phänomene, auf die Kierkegaard stößt, Angst, Zeitlichkeit, Existenz verdankt er nicht Platon, sondern dem Christentum. Aber die Weise ihrer dialektischen Entfaltung aus dem Bezuge zur Idee ist ohne den Rückbezug auf Platon nicht denkbar." *Die platonische Idee des Guten*, 36.

enorme Erschließungskraft, die seiner ‚Entdeckung' zukommt. Die Art und Weise, in der Kierkegaard sein persönliches Problem (Ist das vormalige Verhältnis zu Regine ‚wiederholbar'?) hinüberspielen läßt, zunächst in eine Auseinandersetzung mit Hegel über das Verhältnis von ‚Idealität' und ‚Realität' und die ‚Identität' des Bewußtseins überhaupt (*De omnibus dubitandum est*)[37], von da aus zur Platonischen Anamnesislehre (W u.ö.) oder zur Bewegung in kraft des Absurden (FZ), andererseits in die Problematik von *Zeit* und *Augenblick* (BA)[38], in die Losung der *Ethik* schlechthin, schließlich in den Horizont einer Wiederholung als „Wiedergeburt" bzw. „neue Schöpfung" oder „Erlösung von der Sünde"[39] und all das innerhalb einer dichterischen *Verdopplung* der unentwegten Wiederholungen, Nachschriften, Hinzufügungen, „*Mimisch(!)*-pathetisch-dialektischen Sammelschriften" – all dies demonstriert das große hermeneutische Potential ‚der Wiederholung'. Und schon darin scheint die Logik der Wiederholung ganz ähnlich zu funktionieren wie Derridas Logik der différance: Von der Figur der möglichen oder unmöglichen *anamnesis* her den gesamten Problembestand der christlichen Dogmatik (re)konstruieren zu wollen –, das entspricht strukturell genau dem Versuch Derridas, die ‚abendländische Metaphysik' von der Bewertung des Phänomens der *Schrift* bzw. der *différance* her neu zu interpretieren. Wir haben es hier mit zwei Weisen zu tun, eine Alternative zum ‚Platonismus' zu denken – und die Frage ist, wie diese beiden Weisen aufeinander zu beziehen wären. Dabei könnte man an dreierlei denken.

1. In beiden Fällen handelt es sich um eine bestimmte Bewegung der *Verfehlung*. Erinnerung und Wiederholung, so heißt es in *Die Wiederholung*, seien „die gleiche Bewegung, nur in entgegengesetzter Richtung" (W 3). Während es bei der griechischen Anamnesislehre um ein Sichzurücknehmen in die immerseiende, vorvergangene Idealität des Wahren und Guten ging, habe es die (christliche) Wiederholung mit einer Ewigkeit zu tun, die „in entgegengesetzter Richtung", d.h. in einer Zukunftsorientierung gefunden wird. Beide Bewegungen also ge-

---

[37] Vgl. J. Stewart: *Hegel als Quelle für Kierkegaards Wiederholungsbegriff*, 303ff.
[38] Vgl. H. Deuser: *Kierkegaard*, 43ff.; J.Ringleben: *Kierkegaards Begriff der Wiederholung*, 334ff.
[39] Vgl. D. Glöckners Aufsatz: ‚*Die glückliche Liebe*' – *Sören Kierkegaards spezifisches Verständnis der Wiederholung als Zugang zu seinem Versöhnungsdenken*.

hen aus von einem Entzug. Doch während die griechische Anamnese nostalgisch (und dabei immer unglücklich) auf eine vergangene Idealität blickt, geht es der eigentlichen Wiederholung um eine eigentümliche ‚Differenz'. Diese „Dialektik der Wiederholung" sei „leicht, denn was sich wiederholt, ist gewesen, sonst könnte es sich nicht wiederholen; aber eben dies, daß es gewesen ist, macht die Wiederholung zu dem Neuen." (W 22). Worauf es also ankommt, ist dieser ‚dialektische Sprung': „siehe, es ist alles neu geworden", wird Vigilius Haufniensis (in BA 14 Anm.) sagen. Die Wiederholung ist eine Bewegung der „Transzendenz" (BA 15 Anm.), der Öffnung auf ein Kommendes, das sich jeder Vorausberechnung und Kalkulation (vgl. FZ) entzieht – immer wieder neu.[40] Die Wiederholung ist in *keinem* Augenblick gesättigt. Als solche ist sie die stete Unterbrechung des vermittelnden „metaphysischen" Denkens:

„die Wiederholung ist das *Interesse* der Metaphysik; und zugleich dasjenige Interesse, an dem die Metaphysik scheitert; die Wiederholung ist die Losung/Lösung in jeder ethischen Anschauung, die Wiederholung ist die conditio sine qua non für jedes dogmatische Problem." (W 22)

Genau dieses Scheitern des metaphysischen Denkens kennzeichnet nun aber auch Derridas Logik der *différance*. Derrida *und* Kierkegaard geht es darum, dasjenige zu denken, was die platonisch-metaphysische Wahrheitskonzeption (eine Metaphysik der Präsenz, der Repräsentation, der Adäquation, der Vollendung usw.) scheitern läßt. In beiden Fällen geht es darum, die Endlichkeit und Unabschließbarkeit des Denkens (jedes Zeichengebrauchs) zu respektieren und nicht mehr durch den Rekurs auf Idealität aufzuheben. In beiden Fällen geht es darum, offen zu bleiben gegenüber dem ‚radikal Neuen'. In beiden Fällen geht es darum, von diesem Bezug auf Andersheit und Transzendenz her dasjenige zu denken, was *Zeit* heißt, was das *Ethische* meint, was *Religion* genannt zu werden verdient. In beiden Fällen geht es um eine bestimmte Logik des Aufschubs und der Nichtvollendbarkeit – und das heißt: einer bewußt in Kauf genommenen, immer neuen *Verfehlung*. Die Wiederholung ist insofern keine Erlö-

---

[40] In bezug auf Kierkegaard formuliert H.M. Schmidinger: Weil, „die Wirklichkeit nicht fertig und nicht endgültig definiert ist, kann Neues geschehen". Es gibt „Platz für Neues und d.h. für Freiheit". Wirklichkeit lasse sich demnach nicht mehr auf „Rationalität" reduzieren, H.M. Schmidinger: *Das Problem des Interesses*, 386. 388.

sung im Sinne einer Befriedigung[41], sondern eine ‚absurde Erlösung': eine des leidenschaftlichen Festhaltens am Unmöglichen.

Elisabeth Strowick rückt daher zu Recht Kierkegaards Wiederholung – im Anschluß an Lacan[42] – in die Nähe von Freuds Theorie der ‚Wiederfindung des verlorenen Objektes': Die Wiederholung findet nicht *etwas* wieder, das als solches einmal präsent war. Sondern schon der ‚Verlust' ist ein nachträgliches Konstrukt: „Das wiedergefundene Objekt ist ein anderes, immer schon verstelltes, das die Suche erneut eröffnet; und so ist es letztlich die Suche, worauf das Wiederfinden als Bewegung des Begehrens geht. [...] Die Bewegung des Wiederfindens vollzieht die Ausstreichung des Ursprungs und setzt das Ding als Entzug, Nicht-Identisches."[43]

Genau dies teilt sie aber mit Derridas Denken der différance.

2. Andererseits handelt es sich im Falle von Kierkegaards Wiederholung wie im Falle von Derridas différance um Kategorien der *Verantwortung*.

In Kierkegaards Verständnis ist die Wiederholung keine allgemeine Bewegung, kein allgemeines Prinzip, sondern gebunden an den Einzelnen. Sie ist Bewegung eines verantwortlichen Subjektes jenseits jeden Automatismus'. Die automatisch-maschinelle Bewegung ist für ihn ein Bewegungsbetrug.[44] Gegen Hegels Versuch, den Begriff der ‚Bewegung' logisch zu vereinnahmen, insitiert Kierkegaard immer wieder auf

---

[41] Meine Interpretation unterscheidet sich hier freilich von der J. Ringlebens, wenn er schreibt: „Geschieht nun jede Wiederholung um des Unzureichenden, Unerfüllten, Verfehlten, Abgebrochenen, Fragmentarischen, Zweideutigen am zu Wiederholenden willen, d.h. kurz: wegen seiner Endlichkeit, so ist die endgültige Wiederholung diejenige, die die noch unaktualisierten Potenzen des Wiederholten realisiert und erfüllt; solche Wiederholung wäre schöpferisch gerade als Vollendung des Wiederholten." J. Ringleben, a.a.O., 331, Anm. 52. Aber ist es wirklich angemessen, dieses letztlich Hegelsche Schema der ‚Aufhebung des Wirklichen zu seiner Wahrheit' so auf Kierkegaard anzuwenden? Würde sich im Modell der ‚Vollendung' tatsächlich jener Bezug zur *Transzendenz*, zum Zukünftigen, Unkalkulierbaren realisieren, den Kierkegaard zu denken versucht?

[42] Ich zitiere eine entsprechende Passage aus dem *Seminar IV*: „Die platonische Perspektive gründet alle Apprehension des Objekts auf das Wiedererkennen, die Reminiszenz eines gewissermaßen präformierten Typus. Sie ist, durch den ganzen Abstand, der zwischen der modernen und der antiken Erfahrung liegt, von dem Begriff getrennt, der bei Kierkegaard unter dem Register der Wiederholung geliefert wird, einer stets gesuchten, aber niemals befriedigten Wiederholung. Ihrer Natur nach setzt sich die Wiederholung der Reminiszenz entgegen. Sie ist als solche stets unmöglich zu sättigen." J. Lacan: *Seminar IV*, 5.

[43] E. Strowick: *Passagen der Wiederholung*, 289f.

2. Der Schriftgelehrte: Schreiben nach Derrida

das real-existentielle Geschehen, das es im Wiederholungsbegriff zu denken gilt. Immer ist es das einzelne, verwundbare und leidenschaftliche Subjekt, das die Bewegung *macht*. Die Bewegung der Wiederholung bedeutet nichts geringeres als das Wagnis, „ganz man selbst zu sein, ein einzelner Mensch, dieser bestimmte einzelne Mensch, alleine direkt Gott gegenüber, alleine in dieser ungeheuren Anstrengung und dieser ungeheuren Verantwortung" (KT 9). Die Wiederholung ist Angelegenheit des Singulären.[45] Hiob und Abraham behalten recht, indem sie gegen jegliches Kalkül auf dem Recht der Ausnahme, der Singularität der Verantwortung, beharren. Kierkegaards „Wiederholung" formuliert damit eine radikale Kritik an jeder Ethik, die um der allgemeinen Versöhnung willen, die leidenschaftlichen Partikularismen des Subjekts bzw. des „Anderen" eliminiert.

Diese Logik, die jenseits jedes verallgemeinerbaren Wissens, jeder Technik, jedes Gesetzes zu urteilen hat – und sich dennoch ‚vor dem Gesetz' verantwortet! –, ist aber auch in Derridas Ethik am Werk. Ich werde dies später ausführlich diskutieren. Die Ethik der *différance* ist wesentlich bezogen auf die Alterität einer jeden Situation. „Jede Entscheidung ist verschieden und bedarf einer vollkommen einzigartigen Deutung, für die keine bestehende, eingetragene, kodierte Regel vollkommen einstehen kann und darf." (GK 48) Und gleichzeitig kann nur eine solche Entscheidung als „gerecht, frei und verantwortungsbewußt" gelten, die dem Gesetz untersteht: „Sie muß das Gesetz erhalten und es zugleich so weit zerstören oder aufheben, daß sie es in jedem Fall wieder erfinden und rechtfertigen muß". (GK 47) M.a.W.: sie muß das Gesetz *wiederholen*, im Sinne Kierkegaards. Jeder Einzelne steht insofern immer *vor dem Gesetz* – und das heißt: *außerhalb* des Gesetzes. Oder wie Derrida im Anschluß an Kafkas *Vor dem Gesetz* formuliert:

„Es gibt eine Singularität der Beziehung zum Gesetz, ein Singularitätsgesetz, das sich, ohne dies doch jemals zu können, mit dem allgemeinen oder universellen Wesen des

---

44 Als ein lustiges Beispiel für jene unzähligen trügerischen ‚Bewegungen', die in *Die Wiederholung* vorgeführt werden, verweise ich auf Constantins Reise mit der Postkutsche, wo er mit seinen Nachbarn derartig durcheinandergeschüttelt wird, daß er sich nur noch als Glied an *einem* Leibe fühlt und deshalb in das Stoßgebet verfällt: „Gott weiß, ob du es aushalten wirst, ob du wirklich nach Berlin kommen wirst und falls das geschieht, ob du je wieder ein Mensch wirst, der imstande ist sich frei zu machen in der Einzelheit der Isolierung, oder ob du ein Gedächtnis daran behältst, daß du ein Glied an einem größeren Leibe bist." (W 24) Zur expliziten Auseinandersetzung mit Hegels Bewegungsbegriff vgl. etwa BA 16f.
45 Vgl. G. Deleuze: *Differenz und Wiederholung*, 22: „Die Wiederholung erscheint als Logos des Einzelgängers, des Einzelnen, als Logos des ‚privatisierenden Denkers'."

Gesetzes in Beziehung setzen muß. [...] Was für immer aufgeschoben ist, bis zum Tod, ist der Eintritt in das Gesetz selbst, das nichts anderes ist als eben das, was die Verzögerung diktiert. [...] Der Ursprung der *différance* ist das, dem man sich *nicht* nähern, das man sich *nicht* präsentieren, sich *nicht* repräsentieren und in das man vor allem *nicht* eindringen *darf* und kann. Dies ist das Gesetz des Gesetzes. [...] Das Gesetz ist verboten. Aber dieses widersprüchliche Selbst-Verbot ermöglicht, daß der Mensch sich ‚frei' selbst bestimmen kann, obwohl diese Freiheit sich als Selbst-Verbot, in das Gesetz einzutreten, annulliert. Vor dem Gesetz ist der Mensch Subjekt des Gesetzes, indem er vor ihm erscheint. Gewiß, aber *vor* ihm, weil er nicht in es eintreten kann, ist er auch *außerhalb des Gesetzes* [hors la loi, d.h. geächtet]" (PR 39f.; 65ff.)

Wie für Kierkegaard bezeichnet auch für Derrida hier das ‚vor' die Singularität des Verhältnisses zu Gott, dem ganz Anderen. Aber Gesetz und Urteil begegnen Abraham und Hiob auch oder vor allem im anderen, im Nebenmenschen. Und diese gegenseitige Verschränkung des (ganz) Anderen mit dem anderen (Mitmenschen) interessiert Derrida bei seiner Kierkegaardlektüre besonders. Denn in der Bewegung der Wiederholung stehen Hiob und Abraham *vor* Gott als einem Anderen, wie jedes verantwortliche Subjekt in singulärer Beziehung *vor* einem anderen steht.

3. Schließlich geht es in beiden Fällen – wie bereits gesehen – darum, daß sich ein solches Denken der Wiederholung bzw. der différance in einem anderen Umgang mit Texten niederschlägt.[46] Über ‚Die Wiederholung' läßt sich nicht im herkömmlichen Sinne dozieren.

Vielleicht ist es nicht zufällig, daß auch Constantin bei einem seiner Beispiele auf die Metaphorik der Schrift zu sprechen kommt:

„Ja, gäbe es keine Wiederholung, was wäre dann das Leben? Wer möchte sich denn wünschen, eine Tafel zu sein, auf welche die Zeit jeden Augenblick eine neue Schrift setzt oder eine Gedächtnisschrift zu sein auf das Vergangene?" (W 5)

Was heißt hier „Leben", „Zeit" und „Augenblick", „Schrift" und „Gedächtnis"? Halten wir uns an die Metaphern: ‚Leben' wäre als eine Art von ‚Beschriftet-Sein' zu verstehen. Das Selbst wäre eine ‚Tafel', die keine *tabula rasa* sein soll, aber auch keine bloße Verweisung auf Vergangenes. Die Tafel wird also nicht jeden Augenblick gelöscht und neu

---

[46] Ich verweise auf die wunderschöne Bemerkung in BA 15 Anm., wo Vigilius Haufniensis über Constantin sagt: „Aber er hat, was er entdeckt hat, wieder verhüllt, indem er den Begriff eingekleidet hat in den Scherz der entsprechenden Vorstellung. Was ihn dazu bewogen hat, ist schwer zu sagen oder richtiger zu verstehen; denn er sagt ja selbst, er schreibe so, ‚damit die Ketzer ihn nicht verstehen'."

beschrieben, sondern auf ihr ist etwas zu lesen, das *bleibt*, doch das als solches nicht auf ein Vergangenes, sondern auf die Zukunft verweist. Das Selbst *ist* nicht jene Verweisung auf das Vergangene, Ursprüngliche, Unveränderliche, Identische (keine „Gedächtnisschrift") – sondern die Aufforderung zur Wiederholung, d.h. dazu, das Vergangene *neu zu lesen*. *Leben* ist dieses immer wieder neue *Lesen* der Zeichen, die wir sind. Es gälte, das *Lesen* als ‚Beispiel' oder als eine ‚Metapher' dafür zu begreifen, was *Leben* heißt – und was *die Wiederholung* heißt!

Kierkegaard hat ganz in diesem Sinne vielerorts davon gesprochen, was es heißt, ein ‚guter Leser' zu sein. Eine wahre ‚Aneignung' von Texten folge derselben Dialektik der Wiederholung: dem „wieder" und „neu" Lesen (vgl. W 75f.) als die entscheidende Aufgabe eines „eigentlichen Lesers" (vgl. W 91). Es komme darauf an,"durch demütige Begnügung mit dem Schriftwort, durch dankbare und innerliche Aneignung des von den Vätern Überlieferten, eine neue Bekanntschaft zu stiften mit dem – alten Bekannten." (LT 234).[47]

Die Kategorie der Wiederholung ist in entscheidender Hinsicht ein Text- bzw. ein Lektüreverfahren. Kierkegaard geht es darum, der falschen Bewegung Hegels in seinen Texten selbst eine neue Beweglichkeit gegenüberzustellen. Ihm liegt daran, im Werk eine Bewegung zu erzeugen, die den Leser außerhalb jeder Logik der Repräsentation zu fesseln vermag. Kierkegaards Texte *schreiben* die Wiederholung. Sie inszenieren die wesentliche Nachträglichkeit jeder angeblichen ‚Repräsentation', die das Repräsentierte immer erst produziert, immer neu *umschreibt* (im Sinne des Überschreibens ebenso wie des Umkreisens), seine Unverfügbarkeit wiederholt.

Kierkegaards unzählige Selbst-Wiederholungen sind das beste Beispiel dafür. In jede Wiederholung schleicht sich auch bei ihm ein Moment der Differenz ein, des Aufschubs, des Umwegs, der Verstellung (*eironeia*), kurz: der différance. Weit weniger als ein konsistenter ‚Begriff' oder ein ‚Gegenstand' einer Untersuchung ist Kierkegaards Wiederholung in erster Linie ein Textverfahren: und hierin läßt er sich Derrida, wie gesehen, am deutlichsten an die Seite stellen.

Ich zitiere noch einmal Elisabeth Strowicks Charakterisierung der Wiederholung, die genau so auch für Derridas Verständnis der Schrift stehen könnte: „Als paradoxe Doppelbewegung der Wieder-

---

[47] Exemplarisch vorgeführt wird dies durch die Hioblektüre des jungen Mannes in W 74ff.: „Obwohl ich das Buch immer wieder gelesen, ist jedes Wort mir neu" (ebd.) Vgl. dazu auch J. Ringleben: *Kierkegaards Begriff der Wiederholung*, 329, Anm. 43.

holung verfehlt die Schrift die Ankunft im Sinn. Nicht aber, weil sie zaudert, kommt sie zu spät, sondern weil sie immer schon zu spät ist, zaudert sie."[48]

Kierkegaards Wiederholungsbegriff läßt sich also als Plädoyer für ein Denken der *différance* lesen. Gleichwohl gilt auch dafür das, was für alle Lektüren qua Wiederholung gilt: sie verfehlen auf spezifische Weise den Text. Insofern wäre es unangebracht von einer strikten Analogie oder Entsprechung zu reden. Aber die Lektüre Kierkegaards mit Hilfe von Texten Derridas und die Lektüre Derridas mit Kierkegaard stiftet spezifische Übergänge (Passagen), die im besten Sinne dazu einladen, „durch demütige Begnügung mit dem Schriftwort, durch dankbare und innerliche Aneignung des von den Vätern Überlieferten, eine neue Bekanntschaft zu stiften mit dem – alten Bekannten." (LT 234)

Genau in diesem Sinne versteht nun auch Caputo Kierkegaards Wiederholungsbegriff und all das, was sich bei Derrida als „Kierkegaardianisch" identifizieren läßt:

„Kierkegaard and Derrida in Kierkegaard's wake are invoking a biblical model of the ‚new', the psalmist's song *renovabimus faciem terrae*. To this Kierkegaard opposed philosophy's un-motions: Platonic recollection, which is a movement backwards, […]; and the sham movement of the Hegelian *Aufhebung*, which is a movement that never takes a step forward, a purely logical and circular movement of appropriation, reminding us of a mime who gives us a remarkable impression of nothing happens, nothing radically new, just the paralyzing circulation of recollection and *Aufhebung*, of an *in-avènement*[49]; and if time means the eventuation of something new, then the Greeks, as Kierkegaard said, lacked the idea of time. […] Kierkegaard thus has in mind, as does Derrida, a movement that does not remain confined within an economy of the same, that overcomes the ‚paralysis' of the possible. Kierkegaard and Derrida describe the movement of the repetition that repeats forword, into something new, the movement of an unrestricted giving without reserve, of the gift, the qualitative leap, the leap into something tout autre, the leap into the impossible, the transformation, the motion of the event, of a new time […], the in-coming of something tout autre."[50]

---

[48] E. Strowick: *Passagen der Wiederholung*, 485. Strowick geht es auch hier wieder um die vielen Fäden, die von Kierkegaard hin zur Psychoanalyse „als einem spezifischen Lektüreverfahren" führen. Ihre diesbezüglichen Beobachtungen sind selbst ein exzellentes und äußerst anregendes Beispiel für solch eine spezifische Lektüre.

[49] Caputo spielt hier und im folgenden mit der franz. Wortfamilie *venir* (kommen), *événement* (Ereignis, eng.: event), *avènement* (Anfang), die bei Derrida eine entscheidende Rolle spielt.

[50] J.D. Caputo: *Prayers*, 50f. Vgl. auch a.a.O., 65: „This is what Derrida calls ‚repetition', close to Kierkegaard's, the repetition that repeats *forward*, that *produces* what it repeats, the repetition that comes *first*."

In diesem Zitat von Caputo klingt auch noch einer anderen Fassung dieser ‚Logik der *différance*' an, die in *Donner la mort* eine große Rolle spielen wird. Platon und Hegel folgten demnach einer Logik der *zirkulären Bewegung*, die keinen Schritt vorwärts käme, nicht *herauskäme* aus dem Zirkel der *Rückkehr* (zum Vater, zum Ursprung usw.). Dabei handele es sich um eine ‚*Ökonomie des Selben*'. Das, was diese Ökonomie durchbricht, das Ereignis von etwas radikal Neuem, unterliegt nun nach Derrida einer ‚Logik der *Gabe*'. Wieder entwickelt Derrida dies u.a. anhand eines bestimmten Umgangs mit *Schrift* – und auch dazu finden sich Entsprechungen bei Kierkegaard.

2.2. Schreiben als Gabe

Wenn Schreiben bedeutet: den Traum eines ‚Gedächtnisses ohne Zeichen' aufzugeben und also dem Spiel der Supplemente und Wiederholungen stattzugeben, statt ‚Thesen' oder ‚Resultate' zu liefern – dann kann man sich fragen: Was *gibt* uns ein solcher Text? Was bedeutet es, jemandem etwas ‚zu lesen zu geben'? Ich verfolge diese Frage zunächst anhand eines Textes von Derrida über Emmanuel Levinas. Der Text trägt den Titel *En ce moment même dans cet ouvrage me voici / Eben in diesem Moment in diesem Werk findest du mich*[51].

2.2.1. Zu lesen geben

Der Text *En ce moment même dans cet ouvrage me voici*[52] steht dafür, wie sehr sich Derrida vom Werk Levinas' angesprochen, ja verpflichtet fühlt. Derrida versucht, davon etwas weiterzugeben. Doch dies könne gerade nicht im Referat oder in der Zusammenfassung des dort *Gesagten* geschehen. Denn in den Schriften von Levinas ereigne sich etwas anderes. Diese Texte stünden selbst schon für ein Angesprochenwerden vom „Anderen" her, das sich nicht im Gesagten, sondern in einer bestimmten Weise des *Sagens* niederschlage. Wobei das Wort „Anderer"

---

[51] Der Text wurde ursprünglich 1980 geschrieben für einen Band hrsg. v. F. Laruelle: *Textes pour Emmanuel Levinas*. Wiederaufgenommen wurde der Text 1987 in PS 159-202.
[52] Zu diesem Text vgl. W. Stegmaier: *Die Zeit und die Schrift*, 21ff.; J. Valentin: *Atheismus*, 101ff. und G. Ward: *Barth, Derrida*, 190ff. und v.a. S. Critchleys ausführlichem Kommentar in: *The Ethics of Deconstruction*, 107ff.

hier für mehreres stehe: für den Autor eines Textes als Anderen, für die Andersheit eines bestimmten Denkens, das von der philosophischen Tradition zumeist ausgeschlossen und verdrängt wurde, für Andersheit überhaupt, d.h. für das, was sich dem Denken auf irreduzible Weise entzieht und schließlich für die Andersheit Gottes. Texte wie die von Levinas verpflichten „zu einer absoluten Dis-lozierung" (EDM 66), zu einem Sich-mitnehmen-Lassen vom Andern, zur Bereitschaft, sein eigenes Denken durch das Denken des Andern verschieben zu lassen.

Der Text und d. Andere

Derrida stilisiert seinen Text als einen Dialog mit einer Frau über das Werk Emmanuel Levinas'. Denn das Ansprechen einer Adressatin wiederholt in gewisser Weise den performativen Gestus, der alle Texte von Levinas durchzieht: jenes *Sagen*, das im *Gesagten* niemals aufgehen kann.[53] Derridas Bezug auf eine Gesprächspartnerin zielt auf eine Wiederholung dieses *Sagens*. Statt der anonymen Rede ‚über etwas', über das ‚Sein', die Ontologie usw, geht es um ein bestimmtes Angeredetwerden bzw. ein Anreden. Der Dialog imitiert das „eben in diesem Moment" und das „me voici"[54] jenes Sich-Öffnen gegenüber dem / der Anderen, das nicht auf den Empfang oder Weitergabe von etwas aus ist, sondern auf die Öffnung als solche:

„Ich frage mich, woher es kommt, daß ich mich an dich richten muß, um das zu sagen. Und warum, nach soviel Versuchen, soviel Scheitern, ich nun dastehe, *me voici*, dazu gezwungen (*obligé*), auf die anonyme Neutralität einer Rede zu verzichten, die zumindest ihrer Form nach egal wem unterbreitet ist und behauptet, sich selbst und ihren Gegenstand in einer restlosen Formalisierung zu beherrschen. Ich werde deinen Namen nicht aussprechen, [...] aber du bist nicht anonym, in eben diesem Moment, da ich dir dies hier sage (*ou me voici*), es wie einen Brief zu dir *schickend*[55], ihn dir zu hören oder zu lesen gebend, wobei ihn dir zu *geben* mir unendlich viel mehr bedeutet, als was er

---

[53] Vgl. z.B. E. Levinas: *Jenseits des Seins*, 110ff.
[54] Bei Levinas steht das „me voici" (hier bin ich) für diese Dislozierung des „ichs" (moi). Das dem anderern antwortende Ich spricht von sich „selbst" im Akkusativ (me). Diese kleine Formel signalisiert das Heraustreten aus der Immanenz. Levinas übersetzt damit zugleich die biblische Wendung des *hineni*, der Antwort eines Gerufenen: ‚Hier bin ich!', wie sie sich z.B. in der Berufungsvision des Jesaja (Jes 6,8) oder dreimal in der mich später beschäftigenden Erzählung von der *Bindung Isaaks* (Gen 22,1. 7. 11) findet. Vgl. dazu etwa E. Levinas: *Jenseits des Seins*, 327, und meine Ausführungen unten S. 138 und 188.
[55] Vgl. Derridas *Envois / Sendungen* und das unten in Anm. 68 Gesagte.

übermitteln könnte in dem Moment [...], da ich mir von dir diktieren lasse, was ich dir von mir selbst geben wollte." (EDM 45)

Zu schreiben stünde demnach immer in der schwierigen zweifachen Relation: einerseits in der Verpflichtung durch den Anderen: in diesem Fall durch den Text Levinas'. Der ganze Essay von Derrida kommt immer wieder auf die Formulierung zurück, die den Aufsatz eröffnet: „Er wird verpflichtet haben." (EDM 43) (Wobei niemals sicher ist, wer das Subjekt eines solchen Satzes ist.) Andererseits aber ist der Schreibende seiner Adressatin verpflichtet: „da ich mir von dir diktieren lasse, was ich dir von mir selbst geben wollte". Schreiben bedeutet immer auch die Öffnung gegenüber der Andersheit des Adressaten, der/die in gewisser Weise *diktiert*, der/die mit darüber entscheidet, was in diesem Text passiert.[56] Dieser Performanz, diesem Ereignis des *Sagens* gilt es im Schreiben *statt*zugeben.[57]

Derrida fragt sich deshalb: Wie *schreibt* Levinas, um diesem ‚Sagen' gegenüber dem ‚Gesagten' in seinem Werk selbst den Vorrang zu geben? Anders gesagt: Wie kann man Bücher schreiben, die keine ‚Bücher' sein wollen, die nicht ein Wissen versammeln und als ‚Eigentum' des Autors ausgeben wollen? Wie kann man Texte schreiben, die nur auf eine bestimmte Erfahrung verweisen: die von etwas zeugen, das sich nicht *als solches* ‚präsentieren' läßt? Wie muß man schreiben, damit der Text sich dem Beherrschenwollen seines Autors entzieht, damit er sich gleichermaßen öffnet und offen*bleibt* für die Andersheit des von ihm ‚Thematisierten' *und* für ein immer wieder *Anders-Lesen*

---

[56] Dazu J. Valentin: „Ein Gutteil der oft beklagten ‚Schwierigkeit', Levinas wie auch Derrida zu lesen, dürfte auf diese [...] Offenheit des Textes zur Lektüre hin zurückzuführen sein, die im Sinne eines bestimmten Wissenschaftsbegriffs immer als Unvollständigkeit erscheinen muß. Der Text fordert seinen eigenen Kommentar heraus, er ist unvollständig ohne die Lektüre, ohne die ethische Praxis – und steht damit deutlich in der Tradition jüdischen Textverständnisses" *Atheismus*, 104 und 104 Anm. 129.

[57] Sehr schön wird diese dreifache Relation bei G. Ward beschrieben: „The essay is a meditation upon reading as negotiation and textuality. There is no original text, nor any text *qua* text – only textuality. Reading as negotiation is necessarily plurivocal: the meeting of several voices. In his essay, Derrida formalizes this plurivocity in terms of a trinity: the absent, but inscribed, Emmanuel Levinas, a male and a female. The question circulating throughout the essay is precisely ‚Whose text is it, anyway?' In a profound sense, Levinas's work provides the pretext for this present performance, but also an archetype for the play in all textuality of reading/commentary/critique." *Barth, Derrida*, 191.

des Textes durch seinen Adressaten? Wie kann das Gesagte so zurückgenommen werden, daß es dem Nicht-Thematisierbaren Platz macht? Was macht Levinas, damit sich das ganz andere in die Sprache des Seins, der Gegenwart, der Essenz, des Selben einschreiben kann?

Eine mögliche Antwort: durch *Unterbrechungen* des Gewebes unserer Sprache. Derrida läßt den Monolog des männlichen Gesprächspartners immer wieder unterbrechen durch Einwürfe seiner (fiktiven) Dialogpartnerin: „[...] wenn die Unterbrechung der Rede erwünscht ist?" (EDM 50) Diese ‚Einwürfe' figurieren in Derridas Text so wie jene Einbrüche *des* Anderen: in diesem Fall: *der* Anderen. Aber insofern es der *Mann*[58] Derrida ist, der hier schreibt, kann diese Unterbrechung durch die Andere nicht als solche *bestehen*, sondern sie wird sofort eingeholt in den ‚Monolog' des Mannes. Gleichwohl ist dieser Monolog von jenen Unterbrechungen markiert. Der Bezug auf die Gesprächspartnerin ‚durchbohrt'[59] dauernd den Text, den der Mann zu beherrschen behauptet, indem er alle möglichen Dinge thematisiert und entwickelt. Aber dieser Diskurs wird allein dadurch unterbrochen, indem er *sie* anredet: sie, die Andere, die außerhalb des Gesagten steht, das *er* sagt, außerhalb all dessen, was er umfaßt. Insofern illustriert Derridas Text, wie der / die / das Andere (schreiben wir zur Abkürzung: d. Andere)[60] die Sprache desselben heimsucht, wenn er /

---

[58] Derrida markiert sich im Gegenüber selbst als *Mann*! Das ist im philosophischen Diskurs eine durchaus bemerkenswerte Geste. „Philosophie" hat es in der Regel mit einem Neutrum zu tun: die menschliche ‚Vernunft', das ‚Dasein'. Das Achthaben auf *diese Differenz* hat aber sehr viel mit dem Denken des Anderen zu tun! Man könnte hier durchaus eine diskrete ‚Kritik' an Levinas sehen. Denn auch im levinasschen Denken „des Anderen" (l'Autre) werde die sexuelle Differenz grundsätzlich neutralisiert. W. Stegmaier schreibt dazu: „Für Derrida hingegen ist die sexuelle Differenz, analog zur Schrift, der Ort, der die Andersheit des Anderen am schärfsten erfahrbar macht, weil auch sie zugleich äußerste Nähe, unmittelbares Verstehen ermöglicht und *in* dieser Nähe dennoch die Distanz des unvermeidlichen Andersverstehens nicht überwinden kann." (W. Stegmaier: *Die Zeit und die Schrift*, 23) – Dasselbe Thema verfolgt Derrida auch in *Adieu*, 56f.; 64f. und in Blick auf Heideggers Existentialanalyse in: *Geschlecht (Heidegger) Sexuelle Differenz, Ontologische Differenz*. Zur Bedeutung dieser Texte und anderer entsprechender Texte (v.a. SPO) für die Diskussion im Feminismus verweise ich auf die Sammelbände von B. Vinken (Hrsg.): *Dekonstruktiver Feminismus* und A. Günter (Hrsg.): *Feministische Theologie und postmodernes Denken*.

[59] So in Anlehung an eine Passage aus Levinas: *Jenseits des Seins*, 217, die Derrida zitiert, vgl. EDM 54.

[60] Im Französischen kann l'autre alle drei Geschlechter bedeuten. Die Übersetzung mit „d. Andere" soll dieser von Derrida bewußt einkalkulierten Mehrdeutigkeit soweit es geht entsprechen.

sie / es auch nicht in jene eingehen kann.⁶¹ Denn so ereigne es sich auch in Levinas' Werk:

„Voilà, fast immer läuft es so bei ihm, wirkt er so sein Werk; das Gewebe unserer Sprache unterbrechend, um dann die Unterbrechungen selber zu verweben, kommt eine andere Sprache, jene zu verstören. Sie bewohnt sie nicht, sie geht in ihr um. Ein anderer Text, der Text des anderen, ohne jemals in seiner ursprünglichen Sprache zu erscheinen [...]." (EDM 50f.)

Diese Unterbrechungen *verhandeln* mit der Sprache, mit der Ordnung einer Grammatik und eines Wortschatzes, mit einem System normativer Zwänge. Aber diese Verhandlung ist keine Verhandlung wie jede andere Dialektik. Sie verhandelt über das Unverhandelbare, und sie verhandelt mit dem Verhandeln selbst, „mit der verhandelnden Macht, die glaubt, alles verhandeln zu können" (EDM 53). Denn eine solche Störung thematisiert, was sich *in der Sprache* nicht thematisieren läßt. Sie zwingt die Sprache, mit dem Fremden zu ringen, mit dem, was sie sich nur einverleiben kann, ohne es zu assimilieren. Denn natürlich ist die besagte *Störung* niemals sicher wahrnehmbar oder nachweisbar: nichts Lesbares im Innern der Logik der Sprache. Sie ist äußerst subtil. „In Anbetracht dessen, was auf dem Spiel steht, muß sie so gut wie unsichtbar bleiben, nur wahrscheinlich" (EDM 58). Denn nur in solchem ‚wahrscheinlich' oder ‚vielleicht' eröffnet sich die *Chance* für d. Leser(in), sie als Störung zu lesen: Eine solche Unterbrechung fällt einem Text stets nur *vom Anderen her* zu. „Niemals bist du gezwungen, sie zu lesen, sie wiederzuerkennen, sie fällt nur durch dich vor, an die sie ausgeliefert ist, und doch wird er ganz anders verpflichtet haben zu lesen, was man zu lesen nicht verpflichtet ist." (EDM 60)

Die Texte von Levinas – und Derrida will dies von ihm ‚lernen' – leben von solch einer seriellen Verkettung, die den/die Leser(in) in *kei-*

---

⁶¹ J. Valentin macht an dieser Stelle eine wesentliche Differenz zwischen Derrida und Levinas fest: Während Levinas beim „Anderen" immer an den konkreten Mitmenschen denkt, fasse Derrida „Andersheit" weiter: jeweils im Sinne des vom Diskurs Ausgeschlossenen und Marginalisierten und versuche vor allem jeden Dualismus zu vermeiden: das Selbst sei immer schon vom Anderen kontaminiert. „Für Derrida wird der Andere textuell evoziert, bewegt er sich im Innern wie in einem radikalen Außen des Textes, gefangen zwischen den Zeichen der Schrift und gleichzeitig als Ruf, als uneinholbares ‚Voraus der Sprache', diese immer wieder hervorbringend." *Atheismus*, 108-110, hier 110. Aber gerade meine Lektüre von *Donner la mort* wird zeigen, daß Derrida – auf jeden Fall in seinen späteren Arbeiten – an einer diesbezüglichen ausdrücklichen Absetzung von Levinas nicht gelegen ist.

nem Moment das Gesagte als Endgültiges, Festzuhaltendes auffassen läßt. Aber anders als bei Hegels ‚Bewegung des Begriffs', folgen diese Verkettungen keiner immanenten *Teleologie*. Derridas Texte funktionieren als permanente ‚Wiederholungen', Supplementierungen und Verschiebungen, die keine ‚Vollendung' erträumen: Derrida beginnt mit einem Satz und gleich darauf folgt:

„Nun, – schon – und ins Unendliche – müßte ich jedes geschriebene Wort zurücknehmen und serienmäßig verschieben. Da die Verschiebung nicht ausreicht, muß ich jedes Wort aus sich selbst herausreißen [...]. Ich muß also jedes Aussageatom als fehlerhaft, schuldig (*fautif*)[62] und losgesprochen erscheinen lassen. Schuldig wem gegenüber? [...]". (EDM 67)

Diese Verschiebungen dienen nicht der allmählichen Suche nach dem ‚angemessensten' Ausdruck oder der ‚letztlichen' Bedeutung eines Wortes, sondern sie dienen nur dieser Unruhe des immer wieder *Anders-Sagens*. Anders gesagt: Die serielle Verkettung darf gerade nicht einem ‚Das heißt' gehorchen: einer allmählichen Anreicherung des Begriffs, sondern die Verkettung „muß sich unterbrechen und am Rand der Unterbrechung durch ein ‚anders gesagt' wieder anknüpfen" (EDM 70). Sie löscht damit nicht das Gesagte aus. (So wie Climacus versichert: „daß ein Buch schreiben und es widerrufen etwas anderes ist, als es zu schreiben unterlassen", AUN II 335.) Sondern gerade dieses *anders gesagt* be-merkt im Gesagten einen markierenden Einbruch des Sagens, „eines Sagens, das nicht mehr ein gegenwärtiger Infinitiv ist, sondern schon eine Vorübergegangenheit der Spur, eine Performanz des ganz anderen und eine ganz andere Performanz" (EDM 70).[63]

---

[62] Die französische Redewendung für ‚man muß' lautet bekanntlich ‚il faut', so daß jedes ‚müssen' von Derrida immer auch als ‚fehlerhaftes Schuldigwerden' (*la faute*) verstanden wird: man *muß* sprechen, man steht in dieser *Schuld*, aber darin äußert sich immer eine *fehlerhafte Verschuldung*. Vgl. EDM 46 u.ö.

[63] Vgl. auch Levinas' Abschluß seines ‚Vorwortes' zu *Totalität und Unendlichkeit*: „Vorwort zu sein, liegt schon im eigentlichen Wesen der Sprache; das Wesen der Sprache besteht darin, in jedem Augenblick ihren Satz durch das Vorwort oder die Erläuterung aufzulösen, das Gesagte zurückzunehmen; das Wesen der Sprache besteht darin, ohne Förmlichkeit das neu zu sagen, was in dem unvermeidlichen Zeremoniell, in dem sich das Gesagte gefällt, schon schlecht verstanden worden ist." (a.a.O., 33f.)

Passagen

Mit dem Begriff der ‚Vorübergegangenheit' aber komme ich zu derjenigen Schicht in Derridas Levinaslektüre, die dem ganzen eine theologische Konnotation gibt. Denn hier nun geht es um ein ganz bestimmtes Verhältnis der Entzogenheit von ‚Wahrheit', das von Levinas des öfteren anhand des *vorübergegangenen Gottes* in Ex 33,22 erläutert wird.[64] Der HERR, der an Mose vorübergeht, so daß dieser ihn nur im Vorübergehen sieht und nicht von Angesicht zu Angesicht, zeigt sich nicht in der Gegenwart bzw. als Gegenwart, sondern im Futur anterieur: *Er wird vorübergegangen sein*. Was davon *bleibt*, ,ist' nicht mehr, ist nicht sagbar – im Sinne der Gegenwärtigkeit verbürgenden Logik der Sprache. Was bleibt, ist eine *Spur*. Die Markierung der Sprache durch das (oder Den), was (Der) sich nicht *in* der Sprache sagen läßt, aber durch sie hindurch.[65]

Das Raffinement in Derridas Text besteht nun darin, daß er das „Er" (*Il*) in dem Eröffnungssatz: „Er wird verpflichtet haben." allmählich hinübergleiten läßt in das ‚Er' Gottes: Wenn es gerade *der Andere* ist, der alles Schreiben in Anspruch nimmt, dann ließe sich sagen, daß nicht nur Levinas Derrida verpflichtet haben wird, sondern ER. Anders gesagt: Nicht nur E. L. sondern ebenso das homophone *el* – der hebräische Name für Gott. Derridas Text spielt mit diesem Ineinandergleiten der Unterschriften: E.L. oder *el*.

„Dieser andere ‚er', dieser ‚er' als ganz anderer hat das Ende meines Satzes [...] erst nach einer Serie von Wörtern erreichen können, die alle schuldig sind und die ich im Vorbeigehen, im Zeitmaße, regelmäßig, eines nach dem anderen wie durchgestrichen, ihnen jedoch gleichzeitig ihre spurende Kraft, die Furche ihrer Spurung gelassen habe, die Kraft (ohne Kraft) einer Spur, die der Vorübergang des anderen gelassen haben

---

[64] Vgl. z.B. E. Levinas: *Humanismus des anderen Menschen*, 58f.: „Das Antlitz aber leuchtet auf in der Spur des Anderen. Was darin anwesend ist, das ist im Begriff, sich von meinem Leben abzulösen, und es sucht mich heim als etwas, das schon ab-solut ist. Jemand ist schon vorbeigegangen. Seine Spur *bedeutet* nicht sein Vorübergegangensein, [...] sie ist vielmehr die Störung selbst, die sich mit unabweisbarem Nachdruck [gravité] eindrückt (man ist versucht zu sagen: *eingraviert*). [...] Der Gott, der vorübergegangen ist, ist nicht das Modell, dessen Abbild das Antlitz wäre. ‚Nach Gottes Ebenbild sein' bedeutet nicht, daß man die Ikone Gottes ist, sondern es bedeutet, daß man sich in seiner Spur befindet. Der geoffenbarte Gott unserer jüdisch-christlichen Spiritualität bewahrt die ganze Unendlichkeit seiner Abwesenheit, die in der personalen ‚An-ordnung' selbst liegt. Er zeigt sich nur durch seine Spur, wie im Kap. 33 des Buches *Exodus*." Vgl. Derridas Kommentar dieser Passage in *Adieu*, 86.

[65] Zur reichen Semantik des Wortes ‚Passagen' – auch und vor allem in Hinblick auf Kierkegaard, aber ebenso bei Derrida, Levinas, Freud, Lacan, Benjamin, Kafka usw. – verweise ich auf E. Strowick: *Passagen der Wiederholung*, pass.

wird. Sie markierend, sie markieren lassend, habe ich vom anderen, habe ich anders (de l'autre) geschrieben." (EDM 68)

Von daher könne auch E.L. nicht wirklich als „Autor-Unterzeichner-Eigentümer-Subjekt" (ebd.) seines Werkes bezeichnet werden. Letztlich wäre das E.L. nur ein Pro-Nomen, das den einzigartigen Vornamen vertritt: *el*. Das Sigel, das unter allem steht, was einen Namen tragen kann.[66] Deshalb kann Derrida Levinas' Denken als „das provozierendste Denken, heute" (ebd.) bezeichnen. Aber nicht provozierend „im Sinne der übertretenden und selbstgefällig schockierenden Exhibition" (ebd.). Sondern es ist zunächst selbst *provoziertes* Denken. „Es provoziert selbst erst von seinem absoluten Ausgesetztsein an die Provokation des anderen her, mit aller erdenklichen Kraft angespanntes Ausgesetztsein, um die *Vorvorübergegangenheit* des anderen nicht zurückzuführen und um nicht die Oberfläche des ich umzudrehen, das ihm *im voraus* mit Leib und Seele ausgeliefert ist." (EDM 68)

In Texten, wie denen von Levinas' geht es um nichts Geringeres als um das Angesprochenwerden durch Gott: durch dasjenige, was Gott genannt wird, durch den *ganz Anderen*. In Levinas' Art zu schreiben spiegle sich ein Begriff von „Religion", der sich genau an jener ‚Verpflichtung' (*obligation*) orientiert. *Er (der ganz Andere, Gott) wird verpflichtet haben.* ER sucht die Sprache heim, überall dort, wo sie versucht zu (re)*präsentieren*, sich in einer Einheit zu versammeln und sich eben darin zu *schließen*, sich abzuschließen gegenüber dem Einbruch des (ganz) Anderen.

Oder auch *der* ganz Anderen? Derridas Text nimmt am Ende noch eine andere Wendung. Gewissermaßen eine Hinwendung Derridas zu seiner Gesprächspartnerin, die darauf verweist, daß Levinas in diesem Zusammenhang immer ganz selbstverständlich von *dem* Anderen (il) gesprochen habe. Und wenn es gerade *die Andere* wäre, die das philosophische Denken immer auszuschließen versuchte? Die Andersheit *als Weiblichkeit* und nicht nur die Andersheit *des Anderen*

---

[66] Derrida paraphrasiert hier eine schwierige Passage aus *Totalität und Unendlichkeit*, die von einer ähnlichen ‚Vorübergegangenheit' Gottes *als Schrift* spricht: „In diesem Werk, das keinen eingestürzten Begriff restaurieren will, bleiben die Absetzung und die Ent-situierung des Subjekts nicht bedeutungslos: nach dem Tode eines gewissen die Hinterwelten bewohnenden Gottes entdeckt die Stellvertretung der Geisel die Spur – unaussprechliche Schrift – dessen, was – immer schon vorüber – immer ‚er' – in keine Gegenwart eintritt, und dem nicht mehr die die Seienden benennenden Nomen und nicht mehr die Verben angemessen sind, in denen ihr *Seinsgeschehen* nachhallt – sondern der, Pro-nomen, allem, was einen Namen tragen kann, sein Siegel aufprägt." A.a.O., 434.

in seiner Neutralität? Vielleicht wäre *die Andere* mehr als nur ein *Beispiel* für ausgeschlossene bzw. vereinnahmte Andersheit überhaupt?[67] Dann ließe sich ebenso – oder vielleicht noch treffender, weil irritierender – sagen, daß alles Schreiben heimlich von einem großgeschriebenen „SIE" verpflichtet und in Anspruch genommen würde. Im Französischen stünde für *diese* Andere das Wort *ELLE*, auch dies homophon mit den Siglen der Unterschrift von Emanuel Levinas: E.L. Lies: „Elle, sie, wird verpflichtet haben." (EDM 78) – Ich versuche also in Zukunft, das französische „l'autre" als „d. andere" (das/der/die andere) wiederzugeben – um die Unentscheidbarkeit zu erhalten, die der Rede von d. anderen gerade ihre Pointe gibt.

Eine Schrift, die in dieser Weise mit dem Einbruch d. Anderen rechnet, versteht sich als *Gabe*. Denn man ‚gibt' nicht wirklich, wenn man auf die Beherrschung und die Rückerstattung des Gegebenen pocht. Die Gabe ist *per definitionem* das, was nicht zum Geber zurückkommt, sonst wäre sie bloßer Tausch. So wie die Schrift im Derridaschen Sinne das ist, was nicht zum Vater zurückkommt – sondern umherirrt unter denen, die sie lesen, ohne den Beistand des Autors –, so liefert sich die Gabe dem aus, dem gegeben wird: d. Anderen, in diesem Fall d. Leser(in). Der Autor verzichtet auf den Besitz ‚seines' Werkes. Schrift als *Gabe* ist seit ihrem Ursprung einer *fremden* Sinngebung ausgeliefert. Und in genau dem Maße öffnet sie sich auch für den Einbruch des ganz Anderen. Die Gabe eines Textes macht insofern jedwede „Rückerstattung" unmöglich. Jeder Text ist eine *Sendung* – wie eine Postkarte, deren Empfänger und Absender nicht mehr zu entziffern sind, die nun also umherirrt, von allen lesbar und deutbar, ohne daß jemand dem Absender irgendwie dafür *danken* könnte[68]. Derrida kann Levi-

---

[67] Vgl. dazu die interessanten Derrida-Rezeptionen innerhalb der feministischen Philosophie und Theologie bei B. Vinken (Hrsg.): *Dekonstuktiver Feminismus* und A. Günter (Hrsg.): *Feministische Theologie und Postmodernes Denken*.
[68] Dieses Motiv der umherirrenden Postkarte bildet die Grundidee des vielleicht ‚verrücktesten' Buches Derridas: der *Envois / Sendungen* (PK I): Derrida imitiert dort die Gattung des Briefromans: jemand schreibt auf immer neuen Kopien einer Postkarte (mit einer Darstellung Sokrates und Platons) an seine Geliebte. Auf diesen Postkarten phantasiert er nun in einer absolut privaten Sprache über dieses Paar S(okrates) und P(laton) und über alle möglichen ‚Paare' der Philosophiegeschichte: Sokrates und Freud, Freud und Heidegger, Heidegger und das Sein, S(ubjekt) und P(rädikat) usw. Als wären alle Gedanken der philosophischen Tradition „von Sokrates bis Freud und jenseits" ein großes „Postkartenspiel": „Unsere ganze Bibliothek, unsere ganze Enzyklopädie, unsere Worte, unsere Bilder, unsere Gestalten, unsere Geheimnisse, ein riesiges Postkartenhaus. [...] Was treiben die Postkartensammler?" (PK I 68f.)

nas nichts zurück-geben.[69] Wer über einen anderen Text schreibt, hat lediglich diese *Gabe* weiterzu*geben*: die Chance, daß im Sagen des Gesagten sich etwas ereignet.

In einem schönen Aufsatz über Derridas Lektürepraxis faßt Michel Lisse diese Verpflichtung mit folgenden Worten zusammen:

„Die Gabe der Lektüre ist immer eine doppelte Geste. Sie kann nur in einer Schrift stattfinden, die sich gibt, indem sie sich gleichzeitig an die Ränder des Textes zurückzieht, den sie zu lesen gibt. Man kann nur etwas zu lesen geben, wenn man an die Ränder schreibt, wenn man zitiert, wiederholt, wenn man gibt, was einem nicht eigentlich gehört – d.h. was man nicht geben kann. Den Text des Anderen zu lesen geben, dem zu lesenden Text das Andere hinzufügen, dem anderen des Textes etwas zu lesen geben, den Text zum Lesen des Anderen geben etc., Aufgaben und Gaben, zu denen der Text Derridas uns aufruft." [70]

Doch ist eine solche Gabe überhaupt möglich?

2.2.2. Was heißt (eigentlich) ‚geben'?

Vielleicht ist die Gabe das Unmögliche. In dem Buch *Donner le temps 1. La fausse monnaie / Falschgeld. Zeit geben I*[71] – das auch schon vom Titel her ganz in die Nähe von *Donner la mort* gehört – diskutiert Derrida letztlich nichts anderes als folgende Aporie:

Damit es Gabe gibt, also ein *Geschenk*, darf es, gemäß der üblichen Semantik des Wortes, keine Gegen-Gabe, keinen Tausch geben. Das wäre augenfällig, wenn der/die Beschenkte mir dieselbe Sache oder ein Äquivalent zurückgeben würde. In diesem Falle gäbe es lediglich das Begleichen von Schulden. Aber dies gälte nicht nur für die Rück-

---

D.h. was machen die Philosophen mit diesen Textfragmenten, den ‚offenen Geheimnissen', die von Hand zu Hand gehen und immer neu gedeutet und weitergeschickt werden? „Ein großer Denker, das ist immer auch ein wenig eine große Post" (PK I 42). Derridas Denken ist ein solches Postamt. Und was ihm ‚durch seinen Kopf geht' schreibt er auf diese Postkarten an ‚Sie' – auf eine Weise, die notwendig für jeden ‚Dritten' (die Leser, die Postboten und Professoren) *unlesbar* ist – es sei denn, man vesucht, ihnen einen Sinn zu *geben*. Die *Envois* sind sicherlich Derridas ‚unverständlichster' Text – aber er ist auf seine Weise außerordentlich anregend (und genial) und von einer *philosophischen Dichte*, wie sie kaum zu überbieten ist. Übrigens lautet der erste Satz: „Ihr könntet diese Sendungen lesen als das Vorwort eines Buches, das ich nicht geschrieben habe." (PK I 7) Vgl. hierzu auch die feinsinnige Interpretation der *Envois* bei R. Rorty: *Kontingenz, Ironie und Solidarität*, 202ff.

[69] Levinas schreibt selbst: „Wird das Werk bis zu Ende gedacht, dann verlangt es eine radikale Freigebigkeit der Bewegung, die im Selben zum Anderen geht. Es verlangt folglich eine *Undankbarkeit* des anderen." Zitiert in EDM 45.

[70] M. Lisse: *‚Zu lesen geben'*, 37.

kehr einer Sache, sondern auch für die Vergeltung durch bestimmte Symbole, die mit im Spiele sind. Etwa bestimmte Formen der *Danksagung*. Denn anstelle der Sache gäbe man *gemäß* geregelter Konventionen ein symbolisches Äquivalent zurück. Aber auch und vielleicht gerade jenes Symbolische stellt den „Tausch allererst her, es eröffnet und konstituiert die Dimension des Tausches und der Schuld, mitsamt dem Gesetz oder dem Befehl der Zirkulation, in der die Gabe annulliert wird" (FG 24). Der Beschenkte dürfte die Gabe nicht einmal als solche *anerkennen* (reconnaître)." *Die Gabe als Gabe* dürfte *letztlich nicht als Gabe erscheinen: weder dem Gabenempfänger noch dem Geber.*" (FG 25) Nimmt jener sie *an* und als solche *wahr*, wird sie in ihrem potentiellen Tauschwert taxiert. Behält sie ihre Phänomenalität als Gabe, so annulliert sie sich selbst. Ein Geschenk (*présent*), das sich als solches präsentiert (se présente), ist keine Gabe mehr. Damit es Gabe gibt, dürfte der Beschenkte die Gabe nicht nur nicht erwidern, sie nicht *als solche* annehmen und anerkennen, er dürfte von ihr nicht einmal eine Erinnerung haben, sondern er müßte sie auf der Stelle vergessen. Ebenso der Geber. Solch ein absolutes – die Absolution erteilendes – Vergessen, das von jeder Vergeltung entbindet, die Entschuldung, die Verzeihung usw. wären die Bedingung eines Ereignisses der Gabe. Aber dieses ‚Vergessen' bezieht sich ja dennoch auf ‚etwas': „Denn obwohl es [dieses Vergessen] nichts zurücklassen darf, und alles auslöschen muß, auch noch die Spuren der Verdrängung, darf dieses Vergessen, dieses *Vergessen der Gabe* keine bloße Nicht-Erfahrung, kein bloßes Nicht-Erscheinen sein" (FG 29). Ohne daß das Vergessene als etwas Präsentes, Präsentierbares, Bestimmbares,

---

[71] *Donner le temps* geht zurück auf eine Serie von Seminar-Vorträgen, die Derrida 1977/78 unter diesem Titel in Paris und dann in Yale gehalten hat. Die genauere Ausarbeitung erfolgte aber erst 1991 im Zusammenhang mit den *Carpenter Lectures* an der Universität Chicago. Die französische Veröffentlichung stammt ebenfalls von 1991. Aufgrund solcher Diachronien kann man nicht sagen, daß das Thema der Gabe erst in den 90er Jahren für Derrida wichtig wurde, sondern es durchzieht im Grunde auch schon alle früheren Arbeiten; vgl. dazu Derridas Vorbemerkung in FG 7f. – Einen Durchgang durch Derridas Werk unter dem Gesichtspunkt eines Denkens der Gabe unternimmt H. Rapaport in: *Derridas Gaben*, 40ff. Demnach liefere *Donner le temps I* so etwas wie eine „Allegorie" zur Lektüre der verschiedenen Werke Derridas, insofern es viele anderswo erarbeiteten Begriffe und Probleme „übersetzt" in jene Struktur der *Gabe*. Vgl. zu diesem Thema auch H.-D. Gondek: *Zeit und Gabe*, 183ff.; B. Waldenfels: *Das Un-ding der Gabe*, 385ff.; G. Bennington: *Derridabase*, 195ff. Eine theologsiche Lektüre der Problematik der Gabe bei Derrida bietet M. Boss: *Jacques Derrida et l'événement du don* und schließlich J.D. Caputo: *Prayers*, 160ff.

Sinn- oder Bedeutungsvolles ‚erinnert' werden könnte, ist es doch auf ein Ereignis bezogen, was sich offenbar der klassischen „ontologischen Grammatik" (FG 30) entzieht. Kann man von einer solchen Gabe sagen, daß *es sie gibt*? Erweist sie sich nicht als das Unmögliche? Wo auch immer davon die Rede ist: immer könnte man wohl sagen: „Achtung, Sie glauben, daß es Gabe gibt, Dissymmetrie, Generosität oder völlig nutzlose Verausgabung, aber der Kreis der Schuld, des Tausches oder des symbolischen Ausgleichs stellt sich wieder her nach den Gesetzen des Unbewußten; das ‚generöse' oder ‚dankbare' Bewußtsein ist bloß das Phänomen eines Kalküls und die List einer Ökonomie. Das Kalkül, die List und die Ökonomie sind in Wahrheit die Wahrheit dieser Phänomene." (FG 27f.)

Aber *jede* Ökonomie kommt andererseits erst in Gang durch eine Gabe, durch die offenbare Verpflichtung und Verschuldung, die von einer Gabe herrührt. Diese ist es, die den Zirkel der Rückerstattung, der Überbietung, der Supplementierung usw. in Bewegung setzt. Die Gabe setzt die Unterbrechung der Zirkulation voraus, aber sie ist es auch, die in den Kreis *verwickelt*. Sie ist das, was jeder ‚Ökonomie' vorausgeht, ohne von dieser noch *als solches* thematisiert werden zu können. Bennington kommentiert: „[D]ie Gabe ‚existiert' oder gibt einzig in einem Tausch, in dem sie schon nicht mehr gibt. Sie läßt sich nur als eine in der Verschuldung und im Tausch bereits verlorene (an)erkennen. Was man gemeinhin eine Gabe oder ein Geschenk nennt, ist daher nur die Spur eines vor-ursprünglichen Ereignisses der Gebung, das niemals als solches stattgefunden haben kann. Die Gabe ist immer schon in ein Verhältnis zum Tausch eingelassen, sie muß immer schon mit einem Tausch rechnen, dem es dennoch niemals gelingen wird, sich mit der ihm ‚vorhergehenden' Gabe zu messen."[72]

An dieser ‚vorhergehenden' Gabe ist Derrida interessiert. Denn sie ist das, was die Ökonomie je und je unterbricht. Sie ist *Öffnung* für das *Kommen* des Anderen (*Vien!*), ‚Ereignis' (*é-vene-ment*), absolutes ‚*Willkommen*', ohne Kalkulation darauf, was *zurück*kommen wird.[73]

Derrida verfolgt diese verwickelte Struktur der Gabe nun u.a. anhand des berühmten Textes „*Essai sur le don*" von Marcel Mauss[74], von Heideggers „*Es gibt*" aus *Zeit und Sein*[75] und dann vor allem entlang einer minutiösen Lektüre einer kurzen Erzählung von Baudelaire mit dem Titel *La fausse monnaie*. Ohne diese Kontexte hier diskutieren zu können, möchte ich zumindest auf sie verweisen.

---

[72] G. Bennington: *Derridabase*, 197.

2. Der Schriftgelehrte: Schreiben nach Derrida

*Marcel Mauss: Der Wahnsinn der Gabe
oder die ökonomische Vernunft*

Marcel Mauss beschreibt in seinem berühmten, in Frankreich immer noch viel diskutierten[76] Essay aus dem Jahre 1950 den merkwürdigen Brauch des „Gabentauschs" bei ‚primitiven' Völkern, den „Potlatsch"[77], bei dem sich die eben beschriebene Aporie deutlich zeige. Die Grundform *sozialer* Kontakte bestünde demnach in einem Ritual von (gegenseitigen) Schenkungen, die aber gerade so getätigt werden, daß sie die *Gegenseitigkeit* zu verhindern oder mindestens zu verbergen versuchen: Ein Stamm schenkt dem anderen etwas, aber nach einem ungeschriebenen Gesetz ist nun dieser zweite Stamm verpflichtet, seinerseits etwas, und zwar *mehr* (zurück) zu schenken. Dieses Überbieten kann bis zu einer *wahnsinnigen* Verausgabung führen. Letztlich ginge es um das *Prestige,* wer am besten zu schenken und zu verschwenden verstünde. Die sich einstellende Gegenseitigkeit wird daher niemals als *Tausch* angesehen. Jede Gegenleistung darf erst nach einer gewissen Frist erfolgen, gewissermaßen um die ursprüngliche Gabe *vergessen* zu machen. Auch wenn Mauss darin deutlich alle Züge einer ‚primitiven' Ökonomie, bis hin zu einem Kreditsystem, findet, handelt es sich bei diesem ‚Handel' doch um etwas anderes: „Es ist eine aristokratische Form des Handels, durchdrungen von Etikette und Großmut; und wenn er in einer anderen Gesinnung betrie-

---

[73] Bei Caputo heißt es: „The gift, one might say, is *how* things ‚come', how *the* impossible happens. The gift is an event, *é-venir*, something that really happens, something we deeply desire, just because it escapes the closed circle of checks and balances, the calculus which accounts for everything, in which every equation is balanced. The circle prevents the event, blocks the incoming of the new, tethers the *tout autre* to the horizon of the same. The tighter the circle is drawn, the less there is of gift [...] It is never a question of simply stepping outside the circle, but of keeping the circle as loose as possible so as to let the impossible come. Giving means giving the other some slack, with more and more hospitality." J.D. Caputo: *Prayers*, 160f.

[74] M. Mauss: *Die Gabe*.

[75] M. Heidegger: *Zeit und Sein*, 6 u.ö.

[76] Vgl. z.B. die beiden Veröffentlichungen aus dem Jahr 1996 von V. Descombes: *Les institution du sens*, insbesondere das Kap. 18 „Les essais sur le don", 237-266 oder M. Godelier: *L'énigme du don*, pass. Das auf Mauss zurückgehende Phänomen der *Gabe* spielt in der französischen intellektuellen ‚Szene' eine auffällig große Rolle. Vgl. dazu auch die Arbeiten von J.L. Marion oder auch von J. Baudrillard: *L'échange symbolique et la mort*, die in eine ähnliche Richtung wie Derrida weisen. Baudrillards Buch bietet außerordentlich interessante Beispiele zum Verhältnis von Gabe, Ökonomie, Politik und Tod, z.B. in Werbeslogans.

[77] Vgl. dazu M. Mauss: *Die Gabe*, 59ff.

ben wird, nämlich im Hinblick auf sofortigen Gewinn, begegnet man ihm mit betonter Verachtung"[78].

Derridas minutiöser Kommentar von Mauss, Text (vgl. FG 49ff.) ist vor allem an diesem subtilen Ineinander von Gabe und Ökonomie interessiert. Auf der einen Seite illustriere jener Brauch den ganzen *Wahnsinn*, der einer Gabe zugrunde liege: das Überbieten, die maßlose Verschwendung, eine gedächtnislose Verausgabung, der Verzicht auf jedes Kalkül usw.[79] Aber andererseits scheint auch noch den ‚Gaben' eine Notwendigkeit der Rückgabe, zu einem späteren ‚Fälligkeitsdatum', inne-zuwohnen – aber wohlgemerkt: zu einem *späteren* Termin. Die Gabe wäre vielleicht genau diese „auf Zeitgewinn spielende, temporisierende *différance*" (FG 57). Geben heißt ‚Zeit geben' – *donner le temps*: „Der Unterschied zwischen einer Gabe und einem beliebigen anderen Tauschvorgang liegt darin, daß die Gabe die Zeit gibt. *Dort, wo es Gabe gibt, gibt es die Zeit*. Das, was es gibt, was die Gabe gibt, ist die Zeit, aber diese Gabe der Zeit ist zugleich ein Verlangen nach Zeit." (FG 58f.) Und dieses ‚Verlangen' ist also das, was den unmittelbaren Tausch, die unmittelbare Ökonomie unterbricht bzw. aufschiebt, *differiert*, die Möglichkeit der Nicht-Rückkehr einräumt, die Chance zum ‚Vergessen' gibt und insofern dem Andern die Möglichkeit gibt, selbst zu *geben*. Natürlich könnte man dieses System auch rein ökonomisch beschreiben: gemäß der Werte, die objektiv getauscht werden und dabei womöglich Gewinn abwerfen, d.h. gemäß einer Logik des Kredits, der Zinssätze und Fälligkeitstermine. Aber Mauss geht es darum – und dies scheint Derrida vor allem zu interessieren –, „die ökonomische Rationalität des Kredits auf der Grundlage der Gabe zu denken und nicht umgekehrt. Die Gabe wäre demnach das Originäre." (FG 63) Gegenüber aller Ökonomie, gegenüber aller Vernunft und ‚Rationalität'.

Die Gabe wäre demnach das Originäre. Von hier aus stellt Derrida nun einige Fragen, die ihn weit über Mauss, Projekt hinausführen (vgl. FG 70ff.): 1. Was heißt es in diesem Sinne, sein Wort zu *geben* (zu versprechen oder zu schwören) oder einen Befehl zu *geben*? 2. Was hätte man sich im Rahmen der transzendentalistischen Tradition unter dem transzendental *Gegebenen* vorzustellen? 3. Wie soll man die idiomatischen Wendungen handhaben, die in verschiedenen Sprachen die Syntax des Gebens und Nehmens und die der Gabe regulie-

---

[78] A.a.O., 67.
[79] Vgl. die entsprechenden Beschreibungen bei Mauss, a.a.O., 65ff.

2. Der Schriftgelehrte: Schreiben nach Derrida

ren? Unter den verschiedenen von Derrida gegebenen Beispielen fällt auch hier schon die Formel „se donner la mort" / „sich den Tod geben", die ihn in *Donner la mort* dann genauer beschäftigen wird. In allen diesen Fällen ginge es dabei nicht darum, etwas Bestimmtes zu geben, sondern allenfalls „die *Bedingung* (la condition)[80] für alles Gegebene überhaupt" (FG 76). Aber alle diese Fragen verweisen vor allem auf die eine Frage, die unlösbar mit dem Denken der Gabe verbunden ist: Was ist die Sprache [langue]?

„Aber vielleicht muß man zunächst auf gewissermaßen absolut vorläufige Weise fragen, welcher Bezug zwischen einer Sprache und dem *Geben-Nehmen* im allgemeinen besteht. Die Definition der Sprache [langue], des Sprachlichen [langage], ebenso des Textes im allgemeinen, läßt sich nicht formen, ohne daß von vornherein ein gewisser Bezug zur Gabe, zum Geben-Nehmen usw. eingegangen wird. Wir sind in unserem Bezug zur Sprache, zum Beispiel zu den sogenannten Idiomen, von vornherein in einen Bezug eingebunden, der dazu *verpflichtet* die Gabe zu denken [...]. Alles, was sich in der Sprache sagen ließe und was sich im allgemeinen über geben / nehmen schreiben ließe, *ginge a priori* zurück auf die Sprache und die Schrift als geben / nehmen." (FG 107. 109)

Sprache *ist* Gabe und als solche *Schrift*, Testament, Mitgift, (engl.) *gift*: also Gift, Pharmakon – wie es im *Phaidros* heißt. Sprechen und Schreiben heißt: auf bestimmte Weise aufzu*nehmen* und (zurück oder weiter) zu *geben*. Wobei sich die gesamte Ambivalenz der Gabe wiederholt.

Nur am Rande sei hier erwähnt, daß es bei allem natürlich auch um eine bestimmte „Ethik der Gabe"[81] geht. (Schon der Essay von Mauss hatte deutlich in einer wirtschaftsethischen Perspektive gestanden.[82]) In Derridas Begriff der ‚Gerechtigkeit' wird, wie wir später sehen werden, dieses einseitige, *keinerlei Gegenseitigkeit* fordernde Engagement für d. *Andere(n)* immer vorausgesetzt. Die ethische Beziehung, als Beziehung z. Anderen in seiner/ihrer unberechenbaren Alterität,

---

[80] Man muß auch im französichen Wort *la con-dition* die Ableitung von der Wurzel *do* heraushören. H.-D. Gondek schlägt daher vor, condition mit ‚Mitgegebenheit' oder ‚Mitgift' zu übersetzen, vgl. H.-D. Gondek: *Zeit und Gabe*, 223, Anm. 60.

[81] Ich verweise dazu auf den Sammelband „*Ethik der Gabe*. Denken nach Jacques Derrida", hrsg. v. M. Wetzel und J.M. Rabaté.

[82] „Die Ethik und die Politik nämlich, die für diese Abhandlung von Mauss bestimmend sind, tendieren zur höchsten Wertschätzung der Generosität oder Freigebigkeit und setzen der inhumanen Kälte des Ökonomismus in seinen beiden Spielarten, das heißt sowohl dem kapitalistischen Merkantilismus wie auch dem marxistischen Kommunismus, einen liberalen Sozialismus entgegen." (FG 63f.) Die Möglichkeiten politisch-wirtschaftlicher Alternativen zum ‚*kapitalisierenden*', europäischen Denken verfolgt Derrida in AK 43ff.

ist Gabe, d.h. Überschreitung der Grenzen des Gesetzes (des Allgemeinen, des Gegenseitigen, der Zirkulation). Der Zirkel der Gegenseitigkeit wäre demgegenüber das, was echte Verantwortung für d. *Andere(n)* gerade verhindert.

Außerdem steht im Hintergrund des ‚Potlatsch' natürlich immer auch ein Denken des *Opfers* – und zwar im *religiösen* Sinne. Mauss hatte seinem *Essay sur le don* als Motto einige Strophen aus der skandinavischen Edda vorangestellt, von denen eine besonders hervorgehoben wird:

> „Besser ist es, nicht (zu den Göttern) zu beten / als (ihnen) zu viel zu opfern: / Wartet ein gegebenes Geschenk doch immer darauf, erwidert zu werden. / Besser gar keine Opfergabe / als zuviel davon."[83]

Derrida geht in *Donner le temps* nicht ausführlich auf diese Dimension der *Gabe* ein. (Dieses Denken des Opfers – im Anschluß an Kierkegaard – wird dann eines der Hauptthemen von *Donner la mort* bilden. Vielleicht läßt sich jener Text als eine Nachschrift zu dieser Gedichtstrophe lesen.) Statt dessen wird gewissermaßen dessen säkulares *Supplement* im Zentrum seines Interesses stehen: nämlich das *Almosengeben*: warum *soll* man Almosen *geben*? Und: Ist eine solche Gabe überhaupt möglich, als *reine* Gabe – ohne Kalkül? Dies ist das *Thema* von Baudelaires Erzählung *La fausse monnaie* (auf die Derrida ebenfalls in *Donner la mort* zu sprechen kommt).

Doch bevor ich dazu komme, muß noch auf einen anderen Kontext Derridas hingewiesen werden, mit dem er den Essay von Mauss verwebt: nämlich die Texte des späten Heidegger.

Heidegger: Es gibt ... Zeit und Sein

Derridas Denken der Gabe ist in wesentlichen Zügen eine Anknüpfung an bzw. eine Auseinandersetzung mit Heidegger[84] und dessen Andeutungen über das „Es gibt", das aller ‚Ontologie' vorausginge. In einer seiner späten ‚Retraktationen' von *Sein und Zeit*, nämlich in *Zeit und Sein*, hatte Heidgegger geschrieben:

> „Das Sein eigens denken, verlangt, das Sein als den Grund des Seienden fahren zu lassen zugunsten des im Entbergen verborgenen spielenden Gebens, d.h. des Es gibt. Sein gehört als die Gabe dieses Es gibt in das Geben. Sein wird als Gabe nicht aus dem Ge-

---

[83] M. Mauss, a.a.O., 12. Vgl. FG 59.
[84] Vgl. dazu wieder die minutiöse und kritische Interpretation von Derridas Heideggerlektüre bei H.-D. Gondek: *Zeit und Gabe*, 196ff.

ben abgestoßen. Sein, Anwesen wird verwandelt. Als Anwesenlassen gehört es in das Entbergen, bleibt als dessen Gabe im Geben einbehalten. Sein *ist* nicht."[85]

Und gleiches gilt für die *Zeit*:

„Die Zeit ist nicht. Es gibt die Zeit. Das Geben, das Zeit gibt, bestimmt sich aus der verweigernd-vorenthaltenen Nähe. […] Wir nennen das Geben, das die eigentliche Zeit gibt, das lichtend-verbergende Reichen. Insofern das Reichen selber ein Geben ist, verbirgt sich in der eigentlichen Zeit das Geben eines Gebens."[86]

Dieses Geschehen, das „Geben eines Gebens" schließlich stiftet die *Sprache* als *Antwort* auf ein *Vernehmen* bzw. einen *Zuspruch* dieser Gabe und das *Denken* als *Danken*. Stellvertretend für die diversen und raffinierten Verflechtungen dieser Semantik beim späten Heidegger sei eine Passage aus *Was heißt Denken?* zitiert:

„Die höchste und eigentlich währende Gabe an uns bleibt jedoch unser Wesen, mit dem wir so begabt sind, daß wir aus dieser Gabe erst die sind, die wir sind. Darum haben wir diese Mitgift am ehesten und unablässig zu verdanken. Was jedoch im Sinne dieser Mitgift an uns vergeben ist, ist das Denken. Als Denken ist es dem zugetraut, was es zu denken gibt. Was von sich aus je und je zu denken gibt, ist das Bedenklichste. […] So besteht denn der eigentliche Dank niemals darin, daß wir selber erst mit einer Gabe ankommen und Gabe mit Gabe vergelten. Der reine Dank ist vielmehr dies, daß wir einfach denken, nämlich das, was es eigentlich und einzig zu denken gibt."[87]

Derrida schreibt sich in *Donner le temps* – und in mehreren anderen Texten[88] – in diese Heideggersche Verschiebung unserer ‚ontologischen Grammatik' ein: ‚Sein' von der Gabe oder noch besser vom *Geben* her zu denken, bedeutet, den wesentlichen Bezug des Denkens auf eine nicht-anzueignende Gabe und auf ein bestimmtes *Vergessen* ernst zu nehmen, von dem auch Heidegger spricht und zwar als „dem Zustand /die Mitgift (la condition) des Seins und der Wahrheit des Seins" (FG 31). Das Sein *ist* nicht, ist kein Präsent (Geschenk), keine Präsenz, nicht der Logik der ‚Repräsentation', des ‚Phänomens', der ‚Evidenz' unterworfen. Das Sein ist nur ‚gegeben' unter der Bedingung (la condition) dieser wesentlichen Entzogenheit.

Das hatte auch Derrida zu denken versucht mit den Quasibegriffen der ‚Ur-Spur' oder der *différance*. In gewisser Hinsicht ‚übersetzt' Derrida jetzt seine frühen Texte in dieses (Heideggersche) Denken

---

[85] M. Heidegger: *Zeit und Sein*, 6.
[86] A.a.O., 16.
[87] M. Heidegger: *Was heißt Denken?*, 94.
[88] Vgl. in bezug auf Heideggers Denken des ‚Geistigen' VG 98ff, zu Heideggers Denken des Todes in AS 50ff., zu Heideggers *Der Spruch des Anaximanders* in SM 46ff.; zu *Zur Seinsfrage* in WNS 94ff.

der Gabe[89]. Aber gleichzeitig versucht Derrida bei Heidegger auch auf das hinzuweisen, was dort noch einer bestimmten Logik der Aneignung und des Eigentums, kurz: der Ökonomie verhaftet bleibt.[90] Doch offensichtlich ist es (so gut wie) *unmöglich*, die reine Gabe zu denken. Das Denken der Gabe *ist* das Denken des Unmöglichen – wenn denn ‚Denken' nichts anderes ist als der Versuch der *Aneignung* des Gegebenen, der Übereignung oder zumindest der dankbaren Anerkennung der Gabe, d.h. deren Einordnung in eine Ökonomie.

„Und das begibt sich, sobald es ein Subjekt gibt, sobald sich der Geber und der Gabenempfänger als identische, identifizierbare Subjekte konstituieren, als Subjekte, die imstande sind, sich zu identifizieren, indem sie sich bewahren und benennen. Dieser Kreis oder Zirkel ist sogar allererst die Bewegung der Subjektivierung, ist jene Retention, die konstitutiv ist für das Subjekt, das sich mit sich selber identifiziert. Das werdende Subjekt (le devenir-sujet) beginnt mit sich selbst zu rechnen und als Subjekt tritt es ein in das Reich des Kalkulierbaren. Die Gabe, wenn es Gabe gibt, kann deshalb nicht mehr zwischen Subjekten stattfinden, die Objekte, Dinge oder Symbole austauschen. [...] Vielmehr sind Subjekt und Objekt stillgestellte Effekte der Gabe: Gabenstillstände." (FG 36f.)

Doch wenn auch die Gabe ein anderer Name des Unmöglichen wäre, so haben wir, laut Derrida, doch eine Intention von ihr, wir denken sie, benennen sie, begehren oder wünschen sie. Und dies *obwohl* oder besser *weil* und *in dem Maße*, wie wir sie niemals erkennen oder verifizieren können:

„Intention, Benennung, Sprache, Denken, Wunsch oder Begehren gibt es vielleicht nur da, wo es den Antrieb gibt, auch noch das zu denken, zu begehren und zu benennen, was sich weder zu erkennen noch zu erfahren oder zu erleben gibt – sofern nämlich die

---

[89] H.-D. Gondek, der in dieser Verschiebung vom Denken der *différance* hin zum Denken der Gabe einen gewissen Verlust an Komplexität konstatiert, läßt seinen Aufsatz über Derridas Gabe in die These münden: „daß die Gabe für das Denken Derridas Funktionen übernommen hat, die früher der *différance* zugesprochen waren. Mehr noch: durch das Denken der Gabe wird die *différance* so stark in ihrer Komplexität zurückgenommen, daß sie in *Donner le temps* problemlos durch ‚Aufschub' übersetzt werden kann. [...] Alle Paradoxien scheinen auf die Gabe selbst übergegangen zu sein, die sich insbesondere in den postulierten Bedingungen ihrer Möglichkeit noch aporetischer darstellt als die *différance*, für die Derrida seinen Lesern immerhin zumutete, sie nicht identifizierend als Wort oder Begriff, sondern als ein *Bündel* von *Strategien* zu denken." *Zeit und Gabe*, 225.
[90] Zum Unterschied zwischen Derridas und Heideggers Bezug auf die Gabe vgl. H.-D. Gondek: *Zeit und Gabe*, 212ff. „Bei Heidegger steht die Gabe immer unter der durchlangenden Hand der Schikkung des Seins und der *epoché*. Diese Hand gibt nicht wirklich frei. So daß die Gabe bei Heidegger in der Tat stets in eine Ökonomie eingebunden bleibt, die sich darüber formiert, daß auch das Sein den Menschen ‚braucht'." (220)

2. Der Schriftgelehrte: Schreiben nach Derrida 105

Ökonomie des Wissens, der Erfahrung und des Erlebens reguliert wird durch die Präsenz, die Existenz und die Determination. In diesem Sinne kann man nur das Unmögliche denken, begehren und sagen, nach dem Maß *ohne* Maß des Unmöglichen. [...] begehren, benennen und denken im eigentlichen Sinne dieser Worte, wenn es denn einen gibt, *kann* man *nur* in dem *maßlosen* Maße, wie man *noch* oder *schon* das begehrt, nennt oder denkt, oder auch sich ankündigen läßt, was sich gleichwohl nicht als solches der Erfahrung oder dem Erkennen *präsentieren* kann: hier also kurzum *eine Gabe, die sich nicht (zum) präsent machen kann.* Dieser Abstand zwischen dem Denken, der Sprache und dem Begehren einerseits und der Erkenntnis, der Philosophie und der Wissenschaft als dem Reich der Präsenz andererseits ist zugleich der Abstand zwischen der Gabe und der Ökonomie." (FG 43f.)

In dieser Passage verdichten sich gleichsam alle Motive, die Derridas Denken und Schreiben in Bewegung halten. Sprache und Denken ist für Derrida immer – oder zumindest in den großen Texten der philosophischen, theologischen oder belletristischen *Literatur*, denen seine Lektüren gelten – umgetrieben, das zu benennen, *was sich weder zu erkennen noch zu erfahren gibt*, das, was sich der Aneignung durch das Denken entzieht: das ‚Sein‘, die ‚Zeit‘, ‚Gott‘, d. ‚Andere‘, die ‚Wahrheit‘, der ‚Tod‘. Denken ist auch für Derrida – so könnte man hier mit Anspielung auf Wittgenstein sagen – das Anrennen gegen diese Grenzen der Sprache.[91] Diese *Bewegung* interessiert Derrida an *Literatur*. Genau das heißt vielleicht ‚Literatur‘[92]. Der Versuch der Veraus*gabung* der Sprache (zum Beispiel im Gedicht[93]), die durch keine Logik, durch keine Denkökonomie beherrscht und abgesichert

---

[91] Vgl. Derridas Eingehen auf Wittgenstein in WNS 23f.
[92] „Das Problem der *Erzählung* und der Literatur werden wir noch als dasjenige zu erkennen haben, das im Zentrum all der Fragen steht, von denen wir momentan handeln." (FG 35)
[93] „Warum muß man mit einem Gedicht beginnen, wenn man von der Gabe spricht?" (FG 58) Dies läßt sich besonders gut anhand von Derridas Lektüren von Heideggers Bezugnahme auf Hölderlin und Trakl in VG 90ff. bzw. 98ff. und in Derridas Celaninterpretationen in *Schibboleth* verfolgen, wo die „Gabe des Gedichts" im Mittelpunkt von Derridas Interesse steht. J.-M. Rabaté stellt sich in *Von der Gabe des Gedichts* dementsprechend die Frage: „Kann man von der Dichtung ausgehen, um aus dem Werk Derridas das abzuleiten, was sie an Geheimnisvollem, an Erstaunlichem zu denken gibt? Gäbe es dort, wie zum Beispiel bei Heidegger, eine Art Privileg, das der Weissagungskraft der lyrischen Rede eingeräumt wird, die aufgrund ihrer Komplizenschaft mit der Schrift ein differentielles Erzittern heraufbeschwört, das die Philosophie sich anstrengte und erschöpfte, in den Griff zu bekommen?" (A.a.O., 81.) Man wird eine solche Privilegierung bestimmter Textgattungen durch Derrida nicht bestreiten können. Auf der anderen Seite ist es aber auch frappierend, wie es Derrida gelingt, auch bei ‚strengen‘ philosophischen Denkern (wie Kant oder Hegel oder Marx), dieses ‚literarische‘ Überborden der Sprache über das Gesagte hinaus herauszuarbeiten.

wird. (Zumindest für einen Augenblick, denn es wird immer möglich sein, diese Sprengung der Ökonomie in eine neue Ordnung zu integrieren. Vielleicht nicht die Verausgabung als solche aber *das, was* sie gibt.) Denken nach dem Maß *ohne* Maß, d.h. auf eine Weise, die sich dem Gesetz des Möglichen (der Grammatik, des Marktes, des Rechts, der Identität usw.) entzieht, indem sie sich dem Unmöglichen, dem ‚Anderen', dem Spiel, dem Aleatorischen, der Chance, dem Tod überläßt[94] – ohne Gewähr der Wiederkehr und der Rentabilität. „Möglich ist dieses Denken nur, indem man sich auf es einläßt (il faut s'engager), ihm etwas von sich läßt und zum Pfand gibt." (FG 45) Und auch auf die Gefahr hin, doch nur in den Kreis einzutreten: „Laß dich ein, selbst wenn dieses Sicheinlassen (engagement) eine Zerstörung der Gabe durch die Gabe ist, gib du der Ökonomie ihre Chance." (FG 45)

‚Falschgeld'

Dieser Heidegger-Kontext und dessen Verflechtung mit Marcel Mauss wird aber in *Donner le temps* nur bereitgestellt um einer anderen Lektüre willen: und zwar einer ganz kurzen Erzählung von Baudelaire, die es in mehrfacher Hinsicht verdient, hier vorgestellt zu werden – weil sie uns zu Kierkegaard zurückführen könnte: zu Kierkegaard, dem ‚Falschmünzer'. Denn die Erzählung trägt, wie gesagt, den Titel *La fausse monnaie / Das falsche Geldstück*.[95] Da Derrida beinahe jedes Wort kommentiert, möchte ich sie hier fast vollständig zu zitieren:

„Während wir uns von dem Tabakladen entfernten, begann mein Freund, die verschiedenen Münzsorten seines Geldes sorgfältig zu sondern; die kleinen Goldstücke wanderten in die linke, die kleinen Silberstücke in die rechte Westentasche, in die linke Hosentasche ließ er eine größere Menge Kupfermünzen gleiten, und in die rechte endlich ein silbernes Zweifrankenstück, das er einer besonderen Prüfung unterzogen hatte.

‚Was für eine wunderliche umständliche Art, sein Geld auf sich zu verteilen', sprach ich bei mir selbst. Wir begegneten einem Armen, der uns zitternd seine Mütze hinhielt.

---

[94] Nur am Rande sei darauf verwiesen, daß dieser Zusammenhang zwischen einer bestimmten Anökonomie des Denkens und einem *sich den Tod geben* schon in einem sehr frühen Aufsatz Derridas thematisiert wurde, und zwar in dem Text *Von der beschränkten zur allgemeinen Ökonomie. Ein rückhaltloser Hegelianismus*, in: SD 380-421. Derrida bezieht sich dort auf George Bataille, der übrigens einer der ersten war, der Mauss, *Essay sur le don* aufgegriffen und über seinen ethnologischen Kontext hinaus auf die Grundfragen von Philosophie und Literatur bezogen hat. Der Aufsatz steht in überraschend vielerlei Hinsicht *Donner la mort* nahe.

[95] Ich zitiere die dt. Übersetzung *Das falsche Geldstück* durch F. Kemp, in: Ch. Baudelaire: *Sämtliche Werke / Briefe*, Bd. 8, 221ff.

[...] Die Spende meines Freundes war sehr viel ansehnlicher als die meine, und ich sagte zu ihm: ‚Nächst dem Vergnügen, sich überraschen zu lassen, gibt es kein größeres, als einem anderen eine Überraschung zu bereiten. – Es war das falsche Geldstück', antwortete er gelassen, als wollte er seine Freigebigkeit rechtfertigen.

In meinem elenden Gehirn aber, das immer damit beschäftigt ist, sich in abwegigen Vermutungen zu ergehen (welche beschwerliche Gabe hat die Natur mir da verliehen!), entstand alsbald die Vorstellung, ein solches Verhalten meines Freundes sei nur entschuldbar, wenn es dem Verlangen entsprang, in dem Leben dieses armen Teufels ein Ereignis zu schaffen, vielleicht gar die verschiedenen möglichen Folgen zum Schlimmen oder Guten festzustellen, die ein falsches Geldstück in der Hand eines Bettlers nach sich ziehen kann. Konnte es sich nicht in echte Geldstücken vervielfältigen? Konnte es ihn nicht auch ins Gefängnis bringen? Ein Schankwirt, ein Bäcker etwa würden ihn vielleicht als Falschmünzer oder als jemand der Falschgeld verbreitet, verhaften lassen? Ebenso aber könnte das falsche Geldstück für einen armen kleinen Spekulanten zum Grundstock eines kurzfristigen Reichtums werden. Und so ließ ich meiner Phantasie die Zügel schießen, lieh meinem Freunde Geistesflügel und zog alle nur denkbaren Schlüsse aus allen nur denkbaren Hypothesen.

Jäh aber unterbrach mein Freund mich in meinem Sinieren, und meine Worte aufgreifend, sagte er: ‚Ja Sie haben recht; es gibt kein süßeres Vergnügen, als einen Menschen dadurch zu überraschen, daß man ihm mehr gibt, als er erwartet.'

Ich blickte ihm tief in die Augen, und sah mit Entsetzen, daß seine Augen von unbestreitbarer Treuherzigkeit leuchteten. Da erkannte ich denn, daß er zugleich ein Almosen geben und ein gutes Geschäft machen wollte, zwanzig Groschen und Gottes Herz dazu gewinnen, das Paradies erknausern und zuletzt noch kostenlos als ein Wohltäter dastehen wollte. Ich war bereit gewesen, ihm das Verlangen nach dem verbrecherischen Vergnügen zu verzeihen, dessen ich ihn soeben für fähig gehalten hatte; ich hätte es merkwürdig, seltsam gefunden, daß er sich einen Spaß daraus machte, den Armen Ungelegenheiten zu bereiten; aber seine törichte Berechnung werde ich ihm nie verzeihen. Man ist niemals entschuldbar, wenn man böse ist, aber es liegt ein Verdienst darin, zu wissen, daß man es ist; und es ist das ärgste von allen unheilbaren Lastern, das Böse aus Dummheit zu begehen."

In Derridas raffinierter Lektüre geht es darum, eine *dreifache* Gabe in und durch diesen Text zu analysieren.

1. Zunächst geht es um die Schwierigkeit, ein Almosen zu *geben*. Das eigentliche Thema der Erzählung wäre nämlich nicht die Begegnung mit dem Armen, sondern der *Wettstreit* zwischen Erzähler und Freund in der *Beurteilung* ihrer Gaben. Die spendable Gabe des Freundes wird vom Erzähler sofort als ‚unangemessen' und ihn selbst beschämend empfunden. In seiner Reaktion klagt er den Freund gewissermaßen an und nötigt ihn, sich zu rechtfertigen. Und indem er dessen Gabe in ein unterstelltes, psychologisches Kalkül einordnet (‚ein großes Vergnügen'), *entlastet* er *sich*. Derrida unterstreicht: Die Gabe ist immer im Unrecht, sie ist ohne Vernunft und ohne Moral. Vielleicht ist Moral und Vernunft immer nur der Versuch, eine erfolgte Gabe sich nachträglich anzueignen, einem Kalkül einzuordnen und sich da-

mit von der eigenen ‚Schuldigkeit' zu befreien. „Die Bindung der Moral an die Arithmetik, an die Ökonomie, an die Berechnung der Vergnügungen erfüllt jedes Lob der guten Absichten mit Zweideutigkeit. Indem sie Gründe zum Geben gibt, indem sie die Vernunft der Gabe ausspricht, unterschreibt sie das Ende der Gabe." (FG 190)

2. Andererseits liest Derrida die Erzählung daraufhin, was die beiden Freunde *sich* gegenseitig *geben*: Der Freund *gibt* dem Erzähler zwei *Antworten*, man *gibt* sich gegenseitig *recht*[96], der Erzähler *spekuliert* über die vermeintlichen Spekulationen des Anderen usw. Was besagt z.B. die erste Antwort des Freundes: „Es war das falsche Geldstück"? Der Erzähler war zunächst bereit, es so aufzufassen, daß das Verhalten „entschuldbar" gewesen wäre. Dann aber meint er, die „törichte Berechnung" des Freundes aus dessen Augen ablesen zu können, und fällt sein abschließendes Urteil. Was aber, so fragt sich Derrida, wenn der Freund in Wahrheit *echtes* Geld gegeben hätte? Und seine Antwort hätte lediglich dazu gedient, den Erzähler zu entlasten und seiner Gabe die Anerkennung – die sie zerstören würde – zu entziehen?

„Denn er kann auch – und man wird es niemals wissen und es hat keinen Sinn, sich *im Literarischen* danach zu fragen – echtes Geld gegeben und sich nur vor seinem Freund damit gebrüstet haben, daß er ein ‚falsches Geldstück' gegeben habe, um die gesuchte Wirkung zu erzielen, nicht auf den Bettler, sondern auf den Erzähler. Eine solche Berechnung wäre eines Liebhabers für Falschgeld würdig, das heißt eines Lügners. Dem Erzähler hätte er also Falschgeld angedreht, indem er *glauben* ließ, daß er das ‚falsche Geldstück' gewählt hätte [...] Das sagt uns etwas über die Literatur und über den Ort des *Glaubens* und des *Kredits*, von dem aus sie geschrieben oder gelesen wird." (FG 192f.)

Nach Derrida hütet die Erzählung dieses Geheimnis. Und eben das heißt ‚Literatur'!

3. Schließlich behandelt Derrida die *gesamte Erzählung* so, wie sie *tituliert*[97] ist: als (möglicherweise) „Falschgeld". *Der gegebene* Text wäre eine Gabe (Baudelaires), über die man sich all das sagen kann, was der Erzähler über das falsche Geldstück seines Freundes sagen wird.

---

[96] Zu der interessanten Frage, was es heißt, ‚einander recht zu *geben*' vgl. FG 199ff.: „Wenn sie sich wechselseitig recht gegeben haben, dann bedeutet das, daß sie sich *nichts* gegeben haben oder vergeben haben, als ob die Gabe oder die Vergebung schon immer dazu *bestimmt* waren, nicht Recht zu haben, als ob man zwischen Recht / Vernunft und Gabe (oder Vergebung) wählen müßte." Dazu, wie Derrida das Thema der *Vergebung* mit dem Denken der Gabe zusammenbringt, vgl. LS pass.

[97] Man vgl. dazu auch Derridas akribische Untersuchungen der Funktion der *Titel* solcher Texte wie Kafkas *Vor dem Gesetz* (in PRE), E.A. Poes *The Purloined Letter* (in PK II 183ff.) oder Freuds *Jenseits des Lustprinzips* (in PK II 7ff.).

2. Der Schriftgelehrte: Schreiben nach Derrida

Alles beginnt mit einer Gabe. Und man wird nie wissen können, ob es sich um echtes oder falsches ‚Geld' handelt. Was Baudelaire dem Leser zu denken geben ‚wollte' – wer wollte dies schon *wissen*? Sicherlich schreibt er nicht einfach im Namen christlicher Ethik des Almosengebens. (Ich komme unten[98] darauf zurück, im Zusammenhang mit Derridas kurzer Erwähnung von Baudelaires *L'École païenne* in *Donner la mort*, die auf genau diese Erzählung rekurriert.) Es bleibt uns nichts weiter übrig, als *darauf* bzw. *darüber* zu *spekulieren*. Und genau dies ist es, was für Derrida *Denken* immer heißt: denken im Ausgang von *Texten*, von *Zeichen*, deren ‚Dekkung' niemals gewiß ist.

„Das ist einer der Gründe, weshalb wir bei der Ausarbeitung dieser Problematik immer von Texten ausgehen [...], von Texten im Sinne differäntieller /aufschiebender (différantielles) Spuren [...] Wir sind nicht mehr so leichtgläubig zu meinen, daß wir von den Dingen selbst ausgehen, indem wir die ‚Texte' umgingen, einfach indem wir vermeiden, zu zitieren oder den Anschein des ‚Kommentierens' zu erwecken. Die scheinbar direktesten, auf direkteste Weise konkreten, persönlichen und angeblich unmittelbaren Zugriff auf die ‚Sache selbst' habenden Schriften sind ‚auf Kredit' [...]." (FG 133 f.)

Und diese Kredite *könnten* nicht ‚gedeckt' sein. Könnten Falschgeld sein. So wie die ‚abgegriffenen' Begriffe / Münzen in der oben gelesenen Tagebuchnotiz Kierkegaards über seine Wirksamkeit als „christlicher Revisor". *Jeder* Text, *jeder* Begriff *könnte* Falschgeld sein. Vielleicht. Denn wer wollte dies entscheiden? Ist überhaupt irgendein Zeichen *gedeckt*? Wo wären die ‚Goldreserven', die ‚Äquivalente' der (Geld)Zeichen? Dem Denken bleibt niemals etwas anderes übrig, als mit diesen (Geld)Zeichen zu handeln, mit den vorhandenen Münzen Umsätze zu tätigen, sie zirkulieren zu lassen, aus ihnen womöglich Kapital zu schlagen oder ihren Geltungsbereich einzugrenzen, sie aus dem Verkehr zu ziehen, sie durch andere Zeichen zu ersetzen, mit denen man vielleicht ‚besser' *arbeiten* kann. Kurz: sich irgendwie als ‚Revisor' zu verstehen[99] – im oben genannten Sinne, oder doch vielleicht nicht ganz im Sinne Kierkegaards. Denn vielleicht gibt es ja auch eine Verwendung von ‚Geld' / Sprache, die gerade nicht an der ‚Revision' der Begriffe interessiert ist, nicht an der *ökonomischen Effizienz* des *Einsatzes*, sondern an etwas anderem. Und vielleicht hat

---

[98] Vgl. S. 255 ff. dieser Arbeit.
[99] Vgl. auch PK I 31, wo Derrida angesichts eines Bildnisses von Sokrates und Platon über deren Falschgeldemission spekuliert: „Es sei denn, daß das hier nicht das Bildnis der beiden größten Falschmünzer der Geschichte ist, der Kumpane, die eine Emission vorbereiten, mit der wir's immer noch zu tun haben, indem wir endlos Schecks und Tratten auf sie ziehen."

gerade das etwas mit *religiöser Sprache* zu tun. Kierkegaard muß etwas davon geahnt haben.

Wechseln wir noch einmal den ‚Schauplatz der Gabe'.

2.2.3. Aussendungen. Kierkegaards Gaben

Es sei hier schon, wenn auch lediglich *en passant*, darauf verwiesen, daß auch Kierkegaards Denken sich ganz unter dem Bann einer solchen *Gabe* weiß, die es *durch den Stil seiner Schriften* weiterzugeben gälte. Alle *Erbaulichen Reden* wollen nämlich jene „gute Gabe" Gottes wiederholen, jene Gabe ohne vorherige Kalkulation, ohne Tausch, ohne alle Ökonomie.

Regelmäßig sucht dieses Thema besonders die *Erbaulichen Reden* heim. Bekanntlich hat Kierkegaard über die Epistel Jak 1,17ff. „*Alle gute Gabe und alle vollkommene Gabe kommt von oben herab"* viermal eine Auslegung vorgelegt.[100] Und alle *Erbaulichen Reden* geben sich selber als Gaben. Die Rhetorik ihrer Vorworte schließt sich dabei beinahe wörtlich an die Schriftkritik des *Phaidros* an – aber eben in einer auffälligen Verschiebung der Platonischen Werte.

Regelmäßig betonen die Vorworte das Wagnis der „Aussendung" (3R3 101) jener Reden, welche „leicht niedergetreten oder umkommen könnte[n] in der großen Welt" (ebd.). Gleichwohl schloß der Autor „in des Abschieds Augenblick getrost seine Tür", denn jene Kleinigkeit könne „selbst für sich sorgen" (ebd.)[101]. Und zwar genau dann, wenn sie auf rätselhaften Wegen zu jenem Einzelnen findet, „der mit seiner Sprache den Zauberbann der Schriftzeichen löst, der mit seiner Stimme an den Tag ruft, was die stummen Buchstaben gleichsam auf der Zunge haben, aber nicht auszusprechen vermögen" (ebd.). Selbstverständlich favorisiert auch Kierkegaard die gesprochene lebendige Rede gegenüber dem toten Buchstaben. Anderenorts schreibt er, daß der freundwillige Leser „dem Gesagten Gelegenheit" geben müsse, „die kalten Gedanken wieder in Brand" zu setzen, d.h.: „die Verwes-

---

[100] Zum ersten Mal in den *Zwei erbaulichen Reden* von 1843, dann gleich zweimal in den *Vier erbaulichen Reden* (1843) und schließlich noch einmal am Ende seiner schriftstellerischen Laufbahn in dem Text über *Gottes Unveränderlichkeit*. (SV XIV 277ff.)

[101] Zum Motiv der Platonischen *boetheia* vgl. auch DRG 113: „Wiewohl dies kleine Buch [...] in seiner Mangelhaftigkeit ohne alle Entschuldigung ist, ohne alle Unterstützung durch die Umstände und somit in seiner Ausführlichkeit hilflos ist, ist es dennoch nicht ohne Hoffnung und vor allem nicht ohne Freimütigkeit."

lichkeit der Rede auferstehen zu lassen zu Unverweslichkeit" (3R4 143). Aber es geht nicht darum, sich des ursprünglich *redenden* Autors zu erinnern. Das „Zwiegespräch" mit dem Text solle gerade nicht gestört werden „von irgend einer Erinnerung an den, welcher fort und fort nichts begehrt als vergessen zu sein" (ebd.). Der Autor habe „fort und fort lediglich den einen Wunsch [...], zu sein wie einer, der verreist ist." (2R4 94) Von daher liege gerade in der Schriftlichkeit der Mitteilung ihre eigentliche Chance: „Daher die freudige *Hingebung des Buches*. Hier ist kein weltlich Mein und Dein, das da scheidet und verbietet sich anzuzeigen, was des Nächsten ist." (DRG 113)

Aber natürlich ist es nicht die Objektivität der Sache, die die possessiven Verhältnisse ‚aufhebt', sondern es ist die Unübertragbarkeit bzw. die Unersetzbarkeit *subjektiver Aneignung*, der eine Schrift in ihrer Schriftlichkeit *statt*gibt. Auf beiden Seiten. Auf der Seite des Lesers / der Leserin, aber ebenso auf der Seite des Schreibenden, der sich nur darin als ‚subjektiver Denker' erweist, daß er auf jede *Lehre* verzichtet. Die Freude liegt allein in der *Aussendung*, nicht im Ankommen einer Lehre. „Und fände es ihn [d.h. den rechten Leser] nicht, oder fände ihn nicht auf die Art, meine Freude ist dennoch: es auszusenden" (3R3 101).

Als ein besonders vielsagendes, weil mehrere metaphorische Ebenen ineinander webendes Beispiel sei abschließend an das *Vorwort* zu den *Vier erbaulichen Reden* von 1844 erinnert (vgl. 4R4 3). Wieder schreibt Kierkegaard von dem Buch im Bilde eines Boten, der in die Welt hinausgesendet wird, „jedoch nicht derart gleich einem Boten, daß es wieder zurück käme". Die *Gabe* des Buches findet ihre ‚Bestimmung' vielmehr darin, daß sie aufhört „zu sein". Der ‚Verfasser' *gibt* nichts, was als solches eine Erinnerung an ihn wachhalten könnte. Er ‚kommt' lediglich, um *Adieu* zu sagen. Und gerade darin imitiert er – gleichnishaft – die Sendung Jesu, d.h. die Weise, wie Gott *gibt*. Hier die Passage im Zusammenhang (ich hebe die Formulierungen hervor, die mich weiter unten noch ausführlich beschäftigen werden):

„... Es [das Buch] sucht jenen Einzelnen, den ich mit Freude und Dankbarkeit *meinen* Leser nenne, zu besuchen, ja um bei ihm zu bleiben, denn der, den man liebt, zu ihm kommt man und macht Wohnung bei ihm und bleibt bei ihm, wenn es vergönnt wird. Sobald er es nämlich entgegengenommen, *hat es aufgehört zu sein*: es ist nichts für sich selbst und durch sich selbst, sondern alles, was es ist, ist es nur für ihn und durch ihn. Und ob somit gleich die *Spur* ständig hinführt zu meinem Leser, *und nicht zurück*, und ob denn gleich der vorausgegangene Bote niemals heimkehrt, und ob gleich der, welcher es aussendet, nie etwas erfährt über dessen Geschick: so geht dennoch der nächste Bote wohlgemut *durch den Tod hin zum Leben*, zieht unverzagt seine Straße um zu entschwinden, dessen froh, nie wieder heimzukehren – und das eben ist die Freude dessen, der es aussendet, der zu seinem Leser stets nur gekommen ist *um Abschied zu nehmen*, und ihn jetzt *zum letzten Male* nimmt." (4R4 3)

Schreiben heißt für Kierkegaard aussenden: eine Gabe, die *nichts* gibt, außer dem Geben selbst, die sich hingibt in den *Tod* des Buchstabens, der als solcher *lebendig* macht. So wie *alle gute Gabe, die von oben herab kommt*. So wie Christus selbst.

2.3. Dekonstruktion und Theologie?

Aber handelt es sich bei den bisher aufgezeigten ‚Parallelen' bezüglich Derridas und Kierkegaards Schriftstellerei nicht um Marginalien? So könnte man an dieser Stelle fragen. Hat das Denken Derridas tatsächlich etwas mit dem zu tun, worum es Kierkegaard letztlich geht: nämlich mit *religiöser Schriftstellerei*? Dekonstruktion und Theologie auf diese Weise miteinander in Beziehung zu setzen, könnte von vornherein einem gewissen Argwohn[102] ausgesetzt sein: Macht die Dekonstruktion so etwas wie ‚Theologie' überhaupt noch möglich? Fragen wir deshalb noch einmal nach Derridas Umgang mit theologischer Literatur bzw. nach seinem Verhältnis zur theologischen Tradition überhaupt.

2.3.1. Theologie und Logozentrismus

Daß es sich bei Derridas Texten um ein *theologiekritisches Programm* handelt, ist wohl kaum zu bestreiten. Von daher versteht man den überwiegend apologetischen Ton, mit dem die Theologie zunächst auf Derrida reagierte. Derridas frühe Schriften über den ‚Logozentrismus' des europäischen (metaphysischen) Denkens[103] arbeiten immer wieder mit dem Hinweis darauf, daß es gerade der ‚theologische' Charakter dieses Denkens sei, dem die Dekonstruktion gälte. Ich gebe einige Beispiele.

In *Grammatologie* etwa beruht die Gegenüberstellung der Epoche des *Buches* und einer sich ankündigenden Epoche der *Schrift* auf der Problematisierung der „metaphysisch-theologischen Wurzeln" (GR 27), die dem klassischen Zeichenbegriff anhaften. „Das Zeichen und

---

[102] Vgl. W. Lesch: *Wer hat Angst vor Dekonstruktion?*, 13f.; M. Schnell: *Die Herausforderungen der Postmoderne-Diskussion für die Theologie der Gegenwart*, 160ff.
[103] Vgl. deren gut lesbare Rekonstruktion bei J. Valentin: *Atheismus*, 21-64.

die Göttlichkeit sind am gleichen Ort und zur gleichen Stunde geboren. Die Epoche des Zeichens ist ihrem Wesen nach theologisch." (GR 28) Das sei ausdrücklich und systematisch artikuliert im christlichen Schöpfungsglauben bzw. im mittelalterlichen Gegensatz zwischen *signans* und *signatum*. Aber auch dort, wo dieser spezifisch theologische Kontext abzulösen versucht wurde, etwa in der linguistischen Differenz zwischen Signifikat und Signifikant, bliebe man notwendig diesem (‚theologischen') Einfluß verhaftet. An der Idee des Zeichens läßt sich nicht festhalten,

„ohne gleichzeitig den grundlegenderen und tiefer eingebetteten Verweis auf ein Signifikat beizubehalten, das als Intelligibles ‚bestehen' kann, noch bevor es ‚hinausfällt' und vertrieben wird in die Äußerlichkeit des sinnlichen Diesseits. Als Ausdruck reiner Intelligibilität verweist es auf einen absoluten Logos, mit dem es unmittelbar zusammengeht. In der mittelalterlichen Theologie war dieser absolute Logos ein unendliches, schöpferisches Subjekt: die intelligible Seite des Zeichens bleibt dem Wort und dem Antlitz Gottes zugewandt." (GR 28)

Die bewußte Verwendung solcher Formulierungen wie „hinausfällt", „vertrieben", „absoluter Logos" usw. soll die gegenseitige Durchdringung von abendländischer ‚Philosophie' und dem, was hier als ‚Theologie' angesprochen wird, herausstellen. Auf diese Weise scheint das Wort ‚theologisch' bei dem frühen Derrida[104] für all das zu stehen, das von der Dekonstruktion in Frage gestellt wird. In einem Aufsatz aus *Schrift und Differenz* heißt es z.B.:

„Die Szene ist solange theologisch, als sie, der ganzen Tradition gemäß, folgende Elemente enthält: einen Autor-Schöpfer, der abwesend und aus der Ferne, mit einem Text bewaffnet, die Zeit oder den Sinn der Repräsentation überwacht, versammelt und lenkt, und der er das *Repräsentieren* seiner selbst in dem, was man den Inhalt seiner Gedanken, seiner Absichten und seiner Ideen zu nennen pflegt, überläßt." (SD 355)

Derridas Dekonstruktion des Zeichenbegriffs, sein Insistieren auf eine ‚ursprüngliche' Schrift („archi-écriture"), die anstelle einer Ver-Gegenwärtigung eines idealen Sinns (Signifikat) als ‚ursprüngliche'

---

[104] Vgl. auch GR 13, 27,42f. u.ö. Derrida bewegt sich hier ganz innerhalb einer Sprachregelung, wie sie mir für die ganze nouvelle critique Frankreichs zu gelten scheint. So spricht z.B. auch R. Barthes von einer „gegen-theologischen" Tätigkeit, die mit der Gewinnung eines neuen Umgangs mit Texten verbunden sei: „Indem so die Literatur (man sollte sie von nun an écriture nennen) sich weigert, dem Text (und auch der Welt als Text) ein ‚Geheimnis', d.h. einen letzten Sinn, zuzuweisen, setzt sie damit eine Tätigkeit frei, die man gegen-theologisch, eigentlich revolutionär, nennen könnte. Denn wenn man sich weigert, den Sinn festzusetzen, verweigert man letztlich Gott und seine Hypostasen Vernunft, Wissenschaft und Gesetz." R. Barthes: *La mort de l'auteur*, 68.

Spur, als Verweisung auf eine Verweisung, kurz als „différance" gedacht werden müsse, zielt genau auf den *Abbau* dieser „Szene", der Welt als *theatrum dei*. Es geht um die Einübung einer anderen Art zu denken, vor allem zu *schreiben* und *zu lesen*[105], die dem Gestus der Theologie im ganzen entgegenzustehen scheint. Derrida hat dies mit seiner Gegenüberstellung von ‚Buch' und ‚Schrift' deutlich zum Ausdruck gebracht. ‚Theologie' steht bei Derrida für die Idee des ‚Buches', der sich seine *Schriften* zu entziehen suchen[106]:

> „Die Idee des Buches ist die Idee einer endlichen oder unendlichen Totalität des Signifikanten; diese Totalität kann eine Totalität nur sein, wenn vor ihr eine schon konstituierte Totalität des Signifikats besteht, die deren Einschreibung und deren Zeichen überwacht und die als ideale von ihr unabhängig ist. Die Idee des Buches, die immer auf eine natürliche Totalität verweist, ist dem Sinn und der Schrift zutiefst fremd. Sie schirmt die Theologie und den Logozentrismus enzyklopädisch gegen den sprengenden Einbruch der Schrift ab, gegen ihre aphoristische Energie und […] gegen die Differenz im allgemeinen." (GR 35)

Dekonstruktion hieße dagegen:

> „Verstehen, daß das Buch nicht existiert, und daß es auf immer und ewig *Bücher* geben wird, in denen (sich), noch ehe er eins geworden ist, der Sinn einer von einem absoluten Subjekt ungedachten Welt bricht … Der Verlust dieser Gewißheit, die Abwesenheit der göttlichen Schrift … definiert … in unklarer Weise so etwas wie die ‚Modernität'." (SD 21f.)

Vor allem in den späteren Arbeiten Derridas zeigt sich jedoch auch, daß die einfache Gegenüberstellung von ‚Theologie' und ‚Dekonstruktion', wie sie die Rhetorik von *L'Écriture et différence* noch durchzieht, nicht so ohne weiteres möglich ist.[107] Gerade die theologische Tradition hat immer wieder ganz analoge Figuren der Selbstzurücknahme eigener *Präsentations*-Ansprüche hervorgebracht. Die

---

[105] Derrida ist vor allem aus der Perspektive einer solchen Gegenüberstellung von Dekonstruktion versus Hermeneutik wahrgenommen worden. So z.B. bei J. Greisch: *Herméneutique et grammatologie*, pass.; M. Frank: *Was ist Neostrukturalismus*, 520ff.; H.-G. Gadamer: *Dekonstruktion und Hermeneutik*, 138ff. In Bezug auf die theologische Hermeneutik ist dies vor allem im englischsprachigen Raum ausführlich diskutiert worden, vgl. R. Detweiler (ed.): *Derrida and biblical studies*; M. La Fargue: *Are Texts determinate?*; J.H. Hunter: *Deconstruction and Biblical Texts*.

[106] Diese These in all ihren Konsequenzen für den Gottesbegriff, für den Begriff des ‚Selbst' und der ‚Geschichte' entfaltet M.C. Taylor in seinem Buch *Erring. A Postmodern A/theology*. Zur Kritik Taylors verweise ich auf J. Valentin, *Atheismus*, 220-227.

[107] So beschreibt auch G. Ward „the indispensability of theological reflection for Derrida's understanding of deconstruction. And perhaps, as theologians, we can reverse that and see, then, the indispensability of deconstruction's finding for modern theology." *Why is Derrida important for theology?*, 269.

ganze Geschichte der Theologie ist *auch* das immer neue Bemühen, (unangemessene) Vergegenwärtigungen Gottes zu durchkreuzen und zurückzunehmen.[108] Das heißt eine Geschichte immer neuer Versuche, die Unaussprechlichkeit Gottes zu wahren und gegenüber verschiedenen Tendenzen der Vergegenständlichung Gottes auf das biblische ‚Bilderverbot' zu verweisen.[109] Dekonstruktion hat es mit einer Denkbewegung zu tun, die dem, was in solchen (theologischen oder auch biblischen) Texten *passiert,* keineswegs fremd ist. Wobei hier mit Nachdruck das Wort ‚passiert' hervorgehoben werden soll: Es geht um eine bestimmte textuelle *Bewegung,* um einen ‚Schritt' (*le pas*), um ein ‚Vorübergehen' (*le passage*), um ein nicht (mehr) Präsentierbares (*le passé*), um eine ‚Leidenschaft' (*passion*), eine bestimmte ‚Passivität' (*la passivité*) und schließlich bei all dem um eine bestimmte ‚Verneinung' (*pas*).[110] Ich gebe kurz vier Beispiele:

2.3.2. Derridas Hinwendung zu theologischen Texten

1. Vor allem ist hier Derridas Vortrag[111] *Comment ne pas parler / Wie nicht sprechen* zu nennen.[112] Derrida setzt sich dort mit dem Vorwurf auseinander, selber eine Art ‚negative Theologie' zu treiben. (Vgl. WNS 11ff.) Zwar weist Derrida dies zurück, indem er zu zeigen versucht, wie die klassischen Figuren der Negativen Theologie durchaus noch der Sehnsucht nach einer ‚Hyperessentialität', einer reinen Anschauung in der schweigend vollzogenen Vereinigung mit dem, was allem Sprechen unzugänglich bleibt, erliegen (vgl. WNS 16ff.). Aber immerhin interessiert ihn diese Tradition so, daß er im Laufe des Vor-

---

[108] Vgl. dazu J.B. Cobb Jr.: *Deconstruction and Reconstruction of „God",* 162ff.

[109] Vgl. dazu J. Valentins Kapitel „Negative Theologie als Dekonstruktion" in: *Atheismus,* 149-217, wo er Derrida vor allem im Kontext philosophischer Aneignungen des biblischen Bilderverbots (und zwar bei Kant und Adorno) analysiert.

[110] Derrida analysiert dieses Wortfeld anhand einiger Texte von Blanchot in seinem Text *Pas* (GS 21-118, bes. 53ff.). Vgl. dazu J.D. Caputo: *Prayers,* 77ff.

[111] Ursprünglich in Jerusalem – was für die Thematik eine nicht unwesentliche Rolle spielt! – im Juni 1986 zur Eröffnung eines Kolloquiums über *Absence et négativité* auf Englisch gehalten. Die französische Veröffentlichung erfolgte 1987 in PS, 535-595.

[112] Vielleicht hat vor allem dieser Text zur Rezeption Derridas innerhalb der Theologie geführt. Zunächst im englischsprachigen Raum: Ich verweise hier besonders auf die Sammelbände von Th. Altizer (Hrsg.): *Deconstruction and Theology* und R.P. Scharlemann (Hrsg.): *Negation and Theology*; K. Hart: *The Trespass of the Sign.* Vgl. weiter die Interpretation speziell dieses Textes (WNS) bei J. Valentin: *Atheismus,* 177ff.; J.D. Caputo: *Prayers,* 26ff.; G. Ward: *Barth, Derrida and the language of Theology,* 252ff.

trages eine ausführliche Analyse von drei typischen Paradigmen solcher Apophasen anstellt: ein *griechisches* Paradigma – Platons Bestimmung des „Jenseits des Seins" und seine Andeutungen über die *chora* als dem Ort ursprünglicher *Einschreibung* der Ideen[113] (WNS 58ff.); ein *christliches* Paradigma: Dionysios Areopagitas *Mystische Theologie* bzw. *Göttlichen Namen* und einige Texte von Meister Eckehart (WNS 71ff.) und schließlich das Heideggersche ‚heidnische' Paradigma einer ‚Theologie', in der das Wort ‚Sein' nicht mehr – oder nur noch kreuzweise durchgestrichen[114] – vorkommen dürfe (WNS 94). Was treibt all diese verschiedenen Denker dazu, von dem zu schreiben, was sich nur durch eine bestimmte ‚Verneinung' (*dénégation*), durch eine bestimme *Strategie* des Schreibens sagen – oder eben gerade nicht *sagen*: sondern nur *schreiben* läßt? Inwiefern hat alle Rede von einem ‚Gott' oder von einem ‚Sein' *jenseits des Seins*[115] Anteil an einer ‚Ökonomie der *différance*' – wie sie auch Derrida in seinen Texten zu beschreiben versucht?

2. In eine ähnliche Richtung weist auch Derridas Text *Sauf le nom / Rettet den Namen*[116]. In Anknüpfung an einige Passagen aus Augustins *Confessiones* und dann vor allem an Angelus Silesius beschreibt Derrida dort ausdrücklich eine gewisse ‚Familienähnlichkeit' zwischen Dekonstruktion und Negativer Theologie. Beiden gehe es darum, an die Grenzen des jeweiligen Diskurses vorzudringen, ‚Möglichkeiten des Unmöglichen' zu erproben, das Denken einer bestimmten Gabe, einem ‚Ja' oder einem ‚Komm' zu öffnen. Beide geben sich als Signatur absoluter Andersheit, die jede für vollkommen gehaltene Identität verletzt und überbordet und dabei den Text an die Grenzen seiner Lesbarkeit führt. Eine solche ‚Negative Theologie' sei – wie die Dekonstruktion – faktisch in *jedem* Diskurs am Werk, der negierenden, paradoxen und aporetischen Charakter trage – insofern

---

[113] Derrida nimmt dieses Problem noch einmal auf in einem längeren Artikel tituliert *Chora* (1987 / als Buch neu aufgelegt 1993).
[114] Vgl. M. Heidegger: *Zur Seinsfrage*, 404f. Zur Beziehung zwischen Derrida und dem späten Heidegger vgl. die gründliche Studie von D. Neu: *Die Notwendigkeit der Gründung im Zeitalter der Dekonstruktion*, pass.
[115] Ich verweise hier besonders auf die Arbeit von J.-L. Marion: *Dieu sans l'être*, mit der sich Derrida auch in einer längeren Anmerkung auseinandersetzt: vgl. WNS 123ff., Anm. 35 bzw. 132ff., Anm. 57. Vgl. dazu auch die Derridarezeption bei R.P. Scharlemann: *The Being of God when God is not being God*, pass.
[116] Der Text bildete (in englischer Fassung *Post-Scriptum. Aporias, Ways and Voices*) ursprünglich ein Nachwort Derridas zu einem Kolloquium im Herbst 1992, das sich den Derridaschen Arbeiten zur Negativen Theologie widmete.

er sich jenem maßlosen Wahrheitsbegriff verschreibe, der dem Denken Gottes bzw. des ganz Anderen eigen ist.[117]

3. Einen anderen, für die Theologie äußerst interessanten Text Derridas stellt der Essay[118] *D'un ton apocalyptique adopté naguère en philosophie / Von einem neuerdings erhobenen apokalyptischen Ton in der Philosophie* dar. Derrida unterzieht dort Kants fast gleichlautenden Text *Von einem neuerdings erhobenen vornehmen Ton in der Philosophie* einer minutiösen Lektüre.[119] Bekanntlich fürchtet Kant dort, in seiner Auseinandersetzung mit ‚schwärmerischen' bzw. ‚mystischen' Verführungen der zeitgenössischen Philosophie, das „Ende der Philosophie", wenn sich eine bestimme Art, „neuerdings" Philosophie zu treiben, durchsetzen sollte. Kant warnt vor einer Art ‚Apokalypse'. Aber auch er selbst ist nicht weniger apokalyptisch: Kants Text zeige, so Derrida, wie letztlich alle Philosophie einen bestimmten apokalyptischen ‚Ton', einen Wunsch nach ‚Enthüllung', ‚Aufklärung', ‚Lichtung' und ‚Endgültigkeit' an sich trage.[120]

---

[117] Zur genaueren Kennzeichnung von *Sauf le nom* verweise ich auf die Kommentare bei J. Valentin: *Atheismus*, 191-209 und J.D. Caputo: *Prayers*, 41ff.

[118] Eine erste Fassung des Textes wurde auf einem Kolloquium gehalten, das im Juli 1980 in Cerisy-la-Salle über die Arbeit Derridas veranstaltet wurde. Die Akten dazu wurden unter dem Titel *Les fins de l'homme. A partir du travail de Jacques Derrida* 1981 veröffentlicht. Eine Buchausgabe des Vortrags erfolgte 1983. Vgl. zu diesem Text v.a. J.D. Caputos ausführlichen Kommentar in: *Prayers*, 88ff.

[119] Zum Thema ‚Derrida und Kant', verweise ich auf Ch. Norris: *Dekonstruktion*, 142-171; J. Valentin: *Atheismus*, 60. 159f. Nur am Rande sei hier angemerkt, daß Levinas einmal die Bedeutung Derridas mit derjenigen, die Kant für die Philosophie seiner Zeit besaß, verglichen hat. Mit seiner Infragestellung des traditionellen Zeichenbegriffs und der in ihm mitgesetzten Privilegierung der *Gegenwärtigkeit* als grundlegende Bestimmung des Seins werde die Philosophie einer derartig radikalen Kritik unterzogen, die derjenigen Kants analog sei: „Man kann sich angesichts der Bedeutung und der geistigen Präzision von „La voix et le phénomène" fragen, ob nicht dieser Text mit einer dem Kantianismus vergleichbaren Demarkationslinie die traditionelle Philosophie unterbricht, ob wir nicht von neuem am Ende einer Naivität angelangt, aus einem Dogmatismus erwacht sind, der auf dem Grunde dessen schlummerte, was wir für kritischen Geist hielten. Zu Ende gedachtes Ende der Metaphysik: nicht allein die Hinterwelten sind es, die keinen Sinn haben, es ist die vor uns ausgebreitete Welt, die sich unablässig entzieht, es ist das Erlebte, das im Erlebten vertagt wird." E. Levinas: *Wenn Gott ins Denken fällt*, 161.

[120] „Ich werde nun von der Tatsache ausgehen, daß [...] das Abendland seither von einem einflußreichen Programm beherrscht worden ist, das gleichermaßen ein unüberschreitbarer Vertrag zwischen Diskursen über das Ende war. Die Thematisierungen des Endes der Geschichte und des Todes der Philosophie tauchen darin nur als die einsichtigsten, massivsten und verdichtendsten Formen auf. Sicher gibt es augenfällige Unterschiede zwischen der Hegelschen Eschatologie, jener marxistischen

Derrida stellt dieser Kantlektüre nun die *Offenbarung des Johannes* an die Seite, also jenen Text, der allen ‚apokalyptischen' Diskursen Europas als Prototyp gedient habe. In einer sorgfältigen Lektüre bestimmter textueller Strategien erkundet Derrida, was es heißt, auf eine gewisse ‚Offenbarung' (*apokalypsis*), auf die ‚Wahrheit', auf das ‚Licht' usw. bezogen zu sein. Aber andererseits kündige sich hier auch ein *anderer* ‚Ton' an als der der finalen Enthüllungen. Zum Beispiel in jenem „Komm!", das die *Offenbarung des Johannes* beschließt. Nach Derrida entziehe sich dieses ‚Komm!' der klassischen ‚Apokalyptik' der Onto-Theo-Eschato-logie: Weil es gerade jenseits des Seins ruft, weil es einzig „vom anderen" ableitbar ist, „d.h. von nichts, das einen Ursprung oder eine verifizierbare, entscheidbare, vorstellbare, aneigenbare Identität hätte" (APO 87).[121] Diesem *Komm!* fühlt sich auch Derridas Denken verpflichtet: Derridas ‚apokalyptischer Ton' enthüllt im strengen Sinn „nichts". Genau genommen kündigt sich in Derridas Schreiben eine Apokalypse *ohne* Apokalypse an, eine Apokalypse *ohne* ‚Vision', *ohne* ‚Wahrheit', ohne ‚Offenbarung', d.h. *Sendungen*, nämlich ‚Adressen' ohne Botschaft und ohne Bestimmungsort, ohne entscheidbaren Absender oder Empfänger, ohne jüngstes Gericht, ohne eine andere Eschatologie als lediglich den *Ton* jenes *„Komm!".*

Eschatologie, [...] der nietzscheanischen Eschatologie [...] und all den anderen Varianten der jüngsten Zeit. Aber bemessen sich diese Unterschiede nicht an Abweichungen in bezug auf die Grundtonart jener hörbaren *Stimmung* [i.O. deutsch], die durch so viele Variationen hindurchgeht? Haben nicht all diese Unstimmigkeiten (différends) die Form einer Überbietung an eschatologischer Eloquenz angenommen, so daß jeder Neuansatz hellsichtiger als der andere, wachsamer und schonungsloser sein will, um aufs neue hinzuzufügen: Ich sage Euch in Wahrheit, das ist nicht nur das Ende von diesem, sondern auch und zuerst von jenem, es ist das Ende der Geschichte, das Ende des Klassenkampfes, das Ende der Philosophie, der Tod Gottes, das Ende der Religionen, das Ende des Christentums und der Moral (was die größte Naivität war), das Ende des Subjektes, das Ende des Menschen, das Ende des Abendlandes, das Ende des Ödipus, das Ende der Welt, *Apokalypse now*, [...]." (APO 54f.)

[121] Derrida hat auch dieses *Komm!* vor allem anhand seiner Blanchotlektüren analysiert. Ich verweise wieder auf *Pas*, in: GS 28: „Da es [jenes *komm*] keinerlei Befehl gibt, keinerlei Befehl vom Gesetz der Gesetze, von der Ordnung der Sprache empfängt, da es überhaupt keinen Befehl gibt, weil es keinen empfängt, tauscht *komm* nichts aus; es ist keine Kommunikation; im Augenblick, da es sich ausspricht, sagt es nichts, zeigt, beschreibt, definiert, konstatiert es nichts, nichts, was irgend etwas oder irgendwer, Objekt oder Subjekt wäre. Es ruft nicht einmal jemanden, der vor dem Ruf da wäre."

2. Der Schriftgelehrte: Schreiben nach Derrida

4. Schließlich möchte ich auf den Text *Des Tours de Babel / Türme Babels*[122] verweisen. Es handelt sich bei diesem Text um eine Lektüre von Walter Benjamins Aufsatz *Die Aufgabe des Übersetzers*. Diese Lektüre wird jedoch eingeleitet durch eine eigenwillige Interpretation der biblischen Erzählung vom *Turmbau zu Babel* in Gen 11.

Die Erzählung vom Turmbau zu Babel steht zumeist für die Ur-Entzweiung der menschlichen Sprachen, die als Strafe Gottes für die Hybris der babylonischen Türmebauer verstanden wird. Die Zerstreuung der Sprachen zusammen mit der Zerstreuung der Völker über die Erde erscheint in dieser Perspektive als ein bedauernswertes Defizit. Von nun an sind die Menschen dazu ‚verdammt', mit einer Vielzahl von Idiomen zu leben. Die Tradition europäischen Sprachdenkens fühlte sich daher stets genötigt, diese sprachliche ‚Verwirrung' wieder rückgängig zu machen und nach der *einen*, allen Sprachen gemeinsamen Welt der ‚Signifikate'(von Platons ‚Ideen' bis hin zu Husserls ‚reinen Ausdrücken' in der ‚einsamen Rede') zu suchen, jenseits der ambivalenten und sprachlich vielfältigen ‚Signifikanten'. Derridas Dekonstruktion versteht sich dagegen als das Ernstnehmen eines Denkens *nach* Babel. Alles Sprechen und Denken ist gewissermaßen ‚ursprünglich' *disseminiert*. In Derridas Paraphrase der biblischen Erzählung liest sich das Eingreifen Gottes daher als „Dekonstruktion": Indem Gott das Ansinnen der Babylonier ‚verwirrt', beginnt er „mit der Dekonstruktion des Turms als Dekonstruktion der universalen Sprache" (TB 124)[123]. Was er damit den Menschen aufzwingt, ist die Unhintergehbarkeit der *Übersetzung*, der *Aufgabe des Übersetzers*.

---

[122] Eine erste Fassung dieses Textes erschien 1985. Später wurde auch er in PS aufgenommen.

[123] Was damit gleichzeitig unterbunden wird, ist ein Denken in den Metaphern der Architektonik und des Systems: „Der ‚Turm(bau) zu Babel' gestaltet nicht bloß die irreduktible Vielfalt der Sprachen, er stellt auch ein Unvollendetes aus, die Unmöglichkeit des Vollendens, des Totalisierens, des Sättigens, die Unmöglichkeit, etwas zu Ende zu bringen, etwas zu vollbringen, was sich dem Bereich des Aufbauens zuordnen ließe, dem Bereich der Konstruktionen, die Architekten besorgen, dem Bereich des Systems und der Architektonik." (TB 119) Ich verweise in diesem Zusammenhang auf die klassische Rede von den ‚sicheren Fundamenten', auf die das Denken ‚aufbauen' müsse (Descartes, Kant). Derrida hat dieses (architektonische) Projekt der Moderne auch an anderer Stelle mit der Turmbaugeschichte in Zusammenhang gebracht: vgl. J. Derrida / E. Meyer: *Labyrinth und Archi/Textur*. Zur architektonischen Metaphorik der Geisteswissenschaften und deren De-konstruktion bei Derrida vgl. K. Hart: *The Trespass of the sign*, 109ff. und W. Lesch: *Wer hat Angst vor Dekonstruktion?*, 33ff.

Doch Gott zwingt das Übersetzen auf und verbietet es *zugleich*. Denn nach Babel ist es unmöglich geworden zu ‚übersetzen' – zumindest solange man darunter im herkömmlichen Sinne die Suche nach ‚äquivalenten' Ausdrücken in verschiedenen Sprachen versteht. Insofern den Menschen nach Babel der Rückgriff auf die *eine* Sprache verwehrt ist, jene Welt an Signifikaten, auf die hin bzw. von der her alle Übersetzung ihr Maß an ‚Treue' und ‚Äquivalenz' erst erweisen könnte, ist jede Übersetzung an die ‚uneigentliche' Rede verwiesen, an die Unangemessenheit und Inadäquanz jeglicher ‚Übertragung'. Jeder Übersetzer steht zum ‚Original' in einem Verhältnis der ‚Schuld', die nie abgetragen werden kann.[124] Der biblische Text erzählt daher von der *notwendigen* und *unmöglichen* Übersetzung.

Was sich dabei in diesem Text *ereignet*, ist für Derrida – im Anschluß an Walter Benjamins Theorie der Übersetzung – nichts Geringeres als das *Heilige* selbst. „Das Heilige und das Zu-Übersetzen-Sein lassen sich ohne einander nicht denken. Das eine erzeugt das andere am Rand derselben Grenze." (TB 148)[125] Diese notwendigen und unmöglichen Übersetzungen sind für Derrida aber das, was er Dekonstruktion nennt.

In seinen späteren Arbeiten, die mich in dieser Arbeit vor allem interessieren, kann Derrida daher direkt sagen, daß auch die ‚Dekonstruktion' immer schon in Bewegung gebracht wurde durch eine Art von ‚Religion', durch einen Bezug auf das, was in der Sprache der Tradition ‚Transzendenz' genannt wurde. Es handelt sich um eine bestimmte Art des Schreibens, eine bestimmte Erfahrung von Sprache, um eine bestimmte Ökonomie der différance, die *als solche* ‚theologischen' Charakter bekäme. Diese Bewegung der différance *ist* die Bewegung des *Glaubens*.[126] Es handelt sich um eine Leidenschaft, dort zu gehen, wo es unmöglich ist zu gehen, das zu denken, was sich dem Denken entzieht, was sich in der traditionellen ‚Logik' und in dem Begriffsgefüge des abendländischen Diskurses nicht denken läßt. Das

---

[124] Vgl. dazu auch A. Hirsch: *Die geschuldete Übersetzung. Von der ethischen Grundlosigkeit des Übersetzens*, 396ff.

[125] Zum Begriff des ‚Heiligen' bei Derrida vgl. A. Nouss: *Texte et traduction: du sacré chez J. Derrida*, pass.

[126] Ich verweise hier auf eine Spitzenformulierung bei G. Ward: „Theological discourse articulates the theology of discourse itself. The economy of signification *is* this economy of faith. [...] Textuality itself incarnates theology's realism; it is a realism in which God's passing resonates in a language which has learnt how not to say." *Derrida, Barth*, 251.

macht den provozierenden Charakter von Derridas Texten aus. Dekonstruktion wird angetrieben von der Pro-vokation, von einem Herausgerufenwerden, einer Öffnung gegenüber dem, was lediglich zu *kommen verspricht.* Diese Gesten jenes oben beschriebenen ‚*Komm!*' nehmen in den Texten Derridas nach und nach einen immer größeren Stellenwert ein. Die Dekonstruktion der ‚Metaphysik der Präsenz' scheint nun ganz im ‚Dienst' einer noch genauer zu beschreibenden Öffnung gegenüber dem Anderen, Nicht-Antizipierbaren, Nicht-Kalkulierbaren zu stehen. Öffnung zum *Anderen* – im philosophischen, ethischen und religiösen Sinne des Wortes. So spricht Derrida z.B. von einer ‚*messianischen* Struktur' seines Denkens: Was in der Dekonstruktion erfahren werde, sei vielleicht „sogar die Formalität eines strukturellen Messianismus, eines Messianismus ohne Religion, eines Messianischen ohne Messianismus sogar." (MG 101)[127]

Bei all dem bietet Derrida sicher keine Religionsphilosophie im klassischen Sinne. Vielmehr geht es ihm darum, in verschiedensten Kontexten die Denkökonomien zu untersuchen, die die *Beziehungen* der verschiedenen Diskurse über *das Andere* untereinander regulieren und füreinander durchlässig machen.[128] Fast alle Veröffentlichungen der 90er Jahre bewegen sich in einer solchen ‚ethischen', ‚religiösen' oder ‚messianischen' Perspektive – aber alle diese Begriffe müßten hier erst neu geklärt werden. Schreibt Derrida in all diesen Texten noch als ‚Philosoph'? Handelt es sich um eine ‚postmoderne' Variante von ‚religiöser Schriftstellerei'? Gleich wie man Derrida auch einordnen mag: Durch Derrida werden vor allem die Kriterien

---

[127] Die Aufzählung könnte noch erheblich ergänzt werden. So heißt es beispielsweise in einem Interview: „It is possible to see deconstruction as being produced in a space where the prophets are not far away. ... Perhaps my search is a twentieth century brand of prophecy? But it is difficult for me to believe it." Vgl. R. Kearney (Hrsg.): *Dialogues with Contemporary Thinkers*, Manchester 1984, 119. Oder in *Circonfession* nennt sich Derrida einen *Eschatologen*: „Ich werde stets eschatologisch gewesen sein, wenn man so sagen kann, in extremis, ich bin der letzte der Eschatologen." (CIR 86)

[128] Nach R. Gasché gehe es Derrida nicht darum, die Frage nach Gott einem ‚höheren' philosophischen Begriff, einer allgemeinen ‚Beziehung zum Anderen' zu subsumieren. Sondern die Frage nach Gott scheint für ihn eingelassen zu sein in ein Netzwerk verschiedenster Hinwendungen, Adressierungen und Öffnungen zum ‚Anderen'. Daher ist die Anrufung Gottes z.B. nicht wie bei Heidegger der Frage nach dem Sein einzuordnen. Sie ist in gewissem Sinne ‚älter' als die ontologische Differenz. Doch gleichzeitig ist sie auch ‚nur' ein ‚Beispiel' – freilich von besonderen Art. (*Inventions of difference*, 152) Vgl. hierzu das gesamte Kapitel „God, for Example", a.a.O., 150-170.

solcher Einordnungen und Zugehörigkeiten nachhaltig durcheinander gebracht.[129]

2.3.3. Derrida als jüdischer Denker?

Obwohl Derrida mit solchen Formulierungen wie „Messianismus ohne Religion" immer wieder deutlich macht, daß sich sein Denken in einer bestimmten Freiheit gegenüber allen konkreten (positiven) Religionen halten will, ist schon früh darauf hingewiesen worden, daß Derridas Texte sehr auffällig einem bestimmten *jüdischen* Denken verpflichtet sind.[130] Zweifellos ist Derridas Denken davon geprägt, der ‚abendländischen Philosophie' jene andere, vergessene oder verdrängte Erfahrung wieder zu erschließen, die das Judentum für ihn repräsentiert. Es bleibt aber eine große Frage, ob Derrida deswegen als ein ‚jüdischer Philosoph' angesehen werden kann.[131]

Derridas Nähe zu einem bestimmten ‚Judaismus' war von Beginn an in seinen Texten am Werk. Ein gutes Beispiel dafür ist vielleicht

---

[129] Noch einmal R. Gasché: „Undoubtedly, to inquire into a difference older than Being, into a trace *of* Being, a trace of which Being would be a trace, is no longer to philosophize and to think, strictly speaking. It is an inquiry geared toward elucidating what happens in philosophy to the thought of the absolutely Other: the temptation, or the danger, if you will, to theologize it is always imminent. The investigation of the trace or of difference is aimed at showing how thought can always become non-thought." R. Gasché: *Inventions of difference*, 170. Vgl. dazu auch H.-D. Gondek: *Jacques Derridas Recht auf (Zugehörigkeit zur) Philosophie*, 161ff.

[130] Hier ist besonders J. Habermas, Derridainterpretation in *Der philosophische Diskurs der Moderne*, 214ff. zu nennen. Habermas hält sich dabei wohl vor allem an S. Handelmann: *The Slayers of Moses*, 4-21, die als erste Derrida konsequent aus dieser Perspektive zu lesen versuchte. Vgl. weiter E. Salman: *Der geteilte Logos*, 189ff., wo Derrida immer wieder als ein Vertreter typisch jüdischen Denkens herangezogen wird. Derrida selbst hat übrigens von Anfang an starke Vorbehalte gegen eine solche Kennzeichnung geltend gemacht, z.B. mit Blick auf Habermas und Handelmann in: *Positionen*, 29.

[131] Sehr differenziert ist J. Valentin dieser Frage nachgegangen in *Atheismus*, 65-148. Valentin sieht Derridas Ansatz im ganzen als eine „nachmoderne Verarbeitung des jüdischen Gottesbildes und jüdischer Interpretationstechniken", die als solche von erheblicher „Virulenz für eine heutige [christliche] Theologie" sein könnte (a.a.O., 68). Derridas Werk, in dem sich jüdisches Denken jedoch lediglich „spiegelt", wird von Valentin daher als ein „Reservoir einer vielschichtigen ‚Religions- bzw. Metaphysikkritik zwischen den Religionen'" (ebd.) verstanden. – Zur Kennzeichnung Derridas als ‚jüdischen Denker' vgl. auch E. Weber: *Gedächtnisspuren*, pass.

2. Der Schriftgelehrte: Schreiben nach Derrida

sein früher Aufsatz über Edmond Jabès in *Écriture et différence*[132]. Derrida liest hier die Dichtung Jabès' als das Ausgraben einer mächtigen und alten Wurzel, die vor allem in einer besonderen „Passion der Schrift" bestehe. Jabès illustriere, was die Hochschätzung der Schrift bedeute, und daß es sich hierbei um eine ausgesprochen jüdische Erfahrung handle. Was Derrida an Jabès zu interessieren scheint, ist dieser gewisse „Judaismus als Geburt und Passion der Schrift. Passion *der* Schrift, Liebe und Ausdauer *des* Schriftzeichens, von dem sich nicht sagen läßt, ob das Jüdische ihr *Sujet* ist oder gar das Schriftzeichen selber. Gemeinsame Wurzel vielleicht eines Volkes und einer Schrift." (SD 102) Gleich auf der ersten Seite zitiert Derrida einen Satz Jabès', der vielleicht auch als Motto für Derridas eigenes Denken gelten kann: *„Schwierigkeit Jude zu sein, die sich mit der Schwierigkeit zu schreiben deckt; denn der Judaismus und die Schrift sind nur ein einziges Warten, eine einzige Hoffnung, ein einziger Verschleiß."* (SD 102f) Die jüdische Situation steht hier beispielhaft für die Erfahrung dessen, was es bedeutet, nur auf Schriften bezogen zu sein. In diesem ‚rabbinischen' Umgang mit Texten entdeckt Derrida *sein* Thema der Hochschätzung der Schrift anstelle der Sehnsucht nach dem gesprochenen Wort: „Gott spricht nicht mehr zu uns, er hat sich unterbrochen: man muß die Wörter auf sich nehmen. Man muß sich vom Leben und den Gemeinden lösen, sich den Spuren anvertrauen, Mensch des Sehens werden, weil man nicht länger mehr die Stimme in der unmittelbaren Nähe des Gartens hört." (SD 107) Der Weg zu Gott führt von nun an durch „Wüste": „Dieser Weg, dem keine Wahrheit vorangeht, um ihm seine Geradheit vorzuschreiben, ist der Weg in die Wüste. Die Schrift ist das Moment der Wüste als Moment der Trennung." (ebd.) Jabès' Judaismus ist dieses Wandern durch das „Wüstenbuch aus Sand, *‚aus wahnsinnigem Sand'*" (ebd.). Aber während bei Jabès durchaus noch von einem ‚unglücklichen Bewußtsein'[133] geredet werden könne, versucht Derrida offenbar, dieses ‚Zögern' zu vermeiden. Ein Zögern, das er als eine „unruhige Bewegung in der Differenz zwischen dem Sokratismus und dem Hebraismus, der Misere und der

---

[132] *Edmond Jabès und die Frage nach dem Buch* (1964), in SD 102-120. Vgl. dazu auch J. Valentin: *Atheismus*, 121-127.

[133] Es sei am Rande schon auf Derridas Gegenüberstellung von Hegels Phänomenologie des Geistes und „dem Juden" aufmerksam gemacht, der jenem doch „nur ein Stück weit, ohne jede eschatologische Provision, folgen will, um seine Wüste nicht begrenzen, sein Buch schließen und seinen Schrei vernarben zu lassen" (SD 107). Hegels Verhältnis zum Judentum verfolgt Derrida ausführlich in *Glas*, u.a. anhand dessen Stilisierung der Kantischen Philosophie als „jüdisch", GL 42a. 46aff. 240a u.ö.

Größe des Schriftzeichens, dem Pneumatischen und dem Grammatischen" (SD 114) diagnostiziert. Derridas *différance*, übersetzt in diese Sprache des „Exils", liest sich demnach wie folgt:

„Gewiß, das ‚man muß immer schon' bezeichnet aber gerade das originäre Exil aus dem Reich des Seins, das Exil als das Denken des Seins, und daß das Sein sich nie *selbst* zeigt, *jetzt*, außer in der Differenz, in allen Bedeutungen, die dieses Wort heute erfordert, nie *präsent* ist. Ob er das Sein oder der Herr des Seienden ist, Gott selbst ist, erscheint als das, was er in der Differenz ist, das heißt als die Differenz und in der Verbergung." (SD 115) [134]

Aber Derrida geht es bei diesen Anklängen an die jüdische Tradition um eine Traditionalität, die sich gerade nicht als „Orthodoxie" ausweisen will oder kann. Der Judaismus Jabès' bestehe vielleicht gerade in der Nicht-Übereinstimmung mit dem verfaßten Judentum. Vielleicht gibt es überhaupt keine Selbstidentität des „Juden". „Jude wäre

---

[134] Zur Beziehung zwischen Derridas Schriftbegriff und der rabbinischen Thorainterpretation vgl. Valentin: *Atheismus*, 119-148. Valentin versucht dort, Derridas Schreibtechnik als einen „immanenten Dialog mit dem Denken der jüdischen Talmudgelehrten" zu verstehen, ohne daß Derrida deshalb jene Techniken regelrecht kopiert habe (120). Derridas Texte erinnern in frappierender Weise an die „endlose und ‚verrückte' Interpretation der Rabbinen" (128), wo ebenfalls jeder Ausgangstext in einem unendlichen Meer von Abschweifungen, Erzählungen, ‚Aufpfropfungen' – ein wichtiges Motiv bei Derrida – und Assoziationen zu ertrinken scheint. Ebenso wie Derrida setzen die Rabbinen auf die Materialität der Schrift(zeichen), die immer neue Deutungsmöglichkeiten produziert, auf die Unabschließbarkeit des ‚Sinns', auf die spekulative Ergänzung des Nicht-Gesagten, auf anagrammatische Lektüre, auf phonetische Ähnlichkeiten: kurz, auf einen *spielerischen* und *träumerischen* Umgang mit dem Text. Im besonderen verbindet Valentin auch die von Derrida beschriebene Logik des Supplements mit der rabbinischen *Kommentar*praxis: „Der Umstand, daß der Leser zur Feststellung irgendeines Textsinnes des Kommentars bedarf, findet seine Strukturanalogie im Derridaschen Gedanken des ‚gleichursprünglichen Supplements', einer gleichursprünglich gedachten ‚Ergänzung', die gleichzeitig zum Wesenskern des als ‚ursprünglich' apostrophierten Textes gehört und diese Ursprünglichkeit relativiert. Das ab-solute Original der Thora ist nicht lesbar, nicht verstehbar." (131) Die besondere Pointe dieser Lektürepraxis besteht aber auch für Valentin in der *ethischen* Dimension, die sich in diesem Umgang mit Texten spiegelt: „Der ‚abendländisch gebildete' Leser wird dabei nur deshalb irritiert", weil er die „ethische Haltung", die unabhängig vom Aussagesinn durch das Verfahren der Lektüre selbst transportiert wird, aus den Augen verliert. Immer ginge es um die Achtung von Individualität und Pluralität der Lektüren, die sich jeder Synthetisierung entzieht. In Texten wie Gl, PK, EDM, FA habe Derrida dieses „scheinbare Aneinandervorbeireden der Talmudgelehrten im Sich-Aneinander-Richten" (141) auf seine Weise in Szene gesetzt. Zur Deutung der rabbinischen Interpretationstechniken auf dem Hintergrund Derridas (und Levinas') vgl. auch M. A. Ouaknin: *Das verbrannte Buch. Den Talmud lesen.*

2. Der Schriftgelehrte: Schreiben nach Derrida 125

ein anderer Name für die Unmöglichkeit, ein Selbst zu sein." (SD 116) Derridas Aufsatz mündet in eine solche Bestimmung des Judentums als „radikaler Interrogation"[135] (SD 120). Der letzte Satz des Aufsatzes ist ein Zitat Jabès': „,*Es gibt das Buch Gottes, mit dessen Hilfe Gott sich selbst befragt, und es gibt das Buch des Menschen, das demjenigen Gottes nachgebildet ist.' Rabbi Rida.*" Nicht zufällig endet das Zitat (und der Text Derridas) wie eine Abbreviatur von Derridas eigener *Unterschrift*. Der letzte Text in *Schrift und Differenz* schließt ebenfalls mit einem Zitat und einer Unterschrift – diesmal außerhalb der Anführungszeichen. Dort heißt es: „,*Morgen ist der Schatten und die Reflektibilität unserer Hände.' Rabbi Derissa*" (SD 450). Derridas Texte wollen durchaus eine Art ‚Midrasch' auf den Textkorpus des abendländischen – christlichen[136] – Denkens sein, der dieser Tradition etwas von ihr verdrängtes und ausgeschlossenes *Anderes* wiederzugeben versucht.[137]

Andererseits hat Derrida lange vermieden, über sein Verhältnis zu ‚seinem Judesein' zu sprechen. In dem oben erwähnten Vortrag *Com-*

---

[135] Zur philosophischen Interpretation einer solchen ‚radikalen Interrogation' vgl. den Aufsatz von Ch. Menke: *‚Absolute Interrogation' – Metaphysikkritik und Sinnsubversion bei Jacques Derrida*, pass.

[136] S. Handelman sieht in Derridas Rehabilitierung des *Zeichens* vor allem eine starke Kritik an den „*christlichen*" Denkfiguren der abendländischen Philosophie: „From this point of view, the ‚play of difference' advocated by Derrida is the torment of the Christian thinker, the unacceptable exile. How is it, the Christian wonders, that Jews so stubbornly adhere to the sign, refuse the consolations of instantaneous unveiling of presence, can exist so well within the realm of temporality? Jews are so strangely at home in exile, in the play of signs, in the wanderings of figurative language, and in their own constant physical wanderings: strange literalists who take figures for things, refusing to acknowledge their real referents, remaining under the curse of the original sin by refusing to believe in the incarnate word." *The Slayers of Moses*, 120. Valentin weist jedoch zu Recht darauf hin, daß es zu einfach ist, hier eine scharfe Opposition aufzumachen, in der Art: „Die Christen interpretieren metaphysisch". Zumindest Derrida ist immer gerade an der Durchlässigkeit solcher Grenzen interessiert. Es käme daher darauf an, auch in der christlichen Tradition nach Spuren solchen ‚verrückten Interpretierens' zu suchen. (vgl. *Atheismus*, 142ff.) Dies erfolgt in dieser Arbeit anhand von Kierkegaard. Dessen ungeachtet ist es freilich um so wichtiger, verschiedene Strategien der ‚Stillstellung der Signifikanten' in der christlichen Theologie zu analysieren.

[137] Demselben *Verschweigen* (z.B. bei Heidegger) geht auch Lyotard in seinen jüngsten Veröffentlichungen nach: Ich verweise dazu auf die Texte *Heidegger und „die Juden"*, *Ein Bindestrich zwischen „Jüdischem" und „Christlichem"* und das Interview *Vor dem Gesetz, nach dem Gesetz*. Vgl. dazu: Ch. Lienkamp: *Denken nach Auschwitz in der Philosophie Jean François Lyotards*, 115-134.

ment ne pas parler bekundet Derrida, daß er ausdrücklich ein griechisches, christliches und heidnisches (Heideggersches) Paradigma natürlicher Theologie gewählt habe,

> „um zu vermeiden, von einer Frage zu sprechen, die zu behandeln ich unfähig sein werde, um sie auf eine gewisse Art abzusprechen, oder um davon zu sprechen, ohne davon zu sprechen, vermittels eines negativen Modus: was (gibt es) an negativer Theologie und ihren Phantomen in einer Überlieferung von Denken, das weder griechisch noch christlich wäre? Anders gesagt: was (gibt es) an jüdischem und arabischem Denken in dieser Hinsicht?" (WNS 57f.)

In einer nachträglichen Fußnote räumt Derrida ein, daß es sich trotzdem bei diesem Vortrag um „den am stärksten ‚autobiographischen' Diskurs, den ich je gewagt habe" (WNS 122f., Anm. 29), handle. „Ich habe nie vermocht – mangels Befähigung, mangels Kompetenz oder Selbst-Autorisierung –, von dem zu sprechen, was mir, wie man zu sagen pflegt, von meiner Geburt her als das Näheste hätte gegeben sein müssen: der Jude, der Araber." Immer handelt es sich bei diesem Sich-Einschreiben Derridas in ‚sein Judentum' um eine, wie J. Valentin formuliert, „neue, gleichsam *nach*religiöse textuelle Tradition [...], die gleichzeitig als *Bekenntnis zum* und als *Distanzierung vom* historisch-religiösen Judentum gelesen werden kann"[138].

Das äußert sich zum Beispiel in Derridas Bezugnahme auf das Thema der *Beschneidung*, welches eine entscheidende Rolle in seinem Denken spielt.[139] Auf sein „Kreisen um das Thema der Beschneidung" angesprochen, hat Derrida 1994 in einem Interview geantwortet, daß in der Redewendung „um Etwas kreisen" das Paradox seines Verhältnisses zum Judentum sinnfällig umschrieben sei. Um etwas zu kreisen bedeute, „davon besessen zu sein, aber auch, ihm auszuweichen; gerade, als könne man sich nicht von dem lösen, was einen verfolgt, und zugleich, als ob man es vermeide, ihm zu nahe zu kommen." (ZG 63) Derridas eigene Beschneidung, die erfolgte Verwundung mache andererseits gerade *keine Distanz* mehr möglich. Es handelt sich um ein aussichtsloses Unterfangen, das gewissermaßen die Figur seines Verhältnisses „– ich wage nicht ‚zum Judentum' zu sagen –, sagen wir, zur Beschneidung" (ZG 64) versinnbildliche. Die „Beschneidung" als die Zugehörigkeit zu einer Gemeinschaft, zu einem Bund, die ursprüngliche Markierung bzw. Spur, der Bezug zum Vater, das Symbolische, das Hineingestelltsein in eine Sprache – all das finde

---

[138] J. Valentin: *Atheismus*, 71. Ähnlich äußert sich auch Bennington in *Derridabase*, 299.
[139] Vgl. dazu auch meine Ausführungen auf S. 337ff.

2. Der Schriftgelehrte: Schreiben nach Derrida 127

letztlich in allen Kulturen und allen Sprachen statt. Die Erfahrung der Sprache „ist von vornherein eine Erfahrung der Beschneidung (Schnitt und Zugehörigkeit, ursprünglicher Eintritt in den Raum des Gesetzes, asymmetrisches Bündnis zwischen dem Endlichen und dem Unendlichen). Folglich, in Anführungsstrichen und mit aller nötigen rhetorischen Vorsicht, eine ‚jüdische Erfahrung‘." (ZG 68)

In *Zeugnis und Gabe* hat Derrida erklärt, daß er sich in allen seinen Texten dem Unbehagen ausgesetzt findet, das einerseits darin besteht, *nie genug* oder stets *zu sehr* Jude zu sein, und andererseits darin, diese paradoxe Logik denken zu müssen, „was folglich immer mit einer gewissen Forderung, der Affirmation des Judentums einher geht, aber auch mit einer gewissen Verstimmung, mit Mißtrauen und Verdächtigungen denen gegenüber, die sich zu leicht in diese Logik schicken und sie manchmal mißbrauchen". Wenn Derrida beispielsweise in *Circonfession* sagen kann: „Ich bin der letzte der Juden" (CIR 178), so ginge es ihm auch darum, denen eine „schmerzlich ironische Lektion" in Sachen Judentum zu geben, „die mich beschuldigen, nicht genug Jude zu sein, und die von sich selbst denken, es in aller Ruhe zu sein" (ZG 67).[140] Nach Derrida ist das Judesein, ähnlich der Beschneidung, eine Gabe, die sich gerade darin als *Gabe* erweist, daß ihr nicht entsprochen, daß sie nicht rückerstattet werden kann. Damit hängt zusammen, daß man keinem dieser Begriffe „eine stabile eigene Identität" anweisen dürfe:

„Wenn man glaubt zu wissen, was Jude-sein, was Gabe, was die Beschneidung ist, so kann man sicher sein, daß es nichts mehr davon gibt, daß es nichts davon je gegeben hat." (ZG 69)

Wer dürfte im Namen des Judentums sprechen? Was heißt es, sein Judentum zu ‚übernehmen‘?[141]

---

[140] Es sei erwähnt, daß Derrida hinzufügt, daß seine geringe Kenntnis des Judentums das erwähnte Unbehagen immer noch verstärke. „Aufgrund dieser Unbildung, die ein Faktum, die meine Tatsache, also gewissermaßen mein besonderer Fall ist (es trifft sich, daß ich kein oder kaum Hebräisch spreche, ich kenne die jüdische Geschichte oder die Texte der jüdischen Kultur sehr schlecht), bin ich verpflichtet, mich in der metaphorischen, rhetorischen, allegorischen Dimension des Judentums nicht etwa einzurichten, sondern mich darin zu bewegen." (ZG 68)

[141] Derrida ist dieser Frage immer wieder auch bei anderen ‚jüdischen‘ Denkern nachgegangen. So z.B. auch in bezug auf H. Cohen und F. Rosenzweig in *Interpretations at war*, in bezug auf W. Benjamin in seiner Lektüre von dessen Aufsatz *Zur Kritik der Gewalt* GK 60-125, in bezug auf S. Freud in *Mal d'archive*, in bezug auf F. Kafka in: *Vor dem Gesetz*, schließlich besonders bei E. Levinas.

Teil II: Eine Lektüre von *Donner la mort*

3. Kontexte

3.1. Donner la mort *als Textur*

Mit welcher Art von Text haben wir es bei *Donner la mort* zu tun? Derrida kommt uns mit keinem Vorwort entgegen. Der Text setzt unmittelbar ein mit einer bestimmten Unterscheidung, die Derrida bei dem tschechischen Philosophen Jan Patočka findet: „In einem seiner *Ketzerischen Essais zur Philosophie der Geschichte* setzt Jan Patočka das Geheimnis und die Verantwortung, genauer: das Mysterium des Sakralen und die Verantwortung in Beziehung. Er setzt sie einander entgegen. Er unterstreicht, mehr noch, deren Heterogenität." (TG 331) Der ganze Text Derridas wird sich an dieser gesetzten *Differenz* abarbeiten, ihre Genealogie rekonstruieren und dabei einige der philosophischen, ethischen, politischen und theologischen Folgerungen in den Blick zu bringen versuchen, die sich auf diese Differenz berufen. – Derrida gibt keine Erläuterung, warum gerade Patočka[1] und warum

---

[1] Der 1907 geborene tschechische Philosoph Jan Patočka ist der Öffentlichkeit kaum bekannt. Paul Ricoeur schreibt in einem Vorwort zur französischen Übersetzung von dessen *Ketzerischen Essais*: „Er geriet ins Rampenlicht der Öffentlichkeit, als ihn die Unterzeichner der Charta 77 zu ihrem Wortführer machten; schließlich ist bekannt, daß er nach einer Reihe verschärfter Verhöre unter den Händen der Polizei starb. Aber wer kennt den Philosophen Jan Patočka?" (*Ketzerische Essais*, 7) Patočka habilitierte sich 1936 mit einer Schrift *Die natürliche Welt als philosophisches Problem*. Studienaufenthalte führten ihn nach Paris, Berlin und Freiburg. Neben seiner Lehrtätigkeit in Prag war er dort in den 30er Jahren Sekretär des „Cercle Philosophique". 1939, nach der Übernahme des sogenannten „Protektorats Böhmen und Mähren" durch das Deutsche Reich, mußte Patočka seine Lehrtätigkeit abbrechen. 1949 im Zuge der Stalinisierung verlor er erneut seine Professur. Erst im Zuge des „Prager Frühlings" erlangte Patočka wieder ein Ordinariat, von dem er 1972 wiederum frühzeitig pensioniert wurde. Er gehörte zu den Initiatoren der Bürgerrechtsgruppe *Charta 77*. In deutscher Übersetzung sind seit 1987 in fünf Bänden Ausgewählte Schriften von ihm erschienen und machen ein beeindruckendes philosophisches Werk auch hierzulande zugänglich. Die *Ketzerischen Essais*, auf die sich Derrida bezieht, sind Patočkas letzte größere Arbeit. Sie entstanden in den Jahren 1973-1975.

gerade dieser Text[2] zum Ausgangspunkt gewählt wurde. Er flicht sich an irgendeiner Stelle in diesen Essay ein und springt von dort aus hinüber zu anderen großen Texten der philosophischen Tradition. Schon im vierten Satz wird der Leser darauf hingewiesen, daß er immer auch an Levinas denken möge. Andere Referenzen werden folgen, vor allem: Kierkegaard. Aber auch Kierkegaard kommt scheinbar nur beiläufig ins Spiel. Wollte man das, was in *Donner la mort* passiert, auseinanderflechten, so müßte man folgenden Ebenen Rechnung tragen: Derrida liest Patočka und denkt dabei an Levinas und Heidegger (auf den sich Patočka mehrmals bezieht). An einem bestimmten Punkt taucht Kierkegaard auf, der seinerseits die Erzählung von der ‚Opferung Isaaks' liest. Derrida interessiert daran besonders die Kierkegaardsche ‚Christianisierung' Abrahams, und dies läßt ihn das Verhältnis von jüdisch-christlich-heidnisch im Anschluß an die *Bergpredigt* näher verfolgen. Die Gegenüberstellung von ‚Nächsten- und Feindesliebe' gibt Anlaß zu einem Seitenblick auf Carl Schmitt. *Donner la mort* endet schließlich mit zwei kurzen ‚Exkursen' zu Baudelaire bzw. Nietzsche bezüglich deren Kritik an einer bestimmten ‚Ökonomie' des Christentums.

Der Text ist damit in exemplarischer Weise das, was Derrida an anderer Stelle eine „Maschine mit vielen Leseköpfen für andere Texte" (PAR 154) nennt. Es geht um eine Relektüre von (Re)Lektüren. Alles sieht so aus, als würde es sich bei allem um eine Art fortgesetzten Midrasch zur ‚Bindung Isaaks' handeln.

Denn die Texte, die auf diese Weise aufeinander bezogen werden, sind natürlich nicht willkürlich ausgewählt. Wollte man so etwas wie das *Thema* von *Donner la mort* angeben, dann ließe sich ganz summarisch sagen, daß es in allen Texten um „Auffassungen des Todes" (*appréhensions de la mort*) geht. Wie wird mittels einer Deutung des Todes das *Leben* gedeutet? Vor allem: Welche Implikationen bzw. Folgen haben diese Weisen, sich den Tod auszulegen, ihn sich oder anderen oder Gott zu *geben,* für die Grundstrukturen unseres Denkens, für den philosophischen, theologischen, ethischen und politischen Diskurs ‚Europas'? Was bedeuten eine ‚Platonische', eine ‚christliche', eine ‚jüdische' – einmal vorausgesetzt daß Platon, die Bergpredigt, Patočka, Kierkegaard, Levinas als ‚Beispiele' für so etwas dienen können – oder auch die Heideggersche Auffassung des Todes für die

---

[2] Es handelt sich um den Aufsatz *Ist die technische Zivilisation zum Verfall bestimmt?* aus dem Sammelband *Ketzerische Essais zur Philosophie der Geschichte und ergänzende Schriften.*

jeweiligen Orientierungen im Denken, für die jeweilige *Ökonomie des Denkens*, für das Denken als *Ökonomie des Todes*?

Wollte man die verschiedenen Referenzen auf die einzelnen Kapitel von *Donner la mort* verteilen, dann könnte man sagen, daß die ersten beiden Kapitel sich in erster Linie auf Patočka beziehen, das dritte Kapitel eine Lektüre von *Furcht und Zittern* bietet, und das vierte Kapitel diese Lektüre in gewisser Hinsicht ‚kommentiert'. Aber es ist äußerst schwierig, die verschiedenen Texte in dieser Art auseinanderzuhalten. Die ‚Referenztexte' werden nicht ‚referiert', um anschließend auf gewisse Thesen anknüpfend oder kritisierend Bezug zu nehmen. Auch sieht man auf den ersten Blick nicht, mit welcher Absicht die verschiedenen Texte ins Spiel gebracht werden. Derrida *gibt* dem Leser diese Texte zu lesen. Anstatt zu ‚kommentieren', unterstreicht er nur gewisse Themen und Begriffe, öffnet sie auf andere Kontexte hin. Er schiebt diese Kontexte ineinander. Oder besser: Er läßt sie sich aufeinander hin öffnen. Denn auch Derrida befindet sich dem Leser / der Leserin von *Donner la mort* gegenüber nicht in der Position dessen, der dieses Sich-ineinander-Weben von Fäden kontrollieren oder beherrschen könnte. Derrida benutzt die Texte Patočkas und Kierkegaards lediglich dazu, um sie sofort anderen ‚Einfällen' auszusetzen, die einem philosophischen Leser am Ende des 20. Jahrhunderts ‚durch den Kopf' gehen. Was auf den ersten Blick zufällig und ‚unsystematisch' wirkt, ist aber vielleicht eine bewußte Inszenierung dessen, was *jede* Lektüre eines Textes prägt. Jeder Interpret ist den Zufälligkeiten seiner ‚Einfälle' ausgeliefert. Üblicherweise werden diese jedoch nachträglich unter einer scheinbar notwendigen Ordnung verborgen. Diese Ordnung gibt sich dann als *Kommentar* des Textes, wie er ‚von sich selbst her verstanden werden will', ein ‚Sagen-Wollen' des Textes, demgegenüber der Interpret in seiner Individualität gänzlich zurücktreten könne. Derridas Text provoziert und stört diese Leseerwartungen an einen ‚wissenschaftlichen Text'. Auch geht es ihm nicht darum, Patočka oder Kierkegaard oder sonst jemanden der Zitierten einer ‚Kritik' zu unterwerfen. Er schreibt ganz einfach eine *unwissenschaftliche Nachschrift*. *Donner la mort* liefert daher, streng genommen, keine Interpretation Kierkegaards oder gar einen Kommentar zu Gen 22. Derrida verunsichert vielmehr die Leser(innen) darin, was sie glaubten, was dort geschrieben steht. Aber wo beginnt, wo endet das, was in diesem Geflecht überhaupt einem bestimmten ‚Urtext' oder ‚Kontext' zugesprochen werden könnte? Welcher Text ist der Kontext des anderen? Wo beginnt, wo endet das, was mit den Namen ‚Kierkegaard' oder ‚Derrida' identifiziert werden dürfte?

Wie einen solchen Text ‚darstellen'? Es scheint unmöglich, in der klassischen Weise eines Kommentars am Text von Derrida *entlang* zu gehen. Die Stimmigkeit von Derridas Texten liegt eben weniger in der Geradlinigkeit einer ‚Argumentation', sondern in seiner geschickten Weise, „die Dinge von der Seite anzugehen" (GK 32). Ich entscheide mich daher für eine Anordnung, die Derridas Bezüge auf Kierkegaard systematisch zusammenzufassen versucht. Und zwar lasse ich mich von der konventionellen Klassifizierung „Das Ethische" und „Das Religiöse" leiten – und innerhalb dieses Religiösen noch einmal von der Frage nach dem spezifisch „Christlichen". Wie läßt sich das, was Derrida in *Donner la mort* schreibt, seiner ‚Ethik der Dekonstruktion', seinem Denken der Religion bzw. seinem Umgang mit dem Christlichen zuordnen? Diese Kategorien – ‚das Ethische', ‚das Religiöse' – beziehen sich natürlich auf Kierkegaard. Allerdings wird Derridas Lektüre vor allem darin bestehen, diese Kategoriesierung – und insofern meine Anordnung – zu problematisieren. Die Differenzierung funktioniert also bei mir ein wenig wie Wittgensteins berühmte „Leiter"[3]. Auf keinen Fall geht es mir darum, eine Derridasche ‚Stadienlehre' à la Kierkegaard aufzustellen. Überhaupt geht es bei diesen ‚Kategorien' nicht um Stadien *der Existenz* – sondern eher um bestimmte ‚Ordnungen des Diskurses': bestimmte diskursive Strategien, mit denen man (Kierkegaard) so etwas wie ‚Ethik', ‚Religion' und ‚Christentum' auseinander hält – oder auseinanderzuhalten *versucht*.

Bevor ich aber mit der eigentlichen Kierkegaardlektüre Derridas beginne, möchte ich den Kontext beschreiben, in dem Derrida auf *Furcht und Zittern* zu sprechen kommt. Ich werde dazu im folgenden drei Fragen einkreisen, die sich Derrida bei seiner Patočkalektüre zuspielen ließ.

3.1.1. Die Geheimnisse der europäischen Verantwortung

Halten wir uns an die Überschrift zum ersten Kapitel von *Donner la mort*: *Les secrets de la responsabilité européenne*. Dies läßt sich auf verschiedene Weisen lesen:

Europa oder: die Genealogie der Moral

Patočkas Text beruhte auf der These, daß es eine spezifisch *europäische* Geschichte der Verantwortung gibt. Der Begriff der Verantwor-

---
[3] Vgl. L. Wittgenstein: *Tractatus logico-philosophicus*, Nr. 6. 54.

tung ist eingewoben in eine bestimmte gemeinsame *Genealogie* solcher Begriffe wie „Geschichte", „Religion", „Subjekt" oder „Europa". Im besonderen handelt es sich um eine bestimmte Geschichte von *Konversionen*. Diese Konversionen sind das Thema von Patočkas Text.[4] Dabei geht es zum einen um jene Konversion, die der Platonismus gegenüber den vorplatonischen, ‚orgiastischen' Mysterien darstelle. Diese Platonische Verantwortung erfahre ihrerseits dann eine entscheidende Konversion im Christentum. In jedem Fall geht es darum, das Geheimnis des Heiligen und die Verantwortung auf je eigentümliche Weise aufeinander zu beziehen. Und diese ‚Einverleibung' des ‚Außerordentlichen' und ‚Heiligen' in die Verantwortung markiere das Wesen der ‚Religion'.[5] Die Weise, wie diese Geschichte ‚heute' angeeignet würde, entscheidet über ‚Aufschwung' oder den ‚Zerfall' unserer ‚technischen Zivilisation'.

Es handelt sich bei Patočkas Text um so etwas wie eine am Begriff der „Verantwortung" gewonnene *Genealogie der Moral*. Nicht von ungefähr mündet *Donner la mort* in einen Seitenblick auf Nietzsches Schrift dieses Titels. Beide Genealogien laufen darauf hinaus, die Selbstverständlichkeiten unserer begrifflichen Orientierungen zu unterlaufen. Unserem gesamten philosophisch/theologisch/politischen Diskurs liegen *Entscheidungen* zugrunde, deren *Vergessen* allein so etwas wie eine allgemeine „Vernunft" möglich gemacht hat.

Diese *Geschichtlichkeit* der Verantwortung ist in der Regel aber eine Zumutung an den *ethischen* Diskurs. Es ist immer schwierig, so Derrida, eine durch eine Geschichte motivierte, bedingte und möglich gemachte „Vernunft" zu denken bzw. einzugestehen. Zumal, wenn es sich dabei um eine Geschichte „religiöser" Konversionen handelt.

---

[4] Vgl. dazu auch Ch. Rabanus: *Geschichte, Sinn und Sinn der Geschichte in den Ketzerischen Essais Jan Patočkas*, 207ff.

[5] Patočka: „Die Religion ist weder das Sakrale selbst, noch entsteht sie unmittelbar aus der Erfahrung sakraler Orgien und Zeremonien; sie stellt sich vielmehr dort ein, wo das Sakrale ausdrücklich als Dämonie überwunden wird. Die sakralen Erfahrungen gehen sofort in religiöse über, wo der Versuch unternommen wird, die Verantwortung ins Sakrale zu integrieren oder das Sakrale durch Verantwortung zu regulieren." (A.a.O., 127.) Religion bedeutet demnach einerseits, den Verfall an den konfusen Alltag des vor-geschichtlichen Seins zu überwinden, aber andererseits ebenso dem Außerordentlichen nicht zu erliegen. Für Patočka führt erst dieses Sichhalten zwischen den beiden Gefahren zur eigentlichen *Geschichtlichkeit* des Menschen bzw. zur Geburt des Wörtchens ‚Ich': „Wir meinen, daß das *Ich* in diesem Sinne am Anfang der Geschichte steht und sein Wesen darauf beruht, daß es sich im Heiligen nicht verliert, [...‚ sondern] daß es das Gewöhnliche, ohne sich selbstvergessen in eine noch so lockende Finsternis zu stürzen, *überwindet*." (A.a.O., 128.)

Hat doch gerade das (typisch *europäische*) Projekt „Ethik" von Beginn an Wert darauf gelegt, sich ‚rein' auf sich zu stellen, auf eine reine Vernunft und auf Prinzipien, die ein ‚natürliches Fundament' besitzen. Von welchen Entscheidungen und Ausschließungen lebt aber diese Rationalität? Und welche Rolle spielt der Bezug auf die „Religion" für eine ethische, politische Verständigung über die „europäische Verantwortung heute"? Welche Berechtigung wird vor allem dem damit mitgesetzten Bezug auf das *Geheimnis*, auf eine Geschichte von Geheimnissen eingeräumt?

Vom Geheimnis

Die von Patočka vorgeschlagene Genealogie ist eine Geschichte der Geheimnisse, der *Konversionen* von Geheimnissen. Denn die Konversionen der Verantwortung würden immer begleitet oder ausgelöst durch eine Verschiebung dessen, was es als Geheimnis zu wahren gelte. So habe auch der Platonismus *sein* Geheimnis. Die Platonische Überwindung des orgiastischen Mysteriums ist Unterordnung unter das „neue Mysterium der Seele". In der Beziehung der Seele auf das *Gute* läge zwar ein erstes Erwachen der Seele zur Verantwortung, aber damit würde das mystische Element nicht beseitigt, auch wenn dieses nicht mehr eingestanden, sondern verleugnet, „einverleibt" würde. Ebenso sei die spezifische Verantwortlichkeit, die Patočka mit der *christlichen Konversion* verbindet, an die Erfahrung eines Geheimnisses gebunden. Nämlich an ein *mysterium tremendum*. Anders als bei Platon würde die ‚Sorge um die Seele' nun nicht mehr an die *Erkenntnis* des wahren Seins bzw. des Guten gebunden, sondern an ein Verhältnis zum Göttlichen, das dessen prinzipielle Unzugänglichkeit und Überordnung festzuhalten versucht. Die göttliche *Güte* bleibt ein *mysterium tremendum*:

„*Tremendum*, denn die Verantwortung wird nicht mehr der menschlich einsehbaren Essenz von Güte und Einheit beigefügt, sondern einer uneinsehbaren Beziehung zur absoluten, höchsten Daseinsform, die uns nicht nur äußerlich, sondern auch innerlich in der Hand hat. ... In letzter Instanz ist die Seele nicht eine Beziehung zu einem noch so erhabenen *Gegenstand* (wie dem Platonischen *Guten*), sondern zu einer Person, die in sie hineinsieht, ohne selbst eingesehen zu werden [...]."[6]

Auf diesen Wandel des *Gegenübers* menschlicher Verantwortung hatte Patočka besonderen Wert gelegt:

---

[6] J. Patočka: *Ketzerische Essais*, 123f.

„Der wichtigste Unterschied scheint darin zu liegen, daß erst jetzt der eigentliche Inhalt der Seele entdeckt ist, der darin beruht, daß die Wahrheit, um die die Seele ringt, nicht eine Wahrheit der Einsicht, sondern die Wahrheit des eigenen Schicksals ist, eine Wahrheit, die mit der ewigen Verantwortung verschmilzt, aus der es für alle Zeiten keine Entlassung gibt. Nicht durch die Ideenschau und also durch die Bindung an das Seiende, das von Ewigkeit her *ist, sondern durch das Sichöffnen gegenüber dem Abgründigen im Göttlichen und Menschlichen*, diesem so ganz einzigartigen und deshalb definitiv sich selbst bestimmenden Gottmenschentum, entsteht das eigentliche Leben der Seele, ihr wesenhafter Inhalt, der sich durchweg auf dieses beispiellose Drama bezieht."[7]

Es scheint zum Wesen der Verantwortung zu gehören, an (ein) Geheimnis(se) gebunden zu sein. Während man bei Patočka jedoch ein Bemühen herauslesen kann, diese Beziehung der Verantwortung auf das Geheimnis zu kontrollieren, ihm seinen adäquaten Ort zuzuweisen, ist Derridas Lektüre Patočkas – und dann vor allem seine Kierkegaardlektüre – davon geprägt, dieser Bindung der Verantwortung ans Geheimnis ihr Recht einzuräumen, sie gewissermaßen zu rehabilitieren. Denn es gehörte immer zum „europäischen Denken", sich vor dem Geheimnis zu schützen. Der Appell an die ‚Verantwortung' des Intellektuellen geht immer einher mit der Forderung nach einem versichernden, den Einzelnen in seiner Verantwortung leitenden *Wissen*, demgegenüber das ‚Ausweichen' in die Unentscheidbarkeit als hochgradige Gefährdung empfunden wird. Das Wesen der *Politik*, wie es von Platons *Politeia* her im europäischen Denken dominiert, ist gekennzeichnet durch diesen systematischen Ausschluß des Geheimnisses:

„[I]n der Philosophie und in der Politik platonischer Tradition gibt es dergleichen, nach Patočka, nicht. Die Politik schließt hier das Mystische aus. Seitdem ignoriert, unterdrückt und verbannt alles, was in Europa, und sogar noch im modernen Europa, Erbe dieser Politik griechisch-platonischer Herkunft ist, in seinem Raum jede grundsätzliche Möglichkeit von Geheimnis und jede Bindung der Verantwortung an das bewahrte Geheimnis, all das, wodurch eine Verantwortung am Geheimnis festhalten kann. Daß man darin dann den unvermeidlichen Übergang vom *Demokratischen* (im griechischen Sinne) zum *Totalitären* sieht, ist eben nur ein Schritt, das einfache Weitergehen, sobald ein Übergang sich eröffnet. Die Folgen wären ziemlich gravierend. Sie verdienen, daß man zweimal hinschaut." (TG 362 f.)

Was heißt Verantwortung?

Schließlich geht es in Patočkas Essay vor allem um die Frage: Was heißt Verantwortung (heute)? Gemäß Patočkas Genealogie würde der Begriff der Verantwortung im „Platonismus" vor allem an die Einsicht des Guten, genauer: an das Streben nach dieser Einsicht gebunden.

---

[7] A.a.O., 133 f.

Die christliche Wende bestünde demgegenüber darin, daß die Verantwortung nicht mehr aus einer ‚Einsicht', sondern als ‚Gabe' von einem persönlichen Gegenüber empfangen würde. Das liefe darauf hinaus, niemals zu *wissen*, worin meine Verantwortung liegt. Diese radikale Verunsicherung würde jedoch im Christentum durch einen gewissen Restplatonismus in Grenzen gehalten. Die christliche *Thematisierung* der Verantwortung bediente sich weiterhin der Philosophie, der Methodisierung, der Kriteriologie usw. Aber je mehr diese *Vergewisserung* in der Form von Wissen und Technik normiert wurde, sei immer mehr vergessen worden, daß es sich nach wie vor um die *eigene* Verantwortung handelt. In der modernen Zivilisation sei diese ‚Verantwortungslosigkeit' des Einzelnen auf ihre Spitze getrieben.[8] Dies gibt dem ganzen Essay von Patočka letztlich seinen dunklen Ton.

Derridas Lektüre dieses Textes schließt sich nun durchaus nicht einfach der Zeitdiagnose Patočkas an. Was ihn vor allem zu interessieren scheint, ist diese problematische *Thematisierung* der Verantwortung, d.h. die Unmöglichkeit, sich einen „adäquaten Begriff" zu machen von dem, was ‚Verantwortung' heißt. Ist der Forderung Patočkas so ohne weiteres nachzukommen? Wird nicht so etwas wie ein „thematisierendes" Bewußtsein gerade in diesem Falle in seiner Relevanz strikt begrenzt? Und zwar durch diese

„andere Radikalform der Verantwortung, die mich dissymmetrisch dem Blick des Anderen aussetzt und dabei nicht länger meinen Blick – jeweils für das, was mich anblickt oder angeht (*regarde*) – zum Maß aller Dinge macht. Der Begriff der Verantwortung ist einer jener seltsamen Begriffe, die zu denken geben, ohne sich der Thematisierung hinzugeben; er setzt sich weder als ein Thema noch als eine These, er gibt, ohne sich zu sehen zu geben [...]. Dieser paradoxe Begriff hat auch die Struktur eines gewissen Geheimnisses – und dessen, was man im Code bestimmter religiöser Kulturen Mysterium nennt." (TG 356)

---

[8] Patočkas Gegenwartsdiagnose mündet in folgendes Fazit: „Je mehr sich die moderne Wissenschaft und Technik als der eigentliche Seinsbezug durchsetzen, je mehr sie alles Natur- und dann auch Menschengemäße in ihren Bann ziehen, je mehr die Traditionen des alten Ausgleichs zwischen dem Echten und dem Mitreißenden verdrängt und als unrealistisch, unglaubwürdig und phantastisch abgetan werden, um so grausamer ist die Revanche des orgiastischen Enthusiasmus." Im 20. Jahrhundert sei „dieser Gegensatz zu einem so klar beherrschenden Motiv geworden, daß sich ein entsprechender Beweis erübrigt." (A.a.O., 139.) Vor allem sind es die beiden Kriege, die diesen (technisch organisierten) Verfall an das Außerordentliche dokumentieren. „Der Krieg ist gleichzeitig das größte Unternehmen der industriellen Zivilisation, Produkt und Werkzeug einer totalen Mobilmachung, ... sowie Freisetzung orgiastischer Potentiale, die sich nirgendwo anders die Zerstörung als äußersten Rauschzustand leisten können." (A.a.O., 140.)

Ein Diskurs über die Verantwortung hat es mit dem Paradox und der Aporie zu tun. Ebenso wie die Ausübung der Verantwortung an die denkbar unbequemste Entscheidung gebunden bleibt: an die ‚Ketzerei‘: „keine Verantwortung ohne den dissidenten und erfinderischen Bruch mit der Tradition, der Autorität, der Orthodoxie, der Regel oder der Doktrin." (Ebd.) Wenn es um die letzten Fragen der Ethik geht, läßt sich eine gewisse Dissidenz aus dem konventionellen „Gemurmel" des ethischen Diskurses nicht umgehen, „und wäre es nur, um die Arroganz all der ‚guten Gewissen‘ zu vermeiden" (TG 354):

> „Man muß unaufhörlich daran erinnern, daß eine gewisse Unverantwortlichkeit sich überall einschleicht, wo Verantwortung verlangt wird, ohne daß hinreichend auf den Begriff gebracht und thematisch gedacht worden ist, was Verantwortung heißt: *das heißt überall*. [...] Von nun an wird das Inswerksetzen einer Verantwortung (die Entscheidung, der Akt, die *Praxis*) stets jeder theoretischen oder thematischen Bestimmung voraus und über sie hinausgehen müssen. Sie wird ohne sie, unabhängig im Hinblick auf das Wissen, entscheiden müssen – und dies wird die Bedingung einer praktischen Freiheit sein. Woraus zu schließen wäre, daß die Thematisierung des Begriffs Verantwortung nicht nur stets unzureichend ist, vielmehr dies stets sein wird, weil sie es sein muß." (TG 354f.)

Es geht Derrida darum, den Aporien und Paradoxien standzuhalten, in die ein Denken der Verantwortung unweigerlich geführt wird.

3.1.2. Donner la mort *als Thanatologie*

Es gibt aber noch einen anderen Leitfaden, dem Derrida in *Donner la mort* folgt: die Erfahrung des Geheimnisses, die einhergeht mit dem Verantwortlichwerden des Subjektes, wird von Derrida interpretiert als eine Erfahrung des „gegebenen Todes" – *Donner la mort*. Derrida organisiert die angesprochenen Themen und Begriffe allesamt um diese Formel herum. Wie erschließen sich die traditionellen Grundbegriffe der Ethik: Subjekt, Ich, Pflicht, Schuld, Verantwortung, Geschichte, usw. von dieser Beziehung zum Tode her? Insofern ist *Donner la mort* nichts anderes als eine große Meditation über den Tod. Derrida schreibt sich ein in die Tradition derjenigen Diskurse, die – seit Platon – der Philosophie diese Aufgabe zukommen ließen: *auf rechte Weise sterben zu lernen*.[9]

---

[9] Ich will hier darauf verweisen, daß das Denken des Todes von jeher eine zentrale Rolle bei Derrida spielte. (Im Gegensatz zu G. Steiner: *Von realer Gegenwart*, 197: „Dekonstruktion hat über den Tod nichts zu sagen.") Schon in GR und SD (dort besonders im Zusammenhang mit seiner Batailleinterpretation in SD 380ff.) spielt der Tod, z.B. für das, was *Schreiben* heißt, eine wichtige Rolle: In der Schrift begegnet der

Was heißt „den Tod geben"? Derrida gibt selbst eine kurze Auflistung möglicher Lesarten (vgl. TG 340)[10]: „*donner la mort*" heißt zunächst „töten", jemandem den Tod geben, indem man ihm das Leben nimmt. Reflexiv gebraucht bedeutet die Wendung danach: *sich* töten, Selbstmord begehen. Aber beide Ausdrücke stehen für eine ganze „Kultur des Todes": Wie gibt man *sich* den Tod in dem Sinne, daß man die Verantwortung für seinen Tod und den anderer auf sich nimmt? Was bedeutet es, sein Leben zu geben, indem man sich für andere *opfert*, oder auch indem man den *gegebenen* Tod (anderer oder seinen eigenen) akzeptiert? Derrida verweist an dieser Stelle auf Sokrates

---

Mensch seinem eigenen Tod, insofern diese ihn *überdauern* wird. „Jedes Graphem ist seinem Wesen nach testamentarisch." (GR 120) Gleichzeitig aber ermöglicht dieser Bezug auf seinen Tod das, was man Selbstbewußtsein nennt: „Grabrede und Grabinschrift kommen nicht erst nach dem Tod; sie bearbeiten das Leben in dem, was man Autobiographie heißt." (*Mémoires I*, 42) Eine ebenso große Rolle spielt bei Derrida – vor allem auch in Auseinandersetzung mit Freuds ‚Trauerarbeit' (vgl. *Speculer sur Freud*) – der Tod d. Anderen. Die unaufhörliche Spannung zwischen dem eigenen *Überleben* (vgl. den Text *Survive*, in GS 119ff.) und dem Verlust des Anderen bringt die „Arbeit des Restes" (APO 121) hervor, d.h. das *Gedächtnis*. Alles Denken ist letztlich eine solche *mémoire* in der Trauer bzw. der Sorge um den Tod des Anderen (vgl. *Mémoires I*). Als solche steht der Tod (der eigene und der des Anderen) für das, was sich unter keinen Umständen aneignen oder begreifen läßt. J. Valentin schreibt in einem kurzen Exkurs zum Thema: „Der Tod stellt demnach für Derrida ein besonders hervorstechendes Phänomen innerhalb jener Anzeichen von *différance* dar, die – in sich selbst widersprüchlich – in der Sprache auf jenen Ort vor der Sprache, vor dem Bewußtsein verweisen, der sich der sprachlichen Repräsentation beharrlich entzieht. Aporetisch begründet der Tod [...] Identität also ebenso, wie er sie dem Zugriff des sich selbst vergewissernden Subjekts immer wieder entzieht." (*Atheismus*, 211) Im Spätwerk Derridas nimmt das Denken des Todes dann einen immer größeren Stellenwert ein, wofür besonders unser Text *Donner la mort* und die darauf folgenden Texte *Passion*, *Apories* und *Adieu* stehen mögen.

[10] Zu dieser Formel vgl. auch den Text *Survivre / Überleben*, in GS 119-218, wo die Formulierung *donner la mort* m.W. zum ersten Mal bewußt analysiert wird (GS 157). Es handelt sich dort um eine raffinierte Doppellektüre von Shelleys Gedicht *The Triumph of Life* und einer Erzählung von Blanchot *L'arrêt de mort*, also zwei Texten, die auf ihre Weise den Tod auslegen. In Blanchots Erzählung nun kündigt jemand (der Erzähler) einer Kranken ihren baldigen Tod an, im Sinne eines *Urteils* (ein *arrêt de mort* ist ein Schiedspruch, der zum Tode verurteilt), aber auch eines *Aufschubs* (*arrêt* heißt eigentlich ‚Unterbrechung', ‚Frist' usw.). Derridas Kommentar: „*Es (il)* verhängt den Tod, das *Es* (das *ich* sagt, das den Platz der Erzählstimme einnimmt, den Platz des Erzählers innerhalb der Erzählung) verhängt den Tod, nachdem es ihn *erklärt*, angekündigt, *bezeichnet* und schließlich aufgeschoben hat. Und *es* (ich) verhängt ihn wirklich, und zwar zugleich wie eine Gabe (*don*) und wie einen Mord. Den Tod geben (*donner la mort*) hat im Französischen die Grundbedeutung *töten*." (GS 157)

und Christus.[11] (Ebd.) Oder: Wie *gibt* man sich den Tod im Sinne von *den Tod auslegen*, sich eine Vorstellung, eine Bedeutung, eine Bestimmung davon *geben*? Wie *gibt* man sich den Tod darin, daß man sich auf die Möglichkeit des Todes bezieht? Auf den eigenen Tod oder den des Anderen? „Welche Beziehung besteht zwischen dem ‚sich den Tod geben' und dem Opfer? Zwischen sich den Tod geben und für den Anderen sterben? Zwischen dem Opfer, dem Selbstmord und der Ökonomie dieser Gabe?" (TG 340) Was bedeutet es überhaupt, den Tod *zu denken*? Vielleicht organisiert sich das (europäische) *Denken* überhaupt von einem solchen Denken des Todes her?[12]

Derrida hatte sich dieses Thema von einer kurzen Bemerkung Patočkas zuspielen lassen: Die Wende vom Platonismus zum Christentum sei eine „Wendung angesichts des Todes"[13]. Derrida liefert dies den Anknüpfungspunkt, Patočkas These von der Genealogie der europäischen Verantwortung mit diesem Thema des ‚gegebenen Todes' zu verschränken. Von hier aus organisieren sich die Bezugnahmen auf Levinas, auf Heidegger – und natürlich auf Kierkegaards Deutung der ‚Opferung Isaaks'. Welche Auffassungen des Todes liegen den unterschiedlichen Diskursen zugrunde?

Konversionen des Todes: Von Platon zu Levinas

‚Europa', d.h. die ‚abendländische' Frage nach der Wahrheit, hebt an mit der ‚Gabe des Todes', die mit dem Namen Sokrates auf der einen und Christus auf der anderen Seite verbunden ist. Was ist der *Phaidon* anderes als eine Weise, den Tod zu geben: den Sokrates gegebenen Tod auszulegen und ihn sich in der Spur dieses Denkens selbst zu geben? Und über den *Phaidon* hinaus könnte zweifellos der gesamte Platonismus als eine Art, *sich den Tod zu geben*, gelesen werden. Bei

---

[11] „Wie gibt man sich den Tod [...], wie das auf so verschiedenartige Weise Sokrates, Christus und einige andere zu tun vermocht haben? Und vielleicht auf seine Weise Patočka„ (TG 340). Sicherlich haben wir hierin auch eine gewisse Verbeugung zu sehen, die Derrida dem Andenken Patočkas mit seinem Text zollt. Vgl. Anm. 1 in diesem Kap.

[12] Was Derrida also nicht vor Augen steht, sind ‚*Studien zur Geschichte des Todes im Abendland*' im Sinne des so titulierten Buches von Ph. Ariès. Derrida hat diese Abgrenzung selbst näher erläutert, und zwar in seiner Schrift *Apories. Mourir – s'attendre aux „limites de la vérité" / Aporien. Sterben – auf die „Grenzen der Wahrheit" gefaßt sein*, die in gewisser Hinsicht als eine Nachschrift zu *Donner la mort* gelesen werden kann. Er unterzieht dort die Heideggersche Auslegung des Todes in *Sein und Zeit* einer minutiösen Lektüre.

[13] Vgl. J. Patočka: *Ketzerische Essais*, 134.

Platon ist dies der tiefere Sinn jeder Suche nach Wahrheit. *Melethe tou thanatou*, die Sorge um den Tod – das ist die Geburtsstunde der *Philosophie*. Philosophie ist nach Platon nichts anderes als die „sorgende Vorwegnahme des Todes, die auf das Sterben zu verwendende Sorge, die Meditation über die beste Weise, den Tod zu empfangen, zu geben oder sich zu geben, die Erfahrung eines *wachen Erwartens* des möglichen Todes und des möglichen Todes als Unmöglichkeit" (TG 342). Man ermißt an dieser Stelle, welch weit ausgreifendes ‚Programm' mit dem Titel *Donner la mort* angezeigt wird. Es geht Derrida in der Tat um die grundlegenden *Figuren* des abendländischen Denkens, des ‚Philosophierens' überhaupt. Was tut man, wenn man ‚philosophiert'?[14] Welche ‚Ökonomie des Todes' beherrscht unser ‚Denken' und ‚Schreiben'?

Auch das Christentum hebt damit an, einen Tod zu deuten: nämlich den Jesu. Und zwar bestünde nach Patočka diese christliche Wende vor allem in einem anderen (nichtsokratischen) Verständnis des „Opfers": Die „Seele" werde nunmehr aufgefaßt als eine, „die zwischen Angst und Hoffnung schwankend im Bewußtsein der Sünde zittert und sich mit ihrem ganzen Wesen der Buße zum Opfer darbietet"[15]. Angesichts dieses *mysterium tremendum* erfasse der Mensch seine Unvertretbarkeit, erfahre er jenen Anruf, auf den er und *nur* er antworten muß, ereignet sich das, was nun (christliche) Verantwortung heißt. Was in diesem Anruf *gegeben* wird, wäre also vor allem die unvertretbare Einzigartigkeit der Person. Niemand kann an meiner Stelle antworten, d.h. *sterben*. Die Erfahrung der Unvertretbarkeit liefe darauf hinaus, sich den Tod zu geben:

„Macht man nun [...] die Erfahrung der Verantwortung, macht man die Erfahrung der eigenen absoluten Einzigartigkeit und faßt man seinen eigenen Tod auf, so ist das ein und dieselbe Erfahrung: der Tod ist genau das, was niemand an meiner Stelle erleiden oder erdulden kann. Meine Unvertretbarkeit wird also vom Tod verliehen, gestiftet, man könnte sagen, gegeben." (TG 369)

Derrida geht mit dieser ‚Kommentierung' sicher über das hinaus, was bei Patočka gesagt wird. Aber er öffnet damit Patočkas Andeutungen auf die Texte hin, die im folgenden den Hintergrund seiner Meditation über den Tod bilden werden.

---

[14] Zum selben Thema, wenn auch mit einer ganz anderen Methodik verweise ich auf G. Scherer: *Sinnerfahrung und Unsterblichkeit*, pass. bzw. ders.: *Das Problem des Todes in der Philosophie*, 49-59.
[15] J. Patočka: a.a.O., 134.

3. Kontexte

Zum einen geht es natürlich um *Heidegger*. Ohne daß der Name Heideggers von ihm erwähnt würde, ist Patočkas Essay zweifellos ein Gespräch mit dessen Interpretation des Todes in *Sein und Zeit*. Auch Heideggers *Sein zum Tode* bestand ja genau in dieser Erfahrung der Unvertretbarkeit bzw. der „Jemeinigkeit": „Der Tod ist, sofern er ‚ist', wesensmäßig je der meine."[16] Der Bezug auf den Tod realisiert jene Sammlung des Daseins zu einer *Ganzheit*, die die Verantwortung oder das „ursprüngliche Schuldigsein" begründen. Aber Patočka scheint, so Derridas Vermutung, diese Heideggersche Deutung des Todes in eine andere Richtung verschieben zu wollen. Er nimmt in einem entscheidenden Punkt bewußt die Gegenposition zu der Heideggers ein:

„Er ist wahrscheinlich überzeugt, daß es keine wahre Verantwortung noch Verpflichtung gibt, die hielte, wenn sie nicht zu mir von jemandem (*de personne*) kommt, wenn sie nicht zu mir von einer Person als von einem absoluten Seienden kommt, das [...] mich in seiner Hand und unter seinem Blick hält [...]." (TG 361)

Gegenüber Heideggers Fixierung auf das Vorlaufen in den *eigenen* Tod[17] bestünde Patočka immer wieder darauf, daß die Selbigkeit meines Selbst nur vom „Anderen" her eingesetzt würde. Meine Verantwortung, meine unvertretbare Verantwortlichkeit, das, was die „Jemeinigkeit" meiner Person ausmacht, wäre bei Patočka die Beziehung zur absoluten Andersheit *Gottes*. Und was in dieser Beziehung zum Anderen *gegeben* wird, sei eben jene „neue Erfahrung des Todes".[18] Mein Tod gewinnt seine Bedeutung vom Anderen her, er ist *Gabe des Anderen*. Der Ausdruck „donner la mort" fällt übrigens auch in Derridas Text zum ersten Mal in diesem Zusammenhang: Die Verantwortung erwächst aus der

---

[16] M. Heidegger: *Sein und Zeit*, §47, 240.

[17] Heidegger hat bekanntlich diesen Bezug auf irgendein „höchstes Seiendes" als Ursprung der Stimme, die zum *Gewissen* spricht, oder des Blicks, vor dem sich das Gewissen halten soll, ausdrücklich (aus der ontologischen Analyse) ausgeschlossen, vgl. *Sein und Zeit*, 269. 271. 293.

[18] Derridas Kommentar streicht dies zumindest stark heraus. Am Ende des ersten Kapitels faßt er seine Lesart von Patočka auf folgende Weise zusammen: „Diese Krypto- oder Mysto-Genealogie der Verantwortung wird gemäß dem unauflöslich verflochtenen Doppelfaden der Gabe und des Todes – in zwei Worten: *des gegebenen Todes* – gewebt. Die Gabe, die mir durch Gott widerfährt, insofern er mich unter seinen Blick und in seine Hand nimmt, während er mir unzugänglich bleibt, die furchtbar dissymmetrische Gabe dieses *mysterium tremendum* gibt mir zu antworten, erweckt mich zu der Verantwortung, die sie mir gibt, nur indem sie mir den Tod, das Geheimnis des Todes, eine neue Erfahrung des Todes gibt." (TG 362)

„Beziehung zu sich als Sein gegenüber dem Anderen [...]: dem Anderen in seiner unendlichen Andersheit, einer Andersheit, die erblickt, ohne gesehen zu werden, aber einer Andersheit auch, deren unendliche Güte *gibt* in einer Erfahrung, die darauf hinausliefe *den Tod zu geben*. Den Tod geben: lassen wir diesem Ausdruck für den Augenblick seine ganze Ambiguität." (TG 333)

Bei all dem soll es sich, gemäß Patočka, um die *christliche* Auffassung des Todes handeln. Die Art und Weise, wie Derrida jedoch Patočkas Text auf die eben genannte ‚These' zuspitzt, verweist noch auf einen anderen Diskurs, der allenthalben im Hintergrund steht. Es handelt sich um *Levinas* und dessen Interpretation des Todes.[19] Eine Interpretation, die sich dezidiert als *jüdische* Anfrage an Heidegger versteht. Man hat den Eindruck, als wolle Derrida Patočkas (christliche?) Heidegger-Kritik mit der (jüdischen?) von Levinas in Beziehung setzen. Auf jeden Fall findet eine interessante Überschneidung mit den großen Themen von Levinas statt: Der vielfach vorgetragene Einwand von Levinas gegen *Sein und Zeit* besteht ja vor allem darin, daß Heidegger die Bedeutung des *Anderen* für die Erfahrung des *eigenen Todes* gänzlich unterschlagen habe. Allerdings geht es bei Levinas zunächst um die Beziehung zum ‚Anderen' als dem anderen *Nächsten* und erst in zweiter Instanz um die *darin* sich ereignende Beziehung zu Gott. Genau dieses Schwanken zwischen der Beziehung zum Anderen (Menschen) und zum ganz Anderen (Gott) wird dann zumindest Derridas Kierkegaardlektüre prägen.

3.1.3. Was ist ein christlicher Denker?

Schließlich durchzieht noch eine dritte Frage Derridas Lektüren von Patočka und dann auch von Kierkegaard: Worin besteht eigentlich

---

[19] *Donner la mort* gibt sich, wie bereits gesagt, von der ersten Seite an als ein Gespräch mit Levinas zu erkennen – auch und vielleicht in erster Linie über dessen Meditation über den Tod. Einer der beiden ausdrücklichen Textverweise (TG 369, Anm. 20) auf Levinas bezieht sich auf dessen letzte Vorlesungsreihe an der Sorbonne, die den Titel *La mort et le temps* trug. Vielleicht könnte *Donner la mort* im ganzen als ein Weiterschreiben dieses Levinasschen Textes gelesen werden. Einen ausführlicheren Versuch, Levinas in diesem Sinne zu lesen, stellt dann auch Derridas Vortrag *Le mot d'accueil / Das Wort zum Empfang* dar, den er auf dem Kolloquium des *Collège International de Philosophie* zu Ehren von Levinas im Dezember 1996 gehalten hat. Das ganze Denken von Levinas, so heißt es dort, „von Anfang bis Ende, war eine Meditation über den Tod, eine Meditation, die all das abwehrte, verwirrte, aus der Fassung brachte (*détourna, dérouta, mit hors des soi*), was in der Philosophie, von Platon bis zu Hegel und Heidegger, auch und zuerst in Sorge um den Tod *epimeleia thanatou, Sein zum Tode** war." (AEL 150 / 206)

die Identifizierbarkeit eines Textes als „christlicher" Text? Noch dazu, wenn es um eine bestimmte ‚ketzerische' Kritik oder Überbietung des vorfindlichen Christentums geht? Gibt es so etwas wie ein ‚christliches Denken'?

Insofern Patočka eine Genealogie der Verantwortung in Europa geben will, sie analysiert und rekonstruiert, bewegt er sich natürlich notwendig in einem ‚christlichen' Kontext. Wer wollte dies bestreiten? Ein solcher Diskurs wird sich jedoch *als philosophischer Diskurs* dem Typ nach in eine ganz bestimmte *Verdopplungsstruktur* einschreiben. Diese besteht nach Derrida darin, „ohne Religion die Möglichkeit der Religion" zu *wiederholen* (TG 377). Alle christlichen Themen bei Patočka (die unendliche Liebe, die selbstvergessene Güte, die Sünde, das Heil, die Buße und das Opfer usw.)

„werden auf innere und notwendige Weise durch eine Logik erzeugt und untereinander verbunden, die im Grunde (und deshalb kann man sie noch, bis zu einem gewissen Grade, eine ‚Logik' nennen) gar nicht das *Ereignis einer Offenbarung oder die Offenbarung eines Ereignisses* braucht. Sie muß die Möglichkeit eines solchen Ereignisses denken, aber nicht das Ereignis selbst. Ein zentraler Unterschied, der es erlaubt, einen solchen Diskurs ohne Bezug zur Religion als gestiftete Dogmatik zu halten und eine denkerische Genealogie der Möglichkeit und des Wesens des Religiösen vorzulegen, die kein Glaubensartikel ist." (TG 377)

Dies gelte mutatis mutandis ebenso für Levinas, einen bestimmten Kant, einen bestimmten Hegel, für Heidegger – und „für Kierkegaard ohne jeden Zweifel" (ebd.).

Wenn alle diese Diskurse darin bestehen, „vom Dogma ein un-dogmatisches Doppel, ein philosophisches, metaphysisches, in jedem Fall *denkerisches* Doppel vorzulegen" (ebd.), dann verwischt sich am Ende die Grenze von Theologie und Philosophie auf verwirrende Weise. Was ist ein ‚theologischer' Text anderes als ein denkerisches, stets durch eine supplementäre Logik erzeugtes Doppel einer ‚Offenbarung'? Und umgekehrt: Wie könne sich ein ‚philosophischer' Text dem entziehen, auf das Ereignis einer ‚Offenbarung' bezogen zu bleiben, welche jedoch nachträglich getilgt bzw. verschwiegen würde? Heidegger ist sicher eines der prominentesten Beispiele dafür.

Nicht zufällig beschreibt Derrida diese denkerische Verdopplung als ‚Wiederholung' und setzt dieses Wort in Anführungszeichen (vgl. TG 377). Aus dem folgenden wird offensichtlich, daß er damit auf Kierkegaard anspielt. Denn vielleicht hat in der Tat kein anderer so souverän wie Kierkegaard mit dieser ‚Wiederholung' gespielt. Insofern könnte man wohl das, was Derrida über Patočka sagt, durchaus auch auf Kierkegaard beziehen:

„Alles geht so vonstatten (*se passe*), als ob die bloße Analyse des Begriffs der Verantwortung fähig wäre, das Christentum in summa, genauer: die Möglichkeit des Christentums, hervorzubringen. Und desgleichen umgekehrt darauf zu schließen, daß dieser Begriff Verantwortung durch und durch christlich und durch das Ereignis des Christentums hervorgebracht ist. Denn wenn die bloße Betrachtung dieses Begriffs das christliche Ereignis verlangt (die Sünde; die unendliche, an die Erfahrung des Todes gebundene Liebesgabe) und es allein, bedeutet das nicht, daß allein das Christentum den Zugang zu einer echten Verantwortung in der Geschichte, *als Geschichte* und als Geschichte *Europas*, möglich gemacht hat? Man hat hier nicht mehr die Wahl zwischen der logischen oder nicht-ereignishaften Herleitung und dem Bezug auf das offenbarende Ereignis. Das eine impliziert das andere." (TG 378)

Mit anderen Worten: Ist nicht jede ‚Wiederholung' des Christlichen *auch* eine ‚Hervorbringung', ein Supplement der ‚Offenbarung'? Verfahren nicht alle Texte über das ‚eigentliche' Christentum, das es in der Christenheit (wieder?) einzuführen gelte, genau so? Kann das Denken anders als auf diese Weise wiederholen? Indem es überlieferte Zeichen *neu* deutet und damit das angeblich ‚Ursprüngliche' zum Supplement des Supplements wird? Was ist ein „christlicher Denker"? Wann denkt er als ‚Theologe' und wann nur als ‚Philosoph'? Oder was hat es mit dieser Unterscheidung überhaupt auf sich? Zum Beispiel bei Kierkegaard?

3.2. *In Furcht und Zittern*

Es gibt sicherlich mehr als einen Grund, bei dieser Lektüre von Patočka an Kierkegaards „Furcht und Zittern" zu denken[20], an das Buch mit diesem Titel und an die Furcht und das Zittern, das allen

---

[20] Daß Patočkas Text nach einem Rückgriff auf Kierkegaard ‚verlangt', wäre sicherlich zuviel behauptet. Trotzdem ist es interessant, sich die Frage zu stellen, in welchem Verhältnis zu Kierkegaard Patočka selber denkt und schreibt. In den *Ketzerischen Essais* fällt der Name Kierkegaards nur ein einziges Mal, und zwar genau in dem von Derrida analysierten Text. Es ist Patočkas Erwähnung der *Langeweile* als eine der „kollektiven metaphysischen Erfahrungen ..., die für unsere Zeit bezeichnend sind" (a.a.O., 140), die ihn an Kierkegaard denken läßt (vgl. a.a.O., 138). Aber auch darüber hinaus ließe sich zweifellos eine Reihe von Bezügen zu Kierkegaard knüpfen: allein die ganze ‚Anthropologie' der *Echtheit* und vor allem der *Verantwortung*, „die Möglichkeit der Wahl und in der Wahl die Erlangung des eigenen Selbst" (a.a.O., 134) – das alles trägt durch und durch Kierkegaardianische Züge. Auch wenn sich Patočka oft an die Heideggersche Aufnahme dieser Kierkegaard-Themen anzulehnen scheint – vor allem durch die Anleihen an dessen *Seinsgeschichte* –, steht er in vielerlei Hinsicht Kierkegaard weit näher. Nicht zuletzt durch den *christlichen* Rahmen, der Patočkas Philosophie prägt.

Texten Kierkegaards ihren besonderen Ton gibt. Derridas schon erwähnter Vortrag auf einem Kolloquium 1994 zum Thema „Sur la religion" beginnt mit den Sätzen: „Wie (von) Religion sprechen? Im besonderen von *der* Religion, heute? Wie es wagen, davon im Singular zu sprechen ohne Furcht und Zittern *an diesem Tag*? (*Comment oser en parler au singulier sans crainte et tremblement* à ce jour?)" (FS 9). Wie könnte man heute über Religion sprechen, ohne auf Kierkegaard zu sprechen zu kommen und auf den Text, der wie wenige andere das Denken des 20. Jahrhunderts beeinflußt hat? Auch in diesem Text geht es um das Verhältnis von Ethik und Religion, um Verantwortung, um das Geheimnis, das Schweigen und um das Opfer – letzten Endes um verschiedene Weisen, *den Tod zu geben*. Und er tut dies anhand einer dritten (eher jüdischen) Ursprungserzählung in Sachen ‚den Tod geben': der (verhinderten) Opferung Isaaks. Vor allem scheint es Kierkegaard-de-Silentio um eine bestimmte *Stimmung* zu gehen, die der Text – als wäre er im ganzen ein ausgedehntes ‚Vorwort' – vermittelt.

3.2.1. *Der Text Kierkegaards*

Irritationen

„Es war einmal ein Mann, der hatte als Kind jene schöne Geschichte gehört, wie Gott Abraham versuchte, und wie er die Versuchung bestand, den Glauben bewahrte und zum anderen Male einen Sohn bekam wider Erwarten. Als er älter wurde, las er die gleiche Geschichte mit noch größerer Bewunderung; denn das Leben hatte gesondert, was ungeschiedene Einheit gewesen war in der frommen Einfalt des Kindes. Je älter er wurde, desto öfters wandten seine Gedanken sich jener Geschichte zu, seine Begeisterung wurde immer mächtiger, und doch vermochte er es immer weniger, die Geschichte zu verstehen. Zuletzt vergaß er alles andre über ihr; seine Seele hatte einen einzigen Wunsch: Abraham zu sehen, ein einziges Verlangen: Zeuge gewesen zu sein bei jener Begebenheit." (FZ 7)

Das sind die ersten Sätze des „Stimmung" überschriebenen ersten Kapitels. Diese *Einstimmung* ist mehr als nur ein literarisches Vorspiel. Sie gehört wesentlich zu dem, worum es in *Furcht und Zittern* geht. Alles beginnt ganz irritierend. Der Text legt allen Wert darauf, eine Stimmung zu erzeugen, die die gewöhnlichen Bestimmungen und Stimmigkeiten einer christlichen Bewertung der Abrahamgestalt durcheinanderbringt. Es wird *umgestimmt* in eine andere Tonlage. Zunächst wird alles in einem anderen Licht besehen, dann kommen die *Problemata* – und damit endet das Buch. Man soll diese „unwissenschaftliche" Vorgehensweise von Beginn an *spüren*.

Johannes de Silentio beginnt also zu erzählen von dem Mann, der als Kind „jene schöne Geschichte gehört" hatte. Der Mann ist über dieser Geschichte alt geworden, ins Grübeln verfallen. Er kann sie nicht verstehen. Ihm schaudert bei dem Gedanken, daß dieser Abraham ‚Vater des Glaubens' heißt. Er gerät in Furcht und Zittern bei dem Versuch zu glauben, daß *das*, was Abraham tat – oder bereit war zu tun – „glauben" heißen soll. Es schien ihm andererseits zugleich ein bewundernswertes Los, diesen Glauben zu besitzen. Denn wer könnte von sich sagen, so zu *glauben*.

Das ganze Buch *Furcht und Zittern* gibt sich als die Erzählung von den Grübeleien dieses Mannes, von seinen vergeblichen Versuchen, zu *verstehen*, was dort auf dem Berge Moria geschah. Von vergeblichen Versuchen, den Glauben Abrahams sich selbst anzueignen, ihn zu teilen, ihn sich zu vergegenwärtigen, sich in diese Tradition zu stellen: kurz: *diesen Glauben zu wiederholen*. Auf den narrativen Vorspann folgen vier Anläufe, solche Zeugenschaft zu imaginieren.[21] Vier Versuche, dabei zu sein auf dem Weg zum Berge Moria. Vier Versuche, das „Frühmorgens war es, Abraham stand beizeiten auf, ..." fortzuschreiben, ihm jeweils einen anderen Sinn zu geben. Aber es sind vier *vergebliche* Mühen:

„So und auf mancherlei ähnliche Weise dachte der Mann, von dem wir reden, über diese Begebenheit nach. Jedesmal, daß er von einer Wanderung zum Morijaberge heimgekehrt war, sank er müde zusammen, faltete seine Hände und sprach: „Keiner war doch groß wie Abraham, wer wäre imstande, ihn zu verstehen?" (FZ 12)

Weiter können der alte Mann und Johannes de Silentio nicht kommen.

Johannes, der im „Vorwort" von sich sagt, „keineswegs ein Philosoph" zu sein, bringt immer wieder seine Verwunderung darüber zum Ausdruck, daß „heutzutage" so viele Philosophen meinen, nicht beim Glauben „stehenbleiben" zu können, sondern *weitergehen* wollen. Das, was in alten Tagen eine Aufgabe für das ganze Leben war, würde in „unserer Zeit" von jedem „Privatdozent, Repetent und Student" hinter sich gelassen. Johannes räumt von sich ein, bei weitem nicht so ein „ungeheuerlicher Kopf" zu sein, dem es gelänge, den gesamten Glaubensinhalt in die Form des Begriffs zu überführen. Und angenommen, man wäre dazu imstande, so folge daraus noch lange nicht, daß man den Glauben verstanden hat, „begriffen hat, wie man in ihn hinein kommt, oder wie er in einen hinein kommt" (FZ 5). Johannes

---

[21] Vgl. dazu die textnahe (von Derridas Stil inspirierte) ‚Lektüre' der *Stimmungen* bei: T. Pepper: *Abraham: Who could possibly understand him?*, 228ff.

enthält sich dieser Art von ‚Philosophie' und erzählt statt dessen die Geschichte von dem alten Mann, der sich auch am Ende seines Lebens noch etwas bewahrt hat von jenem Beben, das der Glaube mit sich bringt. Wenn schon dieser alte Mann Abraham nicht verstehen kann, um wieviel weniger Johannes *de Silentio*, der nur Zeuge ist *dieses Nichtverstehens*. Der nur von einem Schweigen erzählt und damit eigentlich nichts *offenbart*. Die Erzählung in der Erzählung, der Bericht über ein Nicht-Verstehen, der seinerseits nichts versteht – diese Textstruktur *wiederholt*, was es bedeutet, vom Glauben zu zeugen; vom *Geheimnis des Glaubens*.[22]

Wie Abrahams Glauben wiederholen? Johannes de Silentio will sich offenbar nicht abfinden mit den lauen Auslegungen, die die Geschichte in der Sonntagspredigt bekommt. Ginge es nur darum, zu sagen: „Das ist das Große gewesen, daß er Gott so sehr liebte, daß er ihm das Beste opfern wollte" (FZ 24), so wäre die eigentliche Anstößigkeit der Geschichte gänzlich eliminiert. Das „Beste" ist ein ganz unbestimmter Ausdruck, bei dem der Meditierende behaglich „seine Pfeife rauchen" könne. Denkt man etwa nur an seinen Besitz, den es gälte zu opfern, um es Abraham nachzutun, so hält man vor allem die *Angst* fern. Genau darum aber geht es. Abrahams Glaube hat es mit Furcht und Zittern zu tun. Er ist bereit, die höchste und heiligste Verpflichtung zu übertreten, die ein Vater gegen seinen Sohn hat. Aber habe man nicht den Mut, genau *darin* eine „heilige Handlung" (FZ 26) zu sehen, so solle man gar nichts von Abraham erzählen.

Der Nicht-Philosoph Johannes de Silentio bestreitet damit vor allem Kant und seinen Nachfolgern, etwas von dieser Geschichte verstanden zu haben.[23] Im „Streit der Fakultäten" hatte dieser Abraham vorgehalten, er hätte „auf die vermeintliche Stimme antworten müssen: ‚Daß ich meinen guten Sohn nicht tödten solle, das ist ganz gewiß; daß aber du, der du mir erscheinst, Gott sei, davon bin ich nicht gewiß und kann es auch nicht werden.'"[24] Nach Kant gibt es ein klares Kriterium, um zu entscheiden, welche Stimmen tatsächlich von Gott

---

[22] Ich verweise auf die sehr schöne Analyse der Textualität von FZ bei J. Garff: *Johannes de Silentio: Rhetorician of Silence*. Demnach entspräche die Rhetorik des Textes ganz der Frage: „How can one speak about the silence without breaking it? That is, how can one describe Abraham without re-inscribing him in the very realm of communication from which he has been teleologically suspended?" (A.a.O., 189.)

[23] Vgl. H. Rosenau: *Die Erzählung von Abrahams Opfer (Gen 22) und ihre Deutung bei Kant, Kierkegaard und Schelling*, 254ff. und P. Tschuggnal: *Das Abrahamopfer als Glaubensparadox*, 75ff.

[24] I. Kant: *Der Streit der Fakultäten*, 63, Anm.

kommen können und welche nicht: „Daß es aber *nicht* Gott sein könne, dessen Stimme er [jeder Mensch] zu hören glaubt, davon kann er sich wohl in einigen Fällen überzeugen; denn wenn das, was ihm durch sie geboten wird, dem moralischen Gesetz zuwider ist, so mag die Erscheinung ihm noch so majestätisch und die ganze Natur überschreitend dünken: er muß sie doch für Täuschung halten."[25] In letzter Instanz entscheidet also die praktische Vernunft darüber, welche Berufung auf Gott legitim sei.

Johannes de Silentio hält demgegenüber an der Ungeheuerlichkeit der Abrahamgeschichte fest: gerade hier entscheide sich, was *glauben* heißt! Ein solcher Glaube führt jedoch offensichtlich in mehrfacher Hinsicht in die Aporie. Kann das Moralgebot auf so „unverantwortliche" Weise übergangen werden – und das mit Berufung auf Gott? Gibt es eine derartige absolute Verpflichtung gegenüber Gott? Und eine Frage nur scheinbar am Rande: Ist es ethisch verantwortbar, daß Abraham sein Vorhaben vor Sara, vor Isaak und vor seinen Knechten verschwiegen hat?

Die Problematik des Glaubens

Problema I: „Gibt es eine teleologische Suspension des Ethischen?" Anders gefragt: Mit welchem Recht, mit Berufung worauf dürfte das allgemeine Gesetz ethischer Normen aufgehoben werden? Mit welchem Zweck (*telos*) könnte dies gerechtfertigt werden?

Das ist die Anstößigkeit, die jede Lektüre der Abrahamgeschichte von Anfang an belastet. Das war die Kritik Kants und aller „Humanisten", die nicht anders können, als in Abraham jemanden zu sehen, der im Begriffe ist, zum Mörder zu werden. Gäbe es eine solche Suspension des „Ethischen" jedoch nicht, so sollte nach Johannes de Silentio auch aufgehört werden, vom Glauben Abrahams zu reden. „Denn wenn das Ethische, will sagen das Sittliche, das Höchste ist [...], so bedarf man keiner andern Kategorien als der, welche die griechische Philosophie besessen hat, oder welche sich bei folgerichtigem Denken aus diesen herausholen lassen." (FZ 58) Rühmt man also den Glauben, dann gilt es, einen solchen Schritt über die „Philosophie" hinaus zu wagen, d.h. deren Suspendierung ins Auge zu sehen. Dieser Schritt *jenseits* wird nun in die berühmte Formel gefaßt: „daß der Einzelne dem Allgemeinen gegenüber sich in seiner Einzelheit geltend"

---

[25] Ebd.

3. Kontexte

macht (FZ 57). Dies ist das Paradox des Glaubens bzw. des „Einzelnen" in jenem Sinne, der diesem Wort seit Kierkegaard anhaftet:

„Der Glaube ist eben dies Paradox, daß der Einzelne als Einzelner höher ist denn das Allgemeine, ihm gegenüber im Recht ist, ihm nicht unter-, sondern übergeordnet ist, doch wohl zu merken dergestalt, daß eben der Einzelne, der als Einzelner dem Allgemeinen untergeordnet gewesen ist, nun durch das Allgemeine hindurch ein Einzelner wird, der als Einzelner ihm übergeordnet ist; daß der Einzelne als Einzelner in einem absoluten Verhältnis zum Absoluten steht." (FZ 59)

Vorausgesetzt ist hierbei jener Begriff vom Allgemeinen, den Johannes mit dem Standpunkt der „Ethik" und der „Philosophie" identisch setzt:

„Das Ethische ist als solches das Allgemeine, und als das Allgemeine das, was für jedermann gültig ist, und das läßt sich anderseits so ausdrücken: daß es in jedem Augenblick gültig ist. [...] Unmittelbar sinnlich und seelisch bestimmt ist der Einzelne ein Einzelner, der sein Telos in dem Allgemeinen hat, und es ist seine ethische Aufgabe, sich beständig in diesem auszudrücken, seine Einzelheit aufzuheben, um das Allgemeine zu werden." (FZ 57)

Problema II: „Gibt es eine absolute Pflicht gegen Gott?" Nach Kant etwa kann es in der „Ethik" keine speziellen Pflichten gegenüber Gott geben. Zwar habe man es in jeder Pflicht auch mit Gott zu tun, insofern dieser erst ihren unbedingten Charakter begründe. Aber in der Pflicht tritt man zunächst in ein Verhältnis zum Nächsten. „Gott" ist dann nur ein anderer Ausdruck für die allgemeine Gültigkeit, die dieser Pflicht innewohne.

In der Logik von *Furcht und Zittern* heißt dies jedoch, Gott zu einem „unmächtige[n] Gedanken" (FZ 74) zu machen. Wenn der „Glauben" nichts anderes sein sollte, dann brauchte man gar nicht von Abraham zu reden. Abraham steht nun aber genau dafür, daß der Einzelne sein Verhältnis zu Gott nicht über sein Verhältnis zum Allgemeinen, d.h. zu allgemeingültigen Pflichten bestimmt. Die Pflicht gegen Gott ist gerade dasjenige, was den Einzelnen aus dem Allgemeinen herausfallen läßt, ihn im eigentlichen Sinne zum „Einzelnen" macht. Abraham wird erst zu dem „Abraham", den die Bibel kennt, durch jene außerordentliche Verpflichtung durch Gott. Seine „Identität" gründet in dieser radikalen Vereinzelung. Von Gott verpflichtet zu sein, entzieht sich jeder Verallgemeinerbarkeit. Und genau dies heißt *glauben*. Der Glaube ist für Johannes *de Silentio* dieses Paradox: ein Einzelner zu werden und sich niemandem verständlich machen zu können. Kein Glaubensritter kann dem anderen helfen, *seine* Pflicht gegenüber Gott zu erkennen. Jeder muß seinen eigenen Berg Moria besteigen:

„Jede nähere Erläuterung, was mit Isaak gemeint sein soll, vermag der Einzelne stets nur sich selber zu geben. Und wenn man auch noch so genau, allgemein gesprochen, bestimmen könnte, was mit Isaak gemeint sein soll [...], so kann der Einzelne sich doch nie durch andere denn sich selbst als Einzelnen davon vergewissern." (FZ 78f.)

In diesem Satz steckt vielleicht das ganze Denkprojekt von *Furcht und Zittern*. Abraham ist ein ‚Beispiel', das als solches gerade nichts *Beispielhaftes*, Verallgemeinerbares hat. Was das Opfer des „Isaak" heißt, ist nicht allgemein angebbar. Johannes verzichtet auf jede Bestimmung, „was mit Isaak gemeint sein soll". Jeder Glaubensritter opfert *seinen* Isaak – und *darin* wird er vor Gott zu jenem Einzelnen; wird er von Gott bei *seinem* Namen gerufen: zum ‚Beispiel': „*Abraham!* [...] Nimm Isaak, deinen Sohn ..."

Die Behandlung des *Problema II* mündet immer wieder in die Frage: Ist es denn aber verantwortbar, in dieser Weise zum Opfer aufzurufen? „Man fürchtet sich, die Menschen loszumachen, man fürchtet, es werde das Schlimmste geschehen, wenn es erst einmal dem Einzelnen beliebe, sich als einen Einzelnen zu betragen." (FZ 82) Die Antwort von Johannes ist wichtig für die Gesamtbeurteilung des Buches: Wer so redet, habe noch nicht begriffen, was Glauben bedeutet! Man hält es für das Verführerischste und Naheliegendste, als Einzelner zu existieren. Wer aber gelernt hat, daß es im Gegenteil das Allerschwerste und Unerträglichste ist, sich *nicht* in allgemeine Pflichten flüchten zu können, unter seiner eigenen Aufsicht ganz für sich allein in der Welt zu leben, der wird schwerlich „verführerisch" wirken. Der wird nur „mit Angst und Beben" reden können, so „daß sein Wort schwerlich für einen Verirrten ein Fallstrick wird." (FZ 83)

Immerhin gibt Johannes am Ende einige Kennzeichen, die darauf hinweisen könnten, ob so ein seltener Fall von absoluter Verpflichtung gegenüber Gott wirklich vorliegt. „Der wahre Glaubensritter steht immer in absoluter Vereinzelung, der unechte ist sektiererisch." (FZ 88) Wer nämlich nicht in der Lage ist, die Not der Einsamkeit zu ertragen, sucht sich Mitstreiter, die Verantwortung für das ‚Opfer' mit andern zu teilen. „Die Sektiererichen betäuben sich gegenseitig mit Lärm und Krach, halten sich die Angst fern mit ihrem Geschrei, und eine solche juchhehende Landpartie meint den Himmel zu stürmen und meint, den gleichen Weg zu gehen, wie der Glaubensritter, der in des Weltalls Einsamkeit niemals eine menschliche Stimme vernimmt, sondern mit sich allein dahingeht unter seiner schweren Verantwortung." (FZ 89) Aus demselben Grunde würde ein Glaubensritter auch nicht die „eitle Lust" verspüren, „andern ein Wegweiser zu sein" (FZ 89). Er hat verstanden, daß er dem andern *kaum* dabei helfen kann, ein Einzelner zu werden. Wenn überhaupt, dann sind dazu höchste Zurückhaltung, äußerste Reflexion und vor allem Selbstverleugnung vonnöten. Ein Glaubensritter darf es nicht darauf anlegen, *verstanden* zu werden. Dieses „Martyrium des Unverstandenseins" (ebd.) auf sich zu nehmen, ist die Voraussetzung, ohne die es keinen echten *Glauben* gibt – und kein Opfer *aus Glauben!*

„Der wahre Glaubensritter, er ist Zeuge, nimmermehr Lehrer, und darin liegt die tiefe Humanität, die etwas mehr auf sich hat als jene tändelnde Teilnahme für andrer Menschen Wohl und Weh, die man als Sympathie benamst und ehrt, während sie doch nichts andres als Eitelkeit ist." (Ebd.)

Johannes *de Silentio* meint es ernst, wenn er die „tiefe Humanität" Abrahams herausstreicht. Diese allen Humanisten höchst suspekte, gefährliche, ja „unverantwortliche" Relativierung des Ethischen wird von ihm als die eigentliche Erfüllung des „Humanen" eingeführt. Es erfolgt im Namen der Humanität, daß das Ethische relativiert wird. Johannes bestätigt dies ausdrücklich:

„Daraus folgt indessen nicht, daß es vernichtet werden soll, aber es erhält einen ganz andern Ausdruck, den paradoxen Ausdruck, dergestalt, daß z.B. Liebe zu Gott den Glaubensritter dahin bringen kann, seiner Liebe zum Nächsten einen Ausdruck zu geben, der dem, was ethisch gesprochen Pflicht ist, widerspricht." (FZ 77)

Problema III: „War es ethisch verantwortlich von Abraham, daß er sein Vorhaben vor Sara, vor Elieser und vor Isaak verschwiegen hat?" Die Frage scheint in zweifacher Hinsicht falsch gestellt: Gemäß der Definition des „Ethischen", die Johannes vorschlägt, kann *keinerlei* Schweigen „ethisch verantwortlich" sein: „Das Ethische ist als solches das Allgemeine, als das Allgemeine wiederum ist es das Offenbare." (FZ 91). Die ethische Aufgabe des Einzelnen bestünde gerade darin, „sich aus seiner Verstecktheit herauszuwickeln und offenbar zu werden" (ebd.). Wann immer der Einzelne auf seinem Schweigen beharrt, versündigt er sich. Abrahams Verhalten wäre in diesem begrifflichen Rahmen eindeutig „unverantwortlich". Er *antwortet* nicht auf die Rechenschaftspflicht gegenüber dem Allgemeinen, er verstößt gegenüber seiner Verantwortlichkeit vor der Öffentlichkeit.

Die ausführliche Erörterung dieses Problems – sie nimmt gut ein Drittel des ganzen Buches ein – will sich damit offensichtlich nicht zufrieden geben. Gibt es nicht doch Fälle, wo es verantwortlicher ist zu schweigen, anstatt zu reden? *Gibt es ein verantwortbares Geheimnis?* Um dies zu klären, werden insgesamt sechs Beispielgeschichten (plus drei Varianten) durchgegangen, die es fast alle mit der Verunmöglichung einer Eheschließung zu tun haben, über deren Gründe der eine oder die andere nicht sprechen mag bzw. nicht zu können meint.[26] Aber alle diese Fälle reichen nicht wirklich heran an das Paradox, in dem Abraham sich befindet. Für die anderen Geschichten gilt letztlich das Gebot, sich zu offenbaren. Schweigen wollen kann nämlich genauso Ausdruck des *Dämonischen* sein.[27]

Aber Abraham, selbst wenn er es wollte – er *kann* nicht reden. Darin liegt die eigentümliche Furcht und das Zittern seiner Situation: „Wenn ich nämlich damit, daß ich spreche, mich nicht verständlich zu machen vermag [und wer könnte seine Gründe verstehen; seine Not ist ja gerade, keine allgemein verständlichen, akzeptablen Gründe zu haben – nur Gottes Wort, T. B.] so spreche ich nicht, und spräche ich gleich ununterbrochen, Nacht und Tag." (FZ 129) Es wäre wohl lindernd für ihn gewesen, sich aussprechen zu können, sich ins Allgemeinverständliche zu übersetzen. Aber ihn wird niemand verstehen. Abraham ist „ein Auswanderer aus dem Land des Allgemeinen" (FZ 131). Ein Schweigen ruht über der ganzen Erzählung. In der Abrahamgeschichte geht es nach Johannes *de Silentio* eben darum, daß hier nicht *etwas* verschwiegen oder geheimgehalten wird, was durch geeignete Bemühungen schließlich enthüllt oder verstanden werden könnte. Abrahams Schweigen ist einer Hermeneutik der Enthüllung gänzlich unzugänglich. Es gibt, im strengen Sinne, *nichts* zu offenbaren. Und dort, wo Abraham spricht, das einzige überlieferte Wort zu Isaak, sagt er eigentlich nichts, „nichts, das etwas wäre, denn er spricht in fremder Zunge" (FZ 136f.). Solch ein Geheimnis zu wahren, heißt ein Einzelner zu werden – vor Gott.

Aber so wie Abraham im Paradox zu stehen und zu einem Schweigen-Müssen verurteilt zu sein, ist für Johannes eben *die* Situation, wo der Mensch seine „Humanität" entdeckt:

„Trotz der Strenge, mit der die Ethik das Offenbarwerden fordert, läßt es sich doch nicht leugnen, daß es eigentlich Geheimnis und Schweigen sind, die den Menschen zu etwas Großem machen, eben weil sie Bestimmungen der Innerlichkeit sind." (FZ 98)

Schweigen zu können, wird geradezu zum Kennzeichen des Glaubens bzw. der *Verantwortlichkeit*. „Ethisch" ist es sicher nicht „verantwortlich" zu schweigen, aber es könnte sein, daß innerhalb der ‚Ethik' das Wesen der Verantwortung noch gar nicht erfaßt worden ist. Genau

---

[26] Zur textuellen Funktion dieser „Subtexte" innerhalb des Haupttextes verweise ich noch einmal auf J. Garff: *Johannes de Silentio. Rhetorician of Silence*, 193ff.
[27] Ohne hierauf jetzt näher einzugehen, will ich aber darauf hinweisen, daß diese gefährliche Nähe von Dämonie und Glaube der Punkt ist, an dem der Name Kierkegaard auch von Patočka aufgerufen wurde: vgl. *Ketzerische Essais*, 138.

dies ist Derridas Thema in *Donner la mort*. Und das hat auch in *Furcht und Zittern* offenbar etwas mit einem bestimmten Denken des Todes zu tun.

3.2.2. Der Tod im Denken Kierkegaards

Daß gerade Kierkegaards Denken als eine Weise, *sich den Tod zu geben*, gelesen werden kann, steht außer Frage.[28] Vielleicht könnte folgende Passage aus *Der Liebe Tun* als Motto seiner gesamten Schriftstellerei gelten:

„Wenn man auf die eine oder andere Weise fürchtet, daß man die Übersicht nicht behalten könne über das, was mannigfaltig und weitläufig ist, so sucht man sich einen kurzen Inbegriff des Ganzen zu verschaffen oder geben zu lassen – um der Überschau willen. So ist denn der Tod der kürzeste Inbegriff des Lebens, oder ist das Leben, auf dessen kürzeste Gestalt zurückgeführt. Deshalb ist es auch stets denen, die in Wahrheit über das menschliche Leben nachdenken, so wichtig gewesen, viele, viele Male mit Hilfe des kurzen Inbegriffs die Probe zu machen auf das, was sie vom Leben verstanden hatten. Denn kein Denker ist so sehr des Lebens mächtig, wie der Tod das ist, dieser mächtige Denker, der nicht bloß jeden Sinnentrug denkend durchdringt, sondern ihn zu Grund und Boden denken, ihn zunichte denken kann." (LT 378)

Was heißt es, den Tod als einen ‚mächtigen Denker' zu denken, der jeden ‚Sinnentrug zunichte denken kann'?

Eine bestimmte *ars moriendi* findet sich über das ganze Werk Kierkegaards verstreut. Man könnte eine Linie ziehen von seiner *Seminarpredigt* über Phil 1,19f. hin zur Deutung von Platons *Apologie* in seiner Dissertation, über die verschiedenen Figuren des Todes in *Entweder/Oder* (z.B. die Rede an die *Symparanekromenoi*), in *Die Wiederholung* (gleich auf der ersten Seite wird ‚die Wiederholung' als Gegenbegriff zur platonischen Todessehnsucht eingeführt: W 3), in *Der Begriff Angst* (bes. die gewichtige Anm. BA 94) und natürlich in *Die Krankheit zum Tode*; schließlich über die *Rede an einem Grabe* und *Der Liebe Tun, eines Verstorbenen zu* gedenken (LT 378ff.) bis hin zu dem äußerst interessanten Text *Hat ein Mensch das Recht, sich für die Wahrheit töten zu lassen*. Die untergründigen Verbindungen all dieser Texte mittels eines Denken des Todes verdienten eine eingehende

---

[28] In jüngster Zeit sind gleich mehrere Arbeiten erschienen, in denen die Deutung des Todes bei Kierkegaard analysiert wurde. Besonders ist hier die Dissertation von E. Birkenstock zu nennen: *Heißt Philosophieren sterben lernen?* Des weiteren verweise ich auf die entsprechenden Kapitel bei W. Dietz: *Sören Kierkegaard*, 362-375 und auf A. Lohner: *Der Tod im Existentialismus*.

Analyse. Ich will hier lediglich auf einige Motive hinweisen, die mir besonders in die Richtung des Derridaschen Denkens zu weisen scheinen: und zwar insofern sich bei diesen Motiven der Bezug auf den Tod in einer bestimmten *Praxis des Schreibens* zu wiederholen scheint.

Die große Störung

In der berühmten *Rede an einem Grabe*, die im Mittelpunkt der meisten Darstellungen zu Kierkegaards Todesanalyse steht[29], geht es Kierkegaard vor allem darum, dem Leser den *Ernst* des Todes nahezubringen.[30] Aber diese ganze Existentialität des Todes – inwiefern er „alle gleich mache", ein neues Verhältnis zur *Zeit* stifte, zum ethischen Handeln provoziere usw. – dies soll hier nicht im Einzelnen wiederholt werden. Denn vor allem fordert Kierkegaard, die *Unerklärlichkeit* des Todes festzuhalten. Gegenüber jeder denkbaren „Erklärung" wendet er ein, daß diese niemals den Tod erklärt, sondern lediglich „offenbar macht, wie der Erklärende ist in seinem innersten Wesen" (DRG 200). Der Tod ist dasjenige, was sich jeder Sinngebung, jeder ‚Entzifferung' zu entziehen scheint. Er ist „nichts". Er ist dasjenige, was sich im Leben *jeder* ‚Spekulation' – auch jeder christlichen – entzieht: darauf, was danach kommt, was zurückkommt gewissermaßen als Entschädigung für das ‚hiesige' Leben. Er ist das Andere schlechthin. Und es spräche für einigen Ernst, dies zu verstehen:

„Daher ist ein Zurückhalten mit der Erklärung bereits ein Zeichen für einigen Ernst, der doch versteht, der Tod sei, eben weil er nichts ist, nicht so etwas wie eine wunderliche Inschrift, welche jeder Vorübergehende versuchen soll zu lesen, oder wie eine Merkwürdigkeit, die jeder gesehen haben muß, über die jeder eine Meinung haben muß." (DRG 200)

Der Tod gehört nicht der Ordnung der „Schrift" an. Der Tod verweist auf keine ‚Bedeutung'. Wenn es überhaupt eine „Erklärung" des To-

---

[29] E. Birkenstock spricht von „Kierkegaards eigentlicher Todesanalyse", jedoch nicht ohne hinzuzufügen: „wenn man sie überhaupt als eine solche bezeichnen darf, denn Kierkegaard ist nur sekundär am Problem des Todes selber interessiert und primär am Ernst des Sich-zu-sich-Verhaltens" (a.a.O., 28).

[30] Diesen Aspekt vor allem verfolgen die genannten Untersuchungen. So ist z.B. E. Birkenstock an der Frage interessiert: „Wie kann man sich ein Leben vorstellen, das den Tod nicht verdrängt, das ihm aber andererseits auch nicht in obskurer Nekrophilie verfällt, sondern ihm im Gegenteil etwas abgewinnt?" (A.a.O., 14f.) Sowenig dieser existentielle *Gewinn* in Derridas Perspektive als unbedeutend angesehen werden kann: Mir geht es hier um etwas anderes. Vor allem wird zu fragen sein, ob nicht gerade Kierkegaards Denken dazu angetan ist, jene Tiefenrhetorik des „Gewinns" in Hinblick auf das Denken des Todes zu problematisieren.

des geben könne, dann nur insofern sie sich als „eine Wirklichkeit im Leben des Lebendigen" (DRG 200) zeige: als eine „Macht, solch ein Leben zu *stören*" (200, Hervorhebung von mir).

Wie also über den Tod denken? Es käme demnach darauf an, ihn als die *Störung* des eigenen Lebens (und Denkens) zu *denken*. Wo das Reden über den Tod nicht diese verwirrende, umbildende Wirkung erzielt, habe man es nicht im Ernst mit dem Tod zu tun. Kierkegaards Rede gibt selbst keine „Erklärung" des Todes. Sie will nicht die Schuld auf sich laden, zu Geistreichigkeiten einzuladen, denn die im Deuten des Todes liegende Entscheidung zum Leben „läßt sich nicht auswendig lernen, [...] indem man über sie liest, man erwirbt sie langsam" (DRG 204). Kierkegaards Rede will genau das *nicht* tun, was sie *sagt*, man solle es nicht tun[31]:

„Ach, alles leere Erklären, und alles Wortemachen, und alles Ausputzen, und alles Aneinanderreihen früherer Erklärungen um eine noch sinnreichere zu finden: alles dies ist nichts als Zerstreuung und Geistesabwesenheit in Gedankenferne – was mag wohl die Ungewißheit des Todes davon denken?" (DRG 203)

Der Tod bildet nicht nur die Grenze des Lebens, sondern auch die Grenze des Diskurses, weil erst von ihm her oder in ihm alles seinen *Sinn* bekommt:

„Darum soll die Rede sich jeglicher Erklärung enthalten; so wie der Tod das Allerletzte ist, so soll dies das letzte sein, das über ihn gesagt wird: er ist unerklärlich: Die Unerklärlichkeit ist die Grenze, und die Bedeutung der Aussage ist allein, dem Gedanken des Todes rückwirkende Kraft zu geben. [...]" (DRG 203)

Trauerarbeit

Greifen wir aber dennoch ein bestimmtes Moment an Kierkegaards Umgang mit dem Tod heraus, welches in der *Donner la mort* eine entscheidende Rolle spielen wird: Das Verhältnis zum *Tod des Anderen*.

Was Kierkegaard im Denken des Todes im Sinn hat, ist in erster Linie die Aufforderung, ein ‚Selbst' zu werden. Darin ist er der Wegbereiter Heideggers, so daß die oben angedeutete Levinassche Kritik an Heidegger *mutatis mutandis* gleichermaßen auf Kierkegaard zuträfe.

---

[31] Man tut demnach nicht gut daran, von Kierkegaard diese ‚Aneinanderreihung' zu wünschen. Vgl. W. Dietz: „Im folgenden werden theologische Interpretationsmodelle von Kierkegaard aufgelistet, jedoch [...] leider nicht diskutiert (was vom thematischen Rahmen der Rede sicherlich nicht abwegig gewesen wäre)." (*Sören Kierkegaard*, 372) Ebenso wird man ihm nicht vorwerfen können, daß in dieser Rede der Osterglaube „nicht zum Zug" komme und eine Prüfungsbehörde „bestenfalls die Zensur ‚mangelhaft' erteilen" dürfte (a.a.O., 373). Zum Glück hat Kierkegaard nicht für eine solche Prüfungsbehörde geschrieben!

Und tatsächlich: In der *Grabrede* spielt das Verhältnis zum *Tod des Anderen* eine ganz untergeordnete Rolle. Dies wird gerade zurückgewiesen: „Sich selbst tot denken ist der Ernst; Zeuge sein beim Tod eines andern ist Stimmung." (DRG 177) Aber vielleicht spielt der Bezug auf den Tod des Anderen doch eine größere Rolle, als die Rede *An einem Grab* einräumen möchte. Das beginnt beim Motiv des „Kirchgartens". Denn die Grabrede ist nicht die einzige Szene, die Kierkegaard auf einem Friedhof spielen läßt.

Betrachten wir etwa eine der Schlüsselpassagen der *Unwissenschaftlichen Nachschrift*: die (fiktive) Veranlassung für Johannes Climacus, Schriftsteller zu werden. Der Entschluß, „herauszufinden, wo das Mißverstehen zwischen der Spekulation und dem Christentum liegt" (AUN I 233), soll demnach bei einem Erlebnis auf dem Friedhof gefaßt worden sein. (Vgl. AUN I 226-243.) Die ‚ursprüngliche' Veranlassung *zu schreiben*, verdanke sich einem Todesfall.

„Gegen meine Gewohnheit war ich in den Garten hinausgekommen, den man den Garten der Toten nennt" (AUN I 227). Climacus verwickelt den Leser der *Unwissenschaftlichen Nachschrift* in eine Meditation über das Abschiednehmen, das *Adieu-Sagen*. Es war Abend geworden, und dem Tag fiel es schwer, Abschied zu nehmen, so schwer wie es Climacus selbst fiel, nach Hause zu gehen. Denn auf einem Friedhof ist das Abschiednehmen „doppelt schwierig", weil man ja schon einmal Abschied von den Toten genommen hat, und weil „nun kein Grund vorhanden ist, mit dem Abschiednehmen aufzuhören". Es geht um ein merkwürdiges anhaltendes Gespräch mit den Toten. Dann aber wird Climacus plötzlich unerwünscht *Zeuge* einer ergreifenden Szene. Ein Greis mit schlohweißen Haaren und sein Enkel sitzen vor einem frisch zugeschütteten Grab: dem des Vaters des Knaben. Sie sind die beiden letzten, die von einer großen Familie übrigblieben. In feierlicher Rede wendet sich nun der Greis an den Enkel, der „nun bald allein in der Welt dastehen werde". Er spricht zu ihm von dem Vater im Himmel und dem einen Herrn Jesus Christus. Und zu sich selbst gibt er dann plötzlich seinem Gram darüber Ausdruck, daß sein Sohn,

„der jetzt ins Grab gelegt ist, ihn [diesen Herrn] fahren lassen konnte! Wozu all meine Hoffnung, wozu all meine Fürsorge, wozu all seine Weisheit, wenn nun sein Tod mitten in der Verirrung die Seele eines Glaubenden in Ungewißheit über seine Rettung versetzt und meine grauen Haare mit Herzeleid in die Grube bringt." (AUN I 230)

Wie kam es, daß sein Sohn sich bei all seiner „Gelehrsamkeit" vom Glauben habe abbringen lassen! Daraufhin habe er den Knaben zum

Grab geführt und mit einer Stimme, deren Eindrücklichkeit Climacus nie vergessen werde, folgendes gesagt:

> „Armer Junge, du bist nur ein Kind, und doch wirst du bald allein in der Welt dastehen. Gelobst du mir denn beim Andenken deines verstorbenen Vaters, der, wenn er jetzt zu dir sprechen könnte, so sprechen würde und der jetzt durch meine Stimme zu dir spricht: gelobst du beim Anblick meines Alters und meiner grauen Haare, gelobst du bei der Feierlichkeit dieser geheiligten Stätte, bei dem Gott, dessen Namen du doch anrufen gelernt hast, beim Namen Jesu Christi, in dem allein das Heil ist: gelobst du mir, daß du an diesem Glauben im Leben und im Sterben festhalten willst [...]?" (AUN I 230)

Climacus gesteht, daß dies „die erschütterndste Szene" war, deren Zeuge er je gewesen ist. Wie doch die Not einen Menschen zu diesem Äußersten treiben konnte, von einem Kinde ein solches Gelübde zu fordern! Dieses Erlebnis veranlaßt bei Climacus seinen Entschluß zur Schriftstellerei. Er habe den Alten „sofort verstanden". Auch er sei schon lange auf das mißliche Verhältnis zwischen moderner christlicher Spekulation[32] und dem Christentum aufmerksam geworden, „aber auf irgendeine entscheidende Weise hatte es mich doch nicht beschäftigt. Jetzt erhielt die Sache ihre Bedeutung." (AUN I 233) Climacus *entscheidet* sich in diesem Moment für eine Lebensaufgabe, etwas, „was deine Zeit ganz ausfüllen kann". Er will herausfinden, was den Verstorbenen vom Glauben habe abbringen können. Der Schmerz des alten Mannes über den Verlust seines Sohnes – „nicht bloß durch den Tod, sondern, wie er es auffaßte, noch entsetzlicher durch die Spekulation" – wird für ihn zur „entscheidenden Aufforderung".

Was bedeutet diese Szene für das Verständnis von Climacus' Schriftstellerei?

1. Zunächst sei betont, daß mir hier nur am Rande an einer *autobiographischen* Lektüre des Szenarios gelegen ist, so viele Verweise sich in dieser Passage dafür auch finden mögen.[33] Man kann natürlich diesen Text nicht lesen, ohne daran zu denken, es sei *irgendwie* Sören Kierkegaard, der hier den Leser in sein *Geheimnis* blicken läßt (auch wenn Climacus abschließend versichert, „niemals zu einem Menschen davon geredet" zu haben, und sich sicher ist, daß auch seine „Wirtin" keine Veränderung an ihm bemerkt hat). Irgendwie geht es um ein ‚Gelöbnis'

---

[32] Im übrigen findet sich hier wieder ein schönes Beispiel für Kierkegaards Spiel mit monetärer Metaphorik: Die Rede ist von dem Greis, „dem das Dasein dadurch unrecht tat, daß die moderne Spekulation, gleich einer Geldwertveränderung, die Eigentumssicherheit des Glaubens zweifelhaft machte" (AUN I 233). Man stößt hier vielleicht auf eine Grundmetapher des Kierkegaardschen Diskurses, die weit mehr als *nur* Metapher ist: ‚Die *spekulative* Dialektik *entwertet* den Glauben'. Glauben wäre dann das, was sich jeder Ökonomie entzieht, vgl. dazu unten Kap. 5.1.

Kierkegaards seinem Vater gegenüber – ohne daß er es nötig gehabt hätte, irgendeinen Eid abzulegen („Nein, keinen Eid ..." zitiert Climacus Shakespeare[34]). Aber es geht mir nicht darum, mit diesen biographischen Hinweisen etwas zu *erklären*, sondern auf eine grundsätzlichere Situation des *Schreibenden* hinzuweisen. Kierkegaard alias Climacus schreibt in gewissem Sinne als *Überlebender*. Der Tod des „Vaters" (in der Novelle) nötigt zum Schreiben, nötigt zu den vielen *Zueignungen* in Kierkegaards Werk. („Dem verstorbenen Michael Pedersen Kierkegaard weiland Wollwarenkrämer hier in der Stadt meinem Vater seien diese Reden gewidmet.") Vielleicht gehört in diesen Kontext auch die dunkle Widmung, die ursprünglich für *Furcht und Zittern* geplant war: „Schreibe!" – „Für wen?" – „Schreibe für die Toten, für die, die du liebst in der Vorwelt!" – „Werden sie mich den lesen?" – „Nein!"[35]

2. Der Tod des Vaters befreit nicht nur den Sohn zum *Schreiben* – und zwar jetzt im Kontext von Platons Metaphorik des ‚Vaters', der die ‚Schrift' überwacht, solange er *anwesend* bleibt –, sondern der Tod des Vaters *verpflichtet* den Sohn zu einem bestimmten *Zeugnis*: Man beachte Climacus' mehrmaligen Hinweis auf sein Zeuge-Sein und auf den tiefen Eindruck, den die Szene auf ihn gemacht habe: „Ich bin es der *Wahrheit* schuldig, hier zu *gestehen*, daß dies die erschütterndste Szene ist, deren ich je *Zeuge* gewesen bin." (AUN I 231) Und: „[...] mit einer Stimme, deren Eindrücklichkeit ich nie *vergessen* werde" (AUN I 230, Hervorhebungen von mir). Schreiben heißt für Climacus, einer solchen Verpflichtung zu gedenken, der er lediglich in der Form eines *Geständnisses* nachkommen kann. Wir kommen darauf zurück.

---

[33] Daß der Szene eine (Groß)Vater – Sohn – Beziehung zugrunde liegt, wie sie Kierkegaard immer wieder ‚autobiographisch' umkreist, daß auch Kierkegaards Familie fast ‚ausgestorben' war und Sören fast allein mit seinem (alten) Vater übrigblieb, daß sein Vater ihm bei dem Bericht über dessen ‚Jugendsünde' mehr zumutete, als er vertragen konnte (das sog. ‚Erdbeben'), daß auch er zeitlebens mit der ‚Verfehlung' seines Vaters gedanklich gerungen hat, daß es bei all dem um einen abgelegten ‚Eid' ging usw. – all das sei freilich nicht bestritten. Wenn man möchte, kann man auch diese Erzählung so lesen. Climacus findet sich selbst in die eine oder andere ‚Rolle' versetzt („in dem einen Augenblick war mir's, als sei ich selbst der junge Mann, den der Vater mit Entsetzen begrub, in dem nächsten war mir's, als sei ich das Kind, das durch das heilige Gelübde gebunden wurde.")

[34] Eine komparative Lektüre dieser Novelle und Shakespeares „Hamlet" wäre überhaupt sehr ergiebig. Ich denke dabei an den Vater-Geist, das Schwören, die „aus den Fugen" geratene Zeit usw.

[35] Pap. IV A 126 / T I, 309. Vgl. dazu die Erläuterungen von Hirsch in FZ 159. Das Motto stammt ursprünglich von Herder, endete dort aber statt des „Nein!" mit: „Ja: denn sie kommen zurück als Nachwelt."

3. Aber der Tod (des Vaters) steht in der Novelle auch für den Schmerz des Großvaters, daß all dessen „Fürsorge" jenen nicht davor bewahren konnte, vom Glauben abzufallen. Das ist in den Augen des Großvaters das wirklich *Entsetzliche*. Nicht der Tod als solcher läßt ihn verzagen, sondern daß die „Spekulation" ihm seinen Sohn geraubt habe, in dem Sinne, daß er nun „die Welt in Angst zu verlassen" (AUN I 230) hat und auch den Großvater zu einem „Zweifler" werden läßt, der „nach Gewißheit jagt und sich verzagt nach dem Zurückgebliebenen umsieht" (ebd.). Deshalb ja verlangt er von dem Knaben das feierliche Gelöbnis, „an diesem Glauben im Leben und im Sterben festzuhalten". Der Alte sorgt sich um diese Lebensqualität des Enkels, darum, nicht „in Angst" dereinst sterben zu müssen, was „entsetzlicher" ist als der Tod. Etwas forciert könnte man vielleicht sagen: Johannes Climacus beginnt zu schreiben, weil er gerührt ist davon, wie es die „Spekulation" dazu hat bringen können, daß der Alte nicht mehr in Frieden *sterben* kann. Ihn interessiert, wie es dazu hat kommen können. (Inwiefern hindert die Spekulation daran, *christlich zu sterben*? Wie hängen die Spekulation und die rechte Weise, ‚(sich) den Tod zu geben' miteinander zusammen? Vielleicht geht es in *Donner la mort* um nichts anderes.[36])

Anti-Climacus wird es später darum gehen, was die wahre „Krankheit zum Tode" ist und wie sie geheilt werden kann, um alsdann *sterben* zu können. Das schriftstellerische Werk Kierkegaards zeugt im ganzen von dieser Friedhofsszene. Es versteht sich als Meditation über den Tod – und ich versuche hinzuzufügen: *des Anderen*. „Jetzt erhielt die Sache ihre Bedeutung", sagt Climacus nach diesem Erlebnis. Die Verantwortung dafür, daß der Andere *im Glauben bleibt* und d.h. auch, daß er ohne Angst sterben kann, inspiriert und motiviert Kierkegaards schriftstellerische Tätigkeit. Und dies ist letztlich auch das entscheidende Kriterium von Kierkegaards Ethik. Der Liebe Tun ist das, was den *Glauben* des Anderen bewahren hilft: und zwar einen Glauben, der sich *im Leben und im Sterben* bewährt.

Das Denken und Schreiben Kierkegaards ist Denken im Angesicht des Todes, angesichts der Trauer des Greises. Es handelt sich auf eigentümliche Weise um eine Art *Trauerarbeit*.

Vernunft und Opfer

Ein anderes Stichwort aber, das für Kierkegaards Deutung des Todes eine ganz zentrale Rolle spielt, muß hier noch genannt werden: der Ge-

---

[36] Vgl. dazu meine Lektüre von Kierkegaards Seminarpredigt unten S. 262ff.

danke des „Opfers". Nicht nur *Furcht und Zittern* ist eine Theologie des Opfers, sondern die „Kategorie des Opfers" hält, folgt man Adorno, „Kierkegaards Philosophie systematisch zusammen"[37]. Demnach bilde die Figur des Opfers „die innere Zelle" von Kierkegaards Denken, „erreichbar durch die Zugänge seiner Philosophie wie seiner Theologie"[38].

Kierkegaard war davon überzeugt, daß Nachfolge Christi *leidende* Nachfolge bedeutet und eine Weise der Selbstaufopferung darstellt. So hat er spätestens seit dem Corsarenangriff auch seine eigene Rolle verstanden (vgl. Pap. X^1, 1 A 247 / T 3, 203f.). Daß Kierkegaard selbst das Opfer sein sollte, bezeichnet er schon 1848 im Tagebuch als einen Grundgedanken seines Lebens (vgl. Pap. VIII, 1 A 544). Christentum in der Gesellschaft, in der Wirklichkeit, unter den Bedingungen *seiner Zeit*, bedeutete für ihn, geopfert zu werden: „Für die Menge da zu sein, wenn man etwas Wahres mitzuteilen hat und nicht betrügen will (denn *mundus vult decipi*), bedeutet, *eo ipso* das Opfer werden zu müssen." (Pap. X, 1 A 632)[39] Opfer zu sein, habe dabei einen Wert in sich selbst, auch wenn es sonst keinem nützen sollte: „Denn wenn es so ist, braucht es bloß einen, ein Opfer, einen, um es zu sagen – und nun ist es gesagt, und das Werk meines Lebens wesentlich vollkommen, ich bin wesentlich geopfert, wozu ich frühzeitig auserkoren wurde, langsam erzogen, und worin ich nun endlich ganz einwillige." (Pap. XI, 3 B 60, 111)

Damit scheint jede Aussicht auf eine Beschaffenheit der Wirklichkeit ausgeschlossen, die das Opfer des Christen unnötig machen könnte. Gemäß Adorno unterliege Kierkegaards Opfer den Verhältnissen, die es ablehnt, und gönnt ihnen dabei noch ihren Triumph. Kierkegaards „Polemik wider mythische Hoffnung schlägt um in mythische Hoffnungslosigkeit"[40]. Letztlich werde dadurch jeder Gedanke von *Versöhnung* unmöglich und das Christentum selbst aufgelöst. Was immer man auch dieser Kritik Adornos entgegensetzen kann[41] – zweifellos hat Adorno etwas sehr Wesentliches für Kierkegaards Denken gesehen. Er hat die Opfertheologie Kierkegaards auf eine *philosophische* Figur bezogen, die grundsätzlicher nicht sein könnte. Mit seiner Theologie des Paradoxons arbeite Kierkegaard mit an dem spätidealistischen Programm, *das*

---

[37] T.W. Adorno: *Kierkegaard*, 153.
[38] A.a.O., 156.
[39] Übersetzung nach H. Deusers in: Ders: *Dialektische Theologie*, 208. Vgl. dazu das gesamte Kap. „Geopfert werden", a.a.O., 205-213.
[40] T.W. Adorno: *Kierkegaard*, 156.
[41] Vgl. H. Deuser: *Dialektische Theologie*, 233ff. Zur Diskussion mit Adorno über Kierkegaards Verständnis des Opfers vgl. auch Kodalle: *Die Eroberung des Nutzlosen*, 193-233.

3. Kontexte

Denken aus seiner Gefangenheit in die Immanenz zu befreien. Kierkegaards Versuch, sich dem Totalanspruch der Vernunft zu entziehen, Wirklichkeit selbst begründen zu können, findet in der Kategorie des paradoxen Opfers seinen archimedischen Punkt. „Nirgends wird der Rechtsanspruch von Bewußtsein weiter getrieben, nirgends vollständiger verneint denn im Opfer von Bewußtsein".[42] Das Modell, mit dem Kierkegaard dieses Opfer von Bewußtsein zu denken versucht, ist das *Paradox*. Es ist der Versuch des Denkens, seinen vollkommenen Widerspruch, das „schlechthin Verschiedene" herbeizuziehen, und zwar indem es sich in der Ganzheit negiert.[43] Der Drang zum Selbstopfer in der Nachfolge Christi findet seine Entsprechung in diesem Selbstopfer des Bewußtseins. Das *Leiden* der Nachfolge ist nichts anderes als die *Leidenschaft* des Denkens, das auf diese Weise mit dem *ganz Anderen* in Berührung kommt. An dieser Stelle zitiert auch Adorno die berühmten Worte aus den *Philosophischen Brocken*:

„Doch soll man vom Paradox nichts Übles denken; denn das Paradox ist des Gedankens Leidenschaft, und der Denker, der ohne das Paradox ist, er ist dem Liebenden gleich welcher ohne Leidenschaft ist: ein mäßiger Patron. Aber die höchste Potenz jeder Leidenschaft ist es stets, ihren eignen Untergang zu wollen, und so ist es auch des Verstandes höchste Leidenschaft, den Anstoß zu wollen, ganz gleich, daß der Anstoß auf die eine oder andre Weise sein Untergang werden muß. Das ist denn des Denkens höchstes Paradox: etwas entdecken wollen, das es selbst nicht denken kann." (PB 35)

In der Denkfigur des Paradoxons erreicht Kierkegaards Weise, *sich den Tod zu geben*, seine größtmögliche Extension.

Vielleicht ist das die Seite Kierkegaards, die Derrida – im Gegensatz zu Adorno[44] – am meisten interessiert. Kierkegaard hat zweifellos auch dem *philosophischen* Denken des Denkens eine neue Unruhe eingepflanzt. Sie entsteht im Denken des vom Denken „schlechthin Verschiedenen", an der Bruchstelle, wo das Denken „seinen eigenen Untergang" sucht, wo es *Passion* wird, wo es die Verausgabung (die

---

[42] T.W. Adorno: *Kierkegaard*, 152.
[43] Vgl. a.a.O., 161.
[44] Auf die sehr interessante Frage nach dem Verhältnis von Derrida zu Adorno kann hier nicht näher eingegangen werden. Zweifellos gäbe es dafür eine Menge von Anknüpfungspunkten. Ich verweise zu diesem Thema bes. auf die Ausführungen von J. Valentin, *Atheismus*, 161-165 und auf den *Exkurs: Adorno und Derrida* bei H. Gripp: *Th. W. Adorno*, 132-144 und M. Briel: *Adorno und Derrida oder wo liegt das Ende der Moderne?* Auch Habermas hat in der Nebeneinanderstellung von Derrida und Adorno einen wesentlichen Zugang zum Verständnis Derridas gesehen: vgl. J. Habermas: *Der Philosophische Diskurs der Moderne*, 220f.

Gabe) ohne Wiederkehr sucht, wo es *gibt* ohne ‚Spekulation'. Kierkegaards Denkform des *Opfers* bzw. der Paradoxie wird dabei zur Grunderfahrung eines Denkens, das sich der Öffnung gegenüber dem ganz Anderen verpflichtet weiß.[45]

Genau dies aber ist Derridas Verständnis von ‚Dekonstruktion'. Um anzudeuten, wie nahe man an diesem Punkt dem Denken von Derrida steht, sei hier einer der ‚Schlüsseltexte' der *Philosophischen Brocken* zitiert:

„Was ist denn das Unbekannte? Es ist die Grenze, zu welcher man beständig kommt, und insofern ist es [...] das schlechthin Verschiedene. Aber das ist das schlechthin Verschiedene: wofür man kein Kennzeichen hat. Als das Schlechthin-Verschiedene bestimmt scheint es in Begriff zu sein offenbart zu werden; aber dem ist nicht so; denn die schlechthinnige Verschiedenheit kann der Verstand nicht einmal denken; denn schlechthin kann er sich selbst nicht verneinen, sondern er benützt sich selber dabei und denkt mithin die Verschiedenheit an sich selbst, die er mit sich selbst denkt; und schlechthin kann er nicht über sich selbst hinausgehen und denkt darum nur die Erhabenheit über sich selbst hinaus, die er mit sich selbst denkt. Wofern denn also das Unbekannte (der Gott) nicht bloß Grenze bleibt, so verwirrt sich der eine Gedanke über das Verschiedene durch die vielen Gedanken über das Verschiedene. Das Unbekannte ist alsdann in einer Zersplitterung, einer *diaspora*, und der Verstand hat eine Auswahl nach Gefallen unter dem was zur Hand ist und was die Einbildung ersinnen mag [...]." (PB 42f.)

Der Glaube hat es bei diesem Denkprojekt mit einer schlechthinnigen Verschiedenheit zu tun, für die es kein *Zeichen* gibt bzw., die nach einem anderen Begriff des ‚Zeichens' verlangt. Denn sie verweist auf ‚etwas', das nicht repräsentierbar ist, das sich nicht ‚als solches' *offenbaren* kann. Das Unbekannte äußert sich statt dessen nur als eine Art *Verwirrung* des in sich selbst verbleibenden Denkens. Kierkegaards Denken steht – wie dasjenige Derridas – unter dem Leitmotiv der Subversion bzw. Dekonstruktion einer von wirklicher *Erfahrung* abgekapselten, selbstsicheren und lehrhaften Verfestigung des Denkens, das die *Verwirrung* durch d. *Andere(n)* nicht mehr gelten läßt. Und dies hat bei beiden mit bestimmten Weisen, *sich den Tod zu geben*, zu tun.

Lassen wir es vorerst bei diesen Hinweisen bewenden und kommen endlich zu Derridas Kierkegaardlektüre in *Donner la mort*.

---

[45] So betont z.B. auch W. Stegmaier, daß Kierkegaards Denken des Christlichen eine Kritik des Denkens überhaupt nach sich zieht: „Kierkegaard treibt Glauben und Denken in die Verzweiflung, das Denken wird Passion. Es wird Passion in einem dreifachen Sinn: es verliert die Herrschaft über sich selbst, es wird zur Leidenschaft, und es wird zum Opfer. Es kann sich nicht mehr auf sich verlassen, kann aber auch nicht mehr von sich lassen und zeigt eben dadurch den Weg zur religiösen Existenz." *Hauptwerke der Philosophie*, 326.

4. Das ‚Ethische': Zwischen Mensch und Mensch

Furcht und Zittern lebt von der Unterscheidung zwischen dem sogenannten ‚Ethischen', das als solches das Allgemeine wäre, und dessen Suspension, die zu dem führe, was das ‚Religiöse' oder ‚Glauben' genannt zu werden verdient. Auch wenn Kierkegaards ‚Ethik' keineswegs sich in dem erschöpft, was Johannes de Silentio hier als ‚das Ethische' einführt, so steht diese Differenz doch für eine *entscheidende* Grenzziehung innerhalb des Kierkegaardschen Denkens. Sie ist das, was *Entscheidung* überhaupt nötig macht: den Sprung in das vom Denken Nicht-Beherrschbare, Nicht-Vorhersehbare, eben Nicht-Verallgemeinerbare. Sie entscheidet über die Grenzen zwischen ‚Philosophie' und ‚Theologie'. Und vor allem scheidet sie zwischen dem, was zunächst und zumeist *zwischen Mensch und Mensch* gilt, und dem, was diese Sphäre wesentlich übersteigt (und nachdrücklich *problematisiert*): der Beziehung *zwischen Mensch und Gott*, dem *ganz Anderen*. Derridas Kierkegaardlektüre wird aber vor allem diese Grenzziehung *als solche* zum *Problema* erheben. Doch lassen wir uns zunächst auf Johannes de Silentios Unterscheidung ein. Was gilt *zwischen Mensch und Mensch*? Anders gefragt: Was heißt Verantwortung für den Nächsten?

4.1. Das ‚Opfer Isaaks' als die alltägliche Situation der Verantwortung

Derrida beginnt mit seiner Lektüre von *Furcht und Zittern* dort, wo das *Problema III* geendet hatte. Abraham wahrt das Schweigen. Genauso wie Gott Schweigen wahrt über seine Gründe. Abraham kann nicht reden, und genau dies begründet seine *Verantwortung*. In dem Maße, wie Abraham das Geheimnis zwischen sich und Gott wahrt, nimmt er die absolute Verantwortung auf sich. Damit ist Derrida bei den Themen, die ihm von Patočka vorgegeben waren: In welchem Verhältnis stehen bei Kierkegaard Verantwortung, Religion und Geheimnis?

Ich beginne gleich mit Derridas ‚These': Kierkegaards Text stünde für eine Auffassung von Verantwortung, die so ganz dem entgegensteht, was zumeist unter dem Begriff ‚Verantwortung' verstanden wurde (und wird).[1] Für die philosophische Vernunft, aber auch für den alltäglichen Gebrauch, ist die Bindung der Verantwortung an öffentliche und allgemein anerkannte Normen selbstverständlich. Daß dem Begriff der Verantwortung die Notwendigkeit, Rechenschaft zu geben, innewohnt, sei, so Derrida, „die bestgeteilte Evidenz" (TG 387). Der ganze Text *Donner la mort* versteht sich dagegen als eine Problematisierung dieser Evidenz – und dies eben im Anschluß an Kierkegaard. Kierkegaards Auslegung der Abrahamgeschichte mache, so Derrida, darauf aufmerksam, daß es offenbar einen Ruf in die Verantwortung gebe, der sich gerade nicht auf allgemein anerkannte und möglichst ‚letztbegründete' Normen berufen kann, sondern zu einem Schritt *jenseits* der öffentlichen Moral bzw. des ‚Rechts' verpflichte. Und dies bei *gleichzeitiger Gültigkeit* des ethischen Gebotes! Verantwortung hat es daher notwendig mit einem Paradox und der Aporie zu tun. Dies zu erläutern, galten die ‚Problemata' des Johannes de Silentio.

Die Pointe von Derridas Lektüre dieser Kierkegaardschen Auslegung des Verantwortungsbegriffs liegt nun allerdings darin, daß diese ‚außerordentliche' Verantwortung Abrahams *vor Gott* für Derrida unsere *alltägliche* Situation beschreibe. Überall, wo wir es mit dem Anspruch des oder der Anderen zu tun haben, sind wir in dieses Paradox Abrahams verstrickt. Was Johannes de Silentio schreibt, könnte eben nicht nur für die Ausnahmesituation[2] des ‚Religiösen' gelten, sondern eben für *jede* Verantwortung, d.h. für das ‚Ethische' selbst:

„Die Erzählung vom Opfer Isaaks könnte als der narrative Gehalt des Paradoxons gelesen werden, das dem Begriff von Pflicht oder absoluter Verantwortung innewohnt. Dieser Begriff setzt uns in Beziehung (in eine beziehungslose Beziehung und in das zweifache Geheimnis) mit dem absoluten Anderen, mit der absoluten Einzigartigkeit des Anderen, für die Gott hier der Name ist. [...] Das Absolute der Pflicht und der Ver-

---

[1] Zur Geschichte des Begriffs der Verantwortung vgl. W.E. Müller: *Der Begriff der Verantwortung*, 13ff.
[2] E.H. Duncan hat in einer sehr interessanten Studie versucht, *Furcht und Zittern* als einen Beitrag zu der Frage, „wie wir mit Ausnahmefällen umgehen", zu interpretieren. In Anlehnung an Austin und Smith kommt er jedoch zu dem Urteil, „daß wir Ausnahmefälle in vernünftiger Weise handhaben können, ohne genötigt zu sein, uns an irgendeine religiöse Rechtfertigung zu halten." Kierkegaards Unternehmen, die „Notwendigkeit einer religiösen Sphäre zu beweisen", könne als „gescheitert" betrachtet werden. Vgl. E.H. Duncan: *Kierkegaards teleologische Suspension des Ethischen*, 274. 278. Für Derrida läge Kierkegaards Anliegen jedoch nicht darin, die ‚Ausnahmen' des Vernünftigen zu rechtfertigen, sondern von der Ausnahme her neu zu denken, was das „Vernünftige", das „Ethische" ist.

antwortung setzt zugleich voraus, daß man jede Pflicht, jede Verantwortung und jedes menschliche Gesetz aufkündigt, abweist und transzendiert." (TG 393)

Kierkegaards *Problemata* sind nicht die Überschreitung der Ethik, nicht deren Suspension, sondern sie betreffen die Grundsituation des Verhältnisses von Mensch zu Mensch. Nicht nur zwischen Mensch und Gott. Gegenüber der Hochkonjunktur philosophisch-politischer Appelle an eine Verpflichtung, die sich auf allgemein anerkannte und möglichst letztbegründete Normen beruft, insistiert Derrida – mit Kierkegaard – darauf, daß der Anspruch auf Verallgemeinerbarkeit, auf Öffentlichkeit, Begründung usw. weit davon entfernt sein könnte, ‚Verantwortung' sicherzustellen. ‚Verantwortung' hat es vielleicht immer im Gegenteil mit der Einzigartigkeit der Verpflichtung, der Nicht-Ersetzbarkeit und der Nicht-Verallgemeinerbarkeit zu tun. Eine derartige Verantwortung verweigert sich gegenüber „der in der Forderung von Rechenschaften und Rechtfertigungen, in der Vorladung vor das Gesetz der Menschen ergehenden Gewalt" (TG 388f.). Die Rehabilitierung dieses Geheimnisses sei in der Tat eine der großen Gesten, mit denen sich Kierkegaard quer stelle zu dem, was Philosophie, Ethik und Politik in ihren stärksten Potenzen angetrieben habe. Die Abraham-Erzählung in der Auslegung Johannes de Silentios weist auf eine Dimension der Verantwortung hin, die vom abendländischen Denken eher verdrängt und ausgeschlossen wurde. Denn dies beschränkt sich eben nicht auf die absolute Außerordentlichkeit des Abraham, auf ‚das Religiöse', sondern das Paradox Abrahams sucht all das heim, was sich an Ordnungen von universeller *Allgemeinheit* zu orientieren versucht: d.h. die Grundkategorien abendländischen Denkens:

„Es ruft dazu auf, all das zu verraten, was sich in der Ordnung universeller Allgemeinheit offenbart, und all das, was sich im allgemeinen offenbart, die Ordnung und das Wesen der Offenbarung, nämlich das Wesen selbst, das Wesen im allgemeinen, insofern es von der Gegenwärtigkeit und der Offenbarung untrennbar ist." (TG 393)

Tout autre est tout autre

Derrida nennt die Situation Abrahams die „Moral der Moral" (TG 394). Sie ist die Verpflichtung, dem/der Anderen *gerecht* zu werden *jenseits* der Moral. Dies geschieht jedoch durch eine erhebliche Überschreitung der Kierkegaardschen Logik, die das Paradox Abrahams in gewissen Grenzen gehalten hatte. Denn Derridas Interpretation der Verantwortung läuft darauf hinaus, daß er das Verhältnis zu *jedem und jeder* ‚anderen' in *den* Kategorien beschreibt, die Kierkegaard allein der Gottesbeziehung, d.h. der Beziehung zu dem ‚ganz Anderen' vorbehalten hatte. Jede(r) ‚Andere' aber stünde nach Derrida in der Position des ganz Anderen: „*Tout autre est tout autre.*" (TG 405) „Jeder ‚andere' ist *ganz* anders." Insofern jede(r) „Einzelne" unendlich anders wäre, einem *allgemeinen* Begreifen nicht zugänglich, transzendent, nicht-offenbar, ließe sich das, was über die Beziehung von Abraham zu Gott gesagt wird, auch auf meine Beziehung zu jedem anderen als *ganz* anderem übertragen. Eine Beziehung, die stets die eines Entzogenseins, eines Nicht-Kalkulierbaren, Nicht-Berechenbaren, gegenüber meiner Ordnung heteronomen Verhältnisses sein wird. Die Situation absoluter Verantwortung – mit allen von Johannes *de Silentio* beschriebenen Paradoxien – erwächst nicht nur aus der Berufung auf Gott, sondern aus jedem Antlitz eines (ganz) anderen Menschen.

Es handelt sich letztlich um das Spiel zweier Lesarten des Abrahamopfers: Derrida faßt diese verschiedenartige ‚Lesbarkeit' in die schillernde Formel „*Tout autre est tout autre*"[3]. Denn man kann diesen Satz auf zwei Weisen lesen, und diese beiden Weisen markieren vielleicht gerade diejenige Differenz, die Johannes de Silentio festzuhalten versucht: nämlich die zwischen „Religion" und „Ethik".

Die eine Lesart reserviert demnach die Eigenschaft, ‚ganz anders' zu sein, einem Einzigen: Gott. Diesem Anderen gegenüber wären alle anderen anders, *untereinander aber gleich* („Jede(r) andere ist (wie) jede(r) andere"). Der Satz, als schlichte Tautologie gelesen, spräche von der *Gleichheit* der Menschen, der Eingrenzung der ‚Ethik' auf die Ordnung des Allgemeinen. Diese Voraussetzung der prinzipiellen Verallgemeinerbarkeit der ‚moralischen Subjekte' ist vielleicht *die* Voraussetzung der abendländischen Ethik.[4] Normen erweisen ihr Recht auf Normativität darin, daß sie für alle gelten können. Diese konventionelle Lesart des ‚kategorischen Imperativs' bzw. der Hegelschen „Sittlichkeit" wird ja von Johannes de Silentio immer wieder unterstrichen: „Das Ethische ist als solches das Allgemeine." (FZ 57, 74, 91) Wenn dies für die zwischen-

---

[3] Derrida spielt auch deshalb mit dieser Formel, weil sie für ihn ein gutes Beispiel eines *Schibboleths* ist. Durch die besondere Ökonomie einer bestimmten (National)Sprache ergeben sich Denkmöglichkeiten, Übergänge im Denken, die sich nicht in eine andere Sprache *übersetzen* lassen, ohne ihr Funktionieren einzubüßen. Die Plausibilisierung, die argumentative Überzeugungskraft, das oft unbemerkte Gleiten mit Hilfe bestimmter Etymologien, Homonymien usw., die *jedem* philosophischen Diskurs seine Plausibilität leihen (man denke vor allem an Hegel und Heidegger), *funktioniert* nur in *einer* Sprache. Solch ein Schibboleth bildet ein Diskrimen für die Abstammung eines Gedankens. Es weist nachdrücklich darauf hin, wie sehr es auch die „Philosophie" nur mit Signifikanten (anstatt Signifikaten) zu tun hat. Vgl. dazu TG 414 und vor allem Derridas Buch *Schibboleth*.

[4] Vgl. die Diskussion dieser in „postmodernen" Zeiten schwindenden Voraussetzung bei Z. Bauman: *Postmoderne Ethik*, 62 ff.

menschliche Beziehung auch grundsätzlich gültig bleibe, so scheint Johannes de Silentio lediglich für die Gottesbeziehung die ‚Suspension' dieses Gesichtspunktes zu reklamieren. Nur im Gegenüber zu Gott erweise sich die prinzipielle Inkommensurabilität des Einzelnen.

Sobald man aber beginnt, das zweite Glied in der Formel *Tout autre est tout autre* attributiv zu lesen, ergibt sich auch für das Verhältnis der Einzelnen *untereinander* eine irreduktible Heterologie („Jede(r) andere ist *ganz* anders"). Dann würde das ‚Opfer Isaaks' die „geläufigste Erfahrung der Verantwortung" (TG 394) illustrieren und die strenge Unterscheidung zwischen dem „Ethischen" *als solchem* und dem „Religiösen" zumindest ‚problematisch' werden. „Zugleich gibt es keine ethische Allgemeinheit mehr, die nicht bereits dem Paradox des Abrahams zur Beute gefallen ist." (TG 405)

Derridas Text lebt von dem Hin- und Hergleiten zwischen diesen beiden Lesarten der Formel: zwischen der absoluten Verantwortung gegenüber dem ganz Anderen (Gott) bzw. gegenüber jedem anderen Nächsten. Die Formel *Tout autre est tout autre* könnte darauf hinweisen, daß es vielleicht keine scharfe Grenze gibt zwischen diesen beiden Ordnungen bzw., daß auch Kierkegaard auf verschiedene Weise gelesen werden kann:

„Diese Formel bringt einen gewissen Gehalt des Kierkegaardschen Diskurses durcheinander und bestätigt ihn zugleich in der extremsten seiner Absichten. Sie schließt mit ein, daß Gott als ganz anderer überall ist, wo es ganz anderes / dergleichen wie jeden anderen gibt. (Elle sous-entend que, en tant que tout autre, Dieu est partout où il y a du tout autre)." (TG 405 / 76)

Damit scheint Derrida Kierkegaard mit dem Denken von Emmanuel Levinas in Beziehung zu setzen. Denn für Levinas gilt auf jeden Fall, daß die *ethische* Beziehung der Ort des Verhältnisses zum „ganz Anderen" ist. Dieser Gedanke bildet zweifellos so etwas wie das Zentrum seines Denkens. Jede(r) Andere steht mir gegenüber im Verhältnis absoluter Andersheit. Von hier aus erwächst mir eine Verantwortung, die jede autonome Norm transzendiert und verwirrt. *Und darin begegnet mir Gott.*[5] Von daher könnte man sagen, daß die „ethische Beziehung"

---

[5] Vgl. dazu z.B. E. Levinas: *Totalität und Unendliches*, 106ff.: „Die Dimension des Göttlichen öffnet sich vom menschlichen Antlitz aus. [...] Hier ist der Bereich, in dem das Transzendente, das unendlich anders ist, uns fordert und uns anruft. [...] Damit sich die Öffnung ereigne, die zu Gott führt, bedarf es des Werkes der Gerechtigkeit, der Geradheit des Von-Angesicht-zu-Angesicht. Der Andere ist der eigentliche Ort der metaphysischen Wahrheit und für meine Beziehung zu Gott unerläßlich". Zur Grundlegung der Levinasschen Verhältnisbestimmung von Ethik und Religion vgl. T. Habbel: *Der Dritte stört*, 93 ff.

bei Levinas vielleicht eine ganz ähnliche *Erfahrung* machen läßt wie diejenige, die Kierkegaard in *Furcht und Zittern* für die Gottesbeziehung reservierte. Derridas Lektüre stellt diese Nähe zumindest nachdrücklich heraus. Damit aber verliert Johannes de Silentios Unterscheidung des „Ethischen" vom Stadium des „Glaubens" seine Selbstverständlichkeit. Derrida vermerkt dazu in einer Fußnote: „Dieser Logik folgt der Einwand von Levinas gegen Kierkegaard." (TG 444 Anm. 30) Betrachten wir diesen „Einwand" etwas genauer.

Die zweite Stimme. Kierkegaard und Levinas

> „Daß Abraham der ersten Stimme gehorsam war, ist verwunderlich; daß er im Hinblick auf diesen Gehorsam genügend Distanz hatte, auf die zweite Stimme zu hören – das ist das Wesentliche." (Levinas)

Levinas hat sein Verhältnis zu Kierkegaard[6], das immer ein äußerst kritisches gewesen ist, in zwei kleinen Texten aus den Jahren 1963 und 1966 näher formuliert[7], die in unserem Zusammenhang sehr interessant sind. Levinas beginnt dort mit zwei Punkten, die ihn an den Texten Kierkegaards stören.

Zum einen betrifft dies Kierkegaards einzigartige Rehabilitierung der Subjektivität. Indem Kierkegaard gegen die Absorption des Einzelnen durch die Hegelsche Universalität protestiert habe, sei die Geschichte der Philosophie mit einem Begriff von Subjektivität ausgestattet worden, der „exhibitionistisch und unzüchtig"[8] ist. Kierkegaards extremer Subjektivismus habe in der philosophischen Diskussion des 20. Jahrhunderts *Reaktionen* heraufbeschworen, die fatale Konsequenzen gezeigt hätten. Zum anderen sei es „die Gewalt (*la violence*) Kierkegaards", die Levinas schockiere. Der Stil solchen Denkens, „das weder Skandal noch Destruktion scheue, sei seit Kierkegaard eine Art von Philosophie geworden. Man philosophiert mit dem Hammer."[9] In diesem permanenten Skandal und der Opposition gegen alles sehe er, so gesteht Levinas, jene verbale Gewalt antizipiert, die nicht nur den Nationalsozialismus, sondern alle Denker prägte, die sich von Kierkegaard begeistern ließen.

---

[6] Vgl. dazu auch M. Westphal: *The Transparent Shadow: Kierkegaard and Levinas in Dialog*, 265ff. und M.J. Ferreira: *Asymmetrie and Self-Love*, 41ff.
[7] Beide sind enhalten in E. Levinas: *Noms propres*, 77-87. 88-92. Ich beziehe mich im folgenden auf den Text *A propos de „Kierkegaard vivant"*.
[8] E. Levinas: *Noms propres*, 89.
[9] Ebd.

4. Das ‚Ethische': Zwischen Mensch und Mensch

Nach Levinas hängen beide Vorwürfe unmittelbar zusammen: Kierkegaards beißende Polemik gegen die spekulative Philosophie setzt eben jene extreme, auf sich selbst bezogene und um sich selbst besorgte Subjektivität voraus. Diese beginnt dort, wo sie sich vom Allgemeinen suspendiert, und das heißt für Johannes de Silentio, wo sie die „Ethik" überschreitet. Der Ton wird in dem Maße schriller, wie die „Ethik" überboten werden muß. Dabei ist für Levinas entscheidend, daß das, was bei Kierkegaard im Namen der ‚Religion' überboten werden soll, den Namen der „Ethik" keineswegs verdient. Levinas' ganzes Denken zielt darauf, gerade diesem Akt *der Dezentrierung des Selbst durch den Anderen* die Würde des ‚Ethischen' zu geben. Ein Ich wird nicht in dem Maße seiner Einzigartigkeit gerecht, wie es sich *um sich selber sorgt*, sondern in der Verantwortung *für den anderen*. Und dies ist der eigentliche Ort der Ethik! Levinas schreibt in Entgegnung auf Kierkegaard: „Nun ist es aber überhaupt nicht sicher, daß das Ethische da sei, wo er es möchte. Weit davon entfernt, sie [die Einzigartigkeit] in der Allgemeinheit verlorengehen zu lassen, singularisiert das Ethische sie als Bewußtsein einer Verantwortung gegenüber dem Anderen [...], setzt es sie als einziges Individuum, als Ich. Kierkegaard scheint das nicht zu kennen."[10]

Allerdings räumt Levinas ein, daß Kierkegaard etwas ganz Wesentliches gesehen habe. Der Ausgangspunkt Kierkegaards scheint immer die Inkommensurabilität, die *Andersheit des Ichs* gegenüber der Vereinnahmung durch das Allgemeine zu sein. Levinas jedoch möchte ‚dieselbe' Andersheit zunächst immer erst dem *einzelnen Nächsten* zusprechen. In *Totalité et Infini* hatte dies Levinas auf die Formel gebracht: „Nicht ich bin es, der sich dem System verweigert, wie Kierkegaard dachte, sondern der Andere."[11]

Derrida hat sich in seinem frühen Levinas-Aufsatz *Gewalt und Metaphysik*[12] ausdrücklich mit dieser Kierkegaard-Kritik auseinandergesetzt. Indem er den eben gelesenen Satz aus *Totalité et Infini* zitiert, fragt er: „Kann man den Einwurf wagen, Kierkegaard wäre für diese Unterscheidung taub gewesen? Und daß er seinerseits gegen diese Begrifflichkeit Einspruch erhoben hätte? Als subjektive Existenz, hätte er vielleicht geantwortet, entzieht sich der Andere dem System." (SD 168)

---

[10] A.a.O., 90.
[11] E. Levinas: *Totalität und Unendlichkeit,* 46f. /30.
[12] Vgl. SD 121-235. Zur eingehenderen Interpretation dieses Textes verweise ich auf J. Valentin: *Atheismus,* 89ff., bzw. W. Stegmaier: *Die Zeit und die Schrift,* 5ff.

Derridas will offenbar geltend machen, daß Kierkegaards Betonung des Einzelnen eben auch dem Verhältnis zum Mitmenschen eine ganz neue Bedeutung zuweist. Auch d. Andere(n) *als Einzelnen* zu behandeln – und wer wollte Kierkegaard bestreiten, daß darauf auch bei ihm alles hinausliefe? –, würde eine ‚Kierkegaardsche Ethik' mit sich bringen, die nicht ohne weiteres der von Levinas entgegengesetzt werden könne. Man könnte sich höchstens fragen, ob Kierkegaard *dieser* Konsequenz seines Denkens ausreichend Geltung verschafft habe.

Levinas würde, so vermutet Derrida, wahrscheinlich dennoch gegen diese Symmetrie und das Von-mir-auf-den-anderen-Schließen protestieren, die in dieser Geste das Ich und den Anderen in eine allgemeine Struktur zu totalisieren versuchen. Aber dies gehöre, nach Derrida, vielleicht zu den Unumgänglichkeiten eines *philosophischen* Diskurses:

> „Der Philosoph Kierkegaard plädiert nicht *nur* für Sören Kierkegaard [...], sondern für die subjektive Existenz im allgemeinen (nicht widersprüchliche Aussage), und deshalb ist sein Diskurs ein philosophischer und gehört nicht dem empirischen Egoismus an. Der Name eines philosophischen Subjektes ist immer, wenn er *Ich* sagt, in gewisser Weise ein Pseudonym. Das ist eine Wahrheit, die Kierkegaard in systematischer Weise verfochten hat, obwohl er gleichzeitig gegen die ‚Ermöglichung' der individuellen Existenz durch die Essenz Einspruch erhoben hat." (SD 168)

Derrida gibt schon in diesem Aufsatz zu verstehen, daß sich ihm der Vergleich mit Kierkegaard „entgegen allen Warnungen des Autors" (SD 170) bei der Lektüre Levinas' öfters aufgedrängt habe. An anderer Stelle des Essays verweist Derrida ausdrücklich auf *Furcht und Zittern*, mit dessen Themen sich Levinas auf eigentümliche Weise treffe (vgl. SD 143). Ganz offensichtlich sei dies in den Momenten, wo Levinas die Sokratische Anamnesis-Lehre kritisiere: „In diesem Punkt zumindest kann Levinas sich nicht Kierkegaard entgegenstellen [...]: die Kritik, die er am Platonismus übt, ist hier buchstäblich die Kierkegaards." (SD 148 Anm.)

Ich zitiere diese Stellen, um darauf aufmerksam zu machen, wieviel Derrida schon damals daran gelegen zu sein scheint, Kierkegaard vor einer allzu beschränkten ‚existentialistischen' Lesart zu bewahren. Er liest Kierkegaard schon hier in dem Kontext, der ihn auch in *Donner la mort* beschäftigt. Nämlich im Kontext der Frage: Inwiefern findet sich bei Kierkegaard etwas, was die europäische Denktradition nicht gedacht, bzw. ausgeschlossen und ‚geheimgehalten' hat? Ganz ähnlich wie es Levinas um dieses Andere der ‚Philosophie' geht.

Levinas markiert im besagten Artikel zunächst einmal seine Differenz zu Kierkegaard. Eine Differenz, die sich bewußt als *jüdische* An-

4. Das ‚Ethische': Zwischen Mensch und Mensch 171

frage an Kierkegaard versteht. Auch Levinas kommt in *A propos de „Kierkegaard vivant"* auf *Furcht und Zittern* zu sprechen, um hieran seinen ‚Einwand' gegen Kierkegaard zu verdeutlichen. Kierkegaards Abraham stünde für ein Verhältnis zu Gott, durch welches der *Einzelne* sich auf das Niveau des Religiösen erhebt und genau in dem Maße über das Ethische hinausgeht. Levinas schlägt vor, die Geschichte anders zu lesen:

„[...] die von Abraham der Stimme, die ihn zur ethischen Ordnung zurückführte, indem sie ihm das Menschenopfer untersagte, entgegengebrachte Aufmerksamkeit ist der höchste Moment des Dramas. Daß Abraham der ersten Stimme gehorsam war, ist verwunderlich; daß er im Hinblick auf diesen Gehorsam genügend Distanz hatte, auf die zweite Stimme zu hören – das ist das Wesentliche."[13]

Es sei bezeichnend, daß Kierkegaard niemals über den anderen Dialog Abrahams mit Gott spricht, wo jener für Sodom und Gomorra eintritt wegen der Gerechten, die sich vielleicht in ihnen befänden. Hier zeige Abraham jene Verantwortung für den anderen, in der seine wahre „Subjektivität" geboren wird. Abraham „unterwindet" sich, um mit dem HERRN zu reden, wiewohl er „Erde und Asche" ist, d.h. in Furcht und Zittern unter Einsatz seines Lebens gibt er sich selbst als Opfer für die anderen – „und wenn es ein einziger wäre". Hier, so Levinas, zeige sich der einzig mögliche Triumph des Lebens über den Tod: „Der Tod ist ohne Macht über das endliche Leben, das einen Sinn bekommt von der unendlichen Verantwortung her für den anderen, von einer Diakonie her, welche die Subjektivität des Subjekts konstituiert ...; dort geschieht es, in der Ethik, daß es einen Ruf gibt zur Einzigkeit des Subjekts und die Gabe eines Sinns für das Leben, trotz des Todes."[14] Nach Levinas besteht also der eigentliche Moment des Glaubens Abrahams im Gehorsam auf die zweite Stimme[15], d.h. in der Rückführung in die Ordnung des *Ethischen*. Hier beweise sich Abrahams Glauben. Levinas' Einwand fordert dazu heraus, in der *von Gott* bekräftigten Verpflichtung Abrahams gegenüber *Isaak*, d.h. in der

---
[13] Levinas: *Noms Propres*, 90.
[14] Alle Zitate ebd.
[15] Daß die Geschichte von der sogenannten ‚Opferung Isaaks' tatsächlich ihren Höhepunkt in der *Verschonung Isaaks* findet und von daher in der jüdischen Tradition zutreffend als ‚Bindung Isaaks' (*Akedat Jishak*) bezeichnet wird, ist ein wesentliches Kennzeichen der jüdischen Auslegungstradition von Gen 22 – auch wenn es einen ‚Nebenstrom' der Überlieferung gibt, der berichtet, daß Isaak tatsächlich geopfert wurde. Ich gehe darauf und auf eine mögliche Gegenüberstellung von Kierkegaards Auslegung der *Akedah* und jüdischen Auslegungen näher ein in Kap. 5.4. Dort finden sich auch die entsprechenden Literaturverweise.

Ethik, den *entscheidenden* Ruf in die Verantwortung und zur Selbst-Werdung im Sinne des „*Me voici / hineni / Hier bin ich*" zu sehen.[16] Gott entscheidet, den Opfervorgang auszusetzen. Gott ruft in die Ordnung der „Ethik" zurück. Oder besser: Gott schreibt seinen Anruf ein in das, was nun in einem anderen Sinne „Ethik" heißen soll. Die absolute Verantwortung bewährt sich in dem Verwiesensein auf Isaak.

Ich erlaube mir, an dieser Stelle einen kurzen Blick zurück auf Kierkegaard zu werfen:

Es ist wahr. Das Heroische an *Furcht und Zittern* scheint in der Bereitschaft Abrahams zu liegen, der *ersten* Stimme zu gehorchen. Aber man wird nicht sagen können, daß Kierkegaard für die Dramatik des *zweiten* Anrufs blind gewesen wäre.

Es gibt eine Tagebuchnotiz aus dem Jahre 1851, wo auch Kierkegaard genau über diesen anderen Höhepunkt meditiert. Die Niederschrift beginnt wie folgt:

„Furcht und Zittern. Abraham

... Und er spaltete das Holz; und er band Isaak; und er zündete das Feuer, und er zog das Messer – und er stieß es Isaak ins Herz!

Im selben Augenblick steht Jehova in leiblicher Gestalt an Abrahams Seite und spricht: ‚Was hast du getan; o armer alter Mann! Und das war ja gar nicht gefordert; du warst ja mein Freund, ich wollte nur deinen Glauben erproben! Und ich rief dir ja auch im letzten Augenblick, ich rief ja: Abraham, Abraham halt ein!'

Da antwortete Abraham mit einer Stimme, die zur Hälfte die feierliche Schwachheit der Anbetung war, zur Hälfte mit der zerfließenden Schwachheit der Geistesschwäche: ‚O, Herr, das hörte ich nicht; doch nun, da du es sagst, deucht es mich auch, ich hätte eine solche Stimme gehört; o, wenn du, mein Gott, befiehlst, und wenn du einem Vater befiehlst, sein eigenes Kind zu morden: so ist man in einem solchen Augenblick ein wenig angestrengt; deshalb hörte ich die Stimme nicht. Und wenn ich sie gehört hätte, wie dürfte ich geglaubt haben, sie sei die deine? Wenn du mir befiehlst, mein Kind zu opfern – und wenn dann im entscheidenden Augenblick eine Stimme zu hören ist, welche spricht: ‚Halt ein', so müßte ich ja glauben, es sei die Stimme des Versuchers, die mich zurückhalten will von der Erfüllung deines Willens. Eines von beiden: entweder hätte ich annehmen müssen, die Stimme, welche zu mir sagte: opfere Isaak, sei die des Versu-

---

[16] Vgl. z.B. E. Levinas: *Jenseits des Seins*, 327: „‚Hier, sieh mich'! In dem Satz, in dem Gott sich erstmals unter die Worte mischt, fehlt noch das Wort Gott. Auf keinen Fall lautet dieser Satz: ‚Ich glaube an Gott'. Gott bezeugen heißt gerade nicht dieses außer-ordentliche Wort aussprechen, als könnte die Herrlichkeit einziehen in ein Thema und sich als These darstellen oder Geschehen des Seins werden. [... Dieses Zeugnis des *hineni*] ist Demut und Geständnis, es erfolgt vor aller Theologie; es ist Kerygma und Gebet, Verherrlichung und Anerkennung." Ganz ähnlich argumentiert auch E.A. Levy-Valensi in seinem Aufsatz *Kierkegaard et Abraham ou le nonsacrifice d'Isaac*, 122f. Auch für ihn erschließt sich der Text in Gen 22 wesentlich über das mehrfache „hineni".

chers; und dann, wäre ich nicht ausgezogen. Aber da ich gewiß ward, es sei deine Stimme, so mußte ich ja schließen, die andre Stimme sei die des Versuchers.'

So zog denn Abraham heim. Und der Herr schenkte ihm einen neuen Isaak. Aber Abraham sah sich nicht froh an ihm; wenn er ihn anblickte, schüttelte er den Kopf und sagte: das war nicht der Isaak." (Pap. X⁴ A 338 / T V, 29)

Soweit die Meditation Kierkegaards über diesen anderen Abraham. Und nun seine Deutung:

„Aber nicht ebenso mit Abraham, des Glaubens Vater! Eben darin besteht der Gehorsam, in diesem, unbedingt diesem allerletzten Augenblick sogleich zu gehorchen. O, wenn man so weit gekommen ist, daß man A sagt, dann ist man, menschlich gesprochen, am meisten geneigt, B zu sagen und zuzustoßen. Schwerer als auszuziehen zum Moria, um Isaak zu opfern, ist es, wenn man schon das Messer gezogen hat, – dann dazu fähig sein, und zwar unbedingt gehorsam, daß man verstehe: es wird nicht gefordert. [...] ‚Niemand war doch groß wie Abraham, wer kann ihn begreifen.'" (Pap. X⁴ A 338 / T V, 29f.)

Auch Kierkegaard weiß also um die von Levinas geforderte *bleibende Distanz* gegenüber jeder eigenen *Gewißheit* in bezug auf das von Gott Gebotene. Der ‚falsche' Abraham hätte auf Gottes erste Stimme hin Gewißheit erlangt und gerade *dadurch* falsch gehandelt. Er wäre sich gewiß geworden, *was* gottgefällig ist.[17] Eine solche Sicherheit ginge mit einer bestimmten *Taubheit* einher: Er konnte Gottes zweite Stimme nicht hören. Er war sich zu sicher in seinem Urteil über Gott und das ihm befohlene Handeln. Der Glaube Abrahams müßte demnach darin bestehen, für den zweiten Anruf *offen* zu sein, offen zu bleiben, trotz oder gerade wegen des Gehorsams gegenüber der ersten Verpflichtung.

Aber ich füge gleich noch eine andere Variation hinzu, die Kierkegaard in seinem Tagebuch notiert. Diesmal ist sie überschrieben: „Neues Furcht und Zittern'" (Pap. X⁵ A 132 / T V 168f.). Sie beginnt zunächst so wie all die anderen Variationen, doch gleich im zweiten Vers kommt die entscheidende Abwandlung:

„... Und Abraham stieg auf den Berg Moria mit Isaak. Er beschloß, zu Isaak zu sprechen – und es gelang ihm, Isaak zu erheben, da es Gottes Wille ist; so ist denn Isaak bereit, das Opfer zu werden."

Kierkegaard zieht nicht umsonst den Gedankenstrich. Hier vor allem gilt es innezuhalten. Abraham entscheidet sich, zu Isaak zu sprechen. In *Furcht und Zittern* hatte sich das ganze Paradox des Abraham an dessen *Unvermögen*, zu Isaak sprechen zu können, aufgebaut. In den *Stimmungen* hatte er durchaus erwogen, Abraham zu Isaak sprechen zu lassen: „Aber Isaak vermochte nicht ihn zu verstehen, seine Seele war der Er-

---

[17] Im Dänischen steht eine *aktivische* Formulierung: „Men da jeg forvissede mig om [...]"!

hebung nicht fähig usw." (FZ 8) Von da an spielt Isaak in *Furcht und Zittern* keine Rolle mehr. Hier nun, in dem „Neuen *Furcht und Zittern*", ist Isaak bereit, das Opfer zu werden. Er versteht Abraham.

> „Und er spaltete das Holz, und er band Isaak, und er entzündete den Scheiterhaufen – er küßte Isaak noch einmal; nicht wie ein Vater und Sohn verhielten sie sich ja nun zueinander, nein, wie ein Freund zum Freunde, beide als gehorsame Kinder Jehovas. – und er zog das Messer – und er stieß es in Isaak." (Ebd.)

Halten wir kurz inne: Man muß diese vier Gedankenstriche mitlesen, mitempfinden. Es kommt darauf an, diesen Augenblick des erhobenen Messers zu *dehnen*, solange es geht. Als wollten die Gedankenstriche Platz lassen für das, was sich in diesem Augenblick ereignet, wovon Abraham aber nichts *hört*:

> „Im selben Augenblick stand Jehova, der Herr, in leiblicher Gestalt neben Abraham und sagte: ‚Alter Mann, alter Mann, was hast du getan? hörtest du denn nicht, was ich sagte, hörtest du mich nicht rufen; Abraham, Abraham, halt inne." (Ebd.)

Zweimalige Nennung des Namens: Abraham, Abraham – in der von den Gedankenstrichen gedehnten Pause, in der auch der Leser *nichts* liest. Genausowenig konnte Abraham diese Anrufung *hören*, *weil* er mit Isaak sprach. Und noch einmal eine Pause an der Stelle, wo beim biblischen Abraham das *Hier bin ich* erfolgte. Aber der hier imaginierte Abraham *konnte* nichts hören. Anders als in der oben zitierten *variatio*, wo Abraham Gott wohl hörte, sich aber weigerte, diese Stimme für die Stimme Gottes zu nehmen, ist diesmal der Ruf Gottes für Abraham gar nicht zu hören:

> „Aber Abraham antwortete, mit einer Stimme, die halb gehorsame Unterwerfung halb Sinnesverwirrung war: nein, o Herr, das hörte ich nicht. Groß war mein Leid – das weißt du am besten, denn weißt du das Beste zu geben, so weißt du auch das Beste zu fordern – doch ward es gemildert, denn Isaak verstand mich, und in der Freude darüber, mit ihm im Einverständnis zu sein, habe ich deine Stimme gar nicht gehört, sondern selber, wie ich meinte gehorsam, stieß ich das Messer in das gehorsame Opfer." (Ebd.)

Gottes Ruf dringt nicht bis an Abrahams Ohr *in seiner Freude über das Einverständnis mit Isaak*. Die Freude, *verstanden* zu werden, macht ihn taub für Gottes Stimme. Schon in *Furcht und Zittern* hatte Kierkegaard den Versuch, der Verantwortung der Einsamkeit dadurch zu fliehen, daß man sich anderen verständlich macht, mit einer gewissen Taubheit in Verbindung gebracht.[18] Dies Einander-verstehen-Wollen, das Heraustreten Abrahams aus seiner Einsamkeit und

---

[18] „Die Sektierichen betäuben sich gegenseitig mit Lärm und Krach, halten sich die Angst fern mit ihrem Geschrei." (FZ 89)

Isolation wird für (den falschen) Abraham (und für Isaak) hier zum Verhängnis. Denn auf diese Weise konnte er Gottes Stimme nicht mehr hören. Allein der wahre Glaubensritter Abraham hört *beide* Stimmen und vermag insofern, beiden *gehorsam* zu sein: ein Gehorsam, der von jenem vermeintlichen Gehorsam („wie ich meinte gehorsam") genau durch die Stummheit der vier Gedankenstriche geschieden ist. Gott hatte Abraham zweimal *bei seinem Namen* gerufen: „Abraham, Abraham: halt inne". Als er jedoch nach dem Dolchstoß neben Abraham steht, da sagt er: „Alter Mann, alter Mann, was hast du getan?" Es ist, als ob Abraham in diesem Moment seinen Namen verloren hätte.

„So rief denn Jehova Isaak wieder ins Leben zurück. Aber in stummem Leid sagte Abraham bei sich selbst: das ist ja doch jener Isaak nicht, und in gewissem Sinne war er es ja auch nicht, denn dadurch, daß Isaak verstanden hatte, was er verstand auf dem Berge Moria, daß er von Gott zum Opfer ersehen sei, war er in *einem* Sinne wie ein Greis geworden, ebenso alt wie Abraham, es war nicht ganz jener Isaak, und nur für die Ewigkeit paßten sie wahrhaft zueinander."[19]

Ich breche hier ab. Die Erzählung hat noch ein ‚Nachspiel', das mich weiter unten beschäftigen wird. Denn Kierkegaard denkt im Anschluß an jene Variation über die Differenz zwischen einem ‚jüdischen' und einem ‚christlichen' Abraham, über einen jüdischen oder christlichen ‚Schluß' der Geschichte nach.[20] Doch hier geht es mir zunächst nur um den fehlenden Gehorsam auf die *zweite* Stimme, der diesen ‚falschen' Abraham – und dies in zwei Versionen – vom Glaubensritter unterscheidet. In gewisser Weise könnte man in diesen Meditationen die Lesart von Levinas wiedererkennen: „daß er im Hinblick auf diesen Gehorsam genügend Distanz hatte, auf die zweite Stimme zu hören – das ist das Wesentliche". Aber es ist nicht einfach, die Texte aufeinander zu beziehen.

Zunächst einmal könnte man sich fragen: Nimmt Kierkegaard hier eine Selbstkorrektur an *Furcht und Zittern* vor? Was bewegt ihn dazu, noch ein „Furcht und Zittern" zu schreiben? Was tut Kierkegaard, wenn er sich selbst zitiert, sich selbst *wiederholt*? Sagt er dasselbe? Kann man über ein Nicht-Verstehen zweimal dasselbe sagen? Oder scheint es auch ihm, daß in *Furcht und Zittern* dieser zweite Moment des Dramas zu kurz gekommen war? Welchen Platz findet dort der zweite Anruf Gottes? Johannes *de Silentio* geht in der Tat kaum auf diesen Moment ein. Höchstens in einer – freilich entscheidenden –

---

[19] Alle Zitate Pap. X^5 A 132 / T V 168f.
[20] Vgl. Kap. 5.4.

Hinsicht: Abrahams Auslieferung an das Paradox der absoluten Verantwortung impliziert es nämlich gewissermaßen, auch dem zweiten Anruf zu folgen, d.h. nicht wie der „falsche Abraham" über die Gründe, die Widerspruchsfreiheit, den Sinn usw. der beiden Anrufe zu urteilen, sondern zu gehorchen: der ersten *und* der zweiten Stimme. Der falsche Abraham in der ersten Variation versucht dagegen, sich im Paradox auszukennen, sich im Paradox *selbst* zu behaupten, eine neue ‚Logik' festzuhalten. Er beruft sich auf eine „Gewißheit", die dem Glauben ‚in Furcht und Zittern' gerade nicht entspricht („Aber da ich gewiß ward, es sei deine Stimme"). Insofern würde tatsächlich die *totale* Auslieferung an Gott erst durch den *zweimaligen* Gehorsam verwirklicht.

Ein wenig anders liegt der Fall in der zweiten Variation: Hier geht es Kierkegaard um die Erschwerung eines solchen Innehaltenkönnens in der Bereitschaft zum Opfer, wenn sich (mindestens) zwei darin *einig* sind, und im besonderen: Wenn das potentielle Opfer dieses bejaht. Dagegen habe, so Kierkegaard, auch Gott, der das Opfer *nicht* will, kaum eine Chance. Er wird nicht mehr gehört – und ruft er noch so laut. Eine Logik des Opfers, die sich solcherart verselbständigt, daß es *unmöglich* wird, innezuhalten – wer würde bestreiten, daß *dies* eine der verhängnisvollsten Lektüren der Opferung Isaaks abgeben würde.[21] Allerdings ist Kierkegaards Denken offenbar auch ganz unzugänglich für eine *positive* Lesart dieses Einstimmens Isaaks in die Opferung – etwa in dem Sinne, wie sie für eine bestimmte *jüdische* Auslegungstradition der *Akedah* wesentlich wurde.[22] Wir berühren

---

[21] Vgl. F.W. Marquardt: *Das christliche Bekenntnis zu Jesus, dem Juden*, 200ff.

[22] Es ist in der Tat auffällig, wie nahe hier Kierkegaard einem *jüdischen* Nachdenken über die *Akedah* zu kommen scheint – und dann doch aber ein völliges Unverständnis dafür offenbart. Denn bekanntlich gibt es eine Auslegungstradition, die die *Akedah* in einem (zunächst) ganz ähnlichen Sinne wie die eben gehörte Variation gedeutet hat. Auch die jüdische Überlieferung kennt jenes Motiv des Miteinanderredens von Abraham und Isaak. Im Targum zu Gen 22 heißt es: „Und Abraham streckte seine Hand aus und ergriff das Messer, um seinen Sohn Isaak zu schlachten. Und dieser sprach zu seinem Vater Abraham: Vater binde meine Hände gut fest, damit ich nicht im Augenblick meiner Qual mich bewege und dich störe. Denn sonst würde mein Opfer als untauglich empfunden. [...] In diesem Augenblick kam eine Himmelsstimme und sprach: Kommt und sehet die beiden einzigen Gerechten in dieser Welt: Der eine schlachtet, und der andere wird geschlachtet. Jener zögert nicht, und dieser streckt seinen Nacken aus." (Übersetzung nach W. Zuidema (Hrsg.): *Isaak wird wieder geopfert*, 30) Doch dieses Gespräch hat hier eine ganz andere Konsequenz als bei Kierkegaard. Jüdischer Glaube identifiziert sich eben mit Abraham *und* mit Isaak. So wie Abraham *bereit* ist, Gott auch noch im Äußersten gehorsam zu

4. Das ‚Ethische': Zwischen Mensch und Mensch

hier eine schwierige und große Frage, der ich mich ebenfalls später genauer zuwenden werde.

Aber ungeachtet dieser *Erklärungsversuche* des fälschlicherweise zustoßenden Abrahams machen Kierkegaards Variationen auf die bleibende *Unheimlichkeit* dieser Erzählung aufmerksam. Denn diese

---

sein, so ist auch Isaak *bereit*, für Gott in den Tod zu gehen, zur „Heiligung seines Namens". Und so streckte auch immer wieder Israel seinen Nakken hin und *hoffte* zugleich darauf, daß Gott es aus aller Not erretten werde – wie damals auf dem Berg Moria. Eine Übertragung des Textes aus der Zeit der Verfolgung unter Antiochus IV erzählt von dem Augenblick, da Gott das Opfer aussetzen läßt: „Nun tritt der Engel dazwischen, und nach der Fesselung spricht Abraham dieses Gebet: [...] Wie ich dich hier um Gnade anflehe, Gott mein Herr, so mögest Du, wenn die Kinder meines Sohnes Isaak in eine Zeit der Verfolgung kommen, vor ihnen der Fesselung ihres Vaters Israel gedenken und ihnen ihre Schulden erlassen und vergeben und sie erlösen aus aller ihrer Not [...]." (zitiert bei Zuidema: a.a.O., 34) Das Gedenken der „*Bindung Isaaks*" am jüdischen Neujahrstag ist dieser doppelten Identifizierung mit Abraham *und* Isaak gewidmet, mit dem, der Gott Gehorsam leistet und dem, der auf dem Opferaltar lag. In beidem geht es um die Bitte um Bewahrung. In der Erzählung wird Isaak verschont. An seiner Statt wird ein Widder geschlachtet. Das Widderhorn, der *schofar*, wird am Neujahrstag zur Erinnerung an jene Stellvertretung geblasen. Aber in der rabbinischen Überlieferung findet sich eben auch eine andere Erfahrung: Isaak mußte wirklich sein Leben lassen. Der Engel kommt nicht dazu einzugreifen. Isaak stirbt auf dem Altar. Es ist offensichtlich, wie diese Deutung der Erzählung Spiegel der grauenhaften Wirklichkeit der jüdischen Geschichte ist. Die Erfahrung des jüdischen Volkes ist allzu oft die des ausbleibenden Engels gewesen. Ein Rabbiner aus Bonn dichtete im 12. Jahrhundert ein Lied zum Gedenken der jüdischen Opfer des Ersten und Zweiten Kreuzzuges (1097-1099/1147-1149). Es trägt den Titel „Die Akedat": „Gedenke doch der vielen *akedot* um unseretwillen, / der Heiligen, der Männer und Frauen, / die hingeschlachtet sind um deinetwillen. / Gedenke der Märtyrer von Juden, der Gerechten / der Kinder Jakobs, die gebunden waren." (zitiert nach Zuidema: a.a.O., 20) Der Name Isaak steht hier für die vielen, die das Martyrium erlitten. In vielen Texten ist von diesem „Holocaust" die Rede und von der *Asche* Isaaks. So wird in einem Midrasch aus dem 13. Jahrhundert etwa berichtet, Isaak habe bei der Opfervorbereitung zu Abraham folgendermaßen geredet: „Vater, beeil dich! Tu des Schöpfers Willen und verbrenne mich voll und ganz! Meine Asche soll dann meiner Mutter gehören, und du sollst sie ihr lassen. Und immer, wenn sie meine Asche sieht, wird sie sagen: ‚Dies ist mein Sohn, der durch seinen Vater geopfert wurde.'" (Yalqut Schim'oni zu Gen 22) Auch eine Wiederbelebung des schon getöteten Isaaks, wie sie Kierkegaard für die ‚christliche' Version der Erzählung imaginiert, wird erzählt: „Als Abraham seinen Sohn Isaak auf dem Altar gebunden, ihn getötet und verbrannt hatte, zerfiel der Körper des Knaben zu Asche, die auf dem Berg Moria zerstreut ward. Da sandte der Heilige, gepriesen sei Er, lebensspendenden Tau hernieder und gab dem Knaben neues Leben. [...] Darauf antworteten die Dienstengel und sprachen: Gepriesen seist Du, der du die Toten lebendig macht." (Schibbole ha-leket 9a, zitiert bei Zuidema, a.a.O., 24) Vgl. zu dieser Auslegungsgeschichte v.a. die Arbeit von Sh. Spiegel: *The Last Trial*.

besteht vor allem darin, daß Abraham – auch der Vater des Glaubens – in keinem Augenblick sicher entscheiden kann, ob er es mit Gott oder dem Versucher zu tun hat. Er verfügt über *keinerlei* sichere *Kriterien*. Mit Johannes Hoff kann man sagen: „Das *Unheimliche* ist nicht das sichtbare Böse. Es ist das, was ihm unmerklich zuvorkommt und die kritischen Instrumentarien zur Unterscheidung von Gut und Böse stumpf werden läßt."[23] Vielmehr müsse *jede* Berufung auf Gott mit einem kontrafaktischen Double des Guten rechnen: dem „satanischen Bösen"[24]. Es gibt hier eine Unentscheidbarkeit, die nicht nur alles Handeln vor Gott in die Stimmung von ‚Furcht und Zittern' einweist, sondern die auch schon alles Sprechen über ‚Verantwortung', ‚Verpflichtung', ‚Gerechtigkeit', ein ‚höchstes Gut' usw. auf unheimliche Weise kontaminiert.

Blickt man von hier aus auf *Donner la mort*, so kann man sagen, daß Derrida einerseits dem Levinasschen Einwand folgt, indem er Kierkegaards Trennung von „Ethik" und „Religion" in Frage stellt. Allerdings scheint er mir in einem wesentlichen Punkt die Deutung, die Levinas der Abrahamgeschichte gibt, noch einmal zu problematisieren. In dem Satz, der der Fußnote mit dem Hinweis auf Levinas voranging, hieß es: Es gibt „keine ethische Allgemeinheit, die nicht bereits dem Paradoxon des Abraham zur Beute gefallen ist" (TG 405). Das heißt zum einen – gemäß Levinas –: das „Ethische" ist gerade nicht „als solches das Allgemeine". Aber andererseits ist das Ethische bleibend vom „Paradox Abrahams" gekennzeichnet! Nicht nur vorübergehend, wie es Levinas' Verlegung des ‚Höhepunktes' der Geschichte in den *zweiten* Anruf glauben machen könnte. Jede absolute Verantwortung hat es mit dem ganz Anderen (der bei Kierkegaard den Namen Gottes trägt) *und* dem anderen (Isaak) zu tun. Im *selben* Augenblick! Auch wenn Levinas diesen Konflikt zugunsten Isaaks auszugleichen scheint, bleibt das Paradox der Verantwortung nicht davon frei, es immer mit *mehreren* (ganz) anderen zu tun zu haben[25], bzw. mit einer *in sich* gespaltenen Verantwortung gegenüber dem A/anderen.

---

[23] J. Hoff: *Spiritualität und Sprachverlust*, 181.
[24] A.a.O., 182.
[25] Caputo beschreibt diese Differenz zwischen Derrida und Levinas folgendermaßen: „If there is a difference of views here, it may be that Derrida considers this a structural conflict (‚double bind'), while Levinas does not appear to regard the possibility of the reconciling calculation of justice as inherently troubled." *Prayers*, 205. Vgl. dazu aber auch meine Ausführungen zur Frage des ‚Dritten' bei Levinas und Derrida, unten S. 211ff.

4. Das ‚Ethische‘: Zwischen Mensch und Mensch

Elisabeth Strowick kommentiert diese Derridasche Kierkegaardlesart wie folgt:

„Die Entscheidung liegt nicht *zwischen* dem Anderen und dem anderen, die Entscheidung liegt im Absurden des double-bind. Abraham wäre nicht verantwortlich, wenn er sich für Gott gegen Isaak entscheiden würde (wie er es täte, wenn er sich der mittelalterlichen Klosterbewegung anschlösse), er wäre nicht verantwortlich, wenn er sich für Isaak gegen Gott entschiede. [...] Wenn Abraham die Prüfung besteht, so weil er nicht zwischen Isaak und Gott, sondern ‚kraft des Absurden‘, d.h. *absolut* wählt. Im Einspruch gegen den Gehorsam und in Treue zu seiner Liebe / seinem Begehren entscheidet sich Abraham ‚kraft des Absurden‘ für Isaak *und* für Gott."[26]

Worauf Kierkegaard aufmerksam mache, sei die Paradoxie, die in jeder *Nächstenliebe* versteckt ist. Indem er die Verantwortung gegen den anderen von der absoluten Pflicht her denkt, dekonstruiere er ein einfaches Verständnis von Nächstenliebe.[27] Abrahams Verantwortung ist keine, die den Nächsten in einem einfachen Sinne liebt. Vielmehr reißt sie einen Abgrund zwischen dem Subjekt und dem anderen auf. Sie gründet sich auf das Paradox, daß die Liebe zum anderen auch Haß gegen diesen ist. Abraham opfert Isaak, weil er ihn liebt, und er liebt ihn nur, indem er ihn opfert. „Die Nächstenliebe gebietet, den Tod zu geben, den anderen zu hassen, aber ihn zu hassen *aus Liebe*."[28] Insofern könne man sagen, daß es der Nächste selbst ist, „welcher das Opfer gebietet"[29]. Die Verschränkung zwischem dem Anderen und dem anderen, zwischen dem Religiösen und dem Ethischen, zwischen Opfer und Liebe ist komplizierter und paradoxer als es Levinas einzuräumen scheint: „Wenn Derrida trotz Lévinas Kritik an Kierkegaard dessen Ethik mit der ‚religiösen‘ Ethik Kierkegaards verschränkt, insistiert er einmal mehr auf das Paradox, das nicht das Singuläre gegen das Allgemeine ausspielt, sondern die doppelt-inkommensurable Gebundenheit des Subjekts an den anderen be-

---

[26] E. Strowick: *Passagen der Wiederholung*, 196. Die Einführung des Begriffs des „Begehrens" weist auf die Ethik Lacans hin, die Strowick bei Kierkegaard präfiguriert sieht, vgl. dazu die sehr aufschlußreichen und in der Kierkegaardliteratur noch kaum wahrgenommenen Ausführungen Lacans zum Wiederholungsbegriff, a.a.O., 199ff. 255ff.
[27] Vgl. a.a.O., 192f. Ähnlich interpretiert auch J. Hoff das Paradox das im Verhältnis zum Anderen liegt: „Es wird niemals eine Ethik geben, in welcher der Andere nicht *auch* als Opfer erscheint. Will man die schlimmste Gewalt verhindern, so bleibt nur die Perspektive, sich an der pragmatischen Maxime der ‚geringstmöglichen Gewalt‘ (SD 197) zu orientieren." *Spiritualität und Sprachverlust*, 159.
[28] A.a.O., 203.
[29] A.a.O., 198.

schreibt. Lévinas Kritik verfehlt das Paradox von Kierkegaards ‚religiöser' Ethik."[30]

Allerdings würde ich Strowick nicht darin folgen, daß diese ‚religiöse Ethik' als solche eine „radikale Religionskritik" darstelle[31]. Was allerdings kritisiert wird, ist ein zu harmloses Verständnis von Religion – und vom Ethischen.

Verantwortung und Opfer

Indem Derrida das Paradox Abrahams als die alltägliche Situation der Verantwortung gegenüber jedem ‚Anderen' ausweitet, radikalisiert sich auch die Konsequenz, die dieser absoluten Verantwortung bei Abraham innewohnte: Der Appell an ‚Verantwortung' hat es offenbar immer mit *Opfern*[32] zu tun. Die Geschichte Abrahams verweise darauf, daß *keine* Berufung auf (absolute) Verpflichtungen davor geschützt ist, den Tod zu geben. So unerhört und furchtbar die Geschichte auch klingt – sie zeigt die Konsequenz, die in *jeder* Rede von ‚Pflicht' und ‚Verpflichtung' zu liegen scheint:

„Sobald ich mit dem Anderen in Beziehung bin, mit dem Blick, dem Verlangen, der Liebe, dem Befehl, den Ruf des Anderen, weiß ich, daß ich darauf nur antworten kann, wenn ich das Ethische opfere, das heißt das, was mir die Verpflichtung auferlegt, auch und auf dieselbe Weise im selben Augenblick allen anderen zu antworten. Ich gebe den Tod, ich breche den Eid, ich brauche dafür nicht auf den Gipfel des Berges Moria über meinem Sohn das Messer zu erheben. Tag und Nacht, in jedem Augenblick, auf allen Bergen Moria der Welt bin ich im Begriff, dies zu tun, das Messer über dem zu heben, den ich liebe und lieben muß [...]." (TG 395)

Jede Berufung auf ‚Verantwortung' hat es mit Opfern zu tun, ist in diese Aporie Abrahams verwickelt, bereit zu sein, *den Tod zu geben*. Und auch dort – vielleicht gerade dort –, wo man sich davor zu schützen versucht, wo man vermittelt und allgemeine Begründungen sucht, wird ‚geopfert'. Auch die philosophischen Ethiken könnten nur der Versuch sein, diese Konsequenz zu verdecken. Durch Begründungen würde die Ausschließung des ‚Anderen' vielleicht lediglich *unsichtbar* gemacht. Durch den Versuch, allgemeine Begründungen des Han-

---

[30] A.a.O., 209.
[31] Vgl. a.a.O., 217f.
[32] Zu Derridas Interpretation der „Opferstruktur von Diskursen" als wesentlichen Bestandteil unserer ‚Moral' und ‚Kultur' vgl. *„Man muß wohl essen" oder die Berechnung des Subjektes*, in: APU 267-298, bes. 289ff. Vgl. zur Interpretation dieses Textes J. Hoff: *Spiritualität und Sprachverlust*, 174ff.

4. Das ‚Ethische': Zwischen Mensch und Mensch

delns zu geben, mache man sich, so Derrida, blind für das darin verborgene Opfer des Einzelnen, immer ganz Anderen.[33]

Derridas Insistieren auf der „Opfer-Verantwortung" Abrahams (TG 394) will daher vor allem vor dem ‚guten Gewissen' warnen, das der angeblichen Vergewisserung durch ‚Begründungen' innewohnt. Es gibt keine Kultur oder Moral, die für sich beanspruchen könnte, das Problem der Gewalt gelöst zu haben. Doch die gefährlichsten Kulturpraktiken sind diejenigen, die als harmlos erscheinen und ihren eigenen Irrationalismus verkennen. Nichts ist so gefährlich wie das *Vergessen*, daß jede ‚Moral' auf *Entscheidungen* gründet, die offen oder verborgen einer „Opferstruktur" des jeweiligen Diskurses folgen.[34] Demgegenüber gilt es, an so etwas wie die ‚Moral der Moral' zu erinnern, an das, was die ‚moralische' Haltung *als solche* offensichtlich überhaupt erst *möglich und zugleich unmöglich* macht:

„Halten wir hier unter dem Titel der Moral der Moral an dem fest, was die moralisierenden Moralisten und die guten Gewissen allzu häufig vergessen, die zuverlässig jeden Morgen und jede Woche in den Zeitungen, in den Zeitschriften, im Radio und im Fernsehen den Sinn für die ethischen oder politischen Verantwortungen ins Gedächtnis zurückrufen. [...] Die Ritter des guten Gewissens verkennen, daß das ‚Opfer Isaaks' die alltäglichste und geläufigste Erfahrung der Verantwortung illustriert – sofern man das

---

[33] Derrida erwähnt in diesem Zusammenhang, als ein *Beispiel* – welches allerdings mehr ist als ein bloßes Beispiel – die Gewalt, die darin liegt, eine „offizielle Sprache" zu sprechen (vgl. TG 396): Indem er so schreibe und spreche, tue er vielleicht seine Pflicht. Doch im selben Augenblick verrate er seine Verpflichtungen „im Hinblick auf andere Mitbürger, im Hinblick auf diejenigen, die nicht meine Sprache sprechen und zu denen ich weder spreche noch antworte" (TG 396). Dieses eher harmlos anmutende Opfer ist für Derrida von großer Bedeutung. Gerade die Einsetzung einer ‚offiziellen' Sprache ist der Moment, wo darüber entschieden wird, welcher Diskurs z.B. über ‚Recht' und ‚Unrecht' von nun an überhaupt noch stattfinden kann. Solche Sprachregelungen sind immer von einer „rechtsetzenden Gewalt" begleitet, die dazu dient, Andersheit zum Schweigen zu bringen. ‚Sprachregelungen' bzw. die Homogenisierung von Diskursen sind nicht nur ‚Folgen' solcher (administrativen) Gewalt, sondern diese Gewalt selbst. Nicht zufällig spricht Derrida von einer Verweigerung der Kierkegaardschen Verantwortung gegenüber „der in der Forderung von Rechenschaften und Rechtfertigungen [...] ergehenden Gewalt." (TG 388f.) Eine Ethik, die für mehr ‚Konsens' und ‚Transparenz' plädiert, hat es weit mehr mit ‚Gewalt' zu tun, als sie sich eingesteht. Besonders ausdrücklich ist Derrida diesem Thema in dem Text *Wenn Übersetzung statthat* nachgegangen, wo es um die Einführung des Französischen als verbindliche Amtssprache geht. Vgl. zum selben Thema auch GK 7ff.

[34] Vgl. APU 289: „Ich weiß nicht ob ‚Opferstruktur' der beste Ausdruck ist. Es geht jedenfalls darum einzugestehen, daß in der Struktur dieser Diskurse, die ebenfalls ‚Kulturen' darstellen, ein Platz freigelassen wurde, um ein nicht-kriminelles Töten zu ermöglichen [...]."

im Falle eines dermaßen nachtdunklen Mysteriums so sagen kann. Ohne Zweifel ist die Geschichte mönströs, unerhört, kaum denkbar [...] Doch ist es nicht auch die allgemeinste Sache?" (TG 394)

Dieses Opfer Isaaks ist, nach Derrida, so selbstverständlich in die Struktur unserer Existenz eingeschrieben, daß es nicht einmal mehr ein *Ereignis* konstituiere. Zweifellos: Die Wiederholung der Opferung des eigenen Sohnes wäre heute recht unwahrscheinlich. Alles ist so organisiert, daß der Vater, der dies im Begriffe wäre zu tun – vielleicht auch in Berufung auf einen geheimen Befehl Gottes –, daß dieser Vater

„in erster und letzter Instanz vom Tribunal jeder zivilisierten Gesellschaft verurteilt wird. Doch umgekehrt wird das gute Funktionieren besagter Gesellschaft, wird weder das Schnurren ihres Diskurses über Moral, Politik und Recht noch die tatsächliche Ausübung ihres (öffentlichen, privaten, nationalen oder internationalen) Rechts in nichts durch die Tatsache gestört, daß aufgrund der Struktur und der Gesetze des Marktes, so wie sie sie eingerichtet hat und verwaltet, aufgrund der Mechanismen der Auslandsschulden und anderer analoger Dissymmetrien dieselbe ‚Gesellschaft' Abermillionen Kinder (von diesen Nächsten oder diesen seinesgleichen, von denen die Ethik oder der Diskurs der Menschenrechte spricht) an Hunger oder Krankheit sterben *läßt* [fait *mourir*] oder [...] *zuläßt*, daß sie sterben [laisse *mourir*], ohne daß je ein moralisches oder juridisches Tribunal kompetent wäre, hier über das Opfer ein Urteil zu fällen – über das Opfer des anderen, um nicht sich selbst zu opfern. Nicht nur nimmt eine solche Gesellschaft an diesem unkalkulierbaren Opfer teil, sie organisiert es sogar. Das gute Funktionieren ihrer ökonomischen, politischen, juridischen Ordnung, das gute Funktionieren ihres moralischen Diskurses und ihres guten Gewissens setzen die permanente Durchführung dieses Opfers voraus." (TG 411f.)

Und diese Opfer sind keineswegs unsichtbar. Das Fernsehen liefert von Zeit zu Zeit unerträgliche Bilder. Aber diese Bilder und die sich dagegen erhebenden Stimmen sind vollkommen machtlos, „um die geringste Verantwortung zuzuweisen und um anderes zu liefern als Alibis" (ebd.).

Der Text *Donner la mort* ist in unmittelbarer Nähe zum Golfkrieg 1991 geschrieben. Und Derrida denkt vor allem auch an jene Opfer, die dort im Namen des internationalen Rechts geopfert wurden. Jener Krieg war nun tatsächlich ein Krieg um den Berg Moria. Im herrschenden Diskurs dieses Krieges war es unmöglich, das Religiöse vom Moralischen, Juridischen und Politischen zu trennen. Und die Kriegführenden waren allesamt „unversöhnliche Koreligionäre in der sogenannten Religion des Buches" (TG 413). In dieser biblischen Überlieferung ist der Berg Moria bekanntlich nicht irgendeine Opferstätte. Dieser Ort des gegebenen Todes ist der Ort des Salomonischen Tempels, aber auch der großen Moschee von Jerusalem, des sogenannten Felsendoms, und liegt nicht weit entfernt von der Via dolorosa, wo Jesus seiner Kreuzigung entgegengeführt wurde. Es handelt sich um den *umstrittenen Ort* schlechthin; den symbolischen Ort des Kampfes der drei Religionen, die sich von dem einzigen und transzendenten, radikal anderen Gott herleiten. Jede der drei Berufungen auf den Namen Gottes, auf das Angesprochensein durch Gott („Abraham! Nimm deinen Sohn ...")

„beansprucht die Verfügung über diesen Ort und eine ureigene historisch-politische Interpretation des Messianismus und des Opfers Isaaks. Die Lektüre, die Interpretation, die Tradition des Opfers von Isaak sind selbst blutige und holocaustische Opferstätten. Das Opfer des Isaak währt alle Tage fort." (TG 397)

Derridas Lektüre von *Furcht und Zittern* macht die scheinbare Ausnahmesituation, den Ausnahmezustand der Ethik und der bürgerlichen Religiosität zur Grunderfahrung der Ethik überhaupt – und zwar in ihrer abgründigen Paradoxie. Derridas Interpretation des „Opfers Isaaks" provoziert die Frage, inwiefern jede Moral und Politik immer etwas damit zu tun hat, „sich das Geheimnis des Opfers eines Abrahams anzueignen, der niemals etwas gesagt hat? Mit dem Ziel, es sich als Zeichen des Bündnisses mit Gott anzueignen und das gegen den anderen durchzusetzen, der seinerseits nur ein Mörder ist?" (TG 413)

Es ist dieser Krieg der konkreten Messianismen untereinander um die Sohnschaft Abrahams, den Derrida in der Abrahamgeschichte gleichzeitig *gestiftet* und *ausgesetzt* sieht.[35] Diese *Ambivalenz* läßt an die Geschichte nur in ‚Furcht und Zittern' denken. Derridas Wiederholung dieser Furcht und dieses Zitterns wird ihn darüber nachdenken lassen, was *in diesen Messianismen* über sie selbst hinausweist auf einen *Messianismus* gewissermaßen *ohne Messias*. Caputo schreibt dazu:

„It is to end this fight to the death that rages over Mount Moriah, this death-dealing among the messianisms, and between them and all the other others who have never heard of Abraham, to begin to think how to end this death, that Derrida wants to distinguish the messianic in general from the bloody messianisms of the great monotheisms."[36]

---

[35] J. Hoff kommentiert zutreffend: „In diesem Selbstwiderspruch wurzelt nach Derrida die Gewalt der abrahamitischen Religionen: Sie erwächst aus dem Erbe, etwas interpretieren zu müssen, was sich *apriori* nicht interpretieren läßt, ohne daß man Verrat an der Gerechtigkeit übt. Jeder Versuch, es ‚richtig' zu deuten, führt in eine Selbstwiderspruch, weil er entweder ein irreleitendes *Vorbild* entstehen läßt oder durch die Marginalisierung seiner Bedeutung (die Verleugnung des Idiomatischen) einer *Wiederkehr des Verdrängten* den Weg bereitet. Der Gewalt des abrahamitischen Opfers entkommt man nie." *Spiritualität und Sprachverlust*, 179f.
[36] J.D. Caputo: *Prayers*, 205.

4.2. Kierkegaards Ethik als Ethik der Dekonstruktion

Derridas Formel *Tout autre est tout autre* wollte darauf hinweisen, daß es vielleicht keine scharfe Grenze gibt zwischen den Ordnungen des Religiösen und des Ethischen: „Diese Formel bringt einen gewissen Gehalt des Kierkegaardschen Diskurses durcheinander und bestätigt ihn zugleich in der extremsten seiner Absichten." (TG 405) Ich will versuchen, diesen Satz zu kommentieren.

Die Problematisierung dieser Grenze ist nun in der Tat auch bei Kierkegaard zu beobachten. Denn es ist offensichtlich, daß die scharfe Differenzierung, die Johannes de Silentio in *Furcht und Zittern* vorschlägt, nicht Kierkegaards letztes Wort in Sachen ‚Ethik' ist. Die Reduzierung des Ethischen auf das Allgemeine kann eigentlich nur als Karikatur (Hegels?) gelesen werden. Tatsächlich läßt sich für Kierkegaard die Theorie des ‚Ethischen', als Theorie der Selbstwerdung überhaupt, nicht von der Thematisierung des ‚Religiösen', und das heißt hier: des Christlichen, trennen.[37] Immer geht es darum, die ethische Forderung selbsthafter Freiheit mit der christlichen Forderung zu verbinden: diese in gewisser Hinsicht als Explikation und *Realisierung* von jener aufzufassen. In einer Tagebuchnotiz heißt es ausdrücklich:

„Das Mittel nämlich, das einzige, durch das Gott mit den ‚Menschen' kommuniziert, das einzige, worüber er mit den Menschen sprechen will, ist: das Ethische." (Pap. X^5 A 75 / T 2, 200)

Vielleicht ließe sich dies besonders gut an der im *Begriff Angst* – und erstaunlicherweise nur hier – vorgenommenen Unterscheidung einer „ersten Ethik" und einer „zweiten Ethik" präzisieren.[38] Die ‚zweite

---

[37] F. Hauschildt: „In der Explikation seiner ethischen Theorie klärt Kierkegaard die Struktur des Menschseins überhaupt. [...] Im Rahmen dieser grundlegenden Theorie entfaltet Kierkegaard auch das Christentum. Er bringt das Christentum so zur Geltung, daß es mit Hilfe der der ethischen Theorie entstammenden Gedanken zur Darstellung kommt. In der Deutung des Christentums legt die ethische Theorie nach Kierkegaards Meinung nicht ein Anderes aus, sondern wird ihres eigenen Sinnes ansichtig." *Die Ethik Sören Kierkegaards*, 239. (Allerdings möchte ich mich Hauschildts These über die im wesentlichen mit Kant und Fichte *übereinstimmende* ethische Theorie Kierkegaads nicht anschließen.) Zur Rolle des ‚Ethischen' im Spätwerk vgl. auch H. Deuser: *Dialektische Theologie*, pass.; M. Kiefhaber: *Christentum als Korrektiv*, 51 ff.

[38] „Die erste Ethik ignoriert die Sünde, die zweite Ethik hat die Wirklichkeit der Sünde innerhalb ihres Bereichs [...]. Die erste Ethik setzt die Metaphysik voraus, die zweite die Dogmatik, vollendet sie aber auch dergestalt, daß hier wie überall die Voraussetzung herkommt." (BA 21)

Ethik', diejenige um welche es Kierkegaard in allen seinen Texten geht, ist kein Gegensatz mehr zum Religiösen, aber sie erhält durch den Glauben eine andere Gestalt[39]. Auch dann fallen Religion und Ethik zwar nicht zusammen, aber es ist unmöglich, sie in der Weise von Johannes de Silentio einander gegenüber zu stellen.[40]

Von daher macht es einigen Sinn, das in *Furcht und Zittern* der *Gottesbeziehung* Abrahams Vorbehaltene auch auf die Grundsituation der ‚Ethik Kierkegaards' zurückzubeziehen. Vieles von dem, was Derrida als die „extremsten Absichten" des Kierkegaardschen Diskurses postuliert und auf seine Weise weiter entfaltet, läßt sich in den Texten Kierkegaards wiederfinden, wenn auch die Argumentationszusammenhänge verschieden sind. Der ‚*Augenblick der Entscheidung*' als der Akt, durch den das Ich sich als ein Selbst konstituiert – also die Grundhandlung des Ethischen –, wird von ähnlichen Aporien heimgesucht, wie sie Derrida in *Donner la mort* und anderswo analysiert. Allerdings kann man sich in bezug auf den ‚*Ort der Entscheidung*'[41] wohl fragen: Welche Rolle spielt in Kierkegaards Ethik tatsächlich die Begegnung mit dem Anderen oder der Anderen im Verhältnis zum ganz Anderen? Denn daß der primäre Bezugspunkt von Kierkegaards Ethik keineswegs d. Andere, d. Nächste, sondern die Konstitution eines wahrhaften *Selbst* ist, scheint unbestreitbar. Insofern konnte Levinas in Kierkegaard einen typischen Vertreter der *egologischen* Tradition abendländischer Ethik erkennen. Derridas Kierkegaardinterpretation könnte jedoch darauf aumerksam machen, daß wir es bei Kierkegaards Ethik dennoch mit einer radikalen Provokation traditioneller Ethikkonzepte zu tun haben. Es wird im folgenden darum gehen, einige solcher Provokationen zu benennen, die in die Richtung von Derridas Denken weisen.

---

[39] Vgl. dazu A. Grøn: *Kierkegaards ‚zweite' Ethik*, wo er darauf hinweist, daß es hierbei um eine *andere* Ethik geht, die aus einer ‚Ethikkritik' hervorgeht und ihr eigenes Unvermögen mitthematisiert. Für diese andere Ethik sei nicht bloß relevant, „was man tut, sondern wie man das tut, was man tut" (a.a.O., 365). Dabei handelt es sich um eine „Ethik des Sehens": Es kommt darauf an, wie man den anderen *sieht* – und in dieser Situation sich selbst (a.a.O., 367). A. Grøn bezieht sich dabei vor allem auf das Buch *Der Liebe Tun*, das er interessanterweise im Sinne einer „Ethik der Gabe" liest (a.a.O., 368).
[40] Vgl. in diesem Sinne auch M. Kiefhaber: *Christentum als Korrektiv*, 91, Anm. 305.
[41] Ich erinnere an Levinas' Formulierung in: *Totalität und Unendliches*, 106ff.: „Die Dimension des Göttlichen öffnet sich vom menschlichen Antlitz aus. [...] Der Andere ist der eigentliche Ort der metaphysischen Wahrheit und für meine Beziehung zu Gott unerläßlich".

4.2.1. Provokationen

Kierkegaards Kritik der Zweckrationalität

Eine der am meisten kritisierten Eigentümlichkeiten der Kierkegaardschen Ethik liegt in seinem Zurückweisen aller Zweckrationalität ethischen Handelns[42]. Dazu gehört vor allem die Beurteilung des Handelns nach seinem Ausgang. Die Berufung auf die Folgen, d.h. den Erfolg, und sei es auch erst im Urteil der Nachwelt, heißt für Kierkegaard, jede Verantwortlichkeit zu untergraben. Programmatisch wird schon in *Furcht und Zittern* die Beurteilung des Handelns nach seinem Ausgang als „eine sonderbare Mischung von Hochmut und Jämmerlichkeit" bezeichnet. Die Folgen einer Handlung, und seien es auch die wohltätigsten Folgen für die Menschheit, dürften in keinerlei Bewährungskalkül des eigenen Wahrheitsanspruchs einbezogen werden. Allein die Beachtung des Anfangs und nicht das Schielen nach dem Ausgang mache ethisches Handeln im strengen Sinne möglich:

> „Sofern der, welcher handeln soll, sich beurteilen will nach dem, wie es ausgeht, kommt er niemals dazu, anzufangen. Mag auch der Ausgang eine Freude sein für die ganze Welt, dem Helden hilft das schlechterdings nichts; denn den Ausgang hat er erst zu wissen bekommen, nachdem das Ganze vorbei war, und nicht damit wurde er zum Helden, sondern ist es damit gewesen, daß er anfing." (FZ 68)

Kierkegaards scharfe Unterscheidung zwischen „welthistorischer" und „ethischer" Betrachtung will – Kierkegaard erweist sich hier als guter Kantianer – sichern, daß gegenüber der Absicht „jede Wirkung unendlich gleichgültig ist" (AUN I 145):

> „Im Unbedingten erlischt alle Zweckhaftigkeit [...] Nur wenn jedes ‚weshalb' in der Nacht des Unbedingten erlischt und im Schweigen des Unbedingten verstummt, nur dann kann ein Mensch alles wagen; ahnt er ein ‚weshalb', so wird er etlichermaßen geschwächt [...]." (X^4 A 613 / T V 96f.)

Im Horizont einer von Max Weber und Hans Jonas geprägten ethischen Debatte über den Begriff der Verantwortung mag dieses Absehen Kierkegaards von den Folgen der Handlung befremdlich, ja ‚verantwortungslos' anmuten.[43] Allerdings fordert Kierkegaards Ethik

---

[42] Darauf bezieht vor allem K.M. Kodalle seine gesamte Kierkegaardinterpretation: vgl. *Die Eroberung des Nutzlosen*, bes. 87-119. Kodalle unterstreicht damit jenen Aspekt von Kierkegaards Denken, der es ihm erlaubt, Kierkegaard – wie in der Einleitung skizziert – auch in ein Gespräch mit postmodernen ‚Abenteuern des Geistes' zu verwickeln.

[43] Zur Diskussion des Verantwortungsbegriffs im 20. Jahrhundert vgl. H. Kreß / W.E. Müller: *Verantwortungsethik heute,* bes. 13-21. 75- 92. 115-151.

durchaus keinen Verzicht auf Reflexion. Entgegen dem oft erhobenen Irrationalismus-Einwand gegen solchen Begriff von Entscheidung muß auch für Kierkegaard daran festgehalten werden, daß dessen Kritik am „Zeitalter der Reflexion" keineswegs die Reflexion zu unterlassen vorschlägt. Kierkegaard betont in der *Literarischen Anzeige* immer wieder, „daß im Gegenteil ihre Durcharbeitung die Bedingung dafür ist, intensiver zu handeln" (LA 118). Wenn sich das Christentum im Zeitalter der Reflexion behaupten wolle, dann gälte es, einen neuen und eigentümlichen Umgang mit der Reflexion zu üben. Es komme darauf an, wie er im Tagebuch vermerkt, „dem Christentum die Sprungfeder wieder einzusetzen, und zwar so, daß es gegenhalten kann – gegen die Reflexion" (IX A 248 / T III 62). Es geht ihm um eine „mit Reflexion bewaffnete Einfalt" (LA 119). Auch wenn das Handeln in einer unüberwindlichen Spannung zu der das Sicherheitsinteresse befriedigenden Klugheit steht, warnt Kierkegaard vor einer Verwechslung von „Handlung wider Klugheit [...] mit Handlung ohne Klugheit" (ebd.). Worauf Kierkegaard aufmerksam macht, ist aber, daß auch die Folgenabschätzung das Wagnis der Entscheidung letztlich nicht erleichtern kann, *Entscheidung* im eigentlichen Sinne nicht überflüssig macht. Die Selbstkonstitution in der ethischen Entscheidung und mithin ‚Verantwortung' vollzieht sich deshalb eben erst dort, wo keine *sicheren* Prognosen und Kriterien mehr gegeben sind, wo kein Abwägen und Abwarten, kein Vergleich mit anderen, kein Sammeln von Mehrheiten usw. mehr möglich ist. Nach Kierkegaard wäre erst dies die eigentliche Situation der Verantwortung.[44]

Zum anderen steckt hinter Kierkegaards Mißtrauen gegenüber dem Schielen auf die Folgen ein theologisches Argument: Letztlich sei es ein „vermessenes Wagestück", als ein endlicher Geist den Sinn-Kontext geschichtlichen Handelns übersehen, d.h. „in Wahrheit sehen" (AUN I 131) zu wollen. Diese spekulative Anmaßung setze sich faktisch an die Stelle eines göttlichen Wissens. Kierkegaards Begriff des Ethischen geht es grundsätzlich darum, das Rechnen mit dieser Perspektive göttlicher Mitwisserschaft dem Handelnden zu verbieten. Die Unübersichtlichkeit des Handlungskontexts ist keine

---

[44] Zur ‚Situationsethik' Kierkegaards vgl. H. Deuser: *Kierkegaard*, 104: „Die *pragmatische Situationsbestimmung* ist letztlich Kierkegaards Wahrheitsinstanz. Das gilt politisch genauso wie ethisch und christlich. Sokrates bleibt das Vorbild für radikale, situationsintensive Kritik, die sich nicht mit noch so gut gemeinten Programmen vertrösten und auch nicht durch noch so schwere Mißerfolge abschrecken läßt."

nach und nach aufzuklärende Unzulänglichkeit, sondern die conditio humana.⁴⁵

Kierkegaard scheint sich hier an einen strengen Kantianismus zu halten. Alle Folgen der Handlung sind bestenfalls mit einem „vielleicht" (vgl. AUN I 138) behaftet und können Moralität nicht begründen. Darüber hinaus verwickeln sie den Handelnden in ein ‚Belohnungskalkül', das auch nach Kant jeder Moralität entgegensteht: „Die wahre ethische Begeisterung wurzelt darin, mit äußerster Kraft zu wollen, aber zugleich [...] niemals daran zu denken, ob man dadurch etwas ausrichtet oder nicht. Sobald der Wille danach zu schielen anfängt", erschlafft seine Energie oder „sie entwickelt sich abnorm zu einem [...] lohnsüchtigen Streben". (AUN I 124f.) All dies erinnert an eine Rückkehr zu Kants ‚moralischer Autonomie'.

Nun ist aber *Furcht und Zittern* von der ersten bis zur letzten Zeile der Versuch, *diese* Autonomie der Vernunft ihrerseits zu untergraben. Denn moralische Autonomie bedeutet genau die Absage an jede Inanspruchnahme durch Gott oder durch d. Andere(n), die sich nicht vor dem Forum der praktischen Vernunft als ‚berechtigt' erwiesen hätte. Die Kantische Subjektivität ist gebunden nur an ein Gesetz, dessen Grund und Autor sie selber ist – *qua* Vernunft. Und sie ist gebunden, weil sie sich selber daran bindet. In der Beziehung zum Anderen bewahrt sie deshalb volle Souveränität. Die *Störung* einer solchen Souveränität der Vernunft *durch den Anruf des ganz Anderen* – das ist es letztlich, worum es in *Furcht und Zittern* geht. Und diese Störung ereignet sich offenbar jenseits der Alternative von ‚Gesinnungs-' und ‚Verantwortungsethik'.

Wie sehr Kierkegaard diese Logik nicht nur im Namen des ‚Religiösen' (so in *Furcht und Zittern*), sondern durchaus im Namen der (christlichen) ‚Ethik' zu durchbrechen versucht, ist besonders gut in *Der Liebe Tun* abzulesen. Eine Schrift, die nicht umsonst als „Kierkegaards *wirkliche* Ethik"⁴⁶ bezeichnet wurde. Und hierbei spielt vor al-

---

⁴⁵ In ein solches Fazit läßt auch K. Schäfer seine *Hermeneutische Ontologie* münden: „Wirklich ist somit der, der prompt, sofort, augenblicklich, für das ihm mögliche Gute da ist und sein Leben einzig in dieser inneren Entschiedenheit hat. [...] Es ist die Augenblicklichkeit, in der man sich selber versteht, indem man versteht, wozu man da ist, weil man handelnd unbedingt auf dieses Wozu eingeht. Die Wirklichkeit ist die Zeitigung des Gut-Seins im Da-Sein für das Gute." (A.a.O., 204.)

⁴⁶ Vgl. H. Deuser: *‚Die Taten der Liebe': Kierkegaards wirkliche Ethik*. Zur Interpretation von *Der Liebe Tun* vor allem in bezug auf die mich hier interessierende Nähe Kierkegaards zu einer Ethik-Kritik im Sinne von Derrida oder Levinas vgl. neben M. Westphal: *Commanded Love and Moral Antonomy* besonders M. Jamie Ferreira: *Asymmetrie and Self-Love: The Challenge to Reciprocity and Equality*.

lem die *Unendlichkeit der Schuld* und der Abweis der *Reziprozität* der Verpflichtung eine entscheidende Rolle.

In *Der Liebe Tun* heißt es: „Lieben heißt, in eine unendliche Schuld gekommen sein." (LT 206) Und zwar dadurch, daß der Liebende „unendlich gibt" (LT 195). Deshalb könne die Liebe streng genommen niemals sich selbst zum Gegenstand werden, was vor allem im *Vergleich* der Fall wäre. „Mit dem Vergleich ist alles verloren, ist die Liebe verendlicht, die Schuld abzahlbar." (LT 202) Kierkegaard denkt hierbei zunächst an den Vergleich mit der Liebe anderer oder auch mit den von der Liebe bisher vollbrachten Taten. In einem solchen Augenblick ist der Mensch, „zählend und wägend, im Begriff, aus der Schuld herauszukommen, oder ist vielleicht, in großer Selbstzufriedenheit, schon mehr als heraus aus der Schuld – d.h. mehr als heraus aus der Liebe" (ebd.). Was man dabei verliert, ist der „Augenblick" (ebd.) – und zwar jener Augenblick des ‚Wahns', von dem unten noch genauer die Rede sein wird.

Worauf die Liebe nach Kierkegaard aber genauso verzichtet, ist der Vergleich mit derjenigen oder demjenigen, der oder dem meine Liebe gilt. Dieser Abweis der Reziprozität der Liebesverpflichtung durchzieht fast alle Reden in *Der Liebe Tun*. Am eindrücklichsten (und provozierendsten)[47] kommt dies in der vorletzten Rede über *Der Liebe Tun, eines Verstorbenen zu gedenken* (LT 378-392) zum Ausdruck. So wie die „Liebe" überhaupt für dasjenige Verhältnis zum/zur Anderen steht, das gänzlich „uneigennützig" ist, ja das den Gedanken an „Wiedervergeltung" gänzlich aus sich ausschließen muß, so könne sich dies in ausgezeichneter Weise in derjenigen Liebe bewähren, mit der man eines Verstorbenen gedenkt. Der „Tote leistet in keinem Sinne Wiedervergeltung" (LT 383). Daher scheint das liebende Gedenken an den Toten eine „so hoffnungslose", eine „so undankbare Arbeit" zu sein. Aber gerade darin könnte dies ein Prüfstein dafür sein, was ‚eigentlich' Liebe heißt:

„Viel Liebe, zweifellos die meiste Liebe, würde sich bei schärferer Prüfung gewiß als Selbstliebe erweisen. Aber die Sache ist die, im Liebesverhältnis zwischen Lebenden besteht doch gewöhnlich Hoffnung, Aussicht auf Wiedervergeltung, zumindest auf die

---

[47] Dieser scheinbare Verzicht Kierkegaards auf jede weltliche Realisierung einer Liebesbeziehung ist immer wieder zum Anlaß des Akosmismus-Vorwurfs gegenüber Kierkegaard genommen wurden. Besonders prominent ist Adornos Kommentar in *Kierkegaards Lehre von der Liebe*, 234ff. Vgl. dazu die treffende ‚Verteidigung' Kierkegaards durch P. Søltoft: *The Presence of the Absent Neighbor in Works of Love*.

Wiedervergeltung der Gegenliebe; und im allgemeinen kommt auch die Wiedervergeltung. Aber diese Hoffnung, diese Aussicht, samt dem, daß dann die Wiedervergeltung kommt, bewirkt, daß man nicht ganz sicher sehen kann, was nun Liebe und was Selbstliebe ist, weil man nicht ganz sicher sehen kann, ob die Wiedervergeltung erwartet wird, und in welchem Sinne. Im Verhältnis zu einem Verstorbenen hingegen ist die Beobachtung so leicht. O, wofern die Menschen es gewohnt wären, in Wahrheit uneigennützig zu lieben, so gedächte man gewiß auch der Verstorbenen anders, als man es üblicherweise tut, wenn die erste, zuweilen ziemlich kurze Zeit vorüber ist, in der man die Verstorbenen recht überweise mit Jammern und Lärmen liebt." (LT 384)

Allerdings darf man hieraus nicht folgern, daß das Fehlen jedweder Gegenseitigkeit hier als Kriterium einer Liebesbeziehung ausgegeben wird. *Daß* es Gegenseitigkeit *gibt*, gehört auch für Kierkegaard zum Wesen der Liebe. Diese stellt sich ein. (Derrida würde sagen: Die Gabe eröffnet unweigerlich die Zirkulation.) Aber Kierkegaard geht es darum, daß das *Aussein* auf Wiedervergeltung die Beziehung zum Anderen einem Kriterium unterwirft, das vielleicht das Wesen der Ethik – auf jeden Fall das der Liebe – verfehlt. Wenn es ein ‚Wechselverhältnis' gibt, dann „ein unendliches von beiden Seiten" (LT 200). Als solches aber entzieht es sich jeder Spekulation.[48]

Diskursverweigerung

Kierkegaards Abweisung jedes *Vergleichens*, wenn es um *Pflicht* geht, führt ihn dazu, mit äußerster Schärfe gegen all das einzutreten, was wir heute vielleicht eine ‚kommunikative Ethik' bzw. ‚Diskursethik' nennen würden.[49] Vor allem Kierkegaards Kritik an ‚seiner Zeit' speist sich aus solchem Mißtrauen gegenüber einer auf diskursive Konsense dringenden öffentlichen Moral. Kierkegaard scheint für jede Kommunikation darüber, *was* zu tun sei, nur Spott übrig gehabt zu haben: „Geschwätz und Gerede und Geplapper anstatt Handlung sind es doch, was die Menschen haben wollen." (Pap. VI A 110 / T II 57) Kierkegaard scheint an dieser Stelle keinerlei Verständnis für eine intersubjektive Urteilsbildung zu haben. Für die ‚demokratische' Idee, die sich von der Diskussion als solcher eine qualitative Überwindung der Insuffizienz der Einzelnen verspricht, hat er nur Spott übrig:

---

[48] Zur Kritik des *do ut des*-Prinzip in Kierkegaards Ethik vgl. auch M. Kiefhaber: *Christentum als Korrektiv*, 57 f. 97 f.

[49] Zur Interpretation der Kommunikationstheorie Kierkegaards vgl. H. Deuser: *Kierkegaard*, 75 ff.; K. Schäfer: *Hermeneutische Ontologie*, 81; A. Clair: *Pseudonomy et Paradox*, 29 ff.; R.E. Anderson: *Kierkegaards Theorie der Mitteilung*, 437.

"Anstatt sich als Einzelner, jeder besonders, mit sich selbst einig zu werden, was man im einzelnen (in concreto) will, bevor man anfängt, sich zu äußern, hat man eine abergläubische Vorstellung, wie nützlich es sei, eine Diskussion zu veranlassen." (BÜA 11) Die Abkopplung ethischer Verpflichtung von jeder kommunikativen Verständigung bzw. Vergewisserung ist besonders provozierend an Kierkegaards Urteil über die Freundschaft ablesbar. Jede Erleichterung des Wagnisses der Entscheidung erscheint ihm als Bedrohung. Es gehöre demnach eine große innere Stärke dazu, „um sich der Gefahr aussetzen zu dürfen", einen Freund zu haben. „Denn ein Freund hilft einem ganz gewiß nicht zum Wagen und Opfern, wohl aber zum Feilschen und Heruntergehen – und daher läßt es sich erklären, daß man so vielfältig redet zu der Freundschaft Ehre und Preis." (EC 122)

Die Vereinzelung im verantwortlichen Handeln und das Herausfallen aus dem lindernden Medium der Sprache sind nun aber im *Problema III* von *Furcht und Zittern* noch auf einer anderen Ebene verhandelt worden. Das Schweigen Abrahams ist nämlich Ausdruck des Spannungsverhältnisses zwischen dem auf allgemeine Rationalisierung und Intersubjektivität setzenden Diskurs und der aus jeder Vermittlung herausfallenden Unbedingtheit ethischer Verpflichtung. Das heißt zwar nicht, daß die Perspektive der Intersubjektivität keine Bedeutung mehr hätte. Der Einwand des Allgemeinen muß mit allem erdenklichen Gewicht auf dem sich entziehenden Einzelnen lasten: „Du hättest reden sollen, wie willst du Gewißheit finden, daß nicht doch ein versteckter Hochmut deinen Entschluß gelenkt hat." (FZ 127) Kierkegaard weiß, daß sich im Schweigen auch eine „dämonische" Verweigerung und eine fanatische Verlockung zum Abbruch der Kommunikation, d.h. zur Gewalt, behaupten kann. Aber dennoch oder gerade deshalb muß der Einzelne das Martyrium des Unverstandenseins aushalten, „die furchtbare Verantwortung der Einsamkeit" (FZ 130).

Kierkegaard unterläuft damit die Grundvoraussetzungen jeder *Diskursethik*. Denn ein solcher Ansatz, wie ihn vor allem Habermas begründet hat, setzt auf die Plausibilität, daß gerade erst die Kommunikation mit anderen eine ethisch verantwortbare Entscheidung veranlassen und *legitimieren* könne. Diese Prüfung der eigenen Vorurteile und Ansprüche und die Suche nach (wenn auch immer nur) partiellen und temporären *Konsensen* sei Grundbedingung des sozialen Miteinanders. Gerade im politischen Raum böte die Staatsform der Demokratie die Chance zur diskursiven Bewährung einer solchen Wertegemeinschaft. Die Kierkegaardsche ‚Verweigerung' gegenüber der Kommunikationsgemeinschaft nimmt aus dieser Sicht pathologische Züge an.[50]

Aber für Kierkegaard ist keineswegs sicher, daß das kommunizierende Ich durch die Kommunikation an Verantwortlichkeit gewinnt. Hinterrücks würde sich dabei vielmehr eine sublime Form von Beherrschung einstellen. Nicht nur, daß es auch nach Kierkegaard einen ‚herrschaftsfreien Diskurs' nicht geben wird, sondern durch die Delegierung der Entscheidung an einen anonymen Konsens geraten die Diskursteilnehmer in ein Leben aus zweiter Hand, das sich jeder Fähigkeit zur ethischen Entscheidung beraubt. Diese Entlastung durch das stellvertretende Handeln anderer wird durch den Rekurs auf einen angeblichen Konsens nicht nur verstärkt, sondern geradezu provoziert. Der ‚Spießbürger' würde „niemals etwas zuerst tun und niemals eine Meinung haben, von der er nicht erst wüßte, daß auch andere sie hätten; denn dieses ‚die anderen' wäre gerade sein Erstes." (AUN I 236f.)

Mit bemerkenswerter Scharfsicht ist Kierkegaard bekanntlich auf die Bedenklichkeiten der seinerzeit gerade aufkommenden Massenmedien, d.h. vor allem der Presse, aufmerksam gewesen.[51] Hinter der

---

[50] Vgl. etwa Habermas, Bezugnahmen auf Kierkegaard in *Nachmetaphysisches Denken*, 202-210. Allerdings kann man auch Kierkegaards Interventionen als eine Art ‚Kommunikation' verstehen. Kodalle schreibt dazu: „Die Verweigerung der Kontinuität des Diskurses macht die anderen womöglich sprachlos vor Staunen! Dieser Entzug der Subjektivität *erschließt* gerade dem Allgemeinen die Achtsamkeit auf die Brüche, aus denen eine neue geschichtliche Gestalt der Allgemeinheit entspringen könnte. Solches Schweigen kann also sehr beredt sein: Es bringt zu Bewußtsein, daß auch bei Einfügung in optimal rationalisierte Kommunikationsmechanismen (positiv gesehen) in jeder Mitteilung ein überschießender, kategorial nicht einzufangender Schein enthalten ist, dessen Sinn sich zukünftig erst entbergen könnte, und daß (negativ gesehen) die Rationalität des Diskurses das abgründige Nichtverstehen zwischen den Subjekten eher nur ertragen hilft, als es aufhebt." Kodalle: *Die Eroberung des Nutzlosen*, 138.

[51] Vgl. dazu Deuser: *Kierkegaard*, 78f. 99ff.: „Was Kierkegaard an der Presse seiner Zeit und ihren Wirkungskategorien: Publikum, Geld, Anonymität, analysiert, ist sicher symptomatisch und prophetisch geblieben; trotzdem ist nun nachträglich auch abwägend seine Verbissenheit und Übertreibung in dieser Sache zu erkennen. So brutal, wie er die Presse und die Journalisten seiner Zeit beschreibt, sind diese nicht gewesen, im Gegenteil, verglichen mit den gewöhnlichen Zuständen im 20. Jahrhundert, müssen die Verhältnisse im Kopenhagen des 19. Jahrhunderts idyllisch erscheinen. Kierkegaards Sensibilität und sein Wahrheitspathos vergrößern die Gefahren auf ein Maß, das erst die Zukunft bestätigt." (A.a.O., 100.) Vgl. weiterhin M. Kiefhaber: *Christentum als Korrektiv*, 62ff., der in diesem Zusammenhang übrigens auch eine Brücke von Kierkegaard zu J. Baudrillard und Derrida zu knüpfen versucht (a.a.O., 65f.).

propagierten Forderung nach vollkommener Öffentlichkeit und der Berufung auf das Informationsbedürfnis der Bürger steht nach seiner Meinung ein gefährlicher, unkontrollierter Machtwille. Indem die Presse d. Einzelnen den Anschein von eigener Urteilsbildung und Beteiligung am öffentlichen Leben suggeriere, führe sie in Wahrheit zu einer noch größeren Passivität und Konformität. Die ‚öffentliche Meinung' sei in der Lage, sich letztlich aller Individualität zu bemächtigen und sie dadurch zu entwerten. Nichts scheint in diesem Sinne gefährlicher als die „trügerische Suggestion des Einverständnisses"[52]. In Wahrheit bedeuten solche Einräumungen lediglich die Flucht aus der konkreten Individualität in eine unverbindliche Abstraktion, die „alle individualisierenden Konkretionen" (LA 94) verschwinden läßt.

Kierkegaards ‚politische Theologie'

Auch wenn Kierkegaards Kritik der Zweckrationalität jedes Handlungskalkül, das auf bestimmte gesellschaftliche, politische oder kirchliche Reformprogramme zielt, abzulehnen scheint, darf man seine Ethik deshalb nicht mit einer Innerlichkeitstheologie identifizieren, für die welthaftes Handeln überhaupt gleichgültig wäre. Kierkegaards Schriftstellerei verdankt sich nicht zuletzt einer eminent *politischen* Motivation.

Es hat immer einige Interpreten gegeben, die Kierkegaard als Denker des Politischen begriffen haben.[53] Und gerade die Kierkegaard*rezeption* war immer mit politischen Ambitionen verknüpft.[54] Aber der Hauptstrom der (theologischen) Kierkegaardrezeption sah in ihm zumeist eine so starke Fixierung auf ‚den Einzelnen', daß eine ‚politische Theologie' mit Kierkegaard geradezu für unmöglich gehalten wurde. Erst in den 70er Jahren ist auch die politische Brisanz des Kierkegaardschen Denkens ausführlich untersucht worden.[55]

---

52 K.-M. Kodalle: *Die Eroberung des Nutzlosen*, 173.
53 Hier ist vor allem auf Theodor W. Adorno, Walter Benjamin, Carl Schmitt, Karl Löwith und natürlich auf Jean-Paul Sartre zu verweisen. Vgl. dazu Kodalle: *Die Eroberung des Nutzlosen*, 163-167.
54 Dies ließe sich besonders eindrücklich an der Rezeptionsgeschichte der *Literarischen Anzeige* verfolgen. Kierkegaards dortige Charakterisierung „unserer Zeit" hat zu immer neuen Identifizierungen und Übertragungen auf ein sich wandelndes Epochenbewußtsein geführt. Vgl. dazu die instruktiven Analysen und Beispiele bei W. Grewe: *Kierkegaard im Nationalsozialismus*, 39f.
55 Hier ist besonders zu nennen: B. Henningsen: *Die Politik des Einzelnen*; H. Deuser: *Sören Kierkegaard. Die paradoxe Dialektik des politischen Christen* und ders.: *Kierkegaard*, 84ff. bzw. K.-M. Kodalle: *Die Eroberung des Nutzlosen*, 173-191.

In diesem Zusammenhang ist vorgeschlagen worden, Kierkegaard als einen „konservativen Revolutionär"[56] zu bezeichnen. Diese Kennzeichnung versucht, beiden Aspekten in Kierkegaards Verhältnis zum Politischen gerecht zu werden. Denn auf der einen Seite steht sein offenkundiger Konservatismus, seine Ablehung der Revolution von 1848, seine Skepsis gegenüber jeder ‚demokratischen' Mobilmachung der ‚Massen' und seine Hochschätzung der königlichen Autorität.[57] Aber auf der anderen Seite hat Kierkegaard wie wenige Zeitgenossen die tiefgreifenden Veränderungen wahrgenommen, die die Dialektik der Emanzipation – und zwar in ihrer gesamteuropäischen Dimension – für die Stellung des Einzelnen in der Gesellschaft und für das Wesen des Politischen überhaupt mit sich brachte.[58] Seine Skepsis gegenüber der ziellosen revolutionären ‚Bewegung', wie er sie 1847 in Kopenhagen erlebte, waren für ihn alarmierende Zeichen dafür, daß das bürgerliche Subjekt bei weitem nicht fähig, ja nicht einmal willens war, sich diesem Prozeß zu stellen. Kierkegaards Theologie, d.h. das, was er vom Christentum und von der Kirche in dieser Situation erwartete, zielte darauf, diesen Emanzipationsprozeß so zu radikalisieren, daß Verantwortung *unter den Bedingungen der Moderne* neu

---

[56] Vgl. H. Fauteck: *Kierkegaard – ein konservativer Revolutionär*, 141.
[57] Agacinsky spricht in diesem Zusammenhang von einem geradezu „infantilen Paternalismus": „La peur domine toujours: peur des puissances du nombre, peur qu'on touche à la loi, au pouvoir en place, à l'ordre établi. (Ou au père? S'il y avait une ‚politique de K.', on pourrait la désigner d'un mot: paternalism.) Il a beau jouer de toutes les nuances du mépris: dès qu'il est contraint de considérer le monde d'un point de vue politique, il est dominé par la peur – une peur trop manifeste pour qu'on croir à une quelconque ‚indifférence politique', à supposer qu'une telle indifférence fût possible." *Aparté*, 189f. Agacinsky widmet dieser ‚Politik Kierkegaards' dennoch eine sehr interessante Analyse, vgl. bes. a.a.O., 189-211. Vor allem bietet sie eine aufschlußreiche Doppellektüre von Kierkegaard und Marx bezüglich deren Verhältnisbestimmung von Religion und Politik. Da sich Agacinsky dabei auf Marx' Schrift *Zur Judenfrage* bezieht, ergeben sich auch interessante Hinweise auf bestimmte Typologien des „Jüdischen" im Rahmen der politischen Kontoversen des 19. Jahrhunderts.
[58] Vgl. die hervorragende Darstellung dazu bei K. Nordentoft: ‚*Hvad siger Brand-Majoren?*': „Mit der einen Seite seines Wesens tief verwurzelt im alten Ordnungssystem, reagiert Kierkegaard heftig auf die Veränderungen der Gesellschaft, die als totaler Zusammenbruch erlebt werden, doch gleichzeitig findet der Zusammenbruch tiefen Widerhall in einer anderen Dimension seines Wesens, die mit der Katastrophe als einer Lebensbedingung übereinstimmt. Deshalb reagiert er nicht nur konservativ, sondern auch im Einverständnis mit den Umwälzungen [...] Beständig in Opposition, ist er doch zugleich solidarisch mit dem, was geschieht." (A.a.O., 248, zitiert nach Deusers Übersetzung in: H. Deuser: *Kierkegaard*, 87).

möglich wurde. Ein einfaches Zurück zu überholten monarchischen Herrschaftsmustern unter Verleugnung der faktischen Emanzipation des Bewußtseins, d.h. des Zeitalters der Reflexion, war auch für Kierkegaard keine Alternative. Doch um die Chancen der Demokratisierung wirklich wahrzunehmen, müßten vor allem die ‚den Einzelnen' in seinem politischen Handeln entlastenden und manipulierenden Denkfiguren destruiert werden.[59] Die medial gesteuerte Öffentlichkeit führe durch Suggestion ständigen Mitentscheiden-Dürfens statt zu mehr Verantwortung zu einer viel sublimeren Entmündigung. Die fehlende Leidenschaft in Sachen eigenverantwortlichen Handelns stehe dabei in einem komischen Gegensatz zu der allerorts vorgetäuschten Geschäftigkeit und „eingebildeten Wichtigkeit" (LA 86). Die Beschreibung, die Kierkegaard in der *Literarischen Anzeige* von dieser Situation gibt, macht gerade uns spätmoderne Leser(innen) hellhörig:

„Gesetzt solch eine Zeit erfände die schnellsten Beförderungs- und Verkehrsmittel, unzählige Auskünfte, um über vereinigte Geldmittel zu verfügen: wie ironisch daß die Schnelligkeit des Beförderungswesens und das Hasten des Verkehrs in umgekehrtem Verhältnis stehen zur Zauderei der Ratlosigkeit." (LA 67)[60]

Diese Ratlosigkeit äußere sich letztlich in der weinerlichen Klage über den Sinnverlust. Gerade die durch folgenlose Reflexion erfahrene ‚Zweideutigkeit des Daseins' sehne sich nach etwas Festem, Unverrückbarem, an das man sich halten kann. Aber dies führe zu einer Sanktionierung des Bestehenden – obwohl doch die Reflexion dessen

---

[59] Kodalle formuliert m.E. zutreffend: „Revolutionär ist Sören Kierkegaard in dem tieferen Sinne, daß er dem bürgerlichen Subjekt die Krücken ideologischer Selbstsicherung wegschlägt und es zur *Annahme* der von ihm selbst geschaffenen revolutionär-polemischen Realität nötigen will. Nicht länger dürfe es dem Bürger erlaubt sein, sich vor der Verantwortung für die eigene Praxis in nostalgisch abgegrenzte residuale Nischen des revolutionären Prozesses davonzustehlen. Wenn überhaupt, so läßt sich ‚Ordnung' nur restituieren, wenn *beides* bejaht wird: die revolutionäre Beseitigung aller traditionalen Auffangpositionen *und* die Verantwortlichkeit des einzelnen Subjekts für diesen allgemeinen Prozeß." *Die Eroberung des Nutzlosen*, 168.

[60] Vielsagend ist auch folgende Tagebuchnotiz, die sich übrigens sehr gut auf Derridas oben beschriebenen Umgang mit der Babelerzählung beziehen ließe: „Die Eisenbahn-Macht ist ganz und gar ein Versuch à la Babel. [...] Unglücklicherweise begann ungefähr gleichzeitig das Neue, 1848. Die Eisenbahnen verhalten sich als Steigerungen zur Idee der Zentralisation. Und das Neue verhält sich zur Zersplitterung in disjecta membra. / Die Zentralisation wird vermutlich auch finanziell Europas Untergang werden." (Pap. X^2 A 497 / T IV 124).

Legitimität längst untergraben hat.⁶¹ Anstatt den selbstbetriebenen Traditionsbruch verantwortlich zu bejahen, beherrscht die Klage über den Verlust der alten Sicherheiten und Eindeutigkeiten die öffentliche Meinung. In der Sicht Kierkegaards manifestiert sich darin ein penetrantes Bedürfnis, das Bestehende für unantastbar zu erklären. Für Kierkegaard ist dies nicht nur ein Versagen gegenüber den Herausforderungen des gesellschaftlichen Wandels (man könnte auch sagen: der Moderne), sondern letztlich „der unaufhörliche Aufruhr wider Gott". Die träge Verteidigung des Bestehenden „ist die selbstgefällige Erfindung des verkehrten weltlichen menschlichen Sinns, der sich zur Ruhe setzen möchte und sich einbilden, daß nunmehr ewiger Friede und Sicherheit sei, nunmehr wir das Höchste erreicht haben" (EC 90). Hier wiederholt sich Kierkegaards Mißtrauen gegenüber der Fixierung auf einen diskursiven Konsens, der allzu leicht zu einer Abschottung des ‚Vernünftigen' gegenüber dem Anderen, Neuen führt. In diesem Sinne interpretiert auch M. Westphal Kierkegaards Differenz zu einer Diskursethik im Sinne Habermas,:

„It is as if Kierkegaard has read Habermas and recognized the Established Order has already succumbed, as the self-love by which every society treats its own conversation, however democratic or undemocratic, as the final word on the True and the Right. In the tradition of the Hebrew prophets, he senses that the divine command gets through to us, if ever it does, only by breaking through the defense with which society has sought to protect itself and its members from its awesome and infinite demand."⁶²

Blicken wir von hier aus noch einmal auf Derrida. In der Tat wiederholen sich bei ihm eine Reihe von Motiven, die man von Kierkegaard her kennt. Wenn es so etwas wie eine Ethik der Dekonstruktion gibt, dann bewegt sie sich durchaus in der Spur jener Kierkegaardschen Dekonstruktion einer Kantischen bzw. Hegelschen Ethik. Ich möchte dies erläutern, indem ich Kierkegaards ‚Verantwortungsethik' Derridas Begriff der ‚Gerechtigkeit' an die Seite stelle.

---

⁶¹ Gesperrt hervorgehoben, geradezu als Grundthese der ganzen *Literarischen Anzeige*, vermerkt Kierkegaard unter der „Ausbeute an Beobachtungen über die zwei Zeitalter": „Eine leidenschaftliche tumultuarische Zeit wird *alles über den Haufen werfen, alles umstoßen; eine revolutionäre aber leidenschaftlose und reflektierende Zeit verwandelt die Kraftäußerung in ein dialektisches Kunststück: nämlich das, alles bestehen zu lassen, aber ihm hinterlistig seine Bedeutung zu entwinden; statt in einem Aufruhr gipfelt sie darin, die innerliche Wirklichkeit der Verhältnisse zu ermatten in einer Reflexionsspannung, welche gleichwohl alles bestehen läßt und das ganze Dasein in eine Zweideutigkeit verwandelt hat, welche in ihrer Tatsächlichkeit da ist, während dialektischer Trug privatissime eine heimliche Lesart unterschiebt – daß es nicht da ist."* (LA 82)
⁶² M. Westphal: *Commanded Love and Moral Autonomy*, 21.

4.2.2. Was ist gerecht? Zur Ethik der Dekonstruktion

Einer der meistdiskutierten Texte im Zusammenhang mit Derridas Ethik ist *Force de loi. Le „fondement mystique de l'autorité"* (*Gesetzeskraft. Der „mystische Grund der Autorität"*)[63]. Es handelt sich dabei um zwei Vorträge, die Derrida 1989 bzw. 1990 gehalten hat.[64] In beiden Vorträgen ging es darum, das Verfahren der Dekonstruktion und eine in der Praxis der Rechtsprechung aufscheinende „Idee der Gerechtigkeit" in Beziehung zu setzen, schließlich sogar beides zu identifizieren. Derridas Spitzensatz „Die Dekonstruktion ist die Gerechtigkeit" (GK 30) ist zweifellos eine starke und überraschende These, die dem Argwohn bezüglich einer Unfähigkeit des ‚Dekonstruktionismus', in ethischen und politischen Fragen verantwortlich Stellung nehmen zu können, eine provozierende Antwort gibt. Der Text hat eine große Diskussion ausgelöst.[65] Vielleicht gerade deshalb, weil sich Derrida hier in durchaus leidenschaftlichem Ton politisch zu Wort meldet. Ohne deswegen behaupten zu wollen, die früheren Texte seien unpolitisch, kann doch eine gewisse Akzentverschiebung konstatiert werden: hin zu einer Dekonstruktion, die vor allem auf die *normativen* Diskursregeln des abendländisch-politischen Denkens gerichtet ist.[66] Zumindest scheint Derrida daran zu liegen, die Aufmerksamkeit stärker auf diese

---

[63] Dieser Text ist zuerst (1990) in englischer Übersetzung erschienen. Inzwischen liegt er auch als französische Einzelveröffentlichung vor (1994). Die deutsche Übersetzung von A. Garcia Düttmann folgt jedoch der englischen Fassung. Der von Derrida leicht überarbeitete französische Text weicht insofern des öfteren von der dt. Ausgabe ab. Allerdings wurde diese von Derrida selbst durchgesehen. Wenn ich im folgenden gelegentlich den französischen Text mitzitiere, handelt es sich also manchmal um Varianten, nicht um das ‚Original'.

[64] Der erste Beitrag wurde vorgetragen auf dem Kolloquium „*Deconstruction and the Possibility of Justice*" im Oktober 1989 an der Cardozo Law School, New York. Daß er im wesentlichen vor Juristen gehalten wurde, prägt entscheidend das Thema des Vortrags. Der zweite Teil kam im April 1990 bei einem an der University of California, Los Angeles, veranstalteten Kolloquium „*Nazism and the ‚Final Solution': Probing the Limits of Representations*" zum Vortrag. Es handelt sich dabei um eine Lektüre von Walter Benjamins Aufsatz *Zur Kritik der Gewalt* aus dem Jahre 1921. In der französischen Ausgabe tragen die beiden Teile die Titel: *Du droit à la justice* bzw. *Prénom de Benjamin*.

[65] Vgl. v.a. die in dem Sammelband von A. Haverkamp (Hrsg.): *Gewalt und Gerechtigkeit. Derrida – Benjamin* enthaltenen Aufsätze. Weiterhin: S. Critchley: *The Ethics of Deconstruction*; R. Bernasconi: *Ethische Aporien*, 345ff.; J.D. Caputo: *Hyperbolic Justice: Deconstruktion, Myth an Politics*, 3ff. und H.M. Schönherr-Mann: *Postmoderne Perspektiven des Ethischen*, 85ff.

[66] Vgl. H.-D. Gondek / B. Waldenfels: *Derridas performative Wende*, 10ff.

im Projekt der Dekonstruktion immer schon angelegten Implikationen zu richten.[67] Dies wird in Büchern wie *L'autre Cap*, *Spectres de Marx* und nicht zuletzt *Donner la mort* entschieden fortgeführt.

Ohne hier näher auf Derridas Lektüre von Walter Benjamins *Zur Kritik der Gewalt*, auf die *Force de loi* zusteuert, einzugehen[68], sei folgender Ausgangspunkt festgehalten: Wie Benjamin stellt Derrida das „Recht" als Ganzes unter den Verdacht, wesentlich auf „Gewalt" gegründet zu sein. Dies beruhe nicht nur darauf, daß das Recht immer einer gewissen Gewalt bedarf, um angewendet, durchgesetzt, „enforced" zu werden und daß auf jeden Fall die Einsetzung des Rechts mit einem ursprünglichen „Gewaltakt" verbunden ist[69] – die deutschen Worte „gesetzgebende Gewalt", „Staatsgewalt" usw. bewahren die Erinnerung an diesen Ursprung des Rechts. Die grundsätzliche Gewalt des Rechts aber hat vor allem mit seinem Charakter als *allgemeines* Gesetz zu tun, das notwendig vereinfacht, den stets unvergleichlichen Fall unter eine allgemeine Regel zwingt und so gerade den Anspruch der „Gerechtigkeit" verfehle. Diese bestehe nämlich nach Derrida gerade darin, dem

---

[67] Eine Art ‚Vorarbeit' stellt vielleicht Derridas Einsatz für ein internationales Unterstützungskommitee für Nelson Mandela dar, das 1983 gegründet wurde und 1986 mit einer Textsammlung *Pour Nelson Mandela* an die Öffentlichkeit trat. Derrida hat dazu einen Text beigesteuert (*Admiration de Nelson Mandela ou Les Lois de la réflexion*), in dem er Mandela als einen „Mann des Gesetzes" bewundert, der im Namen des Rechts gegen das (geltende) Recht kämpft. Auch schon hier arbeitet Derrida das Spannungsverhältnis von Recht, Gerechtigkeit und Gewalt heraus. Vgl. dazu W. Lesch: *Wer hat Angst vor Dekonstruktion?*, 44f.

[68] Vgl. besonders D. Cornell: *Vom Leuchttum her*, 60ff.; A. Haverkamp: *Kritik der Gewalt und die Möglichkeit von Gerechtigkeit*, 7ff.; R. Gasché: *Über Kritik, Hyperkritik und Dekonstruktion*, 196ff. bzw. P. Gehring: *Gesetzeskraft und mystischer Grund*, 226ff.

[69] Das ist es, was Derrida in Anlehnung an Pascal bzw. Montaigne den „mystischen Grund der Autorität" nennt: Das Aufkommen des Rechts und der Gerechtigkeit impliziert einen Akt der Gewalt, und zwar vor allem derjenigen Gewalt, die im Akt der *Begründung*, der Rechtfertigung bzw. der Deutung des Rechts liegt. Derrida spricht von einer „performativen Kraft" (GK 27), das Sprechen, das Begründen selbst *ist* gewissermaßen die rechtsetzende Gewalt. Das gehört gerade zu der wirklich rechtsetzenden Gewalt, daß sie zugleich auch ihre Legitimation in Kraft setzt. Diese Gewalt ist prinzipiell von keinem „höheren Recht" her kritisierbar, denn sie entscheidet erst darüber, was als „höchstes Recht" zu gelten hat. „Kein rechtfertigender Diskurs kann oder darf die Rolle einer Metasprache übernehmen." (GK 28) An der Schwelle dieser Einsetzung des „Rechts" läßt sich buchstäblich *nichts* zu seiner Begründung sagen. „An diesem Punkt stößt der Diskurs auf seine Grenze: in sich selbst, in seinem eigenen performativen Vermögen, in seiner performativen Kraft oder Macht. Ich schlage vor, daß man das hier das Mystische nennt. Die gewaltsame Struktur der stiftenden Tat birgt ein Schweigen." (Ebd.)

anderen, Singulären, nicht Verallgemeinerbaren „gerecht" zu werden. „Sich an den anderen in der Sprache des anderen zu richten, ist, wie es scheint, die Bedingung jeder möglichen Gerechtigkeit." (GK 35) Das Recht sei demgegenüber immer der Versuch, eine allgemeine Sprache zu sprechen, die von der Besonderheit des anderen absieht.

Derrida geht es hierbei jedoch darum, einen Begriff von Gerechtigkeit zu denken, der nicht einfach im Gegensatz zum Recht stehen würde. Er fragt vielmehr nach der Möglichkeit „gerechten" Entscheidens und Urteilens im Akt der Rechtsprechung selbst. Gerechtigkeit kann sich nur *im Recht* bzw. *vom Recht aus* ereignen. Derridas Text übernimmt gewissermaßen den handlungspragmatischen Blickwinkel der Juristen als einen, der in die aporetische Struktur der Rechtsprechung eingelassen ist und gerade *in* diesem Dilemma und *in* den Paradoxien des Rechts so etwas wie die Idee der Gerechtigkeit aufscheinen läßt. Recht und Gerechtigkeit stehen sich nicht *gegenüber*: „Alles wäre viel einfacher, wenn der Unterschied zwischen Gerechtigkeit und Recht ein wahrer Unterschied wäre, ein Gegensatz, dessen Wirken sich logisch regeln und beherrschen ließe. Das Recht enthält aber den Anspruch einer Ausübung, die im Namen der Gerechtigkeit geschieht; die Gerechtigkeit wiederum erfordert, daß sie in einem Recht sich einrichtet, das ‚enforced' werden muß." (GK 46) Aber das eben gibt dem Begriff der Gerechtigkeit eine *aporetische* Struktur.

Derrida benennt drei solcher Aporien, bzw. drei Seiten ein und derselben Aporie. Diese Gedankenbewegung erinnert nun in vielerlei Hinsicht an die in *Furcht und Zittern* vorgetragenen *Problemata*.[70]

Gibt es eine dekonstruktive Suspension des Allgemeinen?

Erste Aporie: Die Epoché *der Regel.* Um gerecht oder ungerecht entscheiden zu können, muß eine Freiheit des Urteils vorausgesetzt werden, die sich andererseits jedoch an einem Gesetz ausrichten muß. Aber niemals geht es darum, ein Gesetz einfach ‚umzusetzen'. Die einfache Anwendung einer Regel, die Entfaltung eines Programms könne kaum als gerechte *Entscheidung* bezeichnet werden. Vielmehr müsse ein Richter eine Rechtsvorschrift so übernehmen, daß er ihre Angemessenheit neu bestätigt, sie neu deutet, ihr vom einzelnen ‚Fall' her eine neue Interpretation zukommen läßt, „als würde am Ende das

---

[70] Auch Caputo insistiert darauf, daß „die gesamte Analyse der undekonstruierbaren Gerechtigkeit sich wie ein Zitat aus *Furcht und Zittern* anhört, eine Wiederholung von deutlich Kierkegaardschen Themen". J.D. Caputo: *Hyperbolic Justice,* 8; vgl. auch ders., *Against Ethics,* 103ff.

Gesetz zuvor nicht existieren, als würde der Richter es in jedem Fall selbst erfinden" (GK 47):

„Damit eine Entscheidung [décision] gerecht und verantwortlich sein kann, muß sie in dem Moment, da sie getroffen wird, – wenn es einen solchen gibt – einer Regel unterstehen und ohne Regel auskommen. Sie muß das Gesetz erhalten und es zugleich so weit zerstören oder aufheben [conservatrice de la loi et assez destructrice ou suspensive de la loi], daß sie es in jedem Fall wieder erfinden und rechtfertigen muß. [...] Jeder Fall ist anders, jede Entscheidung ist verschieden und bedarf einer vollkommen einzigartigen Deutung, für die keine bestehende, eingetragene, codierte Regel vollkommen einstehen kann und darf." (GK 47f. / 51)

Ich hebe die Worte Moment der „Entscheidung", „Destruktion" und „Suspension" hervor. Derrida beschreibt hier durchaus etwas ganz Analoges zu der *teleologischen Suspension des Ethischen* im *Problema I*. Es mit der immer wieder neuen Andersartigkeit jedes ‚Falls' zu tun zu haben, versetzt in gewisser Weise in ein ähnliches Dilemma, wie es Kierkegaard mit der Suspension des Ethischen als ‚des Allgemeinen' umreißt. Auch Kierkegaard-de-Silentio ging es darum, an der ‚religiösen' Pflicht dasjenige Moment hervorzuheben, wo sie über das allgemeine Gesetz, die allgemein anerkannte ‚Sittlichkeit' hinausführt – zugunsten einer Entscheidung für den ganz Anderen. Dies begründet bei ihm ‚Verantwortung'. Derrida verschiebt eine solche Verantwortung hier in die Situation des Richters, insofern sich seine Rechtsprechung an der ‚Gerechtigkeit' gegenüber dem Anderen orientieren muß. Dies wird noch deutlicher bei der zweiten Aporie.

Zweite Aporie: Die Heimsuchung durch das Unentscheidbare. Im Begriff der Entscheidung ist die *Unentscheidbarkeit* dessen vorausgesetzt, was in einer bestimmten Situation ‚gerecht' ist. Diese Unentscheidbarkeit müsse vor allem nicht als das Schwanken zwischen zwei Entscheidungen begriffen werden, sondern als „Erfahrung dessen, was dem Berechenbaren, der Regel nicht zugeordnet werden kann, weil es ihnen fremd ist und ihnen gegenüber ungleichartig bleibt" (GK 49). Gemäß Derrida sollte diese Erfahrung bereits dort wurzeln, wo die Initiative eines Zur-Kenntnis-Nehmens, Lesens, Verstehens bzw. Deutens der Regel einsetzt. Eine Entscheidung, die sich nicht dieser Prüfung des Unentscheidbaren aussetze, sei keine Entscheidung und schon gar nicht gerecht. Wäre ein Rechtsakt eine verbürgte programmierbare ‚Anwendung', aufgrund von Kriterien oder gesicherten Maximen, so „hätte sie sich in ein Berechenbares verwandelt" (GK 50). Derridas ‚Kriterium' dafür, wann eine Entscheidung *vielleicht* gerecht genannt werden könne, ist genau diese Unberechenbarkeit bzw. das Fehlen gesicherter ‚Kriterien'.

4. Das ‚Ethische': Zwischen Mensch und Mensch

Aus Sicht traditioneller Ethik könnte dagegen eingewendet werden, ob nicht gerade erst die Suche nach gesicherten Kriterien den Maßstab dafür, was „gerecht" heißen könne, abgeben müsse. Der Vorwurf der ‚Beliebigkeit', der oft gegenüber der ‚Postmoderne' erhoben wird, entzündet sich gerade an dieser Stelle. Aber zunächst sei darauf hingewiesen, daß Derrida keineswegs blind für das Problem der Kriterien ist. Kurz zuvor sagt er ausdrücklich: Eine Entscheidung könne auch dann nicht als gerecht gelten, wenn man „bar aller Regeln und Prinzipien improvisiert [hors de toute règle et de tout principe]" (GK 48 / 52). Doch geht es ihm wesentlicher um die Warnung vor dem guten Gewissen, das sich auf angeblich gesicherte ‚Kriterien' beruft. Derridas Text will provozierend herausstellen, daß es sich bei „Gerechtigkeit" zunächst um eine Verpflichtung dem (ganz) anderen gegenüber handelt. Jede Absicherung und Normierung der Entscheidung durch vermeintliche Kriterien liefe darauf hinaus, eine *allgemeine Regel* durchzusetzen, die letztlich die *eigene* Perspektive zum Maßstab der Beurteilung der ‚legitimen Ansprüche' des anderen mache.

Es ist wohl so – und das wäre vielleicht das Selbstverständnis europäischer Ethik und Rechtsphilosophie –, daß allgemeine Normen und Prinzipien dem Einzelnen (und hier dem Richter) die Ziele seines Handelns vorgeben und durch ihre Universalität eine allgemeine Ordnung der Gesellschaft gewährleisten sollen.[71] Aber zweifellos läuft eine solche allgemeine Ordnung immer Gefahr, sich zu verselbständigen. Denn sie ermöglicht den Einzelnen nicht nur, sich zu orientieren, sondern auch, sich über andere hinwegzusetzen. Im Namen allgemeiner Normen bzw. im Namen des Rechts konnten die größten Ungerechtigkeiten begangen werden. Denn solche Prinzipien verführen Individuen dazu, sich von individueller Verantwortung zu entlasten. „Sie können allgemein gerechtfertigt werden, und wer in ihrem Namen handelt, kann sich so auch selbst gerechtfertigt glauben. Die Verantwortung wird entindividualisiert."[72]

Die Idee der Gerechtigkeit liegt demgegenüber vielleicht genau darin, auf diese Gefahr des Verlangens nach Universalisierung aufmerksam zu machen. Durch sie würde das ‚Recht' von einer unendli-

---

[71] Vgl. dazu W. Stegmaier: *Das Gute inmitten des Bösen*, pass. Stegmaier geht es in diesem Aufsatz darum, der traditionellen Begündung von Ethik ein Verständnis „ethischer Orientierung aus Zeichen" gegenüberzustellen, das sich auf die jüdische Tradition der Thoraauslegung beruft. Er entwickelt dies v.a. im Anschluß an E. Levinas' *Talmudlektüren* und A.J. Heschels *Philosophie des Judentums*. Vieles bewegt sich aber in einer großen Nähe zu Derrida.
[72] W. Stegmaier, a.a.O., 113.

chen Forderung heimgesucht. Und diese Gerechtigkeit entzöge sich dann, nach Derrida, ‚prinzipiell' jeder kriteriologisch vorgehenden, regulierenden und sie beherrschenden ‚Vernunft'. Sie wäre das, was sich dem Unbeherrschbaren und Anderen *öffnet*. Sie wäre das, was man dem anderen gewährt oder noch besser: ihm *gibt*, ohne diese ‚Gabe' in ein Kalkül der Gegenseitigkeit, der Verallgemeinerbarkeit, des Austauschs von Gründen usw. einzuordnen. Es ginge darum, diese Gerechtigkeit als „unendliche Gerechtigkeit" zu begreifen:

> „[U]nendlich ist diese Gerechtigkeit, weil sie sich nicht reduzieren, auf etwas zurückführen läßt, irreduktibel ist sie, weil sie dem Anderen gebührt, dem Anderen sich verdankt [due à l'autre]; dem Anderen verdankt sie sich, gebührt sie vor jedem Vertragsabschluß, da sie vom Anderen aus, vom Anderen her *gekommen*, da sie das Kommen des Anderen ist, dieses immer anderen Besonderen. In meinen Augen ist diese ‚Idee der Gerechtigkeit' aufgrund ihres bejahenden Wesens irreduktibel[73], aufgrund ihrer Forderung nach einer Gabe ohne Austausch, ohne Zirkulation, ohne Rekognition, ohne ökonomischen Kreis, ohne Kalkül und ohne Regel, ohne Vernunft oder ohne Rationalität im Sinne des ordnenden, regelnden, regulierenden Beherrschens. Man kann darin also einen Wahn [folie] erkennen […]." (GK 51f. / 55f.)

Derrida besteht ausdrücklich auf diesem Anklang von „Wahnsinn", der jeder Gerechtigkeit innewohnt. Und gerade darin erkennt er das wieder, was er unter Dekonstruktion versteht: „Die Dekonstruktion ist verrückt nach dieser Gerechtigkeit, wegen dieser Gerechtigkeit ist sie wahnsinnig [folle de ce désir de justice]." (GK 52 / 56) Ich komme gleich darauf zurück.

Auch hierbei könnte man sich an Kierkgaard erinnert fühlen, auf dessen „Wahnsinn" Derrida bei der dritten Aporie ausdrücklich zu sprechen kommen wird. Kierkegaards Pathos der Entscheidung lebt grundsätzlich von dieser Unentscheidbarkeit[74], die jedes ‚Wagnis' von einem Wahnsinn bedroht sein läßt. Allerdings wird man sich hier genauer fragen müssen, welche Rolle diese Figur, die er im eigentlichen Sinne der Entscheidung des ‚Glaubens' vorenthält, in seiner ‚Ethik' spielen könnte, ob sie dort überhaupt eine Rolle spielt. Anders gesagt: Inwiefern bringt Derridas Formel *Tout autre est tout autre* „einen gewissen Gehalt des Kierkegaardschen Diskurses durcheinander" (vgl. TG 405)?

---

[73] In der franz. Ausgabe heißt es: „Invincible à tout scepticisme […] cette ‚idée de la justice' paraît indestructible dans son caractère affirmatif, dans son exigence de don sans échange […]" (a.a.O., 55).

[74] Daß Derrida sich bei diesem Begriff der Unentscheidbarkeit an Kierkegaard anlehnt, geht auch aus einer Interviewantwort hervor, wo es um den Begriff der Entscheidung geht: „eine Entscheidung, die anders als am Rande dieses Unentscheidbaren fallen würde, wäre keine Entscheidung. […] die Opferung Isaaks […] Denke hier an Kierkegaard! Die einzig mögliche Entscheidung ist die unmögliche Entscheidung." (APU 158)

Dritte Aporie: Die Dringlichkeit, die den Horizont des Wissens versperrt. Diese Aporetik gerechten Entscheidens wird zusätzlich dadurch provoziert, daß die Gerechtigkeit nicht *wartet*. Sie ist jenes, was nicht warten darf, was nicht warten muß. Eine gerechte Entscheidung kann niemals zuerst eine unendliche Information besorgen oder ein zureichendes Wissen um die Bedingungen und die hypothetischen Imperative, die eine Entscheidung evt. rechtfertigen könnten. Jeder Augenblick der Entscheidung ist ein Akt der Dringlichkeit und der Überstürzung. Er ist stets der Abbruch, der „juridisch-, ethisch- oder politisch-kognitiven Überlegung, die ihm vorausgehen *muß* und vorausgehen *soll*" (GK 54). Aber selbst, wenn die verbleibende Zeit unbegrenzt wäre, so ist doch die Entscheidung in ihrer Struktur endlich, „so spät sie auch getroffen werden mag: dringliche, überstürzte Entscheidung, in der Nacht des Nicht-Wissens und der Nicht-Regelung" (ebd.).

Derridas Insistieren auf das Nicht-Wissen will hier unterstreichen, daß es stets – nicht nur in dieser Sphäre der Jurisdiktion – eine entscheidende Vorordnung des ‚Performativen' vor dem ‚Konstativen'[75] gibt. Jedes (vermeintlich) konstatierende ‚Wissen' gründet in (unbegründeten) Performationen. Die Idee der Gerechtigkeit könnte in dieser Hinsicht weit über die Sphäre des Ethischen hinaus für das, was „Wahrheit" heißt, konstitutiv sein. Im Anschluß an Levinas' Formulierung, daß „die Wahrheit die Gerechtigkeit voraussetzt"[76] schreibt Derrida: „*La justice, il y a qu'ça de vrai*" („Nichts ist so wahr, so echt wie die Gerechtigkeit", GK 56). Auch und gerade der Diskurs über die ‚Wahrheit' hat es mit der Frage zu tun, wie das (angeblich) Allgemeine immer wieder durch das Andere oder den Anderen in Frage gestellt und gestört wird. Es könnte gerade auch der ‚Wahrheit' dienen, angesichts dieses Anderen eine Sprache zu sprechen, die von der Idee der Gerechtigkeit umgetrieben ist. Es gälte, die ‚Wahrheit' als das verstehen zu lernen, was der Andersheit des Anderen Gerechtigkeit widerfahren läßt. Die Folgen wären im buchstäblichen Sinne *unübersehbar*.

Denn zu der Überstürzung, die der Gerechtigkeit eigen ist, gehört es, daß sie keinen *Erwartungshorizont* kennt, wenn denn ein ‚Horizont' stets eine Grenze darstellt, die die Öffnung gegenüber dem anderen *beschränkt*. Gerechtigkeit ist das, was jeden Horizont sprengt. Sie ist das, was zu-kommt, ohne von der Gegenwart aus einkalkuliert, antizipiert, oder übersehen werden zu können. Sie ist, nach Derrida,

---

[75] Zu Derridas Mißtrauen gegenüber dieser Unterscheidung vgl. seine Auseinandersetzung mit Austin und Searle in *Limited Inc.*
[76] Levinas: *Totalität und Unendlichkeit*, 125.

wirkliche Zu-kunft, Advent, die Dimension ausstehender Ereignisse und als solche vielleicht die Offenheit für eine Umgestaltung oder Neu(be)gründung des Rechts und der Politik.

> „‚Vielleicht' – wenn es um (die) Gerechtigkeit geht, muß man immer ‚vielleicht' sagen. Die Gerechtigkeit ist der Zukunft geweiht, es gibt Gerechtigkeit nur dann, wenn sich etwas ereignen kann, was als Ereignis die Berechnungen, die Regeln, die Programme, die Vorwegnahmen usw. übersteigt. Als Erfahrung der absoluten Andersheit ist die Gerechtigkeit undarstellbar, doch darin liegt die Chance des Ereignisses und die Bedingung der Geschichte." (GK 56f.)

„Was ist Wahnsinn?"

Im Zusammenhang dieser dritten Aporie nun zitiert Derrida überraschend Kierkegaard:

> „Der Augenblick der Entscheidung ist, wie Kierkegaard schreibt, ein Wahn. [L'instant de la décision est une folie, dit Kierkegaard.] Dies trifft vor allem auf den Augenblick der gerechten, angemessenen Entscheidung zu, die die Zeit zerreißen und den verschiedenen Dialektiken trotzen muß. Ein Wahn (ist's)." (GK 54 / 58)

Dieses Kierkegaardzitat scheint eine Standardreferenz Derridas zu sein. Zumindest gibt es drei weitere Stellen, wo Derrida diesen Satz kontextlos und ohne Angabe der Herkunft[77] zitiert, offensichtlich *par coeur*.[78]

---

[77] Das Zitat ist den *Philosophischen Brocken* (PB 49) entnommen und zwar der „*Beilage: Das Ärgernis am Paradox. (Eine Gehörstäuschung)*". Es geht dort um das Paradox, das man in seiner am stärksten abgekürzten Gestalt auch den „Augenblick" nennen könne. Sokratisch besehen sei dieser Augenblick überhaupt nicht zu sehen. Denn wenn die Wahrheit ein *Erinnern* ist, dann ist der Augenblick der *Veranlassung* „nur ein Spiel [...]; und der Augenblick der Entscheidung ist eine *Torheit*; denn soll die Entscheidung gesetzt werden, so [...] wird der Lernende zur Unwahrheit, jedoch eben dies macht ein Beginnen in dem Augenblick notwendig." Hirsch übersetzt sicherlich angemessen mit ‚Torheit', insofern wohl auch Kierkegaard hier an 1. Kor 1,23 denkt und der/die deutsche Leser(in) die Stelle so ‚im Ohr' hat. (Wenn Climacus wenig später schreibt: „Der Ausdruck Ärgernis ist, daß der Augenblick Torheit ist", dann scheint er offensichtlich die paulinische Unterscheidung zwischen Juden (*skandalon*) und Heiden (*moria*) im Auge zu haben. Festzuhalten ist auf jeden Fall, daß Derridas / Kierkegaards Gleiten von der paulinischen *moria* hin zum ‚Wahnsinn' (la folie – wobei ‚la folie' eben auch ‚Torheit' bedeutet!) zumindest philologisch ‚gewagt' ist. Die Griechen hatten auf jeden Fall andere Worte für ‚Wahnsinn': *mania*, *paraphrosyne*, *paranoia*. Platon z.B. verwendet in *Phaidros* 244 *mania*; übrigens scheint sich Kierkegaard an einer Stelle auf diese Passage zu beziehen (AUN II 193). Aber sachlich geht es Kierkegaard durchaus darum, seine Theologie des Paradox' (und des ‚Wahnsinns') als eine Interpretation der paulinischen *moria* auszugeben. Climacus will damit die Brücke zwischen der philosophischen Deduktion des Paradox' zur biblischen Sündenlehre bauen: Der Augenblick der Entscheidung, des Sprungs in das Paradox, des „Untergangs des Verstandes" (PB 45), der „Augenblick

4. Das ‚Ethische': Zwischen Mensch und Mensch   205

Zum ersten Mal erscheint dieses Zitat als Motto über dem frühen Vortrag *Cogito et l'histoire de la folie / Cogito und die Geschichte des Wahnsinns* (1963)[79]. Es handelt sich dabei um einen Text über Michel Foucault und dessen Versuch, die Ausschließung des ‚Wahnsinns' durch die ‚klassische' Vernunft zu analysieren – mit all ihren Begleiterscheinungen polizeilicher, ärztlicher und juridischer Gewalt. In dem Moment, wo das Cartesianische *cogito* sich in einem organisierten philosophischen Diskurs reflektiert und vorträgt, erfährt es gleichzeitig seine Bedrohung durch dasjenige *Andere*, was sich nicht in der Weise des Logos aussagen läßt. „Und die Philosophie ist vielleicht jene gegen die Angst, verrückt zu sein, aus nächster Nähe des Wahnsinns genommene Versicherung." (SD 96) Derrida nimmt in diesem Text – außer im Motto – keinen direkten Bezug auf Kierkegaard.[80] Aber in der Tat hat genau diese Frage auch Kierkegaard unentwegt umgetrieben.

In *Furcht und Zittern* gibt es mehrere solcher Momente, wo Johannes de Silentio dem Wahnsinn ins Auge blickt, und es ist bezeichnend, wie er dazu bereit ist, sich diese ‚Narrenjacke' anziehen zu lassen – z.B. dort, wo er über den Augenblick der unendlichen Resignation nachdenkt:

„selbst, wenn der Wahnsinn mir die Narrenjacke vor Augen hielte und ich an seiner Miene verstünde, daß der, der sie anziehen sollte, ich selber sei,[81] kann ich noch immer

---

    der Leidenschaft" (PB 45), des „Ausfalls" ins Unbekannte (PB 42), der Bruch mit dem Wissen und der Selbsterkenntnis, das Beginnen im Augenblick – all diese Figuren stünden für dasjenige, was die christliche Tradition ‚Glauben' nennt. Sie *mögen* dafür stehen! Das ist Kierkegaards /Climacus' *Wiederholung*.

[78] Vgl. SD 53; FG 19; TG 292 variiert geringfügig: „l'instant de la décision est la folie".
[79] Enthalten in SD 53-101.
[80] Aber der Text enthält neben dem *Schweigen* desjenigen, der sich außerhalb der ‚Vernunft' wiederfindet, zahlreiche Schlüsselthemen Kierkegaards: Foucaults Begriff der ‚Entscheidung' (SD 65), die Bedeutung der *Fiktion* für die Evozierung des ‚Wahnsinns' [Derrida denkt hierbei immer auch an Blanchots *La folie du jour*, vgl. PAR 133 ff.], das Motiv der *Passion* des Denkens (SD 100), das Verhältnis von *Gedächtnis* und *Augenblick* für die Konstitution des Cogito (SD 93) und nicht zuletzt die Frage nach dem *Tod*: „*Auf seiner höchsten Höhe* wird die Hyperbel, die absolute Öffnung [des leidenschaftlichen Denken Gottes], die unökonomische Ausgabe stets in einer *Ökonomie* aufgenommen und überrascht. Die Beziehung zwischen der Vernunft, dem Wahnsinn und dem Tod ist eine Ökonomie, eine Sruktur der *différance* [...]" (SD 99).
[81] E. Hirsch fühlt sich an dieser Stelle dazu herausgefordert, Kierkegaards Formulierung auf etwas ‚Krankes' bei Kierkegaard zurückzuführen: „Kierkegaard hat gewußt, daß in dem Naturgrunde seiner zwischen angstvoller Schwermut und höchster geistiger Erregbarkeit pendelnden Anlage der Keim zu etwas Krankem liege, und hat gemeint, daß er allein durch die Verbindung strengster geistiger Konzentration und religiösen Ernstes sich seelisch gesund zu erhalten vermöge. Sein älterer Bruder ist im hohen Alter gestört gewesen." (FZ 147, Anm. 50) Es ist genau diese Geste der *Pathologisierung* des Wahnsinns, über die Foucault nachgedacht hat.

meine Seele retten, wo anders es mir nicht so sehr um mein irdisches Glück als darum zu tun ist, daß meine Liebe zu Gott in mir siegt. [...]. Danach mag [ein solcher Mensch] sich ruhig die Jacke anziehn. Wer diese Romantik nicht hat, hat seine Seele verkauft, mag er nun ein Königreich dafür bekommen oder einen schäbigen Silberling." (FZ 51)

Kierkegaard ist sich im klaren, daß das ‚subjektive Denken' bzw. die Leidenschaft des Glaubens nur als ‚Verrücktheit' angesehen werden kann (vgl. z.B. AUN II 130), vor der sich die Vernunft abzusichern versucht. Er wundert sich nicht darüber, daß „der Jude annahm, daß Gott schauen den Tod bedeute, und der Heide, daß das Gottesverhältnis der Vorbote des Wahnsinns sei" (AUN II 193)[82]. (Wie hier Gott, der Tod und der Wahnsinn aufeinander bezogen werden, verdiente übrigens eine ausführliche Analyse!) Am eindrücklichsten ist dies vielleicht in einer tragikomischen Episode der *Unwissenschaftlichen Nachschrift* (AUN I, 184ff.) beschrieben. Im Rahmen einer Gegenüberstellung des „objektiven Wegs der Reflexion" und der „subjektiven Wahrheit" heißt es dort:

„Der objektive Weg meint indessen eine Sicherheit zu haben, die der subjektive Weg nicht hat [...] er meint, einer Gefahr zu entgehen, die dem subjektiven Weg bevorsteht, und diese Gefahr ist auf ihrem Höhepunkt der Wahnsinn." (AUN I 184)

Aber Climacus hält dagegen: „Das Ausbleiben der Innerlichkeit ist auch Verrücktheit". Und nun erzählt er eine Begebenheit, die „direkt aus dem Tollhaus stammt". Ein Patient entläuft aus der Irrenanstalt und nimmt sich vor, irgendeine ‚objektive Wahrheit' zu sagen, um jedermann zu überzeugen, daß er bei Verstande sei. Und so sagt er unentwegt – während bei jedem Schritt eine gerade aufgelesene kleine Kugel in seinem Rockschoß gegen seine Hoden schlägt: „Bum, die Erde ist rund!". Natürlich wird ihn ein Arzt gleich durchschauen:

„Aber nun sind nicht alle Ärzte, und die Forderung der Zeit hat einen bedeutenden Einfluß auf die Frage nach der Verrücktheit; ja man wäre zuweilen beinahe versucht anzunehmen, daß die moderne Zeit, die das Christentum modernisiert hat, auch die Frage des Pilatus modernisiert hat, und daß das Bedürfnis der Zeit, etwas zu finden, in dem sie ruhen kann, sich in der Frage ankündigt: Was ist Verrücktheit?" (AUN I 186)

Es gibt sehr wohl eine subjektive Verrücktheit, die in unendlicher Leidenschaft eine fixe Idee umfaßt, welche keinen Menschen sonst etwas

---

[82] Platon sagt im *Phaidros*, an den Kierkegaard hier denken könnte, ausdrücklich: „nun aber entstehen uns die größten Güter aus einem Wahnsinn (mania), der jedoch durch göttliche Gunst verliehen wird [...] Dies aber ist es wert, es anzuführen, daß auch unter den Alten, welche die Namen festgesetzt, den Wahnsinn nicht für etwas Schändliches oder für einen Schimpf hielten [...]." *Phaidros* 244a-b (in der Übersetzung Schleiermachers).

angeht. Wenn aber dagegen der Wahnsinn im Ausbleiben der Innerlichkeit besteht, wenn etwas, was vielleicht die ganze Menschheit angeht, den „Herleierer" überhaupt nichts angeht, so hat dies nicht nur etwas Komisches:

„Diese Art Wahnsinn ist unmenschlicher als die andere; man schaudert, jenem ersteren ins Auge zu sehen, um nicht die Tiefe des Irrwahns zu entdecken; aber auf den anderen wagt man überhaupt nicht zu blicken, aus Furcht vor der Entdeckung, daß er keine richtigen Augen hat, sondern Glasaugen [...]" (Ebd.)

Was ist Verrücktheit? Kierkegaard ist im hohen Grade für Foucaults und Derridas Problem sensibel gewesen, wenn auch dieses Thema bei ihm in einem anderen Kontext steht. Für Kierkegaard geht es dabei in erster Linie um eine bestimmte Kennzeichnung des *Glaubens*. Die Entscheidung zu glauben führt in eine Situation, die in der (Hegelschen) Sprache der Vermittlung und der Vernunft nicht zu *verstehen* ist, ja die überhaupt jenseits des Kommunizierbaren führt. Aber man beachte, daß es hier nicht (nur) um einen ‚Glauben *an* das Absurde' geht – obwohl er im Glauben an das *Daß* des Gekommenseins seinen pointiertesten Ausdruck finden würde[83] –, sondern um die Situation der *Verantwortung vor Gott*, um ein Handeln *in kraft des Absurden*: so wie Abraham es exemplarisch vorlebte. Das war eigentlich Wahnsinn. Und diesen Wahnsinn gelte es zu *wiederholen* – nun allerdings im Glauben an Christus. Dies ist im Grunde die Argumentationsfigur, die die gesamten *Philosophischen Brocken* beherrscht: Gott ‚mußte' Knechtsgestalt annehmen, „denn zwischen Mensch und Mensch ist ja das sokratische Verhältnis das Höchste, das Wahrste. Mithin wofern der Gott nicht selbst käme, bliebe alles sokratisch, wir bekämen nicht den Augenblick und sähen das Paradox uns entgleiten." (PB 52)

Derrida scheint es darum zu gehen, dieses Verhältnis „zwischen Mensch und Mensch" noch einmal komplizierter zu fassen. Vielleicht muß das ‚Sokratische' keineswegs als letzter Maßstab des Ethischen anerkannt werden. Nach Derrida ereignet sich vielleicht ‚dasselbe' Paradoxon und ‚derselbe' Wahn dort, wo es um *Gerechtigkeit* ‚zwischen Mensch und Mensch' geht, d.h. in der Öffnung gegenüber dem Anderen, als dem *ganz* Anderen.[84] Diese *Verausgabung* der eigenen Maßstäbe und Kriterien wiederholt alle Paradoxien, die Kierkegaard der Gottesbeziehung vorbehalten hatte. Jener Begriff von Verantwor-

---

[83] Vgl. PB 84.
[84] In einem Interview heißt es: Diese Verwirrung durch den Anderen, „ein gewisser ‚Wahnsinn' *muß* jeden Schritt abpassen und im Grunde über unser Denken wachen, so wie es auch die Vernunft tut." (APU 367)

tung, um den es Derrida in *Donner la mort* geht, folgt der Kierkegaardschen Wahrheit des Augenblicks:

„‚Der Augenblick der Entscheidung ist ein Wahnsinn', sagt Kierkegaard an anderer Stelle. Das Paradoxon ist unfaßbar in der Zeit und gemäß der Vermittlung, das heißt in der Sprache und gemäß der Vernunft." (TG 392)

Denn die Vermittlung und die Vernunft setzen darauf, daß jede Andersheit *allgemeinen* Regeln unterworfen wird, miteinbezogen wird in die Logik einer Kalkulierbarkeit und Beherrschbarkeit, in eine Gegenseitigkeit von Geben und Nehmen, die die Bedrohung durch den Wahnsinn der ‚Verpflichtung', Verausgabung und Verschwendung eingrenzt in eine ‚Ökonomie der Vernunft', die den Gesetzen der *Zirkulation* gehorcht. Demgegenüber entspräche die Aporetik des Augenblicks dem, was eigentliche *Gabe* bedeutet. In Derridas Buch *Falschgeld. Zeit geben I* heißt es:

„Eine Gabe könnte nur möglich sein, Gabe kann es nur geben in dem Augenblick, wo ein Einbruch in den Kreis stattgefunden haben wird: in dem Augenblick, wo jede Zirkulation unterbrochen gewesen sein wird, und *zu der Kondition* dieses Augenblicks. Und überdies dürfte dieser Augenblick (der den Zeitkreis unterbricht, in ihn einbricht) nicht mehr zur Zeit gehören [...]. Gabe gäbe es nur in dem Augenblick, wo der *paradoxe* Augenblick (in dem Sinne, wie Kierkegaard vom paradoxen Augenblick der Entscheidung sagt, er sei ein Wahnsinn) die Zeit zerreißt." (FG 19)

Die Dekonstruktion ist *die Gerechtigkeit*

Kehren wir zum Kontext von *Force de loi* zurück. Wozu dient Derrida der Aufweis dieser (‚Kierkegaardschen') Aporetik des Rechts?

Natürlich ist das Selbstverständnis der Rechtsprechung niemals blind für diese Aporien gewesen.[85] Juristen würden den von Derrida herausgestellten Problemen sicher zustimmen. Das Aushalten dieser Aporien ist gewissermaßen der Alltag der Rechtsprechung. Derridas Text scheint jedoch vor einer bestimmten Art der Auflösung bzw. der Verdeckung dieser Aporetik warnen zu wollen. Vor allem will er – wie Kierkegaard – die klassische ‚Aufhebung' des Singulären zugunsten des Allgemeinen, wie sie den geläufigen Begriff von (Rechts)Gerechtigkeit prägt, in Frage stellen. Gerade im Offenhalten der Aporie sieht er die Provokation zur *gerechten Entscheidung*:

„Die Gerechtigkeit ist eine Erfahrung des Unmöglichen. Ein Gerechtigkeitswille, ein Gerechtigkeitswunsch, ein Gerechtigkeitsanspruch, eine Gerechtigkeitsforderung, deren

---

[85] Vgl. hierzu v.a. P. Gehring: *Gesetzeskraft und mystischer Grund* und D. Cornell: *Vom Leuchtturm her*, die Derrida im rechtsphilosophischen Kontext diskutieren.

4. Das ‚Ethische': Zwischen Mensch und Mensch

Struktur nicht in einer Erfahrung der Aporie bestünden, hätten keine Chance jenes zu sein, was sie sein wollen: ein gerechter, angemessener Ruf nach Gerechtigkeit." (GK 33)

Es bleibt natürlich zu fragen, wieviel eine solche ‚Theorie' der Gerechtigkeit leistet. Bleibt sie nicht reichlich unbestimmt, um mit ihr ethisch, politisch oder gar juristisch ‚arbeiten' zu können?[86] Auch könnte es natürlich als mißlich empfunden werden, daß Derrida nicht ausdrücklich in die Diskussion mit modernen Gerechtigkeitskonzeptionen – wie z.B. der von Rawls – eintritt. Vielleicht ist überhaupt die Übertragung einer bestimmten Auffassung von *performativer Sprache* auf den *normativen Diskurs* des Rechts, wie sie für *Force de loi* im ganzen kennzeichnend ist, nur begrenzt hilfreich.[87]

Aber Derrida ist in diesem Text zunächst an etwas anderem interessiert. Mit *Force de loi* zielt Derrida weniger auf eine Theorie des Rechts bzw. der Rechtsprechung, als vielmehr auf eine Reformulierung dessen, was ‚Dekonstruktion' bedeutet:

„Diese Gerechtigkeit, die kein Recht ist, ist die Bewegung der Dekonstruktion: sie ist im Recht oder in der Geschichte des Rechts am Werk, in der politischen Geschichte und in der Geschichte überhaupt, bevor sie sich als jener Diskurs präsentiert, den man in der Akademie, in der modernen Kultur als ‚Dekonstruktionismus' betitelt." (GK 52)

Derrida rückt damit die Rechtspraxis in die Nähe eines ‚Paradigmas' für das, was er unter „Dekonstruktion" versteht.[88] Zu Beginn des Vortrags sagt er sogar, daß die Dekonstruktion viel eher in den Law Schools beheimatet sein sollte als etwa in den philosophischen oder gar den literaturwissenschaftlichen Fakultäten (vgl. GK 18). Man sieht hier vor allem, daß es sich bei der „Dekonstruktion" zunächst nicht um ein ‚Programm', um eine neue ‚Methode' o.ä. handelt, sondern um eine Bewegung, die *schon immer statthat*: z.B. dort, wo ‚ge-

---

[86] So kann der Einwand von juristischer Seite lauten, Derridas Rechtstheorie sei rechtshermeneutisch nicht problematisch, nur eben in ihrer Abstraktheit „fast beliebig anwendbar". Derridas Verdikt über die Gewalt des Rechts mache die Benennung ‚historisch' wirksamer Gewalten kaum möglich. Vgl. C. Vismann: *Das Gesetz der Dekonstruktion,* 264.

[87] Das ist der Haupteinwand, den P. Gehring erhebt: „auf das ‚Lesen' dessen, was das Recht wäre, läßt sich das Modell der Sprache, das Modell des Lesens von Texten, die darauf angelegt sind, dezidiert *wahr* zu sein, nicht bruchlos übertragen. Die aporetische ‚Erfahrung', diejenige Unentscheidbarkeit, die im Wege jenes dekonstruierenden Spiels der Logik heraufbeschworen wird, das man nur gegen Texte spielen kann, deren Existenz an die Idee der Wahrheit geknüpft ist, dieses aporetische ‚Erfahrung' – stellt sie sich im Diskurs des Rechts als eine wesentliche überhaupt? Das Recht ist kein einfach logischer Diskurs, seine Ansprüche liegen anders [...]." *Gesetzeskraft und mystischer Grund,* 254.

rechte' Entscheidungen gesucht werden. Dekonstruktion könnte man das nennen, was die Gerechtigkeitsfrage erst eigentlich auf den Weg bringt. Anders gesagt: Weil sich das Recht dekonstruieren läßt, im Zuge seiner ‚Anwendung' selbst dekonstruiert, gibt es Gerechtigkeit bzw. gibt es ‚die Dekonstruktion':

„Die Dekonstruktion ist die Gerechtigkeit. Vielleicht verhält es sich gerade so, weil sich das Recht [...] konstruieren läßt, in einem Sinne, der den Gegensatz zwischen Konvention und Natur übersteigt; vielleicht läßt es sich konstruieren, weil es diesen Gegensatz übersteigt, und vielleicht läßt es sich deshalb auch dekonstruieren, oder besser ermöglicht es die Dekonstruktion, das Praktizieren einer Dekonstruktion, die im Grunde stets Rechtsfragen, Fragen der Rechtmäßigkeit und der Berechtigung, Fragen, die das Recht betreffen [des questions des droit et au sujet du droit] aufwirft." (GK 30 / 35)

Derrida bestreitet damit den geläufigen Verdacht, bei der Dekonstruktion handle es sich um eine „beinahe nihilistische Abdankung" (GK 39) gegenüber den Fragen nach dem Angemessenen und Unangemessenen. Im Gegenteil fühle sich die Dekonstruktion einer *doppelten Verantwortung* verpflichtet.

Einerseits gehe es um eine bestimmte „Verantwortung gegenüber dem Gedächtnis". Derrida versteht darunter die Aufgabe, „die Geschichte, den Ursprung, den Sinn, will sagen die Grenzen der Begriffe der Gerechtigkeit, des Gesetzes, des Rechts, und die Grenzen der Werte, der Normen, der Vorschriften ins Gedächtnis zurückzurufen: die Grenzen der Begriffe und der Werte, die sich (im Laufe dieser Geschichte) durchgesetzt und sedimentiert haben, die mehr oder weniger lesbar sind, die in höherem oder geringerem Maße vorausgesetzt werden" (GK 40). Und diese Verantwortung gegenüber dem *Gedächtnis* wird von Derrida andererseits als eine besondere „Verantwortung gegenüber dem Begriff der Verantwortung selbst" gekennzeichnet. Denn Derrida sieht durchaus die ‚Verantwortung', die gerade auf dem In-Frage-Stellen der Grundbegriffe der europäischen Ethik und Politik, lastet:

---

[88] Man sieht hier deutlich, wie Derridas ‚Ethik' aus einer bestimmten *Lektüretheorie* heraus erwächst – oder auch umgekehrt. S. Critchley z.B. schreibt zu Recht: „Meine Behauptung ist, daß ein unbedingter kategorischer Imperativ oder Moment der Bejahung die Quelle des Gebotes ist, das Dekonstruktion hervorbringt und durch dekonstruktive Lektüre hervorgebracht wird. Es gibt also eine Pflicht in der Dekonstruktion, die den Leser zum einen zu einer strengen und asketischen Arbeit der Lektüre veranlaßt und zum anderen eine Lektüre hervorbringt, die insofern Achtung gebietet, als sie eine irreduzible Dimension von Alterität eröffnet. Kurz gesagt [...] ist dies der Grund, warum man sich mit der Dekonstruktion beschäftigen sollte." S. Critchley, *Überlegungen zu einer Ethik der Dekonstruktion*, 341.

„[J]ede Dekonstruktion dieses begrifflichen Netzes, dieser in einer gewissen Form vorgegebenen oder vorherrschenden Begriffe kann einer Entlastung der Verantwortung, einem Beitrag zur Vergrößerung der Unverantwortlichkeit ähneln – und zwar gerade in dem Augenblick, in dem die Dekonstruktion einen Zuwachs an Verantwortung fordert. Wann immer die Dekonstruktion einem Axiom den Kredit entzieht oder aufkündigt (dies ist ein strukturell notwendiges Moment), kann man des Glaubens sein, daß es für die Gerechtigkeit keinen Platz mehr gibt, weder für die Gerechtigkeit selbst noch für das theoretische Interesse, das den Problemen der Gerechtigkeit entgegengebracht wird. Dieses Moment der Aufkündigung, der Suspension, diese Zeit der *Epoché*, ohne die in der Tat keine Dekonstruktion möglich ist, sind beängstigend, doch wer wird behaupten, daß er gerecht ist, wenn er die Angst ausspart? [Mais qui prétendra être juste en faisant l'économie de l'angoisse?]" (GK 42 / 45f.)

Vielleicht hat gerade diese „Angst" etwas mit Kierkegaards „Furcht und Zittern" zu tun. Und mit den Zweideutigkeiten, die die Wirkungsgeschichte dieses Textes markieren. Derrida ist sich der ‚Gefahren' einer solchen „Suspension" oder „Dekonstruktion" des Allgemeinen durchaus bewußt. Mehrmals weist er darauf hin, daß sie keineswegs als Alibi dienen dürfe, sich vom „Schlimmsten", durch das „perverseste Kalkül" aneignen zu lassen. Was schützt die Dekonstruktion zum Beispiel vor den Gefahren, die mit den Namen Heideggers oder Carl Schmitts – beide auf ihre Art eifrige Kierkegaardleser – in Verbindung gebracht werden?[89] Es sei noch einmal daran erinnert, daß der Benjamin-Vortrag auf einem Kolloquium über die „Endlösung" gehalten wurde. Auf diesem Hintergrund ist dann auch der Schlußsatz Derridas zu lesen. Nachdem Derrida festgestellt hat, daß das „Denken des Unterschieds zwischen diesen Zerstörungen oder Destruktionen auf der einen Seite und einer dekonstruktiven Bejahung oder Behauptung auf der anderen" (GK 125) ihn bei seinem Vortrag geleitet habe, heißt es: „Es will mir scheinen, als diktiere das Gedächtnis der Endlösung gerade dieses Denken." (GK 125). Hier kündigen sich die Fragestellungen an, die er dann in *Donner la mort* weiterverfolgt hat.

Die Frage nach dem Dritten

Derridas Ansatz zur Ethik kann noch einmal dadurch verdeutlicht werden, daß sein Begriff der „Gerechtigkeit" mit demjenigen von Le-

---

[89] Zu Derridas Auseinandersetzung mit der politischen Philosophie Heideggers vgl. den für Derrida sehr wichtigen Text *De l'esprit. Heidegger et la question / Vom Geist. Heidegger und die Frage* und zwei diesbezüglich sehr instruktive Interviews in AUP 193ff. bzw. 203ff. – Eine Auseinandersetzung mit Carl Schmitt findet sich in *Politiques de l'amitié*, 93-194.

vinas in Beziehung gesetzt wird. Derrida bekundet in *Force de loi* ausdrücklich, daß er versucht sei, „den Begriff der Gerechtigkeit, den ich hier tendenziell von dem des Rechts unterscheide, in gewissem Maße jenem anzunähren, der sich bei Levinas findet" (GK 45).

Diese Annährung wurde jedoch mehrfach in Zweifel gezogen.[90] Zwar träfe es zu, daß die von Derrida mit dem Begriff der Gerechtigkeit intendierte Beziehung zum Anderen, „zum Antlitz des Anderen, das mir befiehlt, dessen Unendlichkeit ich nicht thematisieren kann" (GK 45) usw., auch von Levinas als ‚Gerechtigkeit' (*justice*) angesprochen werden kann.[91] Aber vielleicht sei diese – von Derrida zitierte – Verwendung des Begriffs gar nicht die für Levinas typische. Gewöhnlich nämlich behalte Levinas das Wort *justice* für die *Beziehung zum Dritten* vor. Nach Bernasconi bringe dies den Gerechtigkeitsbegriff von Levinas in eine nicht unwesentliche Differenz zu dem, was Derrida darunter versteht.[92] Das Hinzukommen des Dritten kompliziere nämlich die ‚ethische Beziehung' enorm, und hier liege das eigentlich zu lösende Problem der Gerechtigkeit. Sobald ein anderer Anderer im Spiel sei, bedürfe es des Ausgleichs, der Gesetze usw. Bernasconi zitiert dazu folgende Passage aus *Ethik und Unendliches*:

„Die interpersonale Beziehung, die ich mit dem Anderen herstelle, muß ich auch mit den anderen Menschen herstellen; es besteht also die Notwendigkeit, dieses Privileg des Anderen abzumildern; daher die Gerechtigkeit. Diese, ausgeübt durch Institutionen, die unvermeidlich sind, muß immer durch die anfängliche interpersonale Beziehung kontrolliert werden."[93]

Von daher scheint Levinas' Begriff der ‚Gerechtigkeit' eher dem zu entsprechen, was Derrida ‚Recht' nennt, während Derridas ‚Gerechtigkeit' dem Levinasschen ‚Ethischen' nahekommt. Aber es handle sich nicht nur um einen Unterschied der Terminologie, sondern die

---

[90] Vgl. R. Bernasconi: *Ethische Aporien*, 351ff. und H.-D. Gondek: *Gesetz, Gerechtigkeit und Verantwortung bei Levinas*, 319ff. Vgl. auch die Diskussion dieser Frage bei Caputo: *Prayers*, 205ff.

[91] Z.B. in einem kurz darauf von Derrida zitierten Abschnitt aus *Totalité et Infini*, wo es heißt: „aber wir wollen auch zeigen, wie, ausgehend vom Wissen qua Thematisierung, die Wahrheit dieses Wissens zur Beziehung mit dem Anderen, das heißt zur Gerechtigkeit führt." (E. Levinas: *Totalität und Unendlichkeit*, 124.)

[92] Vgl. R. Bernasconi: *Ethische Aporien*, 351ff. Zum Problem des ‚Dritten' bei Levinas vgl. v.a. Th. Habbel: *Der Dritte stört*, 104ff. und die dort geführte Diskussion der Sekundärliteratur zum Thema.

[93] E. Levinas: *Ethik und Unendliches*, 69 / 95. Zitiert bei Robert-Bernasconi, a.a.O., 356.

4. Das ‚Ethische': Zwischen Mensch und Mensch 213

Aufmerksamkeit auf den Dritten spiele, laut Bernasconi, bei Levinas eine größere Rolle. Derrida verfolge letztlich einen anderen Weg als Levinas. „Er hat sich der Frage einer Blindheit der Gerechtigkeit nicht zugewandt. Er ist einen mehr Kierkegaardschen Weg gegangen, der zum Thema der Entscheidung hinführt."[94] Und etwas später heißt es unter Bezug auf *Donner la mort*: „Derridas Lektüre von Kierkegaard gerät zum Anlaß einer der direktesten Kritiken von Levinas durch Derrida."[95]

Diese scharfe Gegenüberstellung der Idee der Gerechtigkeit bei Derrida und Levinas – und der Rolle, die Kierkegaard dabei spielt – läßt sich m.E. nicht halten. Auch Levinas geht es nicht um eine *Begrenzung* der ethischen Verpflichtung gegenüber dem Anderen – im Namen der Gerechtigkeit. Seine ganze Argumentation zielt immer auf einen Begriff von Gerechtigkeit, der sich – wie bei Derrida – ganz von der ‚Nähe zum Anderen' her versteht.[96] Die Rolle des Dritten hat vielmehr die Funktion, diese ethische Verantwortung auch in die immer schon ‚vermittelnden' Institutionen der Gerechtigkeit hineinzutragen.[97] Die vom Dritten repräsentierte Gemeinschaft lebt von einer solchen immer neuen Infragestellung ihrer normativen ‚Allgemein-

---

[94] A.a.O., 360.
[95] A.a.O., 369. Sehr dunkel erscheint mir Bernasconis Erwägung: „Möglicherweise könnte man sagen, daß Derrida Kierkegaard als den Dritten ansieht, der ihn in den Augen von Levinas anblickt." A.a.O., 360f., Anm. 26. Auch Caputo schreibt an einer Stelle: „So Derrida's reading is more Kierkegaardian than Levinasian." *Prayers*, 207.
[96] Vgl. E. Levinas: *Jenseits des Seins*, 347 / 202f.: "Die Gerechtigkeit ist unmöglich, ohne daß der, der sie gewährt, sich selbst in der Nähe befindet. Seine Funktion beschränkt sich nicht auf die ‚Funktion der Urteilskraft', auf die Subsumtion von Einzelfällen unter die allgemeine Regel. Der Richter steht nicht außerhalb des Streitfalls, das Gesetz aber gilt innerhalb der Nähe. Die Gerechtigkeit, die Gesellschaft, der Staat und seine Institutionen – die verschiedenen Weisen des Sich-Austauschens und der Arbeit, von der Nähe her verstanden – bedeuten jeweils, daß nichts sich der Kontrolle der Verantwortung des Einen für den Anderen entziehen kann. [...] Keineswegs ist die Gerechtigkeit eine Abschwächung der Besessenheit, eine Entartung des *Für-den-Anderen*, eine Verkleinerung, eine Begrenzung der anarchischen Verantwortung. [...] die Gerechtigkeit der Vielen baut sich auf um die Dia-chronie von Zweien: Die Gerechtigkeit bleibt Gerechtigkeit nur in einer Gesellschaft, in der zwischen Nahen und Fernen nicht unterschieden wird, in der es aber auch unmöglich bleibt, am Nächsten vorbeizugehen; in der die Gleichheit aller getragen ist von meiner Ungleichheit, durch den Mehrwert meiner Pflichten über meine Rechte. Die Selbstvergessenheit bewegt die Gerechtigkeit." Sagt Derrida etwas anderes?
[97] In einem ähnlichen Sinne behandelt auch Z. Baumann dieses Problem des Dritten: *Postmoderne Ethik*, 169ff.

heiten' – und das heißt im besonderen: der *Sprache*, die diese ihrerseits immer wieder normierend zu reproduzieren versucht.[98]

Wie stark sich Derrida auch in der Frage nach dem Dritten auf Levinas berufen kann, unterstreicht vor allem sein *Nachruf* auf Levinas in *Adieu*. Dort rekonstruiert Derrida in immer neuen Zusammenhängen und auf eine Weise, die sich als alles andere als eine ‚Kritik' versteht, wie die *Frage nach dem Dritten* im Zentrum von Levinas' Thematisierung der Gerechtigkeit steht.[99] Derrida unterstreicht sehr wohl, daß (bei Levinas) der Dritte die ethische Erfahrung von Angesicht zu Angesicht von Anfang an unterbricht und problematisiert – und gerade darin den „Anfang der Gerechtigkeit" markiert, „sowohl als Recht als auch jenseits des Rechts, im Recht jenseits des Rechts" (AEL 48f.). Und *es braucht* diese Unterbrechung der reinen Unmittelbarkeit des Von-Angesicht-zu-Angesicht mit dem Einzigen:

> „Die Abwesenheit des Dritten würde nämlich der Reinheit des Ethischen mit Gewalt drohen [...] Natürlich sagt Lévinas das nicht in dieser Form. Aber was tut er denn, wenn er über das Duell oder mit dem Duell eines Von-Angesicht-zu-Angesicht zwischen zwei ‚Einzigen' sich an die Gerechtigkeit wendet und immer wieder bekräftigt: ‚es braucht' die Gerechtigkeit, ‚es braucht' den Dritten? [...] Der Dritte würde demnach gerade vor dem Taumel ethischer Gewalt schützen. Die Ethik könnte dieser Gewalt auf doppelte Weise ausgesetzt sein: einmal um sie zu erdulden, aber auch um sie auszuüben. Abwechselnd oder gleichzeitig." (AEL 52)

---

[98] Vgl. E. Levinas: *Jenseits des Seins,* 67 Anm. / 30 Anm. Man muß hier daran erinnern, daß gerade Levinas (und Derridas) Konzeption der ‚Sprache' versucht, deren normierenden Charakter zu begrenzen bzw. zu dekonstruieren. Die Sprache ist eben nicht ‚als solche das Allgemeine', wie es Johannes de Silentio suggeriert. Sprache ist nicht das Element der Verallgemeinerung, sondern der Hinwendung zum Anderen. Sie bezieht den Anderen gerade nicht ein in eine Totalität des Selben. Die durch Sprache gestiftete Intersubjektivität beruht nicht auf dem Modell wechselseitiger Übereinkünfte, ‚Konsense' usw., sondern auf einer *Beziehung* zwischen Individuen, denen prinzipiell der Spielraum zum Anders-Verstehen gegeben wird. Ich verweise hier auf Blanchots Levinas-Deutung: „Wenn es ein Verhältnis gibt, worin der andre und das Selbe, gerade indem sie sich im Verhältnis halten, sich von diesem Verhältnis *absolvieren*, als Glieder, die auf diese Weise in der Beziehung selbst *absolut* bleiben, wie Lévinas ausdrücklich sagt, so ist dieses Verhältnis die Sprache. [...] – So daß die Gesprächspartner nur sprechen würden wegen ihrer vorläufigen Fremdheit, und um dieser Fremdheit Ausdruck zu verleihen? – Im Grunde ja. Es gibt Sprache, weil es zwischen denen, die sich ausdrücken, nichts ‚Gemeinsames' gibt, eine Trennung, die in jedem wahren Sprechen vorausgesetzt – nicht überwunden, sondern bestätigt – wird. Wenn wir uns nichts *Neues* zu sagen hätten, wenn durch die Rede nichts Fremdes an mich herankommen würde, käme es überhaupt nicht in Frage zu sprechen. Deshalb würde in einer Welt, in der nur mehr das Gesetz des Selben herrschte (in der Zukunft der dialektischen Vollendung), der Mensch – wie man annehmen kann – sowohl sein Gesicht als auch seine Sprache verlieren." (M. Blanchot: *Das Unzerstörbare*, 104ff.)

[99] Vgl. dazu AEL 48ff. 83. 125. 139. 142ff.

4. Das ‚Ethische': Zwischen Mensch und Mensch 215

Aber immer gehe es – auch bei Levinas – um die Fatalität dieses *doppelten Zwangs*: eines ‚double bind'. Gerechtigkeit beginnt mit einem „Treuebruch" (AEL 53). Jedenfalls die Gerechtigkeit *als* Recht. Und gleichzeitig verbürgt nur die Treue so etwas wie ‚Gerechtigkeit':

> „Wie der Dritte, der nicht abwartet, ist die Instanz, welche Ethik und Gerechtigkeit einleitet, in ein schwebendes, quasi transzendentes bzw. ursprüngliches, ja vor-ursprüngliches Treubruchverfahren verwickelt." (AEL 54)

Aber diese unendlichen Komplikationen ändern, laut Derrida, nichts an der allgemeinen Struktur des Ethischen, die es bei Levinas zu lernen gälte: Die Gerechtigkeit, die Rede, die Justiz, die Politik usw. hängen zuallererst mit der Fähigkeit zum *Empfang des Anderen* zusammen. Nur wo dessen *Möglichkeit* gesucht werde – auch unter der Gefahr der „Perversion", denn diese „Pervertibilität" ist „die Bedingung des Guten, der Gerechtigkeit, der Liebe, der Aufrichtigkeit usw." (ebd.) –, hat Ethik eine Chance: nämlich als eine *Politik der Gastlichkeit*. Wenn denn „Gastlichkeit" (*l'hospitalité*) nichts anderes meint als Empfang des Anderen, Erfahrung der Andersheit des Anderen, d.h. Öffnung *ohne* Thematisierung, *ohne* apriorisches Geltendmachen der ‚einheimischen' Gesetze und *ohne* die Grenzziehungen der eigenen Identität.[100] Der gesamte Vortrag Derridas *Le mot d'accueil*, der als „Wort zum Empfang" auf dem besagten Levinas-Kolloquim gehalten wurde, organisiert sich um dieses Levinassche Denken der *hospitalité*, die nicht nur das Wesen der Ethik, sondern der Sprache und des Denkens überhaupt ausmache. Eine solche Gastlichkeit sei nicht länger eine Region der Ethik oder der Name für ein Problem des Rechts oder der Politik, sondern die „Ethizität selber, das Ganze und das Prinzip der Ethik" (AEL 72).[101] Gleich zu Beginn des Vortrags hatte Derrida die Frage gestellt:

---

[100] Gerade die politische Erfahrung permanenter „Verbrechen *gegen* die Gastlichkeit" (AEL96) nötige heute dazu, den Übergang zu denken zwischen der Levinasschen ‚Gastlichkeit des Denkens' und der Politik.

[101] Am Rande sei hier vermerkt, daß Derrida das Thema der *hospitalité* ausdrücklich auf dem *jüdischen* Hintergrund Levinas interpretiert und sich vor allem ausführlich auf dessen Talmudlektüren bezieht. Das biblische Gastrecht Israels im Heiligen Land, das ihnen *nicht* gehört, bilde gewissermaßen den Prototyp zu aller Gesetzgebung in bezug auf den *Gastsassen*. Und diese wiederum bilde den Prototyp des Menschlichen überhaupt. Derrida zitiert z.B. Levinas, in *Stunde der Nationen*, 150: „Dem anderen Menschen bei sich Schutz zu geben, die Anwesenheit der Land- und Obdachlosen auf einem so eifersüchtig – so böse – geliebten ‚Boden der Vorfahren' zu dulden – ist dies das Kriterium für das Menschliche? Unbestritten." (zitiert in AEL 98) Zu dieser Verknüpfung von biblischer ‚Gastfreundschaft' und dem Denken des Anderen vgl. v.a. AEL 96ff. Nicht von ungefähr erwähnt Derrida in einer Anmerkung die *Gastlichkeit Abrahams*! AEL 164, Anm. 67.

„Nehmen wir an, man könnte aus dem ethischen Diskurs von Lévinas über Gastlichkeit kein Recht und keine Politik ableiten [...] Wie wäre dann eine solche Unmöglichkeit zu begründen, abzuleiten, zu folgern, auszulegen? Verweist sie auf eine Schwachstelle? Man müßte vielleicht vom Gegenteil ausgehen. In Wirklichkeit wären wir vielleicht zu einer anderen Prüfung aufgerufen [...] verlangt ein solcher Hiatus dann nicht von uns, Recht und Politik anders zu denken?" (AEL 38f.)

Politiken der Dekonstruktion

Aber erweist sich Derridas (bzw. Levinas') Gerechtigkeitsbegriff tatsächlich als fähig, in *politische* Kontexte übersetzt zu werden[102]?

Daß es bei den von Derrida verhandelten Aporien um dezidiert politische Fragestellungen geht, liegt indes auf der Hand.[103] Die Frage nach einer das Recht überbordenden Gerechtigkeit ist von Beginn an von äußerster politischer Brisanz. Die Sehnsucht nach einem politischen ‚Führer' jenseits des Rechts bzw. einer gerechteren herrschaftsfreien Gemeinschaft inspirierte seit jeher jede politische Theorie. Die Fundamentalkritik des Ungerechtigkeiten stabilisierenden Gesetzes (Rechts) ist dabei zunächst für *beide* ‚klassischen' Optionen und Oppositionen offen: Sie kann sich mit der (‚rechten') Utopie des guten Herrschers verbinden wie mit der (‚linken') Utopie der Gerechtigkeit ohne Herrschaft. Denn beide Utopien entwerfen Zustände einer absoluten Gerechtigkeit jenseits der beschränkten von Recht und Ge-

---

[102] R. Rorty würde genau dies bestreiten. Er zieht es vor, Derridas Texte als „forms of private self-creation" zu lesen. Deshalb hat er auch Schwierigkeiten mit den spezifisch Levinasschen Einflüssen auf Derridas Denken. „I am unable to connect Levinas' pathos of the infinite with ethics of politics". Er kann daher Derridas Texte nicht als Beiträge zum politischen Denken ansehen: „Politics, as I see it, is a matter of pragmatic, short-term reforms and compromises – compromises which must, in a democratic society, be proposed and defended in terms much less esoteric than those in which we overcome the metaphysics of presence [...]. I want to save radicalism and pathos for private moments, and stay reformist and pragmatic when it comes to my dealing with other people." R. Rorthy: *Remarks on Deconstruction and Pragmatism*, 17. – Eine ähnliche Irrelevanz des ‚Dekonstruktivismus' für die Politik behauptet G. Blechinger, *Apophatik und Politik. Zu einer Dekonstruktion des Rhetorischen bei Jacques Derrida*. Blechinger liegt daran, Derridas Texte zu entlarven als ein auf jede Argumentation und Kohärenz verzichtendes „Grundrauschen" (95), was die Rezeption seiner Texte „für nicht wenige so schwer erträglich macht" (ebd.). – Eine profundere Untersuchung von Derridas Verhältnis zur Politik bietet das Buch von R. Beardsworth: *Derrida and the Political*. Vgl. weiter: C. Norris: *Derrida*, 155ff.; S. Critchley: *The Ethics of Deconstruction*, 188ff.; A. G. Düttmann: *Die Dehnbarkeit der Begriffe*, 57ff.

[103] Vgl. dazu und zum folgenden etwa den Kommentar zu *Force de loi* durch Ch. Menke: *Für eine Politik der Dekonstruktion*.

4. Das ‚Ethische': Zwischen Mensch und Mensch

setz. Die Einsicht in die verhängnisvolle Geschichte dieser beiden Utopien markiert so etwas wie den Ort von Derridas Reflexionen über die Gerechtigkeit. Ch. Menke vermerkt zutreffend: „Ihr Gegenstand ist die Frage nach Recht und Gestalt einer Kritik des Gesetzes *nach* dem Zerfall der politischen Utopien, die mit dieser Kritik, ihrer Geschichte, ihren Motiven und ihrer Wirkung, so eng verbunden waren."[104] Kann die Idee der Gerechtigkeit überhaupt ‚nachutopisch' gedacht werden? Derridas Antwort ist offenbar: ja, und zwar *als* Dekonstruktion. Was aber bedeutet eine Politik der Dekonstruktion?

Nach dem oben Gesagten könnte man meinen, daß die Dekonstruktion gegenüber dem „klassischen emanzipatorischen Ideal" der immer neuen Hinterfragung des derzeitigen Rechts kaum etwas anderes zu sagen habe. Derrida verweist selber darauf, daß dieses Neu-Deutendes-Rechts sich ebenso „bei der Erklärung der Menschenrechte zugetragen [habe], bei der Abschaffung der Sklaverei, im Zuge all jener Befreiungskämpfe, die statthaben und weiterhin statthaben werden, überall in der Welt, im Namen der Frauen und Männer" (GK 58). Nichts weniger scheint ihm „veraltet zu sein" als dies. Allerdings gilt es zu sehen, welche erhebliche Differenz zwischen dem emanzipatorischen und dem dekonstruktiven Verständnis der Reform des Rechts in anderer Hinsicht besteht. Denn die emanzipatorische Politik versteht die Gerechtigkeit, in deren Namen sie das Recht hinterfragt, als Idee einer zu verwirklichenden *Gleichheit*. Ihre Rechtsreformen entzünden sich an der Erfahrung, daß nicht alle in den gleichen Genuß eines bestimmten Rechts kommen. Die Gerechtigkeit, in deren Namen die Dekonstruktion das geltende Recht befragt, ist die der Angemessenheit an ein Besonderes in einer besonderen Lage.[105] Sie entzündet sich an der Erfahrung, daß ein Gesetz in seiner Anwendung einem oder einer besonderen Anderen nicht gerecht wird. „Die Gerechtigkeit beruht hier nicht auf Gleichheit, auf einem berechneten Gleichmaß, auf einer angemessenen Verteilung, auf der austeilenden Gerechtigkeit, sondern auf einer absoluten Asymmetrie." (GK 45f.) Ch. Menke kommentiert: „Besteht daher eine emanzipatorische Politik darin, immer bessere Bestimmungen dessen zu gewinnen, worin alle gleich sind, so

---

[104] *Für eine Politik der Dekonstruktion*, 280.
[105] In diesem Sinne beschreibt auch A. Honneth Derridas Ethikkonzept: Derridas „Beitrag zu einer postmodernen Ethik [...] macht an der moralischen Verantwortung für den konkreten Anderen eine Perspektive fest, die nicht in Übereinstimmung mit, sondern in Spannung zur Idee der Gleichbehandlung steht." *Das Andere der Gerechtigkeit*, 196f.

die Politik der Dekonstruktion darin, immer wieder die Allgemeinheit des Gesetzes an der je eigentümlichen ‚Sprache des anderen' [GK 35] zu brechen. [...] Das aber bedeutet, daß die dekonstruktive Entfaltung der Spannung von Recht und Gerechtigkeit tatsächlich *überhaupt nicht mehr*, wie die Vertreter einer klassischen emanzipatorischen Auslegung (und Auflösung) dieser Spannung zu Recht bemerken, im Namen einer anderen politischen Ordnung erfolgen kann: die Dekonstruktion ist keine (Re-),Konstruktion' einer gerechteren politischen Ordnung [...] und die Politik der Dekonstruktion endet in einer ‚Dekonstruktion der Politik'."[106] Die Dekonstruktion weist auf ein Problem, das in keiner ‚politischen' Anstrengung zu lösen ist. Und zwar deswegen, weil es sich jeweils nur in der „Sprache des anderen" (GK 35) *stellt*. Aufgrund dieser in keiner gemeinsamen Sprache einholbaren Besonderheit des ‚Adressaten' der Gerechtigkeit kann Gerechtigkeit sich nicht nur nicht unverkürzt rechtlich etablieren, sie kann überhaupt nicht unverkürzt *politisch* ausgeübt werden. Eine Politik der Dekonstruktion kann nur auf eine Dekonstruktion der ‚Politik' hinauslaufen. Noch einmal Ch. Menke: „Ihre Treue zur Gerechtigkeit besteht nicht in einer (positiven) Überschreitung, sondern in einer (negativen) Unterbrechung des Rechts; die Politik der Dekonstruktion ist eine Politik der Zäsur."[107]

Aus ganz ähnlichen Motiven wie Kierkegaard hat sich daher auch Derrida immer wieder gegen die Homogenisierung von Diskursen gewandt, die nicht nur persönliche Verantwortung immer schwieriger macht, sondern eben auch das verhindert, was er Gerechtigkeit nennt. Denn Gerechtigkeit zielt immer auf die *Störung* des herrschenden Diskurses zugunsten d. ausgeschlossenen Anderen.

In diesem Sinne warnt Derrida z.B. in *Das andere Kap* vor jener vereinheitlichenden Autorität,

---

[106] Ch. Menke: *Für eine Politik der Dekonstruktion*, 285 f.
[107] A.a.O., 286. Derrida hat sich in den auf *Force de loi* folgenden Veröffentlichungen ziemlich deutlich darüber ausgesprochen, welche Implikationen eine solche Dekonstruktion für *politische* Entscheidungen haben könnte. Hier sind vor allem Texte zu nennen wie *L'autre cap (Das andere Kap)*, wo es um die Frage nach der ‚kulturellen Identität Europas' geht; *La démocratie ajournée (Die vertagte Demokratie)*, wo die Rolle der Massenmedien für die politische Urteilsbildung kritisch untersucht wird und schließlich *Spectres de Marx (Marx' Gespenster)*, wo Derrida über die Chancen nachdenkt, die nach dem Zusammenbruch des ‚Ostblocks' in den Texten von Marx weiterhin liegen. Schließlich versucht Derrida in *Adieu* diese Politik, „die *weder* rein politisch im traditionellen Sinn des Wortes ist, *noch* einfach apolitisch wäre" (AEL 108), im Anschluß an Levinas' Begriff vom „Frieden", als eine Art „messianische Politik" zu beschreiben (vgl. AEL 96ff.).

"die durch transeuropäische Kulturapparate, durch Zusammenschlüsse im Verlags-, Presse-, und Universitätswesen – gleichviel ob auf staatlicher Ebene oder nicht – Kontrolle ausübt und Gleichförmigkeit herstellt: indem sie die Diskurse und die künstlerische Praxis dem Raster der Verständlichkeit unterwirft, sie philosophischen und ästhetischen Normen unterstellt [...]." (AK 32)[108]

Demgegenüber dringt die Dekonstruktion auf die Infragestellung und die ständige Subversion einer sich durch jene Kulturapparate einstellenden Homogenität von Diskussionsnormen. Es gehe – heute und gerade in bezug auf ‚Europa' – darum, sich für die Vervielfachung von Medien, Verlagshäusern und andern Multiplikatoren einzusetzen, einer ‚Gegen-Kultur' eine Chance zu geben und die Mechanismen von Standardisierung und Monopolisierung einzugrenzen. Derrida spricht in diesem Zusammenhang, wie schon oben beschrieben, von einer *Pflicht* zur „Gastlichkeit" (*hospitalité*) im weitesten Sinne, die sich dem Fremden und Verfremdenden öffnet, doch nicht nur, um diesen Fremden einzugliedern, sondern „um seine Andersheit zu erkennen und anzunehmen" (AK 56). Dieselbe Pflicht gebiete, die „Differenz, das Idiom, die Minderheit und die Singularität zu achten; allerdings auch die Allgemeinheit und Universalität des formalen Rechts" (AK 57). (Das Aushalten dieser Aporie macht so etwas wie Verantwortung aus.) Dieselbe Pflicht heiße uns, das zu respektieren, „was sich nicht der Autorität der Vernunft fügt." (AK 58) Dabei könne es sich um verschiedene Glaubensformen handeln. Oder auch um Gestalten des Denkens, die „den Versuch unternehmen, sich auf die Vernunft und ihre Geschichte zu besinnen, die sich also zwangsläufig über die Ordnung der Vernunft hinausbewegen, ohne darum bereits unvernünftig zu sein oder gar dem Irrationalismus zu verfallen" (ebd.). Solche Gestalten des Denkens bewahrten durchaus Treue zum Ideal der Aufklärung, aber gerade darin, daß sie auf die Grenzen der Aufklärung klassischen Typs reflektierten.

Es komme in diesem Zusammenhang eben darauf an, auch der Homogenisierung durch den *philosophischen* Diskurs zu widerstehen. Denn:

„Unter dem Vorwand eines Plädoyers für die Transparenz (‚Transparenz' und ‚Konsens' sind zwei Schlüsselbegriffe des gerade erwähnten ‚kulturellen' Diskurses), für die Eindeutigkeit der demokratischen Diskussion, für die öffentliche Kommunikation, für das ‚kommunikative Handeln', zielt ein derartiger Diskurs auf die Durchsetzung eines Sprachmodells, das dieser Kommunikation angeblich dient. Indem er den Anspruch erhebt, im Namen der Intelligibilität, des Gemeinsinns, des gesunden Menschenverstan-

---

[108] Vgl. dazu auch Derridas Auseinandersetzung mit der Rede von der sog. ‚öffentlichen Meinung' in: *Die vertagte Demokratie*, in AK 81-97.

des oder der demokratischen Moral zu reden, bringt dieser Diskurs tendenziell und gleichsam naturwüchsig alles in Verruf, was das betreffende Modell komplexer erscheinen läßt." (AK 42)

Sich diesen ‚Rastern der Verständlichkeit' zu entziehen, dienen eben auch die ausgefallenen Formen der Derridaschen Schriftstellerei. Derrida weigert sich, die diskursiven Spielregeln mitzuspielen, die etwa in der Öffentlichkeit von einem Philosophen erwartet werden, der politisch mitreden möchte.[109] Aber ebenso verweigert er sich auch den rhetorischen Regeln der üblichen universitären Philosophie. Im Anschluß an die eben zitierte Passage bezieht er sich ausdrücklich auf die ‚Verdächtigungen', die von seiten der analytischen Philosophie[110] und der Frankfurter Schule[111] gegen ihn erhoben wurden. Derrida verwahrt sich gegen die Sprachmodelle, die jenen philosophischen Schulen zugrunde liegen und die eben auch institutionelle Machtfaktoren darstellen, welche die „Philosophie der Universität und die an Univer-

---

[109] Besonders aufschlußreich sind in diesem Zusammenhang auch immer Derridas Interviews. Vgl. dazu den umfangreichen Sammelband *Auslassungspunkte*, der 22 z.T. umfangreiche Gespräche mit Derrida enthält. Ich verweise besonders auf ein Interview mit Le Monde unter dem Titel *(„Die alte neue Sprache") entsiegeln*, das wie folgt beginnt: „‚Ein Interview mit Derrida? Endlich wird man vielleicht mal etwas verstehen!' So reagierten einige, als ich von den Vorbereitungen zu dieser Arbeit mit Ihnen erzählte. Man sagt, Ihre Texte seien schwierig und an der Grenze der Lesbarkeit. Einige potentielle Leser werden von vornherein von diesem Ruf entmutigt. Wie gehen Sie damit um? Streben Sie einen solchen Effekt an, oder leiden Sie vielmehr darunter? J. D.: Ich leide darunter – ja, lachen Sie nicht [...]. Aber glauben Sie denn nicht, daß jene, die mich scharf kritisieren, wie Sie sagen, das Wesentliche von dem verstehen, von dem sie vorgeben, es nicht zu verstehen, daß es nämlich darum geht, einen gewissen Lektüre- und Bewertungsschauplatz mit all seinen Bequemlichkeiten, Interessen und Programmen in Frage zu stellen [...]." APU 125.

[110] Vgl. Derridas Auseinandersetzung mit Searle in *Limited Inc*. Dazu M. Frank: *Die Entropie der Sprache. Überlegungen zur Debatte Searle-Derrida* bzw. ders.: *Was ist Neostrukturalismus*, 493 ff.

[111] Bekanntlich hat Habermas, Derridakritik in *Der philosophische Diskurs der Moderne*, 191-218 maßgeblich zur deutschen Derridarezeption beigetragen und m.E. diese auf unfruchtbare Weise festgelegt. Gerade, was die (Nicht-)Wahrnehmung der politischen Ethik Derridas betrifft. Dabei wäre es sicherlich gerade da möglich, Derrida und Habermas stärker aufeinander zu beziehen, als es üblich geworden ist. In diesem Sinne versucht etwa W. Naumann-Beyer, *Annäherungen an Derrida*, die Derrida-Habermas-Debatte neu zu lesen. Vgl. dazu auch A. Honneth, *Das Andere der Gerechtigkeit*, 195 ff. Auch Derrida hat sich in einem Interview mit der ZEIT in diesem Sinne geäußert (vgl. *Ich vertraue der Utopie, ich will das Un-Mögliche*, 49). Allerdings verweist Derrida dort, bei allen politischen Parallelen zwischen sich und Habermas, letztlich auch auf die tiefen Divergenzen: „Ich meine Uneinigkeiten über das Wesen selbst des Politischen, des sozialen Bandes und der Sprache." (Ebd.)

sitäten gelehrte Philosophie[112] gemeinsam besetzen, so, als handle es sich um ein stillschweigend eingegangenes Bündnis" (AK 42f.).

Auch Kierkegaard hat sich in diesem Sinne den üblichen Diskursnormen zu entziehen versucht. Und dabei geht es auch ihm nicht nur um einen ‚verspielten' Rückzug in die Ideosynkrasie. Sondern um ein *Plädoyer* für das, was sich nicht in der Sprache des Allgemeinen und des allgemein Anerkannten und Akzeptierten mitteilen läßt: d.h. für ‚das Andere': Gott, das Selbst, der oder die Andere.

4.3. Der/die Andere im Denken Kierkegaards

Bisher ist es mir darum gegangen, Analogien zwischen Kierkegaards Ethik und denjenigen Paradoxien der Gerechtigkeit, um die es Derrida in *Donner la mort* und anderswo geht, aufzuzeigen. Diese Analogien hängen mit einer besonderen Kennzeichnung des ‚Augenblicks der Entscheidung' zusammen, der die vernünftige Kalkulation unterbricht und in die ethische Rationalität einen Moment von Heteronomie, Asymmetrie, Unentscheidbarkeit und Nichtverallgemeinerbarkeit hineinbringt. (Wie wir gleich sehen werden, behält Kierkegaard diese andere Ethik jedoch einer Ethik der Liebe vor. Der Begriff der Gerechtigkeit markiert für ihn – gemäß einer alten christlichen Sprachregelung – dagegen dasjenige, was durch die Liebe in Frage gestellt wird.) Aber findet diese Analogie nicht ihre Grenze auch dort, wo es gewissermaßen um den ‚Ort der Entscheidung' geht? Ist auch Kierkegaards Ethik von der Andersheit d. Anderen, Nächsten, her entworfen? Ist es nicht ausschließlich Gott, der die ‚Suspension des Ethischen, im Sinne des Allgemeinen' provoziert[113] – während das Verhältnis von Mensch zu Mensch sich sehr wohl am Maßstab nur ‚relativer Unterschiede' orientiert? Ist der christliche Liebesbegriff – in der Lesart Kierkegaards – an der Fragestellung, die Derrida und Levinas umtreibt, wirklich interessiert? Ich zitiere noch einmal die entsprechende These Derridas:

---

[112] Vielleicht denkt Derrida hier auch an die berühmte Auseinandersetzung in Cambridge, wo 1992 darüber gestritten wurde, ob ihm ein Ehrendoktortitel verliehen werden könne.

[113] So etwa M. Theunissen in *Negative Theologie der Zeit*, 359: „Wohl begreift auch Kierkegaard, wie Hegel, das Selbstsein oder die Freiheit als Bei-sich-Sein im Anderen, aber das Andere ist in seinem Verhältnis ausschließlich Gott, nicht mehr die Welt."

„Und wie jeder von uns, ist jeder andere, ganz andere (*chaque autre, tout autre*) unendlich anders in seiner absoluten, unzugänglichen, solitären, transzendenten, nicht-offenbaren, meinem *ego* nicht ursprünglich gegenwärtigen Einzigartigkeit [...], läßt sich das, was über die Beziehung von Abraham zu Gott behauptet wird, auch von meiner beziehungslosen Beziehung zu *jedem anderen als ganz anderem* behaupten". (TG 405)

Die Folgen wären, wie wir sahen, erheblich. Lesen wir noch einmal im Text von *Der Liebe Tun*.

Der Einzelne und d. Andere

In der Rede *Liebe sucht nicht ihr Eigenes* (LT 292ff.) geht Kierkegaard von der Gegenüberstellung von „Gerechtigkeit" und „Liebe" aus. Beide seien durch das unterschieden, was auch bei Kierkegaard eine *Gabe ohne Tausch* heißt: Die Gerechtigkeit sei nämlich daran kenntlich, daß sie „jedem das Seine gibt, ebenso wie sie auch wieder das Ihre fordert" (LT 293). Man habe es hier mit Sachen des „Eigentums" zu tun. Die Gerechtigkeit sichert das je Eigene, indem sie unter Wahrung der Besitzverhältnisse gibt und nimmt, d.h. tauscht. Die Liebe verursache hier jedoch eine große „Verwirrung" (LT 294), insofern sie den Unterschied zwischen ‚Mein' und ‚Dein' zum Verschwinden bringe. „Je tiefer die Umwälzung ist, desto stärker schaudert die Gerechtigkeit; je tiefer die Umwälzung ist, desto vollkommener ist die Liebe" (ebd.). Kierkegaards These:

„Der wahrhaft Liebende sucht nicht sein Eigenes. Er versteht sich nicht auf die Forderungen des strengen Rechts oder der Gerechtigkeit, nicht einmal auf die der Billigkeit in bezug auf das ‚Eigene'; auch versteht er sich nicht auf einen Tausch, wie es die Minne tut [...], auch versteht er sich nicht auf die Gemeinsamkeit, wie es die Freundschaft tut [...]. Nein; der wahrhaft Liebende versteht sich nur auf eines: [...] alles hinzugeben, ohne das geringste wiederzubekommen. [...] *Denn der wahrhaft Liebende liebt nicht seine Eigentümlichkeit, er liebt hingegen jeden Menschen nach dessen Eigentümlichkeit.*" (LT 297f.)

Eine solche „wahre Liebe" und das ihr entsprechende Verhältnis von Mensch zu Mensch wird nun von zwei Verfehlungen dieses Verhältnisses abgegrenzt. Zum einen geht es dabei um den *Strengen und Herrschsüchtigen* (vgl. LT 298f.): Diesem fehle es an Nachgiebigkeit und Willigkeit, „um andere zu begreifen". Er will, daß jeder „in seine Form umgeschaffen, zurechtgestutzt werde", gemäß „seinem Zuschnitt vom Menschen". Und auch dort noch, wo dieser vorgibt, eine „Ausnahme" zu machen, „stellt er sich auf eine ganz bestimmte und besondere – und willkürliche Weise etwas Bestimmtes unter diesem Menschen vor, und verlangt nun, daß der andere diese Vorstellung erfülle". Ob es sich dabei um einen Tyrann in einem Kaiserreich oder um einen Haustyrann handelt, das Wesen ist das gleiche: „herrschsüchtig nicht aus sich selbst herausgehen wollen." So wie die Strenge nur ihr Eigenes sucht, so tut es auf der anderer Seite auch die *Kleinlichkei* (vgl. LT 299ff.): „Kleinlichkeit ist die eigene, kümmerliche Erfindung des Geschöpfs, wenn es sich weder wahrhaft stolz noch wahrhaft demütig [...] gestaltet, und zugleich Gott umgestaltet, als sei er auch kleinlich, als könne er Eigentümlichkeit nicht ertragen." Das rühre daher, daß ein solcher Kleinlicher niemals den Mut gehabt habe, *vor Gott* er selbst zu sein. Denn wer dies gewagt habe – und auf das „vor Gott" kommt dabei alles an –, *glaube im gleichen Sinne auch an die Eigentümlichkeit eines jeden anderen Menschen.* Man könnte hinzufügen: denn jede(r) andere ist ganz anders.

„Eigentümlichkeit haben, heißt an die Eigentümlichkeit jedes anderen glauben; denn die Eigentümlichkeit ist nicht mein, sondern ist Gottes Gabe, durch die er mir das Dasein gibt, und er gibt ja allen, und gibt allen das Dasein." (LT 300)

Der Kleinliche klammert sich dagegen an eine ganz bestimmte Gestalt und Form. Nur diese sucht er, und nur diese kann er lieben. Um so verderblicher werde dies jedoch in dem Moment, wo die Kleinlichkeit obendrein Gott für diese „Klüngelei" in Anspruch nimmt, „so daß die Kleinlichkeit vermeintlich der einzige Gegenstand der Liebe Gottes sein soll, der einzige an dem er Wohlgefallen hat." Für jemanden, der wirklich Eigentümlichkeit (*vor Gott*) besitzt, für den ist keine fremde Eigentümlichkeit ein Gegenbeweis. Es kann ihn nicht irremachen, daß sich die Eigentümlichkeit eines anderen zeigt, „wie es seinem Glauben entspricht". Die Kleinlichkeit dagegen empfindet eine

„kalte, unheimliche Angst, wenn sie eine fremde Eigentümlichkeit sieht, und nichts ist ihr wichtiger als diese fortzubekommen; die Kleinlichkeit fordert gleichsam von Gott, daß jede solche Eigentümlichkeit zugrunde gehen müsse, damit sich nun zeige, daß die Kleinlichkeit recht habe und daß Gott ein eifernder Gott sei – eifernd für die Kleinlichkeit. Als Entschuldigung mag zuweilen dienen, daß die Kleinlichkeit sich wirklich selbst einbildet, ihre kümmerliche Erfindung sei das Wahre, so daß es demnach sogar aufrichtige Freundschaft und wahre Teilnahme sei, wenn sie jeden anderen zur Gleichheit mit sich verpfuschen und verderben will. [...] Aber eigentlich ist es doch, was meistens verschwiegen wird, Notwehr, Selbsterhaltungstrieb, was die Kleinlichkeit so tätig macht, alles andere denn das ihr Eigene fortzubekommen." (LT 301)

Ich habe diese Passagen so textnah paraphrasiert, um auch die *Stimmungen* deutlich werden zu lassen (und die Anklänge an Nietzsche!), mit denen Kierkegaard hier die verschiedenen Weisen des Umgangs mit der Andersheit d. Anderen beschreibt. Es geht um einen bestimmten Willen zur Macht, um Gewalt bzw. um Unterlegenheitsängste, Ressentiments und ‚Unheimlichkeit' – und um eine ‚Erfindung des Wahren', wo immer der Einzelne mit der Andersheit d. Anderen konfrontiert wird. Kierkegaard ist mit viel psychologischem und philosophischem Gespür darauf aufmerksam gewesen. Zwar wird dies von Kierkegaard nicht im Namen der Gerechtigkeit thematisiert, sondern im Namen (christlicher) Nächstenliebe (die hier – gemäß einer langen christlichen Tradition – der Gerechtigkeit entgegengesetzt wird). Aber liest man Passagen wie die eben referierte, dann kann man das, was Derrida in *Gewalt und Metaphysik* schreibt, nur unterstreichen: Levinas' Einwand „Nicht ich bin es, der sich dem System verweigert, wie Kierkegaard dachte, sondern der Andere"[114] baut eine Alternative auf, die Kierkegaard so nicht akzeptiert hat. Derridas Kommentar in *Gewalt und Metaphysik*:

„Kann man nicht den Einwurf wagen, Kierkegaard wäre für diese Unterscheidung taub gewesen? Und daß er seinerseits gegen diese Begrifflichkeit Einspruch erhoben hätte? Als subjektive Existenz, hätte er vielleicht geantwortet, entzieht sich der Andere dem System. Der Andere ist nicht Ich, gewiß – und wer hätte das jemals behauptet? –, er ist aber *ein* Ich." (SD 168)

Aber Kierkegaard würde aus dieser Eigentümlichkeit d. Anderen eben nicht die Konsequenzen ziehen, wie Derrida es versucht. Kierkegaard redet nicht von einer absoluten Transzendenz des anderen, die mich *als solche* in eine absolute Verpflichtung ruft. Das Denken Kierkegaards hat an dieser Stelle eine eigentümliche Grenze, die es gilt, genauer zu analysieren. Diese Grenze hat es nach Kierkegaard mit einem spezifisch *christlichen* Verständnis der Nächstenliebe zu tun. Besonders interessant ist in diesem Zusammenhang eine Passage aus der Rede II des ersten Teils, in der es um eine Auslegung des Gebots der Nächstenliebe „*Du sollst deinen Nächsten lieben als dich selbst*" (Mt 22,39) geht (vgl. LT 21ff.).

Was heißt christlich lieben?

Dieses Gebot enthalte, so Kierkegaard, die entscheidende Voraussetzung des Christentums[115]: nämlich einerseits, „daß jeder Mensch sich selbst liebt" (LT 21). Und daß es nun darum gehe, diese „Selbstliebe" d. Nächsten zukommen zu lassen, d. Nächste(n) zu lieben ‚als sich selbst'. In diesem kleinen Zusatz: „als dich selbst" liegt die „Verände-

---

[114] E. Levinas: *Totalität und Unendlichkeit*, 46f. /30.
[115] Merkwürdigerweise scheint Kierkegaard zu ignorieren, daß aufgrund des gut jüdischen Hintergrundes dieses Gebots zumindest von einer Unterscheidung ‚jüdisch'-‚christlich' keine Rede sein kann. Wenig später sagt er allerdings selbst, daß die Nächstenliebe befohlen worden ist, „während all der achtzehn Jahrhunderte des Christentums und vorher im Judentum" (LT 29).

rung einer Ewigkeit" (LT 22): die zwischen Selbstbehauptung oder rechter Selbstliebe, wie sie das Christentum lehrt. Dieses „als dich selbst" verweist auf die absolute Verschuldung, die Gabe, die man d. Anderen schulde, ohne den Gedanken an Reziprozität usw., wie oben gesehen. Der christliche Nächste ist derjenige, der das Selbst daran hindert, auf sich selbst bezogen zu bleiben.[116]

Das Gebot lehre aber auch, daß es nicht darum gehen kann, einen Menschen „*mehr als sich selbst* zu lieben" (LT 22), wie es die Dichterbegeisterung über die Minne wohl zu sagen versucht. Christlich gesprochen gibt es nur *einen*, den der Mensch mehr lieben kann als sich selbst, das ist Gott. Gott soll ein Mensch *gehorsam* und ihn *anbetend* lieben. Es wäre Gottlosigkeit, einen anderen *Menschen* so lieben zu wollen (vgl. LT 24). Dazu greift Kierkegaard zu einer interessanten Erläuterung:

„Wofern die Geliebte oder der Freund dich um etwas bäten, wovon du, gerade weil du redlich liebtest, in besorgter Erwägung eingesehen hättest, daß es zu ihrem Schaden gereiche: so wirst du eine Verantwortung tragen, falls du liebst, indem du gehorchst, anstatt zu lieben, indem du die Erfüllung des Wunsches versagst. Aber Gott sollst du in unbedingtem Gehorsam lieben, selbst wenn das, was er von dir fordert, dir dein eigener Schade scheinen müßte, ja schädlich für seine Sache. [...] Einen Menschen hingegen sollst du nur, – doch nein, das ist ja das Höchste – also einen Menschen sollst du lieben als dich selbst". (LT 24)

Kierkegaard widerruft damit in gewisser Weise, daß ein anderer Mensch in der Lage wäre, mich *absolut* zu verpflichten. Immer schiebt sich etwas Wesentliches dazwischen. Und was dazwischen steht, ist meine *Einsicht* darüber, ob jene Bitte „zu ihrem / seinem Schaden ge-

---

[116] Ich verweise auf die sehr interessante Formulierung, mit der Kierkegaard den Begriff des ‚Nächsten' erklärt: „Der Begriff ‚Nächster' ist eigentlich die Verdopplung deines eigenen Selbst; ‚der Nächste' ist das, was die Denker das Andere nennen würden, das, woran das Selbstische in der Selbstliebe geprüft werden soll." (LT 25) Wie soll man diesen Satz lesen? Wenn das Andere nur die ‚Verdopplung' des eigenen Selbst ist, ein ‚alter-ego', dann scheint auch Kierkegaard *die* Denkfigur zu wiederholen, die dem abendländischen Identitätsdenken zugrunde liegt, und die Derrida und Levinas je auf ihre Weise zu vermeiden versuchen. Dann wäre der Andere gerade nicht im radikalen Sinne *ganz anders*, dann bleibt das Selbst das eigentliche Zentrum der Initiative und der Ort, von dem aus über die Ansprüche d. Anderen entschieden wird. Aber man könnte den Satz auch so lesen: Der ‚Nächste' ist als „Verdopplung" dasjenige, was das Selbst im hohen Grade verwirrt. Nicht umsonst heißt es unmittelbar im Anschluß: „‚der Nächste' ist das, was die Denker das *Andere* nennen würden, das, woran das Selbstische in der Selbstliebe *geprüft* werden soll." (Ebd.; Hervorhebung von mir.) Im Verhältnis zum Nächsten als dem Anderen wird es genötig, diesen Bruch mit seiner Identität nicht nur auszuhalten, sondern zu bejahen – indem es d. Andere(n) liebt „als sich selbst".

reicht". Man wird dagegen nichts einwenden können, solange es hinreichend *deutlich* ist, was der „Schaden" d. Anderen in einer bestimmten Situation wäre.[117] Aber insofern Kierkegaard von vornherein einen solchen klaren Fall zu unterstellen scheint, umgeht er im Grunde das Problem, das er andernorts unentwegt umkreist: Ist es denn so einfach möglich, einzusehen, was d. Anderen zum Schaden gereicht? Versimplifiziert dieses Wissen des ‚Besten' nicht auf merkwürdige Weise die ethische Grundsituation, die es auch bei Kierkegaard immer mit Ungewißheit und Wagnis und einer Inkommensurabilität jedes *Einzelnen* zu tun hat? Würde Kierkegaard dieses Recht der besseren Einsicht in bezug auf seine Person nicht jedem anderen absprechen?

Aber natürlich kann es Kierkegaard hier nicht um ein Wissen um diese oder jene Handlungsanweisung gehen, über die allgemein zu entscheiden wäre und dergegenüber ‚man' Verantwortung trüge. Sondern Kierkegaard denkt in solchen Fällen wohl immer an das Einzige, was überhaupt ein Mensch für einen anderen Menschen tun kann und tun soll: nämlich ihr oder ihm *bei der Gottesliebe behilflich zu sein* (vgl. LT 145). Um diese einzige Sorge kreist Kierkegaards Begriff der Verantwortung für d. Andere(n). Und im Namen dieser Sorge ist der Kierkegaardsche Einzelne entschlossen, jedem Wunsch d. Anderen zu widerstehen, der diesem Ziel zuwiderläuft, ist er bereit, seiner Liebe einen Ausdruck zu geben, der dem, was im weltlichen Sinne Liebe genannt wird, zu widersprechen scheint. „Daraus folgt, daß das Liebesverhältnis als solches das Opfer sein kann, das gefordert wird." (LT 145)

So wie das Opfer Isaaks – und Regines'?

Kierkegaard sieht, daß *jede(r) andere ganz anders ist*. Er sieht, daß daraus eine Verpflichtung erwächst, die das Selbst in Frage stellt und jede autonome ‚Ethik' nachhaltig untergräbt. Aber er macht einen Vorbehalt. Und dieser Vorbehalt konstituiert so etwas wie einen *christlichen* Begriff der ‚Verantwortung'. Martin Buber hat dies wohl richtig gesehen, wenn er schreibt: „In der Welt Kierkegaards gibt es ein Du zum anderen Menschen, das mit dem Wesen selbst gesprochen wird, wenn auch nur, um diesem Menschen [...] zu sagen, warum man auf das wesentliche Verhältnis zu ihm verzichtet hat."[118]

---

[117] So kann z.B. M.J. Ferreira das Beispiel der Verweigerung einer *tödlichen* Drogenabgabe geben und folgern, daß auch ein ‚Levinasianer' dem zustimmen müßte, vgl. *Asymmetrie and Self-Love*, 56.
[118] M. Buber: *Das Problem des Menschen*, 111.

Das „christliche gleich um gleich"

Werfen wir noch einen kurzen Blick auf den „Schluß" von *Der Liebe Tun*. (Aus bestimmten Gründen liegt mir immer viel daran, die *Schlußwendungen* Kierkegaardscher Texte zu verfolgen. Wie kommt Kierkegaard zum *Ende*, wie findet er ein Ende, wenn sich doch seine Texte wesentlich einer teleologischen Struktur des Denkens à la Hegel zu entziehen suchen? Und hat dies ‚am Ende' etwas mit seiner Soterio- oder Eschatologie zu tun?)

Kierkegaard hat nur noch eine Bestimmung hinzuzufügen, die im Grunde „jede Schrift" beschließen sollte oder zumindest könnte (!):

> „Und dann noch eines, gedenke an *das christliche gleich um gleich, das gleich um gleich der Ewigkeit*. [...] Die Sache ist ganz einfach. Das Christentum hat das jüdische gleich um gleich abgeschafft: ‚Auge um Auge und Zahn um Zahn'; aber es hat das christliche gleich um gleich, das gleich um gleich der Ewigkeit an die Stelle gesetzt. Das Christentum wendet die Aufmerksamkeit von dem Äußeren völlig ab, kehrt sie nach innen hin, macht dir jedes Verhältnis zu andern Menschen zu einem Gottesverhältnis: so wirst du schon beide in dem einen wie in dem andern Sinne gleich um gleich empfangen." (LT 412f.)

Inwiefern wird „jedes Verhältnis zu anderen Menschen zu einem Gottesverhältnis"? Kierkegaards Antwort: dadurch, *daß sich Gott so zu uns verhält wie wir uns zu anderen Menschen verhalten*. Man könne sich nicht einbilden, selber bei Gott Vergebung zu finden, wenn man zu träge ist, anderen zu vergeben (vgl. LT 417); einen anderen Menschen (bei Gott) zu verklagen, heiße selbst angeklagt zu werden bei Gott (ebd.). „*Denn Gott ist eigentlich selber dieses reine gleich um gleich, die reine Wiedergabe dessen, wie du selber bist*" (LT 421, Hervorhebung von mir).

„Das jüdische[119], das weltliche, das geschäftliche gleich um gleich" setze demnach auf Reziprozität im Verhalten der Menschen untereinander. Aber christlich spiele diese überhaupt keine Rolle. „Im christlichen Sinne hast du überhaupt nichts mit dem zu tun, was die andern gegen dich tun, es geht dich nichts an" (LT 420). Dafür aber übernehme Gott jenes *gleich um gleich*. Dies sei das, was das Christentum *an die Stelle setze*, wo im Judentum die bloße Vergeltung herrsche. Das Christliche breche demnach mit einer bestimmten Berechnung, einem bestimmten Tauschverhältnis, einer bestimmten *Ökonomie* in der Beziehung zum Nächsten und ersetze dies durch eine reine *Gabe*. – Aber nur, um dafür eine *andere* Ökonomie aufzurichten. Die Got-

---

[119] Zu dem denkbar traditionellen Verständnis ‚des Jüdischen' bei Kierkegaard vgl. meine Ausführungen im Kap. 5.3.

tesbeziehung scheint genau diese ‚Funktion' zu haben: dort, wo es im Verhältnis zwischen Mensch und Mensch keine Ökonomie mehr gibt, wo es sie nicht mehr geben *soll*, wo einfach *gegeben* werden soll – stiftet sie einen ‚Ersatz', ein ‚Supplement' an Ökonomie, ein himmlisches ‚gleich um gleich', eine letztliche Rendite für das, was sich als reine Gabe zwischen Mensch und Mensch jeder Rentabilität entzieht. Aber freilich dürfe man auch – paradoxerweise – auf dieses andere ‚gleich um gleich' keinerlei Anspruch erheben, so fällt sich der lutherische Theologe ins Wort: Auch der Mensch, der sich zu Gottes Liebe verhält, dürfe „Furcht und Zittern niemals vergessen" (LT 422).

Genau diese Figur der Ersetzung einer Ökonomie durch eine andere wird im Zentrum von Derridas weiterer Lektüre von *Furcht und Zittern* stehen.

5. Das ‚Religiöse': Zwischen Mensch und Gott

Abrahams Gehorsam gegenüber Gott, so Derrida, „illustriere" die alltägliche Verantwortung gegenüber der unendlichen Andersheit eines *jeden Menschen*. Man könnte meinen, daß sich damit ‚Religion' in ‚Ethik' auflöst. Aber darum geht es Derrida nicht. Worauf er mit seiner Lektüre aufmerksam machen möchte, ist die Tatsache, daß diese Grenze zwischen Ethik und Religion durchlässiger ist, als zumindest Johannes de Silentio uns glauben machen will. Auch die Ethik hat es mit der Achtung der absoluten Einzigartigkeit zu tun und repräsentiert keineswegs nur die Ordnung der Allgemeinheit und der Wiederholung des Selben. Das war der Einwand von Levinas. Doch natürlich kennt auch Levinas, und zwar der große jüdische Denker und Talmudausleger Levinas, als den ihn Derrida stets gelesen und bewundert hat[1], diese ‚religiöse' Dimension, die sich von der ethischen Beziehung zwar nicht *trennen*, aber doch *unterscheiden* läßt: Die *Illeität* ereignet sich *in* der Beziehung zwischen Mensch und Mensch, und zwar *nur dort*, nicht wie bei de Silentio in deren *Suspension*. Aber gleichwohl steht Gott auch außerhalb dieser Beziehung. Derrida schreibt daher:

„Doch so wenig wie Levinas darauf verzichtet, zwischen der unendlichen Andersheit Gottes und der ‚selben' unendlichen Andersheit eines jeden Menschen oder des Anderen im allgemeinen zu unterscheiden, so wenig ist er imstande, einfach etwas anderes zu behaupten als Kierkegaard. Weder der eine noch der andere vermag sich eines konsequenten Begriffs des Ethischen und des Religiösen zu versichern noch überhaupt und als Konsequenz daraus der Grenze zwischen den beiden Ordnungen." (TG 410)

Was bedeutet aber eine solche Verunsicherung in bezug auf die Grenze zwischen dem Ethischen und dem Religiösen für das Verständnis von *‚Religion'*? Für Kierkegaard ist selbstverständlich, daß es gerade darum ginge, die *absolute* Differenz, die sich in der Beziehung zwischen Mensch und Gott ereignet, wieder zur Geltung zu bringen. Auch wenn sich im Verhältnis von Mensch zu Mensch Eigentümlichkeit und Andersheit erfahrbar machen, gehe es in der Gottesbezie-

---

[1] Dafür steht vor allem Derridas Nachruf auf Levinas in *Adieu*, 33ff.

hung um etwas *qualitativ* anderes, um etwas *ganz anderes*. Aber was bedeutet es, eine solche Grenze zu *ziehen*? Es käme darauf an, die Folgen einer solchen Grenz*ziehung* für Kierkegaards Theologie zu beobachten.

5.1. Gott und die Möglichkeit, ein Geheimnis zu wahren

Zu dem besagten Gleiten zwischen den beiden Ordnungen kommt es, wie gesehen, in der Lektüre Derridas regelmäßig dann, wenn von dem *ganz Anderen* die Rede ist, der – je nachdem – als das Gegenüber der *ethischen Beziehung* und/oder des *religiösen* Verhältnisses gedacht wird. Des öfteren finden sich Formulierungen wie: „[...] wenn Gott, wenn der Andere [...]" (TG 402), oder: Der Begriff der Verantwortung „setzt uns in Beziehung [...] mit dem absoluten Anderen, mit der absoluten Einzigartigkeit des Anderen, für die Gott hier der Name ist" (TG 393). Oder: „Gott als ganz Anderer" sei „überall [...], wo es ganz anderes / dergleichen wie jeden anderen gibt" (TG 405). „Und dieser Name, der stets einzigartig sein muß, ist hier kein anderer als der Name Gottes als ganz anderer, der namenlose Name Gottes, der unaussprechliche Name Gottes als der Andere, an den mich eine absolute, unbedingte Verpflichtung, eine unvergleichliche, nicht verhandelbare Pflicht bindet." (TG 394)

Was bedeutet es, hier den *Namen Gottes* zu bewahren, *zu retten*[2]? Ist Gott nur ein *Name* für diese Erfahrung von absoluter Andersheit, Heteronomie oder Transzendenz? *Ein* Name neben anderen? Wie interpretiert Derrida diese *Benennung*, d.h. diese Berufung auf ‚Gott', und zwar im Anschluß an Kierkegaard?

Derridas Bemerkungen lassen sich um einige für ihn wichtige Themen gruppieren: und zwar 1) um Derridas Denken des ‚Adieu' als eine Weise, die *Entzogenheit* Gottes auszusagen, 2) um das Geheimnis religiöser ‚Subjektivität' und 3) um die Frage danach, was es heißt, Glauben zu *bezeugen*.

5.1.1. ... in meiner Abwesenheit ...

Die erste Kennzeichnung des Kierkegaardschen Gottes wird von Derrida gleich zu Beginn des Kierkegaard-Kapitels von *Donner la*

---

[2] Ich verweise dazu auch auf Derridas Text *Sauf le nom*, pass.

mort aufgerufen, und zwar durch den Titel *Furcht und Zittern* und seine Anspielung auf Phil 2,12. Dort werden bekanntlich die Christen in Philippi gebeten, sich um ihr Heil zu mühen „mit Furcht und Zittern", wohl wissend, daß Gott es ist, der entscheidet. Was Derrida dabei zunächst ins Auge fällt, ist die ausdrückliche Betonung einer bestimmten *Abwesenheit*: *„So müht euch nicht nur in meiner Anwesenheit, sondern weit mehr jetzt in meiner Abwesenheit ..."*. Christliche Religion habe es mit der Erfahrung dieser *Abwesenheit* zu tun. Mit der Abwesenheit des Apostels, des Herrn und letztlich mit der Abwesenheit Gottes:

„Die Jünger werden gebeten, nicht in der Anwesenheit [non pas en présence (*parousia*)], sondern in der Abwesenheit (*apousia*) des Herrn sich um ihr Heil zu mühen: ohne zu sehen noch zu wissen [sans voir ni savoir], ohne das Gesetz oder die Gründe des Gesetzes zu verstehen [entendre]. Ohne zu wissen, woher die Sache und das, was uns erwartet [attend], kommt, sind wir der absoluten Einsamkeit ausgeliefert." (TG 383 / 59)

Hier klingen offenbar alle großen Themen an, die auch für Derridas Denken charakteristisch sind: Religiöse Erfahrung, so könnte man schon diesem Einstieg entnehmen, ist das, was sich der ‚Metaphysik der Präsenz' entzieht, und folglich dem gesamten Begriffscorpus abendländischer Metaphysik, das nach Derrida von einer solchen zusammengehalten wird. Religiöse Erfahrung übersteigt ein Denken in den Metaphern des *Sehens* (‚Eidon', ‚Phänomen', ‚Offenbarung', ‚Enthüllung', ‚Unverborgenheit', ‚Evidenz' usw.) und des *Anwesenden* (‚Repräsentation', ‚Ousia' usw.). Es geht um den Bezug auf eine bestimmte Entzogenheit, die auf das verweise, was allererst *kommt*. Zumindest bei Kierkegaard. Und dies hänge mit einem bestimmten paulinischen *Adieu-Gruß* zusammen:

„Wenn Paulus ‚adieu' sagt und sich [...] in die Abwesenheit entfernt (*s'absente*), so weil Gott selbst abwesend (*absent*) ist, verborgen und schweigend, getrennt, geheim – in dem Moment, wo ihm zu gehorchen ist." (TG 384 / 59)

Auf dem Weg zum Berg Moria ist Abraham allein mit Isaak – ohne Gott, ohne daß er sich seines Auftrages neu vergewissern könnte. Würde Gott seine Gründe nennen, so wäre er nicht Gott, als der *ganz Andere*. Abraham handelt zwar unter den Augen Gottes, doch gleichzeitig in dessen Abwesenheit. Zweifellos handelt es sich hier um ein Charakteristikum der Kierkegaardschen Theologie. Bis hin zu dem dominierenden Thema des Spätwerks, dem Leiden des Wahrheitszeugen, zieht sich diese Grundvoraussetzung seines Denkens: „... als habe er [Gott] einen kleinen Augenblick einen losgelassen, während man litt. So muß es ja sein, denn könnte man Gott ganz gegenwärtig

bei sich haben, während man litte, so würde man ja gar nicht leiden."
(IX A 217 / T III 52). Betrachten wir zunächst, in welchen Kontext
Derrida dieses Thema stellt.

Bei dem Pauluszitat handelt es sich um ein Wort des Abschieds und
Grußes, kurz um ein ‚Adieu'. Dies gibt Derrida Gelegenheit, die
ganze Lektüre von *Furcht und Zittern* in die Nähe von Levinas' Interpretation des Wortes „A-dieu" zu rücken.[3] Im zweiten Teil von *Donner la mort* beruft sich Derrida ausdrücklich auf diese Wortprägung
durch Levinas:

> „Solange wir nicht die Logik oder die Topologie verschoben haben, die den *gemeinen Verstand* daran hindern, dies zu denken oder zu ‚leben', werden wir keine Chance haben, uns diesem Gedanken von Levinas oder auch dem anzunähern, was der Tod uns lehrt (*ap-prend*) oder uns jenseits des Geben-Nehmen (*donner-prendre*) zu denken gibt[4]: das *Adieu*." (TG 374)

Was ist mit dieser anderen ‚Logik des Adieu' gemeint?

A-dieu

Derrida verweist darauf, daß *adieu* mindestens dreierlei bedeuten
kann: 1. Der Gruß oder der erteilte Segen, d.h. eine Art der Hinwendung zum Anderen *noch vor jeder konstativen Sprache*, reine Anrede
im Sinne von „ich spreche zu dir, bevor ich überhaupt irgend etwas
anderes zu dir sage" (im Französischen kann man sich auch im Augenblick der Begegnung und nicht nur in dem der Trennung *adieu* sagen, vgl. TG 375). 2. Der Gruß oder der erteilte Segen im Augenblick
der Trennung, bzw. der Trennung für immer: im Moment des Todes.
3. Das à-dieu, das *vor-Gott* Stehen bzw. das an Gott gerichtete Wort in
jeder Beziehung zum Anderen, in jedem anderen Adieu. „Jede Beziehung zum Anderen wäre, vor und nach allem, ein Adieu." (TG 375)
Das Ineinander dieser drei Bedeutungen ist offenbar eine andere Fassung von Derridas Satz *tout autre est tout autre*. Das ‚Adieu' als Inbegriff der Beziehung zu Gott *in* der Beziehung zum Anderen stellt da-

---

[3] Derrida zeichnet dieses Denken des A-dieu bei Levinas ausführlich nach in seiner Rede *Adieu* am Grab von Levinas (in AEL 8-30) und dann in seiner Eröffnungsansprache auf dem Levinaskolloquium 1996 *Le mot d'accueil*, bes. AEL 130ff.

[4] Es sei in diesem Zusammenhang auf das Wortspiel verwiesen, das die Überschrift zum zweiten Kapitel bildet: *Au-delà: donner à prendre, apprendre à donner – la mort*. Die leichte Verschiebung der Logik des Tausches, d.h. eines Gebens-um-zu-Nehmen (*donner à prendre*) hin zum Denken der Gabe, das es zu lernen (*apprendre*) gilt, umreißt auf äußerst ökonomische Weise das Thema des Textes.

mit auch den Gottesgedanken in den Horizont einer radikalen Entzogenheit Gottes, die niemals intentional in reine Gegenwärtigkeit, in eine begriffliche, auf ein ‚Sein' oder ‚Wesen' bezogene Erfassung aufgelöst werden kann. Es fordert eine Theologie, die in noch entschiedenerer Weise die *Transzendenz* des ganz anderen Gottes zu wahren versucht. Das Vor-Gott-Stehen, das A-dieu, ist immer schon der Augenblick der Trennung, des Abschiedes, des Bezuges auf Abwesenheit bzw. zum Tode.

Denn das *Adieu* ist der Moment des Grußes *vor jeder konstativen Sprache*. Bei Levinas steht das *Adieu* für jenes *Sagen* (le dire), das allem *Gesagten* (le dit) vorausgeht und allererst die „Nähe vom Einen zum Anderen" stiftet. „Das ursprüngliche oder vor-ursprüngliche Sagen – das Vor-wort im eigentlichen Sinne – knüpft eine dramatische Verstrickung der Verantwortlichkeit."[5] Die Theologie von diesem *Adieu* her denken, bedeutet den Einfluß, den das *Gesagte* auf das *Sagen* ausübt, zurückzudrängen, m.a.W. das *Transzendieren* gegenüber der *Transzendenz* auf andere Weise zur Geltung zu bringen, als es die ‚ontologisch' denkende christlich-abendländische Tradition versuchte.[6] Von Gott kann nur im Sinne eines ‚Adieu'-*Sagens* geredet werden und zwar als Implikat jeder Beziehung zum Nächsten (Hinwendung, Anrede, Willkommen[7], Segen, Verpflichtung, Trennung, Bezug auf den Tod des Anderen – als die letzte Sinnschicht in *jedem*

---

[5] E. Levinas: *Jenseits des Seins*, 29. Vgl. dazu die Darstellung von Levinas' Denken genau aus dieser Perspektive bei Th. Wiemer: *Die Passion des Sagens*, pass.

[6] „Rührt nicht das ausweglose Schicksal, in das das Sein alsbald den Ausdruck das *Andere* des Seins einschließt, von dem Einfluß her, den das *Gesagte* auf das *Sagen* ausübt, von dem *Orakelhaften*, in dem das Gesagte stehenbleibt? Wäre dann vielleicht der Bankrott der Transzendenz nichts anderes als der Bankrott einer Theologie, die im Logos das *Transzendieren* thematisiert und damit dem Passieren der Transzendenz einen Begriff zuweist, es zur ‚Hinterwelt' erstarren läßt, die das, was sie sagt, in den Krieg und in die Materie einbaut, die unvermeidlichen Modalitäten des vom Sein in seinem Interessiertsein gewirkten Schicksals?" E. Levinas: *Jenseits des Seins*, 29. Levinas scheint es aus diesem Grunde abzulehnen, bei seinem Nachdenken über den jüdischen Glauben von ‚Theo-logie' zu reden.

[7] Zur Levinasschen Verknüpfung dieses Adieus mit einem biblischen Denken der Gastlichkeit vgl. Derridas Paraphrase in AEL 133: „Vor und jenseits der ‚Existenz' Gottes, außerhalb seiner wahrscheinlichen Unwahrscheinlichkeit, bis hin zum umsichtigsten und verzweifeltsten und ‚ernüchtertsten' Atheismus [...] würde das Sagen-zu-Gott Gastlichkeit bedeuten. Nicht irgendeine Abstraktion, die man benennen würde, [...], sondern (Gott) ‚*der* den Fremden liebt'."

Adieu) und andererseits im Modus prinzipieller Entzogenheit und Abwesenheit (für jeden Versuch einer Thematisierung Gottes).[8]

Wenn Derrida überdies den *Brief*charakter der paulinischen Aufforderung, sich „in der Abwesenheit des Herrn" (TG 383) um das Heil zu mühen, unterstreicht, so verweist er damit noch einmal auf die wesentliche *Schriftlichkeit* aller religiöser Überlieferungen (nicht zuletzt der Jesusüberlieferung): Jede Bezugnahme der großen Buchreligionen auf Gott habe dieser *Textualität* aller ‚Offenbarung' Rechnung zu tragen, die alle ‚Theologie' der *Logik des Supplements* unterwirft. Die heiligen Schriften bewahren nicht das Gedächtnis einer vergessenen *Präsenz* (des historischen Jesus usw.)[9] Sie sind schon ‚ursprünglich' Spuren eines Fortgehens bzw. einer Nachträglichkeit. Und wie Johannes Hoff betont, habe es die Erinnerungsarbeit der Kirche daher vor allem damit zu tun, an ein ursprüngliches *Vergessen* zu *erinnern*:

„Die Geschichte des Glaubens beginnt mit der Erfahrung, daß man das erlösende Wort ‚zu spät' erkannte. Das Bündnis der Gläubigen konstituiert sich mit dem Versprechen, sich zu erinnern und der Erinnerung an ein Bündnisversprechen, das man vergaß. [gemeint ist das Versprechen des Petrus: „und wenn ich mit dir sterben müßte – ich werde dich nie verleugnen" Mt 26,35] Am Anfang steht nicht das Bündnis, sondern seine Erinnerung in der Spur eines Bruchs. [...] Man erinnert sich nicht, ohne im selben Atemzug einzugestehen, daß man den Gegenstand der Erinnerung vergaß. Die Geschichte der apostolischen Kirche beginnt mit diesem Eingeständnis, und es ist dieses Eingeständnis, das sich in ihrer Geschichte unaufhörlich *wiederholt*."[10]

---

[8] Vgl. dazu J. Valentins Ausführungen zum Gebet: „Im Gefolge Derridas wird neu deutlich, daß einer nachmetaphysischen Theologie [...] in der Tradition eines konsequenten Bilderverbotes grundsätzlich die Möglichkeit genommen ist, ihren ‚Denk- und Seinsgrund' theoretisch zu erweisen. [...] Das Gebet erschiene dann als *praktischer* Erweis der Existenz eines Gegenübers, das seine Legitimation aus dem ethischen Akt des Sich-Richtens –vorgängig zu jeder Gottes*erkenntnis* – bezöge." (*Atheismus*, 214)

[9] Auch J. Valentin versucht in seiner Arbeit einige Implikationen eines solchen Denkens der *Abwesenheit Gottes*, d.h. des *A-Dieus* zu benennen. Ihm geht es darum, „in einer Theologie der *Abwesenheit Jesu Christi* in der Anwesenheit der Texte der Tradition und den sakramentalen Materialisierungen der liturgischen Praxis, ja vielleicht im Phänomen ‚Text' überhaupt" so etwas wie eine „christlich-theologische Version des Derridaschen Denkens der *Spur*" (a.a.O., 259) wiederzuerkennen. Das betrifft vor allem die „Techniken der Vergegenwärtigung" der *Person Jesu*: Die verschiedenen theologischen und liturgischen Versuche der „Repräsentation des Abwesenden" müßten sich „immer neu im Kontext eines vollkommen undarstellbaren und höchst komplizierten Verweisungszusammenhangs zwischen dem strukturell inkohärenten Jesusbild der neutestamentlichen Schriften und ihrer Spiegelung in ihrer bis heute andauernden Rezeptionsgeschichte erweisen" (*Atheismus*, 260f.).

[10] J. Hoff: *Spiritualität und Sprachverlust*, 324.

5.1.2. Gott als Geheimnis (der Literatur)

Derridas Kierkegaardlektüre in *Donner la mort* legt vor allem großes Gewicht darauf, daß der Kierkegaardsche Gott ganz und gar ans *Geheimnis* gebunden bleibt. Und dies in mehrfacher Hinsicht.

Gott bleibt für Abraham ein Geheimnis, weil er ihm keinerlei Gründe nennt. Und Abraham wird dabei selbst zu dem Geheimnis, das Johannes de Silentio bedauert, nicht verstehen zu können: Abraham kann sich nicht *offenbaren*, weil ihn niemand verstehen würde. Dieses zweifache *Schweigen* – dasjenige Gottes und das Abrahams – steht in der Lektüre Derridas für die Grundsituation der Religion:

„Der Andere als absoluter Anderer, nämlich Gott, muß transzendent, verborgen, geheim bleiben, eifersüchtig über die Liebe, das Verlangen, die Ordnung wachend, die er gibt und die er geheimzuhalten verlangt. Das Geheimnis ist hier für die Ausübung dieser absoluten Verantwortung als Opfer-Verantwortung wesentlich." (TG 394)

Schweigen können

Daß dies eine der Pointen von Kierkegaards Auslegung der ‚Opferung Isaaks' ist, hat Derrida vor allem auch in seiner Nachschrift zu *Donner la mort*, nämlich: *La littérature au secret. Une filiation impossible*, herausgestellt. Noch einmal liest Derrida *Furcht und Zittern* und konzentriert sich jetzt ganz auf Johannes de Silentios vielfache Rede vom *Schweigen* Abrahams. Vielleicht, so Derridas „Hypothese", liegt darin die eigentliche „Prüfung / Versuchung" Abrahams, von der die biblische Erzählung ausgeht:

„die auferlegte Prüfung auf dem Berg Moria bestünde gerade darin, zu erproben, ob Abraham in der Lage ist, ein Geheimnis zu wahren: „nicht reden zu wollen ..." [de ne pas vouloir dire ...], alles in allem." (LS 164)

Schon der erste Wortwechsel zwischen Gott und Abraham („*Nach diesen Geschichten versuchte Gott Abraham und sprach zu ihm: Abraham! Und er antwortete: Hier bin ich*") verwickle Abraham in dieses Geheimnis:

„Die Forderung der Geheimhaltung begänne (also) in diesem Moment: Ich nenne deinen Namen, du fühlst dich von mir angerufen, du sagst: ‚Hier bin ich', und du verpflichtest dich mit dieser Antwort, nicht von uns zu reden, von dieser ausgetauschten Rede, von dieser gegebenen Rede, zu niemand anderem; mir allein zu antworten, ausschließlich [...] mir allein, unter vier Augen [en tête-à-tête], ohne dritten; du hast schon geschworen, hast dich schon verpflichtet, zwischen uns das Geheimnis unseres Bundes zu wahren, dieses Anrufs und dieser gegenseitigen Verantwortlichkeit [co-responsabilité]. [...] Denn das Geheimnis des Geheimnisses, von dem wir reden, besteht nicht darin, *etwas* zu verbergen, dessen Wahrheit nicht zu offenbaren, sondern die absolute Singularität, die unendliche Vereinzelung [séparation infinie] dessen zu respektieren, was mich bindet oder ausliefert an den einzigen [l'unique], an den einen wie an den anderen, an *den Einen als den Anderen* [*à l'Un comme à l'Autre*]." (LS 164f.)

Bei Kierkegaard scheine Abrahams Nicht-reden-Können vielleicht sogar noch zu sehr vom *Inhalt* des Geheimzuhaltenden abzuhängen[11]. Nach Derrida aber gehe es bei diesem zu wahrenden Geheimnis allein um die formale Struktur jenes *Von-Angesicht-zu-Angesicht* mit Gott, das Geheimnis eines solchen absoluten Verhältnisses zwischen dem, der ruft, und dem, der antwortet: ‚*Hier bin ich*' / *me voici* / *hineni*. Ein Geheimnis ohne jeden zu verbergenden Sinn. Es ginge einzig und allein um die Bedingung dafür, *daß* es Anruf gibt und Antwort („la condition de l'appel et de la réponse, s'il y en a jamais, et qui soit pure" (LS 203)).[12]

So, als ob Gott zu Abraham gesagt hätte: Du sollst zu niemandem reden, nicht auf daß niemand etwas *weiß* von unserem Geheimnis, sondern auf daß es überhaupt keinen Dritten zwischen uns gibt, „nichts von dem, was Kierkegaard das Allgemeine des Ethischen, des Politischen oder des Juridischen nennen wird" (LS 204). Auf daß es keinerlei kalkulierbares Wissen, keine Hypothese, keinen hypothetischen Imperativ zwischen uns gibt, auf daß der Bund absolut einzigartig sei. Damit diese Aufforderung den Sinn einer *Probe* habe, sei es notwendig, daß die Tötung Isaaks nicht das eigentliche Objekt des Befehls Gottes ist. Welches Interesse sollte Gott denn auch haben an dem Tod dieses Kindes? Die Tötung Isaaks wird also, so monströs sie auch sei, nebensächlich. Auf jeden Fall sei sie nicht das, was es zu verbergen gilt. Sie hat keinerlei Sinn. Einzig und allein gehe es um Abrahams *Ausdauer* im Wahren eines Geheimnisses, um sein Engagement, nicht reden zu können und nicht reden zu wollen („de son engagement passif-et-activ à ne-pas-pouvoir-vouloir-dire", LS 204f.), ein Geheimnis zu wahren auch noch unter den unzumutbarsten Bedingungen, also bedingungslos. „Einfach um zu *antworten*, auf verantwortli-

---

[11] „Un tel secret n'a pas le sens d'une chose à cacher, comme semble le suggérer Kierkegaard." (LS 203) Dem könnte man jedoch entgegenhalten, daß auch Johannes de Silentio sagt: „Jede nähere Erläuterung, was mit Isaak gemeint sein soll, vermag der Einzelne stets nur sich selber zu geben." (FZ 78) Das ‚Opfer Isaaks' ist nur ein ‚Beispiel'.

[12] Ich verweise noch einmal auf die ganz ähnliche Kennzeichnung des *hineni* bei Levinas: *Jenseits des Seins*, 327: „‚Hier, sieh mich'! In dem Satz, in dem Gott sich erstmals unter die Worte mischt, fehlt noch das Wort Gott. Auf keinen Fall lautet dieser Satz: ‚Ich glaube an Gott'. Gott bezeugen heißt gerade nicht, dieses außer-ordentliche Wort aussprechen, als könnte die Herrlichkeit einziehen in ein Thema und sich als These darstellen oder Geschehen des Seins werden. [... Dieses Zeugnis des *hineni*] ist Demut und Geständnis, es erfolgt vor aller Theologie; es ist Kerygma und Gebet, Verherrlichung und Anerkennung."

che Weise." (LS 205) Das aber heißt gerade, nicht sprechen zu wollen – in der Sprache des Allgemeinen. „Pardon de ne rien vouloir dire ..."
Der Meditation dieses Satzfragments („Pardon de ne rien vouloir dire ...") ist der gesamte Text *La littérature au secret* gewidmet.[13] Derrida verdichtet in diesem Ausdruck die Grundsituation der Religion – und von „Literatur" überhaupt: Es geht in beiden Fällen um eine bestimmte Weise, nicht sprechen zu können[14] und genau darüber zu schreiben, *so zu schreiben, daß man für ein Nicht-sprechen-Können um Verzeihung bittet.* Kierkegaards *Furcht und Zittern* wäre in dieser Hinsicht der Inbegriff von *Literatur*, das Literaturwerden des Glaubens: Alle Literatur ist „abrahamitischen Ursprungs" (LS 177).

„Gott"

Ziemlich am Ende von *Donner la mort* gibt Derrida so etwas wie eine ‚Definition' Gottes, die sich genau auf diese „Möglichkeit [...], ein Geheimnis zu wahren", bezieht. Die Berufung auf Gott, die Anrufung Gottes, das Berufensein durch Gott hänge mit einer bestimmten „Struktur" des Bewußtseins zusammen. Es heißt dort:

„Gott ist der Name der Möglichkeit für mich, ein Verborgenes, ein Geheimnis zu wahren, das im Inneren sichtbar ist, aber nicht im Äußeren. Sobald es diese Struktur eines Bewußtseins, eines Mit-Sich-Seins, eines Sprechens, das heißt einer Hervorbringung unsichtbaren Sinns gibt, sobald ich, *dank dem unsichtbaren Sprechen als solchem*, einen Zeugen in mir habe, den die anderen nicht sehen, und der folglich *zugleich anders ist als ich und mir innerlich näher als ich selbst*, sobald ich eine geheime Beziehung mit mir bewahren und nicht alles sagen kann, sobald es Geheimnis und einen geheimen Zeugen in mir gibt, gibt es das, was ich Gott nenne, (gibt es), was ich Gott in mir nenne, (gibt es, daß) ich mich Gott nenne, ein Satz, der schwer von ‚Gott nennt mich, ruft mich' zu unterscheiden ist, denn unter dieser Bedingung rufe ich mich oder werde ich gerufen im Geheimen / im Vertrauen." (TG 434)

Es handelt sich offenbar um eine Art Phänomenologie der Rede von „Gott", die man Satz für Satz kommentieren müßte. Ich gebe hier zu-

---

[13] Er beginnt auf die merkwürdige bezeichnende Weise: „*Pardon de ne pas vouloir dire. Imaginez que nous laisson cet énoncé à son sort.* [...]" (LS 161)
[14] Vgl. dazu auch das, was Derrida in *Comment ne pas parler* über das Nicht-sprechen-Können bei Dionysios Areopagita, Meister Eckehart, Platon, Heidegger und Wittgenstein sagt. (Vgl. dazu J. Valentin: *Atheismus*, 177ff.; J.D. Caputo: *Prayers*, 26ff.) Die Formulierung *(ne) vouloir dire* weist freilich zurück zu den Anfängen von Derridas Denken und seiner Auseinandersetzung mit Husserl in *La voix et le phénomène*. Man sieht hier gut, wie die semiologischen Themen des frühen Derridas in seine späten Auseinandersetzungen mit Religion übergehen – bzw. wie beides aufeinander bezogen ist.

nächst nur einige Hinweise in bezug darauf, wie hier Kierkegaard gelesen oder besser weitergedacht wird. Weiter unten werde ich diese Passage noch einmal im Kontext von Derridas anderen Texten über ‚seine Religion' aufnehmen.

Im Anschluß an Kierkegaard[15] spricht Derrida hier von einer Möglichkeit, Gott zu denken, jenseits der onto-theologischen Vorstellung eines ‚höchsten Seienden'. An Gott könne man nicht als an jemanden denken, der ‚existiere' und überdies mit bestimmten Attributen ausgestattet sei. „Gott" wäre in dieser Lesart jene „Struktur der unsichtbaren Innerlichkeit, die man im Kierkegaardschen Sinne die Subjektivität nennt" (ebd.). Kierkegaards Subjektivität enthält notwendig diesen Bezug auf jenen „geheimen Zeugen in mir". Und zwar so, daß dieser Bezug als eine bestimmte Weise des Selbstbezugs gedacht werden muß. „Gott ist in mir, er ist absolutes ‚ich'." (Ebd.) Ein Selbstbezug freilich, der alle Paradoxien einer absoluten Entzogenheit und der unmöglichen Aneignung und Vermittlung in sich enthält. Gott offenbart sich dort, wo eine solche Möglichkeit des Geheimnisses auftaucht. Das Sich-Zeigen Gottes kann dann allerdings nur als ein „Sich-nicht-Offenbaren" (ebd.) beschrieben werden. Gott zeigt sich *als* Geheimnis. Oder anders gesagt: *Gott kommt ins Spiel, wo von einer solchen Entzogenheit der eigenen Identität Zeugnis abgelegt wird.*

Derrida bezieht sich bei dieser Interpretation auf eine Passage, die gewissermaßen die Schlußbemerkung Johannes de Silentios bildet. Diese Passage spielt für Derridas Lektüre eine enorme Rolle. Besonders im nächsten Kapitel, wo es um das eigentümlich ‚Christliche' an Kierkegaards Text gehen wird, wird sie im Mittelpunkt meines Interesses stehen. Man kann sie aber zunächst als ein Charakteristikum der ‚Religion überhaupt' lesen. Es ist dort von dem besonderen Geheimnis zwischen Abraham und Gott die Rede, welches mit einer Anspielung auf das Matthäusevangelium beschrieben wird: *Gott sieht in das Verborgene* (Mt 6,4.6.18), und das Wissen um dieses Gesehenwerden von Gott begründet die eigentümliche Struktur der religiösen Subjektivität. Hier die Einbettung des ‚Zitats' bei Kierkegaard:

---

[15] Es ist, wie gesagt, nicht einfach anzugeben, was bei Derrida „im Anschluß an" heißt. Im Kontext dieses Zitates geht es nicht mehr nur um Kierkegaard, sondern um ein ‚Geistergespräch' mindestens zwischen Kierkegaard, Patočka und Levinas. Vielleicht aber würde diese Beschreibung auch für das ‚vom Gewissen angerufene Dasein' Heideggers zutreffen. Derrida gibt seiner Heidegger-Lektüre zumindest diese Richtung. Vgl. TG 360f.

„Aber Abraham – keinen hat es gegeben, der ihn hätte verstehen können. Und dennoch, was hat er erreicht? Daß er seiner Liebe treu geblieben ist. Wer aber Gott liebt, der braucht der Tränen nicht, und nicht der Bewunderung, in der Liebe vergißt er des Leidens, ja, so ganz und gar hat er seiner vergessen, daß hinterdrein kein einziger etwas ahnen würde von seinem Schmerze, wenn nicht Gott selber seiner gedächte; *denn Gott siehet in das Verborgene,* und weiß die Not und zählt die Tränen und vergißt keines." (FZ 137f., Hervorhebung von mir)

Welche Art von „Verborgenem", Geheimem ist hier gemeint?[16] Was heißt es, ein Geheimnis mit Gott zu teilen?

Was ist ein religiöses Subjekt?

Zunächst, so Derrida, wiederholt das Zitat die Situation absoluter *Dissymmetrie* im Verhältnis zum ganz Anderen. Gott sieht auf Abraham, ohne daß dieser ihn sehen könnte. Es findet kein Blickwechsel statt. Von diesem Erblickt-Werden her setzt die Verantwortung Abrahams ein. „Denn nun stellt sich in der Tat das ‚ça me regarde' ein oder deckt sich auf, das ‚es erblickt mich' / ‚es betrifft mich', das mich sagen läßt, ‚das ist meine Sache, meine Angelegenheit, meine Verantwortung': nicht in der (kantischen) Autonomie dessen, was ich mich in aller Freiheit und durch ein Gesetz, das ich mir gebe, tun sehe, sondern in der Heteronomie des ‚ça me regarde', selbst da, wo ich nichts sehe und nicht die Initiative habe […]" (TG 417f.). Gott sieht in das Verborgene Abrahams, in das, was selbst Abraham nicht einsichtig ist, was gerade nicht der Ordnung der Sichtbarkeit angehört. Ganz im Sinne von Kierkegaard-de-Silentio gibt es nicht etwas nur ‚Verstecktes', das nun von Gott entdeckt würde. Sondern Gott sieht in das, was Abraham selbst entzogen ist („so ganz und gar hat er seiner vergessen"). Abrahams Geheimnis ‚gehört' nicht einmal ihm selbst. Was ist überhaupt sein ‚Selbst', wenn ‚sein' Geheimnis von ihm ‚selbst' nicht (mehr) gewußt wird. Da, wo das philosophische ‚Erkenne dich selbst' im Trug der Reflexivität die Gewißheit eines *Für sich* sucht, zeuge Kierkegaard von der „Unheimlichkeit des Geheimnisses"[17] (TG 418), das niemals reflektiert, erinnert oder angeeignet werden könnte. Wer bin ‚ich'? so fragt Derrida, im Sinne von: „Wer ist ‚ich'? Wer kann ‚wer' sagen?, was ist das ‚ich' und was wird aus der Verantwortung, wenn *im geheimen* die Identität des ‚ich' erzittert?" (TG 419) Damit entziehe sich die Kierkegaardsche ‚Subjektivität' dem klassischen

---

[16] Gemäß Derrida ist es immer von großer Bedeutung, die verschiedenen Übersetzungen zu zitieren: *en to krypto / in abscondito / dans le secret / ins Verborgene*. Welche ‚Konversionen' widerspiegeln sich in diesen ‚Übersetzungen'?

,philosophischen' Programm, dem vor allem an der Beherrschung der eigenen ‚Identität' gelegen war. Die Störung dieser Selbstreflexion durch das Gesehen-Werden *vom Anderen* markiere Kierkegaards Opposition gegenüber der ‚Philosophie' von Platon bis Hegel:

> „Als Leugnung des Verborgenen richtete sich die Philosophie im Verkennen dessen auf, was es zu wissen gibt, nämlich, daß es Verborgenes gibt und daß es mit dem Wissen, der Erkenntnis und der Objektivität inkommensurabel ist, wie die inkommensurable ‚subjektive Innerlichkeit', die Kierkegaard jeder Wissensbeziehung vom Typ Subjekt/ Objekt entzieht." (TG 418)

Derrida liest Kierkegaards Begriff der religiösen ‚Subjektivität' also dezidiert als Bruch mit einer klassischen Subjekttheorie, wie sie für die europäische Denktradition prägend war. Die ‚Subjektivität' Kierkegaards, die „die Wahrheit ist", ist gerade nicht die sich selbst versammelnde und selbstgenügsame Innerlichkeit, sondern eine Öffnung gegenüber absoluter Andersheit, die jedem Versuch der Aneignung und Beherrschung des Anderen widersteht.[18] Im Ereignis einer solchen Entzogenheit konstituiert sich das Selbst: als *me voici, hineni, sende mich*.[19] Und nur im Zusammenhang eines solchen Selbst *gibt* es

---

[17] Derrida will mit diesem Wortspiel – beide Worte werden von ihm auf deutsch benutzt – auf die beiden anderen Denker verweisen, „die sich gleichermaßen, wenn auch unterschiedlich jenseits einer Axiomatik des Selbst oder des ‚bei sich', des ‚zu Hause' oder ‚Heim' als *ego cogito*, des Bewußtseins oder der vorstellenden Intentionalität darauf beziehen" (TG 419): nämlich auf Freud und Heidegger. Der Begriff „Unheimlichkeit" spielt bei beiden eine zentrale Rolle. Derrida hat sich öfters mit diesem Wortfeld auseinander gesetzt. Vgl. dazu v.a. die Derridainterpretation von S. Kofman: *Lecture de Derrida*, die Derrida dort in Ermanglung einer angemessenen französischen Übersetzung als „un philosoph *unheimlich*" bezeichnet.

[18] Derridas Pointe wird vielleicht noch deutlicher, wenn man z.B. M. Theunissens Interpretation des Kierkegaardschen ‚Selbst' (in KT 81) heranzieht: „Das Selbst aber, das da geschenkt wird, ist nicht mehr vom Gesetz der Ethik bestimmt, welche die Autonomie des Menschen als notwendiges Korrelat der an ihn ergehenden Forderung voraussetzt, sondern von der christlichen Erfahrung des eigenen Unvermögens: Ein Selbst ist letztlich nur der gläubige Christ." *Das Menschenbild in der ‚Krankheit zum Tode'*, 505. Das mag für Kierkegaard stimmen. Für Derrida würde diese Entzogenheit des Selbst aber gerade das ‚Gesetz der Ethik' und deren ‚Autonomie' verschieben. Freilich wäre dann aber auch nicht mehr so leicht angebbar, wer sich ein „gläubiger Christ" nennen kann.

[19] Derrida lehnt sich hier offensichtlich stark an Levinas' Subjekttheorie an („Das Subjekt ist ein Gastgeber." „Das Subjekt ist Geisel"). Vgl. dazu deren Darstellung durch Derrida selbst in AEL 77ff. Zu den theologischen Implikationen dieses Subjektbegriffs von Levinas verweise ich auf die umfangreiche Studie von U. Dickmann: *Subjektivität als Verantwortung*, pass.

Gott. Gott ist der Name der Möglichkeit, ein *solches* Geheimnis zu wahren.

Diese Bindung des Gottesgedankens an das Geheimnis der *Subjektivität* trifft zweifellos *eine* entscheidende – vielleicht sogar die wirkungsgeschichtlich bedeutsamste – Pointe einer ‚Religion nach Kierkegaard'[20]. Diese Pointe verstand sich als *Korrektiv* gegenüber einer Auffassung von Religion, der es vor allem um das *gemeinsame* Teilen von Glaubensüberzeugungen bzw. um den Öffentlichkeitscharakter von Kirche ging. Religion ‚dient' bei Kierkegaard demgegenüber primär nicht dazu, eine bestimmte Art von Gemeinschaft zu begründen, sondern vielmehr der *Individualisierung* des Einzelnen. Da Individualität gerade nicht vorausgesetzt werden könne, gilt die Aufgabe der Theologie nicht deren Einordnung bzw. *Aufhebung* zugunsten einer höheren Allgemeinheit, sondern zuallererst deren Hervorbringung. Kierkegaard redet dabei nicht einer Individualisierung *der* Religion das Wort, sondern seine Theologie ließe sich unter dem Stichwort ‚Individualisierung *durch* Religion' zusammenfassen.[21] Die neuzeitliche Tendenz zur Individualisierung der (christlichen) Religion würde dann gerade ihren eigentlichen Wahrheitsgehalt freilegen, anstatt diesen zu unterminieren und zu bedrohen. Religion ist hier Anwalt dafür, daß es überhaupt so etwas wie Geheimnisse, Nicht-Mitteilbares, Nicht-Teilbares: kurz Individualität und Andersheit gibt.

---

[20] Vgl. dazu G. Figal: *Religion nach Kierkegaard*, 166ff.

[21] In diesem Sinne ist auch bzw. gerade unter ‚spätmodernen' Bedingungen einer mehr und mehr zurückgehenden ‚Kirchlichkeit' auf Kierkegaard Bezug genommen worden In *positiver* Anknüpfung an Kierkegaard unterstreicht z.B. Henning Luther, daß es in der kirchlichen Praxis „wesentlich um die Individuierung des Einzelnen" gehe, H. Luther: *Religion und Alltag*, 17. Religion wird hier begriffen als „der ‚Anwalt' dieses versehrbaren Geheimnisses von Individualität", a.a.O., 18. Wie stark dieses Programm H. Luthers an Kierkegaard anknüpft, belegen schon die ‚Stimmungen', die er der Religion vor allem zuweisen möchte. Anstelle von ‚Trost', ‚Halt', ‚Geborgenheit', ‚Heimat', ‚Grund', ‚Beruhigung' oder ‚Gewißheit' müsse Religion eher mit Vorstellungen wie ‚Fremdsein', ‚Heimatlosigkeit', ‚Suche', ‚Verunsicherung', ‚Aufbruch' und ‚Unruhe' assoziiert werden, a.a.O., 19. H. Luther ist auch deswegen in meinem Zusammenhang äußerst interessant, weil er seinen Begriff von Religion ebenfalls im Gespräch mit Levinas entwickelt. In deutlicher Anspielung auf diesen heißt es in der Einleitung: „Dieses Religionsverständnis geht davon aus, daß ‚Transzendenz' und ‚Unendliches' gerade nicht in verobjektivierender Rede verfügbar zu machen sind, sondern immer nur als ‚Spur' an der uns umgebenden Welt, die ihr Nicht-Fertigsein und ihr Unerlöst-Sein aufscheinen läßt." (Ebd.) Vgl. dazu besonders Luthers Aufsatz „*Ich ist ein Anderer". Zur Subjektfrage in der Praktischen Theologie*, a.a.O., 62-87.

Aber dies hat auch in Derridas Lektüre von Kierkegaard Züge einer ‚Säkularisation' des Glaubens. Lesen wir noch einmal einen längeren Abschnitt aus *La littérature au secret*. In der Kierkegaard-Derridaschen Lektüre von Gen 22 gehe es um

„ein Geheimnis ohne jeden Inhalt, keinerlei verborgener Sinn, keinerlei anderes Geheimnis außer der Forderung selbst zum Geheimnis, nämlich die absolute Ausschließlichkeit des Verhältnisses zwischen dem, der ruft, und dem, der antwortet: ‚Hier bin ich' – die Bedingung des Anrufs und der Antwort, wenn es so etwas jemals und in Reinform gibt. Von da ab gibt es nichts Heiliges [sacré] mehr auf der Welt für Abraham, insofern er bereit ist, alles zu opfern. Diese Versuchung / Prüfung wäre also eine Art absoluter Entsakralisierung [désacralisation] der Welt. Weil es keinen Inhalt im Geheimnis selbst mehr gibt, kann man nicht einmal mehr sagen, daß das zu wahrende Geheimnis heilig (‚sacré') sei, die einzige Heiligkeit, die bleibt. Man kann es höchstens ‚saint' (im Sinne von ausgesondert [séparé]) nennen, aber nicht ‚sacré'." (LS 203)

An dieser „Entsakralisierung der Welt" habe die Erzählung von der Aussetzung des Isaakopfers mitgewirkt: und zwar *als* Erzählung, als *Literatur*, als *Écriture sainte* – so wie Kierkegaard in *Furcht und Zittern*. Aber was bedeutet es, ein solches Geheimnis zu *teilen*?

5.1.3. Bezeugung

Furcht und Zittern ist ein Buch über die Unmöglichkeit des *Verstehens*. „Keiner war doch groß wie Abraham, wer wäre imstande, ihn zu verstehen?" (FZ 12) Das ist die einzige ‚These', die Johannes de Silentio aufstellt und in immer neuen Anläufen variiert. Es handelt sich um die Unmöglichkeit, *allgemein* anzugeben, *was* Glauben heißt. Der Glaube ist für Johannes *de Silentio* dieses Paradox: ein Einzelner zu werden und sich niemandem verständlich machen zu können. Kein Glaubensritter kann dem anderen helfen, *seine* Pflicht gegenüber Gott zu erkennen. „Jede nähere Erläuterung, was mit Isaak gemeint sein soll, vermag der Einzelne stets nur sich selber zu geben. Und wenn man auch noch so genau, allgemein gesprochen, bestimmen könnte, was mit Isaak gemeint sein soll [...], so kann der Einzelne sich doch nie durch andere denn sich selbst als Einzelnen davon vergewissern." (FZ 78f.) Abraham ist ein Beispiel, das als solches nichts *Beispielhaftes*, Verallgemeinerbares hat. Jeder ‚Glaubensritter', der versucht, es Abraham nachzutun, wird auf *seine* Weise auswandern müssen aus dem Lande des Allgemeinen. Ihm ist es verwehrt, einer zu sein, „der sozusagen selber eine saubere, schmucke und soweit möglich fehlerfreie Ausgabe seiner selbst, für jedermann leslich, besorgt" (FZ 84). Nicht zufällig redet Kierkegaard in der Sprache der „Herme-

5. Das ‚Religiöse': Zwischen Mensch und Gott

neutik". Glauben und die Überlieferung des Glaubens haben es mit einer merkwürdigen „Unleserlichkeit" zu tun, mit einem Geheimnis, das sich jeder ‚Offenbarung' entzieht. Es kann nur weitergegeben werden *als Geheimnis*. Das Buch *Furcht und Zittern* will nichts anderes als diese Unleserlichkeit vor Augen führen, sie *wiederholen* – als Text von dieser Unentzifferbarkeit des Grundtextes des Glaubens zeugen. Johannes de Silentio wahrt das Schweigen so wie Abraham, der zu niemandem redete.

Derridas Lektüre ist an diesem eigenwilligen „Status" des Kierkegaardschen Textes interessiert: Wie macht es Kierkegaard, trotzdem „noch in eben dem Moment von allen lesbar sein zu können, wo er zu uns im geheimen von Geheimnis, von Unlesbarkeit und von absoluter Unentzifferbarkeit spricht" (TG 405)? Wie Kierkegaard bezieht sich Derrida auf das einzige Wort Abrahams an Isaak: „Gott wird sich ersehen ein Schaf zum Brandopfer, mein Sohn." Abraham sagt nichts Falsches, aber er antwortet, ohne zu antworten. Für Derrida ist diese Rede Abrahams ein Beispiel jener eigentümlichen *Fremdheit*, die jedes Sprechen über den Glauben notwendig auszeichnen muß: Müsse die Verantwortung für den Anderen „nicht ebenso immer in einer Sprache verkündet werden, die dem, was die Gemeinschaft bereits versteht, allzugut verstehen kann, fremd ist" (TG 401)? Abraham spricht in einer „fremden Zunge", heißt es bei Kierkegaard (FZ 136f.). Er antwortet, ohne zu antworten, ohne den Alternativen zu entsprechen, die Isaaks Frage aufgestellt hatte. Abrahams Antwort „spricht auf die Zukunft an ohne Voraussage noch Versprechen; sie sagt nichts aus, das festgelegt, bestimmbar, positiv oder negativ wäre" (TG 402). Abrahams Antwort *ohne* Antwort verweist für Derrida auf das, was er an anderer Stelle eine „Religion *ohne* Religion", „Messianismus *ohne* Messianismus", „Hoffnung *ohne* Hoffnung" nennen wird. Ich werde weiter unten darauf genauer eingehen. Hier geht es mir darum, auf diese eigentümliche Weise des Sprechens hinzuweisen, die Derrida mit Berufung auf Kierkegaard mit der *Ironie* in Verbindung bringt. In *Furcht und Zittern* hieß es: „Seine Antwort an Isaak hat die Gestalt der Ironie, denn es ist immer Ironie, wenn ich nichts sage und dennoch etwas sage." Derrida paraphrasiert dies wie folgt: „Derart zu sprechen, um nichts zu sagen oder um anderes zu sagen, als das, was geglaubt wird, derart in der Weise des Intrigierens, des Verstörens, des Infragestellens, des Sprechenlassens [...] zu sprechen, heißt ironisch zu sprechen. [...] Die *eironeia* ist ein (Be-)Fragen durch Vortäuschung von Unwissenheit, durch Verschleierung." (TG 403)

Für Kierkegaard – und wohl auch für Derrida – ist dies *die* Sprache des Glaubens. Dies macht die Provokation der Texte Kierkegaards aus, zumindest seiner pseudonymen Schriftstellerei. Aber auch dort, wo sich Kierkegaard der *unmittelbaren* Darstellung zu bedienen scheint, bleibt diese ‚Abrahamitische' Art der ‚Ironie' unauflösbar. Denn Abraham – darauf weist Derrida hin – spricht nicht mittels „Figur, Fabel, Parabel, Metapher, Ellipse oder Rätsel. Seine Ironie ist meta-rhetorisch." (TG 404) Wenn er wüßte, was sich ereignen würde, hätte er sich vielleicht einer rätselhaften Redeweise bedienen können. Aber Abraham *weiß* nichts. Er *kann* nicht antworten, unmittelbar und direkt. Abrahams *Glauben* kann sich überhaupt nicht mitteilen – und dennoch antwortet er Isaak, dennoch gilt er als Ritter des Glaubens, dennoch *bezeugt* er seinen Glauben.

In *La littérature au secret* ist Derrida im besonderen an jener Passage aus *Stimmung* III interessiert, wo es heißt, Abraham habe Gott darum gebeten, „ihm seine Sünde zu vergeben, daß er Isaak hatte opfern wollen" (FZ 10). Und wenn die ganze Schrift *Furcht und Zittern* diese Bitte um *Vergebung* wäre: die Bitte um Vergebung für ein Schweigen, für ein Schweigen-Müssen, für ein Nicht-reden-Können, das als solches die Grundsituation des Glaubens wäre? Zweifellos diejenige des Menschen Kierkegaard (gegenüber Regine) und die des Schriftstellers Kierkegaard *als* Dichterexistenz *vor Gott*.[22] Aber auch so vieler anderer Schriftsteller vom Typ Kierkegaards. Kafka[23] z.B. oder Augustin[24]. Vielleicht ist diese Bitte um Vergebung für ein Schweigen, für ein Nicht-angemessen-reden-Können *die* Grundsituation *aller* Literatur: „Pardon de ne pas vouloir dire" – als jene Geste,

---

[22] Vgl. dazu die sehr gute Ananlyse dieser Kierkegaardschen Aporie bei H. Deuser: *Kierkegaard*, 58ff.

[23] Derrida liest in LS Kierkegaards beständige Bitte um Vergebung parallel mit Kafkas *Brief an den Vater*, der in so auffälliger Weise fast alle Kierkegaardschen Themen wiederholt. Nun aber in Gestalt eines gewissermaßen säkularisierten Judentums – für das er, Kafka, um Verzeihung bittet. (vgl. LS 171 ff.) Wie wichtig diese Kafkasche Adaptation Kierkegaards für Derridas eigenen Umgang mit seiner jüdischen Herkunft ist, läßt sich in CIR ablesen, vgl. dazu unten S. 334ff. Derrida hat auch in *Préjugés* Kafkas Umgang mit dem ‚Gesetz' in *Vor dem Gesetz* als ein solches Wahren eines Geheimnisses, „das man sich *nicht* präsentieren, sich *nicht* repräsentieren und in das man vor allem *nicht* eindringen *darf* und kann" verstanden. „Dies ist das Gesetz des Gesetzes." (PR 68).

[24] Vgl. dazu CIR pass.

die das *Schreiben* überhaupt umschreibt.²⁵ Und im besonderen *religiöse* Schriftstellerei. Demnach wäre vielleicht die Frage nach der „Literatur", nach dem, was man in Europa so nennt, unauflöslich an ein Geheimnis gebunden und an die Frage nach der *Verzeihung*, der *Entschuldigung*, kurz: an das Schweigen Abrahams. Alle Literatur ist „abrahamitischen Ursprungs" (LS 177). Und ist Kierkegaard nicht ein Beispiel dafür *par exellence*?²⁶ Demnach bestünde das *Literatur - Werden* eines Textes darin,

> „dem öffentlichen Raum gewidmet, relativ lesbar oder verständlich [zu sein], aber sein Inhalt, der Sinn, der Referent, der Unterzeichnende und der Adressat des Textes [le destinataire] sind nicht vollständig bestimmbare *Realitäten* [...] Der Leser fühlt also diese Literatur kommen [sent venir] durch die geheime Bahn [voie] dieses Geheimnisses, ein gleichzeitig gehütetes und dargebotenes Geheimnis, eifersüchtig versiegelt und offen wie ein gestohlener Brief²⁷. [...] Vielleicht wird er [der Leser] niemals antworten können *auf* die Frage [répondre à la question], nicht einmal die Verantwortung übernehmen können für dieses Geschwirr von Fragen [répondre *de* cette ruche de question]: Wer sagt eigentlich was zu wem? Wer scheint um Vergebung zu bitten, nicht zu ...? Nicht reden zu wollen, aber über was? Was heißt das?²⁸ Und warum eigentlich dieses ,pardon'?" (LS 173ff.)

---

²⁵ Ich verweise darauf, daß dieses Schreiben als eine Art ‚Pardon' zu sagen, natürlich mit Derridas Denken der Gabe (le don) zu tun hat. (vgl. bes. LS 192ff.) Das *Pardon* bezieht sich auf die gegebene Gabe, die widerrufen werden soll, ohne daß dies je möglich wäre, weil sie niemals ‚zum Vater' zurückkommen kann, weil sie auch niemals darauf *spekulieren* kann, was der *andere* tut. Das ist die Aporie, die jedem ‚Pardon' innewohnt: „Eine der Gründe dieser Aporie des *Pardon* ist, daß man nicht vergeben kann, nicht um Vergebung bitten oder sie gewähren, ohne spekuläre Identifikation, ohne zu reden an der Stelle des anderen und durch die Stimme des anderen." (LS 183) Aber nichts anderes versucht *theologische Schriftstellerei* – es sei denn, sie nimmt sich zurück in die Form des *Gebets*. – Derrida verfolgt diese Aporie des Pardon in La littérature au secret übrigens einerseits anhand bestimmter öffentlicher Entschuldigungen des französischen Staates, des französischen Episkopats oder des Vatikans zur Rolle der Kirche gegenüber den Juden und andererseits anhand einer Lektüre derjenigen Bibelstellen, wo von einem ‚Gereuen', einem Neuanfang bzw. einer ‚Entschuld(ig)ung' Gottes gegenüber den Menschen die Rede ist: Gen 6,5-8; 8,21f. und schließlich 22, 15-17. Die Geschichte ‚Gottes' ist eine Geschichte eines solchen Pardon (vgl. LS 195). Oder: ‚Gott' selbst ist ein anderer Name für das erbetene (und sich selbst erteilte) Pardon: „du pardon à soi, du se-pardonner" (LS 193). Diese Passagen verdienten eine ausführliche Lektüre.

²⁶ Vgl. dazu das schöne Kapitel „Schweigen als vorbereitende Modalität für das wesentliche Reden" bei G.H. King: *Existenz, Denken, Stil*, 168ff.

²⁷ Anspielung auf die Erzählung *The purloined letter* von E.A. Poe, wo ein gestohlener Brief dadurch am sichersten versteckt wurde, daß er für alle sichtbar an der Wand hing, vgl. Derridas Lektüre dieser Erzählung in Le facteur de la vérité in PK II 183ff. (Wobei es sich im genaueren um eine Auseinandersetzung mit Lacans Interpretation dieser Erzählung handelt).

²⁸ Derrida spielt hier mit der französischen Redewendung „qu'est-ce que ça veut dire?", die das „vouloir dire" der vorhergehenden Frage wiederholt.

Was bedeutet es, einen Glauben zu bezeugen? Was heißt, ein Geheimnis zu teilen? Es heißt sicher nicht, zu wissen, was hier der andere, Abraham, *weiß*, denn Abraham weiß nichts. „Ein Geheimnis teilen heißt nicht, das Geheimnis zu kennen oder zu brechen; es heißt teilen, daß man nichts weiß: nichts, das man wissen, nichts, das man bestimmen könnte." (TG 406) Das Reden vom Glauben unterliegt denselben Paradoxien, die die „absolute Verantwortung" ausmachen. Glaube ist an eine Regung der absoluten Einzigartigkeit gebunden. Er läßt sich im Grunde nicht von Generation zu Generation *übermitteln*. Er hat keine *Geschichte*. Jede Generation, jeder Einzelne muß immer wieder aufs neue beginnen, sich für diese ‚höchste Leidenschaft' einzusetzen, „ohne auf die voraufgegangene Generation zu zählen" (TG 407). Genau das sagt der *Epilog* von *Furcht und Zittern*, und Derridas Paraphrase fährt fort: „Er [der Epilog] beschreibt so die Nicht-Geschichte der sich wiederholenden absoluten Anfänge und die Geschichtlichkeit, die die in jedem Schritt, in dieser unaufhörlichen Wiederholung des absoluten Anfangs wiedererfundene Tradition voraussetzt" (ebd.).

Was ist eine „wiedererfundene Tradition"? Derridas Text und viele andere Texte lassen sich – gerade in ihrer intriganten, verstörenden, verschleiernden Diktion – wie ein Plädoyer für diese „Wiedererfindung" des Glaubens in unserer Zeit lesen; oder etwas vorsichtiger gesagt: für eine „Wiederholung" derjenigen *philosophischen* Geste, mit der auch Kierkegaard Sinn für die Dimension des Glaubens wecken wollte – des *christlichen* Glaubens wird man im Falle Kierkegaards sagen. Aber laut Derrida könnte das, was Johannes de Silentio sagt, „auch für die Juden, für die Christen und für die Mohammedaner gelten, aber auch für jeden anderen, für jeden anderen in seinem Bezug zum ganz Anderen. Wir wissen nicht mehr, wer sich Abraham nennt, und er kann es uns auch nicht einmal mehr sagen." (TG 405 f.)

Diese Formulierungen Derridas könnten unmittelbar überleiten zu Derridas eigenen Versuchen, sich ‚seiner' Tradition[29]: nämlich der *jüdischen* – durch wieviel Brüche hindurch auch immer – zu vergewissern, sie „wiederzuerfinden", wie es oben hieß, bzw. sie zu „wiederho-

---

[29] Zum Umgang mit *Tradition* (nebenbei sei darauf aufmerksam gemacht, daß es auch hier um eine *Gabe* (*tra-ditio*) geht) vgl. J. D. Caputo, der hier ebenfalls eine Brücke zu Kierkegaard schlägt: „Tradition is not univocal but polyvocal, among whose multiple voices we must learn to make our way, selectively and judiciously. Tradition alters as it repeats, repeats as it alters, producing what it repeats (which is a good Kierkegaardian repetition, with a difference), which is the only way to be grateful to a tradition." *Prayers*, 184.

len", um näher bei Kierkegaards Sprache zu bleiben. Es würde dabei vor allem um den Text *Circonfession* gehen, der in dieser Hinsicht zweifellos der aufschlußreichste Text ist. Ich möchte aber erst auf einem Umweg zu diesem Text kommen. Und zwar darüber, wie Derrida in *Donner la mort* Kierkegaard als ‚christlichen Denker' auffaßt und interpretiert. Diese Fragestellung bildet das entscheidende Thema des ganzen vierten Kapitels *Tout autre est tout autre*. Was macht Kierkegaard in den Augen Derridas zu einem ‚christlichen Denker', und was macht *Furcht und Zittern* zu einer christlichen Auslegung der ‚Opferung Isaaks'?

5.2. Der ‚christliche Denker'

Derridas Lektüre von *Furcht und Zittern* scheint von Anfang an von der Frage geleitet: Gibt es bestimmte Züge, die Kierkegaards Lesart des Abrahamopfers eine spezifisch *christliche* Note geben? Dieser Fragehorizont war ihm gewissermaßen von Patočkas Interpretation des *mysterium tremendum* vorgegeben. Das, was von Patočka als „Religion" vorgestellt wurde, verstand sich wie von selbst als christliche Religion. Aber wie verhält sich das, was Patočka als genuin „christliche" Verantwortung bzw. Religion beschreibt, zur jüdischen – und am Rande auch zur islamischen – „Religion"? Derrida fragt sich: „Ist die Bezugnahme auf diese abgründige Dissymmetrie im Dem-Blick-des-Anderen-Ausgesetztsein ein Motiv, das zunächst und allein dem Christentum zugehört, und wäre es auch in einer inadäquaten christlichen Thematik? Lassen wir die Frage beiseite, ob man nicht zumindest das Äquivalent dazu ‚vor' oder ‚nach' den Evangelien, im Judentum oder im Islam, findet." (TG 357)[30]

Auch Derridas Kierkegaardlektüre wird in auffälliger Weise in diese Perspektive gerückt. Schon von der ersten Erwähnung Kierkegaards an. Nachdem auf den paulinischen Hintergrund des Buchtitels hingewiesen wurde, heißt es: „Verständlich, daß Kierkegaard für sei-

---

[30] Caputo spricht davon, daß Patočkas Essay „another example of Christo-Euro-centrism [sei], of the metaphysics of Christian Europe that makes Derrida nervous. Europe will become itself only if it becomes Christian and is no longer pagan, no longer either Greek or Roman. [...] For what room is there, in this Christian messianic eschatology, for Jews and Arabs, for Africans and immigrants [...]?" (*Prayers*, 191) Vielleicht macht dies Derrida nicht direkt ‚nervös' – aber zumindest nachdenklich über die prägenden Denkfiguren ‚europäischer' Philosophie. Genau so hatte Derrida auch in *Glas* Hegels christliche Eschatologie hinterfragt.

nen Titel die Rede eines großen konvertierten Juden, Paulus, ausgewählt hat [...]." (TG 384) Dieser Einsatz ist merkwürdig genug. Alles sieht so aus, als wolle Derrida noch eine andere *Konversion* in den Blick bringen, von der bei Patočka keine Rede war. Der Satz geht weiter: „Verständlich, daß Kierkegaard für seinen Titel die Rede eines großen konvertierten Juden, Paulus, ausgewählt hat, da, wo es für ihn darum geht, über eine noch jüdische Erfahrung des verborgenen, geheimen, getrennten, abwesenden oder geheimnisvollen Gottes nachzudenken [...]." (Ebd.) In dem Wörtchen „noch" steckt wohl schon das ganze Lektüreprogramm. Was ist an Abraham „noch jüdisch", was wird daraus in Kierkegaards ‚christlicher' bzw. ‚paulinischer'[31] Interpretation? Gibt es einen Unterschied zwischen der ‚jüdischen' und ‚christlichen' Verantwortung vor Gott? Und hat Kierkegaard einen solchen in *Furcht und Zittern* herausgestellt?[32] Das sind um so interessantere Fragen, wenn man sie in den Horizont der Wirkungsgeschichte Kierkegaards stellt: Wie denkt jüdische Theologie über Kierkegaards Interpretation der ‚Bindung Isaaks'? Und wie stellt sich Kierkegaards Theologie in diese Verhältnisbestimmung von ‚jüdisch' und ‚christlich'?

Worin könnte also das spezifisch Christliche in *Furcht und Zittern* gesehen werden? Derrida hält sich an eine ganz diskrete Geste Kierkegaards am Schluß des Buches.

5.2.1. Himmlische Ökonomie?

Doch kommen wir zunächst noch einmal auf die *Gabe* zu sprechen: auf Abrahams Opfer. Offenbar handelt es sich – zumindest in der Interpretation von *Furcht und Zittern* – um eine *Gabe* im oben beschriebenen Sinne:

---

[31] Caputo unterstreicht mehrmals, daß es sich bei *Furcht und Zittern* um die „distinctively Paulin version of this story" (*Prayers*, 201) handele.

[32] Der Frage, was an dem ‚Glaubensritter' in *Furcht und Zittern* spezifisch christlich sei, geht offenbar auch schon eine der ersten selbständigen Schriften nach, die über Kierkegaard geschrieben wurden. Ich meine die 1850 unter Pseudonym erschienene Schrift des Isländers M. Eiríksson (1806-1881) mit dem vielsagenden Titel *Ist der Glaube ein Paradox und „in kraft des Absurden"? eine Frage veranlaßt durch ‚Furcht und Zittern, von Johannes de Silentio', beantwortet mit Hilfe von vertraulichen Mitteilungen eines Glaubensritters, zur gemeinsamen Erbauung von Juden, Christen und Mohammedanern, von Throphilus Niclaus, dem Bruder besagten Glaubensritters.* Auszüge daraus und Notizen Kierkegaards für eine Erwiderung sind abgedruckt bei M. Theunissen / W. Grewe: *Materialien zur Philosophie Sören Kierkegaards*, 147-174.

5. Das ‚Religiöse': Zwischen Mensch und Gott

Der abrahamitische Verzicht – Opfer und Gabe

Furcht und Zittern ist der Versuch, die Erzählung von der ‚Opferung Isaaks' zu *verstehen*. Johannes de Silentio scheitert daran. Jenes ‚Opfer' entzieht sich jedem Verstehen, weil es dem Begriff des ‚Opfers' im herkömmlichen Sinne – d.h. im „heidnischen" Sinne – nicht entspricht. Das aber, was das Abrahamopfer aus dieser Perspektive herausfallen läßt, ist die gänzlich fehlende *Begründung* des Opferbefehls. Agamemnon opfert seine Vaterpflicht im Namen einer anderen, höheren Pflicht, nämlich dem Wohl des Staates. Auch wenn seine Frau Klytaimnestra ihm *dies* nie verzeihen wird, so setzt doch die ‚Geschichte' – mindestens im nachhinein – Agamemnon *ins Recht* (vgl. FZ 61 ff.). Bei Abraham gibt es keine höhere Begründung für den Opferbefehl: Kein Staat wird dadurch gerettet, kein Volk schaut – unter Tränen – dem Helden zu, denn niemand ist da, dem durch sein Opfer gedient würde. Und auch für Abraham selbst gibt es keinen verstehbaren Grund für diesen Befehl. Daß es eine *Probe war*, kann nur im nachhinein, *nach* dem Eingreifen des Engels gesagt werden. Abraham war bereit zu opfern *ohne* jede Erklärung. Abraham opfert *ohne* eine Aussicht auf Belohnung, ohne Aussicht darauf, daß dem *Geben* ein *Nehmen* folgen würde. Kierkegaards Abraham *gibt* jenseits aller *Ökonomie*. Gott gibt ihm keinen teilbaren Grund im *Tausch* für diesen gegebenen Tod. Dieses Sich-den-Tod-Geben, ohne ihm einen Sinn zu geben, ohne jeden Austausch von Gründen, Versprechen und Belohnungen, jenseits von jeder Gegenseitigkeit, macht aus dem Opfer Abrahams eine Gabe des Todes besonderer Art. Statt von einer ‚Ökonomie des Opfers' müsse von einem „Opfer der Ökonomie" (TG 421) gesprochen werden.

„Abraham hatte akzeptiert, den Tod zu erleiden oder Schlimmeres als den Tod, und dies ohne Kalkül, ohne Investition, ohne Perspektive auf Wiederaneignung: also offensichtlich jenseits von Belohnung oder Bezahlung, jenseits der Ökonomie, ohne Hoffnung auf Lohn. Das Opfer der Ökonomie, ohne daß es keine freie Verantwortung und Entscheidung gibt [...]." (TG 421)

Gabe jenseits aller Ökonomie. Erst im Opfer Abrahams, im „absoluten Opfer" (ebd.) ereignet sich das, was im eigentlichen Sinne *Gabe* genannt werden könne. Nur angesichts des Schweigens Gottes kann Abraham wahrhaft *geben* – geben ohne Reserve. Und was ebenso entscheidend ist: Abrahams absolute Gabe ermöglicht es Gott, seinerseits *zu geben*, Isaak (zurück)zugeben, ohne daß es sich um einen *Tausch* zwischen Mensch und Gott handeln würde. Erst so *kann* Gott ihm etwas *geben*, was nicht auf eine Berechnung Abrahams hinausliefe. Gott entscheidet *souverän*.

Doch indem er zurückgibt, scheint er „das Opfer durch das, was von nun an einer Belohnung gleicht, wieder in eine Ökonomie einzuschreiben" (TG 422). Wie ist es möglich, diese doppelte Gabe – von seiten Abrahams und von seiten Gottes – nicht in die Ökonomie eines Tausches zurückfallen zu lassen? Das ist in anderen Worten Johannes de Silentios Paradox, das er als jenen „Glauben in kraft des Absurden" umkreist. Abraham wurde ,zurück'-gegeben, ,weil' er nicht darauf spekulierte. Genau das aber heißt für Johannes de Silentio Glauben. ,Glauben' heißt ,geben' können. Vielleicht kann dies als eine der Thesen von Donner la mort gelesen werden: In einer weit vorgreifenden Passage werden gleich zu Beginn des Textes die Themen der Verantwortung und des Glaubens mit diesem Denken der Gabe verschränkt. Die „Geschichte" der Religion sei gleichermaßen an die Verantwortung, an den Glauben und an die Gabe gebunden:

> „An die *Verantwortung* in der Erfahrung absoluter Entscheidungen, die getroffen werden, ohne in einem kontinuierlichen Zusammenhang mit einem Wissen oder mit gegebenen Normen zu stehen, die also in der Prüfung eben des Unentscheidbaren getroffen werden; an den religiösen *Glauben*, der sich, durch eine Form der Verpflichtung oder der Beziehung zum Anderen, in die absolute Gefahr jenseits des Wissens und der Gewißheit vorwagt; an die *Gabe* und an die Gabe des Todes, die mich mit der Transzendenz des Anderen, mit Gott als selbstvergessene Güte in Beziehung setzt – und die mir das, was sie mir gibt, in einer neuen Erfahrung des Todes gibt. Verantwortung und Glauben gehören zusammen, so paradox das manchen erscheinen mag, und alle beide sollten, in ein und demselben Schritt, über die Beherrschung und das Wissen hinausgehen. Der gegebene Tod wäre dieses Bündnis der Verantwortung und des Glaubens." (TG 335)

Furcht und Zittern fordere dazu heraus, den religiösen Glauben als „eine Art Gabe oder Opfer [zu denken], die jenseits von Schuldigkeit und Pflicht" (TG 390) all das in Frage stellt, was im Denken und Handeln bestimmten ,Ökonomien' unterworfen ist und von diesen begrenzt und beherrscht wird. Glauben sei für Kierkegaard ein Wort für diesen Bruch mit der Ökonomie. Der Glauben Abrahams *in kraft des Absurden* ist dasjenige, was die *Spekulation* des Verstandes unterbricht: seine *Arbeit* (z.B. Hegels *Arbeit des Begriffs*[33]), die immer dar-

---

[33] In der *Unwissenschaftlichen Nachschrift* hatte Climacus in genau diesem Sinne Glauben und Spekulation gegenübergestellt. Denn die Spekulation bleibe niemals beim Paradox stehen, sondern „erklärt es und hebt es auf": „Der sehr geehrte Spekulant hat somit, als er verzweifelte, nicht all seinen Verstand eingesetzt; seine Verzweiflung war nur Verzweiflung bis zu einem gewissen Grade, war eine fingierte Bewegung; er behielt einen Teil des Verstandes zurück – für die Erklärung. Das kann man Nutzen aus seinem Verstande ziehen nennen. Der Glaubende hat von seinem Verstande gar keinen Nutzen. Er setzt ihn in der Verzweiflung völlig zu. Der Spekulant aber versteht es, ihn ausreichend sein zu lassen: er nimmt die eine Hälfte zum Verzweifeln

auf zielt, sich das Andere anzueignen, bzw. sich d. Anderen auf so kalkulierte Weise auszusetzen, daß etwas *zurückkommt* – ein Ertrag oder ein Gewinn, daß sich der Kreis letztlich schließt.

Aber passiert nicht in *Furcht und Zittern* am Schluß – wo man das Buch schließt – etwas ganz Ähnliches? Und nimmt damit nicht alles zuvor Gesagte schließlich eine christliche *Wendung*. So lautet zumindest Derridas Hypothese.

Die Christliche Wendung

Es handelt sich wieder um das kurze ‚Zitat' aus Mt 6, ganz am Schluß von *Furcht und Zittern*, auf das oben schon verwiesen wurde:

„Wer aber Gott liebt, der braucht der Tränen nicht, und nicht der Bewundrung, in der Liebe vergißt er des Leidens, ja, so ganz und gar hat er seiner vergessen, daß hinterdrein kein einziger etwas ahnen würde von seinem Schmerze, wenn nicht Gott selber seiner gedächte; *denn Gott sieht in das Verborgene*, und weiß die Not und zählt die Tränen und vergißt keines." (FZ 138, Hervorhebung T.B.)

Die offenkundige Anspielung auf die Bergpredigt beziehe die Abrahamgestalt in eigentümlicher Weise auf das *Evangelium*. Derrida sieht darin eine gewisse „Orientierung", die durch das geheime Zitat der ganzen Auslegung gegeben werde („qui paraît orienter l'interpretation" (TG 407 / 79)). „Als christlicher Denker schreibt Kierkegaard am Ende das Geheimnis Abrahams wieder in einen Raum ein, der, zumindest in seiner Buchstäblichkeit, evangelisch zu sein scheint." (ebd.) Wer Kierkegaards Anspielung liest, höre auch die matthäische Fortsetzung des Zitats: „dein Vater, der in das Verborgene sieht, *wird es dir vergelten*" (*kai ho pater sou ho blepon en to krypto apodosei soi*). „In dreimaliger Wiederholung kommt darin, wie ein Ruf, von dem man besessen ist, eine Wahrheit zurück – die es auswendig zu lernen[34] gilt." (TG 423, vgl. Mt 6,4.6.18) Was bedeutet aber dieses „Vergelten", das Zurückgeben von Seiten Gottes? Was bedeutet die Gewißheit um die ‚Mitwisserschaft' Gottes für Abrahams *Glauben*? Schreibe dieser vorletzte Satz von *Furcht und Zittern* das Opfer Abrahams nicht letztlich doch wieder ein in eine Art *Kalkül*, in eine *Öko-*

[...] und die andere Hälfte, um einzusehen, daß für den Verstand kein Grund vorhanden ist zu verzweifeln." (AUN I 217)

[34] Zu Derridas Umgang mit der franz. Redewendung ‚apprendre par coeur' vgl. die sehr schöne Interpretation des Auswendiglernens (zu Herzen Nehmens) von Gedichten in APU 300-302.

nomie, zwar eine sublimere, ‚himmlische' Ökonomie, aber dennoch in eine bestimmte ‚Berechnung', die von nun an als ‚christliche Gerechtigkeit' verstanden werden soll? Derrida scheint an dieser Stelle eine spezifisch „christliche" Lesart des Abrahamopfers zu erkennen. Indem Kierkegaard an Matthäus erinnert, würde das Opfer Isaaks mit Bestimmtheit „re-christianisiert oder prä-christianisiert – als ‚bereitete' es auf das Christentum ‚vor'" (TG 421).

Soweit Derridas Hypothese. Und um die Implikationen einer solchen Hypothese ein Stück weit zu verfolgen, geht Derrida im vierten Kapitel von *Donner la mort* ausführlich auf einige Passagen der Bergpredigt ein (vgl. TG 422-435) und läßt sich von dort aus zu einigen ‚Fußnoten' zu deren Wirkungsgeschichte führen.

In der entsprechenden Passage der Bergpredigt geht es in der Tat um *Gerechtigkeit,* um ökonomische Gerechtigkeit, um Almosen, Lohn, Schuld und das Horten von Schätzen. Alles läuft darauf hinaus, eine ‚himmlische Ökonomie' von einer irdischen zu unterscheiden und *in dieser Unterscheidung* so etwas wie ‚christliche' Gerechtigkeit sicherzustellen. Jesu Predigt handelt von dem, was für Christen *geben* heißt, was *in Christi Namen,* in der neuen Brüderlichkeit mit ihm *geben* heißen soll. Es geht um eine Gabe, ein Almosen ohne Rückerstattung, ohne Anerkennung durch die Anderen – also auch ohne symbolische Rückerstattung –, ja ohne *eigene* moralische Bestätigung: *so laß deine linke Hand nicht wissen, was die rechte tut* (Mt 6,3). Aber andererseits verweist die dreimalige Erwähnung des Vaters, „der in das Verborgene sieht" auf einen anderen ‚Lohn': „du kannst auf die Ökonomie des Himmels zählen, wenn du die irdische Ökonomie zu opfern fähig bist" (TG 424). Die Schätze des Himmels sind zwar nicht der Ordnung des Sichtbaren unterworfen, dafür aber verlieren sie nicht an Wert, sind unvergänglich und sicher geschützt (Mt 6,19-21). Gott errichtet gewissermaßen eine neue Ökonomie, eine *andere* ‚Gerechtigkeit'. Für den auf der Erde bezahlten Preis steht eine himmlische Belohnung in Aussicht:

> „Im durch diese Ökonomie des Maßlosen eröffneten Raum beruft sich eine neue Lehre der Gabe oder des Almosens auf ein *Zurückgeben (rendre),* auf einen Ertrag *(rendement),* wenn man so sagen kann, ja sogar auf eine Rentabilität, gewiß, doch eine, die für Geschöpfe nicht kalkulierbar und der Bewertung des *Vaters, insofern er ins Verborgene sieht,* überlassen ist." (TG 432)

Das folgenreichste Beispiel dieser anderen Ökonomie: *Ihr habt gehört, daß gesagt ist: Auge um Auge, Zahn um Zahn. Ich aber sage euch, daß ihr dem Bösen nicht widerstehen sollt, sondern wer dich*

5. Das ‚Religiöse': Zwischen Mensch und Gott 253

auf deine rechte Backe schlägt, dem biete auch die andere dar. (Mt 5,38) [35]

Gemäß dem Text der Bergpredigt wäre die Reinhaltung der Gabe das Wesen des „Christlichen", der Gegensatz zum ‚Heidentum' und zu den ‚Juden' – auf jeden Fall zur Ökonomie der Schriftgelehrten und Pharisäer, „der Männer des Buchstabens im Gegensatz zu denen des Geistes" (TG 426). Bei diesem Gegensatz handelt es sich also um einen Streit um die Wiederaneignung der rechten Abstammung (*„damit ihr Söhne eures Vaters im Himmel seid"* Mt 5,45). Das Christentum unterscheidet sich vom Judentum und vom Heidentum durch einen bestimmten Bruch mit der (irdischen) Ökonomie – doch zugunsten einer anderen, himmlischen Ökonomie. (Und so haben wir es oben auch bei Kierkegaard gelesen: in bezug auf „das christliche gleich um gleich".[36])

Was bedeutet diese Verschiebung der Ökonomie? In Derridas Interpretation handelt es sich letztlich um *dieselbe* Ökonomie: und zwar eine solche, die zweideutig genug ist, auch die Nicht-Ökonomie noch miteinzubeziehen:

„In ihrer wesensmäßigen Instabilität stellt sich dieselbe Ökonomie bald treu, bald anklagend und ironisch in ihrem Verhältnis zum christlichen Opfer dar. Sie fängt damit an, daß sie eine noch zu berechnende Opfergabe denunziert. Diese verzichtet auf einen irdischen, endlichen, zählbaren, äußerlichen, sichtbaren Lohn (*merces*), ginge über eine Ökonomie der Belohnung und des Tausches [le *re-merciement*, der Dank] nur hinaus, um einen unendlichen, himmlischen, unberechenbaren, innerlichen und geheimen Nut-

---

[35] Derrida wirft an dieser Stelle einen kurzen Seitenblick auf Carl Schmitt (vgl. TG 429ff.). In *Der Begriff des Politischen* weist dieser bekanntlich mit Nachdruck darauf hin, daß die Unterscheidung von *inimicus / echthros* und *hostis / polemios* bei Jesu Aufforderung zur „Feindesliebe" berücksichtigt werden müßte. Diese Aufforderung gälte nur in bezug auf „private Feinde" (echthros), nicht auf den politischen, öffentlichen Feind (polemios). Welche christliche Politik hätte auch je dazu geraten, „die Mohammedaner zu lieben, als sie das christliche Europa überrannten" (TG 429, vgl. C. Schmitt: *Der Begriff des Politischen*, 29). Insofern Schmitts Begriff des „Politischen" *wesentlich* auf der Freund-Feind-Unterscheidung beruht, gäbe allein die Begrenzung der „christlichen Feindesliebe" auf das „Private" die Möglichkeit einer „christlichen Politik" – eine Möglichkeit, von der Schmitt überzeugt zu sein scheint. Nach Derrida hat es die Ansetzung einer solcher – *philologisch* nicht haltbaren (!) – Differenzierung mit dem Bemühen zu tun, die Feindesliebe zu *begrenzen,* d.h. einer Ökonomie zu unterwerfen. Und diese Begrenzung wäre die Voraussetzung von (griechisch-lateinischer) ‚Politik': im Sinne Schmitts. Welche Folgen hätte die Zurückweisung dieser Denkfigur Schmitts für eine andere ‚Politik', eine nun wirklich ‚christliche' Politik, so wie sie Patočka vorschwebte? Vgl. dazu auch Derridas ausführliche Auseinandersetzung mit Schmitt in PA, 63-194.

[36] Vgl. LT 411ff. und meine Ausführungen oben S. 227ff.

zen oder Mehrwert zu kapitalisieren. Eine Art verborgenes Kalkül setzte noch auf den Blick Gottes, der das Unsichtbare sieht und in meinem Herzen sieht, was ich die Menschen nicht sehen lasse." (TG 435)

Beherrscht diese „wesensmäßige Instabilität" die *christliche* Interpretation des „christlichen Opfers"? Und beherrscht sie im besonderen die Texte Kierkegaards?

Derrida läßt diese Fragen offen[37], aber die Art und Weise, wie er sie offen hält, sagt viel darüber, was für ihn hier auf dem Spiel steht. Denn indem Derrida Kierkegaards Auslegung der *Akedah* hinübergleiten läßt ins Matthäusevangelium und dessen Polemik gegen die ‚Pharisäer', schreibt er Kierkegaards Text ein in eine der ältesten Typologien des christlichen Antijudaismus. Demnach wären die ‚Pharisäer' *die* ‚Juden', also die ‚Heuchler', die auf irdische Ökonomie setzen, auf Geldgeschäfte und Gesetzlichkeit. Aber diese Polemik birgt in sich eine andere Hypokrisie, die der christlichen Heilsökonomie. Dies ist die Geschichte des *christlichen* Europa: als die polemische Kritik einer bestimmten Ökonomie – im Namen einer anderen; einer Hypokrisie – im Namen einer anderen; die Bestreitung eines Messianismus – im Namen eines anderen. Es ist die Geschiche um die Aneignung der rechten Abrahamkindschaft – bis hin zum Holocaust. Ich erinnere an Derridas Formulierung:

„Die Lektüre, die Interpretation, die Tradition des Opfers von Isaak sind selbst blutige und holocaustische Opferstätten. Das Opfer Isaaks währt alle Tage fort." (TG 397)

J.D. Caputo schreibt dazu:

„Does Derrida not risk widening the war between Christian and Jewish reading of the *akedah*? Does he risk returning fire in the ‚duel between Christian and Jew' [...]? Nothing, of course, is without risk, but Derrida's move here is completely strategic, representing a movement of reversal aimed at overturning or reversing the most dangerous stereotype of all, the Jew as the pharisee, as the money changer, the ruthless creditor, Shylock. That stereotype leads Jews by the hand into the gas chamber. But reversal is a prelude to displacement, and the point is finally to displace the opposition between Christian and Jew, between the determinate, identifiable messianisms, in the name of a messianic structure to which they all subscribe."[38]

---

[37] J. Valentin spricht in diesem Zusammenhang davon, daß sich Derrida „gegen das im Christentum immer wieder drohende Substitut eines verdrängten Hedonismus, der – in den Grenzen einer ethischen Ökonomie verbleibend – den bereits in der Hioberzählung gesprengten Tun-Ergehen-Zusammenhang lediglich in die phantasmatische Unendlichkeit eines anthropomorph gedachten Jenseits projiziert". Aber Derrida sei sich bewußt, daß es sich bei der hier zurecht kritisierten Ökonomie „nicht um *die* Ökonomie Jesu, des Matthäus oder gar des Neuen Testaments handelt", *Atheismus*, 269.

[38] J.D. Caputo: *Prayers*, 218.

Aber all dies wird bei Derrida nur angedeutet. Statt dessen beschließt er seinen Text mit zwei schwierigen ‚Nachworten', zwei Fußnoten zur Bergpredigt könnte man vielleicht sagen. Durch zwei sehr dichte, sich in wenigen Andeutungen ergehende Exkurse zu Baudelaires *L'École païenne* und Nietzsches *Genealogie der Moral* geht Derrida am Schluß noch einmal auf zwei ganz verschiedene „ketzerische" Versuche ein, das Christentum einer „internen Kritik" zu unterziehen: einer Kritik, die sich im wesentlichen an dessen eigenem Maßstab der ‚Anökonomie' bzw. an der unangemessenen Ökonomisierung der Anökonomie entzündet.

Baudelaire noch einmal – die Gaben der Heiden

Zunächst zu Baudelaires „hochfahrendem Pamphlet" (TG 434) *L'École païenne / Die heidnische Schule*[39]. Auch dieser Text gibt sich – zumindest aus der Sicht des Erzählers – als eine Kritik an einer bestimmten Art von (Neu-)Heidentum (unter den modernen Literaten), was sich u.a. an einer bizarren Verehrung der griechischen Mythologie, einer ästhetizistischen ‚Götzenanbeterei' des Bildes bzw. des Scheins und einem maßlosen Hochmut z.B. im Reden über das Almosengeben äußere. Der Erzähler fordert demgegenüber, daß die Literatur ihre Kräfte wieder „in einer gesunderen Atmosphäre stählen"[40] müsse, anstatt die „Anstrengungen der vergangenen christlichen und philosophischen Gesellschaft"[41] zu verleugnen. In diesem Zusammenhang nun wird u.a. folgende Szene erzählt:

> „Ich erinnere mich der Worte eines Spaßvogels von Künstler, dem man ein falsches Geldstück gegeben hatte: ‚Das hebe ich mir für einen Armen' auf. Der Elende fand ein teuflisches Vergnügen daran, den Armen zu bestehlen und sich gleichzeitig des Vorteils zu erfreuen, für wohltätig zu gelten."[42]

Baudelaire spielt hier auf jene Szene an, die er, wie oben gelesen, in *La fausse monnaie* so raffiniert ausgestaltet hat (vgl. FG pass.). Die kurze Erwähnung, die in *L'École païenne* eingeflochten ist, ist daran gemessen weniger intrikat. Aber auch hier kommt es schon zu derselben Spekulation des Erzählers bezüglich der Motive und Kalkulationen des Künstlers. Wie in *La fausse monnaie* deutet der Erzähler die Absicht, einem Armen Falschgeld zu geben (und zwar vorsätz-

---

[39] Ich zitiere die deutsche Übersetzung nach: Ch. Baudelaire: *Sämtliche Werke / Briefe*, Bd. 8, 188-195.
[40] A.a.O., 195.
[41] A.a.O., 193.

lich), als eine „teuflische" Art, sich ein Vergnügen zu verschaffen. *Teuflisch* ist dieses Vergnügen offenbar deshalb, weil der Künstler seinen Spaß nicht nur auf Kosten des Armen sucht – dieses Vergnügen wurde auch in *La fausse monnaie* für in gewisser Hinsicht „entschuldbar" gehalten. Sondern der Erzähler erzürnt sich – im Namen der „christlichen" Gesellschaft – darüber, daß der Künstler *doppelt* spekuliert: und zwar auf die (öffentliche) Anerkennung seiner „Wohltätigkeit". Der *theologische* Kontext dieser ‚verwerflichen' Spekulation kommt hier allerdings weniger deutlich zur Sprache. In *La fausse monnaie* hieß es ausdrücklich: „... zwanzig Groschen und Gottes Herz dazu gewinnen, das Paradies erknausern und zuletzt noch kostenlos als ein Wohltäter dastehen ..."[43] In beiden Fällen beklagt der Erzähler eine falsche Gabe, die nicht wirklich *gibt*, sondern auf „teuflische" Weise *kalkuliert*, die nicht nur den Armen und die Öffentlichkeit zu täuschen versucht, sondern Gott obendrein, so als *sähe er nicht ins Verborgene*. Von daher könne man sagen, daß der Text vom Almosen „ein wenig in der Art und Weise des Matthäusevangeliums" (TG 435) spreche.

Aber nach Derrida läßt der Text wieder mehrere Lesarten zu. Einerseits würde es also darum gehen, in jenem frivolen Umgang mit Almosen das verborgene Kalkül des ‚Künstlers' zu entlarven. Und vielleicht auch noch über die Empörung des Erzählers hinaus: Selbst wenn „echtes" Geld gegeben würde, so würde jedes Kalkül (auf Anerkennung bzw. auf das ‚Himmelreich') von innen her den Wert, dessen, was gegeben wird, zerstören. „Gebunden an den ‚Lohn' ist es falsch, weil käuflich und kaufmännisch. Selbst wenn es wahr, echt ist." (TG 437) Sobald die Gabe kalkuliert, beseitigt sie die Gabe *als solche*. Der Erzähler der (Neu-)*Heidnischen Schule* stünde damit in der Linie der matthäischen Kritik an den Gaben der Heiden (und Pharisäer) zugunsten einer rechtverstandenen *christlichen* Gabe.

---

[42] A.a.O., 194. Fortgesetzt wird diese Erinnerung durch die folgenden Beispiele: Und einen anderen habe ich sagen hören: ‚Warum ziehen die Armen denn keine Handschuhe an, wenn sie betteln? Sie würden ein Vermögen machen.' Und wieder einen anderen: ‚Geben sie dem nichts: der ist schlecht drappiert; seine Lumpen stehen ihm nicht.'" Zwei andere Beispiele einer ‚Kalkulation' der Almosengabe, die wahrscheinlich gar nicht so außergewöhnlich sind, wie es auf den ersten Blick scheint. Eine Analyse der ziemlich streng kodierten und ritualisierten *Institution* des ‚Bettelns" in unseren modernen Großstädten würde dies leicht zu Tage fördern. Die *ästhetischen* Aspekte spielen auf beiden Seiten (!) eine entscheidende Rolle. Vgl. dazu FG 174ff.

[43] Ch. Baudelaire: *Das falsche Geldstück*, in: *Sämmtliche Werke / Briefe*, Bd. 8, 221.

5. Das ‚Religiöse': Zwischen Mensch und Gott 257

Aber auf der anderen Seite läuft auch diese „Überbietung des evangelischen Spiritualismus" (TG 436) jeden Augenblick Gefahr, sich zu verkehren. Wie Matthäus setzt auch der Erzähler auf „das Nützliche, das Wahre, das Gute", also auf das „wahrhaft Liebenswürdige"[44]. Auch sein Pochen auf ein „redliches" Verhältnis zum Almosengeben ist von einer gewissen Ökonomie beherrscht. Er weiß oder besser: Er glaubt, daß Gott ins Verborgene sieht, und im Namen eines solchen *Glaubens* fällt er ein schnelles und hartes Urteil. Und vielleicht liegt in dieser schwierigen Unentscheidbarkeit, auf wessen Seite *mehr* Ökonomie vorliegt, die Pointe des Textes. (Denn natürlich ist der Text Baudelaires durch und durch ironisch gemeint.)

Derrida geht auf diese Fragen hier nicht weiter ein. Ihm liegt daran, die „entmystifizierende Kraft", die in dieser Polemik der *École païenne* liegt, herauszustellen:

> „Es geht darum, die mystagogische Heuchelei eines Geheimnisses aufzurollen, einem fabrizierten Mysterium, einem mit einer geheimen Zusatzklausel versehenen Vertrag, daß nämlich Gott, der ins Verborgene sieht, unendlich mehr wird zurückgeben können, den Prozeß zu machen. [...] Wir müssen *glauben*, daß er [Gott] weiß. Dieses Wissen gründet und zerstört zugleich, gleichzeitig mit deren ‚Gegenstand' (*leur ‚objet'*) auch die christlichen Begriffe von Verantwortung oder Gerechtigkeit." (TG 437)

Diese Zerstörung bzw. Beseitigung des „Objekts" der „christlichen Begriffe von Verantwortung oder Gerechtigkeit" bedarf noch einer kurzen Erläuterung. Das ganze vierte Kapitel von *Donner la mort* ist nämlich – neben einem Nietzschezitat – unter das Motto gestellt „Die Gefahr ist so groß, daß ich die Beseitigung des Objekts verzeihlich finde. / *Le danger est si grand que j'excuse la suppression de l'objet.*" (TG 408 / 79). Dieser der *École païenne* entnommene[45] Satz bezieht sich dort auf die Wut der „Ikonoklasten und Muselmanen auf die Bilder": In der Sicht des Erzählers führe die „wilde Leidenschaft für das Schöne, das Seltsame, das Hübsche, das Pittoreske", die er seinen neuheidnischen Künstlern vorwirft, zum Verschwinden der „Begriffe des Wahren und Gerechten". In Anspielung auf den heiligen Augustin unterstreicht er dessen Gewissensbisse „über die allzugroße Augenlust". Geraten wäre also die Vernichtung dessen, wovon diese Au-

---

[44] A.a.O., 194.
[45] Vgl. zum folgenden *Die Heidnische Schule*, a.a.O., 194. Hans-Dieter Gondek zitiert diese Ausgabe mit leichten Abwandlungen, um Derridas Wortspielen besser folgen zu können. Dies betrifft gerade das Motto, das in der *Baudelaire-Werke* Ausgabe übersetzt ist mit: „Die Gefahr ist so groß, daß ich die Vernichtung dessen, wovon sie [die Augenlust] ausgeht, verzeihlich finde."

genlust ausgeht, d.h. des ‚Objekts', des Kunstwerks, der Präsentation des Nicht-(Re-)Präsentierbaren, *Wahren und Gerechten*. Schon Baudelaire spielt hier mit dem Gleiten des Wörtchens *l'objet* zwischen verschiedenen Ordnungen: Das theologische Bilderverbot wird hier verquickt mit der Kritik an einem bestimmen Kunst-Ästhetizismus, und zwar solcherart, daß es *eher verzeihlich* wäre, überhaupt auf die Darstellung, die Präsentation bzw. ‚Objektivation' Gottes / ‚des Wahren und Gerechten' zu verzichten, als sich der *Gefahr* ihres Verlustes – durch Anbetung des ‚Objekts' – auszusetzen.

Von Derrida wird diese verzeihliche ‚Beseitigung des Objekts' nun auf sein Thema der Gabe bezogen, wobei er zugibt, den Ausdruck Baudelaires damit „ein klein wenig" zu verschieben: Eine Gabe würde sich, wie gesehen, dann selbst zerstören, wenn sie beginnt zu kalkulieren und auf eine gewisse Anerkennung zu setzen. Dies gilt für den Mißbrauch des Almosens durch die Falschgeld-Kalkulation ebenso wie für den Mißbrauch der Kunst(objekte), die den Bezug auf das Wahre und Göttliche eher verstellen als eröffnen (*L'École païenne*). Aber dies gilt für Derrida ebenso für das Denken *als* Gabe oder für das Schreiben von Texten, verstanden *als* Gabe: Die Gefahr, nichts mehr zu *geben*, wäre so groß, daß man die Beseitigung des ‚Objektiven' verzeihlich finden könnte. Das genau könnte es heißen: zu denken *geben*. Um die Zerstörung dieser Gabe(n) zu vermeiden, müsse man „zu einer anderen Beseitigung des Objekts übergehen":

> „von der Gabe nur das Geben bewahren, den Akt und die Absicht zu geben, nicht das Gegebene, welches im Grunde nicht zählt. Man sollte geben, ohne zu wissen, ohne Kenntnis noch Anerkennung, ohne *Dank*: ohne etwas, auf jeden Fall ohne Objekt[46]." (TG 437)

Nietzsche und die „Ökonomie der Grausamkeit"

Derrida beschließt seinen Essay mit einem Seitenblick auf Nietzsches *Genealogie der Moral*.[47] Denn auch bei Nietzsche geht es um die Kritik der Genealogie der christlichen Moral als einer Geschichte der

---

[46] Vgl. auch Derridas Kennzeichnung des *Geheimnisses* in LS 205, wo es darum gehe, dem Geheimnis keinen besonderen Inhalt, kein ‚Objekt', zuzusprechen außer den ‚Bund': „Pour cela il faut que rien ne soit dit et que tout sela au fond, à la profondeur sans fond de ce fond, ne veuille rien dire. ‚Pardon de ne rien vouloir dire …' Il faudrait en somme que le secret à garder soit au fond *sans objet*, sans autre objet que l'alliance inconditionnellement singulière, l'amour fou entre Dieu, Abraham et ce qui descend de lui. Son fils et son nom." (Hervorhebung von mir)
[47] Vgl. auch J.D. Caputo: *Prayers*, 216.

5. Das ‚Religiöse': Zwischen Mensch und Gott

Ökonomie, des Vertragsverhältnisses zwischen ‚Gläubiger' und ‚Schuldner'.[48] Die ‚christlichen' Werte seien zurückzuführen auf eine Verknüpfung der Ressentiment-Moral mit einem *ökonomischen* Schuldbegriff, d.h. auf die Grundformen von Kauf, Verkauf, Tausch, Ökonomie und Spekulation: „‚jedes Ding hat seinen Preis; *Alles* kann abgezahlt werden' – dem ältesten und naivsten Moral-Kanon der *Gerechtigkeit*, dem Anfang aller ‚Gutmüthigkeit', aller ‚Billigkeit', alles ‚guten Willens', aller ‚Objektivität auf Erden'"[49]. Das Christentum habe dieses ‚Schuldigsein', diesen Druck von „noch unbezahlten Schulden" derartig wachsen lassen, daß schließlich der Gedanke der Unabzahlbarkeit der Schuld „concipiert" wurde.[50] Nach Nietzsche wurde damit selbst noch das, was über die Ökonomie als Dank-Handel und das Ressentiment hinausgehen könnte[51], nämlich die ‚reine Güte', in eine Opfer-Ökonomie einbezogen:

„bis wir mit Einem Male vor dem paradoxen und entsetzlichen Auskunftsmittel stehen, an dem die gemarterte Menschheit eine zeitweilige Erleichterung gefunden hat, jenem Geniestreich des *Christenthums*: Gott selbst sich für die Schuld des Menschen opfernd, Gott selbst sich an sich selbst bezahlt machend, Gott der Einzige, der vom Menschen ablösen kann, was für den Menschen selbst unablösbar geworden ist – der Gläubiger sich für seinen Schuldner opfernd, aus *Liebe* (sollte man's glauben? -), aus Liebe zu seinem Schuldner! ..."[52]

---

[48] Ich beschränke mich im folgenden darauf, zu referieren, wie Derrida in unserem Text Nietzsche ins Spiel bringt. Zu einer weitergehenden Nebeneinanderstellung von Nietzsche und Kierkegaard, die in diesem Zusammenhang außerordentlich reizvoll wäre, vgl. G.-G. Grau: *Nietzsche und Kierkegaard* und Ders.: *Vernunft, Wahrheit, Glaube: neue Studien zu Nietzsche und Kierkegaard*. Zur Interpretation des Christentums in der *Genealogie der Moral* vgl. W. Stegmaier: *Nietzsches ‚Genealogie der Moral'*, 140-150. 155-168.

[49] F. Nietzsche: *Zur Genealogie der Moral*, 306. Alle „Objektivität auf Erden" beruht auf einer solchen Denkökonomie. Genau darauf bezieht sich Derridas Motto *Die Gefahr ist so groß, daß ich die Beseitigung des Objekts verzeihlich finde*. Auch Nietzsche sieht übrigens in dieser allgemeinen Ökonomie die Grundform *des Denkens*: vgl. Nietzsches Bemerkung im selben Abschnitt: „Preise machen, Werthe abmessen, Äquivalente ausdenken, tauschen – das hat in einem solchen Maasse das allererste Denken des Menschen präoccupiert, dass es in einem gewissen Sinne *das* Denken ist: hier ist die älteste Art von Scharfsinn herangezüchtet worden [...]." (Ebd.) Derridas Denken der Gabe versucht, diese Art von Scharfsinn zu dekonstruieren.

[50] Vgl. *Zur Genealogie der Moral*, 330f. (§21).

[51] In den Abschnitten 22-25 der *Zweiten Abhandlung* entwirft Nietzsche bekanntlich die Möglichkeit der Erlösung zu einem neuen guten Gewissen, die er als Erlösung *aus* dem Christentum versteht – allerdings durchaus im Anschluß an Christus, der für ihn „im Grunde" der einzige „Christ" war, vgl. *Der Antichrist* (Nr. 39).

[52] *Zur Genealogie der Moral*, 331.

Was Nietzsche hier – durchaus vergleichbar mit Baudelaire – anprangert, ist eine Ökonomisierung des Heils als ein System der Schuldentilgung, die Gott als *Gläubiger* und den Menschen als *Schuldner* denkt und gerade die Anerkennung dessen zu „glauben" fordert. Nietzsches Pointe besteht wesentlich darin, daß er damit die Haltung des *Glaubens* selbst – also nicht nur den Glauben an Christus zugunsten eines Glaubens an Dionysos o.ä. – attackiert. „Der Mensch des Glaubens, der ‚Gläubige' ist notwendig ein abhängiger Mensch", heißt es später in *Der Antichrist*.[53] Der ‚Gläubige' ist kein freier Geist, insofern er ‚Überzeugungen' nötig hat. Und das heißt auch: insofern er sein Leben und Denken fragwürdigen ‚Ökonomien' unterwirft.

Aber auch wenn dieser Hinweis auf Nietzsche den Schluß von *Donner la mort* bildet, so läßt Derrida die *Genealogie der Moral* nicht das letzte Wort zum Christentum sein. Was Nietzsche als den „Geniestreich des Christentums" bezeichnet – Derrida macht diese Formulierung zum zweiten Motto des vierten Kapitels –, läßt sich eben auch anders interpretieren: So wie Patočka und Kierkegaard es versuchten – nämlich als *Gabe*, die die Ökonomie unterbricht. Auch Nietzsches Kritik könnte – daran gemessen – als eine ‚interne' Kritik des Christentums gelesen werden. Sie könnte den Effekt haben, den *Glauben* wieder neu zu denken. Und zwar einen ‚Glauben', der sich gerade in einer Differenz zu halten versucht zu jenem *spekulierenden Glauben des Gläubigers*, den Nietzsche als das Modell für jedweden *Glauben* ausgibt. Nach Derrida handelt es sich dabei um

„die irreduktible Erfahrung des Glaubens [*croyance*], zwischen dem spekulierenden Kredit [*crédit*] und dem Glauben des Gläubigen [*foi*], der Glaube [*le croire*], der schwebt zwischen dem Glauben des *Gläubigers*[54] [*la créance du créancier*] und dem Glauben des *Gläubigen*[55] [*la croyance du croyant*]. Wie an diese *Glaubens-* oder *Gläubigergeschichte* *glauben* [*croire*]? Nun, das ist genau das, was Nietsche, *in fine*, uns fragt, was er sich fragt oder sich fragen läßt vom anderen, vom Gespenst seines Diskurses." (TG 439f. / 106f.)

Derrida bezieht sich damit auf die in Klammern gesetzte Frage bei Nietzsche: „(sollte man's glauben? –)":

---

[53] F. Nietzsche: *Der Antichrist*, §54, 236. Vgl. dazu A. U. Sommer: *Friedrich Nietzsches ‚Der Antichrist'*, 524ff., der den §54 als einen Schlüsseltext für das Verständnis des Spätwerks Nietzsches interpretiert.
[54] Im Original deutsch.
[55] Zum Verständnis einer ‚Glaubensinstitution' als ‚Kreditsystem' vgl. auch J. Hoff: *Spiritualität und Sprachverlust*, 141ff.

5. Das ‚Religiöse': Zwischen Mensch und Gott 261

„Ist das eine rhetorische Frage (*rhetorical question*, wie man mehr leichthin im Englischen sagt, um eine falsche Frage, eine vermeintliche Frage zu bezeichnen)? Doch kann das, was eine rhetorische Frage möglich macht, mitunter die Ordnung ganz schön durcheinander bringen." (TG 440)

Offenbar ist *glauben (croire)* für Derrida mehr und anderes als das, was Nietzsches Kritik am Christentum dafür ausgibt, aber auch mehr und anderes als das, was der ‚Glauben des Gläubigen' zumeist dafür hält. Am Ende des Essays *Donner la mort* steht die Frage nach dem Glauben, die in sehr verschiedener Weise *die Geheimnisse der europäischen Verantwortung* von Patočka über Kierkegaard hin zu Baudelaire und Nietzsche in Atem gehalten hat. Alle diese *Interpretationen* des Glaubens *gründen* ihrerseits in einem bestimmten Akt des ‚Glaubens' und *verlangen* ihrerseits einen gewissen ‚Glauben' auf seiten ihrer Leser, gegen den sich all das vorbringe ließe, was Nietzsche zu denken gibt. Aber andererseits hat man es hier mit einer ‚Gegebenheit' des Denkens überhaupt zu tun, das sich wesentlich als *verschuldet* und damit als einer Gabe *antwortend* begreift. Von dieser Frage nach dem Glauben ist das Denken und das Wesen der Sprache im ganzen betroffen. Was ist *Glauben*? Hier der Schluß von *Donner la mort*:

„Wie so oft trägt der Ruf der Frage [Nietzsches ‚rhetorische' Frage: „sollte man's glauben?", T.B.] und das in ihr nachhallende Verlangen viel weiter als die Antwort. Die Frage, das Verlangen und der Ruf *müssen* allerdings schon vom Vorabend ihres Erwachens an damit begonnen haben, sich beim anderen zu akkreditieren: sich glauben zu lassen. Nietzsche muß wohl zu wissen glauben, was glauben heißt, zumindest versteht er sich darauf, es glauben zu machen. [*Nietzsche doit bien croire savoir ce que croire veut dire, à moins qu'il n' entend le faire accroire.*]" (TG 440 / 107)

Donner la mort schließt nicht mit einer Kritik des *Glaubens*, sondern mit einer Kritik einer Eingrenzung des Glaubens auf eine Art von *Kreditsystem*, welches eher – wie Nietzsche sagt: „sollte man's glauben?" – dazu geeignet ist, den Glaubensbegriff zu *diskreditieren*, den Glauben unglaubwürdig zu machen. Ich zitiere noch einmal J.D. Caputo:

„Deconstruction can never be a dismissal of faith inasmuch as deconstruction is itself faith, even a blind faith. [...] The point of *Donner la mort* then is not to undo faith but to insist on the an-economic character of faith, that faith is always a matter of the gift and giving, not a transaction between a creditor and a debtor."[56]

Blicken wir von hier aus noch einmal zurück auf Kierkegaard.

---

[56] J.D. Caputo: *Prayers*, 218.

5.2.2. Spekulationen

Spekuliert Kierkegaards Abraham zu guter Letzt doch noch: auf den Vater, der ins Verborgene sieht – und *zurückgeben* wird? Und könnte man daraus eine ‚Christianisierung' Abrahams ablesen? „Als christlicher Denker schreibt Kierkegaard am Ende das Geheimnis Abrahams wieder in einen Raum ein, der, zumindest in seiner Buchstäblichkeit, evangelisch zu sein scheint." (TG 407)

Derridas Behauptung ist nun allerdings mehr als gewagt. Gerade in „seiner Buchstäblichkeit" ließen sich unzählige Belege dafür erbringen, wie Kierkegaard eine solche *Spekulation* des Glaubens weit von sich weist, ja, deren Abweisung zur Kennzeichnung *jeder* ‚Einübung im Christentum' macht.

Klaus Michael Kodalle kann daher sogar sagen, daß für Kierkegaard das Christliche „nicht ein eigener Inhalt [sei], sondern eine bestimmte Intensitätsform von individueller Praxis, *für die die Ablehnung des Nutzenkalküls das entscheidendste Merkmal ist*"[57]. Die Souveränität Gottes fordere es, dem Gehorsam gegenüber Gott keinerlei Zweck beizumessen. Gerade dies macht nach Kierkegaard die ‚Geistlosigkeit' des natürlichen Menschen aus, daß er durch seine Fixierung auf Zweckrationalität die Unbedingtheit Gottes zu mildern versucht.[58]

Doch wenn Derrida solches Gewicht auf jene Anspielung auf die matthäische ‚himmlische Ökonomie' legt, dann nicht, um darin eine ‚Kritik' an Kierkegaard zu formulieren, sondern um auf eine offenbar unvermeidliche Grenze *jeder* An-ökonomie hinzuweisen, auf eine ‚Wendung', die jedes Denken heimsucht, namentlich, wenn es darum geht, *zu einem Ende* zu kommen. Sagen wir: wenn es darum geht, *(sich) den Tod zu geben*. Betrachten wir ein weiteres Beispiel, wie Kierkegaard selber mit diesem Problem ringt.

Kierkegaards Seminarpredigt

Man könnte ja einwenden, daß die Interpretation Derridas vielleicht doch an einem recht dünnen Faden hängt. Kann man der kurzen Anspielung auf die Bergpredigt, die zudem die Fortsetzung des Zitats von der ‚Vergeltung' (ausdrücklich?) nicht übernimmt, eine solche,

---

[57] K.M. Kodalle: *Die Eroberung des Nutzlosen*, 97 (Hervorhebung von mir).
[58] „Der natürliche Mensch verformt tendenziell sein Gottesverhältnis eben utilitaristisch; er redet sich z.B. ein, er diene Gottes Sache, insofern er ihm fromm gleichsam zur Hilfe komme; solche Einstellung denunziert Kierkegaard abgrundtief verächtlich als ‚Geschwätz und Gotteslästerung'". (A.a.O., 97.)

das ganze Buch „orientierende" Funktion beimessen? Nun gibt es allerdings einen anderen Text Kierkegaards, der – überraschenderweise – eine ganz analoge Geste enthält. Es handelt sich dabei um die Seminarpredigt, die der cand. theol. Kierkegaard am 12. Januar 1841 in Kopenhagen gehalten hat.[59] Bei allem Vorbehalt gegenüber einer leichtfertigen Ineinssetzung dieses Kierkegaard mit Johannes de Silentio, ist die Analogie doch zu frappierend, um hier nicht erwähnt zu werden. Die Predigt ist überdies in vielerlei Hinsicht bemerkenswert.

Kierkegaard predigt über Phil 1,19-25. Sein Thema wird von ihm so formuliert: „Christus ist mein Leben und Sterben ist mein Gewinn! Wir wollen bedenken, in welchem Sinne man sagen muß ‚Christus ist mein Leben', um hinzufügen zu können ‚Sterben ist mein Gewinn'." (ES 102f.) Es ist eine Predigt über die christliche Weise, *sich den Tod zu geben*. Ganz am Ende kommt der Candidat auf die Todesstunde zu sprechen, wo der Glaubende endlich jenen „ganzen und ungestörten Besitz" gewinnen wird von dem, was „im Leben nur gestückt und unsicher zu eigen" (ES 110) war. Ich zitiere die zwei letzten Sätze vor dem die Predigt beschließenden „Amen":

> „Und was uns da im Leben verhüllt und verborgen geblieben, das wird alsdann der Gott, *welcher in das Verborgene siehet*, uns offenbarlich geben. Alsdann scheidest du nicht von hier, denn du warest ja schon geschieden, alsdann kehrest du nicht ein an fremden Stätten; sondern du kehrest heim; alsdann hast du nichts, das du zurückläßest, denn du nimmst ja alles mit dir mit; alsdann verlierst du nichts, sondern du gewinnst alles. Amen." (ES 109, Hervorhebung von mir)

Man ist fast geneigt, in dieser Entsprechung etwas Zwanghaftes zu sehen: Im vorletzten Satz scheint sich hier – wie in *Furcht und Zittern* – das Matthäus-Zitat aufzudrängen, als könne Kierkegaard-de-Silentio einen Text nicht anders *beenden* als damit, daß sich der Kreis schließt, als könne das *Leben* nicht anders *enden* als damit, daß Gott *zurückgib*t, gemäß dem, was er – und nur er – *sieht*. Betrachten wir den Zusammenhang etwas genauer. Alles läuft auf zwei Thesen hinaus:

1. Nur der darf das Sterben als ‚Gewinn' betrachten, der auch zuvor zu leben weiß. Wer im Leben niemals zu „Wahl und Entscheidung" gelangte (ES 101), hat kein Recht, sich aus dem Leben fortzusehnen. Wer zu furchtsam sei, „um des Lebens Lasten zu tragen" (ebd.), der versuche nur, „sich einen Mut anzulügen, welcher zu hoffen wagt" (ebd.). Wer sich auf diese Weise „einen Himmel erschaffe" (ES 102), der berufe sich zu Unrecht auf das Wort des Apostels. Es gälte vielmehr, das ewige und verborgene Leben schon hier auf Erden zu ergrei-

---

[59] Pap. III C 1 (p. 237ff.). Enthalten in ES 93-110.

fen. Erst einer solchen Bejahung des Lebens gilt die Aussicht auf den ‚Gewinn' im Sterben. Der Tod ist keine Vergeltung fürs Leben.

2. Worin besteht nun aber das „ewige und verborgene Leben" schon hier auf Erden? Kierkegaard schildert in einer wortreichen, bibelfesten[60] Bewegung, wie in der Seele aus dem Zustand des „Todes" plötzlich ein neues „Leben" erwacht, das nun auf verschiedenste Weise Zeugnis davon ablegen will, was es von Gott empfangen hat. Aber während sich dies beim Apostel Paulus in seiner rastlosen Verkündigungstätigkeit äußerte, entwirft Kierkegaard für das „Du" seines Hörers eine ganz andere Weise, davon „Zeugnis" abzulegen. Es gibt ein „Leidtragen", eine „Freude", eine „Hoffnung", eine „Seelenstärke", eine „Milde" usw., die von den „Zeugnissen" des Apostels merklich verschieden sind. Ja es mag sogar vorkommen, daß „unser Wirken so geringe scheint" (ES 107) und unser „Zeugnis" Christus „eher verleugne denn bekenne" (ES 108). Aber dieses inwendige „neue Leben" wird dadurch den Bekehrten um so wichtiger. Kierkegaard steuert hier genau auf das Thema zu, was er dann später an der Abraham-Figur illustrieren wird: Dieses „inwendige Leben" ist das, was den Menschen einen „Einzelnen" werden läßt – im Gegenüber zu Gott. Und diese „Innerlichkeit" entspricht genau der Beschreibung, die dort vom Geheimnis Abrahams gegeben wird:

„Es ist da ein Leben in dir, das sieht man nicht, das hört man nicht, das entzieht sich aller Beobachtung, das entflieht der Welt, mitten in der Verwirrung der Welt bist du allein mit deinem Gott. Indes ich rühre da ja nicht an dir fremde und unbekannte, wenngleich geheimnisschwere und dunkle Dinge. Die Schrift redet von ihnen mit bedeutungsvollem Erahnen." (ES 109)

Kierkegaard gibt dieser „Gegenwart Gottes" hier einen gut ‚biblischen' Ausdruck, wenn er sagt: „denn dies Leben ist Christus in uns"

---

[60] Überhaupt lehren vor allem die *Erbaulichen Reden* Kierkegaards, wie problematisch die Herauslösung angeblicher Bibelzitate in einer theologischen Sprache und allenthalben bei Kierkegaard ist. Sein „erbaulicher" Stil ist so ganz und gar voller biblischer ‚Zitate', daß es eigentlich überhaupt kein In-eigener-Verantwortung-Sprechen gibt, das nicht auch irgendwie ‚Zitat' wäre. Die mühseligen und so unvollständig wirkenden Zitatnachweise in der Hirsch-Ausgabe machen deshalb einen recht hilflosen Eindruck. (Dieselbe Wortgruppe „in das Verborgene siehet" bekommt z.B. in der Seminarpredigt einen ‚Nachweis', in *Furcht und Zittern* nicht!) Was bedeutet der Nachweis eines ‚Zitats', wenn man ein Zitat gerade nicht nachzuweisen gedenkt, sich nicht ausdrücklich ‚distanziert', die Worte also durchaus *benutzt*, im eigenen Namen? Was ist ein Bibel-‚Zitat' innerhalb einer von der Bibel durch und durch geprägten Sprache? Ab wann ist etwas ein ‚Zitat': ab einem Wort, einer Wortgruppe, einem Satz?

(ebd.). Gleichwohl meinten die Protokollanten einen gewissen „mystischen" Ton kritisieren zu müssen.[61] Denn Kierkegaard umschreibt dieses „verborgene Leben" mit den Worten: „Es gibt eine Gegenwart Gottes in uns. [...] Gott nimmt Wohnung in dir, ist in dir, über alle Maßen, ist gegenwärtig in dir, obwohl du es erst gewahr wirst in seinem Entschwinden" (ES 109). Kierkegaards Sprache ist zweifellos in vielerlei Hinsicht ‚traditionell'. Aber in all dem klingt doch sehr deutlich sein ‚eigenstes' Thema hindurch: Die Gottesbeziehung ist gleichzeitig Voraussetzung *und* Ausdruck einer radikalen Vereinzelung. Und diese Gottesbeziehung ist absolut inkommensurabel, wenn man so will: ein *Geheimnis*. Die Verborgenheit ist vor allem nicht nur dem Blick der anderen entzogen, sondern auf „geheimnisschwere" Weise auch dem eigenen Blick. „Denn gleich wie dies Leben die Welt flieht, ebenso entzieht es sich auch deiner eigenen Betrachtung, will nicht ein Besitztum dieser sein. Denn Selbstbetrachtung nährt Unruhe [...]." (ES 110) Auf diesem Hintergrund bekommt das schließliche Einmünden in die Anspielung auf den Vater, „welcher in das Verborgene siehet", eine eigene Kontur. Allein Gott sieht in dieses Verborgene. Gott allein „kennt dies Leben" (ebd.). Aber diese alleinige Zeugenschaft Gottes wird bezeichnenderweise nicht für ein einfaches Belohnungsschema herangezogen. Kierkegaard bestreitet ausdrücklich, daß es sich beim „Gewinn", den Paulus für das Sterben in Aussicht stellt, um eine Entledigung der „Mühseligkeiten der Welt" handelt (ES 110). Der Gewinn bestünde vielmehr darin, daß Gott das, „was uns im Leben verhüllt und verborgen geblieben" ist, – und das heißt hier: das Wachstum des inwendigen Lebens – im Tode „offenbarlich geben" werde (ebd.). Es geht um Selbstdurchsichtigkeit der eigenen Gottesbeziehung, letztlich um die Rechtfertigung der Inkommensurabilität des gelebten Lebens. Die von Kierkegaard in Aussicht gestellte *visio beatifica* zielt weniger auf das Schauen von etwas Neuem, auf die Belohnung in einer wie auch immer gearteten anderen Welt, sondern auf ‚Selbstannahme' angesichts des Angenommenseins durch Gott.

Vergleicht man das, was Johannes de Silentio in bezug auf Abraham sagt, mit diesem sehr ähnlichen Schluß der Seminarpredigt, dann wird man sagen müssen, daß hier – genauso wie dort! – zumindest versucht wird, die ‚Vergeltungs'-Figur der Bergpredigt ihrer konventionellen, ökonomisierenden Lesart zu entziehen: Gott *gibt* nicht *etwas* zurück, im Tausch für ein wie auch immer geartetes Opfer. Sondern

---

[61] Vgl. ES 96.

Gott ist der Name für die letztliche Rechtfertigung eines Lebens, das verzichtet auf alle Spekulation, d.h. eines Lebens *im Glauben*.

Das ist, wie das *Prüfungsprotokoll des Königlichen Pastoralseminars Kopenhagen* vermerkt, eben auch deutlich herausgehört worden. Ich zitiere aus diesem Protokoll: „Der Hauptanstoß richtet sich gegen das Ergebnis der Predigt, nämlich gegen den Gedanken, daß der Tod nur für die ein Gewinn sei, für welche das ewige und verborgene Leben schon hier auf Erden aufgegangen und zur Fülle der Mannheit Christi erwachsen sei. Das heißt, die große Menge der Menschen des einzigen Trostes berauben, den sie beim Tode haben, denn für sie ist das verborgene Leben noch nicht so aufgegangen. Wir sollen predigen, daß der Tod ganz allgemein ein Gewinn ist für die große Menschheit [...]."[62] Diese Bemerkungen unterstreichen, wie selbstverständlich eine gewisse ‚Spekulation' für das entscheidend „Christliche" gehalten wird. Zumindest beim „gemeinen Manne" (ebd.). Wir befinden uns bei dieser Predigt und bei der sich offenbar anschließenden Diskussion („Gegen diese beiden Einwände verteidigte sich der Prädikant." (Ebd.)) in genau dem Kontext, dem Derrida in *Donner la mort* nachgeht: Wie legt sich der christliche Glaube den „Tod" aus? Inwiefern geht es hier um ein *Geben* und *Nehmen*? Und inwiefern markiert das Denken Kierkegaards den Bruch mit einer bestimmten Art von ‚Spekulation'? Im selben Zusammenhang geht es um eine bestimmte Art von *Bezeugung* und um eine Gegenwart Gottes „in dir, obwohl du es erst gewahr wirst *in seinem Entschwinden*".

Auch wenn sich Kierkegaards Theologie den spekulativen Bedürfnissen des ‚gemeinen Mannes' zu entziehen sucht: Auch sein Text *endet* mit einem *Versprechen*. Diese Figur des sich schließenden Kreises der Rück(gabe) im „letzten Augenblick" ist gar nicht hoch genug anzusetzen. Vielleicht bildet sie die Grundfigur des Denkens überhaupt – auch noch dort, wo es seine größte Verausgabung sucht. Ich erinnere noch einmal an jene oben zitierte kurze Nebenbemerkung aus *Furcht und Zittern*, welche das eben Gesagte eindrücklich unterstreicht und eine frappierende Analogie zu der von Derrida interpretierten Schlußwendung des Buches bildet. Johannes de Silentio schrieb dort über den Augenblick der unendlichen Resignation:

„selbst wenn der Wahnsinn mir die Narrenjacke vor Augen hielte und ich an seiner Miene verstünde, daß der, der sie anziehen sollte, ich selber sei, kann ich noch immer *meine Seele retten*, wo anders es mir nicht so sehr um mein *irdisches Glück* als darum zu tun ist, daß meine Liebe zu Gott in mir siegt. Noch in solch einem *letzten Augenblicke*

---

[62] Ebd.

kann ein Mensch *seine ganze Seele sammeln* in einem einzigen Blick gegen den Himmel, von welchem alle *gute Gabe* kommt, und *dieser Blick* wird verständlich sein für ihn selbst und für den, den sein Auge sucht: daß er seiner Liebe dennoch treu bleibt. Danach mag er sich ruhig die Jacke anziehn. Wer diese Romantik nicht hat, hat seine Seele *verkauft* [...]." (FZ 51, Hervorhebungen von mir)

Zwei Ökonomien stehen hier gegeneinander: Die eine, die am *irdischen* Glück hängt und ihre Seele *verkauft* hat, wird geopfert, im ‚Wahnsinn' der Liebe zu Gott – doch auch diese äußerste Verausgabung *sammelt* sich im *letzten Augenblick*, in jenem *Blick* Gottes, der ins Verborgene sieht, und *rettet* die Seele. Das ist die ganze Geschichte der ‚Seele' und ihrer Ökonomie – als eine Weise, sich *den Tod zu geben*. Das ist vielleicht Kierkegaards ‚Soteriologie' *in nuce*. Und es wäre zu fragen, inwiefern sich eine *Soteriologie* überhaupt einer Heils*ökonomie* entziehen kann. Gibt es eine „gute Gabe von oben herab" *ohne* Ökonomie? Und vor allem: im Angesicht des Todes – wo sich der Lebenskreis schließt?⁶³ Wie hier *nicht* ‚spekulieren'?

Das höchste Gut: Was heißt ‚ewige Seligkeit'?

Kierkegaard hat sich über diese *Anökonomie*, die der christlichen Erwartung einer ewigen Seligkeit innewohnen müsse, immer wieder klar zu werden versucht. Besonders ausdrücklich ist dieses Problem unter der Überschrift „Das Pathetische" in der *Unwissenschaftlichen Nachschrift* (AUN II 92ff.) behandelt worden. Denn das „Pathetische", d.h. die wahre Leidenschaft einer religiösen Existenz, hängt für Climacus an der „Geschicklichkeit" (AUN II 117) darin, der unendlichen Resignation auf keinen Fall irgendeine andere *Teleologie* zuzuweisen. Die ‚teleologische Suspension des Ethischen' folge keinerlei ‚um zu', sondern es gehöre zum „absoluten Telos", daß es einerseits jedes endliche Kalkül unterbricht und daß dieser *Verzicht* auf das Kalkulieren dann seinerseits keinem *anderen* Lohnkalkül eingeordnet würde. Wie aber ist die (christliche) Rede vom „ewigen Gut" einer solchen ökonomischen Lesart zu entziehen – wo doch schon der Begriff ganz und gar in der Sphäre der Ökonmomie beheimatet ist?

---

⁶³ Das Denken des Todes ist – so lautet auch Derridas These in *Donner la mort* – immer die Realisierung einer bestimmten (Denk-)Ökonomie. Daß wir es hier mit einer klassischen Verknüpfung zu tun haben, zeigen z.B. schon Textüberschriften wie bei H. Rolfes: *Ars moriendi. Eine Sterbekunst aus der Sorge um das ewige Heil*, pass. Derridas Versuch, den Tod und die *Gabe* zusammenzudenken, ist also schon für sich genommen unkonventionell.

Auch Climacus läßt sich kaum eine Gelegenheit entgehen, aus einer solchen Metaphorik[64] rhetorisches Kapital zu schlagen:

„Das wesentliche existentielle Pathos im Verhältnis zu einer ewigen Seligkeit erkauft man so teuer, daß man es in endlichem Sinne geradezu als Tollheit ansehen muß, es zu kaufen, was oft genug auf verschiedene Weise ausgedrückt worden ist: daß nämlich eine ewige Seligkeit ein Papier ist, dessen Kurs im spekulativen neunzehnten Jahrhundert nicht mehr notiert wird, höchstens können hochehrwürdige Seelsorger eine solche kassierte Obligation gebrauchen, um Bauern hinters Licht zu führen." (AUN II 91 f.)[65]

Aber Climacus gibt sich im folgenden offensichtlich die größte Mühe, den Begriff der „ewigen Seligkeit" so zu fassen, daß er als Spekulationsobjekt grundsätzlich nicht mehr in Frage kommt. Es geht nicht nur darum, den Preis möglichst hoch zu treiben (vgl. das Vorwort und den Epilog zu *Furcht und Zittern*), sondern die „ewige Seligkeit" sei *per definitionem* das, was die Logik des Preises und des Tausches, des Gebens und Nehmens zwischen Mensch und Gott nicht nur der ‚Tollheit' überantwortet, sondern sie schlichtweg *suspendiert*. Schon deswegen ließe sie sich nicht als ein höchstes ‚Gut' anpreisen. Auch wenn ein „ernster Mann" darum bäte: „Kann man denn nicht mit Bestimmtheit, kurz und klar zu wissen bekommen, was eine ewige Seligkeit ist: Könntest du sie mir nicht, während ich mir den Bart abnehme, beschreiben

---

[64] Natürlich handelt es sich hier nicht nur um eine *Metapher*: Kierkegaard hat vor allem im Spätwerk immer wieder mit aller Schärfe die Rolle des Geldes und des Profitdenkens in der Gesellschaft und in der Kirche kritisiert. (Kiefhaber weist darauf hin, daß sich in den Tagebüchern ab 1848 ca. 43 signifikante Eintragungen finden, an denen der Begriff ‚Profit' expressis verbis verwendet wird, vgl. *Christentum als Korrektiv*, 97, Anm. 336.) Unter den Grundplausibilitäten einer total werdenden Tauschgesellschaft verwandelt sich letztlich auch das Christentum zu einem Spekulationsobjekt. Auch H. Deuser schreibt: „Kierkegaards ideologiekritische Analyse seiner Gesellschaft und seiner Kirche zeigen in einer unübersehbaren Fülle von Metaphern, Argumenten, Polemiken, wo Geld und Verdrängung und Tausch die Oberhand gewonnen haben und *wo deshalb* von Christentum keine Rede mehr sein kann." *Kierkegaard in der kritischen Theorie*, 103. Es käme nun darauf an zu beobachten, wie diese Metaphorik nicht nur ins Zentrum der Kierkegaardschen Theologie führt, sondern auch noch ‚am Werke' ist, wo sich Kierkegaards Weise zu *schreiben* als Falschmünzerei(!) versteht: Was heißt es, Texte zu ‚produzieren', die sich als *Gabe* von *Falschgeld* verstehen? Und inwiefern läge gerade darin der Sinn *religiöser Schriftstellerei*?

[65] Vgl. auch Climacus' Klage darüber, daß „heutzutage" niemand mehr existierend auszudrücken scheint, daß er sich zum absoluten Gut verhält: „Wie werden nicht die Geldleute alarmiert, wenn die Zinsenzahlung plötzlich stockt, wie entsetzt würden die Seeleute nicht sein, wenn die Regierungen die Häfen sperrten; doch angenommen, ich setze den Fall, daß die ewige Seligkeit ausbliebe, wie viele unter den Herren Erwartenden (und wir erwarten ja alle eine ewige Seligkeit) würden dadurch in Verlegenheit kommen?" (AUN II 95, Anm.)

[...]?" (AUN II 98) Die ewige Seligkeit *muß* „ästhetisch die ärmlichste Vorstellung" (ebd.) sein, damit sich auch ja keine hoffnungsvolle Erwartung der Belohnung und Entschädigung *hiesiger* Leiden damit verbindet. Die „ewige Seligkeit" ist für Kierkegaard nichts anderes als ein Ausdruck für diese Umbildung der Existenz: hin zu einer Leidenschaft, die sich jedes Lohnkalküls entschlägt. Insofern jemand sich so verhält, verhalte er sich *per definitionem* zum höchsten Gut (vgl. AUN II 108). Die „ewige Seligkeit", das absolute Gut besitzt nämlich die Merkwürdigkeit, „daß *es sich einzig und allein durch die Weise, wie es erworben wird, definieren läßt*, während andere Güter [...] durch das Gut selbst definiert werden müssen" (AUN II 134).

Noch einmal in der Sprache der Ökonomie: Nach einer ewigen Seligkeit zu trachten, ist gleichbedeutend damit, auch auf jeden Beweis, *daß* es ein solches Gut *gibt*, zu verzichten. Dies hieße letztlich, „einen Verstandeshandel und eine vorteilhafte Börsenspekulation machen zu wollen anstatt eines Wagnisses" (AUN II 130). Denn Wagen ist das Korrelat zur Ungewißheit. Sobald Gewißheit da ist, hört das Wagen auf. „Wenn das, in dessen Besitz ich durch das Wagen kommen soll, gewiß ist, dann wage ich nicht, dann *tausche* ich. So wage ich nicht, wenn ich einen Apfel für eine Birne gebe, falls ich die Birne in meiner Hand halte in demselben Augenblick, wo ich den Tausch mache." (AUN II 132) Climacus unterstreicht auch hier den *Wahnsinn*, der in einem solchen Denken der *Gabe*, d.h. des Bruchs mit der Ökonomie (des Denkens / des Glaubens) liege. „Ja freilich ist es Verrücktheit. Wagen ist immer Verrücktheit, aber alles für eine erwartete ewige Seligkeit zu wagen, ist Generalverrücktheit." (AUN II 133) Und bei dieser Generalverrücktheit geht es darum, jene *Unsicherheit* des Lebens und Denkens einzuüben, die andernorts *die Wiederholung* heißt:

„Das präsentische Verhältnis ist das der vollen Sicherheit, aber ein präsentisches Verhältnis zu einem Futurum ist eo ipso das der Unsicherheit und darum ganz richtig das der Erwartung. Unter spekulativem Gesichtspunkt gilt, daß ich das Ewige nach rückwärts hin erinnernd erreichen kann; [...] aber ein Existierender kann sich nach vorn hin nur zum Ewigen als zu dem Futurischen verhalten." (AUN II 131)

Wir haben es also bei diesem Bruch mit der Spekulation – der *als solcher* das Verhalten zum höchsten Gut charakterisiert – wieder mit Kierkegaards Gegenmodell zur Platonischen Anamnesislehre zu tun. Ein Platonischer Denker *spekuliert*, insofern er nach Sicherheit und Gewißheiten im Ursprünglichen, Identischen, Ewigen sucht. Das Denken des Glaubens dagegen *wiederholt* im Sinne jener oben beschriebenen Öffnung für bzw. gegenüber dem ganz Anderen, dem Zukünftigen, dem nicht Kalkulierbaren, der *différance*. Nicht zufällig kommt

Climacus auch im Zusammenhang *dieser Wiederholung* auf das Wesen einer „in Wahrheit religiösen Rede" zu sprechen. Eine religiöse Rede habe nichts vom höchsten Gut zu berichten, nichts, was ein solches Gut in irgendeiner Weise in Aussicht stelle und zu irgendwelchen Spekulationen einlade. Eine religiöse Rede kennt „nichts auf der anderen Seite des absoluten Gutes, einer ewigen Seligkeit" (AUN II 135). Die religiöse Rede habe vor allem die Aufgabe, „Ungewißheit des Wissens in bezug auf eine ewige Seligkeit" (AUN II 134) zu schaffen.

In einer solchen *Erschwerung* des Religiösen erweise sich nun, so Climacus, die Überlegenheit des ‚Christlichen' gegenüber Heiden und Juden: „Das Christliche hat den Weg am allerschwersten gemacht." (Ebd.) Das christliche Paradox verweise am nachdrücklichsten auf den nicht-spekulativen Charakter aller ‚wahren Religion'. Dies gelte es wieder zur Geltung zu bringen gegenüber den Entstellungen des Christentums im (katholischen) Mittelalter und im (protestantischen) spekulativen Zeitalter der ‚Mediation':

> „Es kommt darauf an, alles zu wagen, absolut alles einzusetzen, absolut das höchste Telos zu begehren; aber dann kommt es auch wiederum darauf an, daß selbst die absolute Leidenschaft und Entsagung von allem anderen nicht den Schein des Verdienens, des Erwerbens einer ewigen Seligkeit erhält. [...] Der Irrtum des Heidentums liegt an erster Stelle: nicht alles zu wagen; der des Mittelalters an der zweiten: die Bedeutung dessen mißzuverstehen, daß man alles wagt; das Sammelsurium unserer Zeit mediiert." (AUN II 109)

Denn:

> „als die Menschen in bezug auf das Ewige müde wurden, *verständig wie ein Schacherjude* [...]; als sie nicht mehr die Wahrheit der Existenz (d.h. des Existierens) als die Zeit der Liebe und als den Lauf der Begeisterung aufs Ungewisse hin zu erfassen vermochten: da kam die Mediation." (AUN II 102, Hervorhebung von mir)

Derridas Lektüre von *Furcht und Zittern*, die darauf aufmerksam macht, inwiefern sich in der Schlußwendung doch noch eine gewisse Spekulation Abrahams einzuschleichen scheint, ein letztlich *christliches* Setzen auf eine ewige Seligkeit, zielt mithin in das Zentrum des Kierkegaardschen Denkens. Die Frage nach der geheimen Ökonomie des Denkens und nach den versteckten Spekulationen (des Glaubens) ist dem Text Kierkegaards keineswegs fremd. Insofern würde Derrida hier Kierkegaards Problembewußtsein unterbieten, wenn er aus der versteckten Einschreibung der Abrahamgeschichte in einen ‚evangelischen Kontext' (vgl. TG 407) einen ungebrochenen Verweis auf die ‚himmlische Ökonomie' der Bergpredigt herauslesen würde. Vielleicht weiß Kierkegaard sehr wohl, warum er die Fortsetzung des

‚Zitats' *nicht* mitzitiert. Und offensichtlich wäre es zu einfach, in Kierkegaards Denken *die* christliche Denkökonomie als solche am Werke zu sehen. Es gibt sicherlich mehr als *eine,* und niemand hätte dies deutlicher gesehen als Kierkegaard.

Aber gleichwohl könnte Derridas Lektüre auch noch auf jene Denkökonomien hinweisen, die sich Kierkegaards Thematisierung entziehen: weil sie genau die *Grenzen* abstecken, die ihn jenen *christlichen Denker* sein lassen, als der er sich stets verstand. Und dies fängt dort an, wo er sich mit großer Selbstverständlichkeit *genötigt* findet, seinen geläuterten, ‚wahren' Begriff des Glaubens der *jüdischen Glaubensweise* entgegenzusetzen. Dabei sind gerade hier die Grenzziehungen keineswegs so klar, wie es auf den ersten Blick scheint.

5.3. Kierkegaard und das Judentum

Unmittelbar vor den einzelnen „*Stimmungen*" berichtet Johannes de Silentio von dem Mann, der die Geschichte von Abraham zu verstehen sucht:

„Der Mann war kein gelehrter Schriftausleger, Hebräisch konnte er nicht; hätte er Hebräisch gekonnt, mag sein, daß er die Geschichte und Abraham leicht verstanden hätte." (FZ 8)

Das ist der ironische Verzicht auf die Belehrungen der ‚wissenschaftlichen' Exegese, die die Fragen des alten Mannes nicht einmal stellt, geschweige denn beantwortet. Aber man kann diesen Satz probeweise auch anders lesen. Er könnte in eine Richtung weisen, die vielleicht tatsächlich Wesentliches zum ‚Verstehen' der Geschichte beitragen würde: daß nämlich des Hebräischen Kundige, also zunächst einmal *Juden*, diese Geschichte besser verstünden![66] Zwar wäre auch dann das „leicht" zu viel ausgesagt, aber es könnte immerhin sein, daß die *hebräischen Worte* bzw. das *jüdische Idiom* der Erzählung eine besondere Aufmerksamkeit verdienten. Eine Aufmerksamkeit, der Johannes de Silentio vorgibt, nicht nachkommen zu *können*, aber sie lag wohl auch nicht in seinem, respektive: Kierkegaards Gesichtskreis. Vielleicht hat sich dieses Idiom der Erzählung Kierkegaard aber doch mehr aufgedrängt, als er es sich eingestehen würde! Vielleicht gehört

---

[66] Vgl. dazu auch T. Pepper: *Abraham: Who could possibly understand him?* 227: „What is to know Hebrew? Or, better yet, who knows Hebrew better than the Hebrews?"

es zur besonderen Wirkungsgeschichte von *Furcht und Zittern*, die christliche Tradition auf etwas in ihr Verdrängtes hingewiesen zu haben, was mit dem Anknüpfen an diese hebräische Abrahamsgeschichte zu tun hat?[67]

5.3.1. Das jüdische Idiom

Auf diese Betrachtungsweise von *Furcht und Zittern* hat E. Amado Levy-Valensi in einem schönen Aufsatz *Kierkegaard et Abraham ou Le Non-sacrifice d'Isaac* hingewiesen.[68] Er möchte Kierkegaard dafür würdigen, wie dieser in einer Kultur, die von einer weitestgehenden Verdrängung des „Phänomens Judentum" lebt, gerade die beiden großen Gestalten *jüdischer* Glaubensbewährung, Abraham und Hiob, der Christenheit vorgehalten habe. Und vielleicht hat dies etwas mit seinem Anti-Hegelianismus zu tun?[69] Wenn es nämlich stimmt, daß das Hegelsche Denken im ganzen von Voraussetzungen lebt, die auf einer Ausschließung der *jüdischen* Tradition beruhen[70], dann könnte es sein, daß Kierkegaard in *Furcht und Zittern* nicht nur gegen eine Hegelsche Lesart des Christentums streitet, sondern daß er damit zugleich eine bestimmte Weise, den Glauben zu *denken,* ins Christentum zurückholt, die man eher dem ‚jüdischen Denken' zuordnen könnte.[71] Vielleicht berührt Kierkegaards Protest gegenüber einer bestimmten Verwissenschaftlichung der christlichen Theologie seiner Zeit ein sehr viel tiefergehendes Strukturmerkmal christlicher Theologie überhaupt. Und bei dieser Struktur ginge es dann eben nicht um konkrete Inhalte des christlichen Glaubens, sondern um eine bestimmte Weise, sich dieser ‚Inhalte' zu vergewissern, eine bestimmte Weise des *Vergewisserns* überhaupt. Anders gesagt: Indem Kierke-

---

[67] Vgl. hierzu auch D. Baumgardt: *Unlösbare moralische Konflikte: Ihre Auslegung im Judentum, Christentum und der Existenzphilosophie,* 297 ff.
[68] E. A. Levy-Valensi: *Kierkegaard et Abraham ou Le Non-sacrifice d'Isaac,* 119-127.
[69] Vgl. Levy-Valensi: a.a.O., 119 f.
[70] So sieht es auch Levinas in einem Text über *Hegel und die Juden,* in: *Schwierige Freiheit,* 177-181.
[71] Hegel hatte in Abraham ausdrücklich eine vom Christentum aufgehobene Glaubensweise repräsentiert gesehen. Vgl. dazu etwa die frühen Fragmente *Der Geist des Christentums und sein Schicksal,* 274 ff. (Derrida setzt sich mit diesem Abrahambild Hegels ausführlich auseinander in *Glas,* 42 ff.) Vgl. auch Hegels *Vorlesungen über die Philosophie der Religion,* Bd. 2, 335 ff. Allerdings ist das Verhältnis des späteren Hegel zum Judentum wesentlich differenzierter.

gaard anhand von Abraham der Kirche zeigt, was *Glauben* bedeutet, verweise er die christliche Theologie auf etwas, das ‚christliche' Rationalitätsstandards zumindest *irritiert*.

Eine solche Überlegung bekommt dann eine gewisse Plausibilität, wenn sie in den Kontext anderer gegenwärtiger Bemühungen gestellt wird, solche *Strukturverschiedenheiten* der christlichen und jüdischen Tradition zu formulieren. Allen voran ist hier die jüngst vorgelegte materialreiche Untersuchung von Manuel Goldmann zu nennen: *„Die große ökumenische Frage ..."*. *Zur Strukturverschiedenheit christlicher und jüdischer Tradition und ihrer Relevanz für die Begegnung der Kirche mit Israel*. Goldmanns Untersuchung ist insofern hier besonders interessant, als sie ausdrücklich auf die Verschiedenheit der *Denkstile* abhebt, die sich als solche in den klassischen Gegenüberstellungen von bestimmten Glaubens*inhalten* niederschlage.[72] Nicht ohne Grund verweist auch Goldmann an einer Stelle auf Kierkegaard als einen der christlichen Theologen, die in der Neuzeit gegen einen bestimmten Stil des christlichen Denkens ‚aufbegehrt' und sich insofern für eine eher ‚jüdisch' zu nennende Denkstruktur geöffnet haben.[73] Goldmann denkt hierbei vor allem an die Gegenüberstellung[74] der auf *Systematizität* und Verwissenschaftlichung drängenden Struktur der christlichen Tradition einerseits und einer eher ‚*aphoristischen*', jedes System vermeidenden Denkform der jüdischrabbinischen Überlieferung andererseits. Während das abendländisch-christliche Denken seiner syllogistischen und begrifflichen Struktur nach auf eine hierarchisch verfaßte Erkenntnisordnung aus sei, operiere das rabbinische Denken faktisch immer auf der Basis einer vorausgesetzten Gleichursprünglichkeit verschiedenster, sich auch widersprechender Vorstellungskreise. Rabbinisches Denken lebe immer auch von der suggestiven Wirkung des Unausgesprochenen, seiner Hintergründigkeit und Deutungsbedürftigkeit. Insofern

---

[72] „Eben daß sie [die Strukturdifferenzen] den Einzelinhalten gegenüber auf einer Meta-Ebene liegen, verleiht den Strukturen dabei ihre inhaltliche Bedeutung und hermeneutische Tragweite." M. Goldmann: ‚*Die große ökumenische Frage*', 369.

[73] Vgl. M. Goldmann: ‚*Die große ökumenische Frage*', 306.

[74] M. Goldmann verfolgt seine Gegenüberstellungen jeweils anhand zentraler liturgischer und literarischer Dokumente der beiden Traditionen und geht dabei besonders auch auf die reformatorische Theologie ein: vgl. ‚*Die große ökumenische Frage*', 291-307. 321-336. 344-360. Ich muß es hier bei einigen wenigen schablonenhaften Andeutungen bewenden lassen und kann nur auf das dort ausgebreitete Material verweisen.

drücke sich in der jüdischen Traditionsliteratur[75] ein gänzlich anderer Umgang mit Texten aus, mit Pluralität und Individualität, mit Autorität[76], kurz: ein anderes Verständnis dessen, wie man von Gott erzählen könne. Goldmann beruft sich dabei vor allem auf Michael Wyschogrods Kennzeichnung des „Jüdischen Denkens":

> „Jews may not see God. [...] Because God is not seen, there is no logos of God. And it is therefore difficult to speak of Jewish theology. But Jewish thought is possible. Thougt does not have to create a system. It does not have an object before it at which it casts its glance. It does not interrupt its obedience to explore the rationality of the command. Thought probes here and there, always presupposing a living organism that does not suspend its life for the sake of the probes. The results of thougt will always be partial, incomplete, even fragmentary. And most important, it will not shed more light on its subject than is warranted."[77]

Ließe sich dies aber nicht genauso auch von Kierkegaards Denken sagen? Damit ist natürlich keineswegs gesagt, daß sich deswegen Kierkegaards Auslegung von Gen 22 im Rahmen der jüdischen Auslegungstradition der *Akedah* hielte. Eine genauere Analyse würde selbstverständlich erhebliche Differenzen markieren müssen: was die Art und Weise der Auslegung betrifft, aber natürlich auch hinsichtlich wesentlicher theologischer Grundentscheidungen.[78]

---

[75] In der kirchlichen Überlieferung habe es z.B. viel stärker immer wieder das Bemühen der Vereinheitlichung und Systematisierung gegeben, in dem die einzelnen Autoritäten eine ganz andere Rolle spielten als in der rabbinischen Diskussion. Während hier jede Auslegung – welche, wie im Falle der Halacha, durchaus normative Verbindlichkeit bekommen kann – immer an Individualitäten gebunden bleibt, ziele die kirchliche Traditionsbildung letztlich auf ein alle individuellen Perspektiven vermittelndes Werk der Gemeinschaft von *allgemeiner* Gültigkeit, wie es dem abendländischen Wissenschaftsideal entsprach. (M. Goldmann: ‚*Die große ökumenische Frage'*, 297f.)

[76] Auf einen solchen anderen ‚jüdischen' Umgang mit dem Phänomen der „Autorität" zielt auch W. Stegmaier ab in: *Das Gute inmitten des Bösen*, 118ff.: „In der jüdischen Tradition wird das Allgemeine nicht von den Namen derer abgelöst, die es schaffen. Jeder spricht im eigenen Namen und nennt die Namen anderer, auf die er sich beruft. [...] Wer aber eine Vielzahl von Autoritäten vor sich hat, muß aus eigenem Ermessen unter ihnen entscheiden und *weiß* so stets, daß er Autoritäten folgt. Er fällt damit nicht hinter die Aufklärung zurück, sondern ist über sie hinaus. [...] Die jüdische Tradition will Tradition, nicht System sein. [...] In diesem Sinn ist die Auslegung der Thora universal, allgemein in dem Sinn, daß sie kein Individuum ausschließt und für die Zeit offen bleibt." (123f.) Stegmaier beruft sich dabei v.a. auf Levinas' Deutung des Judentums.

[77] M. Wyschogrod: *Body and Faith*, 173f.

[78] Ich werde im nächsten Abschnitt einige solcher Einwände anhand von jüdischen Kierkegaardlektüren verfolgen. Vgl. dazu auch die umfangreiche Studie von Jerome I. Gellmann: *The Fear, The Trembeling, and the Fire: Kierkegaard and Hasidic Masters on the Binding of Isaac*, 123ff. Zur jüdischen Auslegungsgeschichte der *Akedah* verweise ich auf L. Kundert: *Die Opferung / Bindung Isaaks*, v.a. Bd. 2 pass.; R.-P. Schmitz, *Aqedat Jishaq*, pass.; und M. Krupp: *Den Sohn opfern?*, 53ff.

Möglicherweise ist Kierkegaards Denken aber ein besonders interessantes Beispiel, um zu beobachten, wie diese Differenz zwischen einer jüdischen und einer christlichen Auslegung der Opferung / Bindung Isaaks *gesetzt* wird: wie sie sich konstruiert gemäß bestimmter Abgrenzungsstrategien und Überbietungen, die mit wesentlichen Grundentscheidungen der Kierkegaardschen Theologie zu tun haben. Gemäß meiner Lektüre von *Donner la mort* ist dies auch die Frage, die Derrida an seiner Nebeneinanderstellung von Kierkegaard und Levinas interessierte. Ich versuche, diese Fragestellung in eigener Verantwortung noch ein wenig weiterzuverfolgen.

5.3.2. Kierkegaards Denken der Differenz

In Kierkegaards Retrospektiven wird auf jeden Fall kein Zweifel daran gelassen, daß in *Furcht und Zittern* das wesentlich *Christliche* zum Ausdruck kommt. In der *Unwissenschaftlichen Nachschrift* etwa äußert sich Johannes Climacus mehrfach in diesem Sinne. Er sei durch diese Schrift darauf aufmerksam geworden, daß Abrahams Sprung ins Paradox „gerade für das Christliche [...] entscheidend" (AUN I 97) sei. Und kurz darauf heißt es pointiert: „Alles Christentum wurzelt nach ‚Furcht und Zittern', ja es wurzelt in Furcht und Zittern (welches gerade die verzweifelten Kategorien des Christentums und des Sprungs sind) im Paradox." (AUN I 98)

Furcht und Zittern also ist ein Buch über den *christlichen* Glauben. Kierkegaard scheint kein Problem darin zu sehen, daß es sich bei dem von ihm ausgelegten Text um eine ursprünglich *jüdische* Glaubensüberlieferung handelt.[79] Abraham steht – sicher mit Gedanken an Röm 4[80], auch wenn dies in *Furcht und Zittern* keine Erwähnung findet, – für einen Glauben, der ‚noch' nicht ‚*jüdisch*', aber im Grunde

---

[79] J. Garff hat in diesem Zusammenhang auf das Problem hingewiesen, daß schon im Titel angelegt ist: „No less problematic is the fact that die retelling of an Old Testament story about Abraham takes its title from a New Testament story." *Johannes de Silentio. Rhetorician of Silence*, 202f.

[80] Zu der schwierigen christlichen Berufung auf Abraham vgl. F.-W. Marquardts Auslegung von Röm 4 in: *Das christliche Bekenntnis zu Jesus dem Juden*, Bd. 1, 203ff. Zur christlichen Abrahamrezeption siehe auch den Überblick, den J. Kuschel in seinem Buch *Streit um Abraham*, 99ff. gibt.

schon ‚christlich' wäre, zumindest in „formeller"[81] Hinsicht. Abrahams Beispielhaftigkeit (auch und zunächst) für den *jüdischen* Glauben findet in *Furcht und Zittern* an keiner Stelle Erwähnung – so wie es umgekehrt bei Hegel regelmäßig der Fall ist[82]. Aber ist es nicht trotzdem bemerkenswert, daß hier – genauso wie bei der Hiob-Deutung in *Die Wiederholung* – eine zunächst *jüdische* Glaubensüberlieferung geradezu den Prototyp wahrer (christlicher) Religiosität bilden kann? Kierkegaard kann in Abraham offenbar eine der gegenwärtigen *Christenheit* weit überlegene Glaubensform sehen. In einer der frühesten Tagebuchaufzeichnungen Kierkegaards von 1839 kann man lesen:

„Unsere Zeit verliert mehr und mehr den teleologischen Zug, der mit zu einer Lebensanschauung gehört [...] hingegen denke man in dieser Hinsicht an die Juden; sie gaben ihr eigenes Dasein fast völlig auf und suchten es nur in dem eines andern." (Pap II A 374 / T I 186f.)

Nur wenige Tage vorher machte er die vielzitierte Notiz: „Furcht und Zittern (vgl. Phil 2,12) ist nicht der erste Antrieb (primus motor) im christlichen Leben, denn das ist die Liebe; aber es ist, was die *Unruhe* in der Uhr ist – es ist die *Unruhe* des christlichen Lebens." (Pap II A 370 / T I 186) Das spätere Buch *Furcht und Zittern* wird im Zusammenhang dieses Wiedereinsetzens eines „teleologischen Zugs" in die Christenheit stehen, eines Zugs, den er den Juden bescheinigt. Aber am selben Tag fühlt er sich genötigt, eine weitere Notiz hinzuzufügen, die nun die Differenz festzuhalten sucht:

„Das Christentum schließt eine so tiefe Entzweiung mit der Welt ein (im Verhältnis zum Judentum), wie die Worte, die Christus zu seinen Aposteln sagte („wer nicht hasset Vater und Mutter um meinetwillen, der ist mein nicht wert") [...]." (Pap II A 376 / T I 187)

Diese drei Notizen zusammen bilden offensichtlich das Raster, in dem auch Johannes de Silentio denkt.[83] ‚Christlich' ist zunächst ‚jü-

---

[81] Im Tagebuch heißt es: „Der Einwand, daß Widerspruch bestehe zwischen dem Absurden bei Johannes de Silentio und bei Johannes Climacus, ist Mißverständnis. So wird ja auch im Neuen Testament Abraham der Vater des Glaubens genannt, und doch ist wohl klar, daß der *Inhalt* seines Glaubens nicht das Christliche sein kann, daß Jesus Christus erschienen sei. Aber Abrahams Glaube ist die *formelle* Bestimmung des Glaubens. Ebenso auch mit dem Absurden." (P X⁶ B 81 / T V 388, Hervorhebung von mir)

[82] Vgl. Anm. 73 in diesem Kap.

[83] Ich erinnere nur daran, daß Lk 14,25ff. auch in *Furcht und Zittern* als die gebotene ‚Präzisierung' der Abrahamgeschichte fungiert, vgl. FZ 79ff. Dies ist die offen zu Tage liegende ‚Evangelisation' der Abrahamgeschichte. Man kann sich fragen, warum Derrida daran kein Interesse zeigte.

disch' und dann: die „Entzweiung". Kierkegaards Deutung des ‚Judentums' ist daher ambivalent.[84] Das „Jüdische' teilt sich in sich selbst und steht für sehr verschiedene ‚diskursive Strategien'.[85] Werfen wir einen Blick in die Tagebücher.[86]

Der Abstoß

Auf der einen Seite finden sich beim jungen Kierkegaard[87] eine Reihe sehr origineller Orientierungsversuche in Sachen ‚jüdisch-christlich'. So z.B., wenn es um „die eine Seite aller Gotteserkenntnis: die geschichtliche Auffassung" geht: Es sei „überaus bezeichnend für das Judentum, daß sie nur den Rücken Jehovas sehen konnten, da ja die Geschichte herzutritt, indes Jehova das Gegebene verläßt, um weiterzugehen; daß

---

[84] Kierkegaards Denken hat hierin beträchtliche Verschiebungen erfahren: etwa von seiner großen Hochschätzung des Alten Testament in den frühen Schriften bis hin zu den schroffen Entgegensetzungen in den späten Tagebuchnotizen. Vgl. dazu H. Gerdes im *Register-Band*, Stichwort: „Altes Testament". Mir liegt hier nicht daran, diese Vielschichtigkeit *chronologisch* aufzuhellen, sondern sie als eine innere *Ambivalenz* bestimmter Denkformen zu lesen.

[85] S. Agacinski weist übrigens darauf hin, daß sich diese in sich schwankende Typologie mit der gleichermaßen ambivalenten *sexuellen* Differenz bei Kierkegaard überschneidet. „Comme la féminité, le judaïsme se divise en deux. Tantôt il représente le *modèle* de la religiosité, du sacrifice, de la crainte de Dieu dans un ‚*horror religiosus*' – tantôt, et cette version l'emportera, il est au contraire amour de la vie, du monde, de la reproduction, de la famille. A la division, à la dégénérescence religieuse dans laquelle le protestantism reproduit l'esprit – ou l'absence d'esprit – du (mauvais) judaïsm. Le protestantisme réveille, contre le christianisme, le ‚désir de vivre'; en quoi il est féminin." (164f.) Die Juden – wie die Frauen – widerstehen dem Tod. Sie sind Widersacher des männlichen „Geistes", insofern sie ihn vom Wunsch zu sterben, vom Selbst-Opfer, abzubringen versuchen. (S. Agacinsky: *Aparté* 178. Übrigens hat Derrida eine ganz ähnliche Zusammenstellung von Frauen und Juden – und Künstlern – bei Nietzsche beobachtet: vgl. SPO 141). Diese Analogien unterstreichen nicht nur, wie sich die Differenzierungen jüdisch-christlich, katholisch-protestantisch, männlich-weiblich auf irritierende Weise gegenseitig *wiederholen*, sondern sie zeigen auch, inwiefern es sich bei diesen ‚Differenzen' vor allem um *textuelle* Effekte handelt.

[86] Ich halte mich vor allem an Tagebucheinträge, weil hier das *Experimentelle* in Kierkegaards Denken besonders deutlich nachvollziehbar ist. Festlegungen Kierkegaards in bezug auf ‚das Jüdische' in seinen Büchern sind außerdem eher selten (vgl. dazu etwa BA 105ff.). Allzumeist bewegt er sich dort in dem Gegensatz ‚Heidnisch-Christlich'.

[87] Es sei erwähnt, daß gleich die zweite uns erhaltene Eintragung vom 8. Juli 1834 um das Verhältnis von Christentum und Judentum kreist. Kierkegaards Theologie organisiert sich um diese *Differenz* herum (vgl. auch Gerdes Kommentar in T I 361, Anm. 85). Und bezeichnenderweise hat der junge Kierkegaard in dieser *relativen* Bestimmung des ‚Christlichen' eine gewisse Irritation ausgemacht: „[...] Denn da es [i.e. das Christentum] selbst das Judentum nur für bedingt wahr anerkennt und doch daran anknüpft, kann es selbst niemals die unbedingte Wahrheit sein [...]." (Pap. I A 46 / T I 43.)

die geschichtliche Auffassung niemals mit der Begebenheit selbst *gleichzeitig*[88] wird." (Ex 33)[89] Die Juden haben demnach die Geschichtlichkeit wie keine andere Nation betont.[90] „Die Juden schraubten sich stets in die Vergangenheit zurück (sie schrieben nicht nur im physischen, sondern auch im geistigen Sinne – von rechts nach links), aber je stärker sie sich dergestalt rückwärts stemmten, desto notwendiger suchte die Seele gerade eine Zukunft [...]"[91] Von hier aus ließen sich interessante Linien ziehen zu Kierkegaards späterer ‚eigener' Auffassung von Geschichtlichkeit und ‚Wiederholung' – und zwar „vorlings" –, die wohl nicht einfach der Figur der *Entgegensetzung* folgen würde.

Aber gleichzeitig sucht Kierkegaard stets danach, Judentum und Christentum in eine dialektische ‚Bewegung' einzuordnen.[92] „Für den Christen, der jetzt das Judentum betrachtet, zeigt sich wohl, daß das Judentum nur ein Durchgangspunkt war."[93] (Übrigens fährt Kierkegaard fort: „aber wer steht uns dafür ein, daß nicht mit dem Christentum das gleiche der Fall ist?") Das Judentum ist Vorbereitung aufs Christentum. Seit das Christentum gekommen ist, hat es sich jedoch „zu seiner Parodie"[94] entwickelt. Weltgeschichtlich betrachtet orientiert sich Kierkegaard an folgendem Bild: „Das Christentum ist der eigentliche Besitzer, der im Wagen sitzt; das Judentum ist Kutscher; der Mohammedanismus ist ein Diener, der nicht beim Kutscher sitzt, sondern hinten drauf."[95]

Kierkegaard urteilt in dieser Hinsicht ganz und gar konventionell. Er hält sich mit großer Selbstverständlichkeit innerhalb einer ‚klassi-

---

[88] Diese Vorankündigung von Kierkegaards späterer Konzeption der *Gleichzeitigkeit*, verdiente es, ausführlicher bedacht zu werden. Vor allem in Hinblick darauf, daß Ex 33 bei Levinas in der Tat eine der charakteristischsten Erzählungen für die *jüdische* Gottesbeziehung darstellt, vgl. meine Ausführungen unten S. 300ff.
[89] Pap. II A 354 / T I 184.
[90] Pap. II A 355 / T I 185.
[91] Pap. II A 372 / T I 186.
[92] Wie schnell Kierkegaard bei der Hand war mit solchen dialektischen Konstruktionen, belegt – in Hinblick auf die Geschichtlichkeit der Juden – z.B. folgender Tagebucheintrag: „Dies ist der Wendepunkt in der Weltgeschichte. Das Christentum ist die Religion des *Zukünftigen*, das Heidentum war die des Gegenwärtigen oder des vergangenen (Präexistenz). Selbst das Judentum war sehr gegenwärtig trotz seiner prophetischen Wesensart; es war ein Zukünftiges in der Gegenwart (Futurum in Praesens), das Christentum ist ein Gegenwärtiges in der Zukunft (Praesens in Futuro)." (Pap. VIII A 305 / T II 164.)
[93] Pap. I A 82 / T I 44.
[94] Pap. I A 287 / T I 94.
[95] Pap. II A 500 / T I 207.

schen' – aus unserer heutigen Sicht mit allen Problemen des ‚Antijudaismus' behafteten – Gegenüberstellung von *jüdisch* und *christlich*. In den späteren Tagebüchern wird diese Entgegensetzung immer stereotyper. Vor allem findet sich immer wieder der ‚klassische' Verweis auf das ‚jüdische Hängen am Irdischen'[96]. Jüdischer Glaube bedeute zu wähnen, man sei von den Leiden dieser Welt dispensiert[97]. Judentum sei in allem das Gegenteil christlicher Entsagung: „Das Judentum ist: Ehe, Ehe, seid fruchtbar und mehret euch [...] lange leben auf Erden [...], Theokratie hier auf Erden" usw.[98]

Bei all dem sei das Judentum für das Christentum vor allem dasjenige, „mit Hilfe dessen es sich negativ kenntlich macht, es ist der Abstoß des Ärgernisses" (ebd.). Als solcher „Abstoß" gehört das Judentum natürlich zum Christentum hinzu, „denn sonst verliert das Christentum seine dialektische Erhebung" (ebd.). Aber das Judentum hat insofern keinen Eigenwert mehr. Es bleibt stets „in der Stellung des Untergangs"[99]. So wird z.B. das Erscheinen von Goldschmidts autobiographischem Roman *Ein Jude* von Kierkegaard lediglich zum Beweis dafür genommen, daß die eigentliche Zeit der jüdischen Religiosität vorbei ist: „Sie ist zur Merkwürdigkeit geworden".[100] Das Jüdische gilt nur noch der Profilierung des Christentums: Das Evangelium ist *skandalon* und muß als Skandal gegenüber dem Jüdischen zur Geltung gebracht werden.

Für Kierkegaard kann daher die Abschaffung des Ärgernisses, die er ja der bestehenden Christenheit auf breiter Front vorwirft, mit einem gewissen Liebäugeln mit dem ‚Judentum' gleichgesetzt werden. Anstatt die grundsätzliche Gegensätzlichkeit zum Judentum zu sehen und dieses als „Abstoß" zu benutzen, bestehe „in der ganzen Geschichte der Christenheit eine ständige Neigung, das Judentum wieder hervorzuholen, als stünde es auf gleicher Linie mit dem Christentum"[101]. So wirft er etwa einer bestimmten *sakramentalen* Praxis der Kirche vor, das Christentum letztlich „auf das Judentum zurückgebracht" zu haben. Durch die Kindertaufe sei man so „objektiv" in das

---

[96] Vgl. Pap. II A 150 / T I 142; IX A 424 / T III 113; X² A 75 / T IV 4: („Hier liegt im übrigen auch der Unterschied zwischen jüdischer Frömmigkeit und christlicher; denn jüdische Frömmigkeit will einen Heiland für dieses Leben." Zuvor hieß es: „Christus ist kein Heiland für dieses Leben, sondern für das ewige Leben"); X² A 364 / T IV 84 (übrigens in Anlehnung an Luther); AUN II 109 u.ö.
[97] Vgl. Pap. IX A 416 / T III 112; X¹ A 301 / T III 223; SLW 397.
[98] Pap. XI¹ A 151 / T V 201f.
[99] Pap. IX A 249 / T III 62f.
[100] Pap. X 4 A 220 / T IV 220. Vgl. auch P XI¹ A 160 / T V 203.
[101] Pap. XI¹ A 139/ V 194f.

Gottesvolk aufgenommen, daß sich die Taufpraxis in nichts mehr von der Beschneidung unterscheide.[102] Genauso sei das Abendmahl wie das Versöhnungsopfer im Judentum gebraucht: „alles darauf berechnet, in einer Fahrt objektiv beruhigt zu bleiben in bezug auf das mit der Ewigkeit, und dann das Leben für uns zu haben, um das Dasein zu genießen, uns zu mehren und die Erde zu erfüllen"[103]. „Man täte in der Christenheit am richtigsten daran, daß man eine Anzahl Bethäuser erbaute, was in Hinsicht auf viele schon viel wäre, und daß man jüdische Frömmigkeit verkündigte – aber niemals Christi Namen nennte. Das ist meine ständige Behauptung: das bißchen Frömmigkeit, welches in der Christenheit da ist, ist jüdische Frömmigkeit [...]."[104]

Die Korruption oder ‚Judaisierung' der Kirche sieht der späte Kierkegaard in besonderer Weise in der Kirche der Reformation am Werk: namentlich Luther verweltlichte das Christentum, machte es komfortabler, diesseitiger, mit anderen Worten ‚jüdischer'[105]: Luther heiratete, bekam Kinder, reformierte die Kirche und ging in die Politik – schlimmer noch: er wurde ‚Demokrat'[106]. Paradoxerweise habe für Kierkegaard gerade Luthers radikale Abwehr ‚jüdischer Werkgerechtigkeit' zu einer Position geführt, die eher ‚jüdisch' als ‚christlich' ist.[107]

Dabei verliert das „Jüdische" natürlich jedwede historische Konkretheit. Es wird zu einer bestimmten Figur, einem bestimmten Typus

---

[102] Daß man Jude ist, weil man von jüdischen Eltern geboren wurde, sei ganz richtig. Aber es gibt keine „geborenen Christen", heißt es auch in BÜA 152. Dahinter steht Kierkegaards Überzeugung, daß das Christentum im Grunde nur eine ‚Religion für Erwachsene' sei (vgl. AUN II, 303ff. u.ö.). Es wäre übrigens reizvoll, diese These Kierkegaards mit Levinas Rede vom Judentum als einer ‚Religion für Erwachsene' (vgl. E. Levinas: *Schwierige Freiheit*, 21ff.) zu kontrastieren.

[103] Pap. XI^1 A 556 / V 272f. Vgl. IX A 245 / T III 60f.

[104] Pap. X^2 A 80 / T IV 7.

[105] Mit Blick auf die Folgen der Reformation in Dänemark kann Kierkegaard etwa schreiben: „Religiös liegt Dänemark so niedrig, daß es nicht bloß unter dem ist, was man bisher an Christentum gesehen hat, sondern unter dem Judentum, ja eigentlich erst Entsprechungen findet in den niedrigsten Formen des Heidentums" (Pap. XI^1 A 198 / T V 215). Zu Kierkegaards Kritik an Luthers Reformation vgl. T V 163f. 172f. 181f. 211f. 361.

[106] „O, Luther. Luther; du hast doch eine ungeheure Verantwortung, denn wenn ich näher hinsehe, sehe ich immer deutlicher, daß du den Papst gestürzt – und ‚Publikum' auf den Thron gesetzt hast. Du hast den Begriff des neuen Testaments vom ‚Martyrium' verändert, hast die Menschen gelehrt, durch die Zahl zu siegen." (Pap. XI^1 A 108 / T V 186)

[107] Zum ‚korrektivischen' Verhältnis von Protestantismus und Katholizismus vgl. die interessanten Beispieltexte bei M. Kiefhaber: *Christentum als Korrektiv*, 140ff.

vom Glauben, der gemäß einem ‚christologischen' Programm konstruiert wird, um das ‚eigentlich Christliche' denken zu können. Christentum und Judentum sind *opposita iuxta se posita* (vgl. P XI¹ A 139/ V 194f.). Diese Denkform, auf die Kierkegaard immer wieder zusteuert, hat zweifellos die schlimmsten Folgen gehabt.[108]

Die große Frage

Aber man muß sich gerade deswegen noch einmal fragen, wie Kierkegaard auf solche Gegenüberstellungen kommt. Es handelt sich bei ihm ja nie um Beschreibungen zweier wirklicher, ‚bestehender' *Positionen*. Die bestehende Christenheit ist ja gerade nicht ‚christlich', und das einstige Judentum war – (an das gegenwärtige Judentum scheint Kierkegaard nie zu denken) – in mancher Hinsicht dem ‚Christlichen' näher als die Christenheit.[109] Die Konstruktion – die sich ja immer auf der Ebene von *Textualität* ab*spielt*: Es gibt ‚das Judentum' und ‚das Christentum' für Kierkegaard nur innerhalb be-

---

[108] F.W. Marquardt zitiert daher Kierkegaard als typischen Repräsentanten einer ‚antijüdischen' Denkform, die das Evangelium prinzipiell als Skandalon und zwar im scharfen Gegensatz zum Judentum versteht. Nach Kierkegaard bedürfe es „einer Bestimmung des Christlichen ex negativo, weil es *wesenhaft* ‚Gegenstoß des Ärgernisses' und hauptsächlich darin geistig groß ist. Kierkegaard macht damit aus dem Erfahrungssatz des Paulus, daß das Wort vom Gekreuzigten bei den Juden Ärgernis, bei den Heiden Torheit hervorruft (1. Kor 1,23), ein geistiges und methodisches Prinzip: Das Evangelium ist *wesentlich* skandalon, infolgedessen muß es prinzipiell als Skandal dargestellt werden; als klassischer Repräsentant und bleibendes Symbol für das Skandalwesen des Neuen muß das Alte Testament herhalten und mit dem Alten Testament: ‚die Juden'. [...] Dies theologische Prinzip ist auch in Fleisch und Blut aller neuzeitlichen Logik übergegangen – z.B. in das logische Prinzip: ‚Omnis determinatio est negatio', man kann etwas nur bestimmen durch Negation von etwas anderem. Dieser logische Satz und das von Kierkegaard sehr luzide formulierte Negations-Prinzip des neuen Glaubens sind unterschwellig miteinander verbunden, sie stützen sich gegenseitig im theologischen Denken und stellen bis heute z.B. unser Lesen der Bibel unter eine Suggestion des Antithetischen, die es uns psychologisch wie logisch fast unmöglich macht, das zwischen den beiden Bibelteilen bestehende Verhältnis mit anderen Augen zu lesen." (*Das christliche Bekenntnis zu Jesus dem Juden*, 176f.) Marquardt hat Recht – allerdings bin ich darum bemüht, auch Kierkegaard noch einmal „mit anderen Augen zu lesen" und die *Chancen* zu sehen, die gerade er zur Überwindung jener klassischen Logik bietet. Jedoch nur in Kontexten, wo er *souverän* genug ist, die christliche Tradition ‚gegen den Strich' zu lesen (z.B. in bezug auf Luther und das Verhältnis von Protestantismus und Katholizismus). In Sachen ‚Judentum' ist er dies nicht – weil es für ihn kein entscheidendes Thema war.

[109] Vgl. Pap. VIII A 414 / T II 180f.: Die „eigentliche Grundverwirrung der ganzen heutigen Zeit" hat das Judentum überhaupt nicht gekannt: nämlich den Unterschied zwischen Gott und Mensch nicht mehr zu wahren.

stimmter textueller Strategien der Argumentation, nicht oder kaum (noch) in der *Wirklichkeit* – gilt einer *Idealität* von ‚Christentum', der nicht zu entsprechen Kierkegaard immer auch – und gerade! – von sich selbst behauptet. Diese *Differenz* soll doch aber zumindest gesehen werden! Es geht ihm, so könnte man vielleicht sagen, um eine Art *différance*, um das Setzen einer Differenz, um den immer neuen Bruch mit dem ‚Bestehenden', mit jeder ökonomischen Kalkulation im Gegenüber zu Gott, um das In-Gang-Halten von Dialektik, dort, wo sie meinte, sich in irgendeiner Bestimmung des Christlichen zur Ruhe setzen zu können. Das ‚Christentum' hat nach Kierkegaard im Grunde gar nichts mit einer bestehenden ‚Konfession' in Abgrenzung von anderen zu tun, sondern mit einer permanenten Forderung, die letztlich gar nicht abzielt auf eine ‚Position' im strengen Sinne des Wortes. Es handelt sich eben nur um ein „Korrektiv"[110].

Streng genommen läßt sich Kierkegaards ‚Christentum' eigentlich nicht *verwirklichen* – es sei denn in jener Weise des *leidenden Wahrheitszeugen*, der in seiner Person das *nur* Korrektivische, *nicht* Paradigmatische lebt, um *aufmerksam* zu machen auf das Religiöse. Das heißt also durch einen, der dazu *erwählt* ist, diese Undarstellbarkeit des Religiösen zu bezeugen und dafür zu *leiden*. Und aus den gleichen Gründen läßt sich das ‚Christliche' auf der textuellen Ebene (der Zeichen) nicht unmittelbar darstellen als Lehre oder Moral, sondern nur als *Störung* und *Beunruhigung* des Bestehenden: mit anderen Worten: als *Dichtung*. Denn nur die dichterische Darstellung sichert die Gebrochenheit der Rezeption, auf die beim Korrektivischen alles ankommt. Christus als ‚Zeichen des Widerspruchs' hätte genau dies ‚offenbart'. Dies markiert für Kierkegaard die Wahrheit der *christlichen* Gotteserkenntnis.

Aber auf der anderen Seite weiß Kierkegaard auch, daß es leidende Wahrheitszeugen auch schon innerhalb des Jüdischen gegeben hat, ja daß man vielleicht diese Figur besonders in der Geschichte der Juden *als Volk* erkennen könnte. Bezeichnend und eigentlich außerordentlich irritierend scheint mir in diesem Zusammenhang eine Bemerkung aus den *Papieren* von 1840 zu sein:

„Es ist eine große Frage, in welchem Sinne man das jüdische Volk das erwählte nennt; es war vielmehr ein Opfer, welches die ganze Menschheit heischte; es mußte den Schmerz des Gesetzes und der Sünde durchgehen wie kein anderes Volk. Es war das auserwählte, im gleichen Sinne wie die Dichter usw. es oft sind, d.h. sie sind die Unglücklichsten." (Pap. III A 193 / T I 275)

---

[110] Ich verweise noch einmal auf M. Kiefhaber: *Christentum als Korrektiv*, 136ff.

5. Das ‚Religiöse': Zwischen Mensch und Gott

Gibt nicht in der Tat gerade Kierkegaards Theologie einigen Anlaß dazu, diese „große Frage", von der er hier redet, *offen*zuhalten, sie wirklich eine *große Frage* bleiben zu lassen? Könnte es nicht sein, daß jene „unglücklichsten Erwählten" viel mehr dem *leidenden Wahrheitszeugen* und *Glaubensritter* ähnelten, als der „christliche Denker" Kierkegaard ihnen zugestehen kann? Und könnte man im Anschluß an dieses Zitat nicht auch fragen, ob der Zusammenhang zwischen der *Dichter*existenz und dem „Jüdischen" mehr ist als eine bloß abseitige Erwägung?[111] Muß man hier nicht unweigerlich an den berühmten Ausspruch von Marina Zwetajewa denken[112]: ‚*Alle Dichter sind Juden*'? Oder eben an Derridas oben zitierte Äußerung über Jabès' Dichtung: „*Schwierigkeit Jude zu sein, die sich mit der Schwierigkeit zu schreiben deckt, denn der Judaismus und die Schrift sind nur ein einziges Warten, eine einzige Hoffnung, ein einziger Verschleiß.*" (SD 102f.). Vielleicht steht ‚das Jüdische' tatsächlich für eine bestimmte Weise der *Bezeugung des Unaussprechlichen*, die mit einer Art *Dichterexistenz* vergleichbar wäre, zu einem Leben mit und aus der ‚Schrift', welches jedoch in einem solchen Zeugnis für das Undarstellbare keinesweg eine Verfehlung des ‚Eigentlichen' erkennen würde.

Kierkegaard hat zeitlebens in seiner Dichterexistenz gleichzeitig seine Bestimmung als auch seine *Verfehlung* des ‚eigentlichen' Christseins gesehen. Das Reich des *Dichterischen*, Literarischen ist für ihn immer „zweideutig"[113] gewesen, eben weil es – als *ästhetisches* – die christliche Existenz lediglich der Möglichkeit nach darstelle, aber nicht im *totalen* Sinne (Martyrium, apostolische Vollmacht) verwirkliche.[114] Kierkegaard sah sich lediglich als einen *Dichter* des Religiösen, eben „weil seine Pseudonyme vor dem Geheimnis der Verwirklichung der (christlichen) Existenz selbst schweigen"[115]. Wie Johannes de Silentio.

---

[111] Vgl. dazu auch die eigenwillige Notiz in Pap. VIII A 220 / T II 150: „[...] Es geht mir, wie es irgendwo von den Juden heißt [...]."
[112] Derrida bezieht sich übrigens öfters auf diesen Ausspruch z.B. in SCH 106. (Paul Celan hat diese Worte seinem Gedicht *Und mit dem Buch aus Tarussa* als Motto vorangestellt.)
[113] Vgl. H. Deuser: *Kierkegaard*, 60f., Anm. 4: „Der Kompromiß ist eben der des *Dichters*. Daß sich darin mehr zeigt als nur eine zufällige biographische Konstellation, ist wiederum als Aufgabenstellung für die konsequente Interpretation der Ambivalenz Kierkegaards [...] zu begreifen."
[114] Vgl. z.B. Anticlimacus' maßlose Abrechnung mit aller „christlichen Kunst" in EC 255ff.
[115] H. Deuser: *Kierkegaard*, 69.

Aber was heißt es, hier *mehr* zu wollen, mehr als dieses Geheimnis, d.h. kein Geheimnis mehr (*plus de secret* – würde Derrida sagen)? Ist denn Kierkegaards Existenz – so wie er sie gelebt hat *als Dichter* seines Geheimnisses – keine ‚religiöse' Existenz? Bezeugt sie mehr oder weniger, als es ein ‚eigentlicher Christ' könnte? Zeugt sie mehr oder weniger von Gott – als z.B. „das jüdische Volk, das erwählte" oder als Abraham? Kommen hier nicht zusammen mit den Stadien der Existenz auch die ‚Stadien des Glaubens' auf merkwürdige Weise durcheinander?

Neues ‚Furcht und Zittern'

Der späte Kierkegaard hat diese großen Fragen so nicht mehr offengelassen. Er hat sich entschieden. Der Abraham aus *Furcht und Zittern* kommt ausschließlich als *christliches* Modell in Betracht. Und so, als ob diese Differenz in jenem Buch noch nicht deutlich genug geworden ist, denkt er in seinem Tagebuch darüber nach, wie sich diese *Differenz* zwischen ‚jüdisch' und ‚christlich' wohl noch ausdrücklicher in die Auslegung von Gen 22 eintragen ließe? Wir verfügen, wie schon erwähnt, über eine späte Tagebuchnotiz, wo er genau dies versucht. Sie ist überschrieben mit *Neues ‚Furcht und Zittern'*[116]. Ich habe im Zusammenhang von Levinas' Kritik an *Furcht und Zittern* schon einen Teil dieser Notiz ausführlich zitiert. Was dort ausgespart wurde, ist deren Schlußbemerkung, die anhebt: „Dies ist das Verhältnis zwischen Judentum und Christentum [...]". Kierkegaard schreibt ein weiteres Mal die *Stimmungen* aus *Furcht und Zittern* fort. Und diesmal gibt er der Geschichte einen doppelten Ausgang: einen ‚jüdischen' und einen ‚christlichen'. Betrachten wir Kierkegaards Meditation noch einmal in diesem Kontext.

Zunächst zur Überschrift: *Neues ‚Furcht und Zittern'*. Man könnte dies lesen als Ankündigung einer weiteren Version dieser unerschöpflichen Geschichte. Kierkegaard geht es tatsächlich wie dem „alten Mann" in Johannes de Silentios Erzählung. Er ist alt geworden über dieser Geschichte. Und immer noch will er „dabei sein", Zeuge sein auf dem Weg zum Berg Moria. Es ist nicht übertrieben, das gesamte schriftstellerische Werk Kierkegaards als ein Weitergrübeln über diese Furcht und dieses Zittern zu verstehen. Diesmal aber geht es um etwas „Neues": er setzt *Furcht und Zittern* in Anführungsstriche[117]. Es geht um eine *Neuauflage* des *Buches*, die sich durchaus an die Typologie ‚alt

---

[116] Vgl. Pap. X^5 A 132f / T V 168f. Alle folgenden Zitate beziehen sich auf diese Stelle.
[117] Anders als bei den Versionen in X^4 A 338 und X^5 A 357!

5. Das ‚Religiöse‘: Zwischen Mensch und Gott 285

– neu' anlehnt, die in den ‚Testamenten' vorgebildet ist. Es hat den Anschein, als würde jetzt gewissermaßen die ‚neutestamentliche' Fassung von *Furcht und Zittern* nachgeliefert werden. Liest man erst hier die *christliche* Fassung der Geschichte, der gegenüber sich *Furcht und Zittern* in einem ‚vorchristlichen' Rahmen hielte? Dieser Text scheint das zumindest glauben zu machen.

Ich erinnere noch einmal an den Gang der Erzählung: Abraham steigt auf den Berg Moria mit Isaak und es gelingt ihm, Isaak zu erheben, daß er bereit ist, das Opfer zu werden. Abraham zieht das Messer – und er tötet Isaak. Da steht Jehova neben ihm: ‚Hörtest du mich denn nicht?' Abraham hatte ihn in der Freude über das Einverständnis Isaaks nicht gehört. „So rief denn Jehova Isaak wieder ins Leben zurück." Aber Abraham konnte sich nicht freuen, denn Isaak war zum Greis geworden, „es war nicht ganz jener Isaak und nur für die Ewigkeit paßten sie wahrhaft zueinander":

„Das sah Jehova, der Herr voraus, und er erbarmte sich über Abraham und machte, wie immer, alles gut, unendlich besser, als wenn das Verkehrte nicht geschehen wäre. Es gibt, sagte er zu Abraham, eine Ewigkeit, bald wirst du dorten mit Isaak ewig vereint sein, wo ihr ewig zueinander paßt. Hättest du meine Stimme gehört, innegehalten – so hättest du Isaak für dieses Leben bekommen, aber das mit der Ewigkeit wäre dir nicht deutlich geworden. Du gingst zu weit, du verdarbst alles – doch ich machte es noch besser, als wenn du nicht zu weit gegangen wärst: es gibt eine Ewigkeit.
Dies ist das Verhältnis zwischen Judentum und Christentum. Christlich wird Isaak wirklich geopfert – aber dann die Ewigkeit; im Judentum war es nur eine Prüfung. Abraham behält Isaak, aber so bleibt denn das Ganze doch wesentlich innerhalb dieses Lebens."[118]

Diese Interpretation ist äußerst irritierend und zugleich bezeichnend für Kierkegaards Typologie. Und sie ist in hohem Grade absurd angesichts der wirklich *jüdischen* Auslegungen der *Akedah*.[119]

Was nötigt Kierkegaard zu einer solchen *Spekulation*? Man darf den Probe-Charakter dieses Denkens freilich nicht unterschlagen. Kierke-

---

[118] Pap. X⁵ A 132 / T V 169.

[119] „Christlich wird Isaak wirklich geopfert – Im Judentum war es *nur* eine Prüfung" (Hervorhebung von mir). Die rabbinische Überlieferung, von der Kierkegaard wahrscheinlich nichts kannte, spricht eine andere Sprache. Weiß Kierkegaard nichts davon, daß die Erzählung von der „Bindung Isaaks" die ganze Geschichte des jüdischen Volkes in einem völlig anderen Sinne begleitet hat, als er ihn konstruiert? Die Geschichte bündelt wie wenige die eigenste Erfahrung des *jüdischen* Glaubens: und zwar als *Leidensgeschichte*. Sie begreift diese Geschichte als eine Geschichte der „Bindungen" und Bedrohungen – und der Vernichtung. Nichts könnte ‚das Judentum' stärker verzeichnen als Kierkegaards „nur": „im Judentum war es *nur* eine Prüfung". Vgl. dazu oben S. 176, Anm. 22 und Sh. Spiegel: *The Last Trial* bzw. W. Zuidema: *Isaak wird wieder geopfert*.

gaard sucht nach einem Modell, in dem die Differenz jüdisch-christlich ihren angemessenen Ausdruck findet – und zwar noch deutlicher, als das in *Furcht und Zittern* der Fall war. Dort bestand der Glaube in kraft des Absurden ja nachdrücklich darin, für *dieses* Leben das Absurde zu erwarten: Abraham, so heißt es dort, „glaubte nicht, daß er dereinst selig werden würde, da droben, sondern daß er glückselig werden würde hier auf Erden. Gott konnte ihm einen neuen Isaak geben, den geopferten zurückrufen zum Leben. Er glaubte in kraft des Absurden; denn alle menschliche Berechnung hatte ja längst aufgehört." (FZ 34)[120] Nimmt man „Neues ‚Furcht und Zittern'" ernst, dann wäre dies noch der *jüdische* Abraham. Das Christliche beginnt nun[121] wirklich erst bei Isaaks *tatsächlichem* Tod. In irritierender Weise wird die Glückseligkeit vollständig in das Leben nach dem Tode verlegt. Und das wäre „noch besser". Zwar habe Abrahams Taubheit alles „verdorben". Doch nur so konnte ihm das mit der Ewigkeit „deutlich" werden. Dieser spekulative Versuch Kierkegaards konterkariert im Grunde alles, was er andernorts über die gegenseitige Vertiefung von Glaubensgehorsam und Lebenswirklichkeit zu denken versuchte. Hier ist der Ernst des Glaubens nun wirklich Weltflucht. Das „Sterben ist mein Gewinn" ist kaum noch vom „Christus, das ist mein Leben" gehalten. Abraham „ging zu weit" – und man sieht nicht, wie von dorther ein Weg zurück zu Isaak führen kann, zurück zum *Nächsten*, zu dem der Gottesgehorsam doch führen sollte. Man kann hier eine merkwürdige Nötigung des ‚christlichen Denkers'[122] Kierkegaard beobachten, ein „Heil" zu konstruieren, was jenseits aller diesseitigen Erfüllungen zu

---

[120] Vgl. auch E. Strowick: *Passagen der Wiederholung*, 210. 212: „Kierkegaards ‚religiöse' Ethik bindet sich an ein Jenseits, das nicht diesseitiger sein könnte. Das Jenseits von Wiederholung und Glauben durchzieht das Diesseits des Daseins an allen Ecken und Enden. [...] Während die Erlösung des Ritters der Resignation im unendlichen Verzicht liegt, liegt die Erlösung des Ritters des Glaubens in der leidenschaftlichen Wiederholung des Daseins. Eine solche Erlösung aber ist eine *absurde Erlösung*, deren Jenseits mittem im Dasein haust. Und nur hier geschieht das Wunder."

[121] Es geht mir hier nicht darum, auf den berühmten *biographischen* Einschnitt zu sprechen zu kommen, daß Kierkegaard nämlich dort *noch* glaubte, Regine ‚irgendwie zu bekommen', während er sich *nach* deren Wiederverlobung auf jene Vertröstung in der Ewigkeit verlegte. So Gerdes Kommentar zu diesem Text, T V 397, Anm. 176A. Aber selbst wenn es so wäre: Diese Denkfigur ist – *als Denkfigur* – weitaus interessanter als ihre ‚Erklärung' durch Kierkegaards Biographie.

[122] Kierkegaard steht hier deutlich in einer bestimmten *christlichen* Auslegungstradition, die das Abrahamopfer als die weniger radikale Ankündigung des ‚wirklichen' Opfers Christi betrachtet. Vgl. dazu die Untersuchung von D. Lerch: *Isaaks Opferung christlich gedeutet*, pass.

suchen sei, ja gesucht werden müsse, um ein wahrhaft „christliches Heil" genannt werden zu dürfen.

Hier scheint sich das abzuspielen, was Manuel Goldmann als die anders geartete *soteriologische* Struktur der christlichen gegenüber der jüdischen Glaubensweise gekennzeichnet hat.[123] Denn diese betrifft nicht nur die klassische Frage, welche Bedeutung dem weltlich-politischen Bereich in dieser Hinsicht gegeben werde – daran entzündeten sich alle Typologien, die in der langen Geschichte der christlichen antijüdischen Polemik versucht wurden[124] (nicht zuletzt auch hier bei Kierkegaard) –, sondern Goldmann geht es dabei vor allem um den *Stellenwert der Heilsfrage* überhaupt in der jeweiligen Tradition. Warum spielt im rabbinischen Judentum die *Frage* nach dem Heil offenbar eine weniger zentrale Rolle als im christlichen Denken? Luthers Frage ‚Wie kriege ich einen gnädigen Gott?' komme im Judentum praktisch nicht vor, „ganz zu schweigen, daß sie ein solches sachliches Gewicht hätte, wie in der Theologie Luthers"[125]. Die stark empfundene Notwendigkeit immer neuer Heilsvergewisserung habe nicht nur der protestantischen Tradition ihren Stempel aufgedrückt. Daß die faktische Anteilhabe der Einzelnen am göttlichen Heil immer

---

[123] Vgl. M. Goldstein: *„Die große ökumenische Frage"*, 344 ff.
[124] Ich verweise hier nur auf den berühmten Aufsatz von G. Scholem: *Zum Verständnis der messianischen Idee im Judentum"*, wo es u.a. heißt: „Es ist ein völlig anderer Begriff von Erlösung, der die Haltung zum Messianismus im Judentum und Christentum bestimmt, und gerade, was dem einen als Ruhmestitel seines Verständnisses, als positive Errungenschaft seiner Botschaft erscheint, wird vom anderen am entschiedensten abgewertet und bestritten. Das Judentum hat [...] stets an einem Begriff von Erlösung festgehalten, der sie als einen Vorgang auffaßte, welcher sich in der Öffentlichkeit vollzieht, auf dem Schauplatz der Geschichte und im Medium der Gemeinschaft. [...] Demgegenüber steht im Christentum eine Auffassung, welche die Erlösung als einen Vorgang im ‚geistlichen' Bereich und im Unsichtbaren ergreift, der sich in der Seele, in der Welt jedes einzelnen, abspielt und der eine geheime Verwandlung bewirkt, der nichts Äußeres in der Welt entsprechen muß." (121f.)
[125] M. Goldmann: *Die große ökumenische Frage*, 355. Goldmann beruft sich damit u.a. auf M. Wyschogrod, dem zufolge im rabbinischen Judentum eine so tiefe Gewißheit der Liebe Gottes lebendig sei, die eine ‚Soteriologie' im christlichen Sinne gar nicht nötig mache. Vgl. in diesem Sinne auch E.P. Sanders Analyse rabbinischer Religiosität: „We thus see that the Rabbis did not actually have a general and comprehensive soteriology. If they had been animated by the question ‚who can be saved?', one must presume that they dealt with it in their characteristically thorough and systematic fashion [...] The question which did animate the Rabbis was ‚How can we obey the God who redeemed us and to whom we are committed?' We can see the Rabbis wrestling with this problem on every page of the literature. Their discussions are almost exclusivly carried out within the context of the convenant." *Paul and Rabbinic Judaism*, 211.

wieder problematisch war und einer grundsätzlichen Thematisierung, Vergewisserung und dogmatischen Ausformulierung bedurfte, könnte als ein Strukturmerkmal christlichen Denkens angesehen werden.[126]

Und gilt dies nicht auch für die Theologie Kierkegaards? Welche Glaubens- und Denk*ökonomie* beherrscht diese Soteriologie, diesen Ausblick auf die „Seligkeit" oder „Ewigkeit" („aber das mit der Ewigkeit wäre dir nicht deutlich geworden" / „denn Gott siehet in das Verborgene, und weiß die Not und zählt die Tränen und vergißt keines.")? Welche Ökonomie strukturiert sein Denken – und zwar auch noch dort, wo er den ausdrücklichen Verzicht auf alle Ökonomie, das Opfer der Ökonomie affirmiert? Und zu welchen Konsequenzen nötigt diese Denkstruktur Kierkegaard, den „christlichen Denker"?

Vielleicht könnten solche Fragen dazu einladen, Kierkegaard noch einmal ganz anders zu lesen: und zwar aus jüdischer Perspektive. Was liest ,ein Jude' bei Kierkegaard? Es könnte charakteristisch für Kierkegaard sein, daß solche Lektüren eine große Ambivalenz dokumentieren. Ich beschränke mich im folgenden auf drei Beispiele, die mir besonders deutlich in die Zusammenhänge hineinzusprechen scheinen, die auch Derrida interessierten: nämlich Martin Buber, Emil Fackenheim und noch einmal Emmanuel Levinas.[127]

5.3.3. Jüdische Kierkegaardlektüren

Martin Buber: Kierkegaard in einer „verfinsterten Welt"

Kierkegaard, „der Durchdenker des Christentums"[128], spielt eine auffallend große Rolle in Martin Bubers Besinnung über das Wesen des jüdischen Glaubens[129]. Dabei ist es vor allem *Furcht und Zittern*, auf

---

[126] Vgl. M. Goldmann: *Die große ökumenische Frage*, 356.
[127] Eine systematische Untersuchung der Wirkungsgeschichte Kierkegaards innerhalb des modernen Judentums liegt m.W. nicht vor. Zweifellos sind eine Reihe namhafter ,jüdischer' Denker – so kompliziert eine solche Kategorisierung auch sein mag – von Kierkegaard geprägt, wie z.B. Walter Benjamin, Franz Kafka, Franz Rosenzweig, Theodor W. Adorno, Gershom Scholem, Maurice Blanchot – um nur einige wenige große Namen zu nennen.
[128] M. Buber: *Das Dialogische Prinzip*, 199.
[129] Zu Buber Verhältnis zu Kierkegaard vgl. R.L. Perkins, *The Politics of Existence. Buber and Kierkegaard*, 167ff. Vgl. auch H. Bergmann: *Die dialogische Philosophie von Kierkegaard bis Buber*. Natürlich ist hier auf die große Umstrittenheit zu verweisen, ob und inwiefern gerade Buber als ,Repräsentant' *jüdischen* Denkens gelten könne, vgl. dazu M. Weinrich, *Grenzgänger*, 137ff. Daß diese Umstrittenheit für *jede* ,Rede über das Judentum' gilt, stand Buber indes deutlich vor Augen. Sie ge-

das Buber des öfteren verweist. In *Gottesfinsternis* schreibt er etwa: „Das erste Buch Kierkegaards, des großen Erzprüfers der Christenheit im 19. Jahrhundert, das ich als junger Mensch gelesen habe, war ‚Furcht und Zittern' [...]. Ich denke noch heute an jene Stunde zurück, weil ich damals den ersten Anstoß erhielt, über die Kategorien des Ethischen und des Religiösen in ihrem Verhältnis zueinander nachzudenken."[130] Buber widmet in dieser Schrift *Furcht und Zittern* ein eigenes Kapitel. Es trägt die Überschrift *Von einer Suspension des Ethischen*. Seine Kernthese lautet: Kierkegaards Auslegung verweise sehr wohl auf das Wesen gläubigen Gehorsams. Aber unsere Generation lebt in einem „Zeitalter, in dem die Suspension des Ethischen in einer karikaturhaften Gestalt die Menschenwelt füllt [...]. Die falschen Absoluta gebieten über die Seele, die nicht mehr fähig ist, sie durch das Bild des Wahren in die Flucht zu treiben." Vor diesem Götzendienst gibt es kein Entrinnen, „bis das neue Gewissen des Menschen erstanden ist"[131]. Kierkegaard scheint für „unsre Zeit" zu gefährlich geworden zu sein.

Wie stark der Eindruck von *Furcht und Zittern* auf Buber nachgewirkt hat, kann man auch an einer kleinen Episode erkennen, die er in *Begegnungen* erzählt. In Hinblick auf ein Gespräch mit einem gesetzestreuen Juden über die Auslegung einer besonders anstößigen Bibelstelle (1. Sam 15) schreibt er dort: „Und doch kann ich auch heute noch den Abschnitt, der dies erzählt, nicht anders als mit Furcht und Zittern lesen. Aber nicht ihn allein. Immer, wenn ich einen biblischen Text zu übertragen oder zu interpretieren habe, tue ich es mit Furcht und Zittern, in einer unentrinnbaren Schwebe zwischen dem Worte Gottes und den Worten der Menschen."[132] Auch andernorts beschreibt Buber sein Verhältnis zu den ‚Gesetzestreuen' auf recht polemische Weise in einer stark an Kierkegaard erinnernden Sprache: „O ihr Sicheren und Gesicherten, die ihr euch hinter der Brückenwehr des Gesetzes berget, um nicht in den Abgrund blicken zu müssen! Ja, ihr habt festen ausgetretenen Boden unter den Füßen, wir aber hängen ausschauend über der unendlichen Tiefe."[133]

---

hört zur ‚Gattung' solcher Reden, vgl. *Der Jude und sein Judentum*, 9ff. Insofern geht es – zumindest dem späten Buber – weniger um die Rekonstruktion des ‚eigentlichen', ‚ursprünglichen' *Jüdischen*, sondern um eine *Wiederholung* des Judentums. Kann man sagen: im Sinne Kierkegaards?

[130] M. Buber: *Gottesfinsternis*, 119.
[131] A.a.O., 123f.
[132] M. Buber: *Begegnungen*, 75.
[133] M. Buber: *Der Jude und sein Judentum*, 110.

"Kierkegaards ‚Allein' ist nicht mehr sokratisch;
es ist abrahamisch ..."

Wie viel Buber bei Kierkegaard gelernt hat – und wo er ihm andererseits mit großem Nachdruck widerspricht –, läßt sich besonders gut an Bubers Text *Die Frage an den Einzelnen* (1936) ablesen. Buber hält dort – in Jerusalem 1936! – ein großes Plädoyer für Kierkegaards Kategorie des ‚Einzelnen' und für dessen Begriff von Verantwortung und von Wahrheit. „In der Krise des Menschen", die Buber damals konstatierte, wo die Kollektivierung der Person und die Politisierung der Wahrheit um sich greifen, seien echte Gemeinschaft und echtes Gemeinwesen „nur in eben dem Maße zu verwirklichen, in dem die Einzelnen wirklich werden, aus deren verantwortendem Dasein sich das öffentliche Wesen erneut"[134]. So der Schlußsatz des Textes. Kierkegaard steht deutlich im Hintergrund all dessen, was Buber über den Einzelnen vor Gott zu sagen weiß, und nicht zuletzt ist auch sein ‚dialogisches Prinzip', wenn auch nicht von Kierkegaard aus entworfen, so doch aber in einigen Passagen stark ‚Kierkegaardianisch'.[135]

Aber Buber hat auch immer wieder mit großem Nachdruck auf die *Grenzen* von Kierkegaard hingewiesen und diese vor allem auf eine bestimmte *christliche* ‚Befangenheit' Kierkegaards zurückgeführt. Sein Hauptvorwurf an Kierkegaard – und darin kreuzt sein Weg den vieler anderer Kritiker, auch den oben angeführten von Levinas! – bezieht sich darauf, daß Kierkegaards Einzelner seine Gottesbeziehung *auf Kosten* der Beziehung zum Mitmenschen kultiviere. Kierkegaards Denken kreise unentwegt um einen wesentlichen *Verzicht*: „Dem ganzen neunzehnten Jahrhundert zum Trotz kann ich mich nicht verheiraten." (Kierkegaard) Das aber heißt für Buber, Gott auf die sublimste Weise mißverstehen: „Gott will, daß wir durch die Reginen, die er erschaffen hat, und nicht durch die Lossagung von ihnen zu ihm kommen."[136] Gott und Mitmensch sind keine Rivalen in meinem Verhältnis zu ihnen. Ja, überhaupt *nur* in der wesentlichen Beziehung zum Anderen findet die Gottesbeziehung ihren eigentlichen Ort. Gerade den *demonstrativen* Verzicht auf die Ehe interpretiert Buber als den Versuch Kierkegaards, sich der wirklichen *Andersheit*,

---

[134] M. Buber: *Das Dialogische Prinzip*, 267.
[135] Vgl. z.B. den dort vorgetragenen Begriff der Verantwortung: *Das Dialogische Prinzip*, 161 ff.
[136] *Das dialogische Prinzip*, 218.

um die es in der Gottesbeziehung geht, zu entziehen.[137] Wer eine Ehe eingegangen ist, so Buber, mache Ernst damit, „daß der Andere *ist* [...], daß ich mich nicht verantworten kann, ohne den Anderen mit zu verantworten, als der mir anvertraut ist. Damit aber ist der Mensch entscheidend in das Verhältnis zur Anderheit getreten; und das Grundgebilde der Anderheit [...] ist das öffentliche Wesen"[138]. Sicherlich unterbietet Buber mit dieser Kritik die Komplexität, die für Kierkegaard das Verhältnis zum / zur Anderen besitzt. Aber sie ist bezeichnend für Bubers Wahrnehmung Kierkegaards.

Denn auch Buber versteht diesen Einwand gegen den „Durchdenker des Christentums" als eine ausdrücklich ‚jüdische' Anfrage. Denn Bubers Zustimmung zu bzw. seine Kritik an Kierkegaard sind für ihn genau durch diese Grenze geschieden. Kierkegaards Denken steht bei Buber also zunächst für eine in gewisser Hinsicht ‚jüdische' Glaubenserfahrung – dann aber für dessen fragwürdige, ‚christliche' Überbietung. Gleich auf den ersten Seiten von *Die Frage an den Einzelnen* heißt es: Kierkegaards Allein-Stehen-vor-Gott sei „abrahamisch [...] –, und es ist christisch"[139]. Wohlgemerkt: „christ*isch*" nicht christ*lich*, d.h.: gut ‚jesuanisch', aber nicht ‚paulinisch'[140]. Kierkegaard wieder-

---

[137] Buber nimmt hier durchaus den Einwand von Levinas vorweg – ungeachtet der Differenz, die Levinas später immer meinte, zwischen sich und dem Denken von Buber markieren zu müssen, vgl. E. Levinas: *Martin Buber und die Erkenntnistheorie*, 130ff.

[138] *Das dialogische Prinzip*, 232. In dieser Hinsicht ergiebig wäre auch Bubers Buch *Das Problem des Menschen*, wo er im Zusammenhang mit seiner Auseinandersetzung mit Heidegger immer wieder auf Kierkegaards Einfluß auf die Anthropologie der Gegenwart zu sprechen kommt. Obwohl er Kierkegaard das Bestreben nach „Verwirklichung und Verleiblichung des Glaubens" (a.a.O., 92) bescheinigt, stünde dieser doch auch für die verhängnisvolle individualistische Tendenz der modernen Anthropologie. Kierkegaard sei einer der „großen Einsamkeitsdenker des Christentums" (a.a.O., 122) gewesen. Besonders bezeichnend für Bubers Sicht auf diese ‚Tendenz' sind die Schlußsätze seines Heideggerkapitels, aus denen ich oben schon kurz zitiert habe: „Als ich in meiner Jugend Kierkegaard kennenlernte, habe ich den Menschen Kierkegaards als den Menschen am Rande empfunden. Aber der Mensch Heideggers ist ein großer, entscheidender Schritt von Kierkegaard aus auf den Abgrund zu, wo das Nichts beginnt." (A.a.O., 126.) Denn: „In der Welt Kierkegaards gibt es ein Du zum anderen Menschen, das mit dem Wesen selbst gesprochen wird, wenn auch nur, um diesem Menschen [...] zu sagen, warum man auf das wesentliche Verhältnis zu ihm verzichtet hat; in der Welt Heideggers gibt es kein solches Du, kein wahrhaftes, von Wesen zu Wesen, mit dem ganzen eigenen Wesen gesprochenes Du." (A.a.O., 111.)

[139] M. Buber: *Das dialogische Prinzip*, 203f.

[140] Zu Bubers Verständnis des ‚Jesuanischen' und des ‚Paulinischen' vgl. *Zwei Glaubensweisen*, bes. 58-120.

hole einerseits „das uralte, mißbrauchte, entweihte, zerschlissene, unantastbare: dem Herrn gehorchen"[141]. Aber die paradoxe Kierkegaardsche Zuspitzung, der Einzelne lasse sich *wesentlich* nur mit Gott ein, diese Spezifizierung einer besonderen Andersheit Gottes *neben* dem und sogar in Rivalität zum anderen Mitmenschen bilde die entscheidend *christliche* Differenz.[142] Kierkegaard binde damit die Aufgabe, ein Einzelner zu werden, an einen ‚höchsten Maßstab', von dem er selber immer wieder zugibt, ihm nicht zu entsprechen. Dies mache „die Paradoxie der christlichen Aufgabe"[143] aus. Das Pathos des Kierkegaardschen Denkens lebe von dieser ‚Abstoßung', von diesem Postulat eines unerreichbaren ‚Engpasses'. Im Interesse eines solchen *Sprungs* komme es zur Forderung eines gewaltsamen Bruchs mit der Sphäre, die bisher den Ort der Gottesbegegnung verbürgte. Sein Denken komme von der „Religion als Spezifizierung"[144] nicht los.

Diese Gegenüberstellung einer jüdischen und einer christlichen Glaubensweise, die hier nur leise anklingt, ist bekanntlich in dem berühmten Buch *Zwei Glaubensweisen* ausführlich dargelegt – und zwar mit Hilfe von deutlich Kierkegaardianischen Kategorien! Das, was Buber dort als das spezifisch ‚Christliche' (re)konstruiert – und daß diese Differenz *konstruiert* ist, liegt deutlich zutage[145] –, erinnert stark an Kierkegaard.[146] Demnach bestünde die christliche *Pistis* im Gegensatz zur jüdischen *Emuna* nicht nur in jenem „vertrauenden Beharren" im Kontakt mit dem führenden und bundschließenden Herrn[147]. Sondern bei der christlichen *Pistis* geht es vor allem um eine *Wende*. „Die Christenheit *beginnt* als Diaspora und Mission." Der Glaubende ist hier „primär ein Einzelner", und die Gemeinschaft entsteht als „Verband der bekehrten Einzelnen"[148]. „An den zu Bekehrenden tritt Forderung und Weisung, das zu glauben, was er nicht in der Kontinuität, nur im Sprung zu glauben vermag."[149] Die *Pistis* sei daher im

---

[141] M. Buber: *Das dialogische Prinzip*, 212.
[142] Bubers Kommentar: „Kierkegaard, der um die ‚Gleichzeitigkeit' mit Jesus bemühte Christ, spricht hier seinem Meister zuwider." (A.a.O., 217.) Kierkegaard würde dieser Interpretation freilich nicht zustimmen.
[143] A.a.O., 213.
[144] A.a.O., 227.
[145] Vgl. dazu etwa D. Flussers Nachwort *Bubers ‚Zwei Glaubensweisen'*, 185ff.
[146] Natürlich hängt dies auch mit der starken Orientierung Bubers an Bultmanns *Theologie des Neuen Testaments* zusammen – die *ihrerseits* stark von einer Kierkegaardschen Sicht auf das Christliche geprägt ist (!).
[147] M. Buber: *Zwei Glaubensweisen*, 12.
[148] A.a.O., 11.
[149] A.a.O., 13.

Gegensatz zur *Emuna* wesentlich ein „Glauben, daß ...". Es geht um ein „Fürwahrhalten des bisher nicht für wahr, ja für absurd Gehaltenen, und es gibt keinen anderen Zugang"[150] zu diesem Glauben. An diesem Fürwahrhalten entscheidet sich das ganz *persönliche* – weil an die Entscheidung des Einzelnen gebundene – Heil.[151] Buber scheint sich hier nicht nur an seiner Pauluslesart zu orientieren, sondern vor allem an einer Kennzeichnung des ‚Christlichen', die maßgeblich auf Kierkegaard zurückgeht.

„... und es ist christisch"

Und überraschenderweise bringt gerade Kierkegaard Bubers Schema des „zwiefältigen Glaubens" auch wieder durcheinander. Zum Ende des Buches kommt Buber zweimal direkt auf Kierkegaard zu sprechen. Und das in einer so unvermittelten Weise, daß man den Eindruck hat, Kierkegaard habe *die ganze Zeit* im Hintergrund gestanden und werde nun zu guter Letzt als Zeuge auf die Bühne gerufen. Buber zitiert folgende Tagebuchnotiz Kierkegaards: „Vater im Himmel, es ist doch nur der Augenblick des Schweigens in der Innerlichkeit des Miteinanderredens, wenn ein Mensch in der Wüste verschmachtet, da er deine Stimme nicht hört."[152] Buber konzediert, daß dies bei Kierkegaard zwar von der persönlichen Existenz gesagt ist, aber in diesen Belangen sei zwischen der Situation der Person und der des Menschentums nicht zu scheiden. Dann aber könne man sagen: „Das Gebet Kierkegaards ist, trotz seines großen Christusglauben, nicht paulinisch oder johanneisch, sondern jesuisch"[153] – d.h. gut „jüdisch". Offenbar bewundert Buber bei Kierkegaard eine andere, „nicht-paulinische"[154]

---

[150] Ebd.
[151] Hier noch einmal die schon oben zitierte Typologie aus *Der Weg des Menschen*: „Dies ist ja einer der Hauptpunkte, an denen sich das Christentum vom Judentum geschieden hat: daß es für jeden Menschen sein eigenes Seelenheil zum höchsten Ziele machte. Für das Judentum ist jede menschliche Seele ein dienendes Glied in der Schöpfung Gottes, die durch das Werk des Menschen zum Reiche Gottes werden soll; so ist denn keiner Seele ein Ziel in ihr selbst, in ihrem eigenen Heil gesetzt." (A.a.O., 40.)
[152] Zitiert in M. Buber: *Zwei Glaubensweisen*, 176.
[153] A.a.O., 177.
[154] Das Zitat wird eingeleitet: „Daß es einen nichtpaulinischen Ausblick, also einen der Signatur des Zeitalters überlegenen, gibt, hat schon vor einem Jahrhundert eben Kierkegaard ausgedrückt, als er in sein Tagebuch ein Gebet schrieb, in dem es heißt: [...]." (A.a.O. 176) Bubers Interpretation Kierkegaards als „nicht-paulinisch" scheint mir an dieser Stelle jedoch wenig überzeugend. Auf jeden Fall würde sich Kierkegaards Verständnis des Paulus überhaupt nicht mit ihr in Einklang bringen lassen.

Art und Weise, die „unerlöste Konkretheit der Menschenwelt in all ihren Schrecken"[155] wahrzunehmen. Anstatt sich in eine individuelle *Erlösung* zu flüchten, hält Kierkegaard fest am *Schweigen Gottes*. Buber fügt hinzu: „wie es die unerlöste Judenseele pausenlos getan hat"[156]. Kierkegaards Christusglauben ist offen dafür, eine typisch „jüdische" Erfahrung von Wirklichkeit auszuhalten und auszudrücken. Wie ein in der „verfinsterten Welt umirrende[r] Spätling"[157] bekennt er mit Deuterojesaja *„Wohl, du bist ein Gott, der sich verbirgt, Gott Israels, Heiland!"* (Jes 45,15). Die Rede ist von der *Gottesfinsternis*, für die Kierkegaard ein Vorbote gewesen sei. Auf der letzten Seite kommt Buber noch einmal auf ihn zu sprechen. Die „Krisis" dieser Zeit der Gottesfinsternis besteht darin, daß das „Heilsgut des Christentums", nämlich „die erlöste Seele", in Gefahr geraten ist. In dem Maße, wie sich der Lebensbereich der Person nicht mehr gegen die Bestimmungsmacht des öffentlichen Wesens behaupten könne, werde das Wesen des christlichen Glaubens als Problem empfunden:

> „Das hat Kierkegaard vor hundert Jahren hart und klar erkannt, ohne aber die Ursachen hinreichend zu würdigen und den Herd der Krankheit aufzuzeigen. Es geht um das Mißverhältnis zwischen Heiligung des Einzelnen und der hingenommenen Unheiligkeit seiner Gemeinschaft, das sich mit Notwendigkeit auf die innere Dialektik der Menschenseele überträgt. Das Problem, das sich hier erhebt, weist auf die angestammte Aufgabe Israels hin – und auf dessen Problematik."[158]

Bubers Verhältnis zu Kierkegaard folgt damit der Maxime, die er Juden und Christen überhaupt zuweist: Sie hätten „einander Ungesagtes zu sagen und eine heute kaum erst vorstellbare Hilfe einander zu leisten"[159].

Emil L. Fackenheim:
Kann ein Jude Trost finden in Kierkegaards Abraham?

Einen wesentlich kritischeren Blick auf Kierkegaard in bezug auf dessen Verhältnis zum jüdischen Denken wirft der jüdische Theologe und Philosoph Emil L. Fackenheim in seinem Buch *Encounters between Judaism and modern Philosophy. A Preface to future Jewish*

---

[155] M. Buber: *Zwei Glaubensweisen*, 176.
[156] Ebd.
[157] A.a.O., 178. Diese Formulierung bezieht sich zwar unmittelbar auf Kafka. Im Textzusammenhang tritt aber die Parallelisierung Kierkegaards und Kafkas deutlich zutage.
[158] A.a.O., 182f.
[159] A.a.O., 183.

Thought[160]. Kierkegaards kompromißloser Individualismus, so heißt es dort programmatisch, stehe in einem deutlichen Kontrast zum jüdischen Glauben. „Can a Jew find comfort in Kierkegaard's Abraham?"[161] Fackenheim würde dies bestreiten.

Fackenheim liest *Furcht und Zittern* als eine Auseinandersetzung Kierkegaards mit Kants Pflichtbegriff. Aber auch wenn Kierkegaard den abrahamitischen Glauben gegenüber Kants Angriffen zu rehabilitieren versucht, so müsse man doch eher sagen, daß Kant die interessanteren Fragen an das Judentum stellt.[162] Zwar verwirft Kant rigoros jedes Recht Abrahams, sich auf ein göttliches Gebot zum Opfer zu berufen. Aber Kierkegaards Lobrede auf Abraham kann einen modernen Juden genauso wenig trösten. Nicht inwiefern die Gottesbeziehung das (moralische) Gesetz suspendiert, ist das jüdische Problem, sondern inwiefern das Gesetz, d.h. die Kantische Moralität, *gleichzeitig* als *offenbart* gedacht werden könne.[163] Daß die *Akedah* keine *gegenwärtige* Möglichkeit gläubigen, d.h. gesetzestreuen, jüdischen Lebens bilden kann, ist – so wie bei Kant – auch Fackenheims tiefe Überzeugung. Dazu gleich mehr.

Abrahams Lohn: die Gabe der Thora

Kierkegaards Lob Abrahams steht, nach Fackenheim, in einem deutlichen Kontrast fast zur gesamten jüdischen Tradition. Ich formalisiere drei Aspekte dieses Gegensatzes:

1. Das beginne schon dort, wo Kierkegaard den größten Wert auf die *Einsamkeit* des Glaubensritters legt. Die Thora dagegen verbindet gerade die Mitglieder der Bundesgemeinschaft miteinander. Selbst der Abraham der Midraschim ist nicht gänzlich allein. Er muß kommunizieren, und er tut dies im Midrasch tatsächlich: vor allem mit Isaak.[164]

---

[160] Die große Bedeutung Fackenheims für eine jüdische Theologie des Holocaust kann hier nur erwähnt werden. Vgl. dazu die verschiedenen Beiträge in M. Brocke / H. Jochum: *Wolkensäule und Feuerschein*, bes. 73ff. 136-212. 238-272. Ich gehe hier auf Fackenheim nur insofern ein, als seine Theologie mit einer besonderen Beurteilung Kierkegaards bzw. dessen Auslegung der *Akedah* zusammenhängt. Zur Kierkegaardinterpretation von Fackenheim vgl. W. A. Shearson: *The Fragmented Middle. Hegel and Kierkegaard*, 64ff.

[161] E. Fackenheim: *Encounters*, 35.

[162] Vgl. a.a.O., 37.

[163] Vgl. dazu Fackenheims Ausführungen a.a.O., 37-53.

[164] Vgl. a.a.O., 65. Fackenheim denkt hier an Texte wie z.B. den Targum über Gen 22, den ich oben zitiert habe, vgl. S. 176, Anm. 22.

2. Warum ist der Kierkegaardsche Abraham gehorsam? Fackenheim zitiert folgende Passage: „Um Gottes willen und in Eins damit um seiner selbst willen. Um Gottes willen tut er es, weil Gott diesen Beweis seines Glaubens heischt, um seiner selbst willen tut er es, um den Beweis zu führen." (FZ 64) *Um seiner selbst willen*: Nach Fackenheim gibt es keine Passage, die jeder Form von jüdischer Religiosität fremder sein könnte. Für den midraschischen Abraham könne der „Zweck" der Prüfung niemals eine private Angelegenheit zwischen sich und Gott sein. Unter keinen Umständen könne es um sein *eigenes* Seelenheil dabei gehen: „Again under no circumstances, for he who was to die contented in the knowledge that Isaak would live could not possibly cherish his own soul above his son's life. [...] any Jewish Abraham to be left without knowledge of a purpose is far better than to be given *this* purpose."[165]

3. Was ist also Abrahams ‚Lohn'? Für Kierkegaard sei dies ein Geschehen allein zwischen Abraham und Gott. Im Midrasch dagegen betrifft Abrahams Gehorsam alle zukünftigen Generationen Israels und in eschatologischer Hinsicht sogar alle Völker. Er zitiert einen Midrasch, wo Gott Abraham erklärt: *Es war mein Wunsch, daß die Welt erfahren sollte, daß ich nicht ohne Grund dich erwählt habe aus allen Nationen. Nun gibt es das Zeugnis unter den Menschen, daß du Gott gefürchtet hast.*[166] Der ‚Lohn' Abrahams ist Gottes Bund mit Israel. Und dies bedeutet nichts anderes als die Gabe der *Thora*.

Von daher löst sich für Fackenheim der Widerspruch zwischen dem *absoluten* Verbot der Thora zu töten und dem Zeugnis von Abraham: für den Midrasch sind diejenigen, die die Thora halten, also diejenigen, die Abraham *nicht* folgen, Kinder Abrahams. Für Kierkegaard dagegen sei *jeder* Gläubige ein potentieller Abraham, sei er Kind Abrahams, indem er handelt *wie* jener:

„For Kierkegaard, the ethical is actually suspended in the *Akedah*, and potentially suspended for every knight of faith after Abraham. In Judaism, the Torah ends the possibility of any such suspension [...]. In short, whereas Kant bids Jewish thought to reject even the original *Akedah*, Kierkegaard demands of Jewish thought the eternal perpetuation of its possibility. Whereas Kant will not let the Torah rest on Abraham's merit, Kierkegaard would rob us of the Torah, which forbids child sacrifice."[167]

Warum also achtet ein Jude Abraham – wenn er auch jedes *gegenwärtige* Kindsopfer für verboten hält? Weil die *Akedah* steht für die im-

---

[165] A.a.O., 65.
[166] Zitiert ebd.
[167] A.a.O., 63.

mer wieder neu in Kraft gesetzte Gabe der Thora: dafür, daß durch sie alle nur ‚menschlichen' Werte in Frage gestellt werden bei gleichzeitiger Anerkennung, daß gewisse Dinge nicht länger in Frage stehen – um auf diese Weise die wahre Humanität zu empfangen.[168] Für den jüdischen Glauben gilt: „The *Akedah* is present for him as a past, perpetuelly reenacted and superseded."[169]

Das Ende des Martyriums

Nun gibt es allerdings auch, wie oben gesehen, jene andere Überlieferung in den rabbinischen Quellen, die die bisher vorgetragene Deutung noch nicht erfaßt: Die *Akedah* wurde sehr wohl auch verstanden als *gegenwärtige Realität*, als Urbild des (jüdischen) Martyriums zur *Heiligung des Namens* (*Kiddush Haschem*). Und diese scheint auf den ersten Blick Kierkegaard wesentlich näher zu kommen. Fackenheim fragt daher mit Bezugnahme auf derartige rabbinische Texte: Sollen wir jene jüdischen Märtyrer also als „Kierkegaardsche Glaubensritter" verstehen?[170] Doch auch dies bestreitet Fackenheim. Das jüdische *Kiddush Haschem*[171] ließe sich in den Kategorien von Kierkegaards Denkens gerade nicht erfassen.

Als Beispiel nimmt er Kierkegaards Text *Hat ein Mensch das Recht, sich für die Wahrheit totschlagen zu lassen*. Dieser Text spricht, trotz seines allgemeinen Titels, ausschließlich von einem *christlichen* Martyrium. Juden kommen in diesem Text nicht vor, höchstens als diejenigen, die Christus getötet haben.[172] „But, for all this, are his reflections on Christian martyrdom relevant to Jewish martyrdom? They are not. [...] For the Jewish situation they are without substance and relevance."[173] Warum? Kierkegaards Überlegungen kreisen um die Frage, ob ein gegenwärtiger Christ dem *anderen Christen* gegenüber das Recht hat, eine Auseinandersetzung um die Wahrheit unter Einsatz seines Lebens zu führen. Aber hatten die jüdischen Märtyrer, so fragt Fackenheim, eine solche *Wahl*?

„The *were being* singled out, and had the choice only between faithfulness unto death and total apostasy. In choosing death, did they witness to „absolute Truth" against total

---

[168] Vgl. a.a.O., 70.
[169] Ebd.
[170] A.a.O., 71.
[171] Vgl. dazu die große Studie von V. Lenzen: *Jüdisches Leben und Sterben im Namen Gottes*, pass.
[172] Vgl. ZKA 86. 89 u.ö.
[173] E. Fackenheim: *Encounters*, 74.

falsehood? Although given every reason to consider christianity false, they made no necessary judgment about the Christianity of Christians but only about their own Judaism: they must remain faithful to the divine-Jewish convenant. Could each person choose as an individual? They were singled out as a community, with fathers facing a necessity never dreamt of by Kierkegaard – that of choosing with and in behalf of their children."[174]

Lediglich Kierkegaards Frage, ob ein Mensch nicht überhaupt schon dadurch Gott versuche, *daß* er seinen Tod wolle, daß er ihn ‚akzeptierte' zugunsten der Wahrheit, scheint Fackenheim für Juden anwendbar. Und hierbei wendet er sich nun auch entschieden gegen jede Verklärung des jüdischen *Kiddusch Haschem*. *Nach* Auschwitz ist *diese* Deutung der *Akedah* nicht mehr erlaubt. Jüdisches *Überleben* steht über allem anderen Gehorsam: „Jewish life is more sacred than Jewish death, even if it is for the sanctification of the divine name."[175] Darin vernimmt Fackenheim „die gebietende Stimme von Auschwitz"[176]. Durch Auschwitz sei „ wenn nicht die christliche, so doch die jüdische Verherrlichung des Martyriums von Grund auf erschüttert – vielleicht für immer." Fußnote dazu: „Dies steht im Gegensatz zu Sören Kierkegaards *Furcht und Zittern*."[177]

Furcht und Zittern nach Auschwitz

Ich möchte kurz unterstreichen, was mir an dieser Kierkegaardlesart in meinem Zusammenhang wichtig ist.

Fackenheim liest Kierkegaard *nach Auschwitz*. Ähnlich wie Buber, wie Levinas und viele andere ist er davon überzeugt, daß ein Denken in den Bahnen Kierkegaards – denn er geht nicht so weit, dies mit

---

[174] A.a.O., 75.
[175] A.a.O., 77.
[176] „The commanding voice of Auschwitz": So lautet die Überschrift eines Kapitel seines Buches *God's Presence in History. Jewish Affirmations and Philosophical Reflections*. (Die folgenden Zitate beziehen sich auf die deutsche Übersetzung dieses Kapitels in: M. Brocke / H. Jochum (Hrsg.): *Wolkensäule und Feuerschein*, 73-110.) Auschwitz, so heißt es dort, gibt dem jüdischen Volk ein neues Gebot: nämlich das jüdische Volk und die jüdische Religion zu bewahren. Weil Hitler auf die Vernichtung von beidem aus war, ist es die Pflicht aller überlebenden Juden, sicherzustellen, daß sie sein Werk nicht vollenden, daß sie nicht das zulassen, was Hitler, letztlich vergeblich, versuchte. Fackenheim richtet sich hier gegen Rubinsteins Rede vom Tod Gottes in Auschwitz. Für den religiösen Juden bedeutet Auschwitz gerade, daß er weiterhin religiös sein muß, wie sehr Auschwitz seinen Glauben auch durcheinanderbringt. Und dem säkularisierten Juden befiehlt die Stimme von Auschwitz, Juden und Judentum vor dem Untergang zu bewahren.
[177] E. Fackenheim: *Die gebietende Stimme von Auschwitz*, 84.

dem *christlichen* Glauben überhaupt gleichzusetzen[178] – zu einer gefährlichen Destruktion der Moral und Humanität führt, daß das Christentum Kierkegaards nicht wirklich in der Lage ist, die Humanität Gottes zu bezeugen. Er verweist dabei auf die Figuren in Kierkegaards Denken, die auch schon Buber kritisierte: die scheinbare Loslösung der Gottesbeziehung von der Thora, der Individualismus in der Heilszusage, das Bestehen auf einem ‚*Glauben, daß* …' im Bezeugen der ‚Wahrheit'.

Aber andererseits ist auch Fackenheims Argumentation stärker an Kierkegaard orientiert, als es bisher den Anschein hat. Eigentümlicherweise wird gerade die jüdische Existenz nach Auschwitz von Fakkenheim wieder in starker Anlehnung an Kierkegaard beschrieben. So liest man etwa an gleicher Stelle auch:

„Sören Kierkegaards ‚Glaubensritter' sah sich gezwungen, auf dem Weg, der Abraham zum Berg Moria führte, wo Isaaks Opferung stattfinden sollte, nachzufolgen. Ein Jude von heute ist gezwungen, dem Weg zu folgen, der seine Brüder nach Auschwitz führte. […] Ihn wieder zu begehen bedeutet, den Tod zu durchleben."[179]

Nur aus einer solchen wesentlichen Trauer heraus könne auch jüdisches *Leben* gewählt werden. Die Juden seien durch diese gebietende Stimme von Auschwitz auf besondere Weise *ausgesondert*[180]. Dieses Leben ist ständig von einem *Wahnsinn*[181] bedroht. Jüdischer Existenz ist es geboten, auf „einsamen Posten"[182] auszuharren und Zeuge zu sein vor den Völkern: „Der Jude nach Auschwitz ist ein Zeuge für das Ausharren. Er ist durch Widersprüche ausgesondert, die in der Welt nach dem Holocaust weltweite Widersprüche geworden sind."[183] Fackenheim stellt sein ganzes Nachdenken unter die Frage:

„Aber könnte es nicht sein, daß aus gutem Grund Furcht und Zittern und ein erdrükkendes Gefühl der außerordentlichen fürchterlichen Verantwortung für vier Jahrtausende jüdischen Glaubens es sind, die das jüdische theologische Denken wie Hiob in Schweigen verharren ließen und uns davon abhalten, jetzt, da es unvermeidlich geworden ist zu sprechen, uns voller Anmaßung in Dinge einzumischen, vor denen wir eine heilige Scheu empfinden?"[184]

---

[178] „Kierkegaards uncompromising individualism clearly contrasts with the Christian as well as the Jewish faith." *Encounters*, 36.
[179] E. Fackenheim: *Die gebietende Stimme von Auschwitz*, 102.
[180] A.a.O., 97.
[181] A.a.O., 104.
[182] Ebd.
[183] A.a.O., 107.
[184] A.a.O., 80.

Fackenheims Theologie ist durchaus auch als ein Gespräch mit Kierkegaard zu lesen. Jüdischer Glaube – und im besonderen: nach Auschwitz – findet sich in einer ganz ähnlichen Situation vor wie der, von der die Kierkegaardschen Begriffe *Verantwortung, Zeugnis, das Leben auf vorgeschobenem Posten* und *Glauben in ‚Furcht und Zittern'* Rechenschaft ablegen wollen. Natürlich redet Fackenheim in den oben gegebenen Beispielen nicht von dem *einzelnen* Juden, sondern von der Besonderheit *der Juden*. Aber läßt sich dies in der jüdischen Existenz trennen? Fackenheim hat diese Nähe von jüdischem Denken und einem Kierkegaardschen Existentialismus an anderer Stelle nachdrücklich unterstrichen: „To look for a Jewish existentialism is nothing more than to take Kierkegaard's insight seriously."[185] Ein existentialistischer Denker ist kein Mensch-im-Allgemeinen. Er wiederholt und durchlebt damit alle Paradoxien der *jüdischen* Partikularität. Wenn ein Jude Kierkegaard liest, könnte sich somit folgende Situation ergeben:

„indeed, that he will heed the general existentialist maxim, and test in the light of his Jewish particularity any universal that might come on the scene and challenge it. Such a testing might well spell the end of that long tutelage of modern Jewish to modern philosophical thought […]. Its effect might be to liberate Jewish thought for a task awaiting it in the modern world."[186]

Emmanuel Levinas:
Der „Kierkegaardsche Gott" zwischen Rätsel und Phänomen

Kommen wir noch einmal auf Levinas' Verhältnis zu Kierkegaard zurück. Interessanterweise kommt auch Levinas, wenn es um die Gegenüberstellung von jüdischer und christlicher Denkweise geht, mit großer Regelmäßigkeit und Selbstverständlichkeit auf Kierkegaard zu sprechen. Und auch bei Levinas geht es dabei um ein ‚Denken nach der Schoa'[187], das Anfragen an *den christlichen Denker* Kierkegaard richtet. Man kann dies besonders gut an Levinas' Aufsatz *Rätsel und Phänomen* ablesen.[188]

---

[185] E. Fackenheim: *Encounters*, 201.
[186] A.a.O., 202.
[187] Vgl. zu dieser Ausrichtung von Levinas bes. S. Sandherr: *Eine Religion für Erwachsene* und W. Stegmaier: *Ethischer Widerstand*, pass.
[188] Der Text ist abgedruckt in *Die Spur des Anderen*, 236-260. Vgl. dazu M. Westphals Kommentar dieses Textes, der ihn als den am meisten „Kierkegaardianischen" von allen Levinas-Aufsätzen bezeichnet: *The Transparent Shadow: Kierkegaard and Levinas in Dialog*, 265.

Gott incognito

Levinas' Ausgangspunkt ist seine Grundthese, daß die Philosophie als „vernünftige Rede" ausgerichtet sei auf das, was sich zeigt, „infolgedessen auf die Gegenwart"[189]: Philosophie ist Seinsverständnis oder Ontologie oder Phänomenologie. Demgegenüber füge sich die Rede vom ‚Sein' Gottes niemals in die Struktur phänomenologischen Denkens. Gott tritt in Erscheinung, „ohne zu erscheinen"[190]. Das Denken des Glaubens hat es mit einem „Rätsel" zu tun, das die vernünftige Rede „verwirrt", ohne in eine neue Ordnung aufgenommen werden zu können. Ein Rätsel, das nur auf eine Weise *gesagt* werden kann, die zugleich den Rückzug des *Gesagten* bestätigt. Ein solches Denken denkt einen Gott, „der im Exil" (245) ist, der um meine Anerkennung nachsucht und „dennoch zugleich das *Inkognito*" wahrt (246). Sich in der Armut der Exilierten zu zeigen, heißt den Zusammenhalt des Universums zu sprengen, ohne sich in ihm einzureihen. Gott ist *absolut störend*.

An dieser Stelle nun kann sich Levinas offenbar ohne Vorbehalte auf Kierkegaard beziehen.[191] Der „kierkegaardsche Gott" scheint weitestgehend der von Levinas gesuchten neuen *Modalität des Denkens* zu entsprechen. Kierkegaards Begriff von ‚Offenbarung' kreise ebenfalls um dieses *Incognito* einer Wahrheit, die im Namen der ‚vernünftigen Rede' verfolgt wird. Hören wir eine Passage des Aufsatzes im Zusammenhang:

„Der Gott, der gesprochen hat, hat nichts gesagt, ist incognito vorübergegangen; alles im Lichte des Phänomens widerlegt, dementiert, verdrängt, verfolgt ihn. Der kierkegaardsche Gott, der sich nur offenbart, um verfolgt und verleugnet zu werden, der sich nur offenbart in dem Maße, in dem er fortgejagt wird, dergestalt, daß die Subjektivität, verzweifelt in ihrer Einsamkeit, in der diese unbedingte Demut sie läßt, gerade der Ort selbst der Wahrheit wird – der kierkegaardsche Gott ist nicht nur Träger gewisser Attri-

---

[189] E. Levinas: *Die Spur des Anderen*, 236.
[190] A.a.O., 246.
[191] Westphal sieht in Levinas' Vorgehen eine deutliche Analogie zu Kierkegaards Strategie in den *Philosophischen Brocken*: Beiden geht es darum, das *Andere* des ‚philosophischen' Diskurses von Platon bis Hegel zu denken. Levinas' ‚Rätsel' ist wie Kierkegaards ‚Paradox' das, was ein Denken als *Anamnesis* ausgeschlossen hat. Interessanterweise findet Levinas dieses Ausgeschlossene aus dem ‚vernünftigen' Diskurs in der jüdischen Tradition, während Climacus ausschließlich auf die Inkarnationschristologie rekurriert. Westphal konstruiert in diesem Zusammenhang eine scharfe Gegenüberstellung von Levinas zu Derrida und anderen ‚postmodernen Philosophen', die davon ausgingen, daß eine ernste Kritik der Metaphysik nur außerhalb der ‚jüdisch-christlichen' Tradition möglich sei, vgl *The Transparent Shadow*, 272f. Für Derrida zumindest scheint mir eine solche These abwegig zu sein.

bute der Demut, sondern eine Weise der Wahrheit; diese Wahrheit wird nicht bestimmt durch das Phänomen, durch Gegenwart und Gleichzeitigkeit; sie mißt sich nicht an der Gewißheit. Es ist eine Wahrheit, die nicht auf das Phänomen zurückgeführt werden kann. Daher ist sie wesentlich für eine Welt, die nicht mehr zu glauben vermag, daß die Bücher über Gott die Transzendenz als Phänomen und das Ab-solute als Erscheinung bezeugen."[192]

Auf seine Weise unterstreicht also Levinas Kierkegaards *Aktualität*. Sein Denken sei wesentlich für eine bestimmte Erfahrung Gottes: und zwar angesichts von dessen Nicht-*Phänomenalität*, wie sie besonders im „moralischen Verhalten der Welt"[193] offensichtlich ist. In vergleichbarer Weise kommt Levinas auch in dem Vortrag *Menschwerdung Gottes?*[194] auf Kierkegaard zu sprechen. „Zweifellos ist Kierkegaard derjenige, der die von dem Thema der Demut Gottes vermittelte philosophische Vorstellung der Transzendenz am besten verstanden hat."[195] Die verfolgte Wahrheit sei für ihn eben weit mehr als nur eine schlecht erforschte Wahrheit. Kierkegaards Denken stehe für die den Glauben kennzeichnende „positive Großzügigkeit der Ungewißheit"[196]. Von daher löse Kierkegaard es vorbildlich ein, was es bedeutet, den Gedanken der „Menschwerdung Gottes" *philosophisch* ernst zu nehmen. Levinas wird diesbezüglich jedoch auch eine grundsätzliche Anfrage an Kierkegaard richten. Doch bleiben wir noch kurz bei dessen Würdigung.

Eigentlich ist es bemerkenswert, wie stark sich Levinas in *Phänomen und Rätsel* an Kierkegaard anlehnen kann. Vor allem dessen Begriff der *Subjektivität*, dessen „Heilsegoismus" an anderer Stelle so scharf kritisiert wurde[197], rückt jetzt ganz in den Horizont ein, in dem Levinas das „inspirierte Subjekt" zu denken versucht.[198] Kierkegaard

---

[192] E. Levinas: *Die Spur des Anderen*, 247.
[193] A.a.O., 237.
[194] Deutsche Übersetzung enhalten in: E. Levinas: *Zwischen uns*, 73-82.
[195] A.a.O., 77.
[196] A.a.O., 76. Vgl. dazu auch Levinas Bezugnahme auf Kierkegaard in *Hermeneutik und Jenseits* (enthalten in: *Wenn Gott ins Denken einfällt*, 132-149), 147: Kierkegaard habe das Begehren philosophisch rehabilitiert. Im Gegensatz zu einem an der Befriedigung orientierten Denken erkennt Kierkegaard in der Unerfülltheit den positiven Ausdruck der Gottesbeziehung. „Er ist damit der erste Philosoph, der Gott denkt, ohne ihn von der Welt aus zu denken. [...] Das Begehren ist hier nicht ein Mangel." A.a.O., 147.
[197] Vgl. E. Levinas: *Totalität und Unendlichkeit*, 444 und meine Ausführungen oben S. 168ff.
[198] Vgl. dazu die gerade für die christliche Rezeption von Levinas sehr ergiebigen Beiträge von S. Sandherr: *Eine Religion für Erwachsene* bzw. E.Dirscherl: *Das inspirierte Subjekt bei Emmanuel Levinas – eine Inspiration für die christliche Theologie?*

habe jene Subjektivität „geahnt", die sich ganz der Verantwortung dem Anderen gegenüber verpflichtet weiß. Dies war auch die Pointe von Derridas Kierkegaardlektüre:

> „Aber das Rätsel betrifft die Subjektivität, die allein seine Einflüsterung festzuhalten vermag [...], diese Einflüsterung, versucht man sie zum Gegenstand einer Mitteilung zu machen, wird so schnell dementiert, daß diese Ausschließlichkeit den Sinn einer Vorladung erhält, die allein ein Wesen von der Art einer Subjektivität vorrufen kann. Geladen, um vor Gericht zu erscheinen, zu einer unaufhörlichen Verantwortung aufgerufen – wogegen sich die Entbergung des Seins mit Wissen und vor den Augen der Allgemeinheit vollzieht – ist die Subjektivität der Partner des Rätsels und der Transzendenz, die das Sein verwirrt. [...] Hier bedarf es, wie wir gesagt haben, jemandes, der nicht mehr mit dem Sein verwachsen ist und der auf eigenes Risiko und auf eigene Gefahr hin dem Rätsel antwortet und die Anspielung aufnimmt: Es bedarf der Subjektivität, die allein ist, einzig, verschwiegen wie Kierkegaard sie geahnt hat."[199]

Inkarnation oder Messianismus

Allerdings fällt bei dieser Bezugnahme auf Kierkegaard auf, daß Levinas – und dasselbe gilt für Derridas Lektüre – diesen „kierkegaardschen Gott" ganz von seiner christologischen Begründung bei Kierkegaard abzukoppeln scheint oder diese zumindest wesentlich umdeutet. Levinas interessiert sich mehr für jene „formelle Idee einer Wahrheit", die abgelöst wird vom christlichen „Heilsdrama". Ausdrücklich heißt es:

> „Jenseits des Heilsdramas, das für Kierkegaard, den christlichen Denker, sich in der Existenz abspielte, die er fixiert und beschrieben hat, scheint uns sein eigentlich philosophisches Werk in der formellen Idee einer Wahrheit zu liegen, die im Namen der universal evidenten Wahrheit verfolgt wird, in der formellen Idee eines Sinns, der in einem Sinn verblaßt, eines Sinnes, der also schon vorübergegangen ist und verjagt, der die *unverrückbare Gleichzeitigkeit* des Phänomens zerbricht."[200]

Man wird hinzufügen müssen, daß dieses „jenseits" nicht nur das Absehen von der theologischen Begründung zugunsten einer ‚rein philosophischen' Argumentation meint, sondern es geht Levinas um ein „jenseits" zur *christlichen* Perspektive Kierkegaards. Nicht zufällig wird der Begriff der *Gleichzeitigkeit* im eben zitierten Satz hervorgehoben. Dieser Schlüsselbegriff für die Kierkegaardsche Christologie wird offenbar für unvereinbar gehalten mit der Levinasschen *Diachronie*, die jede Beziehung zur Transzendenz Gottes bzw. zur Andersheit des Anderen prägt. Damit die Andersheit, die die Ordnung stört, nicht sogleich vereinnahmt wird, damit der Horizont des Jenseits tatsächlich offen *bleibt*, kommt bei Levinas alles darauf an, daß

---

[199] E. Levinas: *Die Spur des Anderen*, 253. 256f. Vgl. Ders.: *Zwischen uns*, 79ff.
[200] E. Levinas: *Die Spur des Anderen*, 247.

das ‚Erscheinen' Gottes bereits ‚Abwesenheit' ist. Das Sich-Losreißen von der Ordnung muß in einem außerordentlichen Anachronismus dem Eintritt in die Ordnung *vorausgehen*. Es erfordert eine Vergangenheit, die quasi nie Gegenwart war. Das ist die Levinassche Denkfigur der *Spur*.[201] Gottes Transzendenz entzieht sich *jeder* ‚Gleichzeitigkeit'. Also auch der von Kierkegaard geforderten?

Man könnte sich hier sehr wohl fragen, ob nicht auch Kierkegaards Dringen auf die *Gleichzeitigkeit mit Christus* einem ähnlichen Impetus folgt. Kierkegaards „Gleichzeitigkeit" forderte ja gerade, die Erfahrung des *Incognito* Gottes in Christus, d.h. dessen Entzogenheit für jedes sich vergewissernde Wissen als *gegenwärtige* Erfahrung zu wiederholen. Es geht ihm darum, sich *in der Gegenwart der Entzogenheit Gottes*, die als solche den Glauben erst ermöglicht, auszusetzen. „Gegenstand des Glaubens ist der Gott-Mensch eben deshalb, weil der Gott-Mensch Möglichkeit des Ärgernisses ist." (EC 146) Weil er wesentlich nur ‚mittelbar' kenntlich ist, nur „Zeichen des Widerspruchs", m.a.W. nur „Geheimnis, durch das alles offenbar worden, jedoch im Geheimnis" (EC 137), eben ein „Rätsel" (EC 129). Die wahre „Gleichzeitigkeit mit Christus" will also die wesentliche Entzogenheit Gottes gerade in seiner Offenbarung sicherstellen.

Genau hier aber scheint Levinas' Anfrage an die Kierkegaardsche Lehre von der ‚Menschwerdung Gottes' anzusetzen. In einem Vortrag Levinas', der genau diesen Titel trägt: *Menschwerdung Gottes*, heißt es: „Liest man Kierkegaard, so kann man sich sogar fragen, ob diejenige Offenbarung, die ihre Herkunft nennt, nicht dem Wesen der transzendentalen Wahrheit widerspricht, weil allein dadurch sie ihre machtlose Autorität gegen die Welt behaupten würde. Man kann sich fragen, ob der wahre Gott jemals sein Inkognito lüften kann, ob die ausgesprochene Wahrheit nicht sogleich als nicht ausgesprochen erscheinen müßte [...]. Nicht die historische Gegenwart ist das rätselhafte Zwischen eines erniedrigten und transzendenten Gottes, sondern das Antlitz des Anderen."[202] Der ausgezeichnete ‚Ort' der Begegnung mit der Transzendenz Gottes, die sich jeder Aneignung durch das Denken der Immanenz entzieht, ist das Antlitz des Nächsten: „Ein Du schiebt sich zwischen das Ich und das absolute Es."[203] Und vielleicht käme so, so scheint Levinas zu fragen, Kierkegaards Anliegen besser zu seinem Recht.

---
[201] Vgl. dazu Z. Levy: *Der Begriff der Spur bei E. Lévinas und J. Derrida*, 89ff.
[202] E. Levinas: *Zwischen uns*, 79.
[203] Ebd.

Ein Gott für Erwachsene

Es handelt sich hierbei letztlich um das, was Levinas als die eigentümlich *Jüdische* Erfahrung des Glaubens der christlichen Theologie entgegenzusetzen versucht. Besonders gegenüber Kierkegaard – so, als stünde er für *das* Paradigma des ‚Christlichen' – ist dies von Levinas immer wieder vorgebracht worden.

So z.B. in *Die Thora mehr lieben als Gott*, wo wir uns in demselben Zusammenhang bewegen, der auch Fackenheims Kierkegaardlektüre leitete. Levinas schildert dort in eindrücklicher Weise, was für ihn Gottesglaube *nach Auschwitz* bedeutet. Im Anschluß an den (fiktiven) Bericht eines Überlebenden aus dem Warschauer Getto stellt er sich die Fragen: „Was bedeutet dieses Leid der Unschuldigen? Zeugt es nicht von einer Welt ohne Gott [...]?" Aber jener Augenzeuge verspürt die Gewißheit Gottes „unter einem leeren Himmel mit neuer Kraft. Denn wenn er so allein existiert, dann deshalb, um auf seinen Schultern die ganze Verantwortung Gottes zu spüren. Es gibt auf dem Weg, der zu dem einen Gott führt, eine Station ohne Gott. [...] Ein Gott für Erwachsene manifestiert sich gerade durch die Leere des kindlichen Himmels. Es ist der Augenblick, da Gott sich von der Welt zurückzieht und sein Antlitz verhüllt."[204] Levinas unterstreicht, daß es sich hierbei um einen „spezifisch jüdischen Sinn des Leidens" handelt, das in keinem Augenblick den Wert „einer mystischen Buße für die Sünden der Welt gewinnt"[205]. Allerdings haben wir gesehen, daß man bei einem solchen Verständnis von Leiden durchaus auch an Kierkegaard denken könnte. Levinas scheint dies auch zu tun. Denn ganz unvermittelt hält er es für nötig[206], genau diese Assoziation abzuweisen:

„Ist ein Gott möglich, der sein Antlitz verhüllt und als gegenwärtig innerlich erkannt wird? Handelt es sich um eine metaphysische Konstruktion, um einen paradoxalen

---

[204] E. Levinas: *Schwierige Freiheit*, 110.
[205] A.a.O., 111.
[206] Diese Abwehr Kierkegaards hat bei Levinas freilich etwas auffallend Schematisches. Immer wenn es darum geht, eine bestimmte Berührung mit christlichen Denkfiguren abzuweisen, fällt unvermittelt, als wäre es das Selbstverständlichste, der Name Kierkegaards. So z.B. auch in dem Aufsatz *Ethik und Geist* (1952), wo es um die Frage geht, ob das Judentum neben der bloßen „jüdischen Moral" nicht auch noch anderer, „religiöser Kategorien" bedürfe. Levinas kürzt ab und fragt: „Kann demnach eine jüdische Erneuerung unter dem Zeichen des Irrationalen, des Numinosen, des Sakramentalen erfolgen? Denn eben dies sind die religiösen Kategorien, nach denen man für sich sucht. Wir brauchen eine eigene heilige Theresa! Kann man ohne Kierkegaard noch Jude sein? Glücklicherweise gab es den Chassidismus und die Kabbala! Keine Angst: man kann [...]." In: *Schwierige Freiheit*, 11-20, hier 14.

Salto mortale nach Kierkegaards Geschmack? Wir meinen, daß sich darin im Gegenteil die besondere Physiognomie des Judentums äußert: das Verhältnis zwischen Gott und dem Menschen ist keine sentimentale Kommunion in der Liebe eines inkarnierten Gottes, sondern eine Beziehung zwischen Geistern vermittels einer Belehrung, der Thora. Es ist gerade ein nichtinkarniertes Wort Gottes, das von einem lebendigen Gott unter uns zeugt. Das Vertrauen in einen Gott, der sich durch keine irdische Autorität kundtut, kann nur auf der inneren Evidenz und dem Wert einer Belehrung beruhen."

Ich möchte die Kennzeichnungen Kierkegaards bzw. des Christentums hier nicht im einzelnen diskutieren. Aber daß es sich für Kierkegaard um keine „sentimentale Kommunion" handelt, sondern um *Ärgernis* und Wagnis, wenn er sich auf das Paradox des Gottmenschen bezieht, daß es in der Inkarnation gerade nicht um eine „irdische Autorität", sondern um das *Inkognito* Gottes ging – das ließe sich, wie oben angedeutet, leicht zeigen.

Aber es kann hier nicht darum gehen, all das, was Levinas zu bedenken gibt, auch schon ‚so ähnlich' bei Kierkegaard zu finden und darüber zu streiten, ob dies nun noch ‚jüdisch' oder schon ‚christlich' sei. Es geht hier nicht um eine Neuauflage der – leidvollen – Disputationen zwischen *christlichem* Inkarnationsglauben und *jüdischer* Thorafrömmigkeit, nicht um den – immer gewaltsamen – Versuch, noch einmal *die Wahrheit über* den anderen Glauben zu sagen und ihn in diesem Sinne (dialektisch und faktisch) *aufzuheben*.

Sondern es muß darum gehen, sich von Levinas auf bestimmte Motive hinweisen zu lassen, die uns Kierkegaard – oder die christliche Theologie überhaupt[207] – noch einmal in einem neuen Licht sehen las-

---

[207] Vgl. dazu M. Poorthuis: *Die Bedeutung von Emmanuel Levinas für die Christologie* und J. Wohlmuth: *Herausgeforderte Christologie*. M. Poorthuis Devise scheint mir sehr angemessen zu sein: „Oft wird Levinas als Denker des Prophetischen im Christentum begrüßt, womit man aber den Unterschied zwischen Judentum und Christentum nicht respektiert. Oder man findet einen christlichen Denker, der einen Sachverhalt genauso formuliert wie Levinas, und man glaubt als Christ aufatmen zu können. [...] Die Nützlichkeit solcher Arbeiten ist nur eine begrenzte [...]." Die prinzipielle Frage sei vielmehr: „Gibt es ein Grundanliegen, einen tragenden Gedanken, in dem Levinas seine Kritik an christlichen Vorstellungen formuliert, und können Christen dieses Grundanliegen aufgreifen, in der Absicht, die Kritik fruchtbar zu machen für den eigenen Glauben? Das wäre auch dann möglich, wenn man den jüdischen Standpunkt respektiert, ohne sich ganz mit ihm zu identifizieren." A.a.O., 204f. Vgl. dazu auch die neuerliche umfangreiche Studie von U. Dickmann: *Subjektivität als Verantwortung* und die Beiträge im Themenheft der EvTh 59 (1999), Heft 4 *Hohe Christologie und messianische Tradition* (besonders verweise ich wieder auf J. Wohlmuths Beitrag *Jüdischer Messianismus und Christologie*, 286ff.). Außerdem ist auf die sehr interessante christliche Rezeption von Levinas' Stellvertretungsgedanken bei J. Hoff zu verweisen: *Spiritualität und Sprachverlust*, 153ff.

sen.²⁰⁸ Und dazu könnte Levinas Vorbehalt gegenüber dem Gedanken der Inkarnation auf jeden Fall gehören. Woran ihm dabei nämlich vor allem liegt, ist nicht nur die Frage, ob die Transzendenz Gottes in der Vorstellung der Inkarnation hinreichend gewahrt ist, sondern noch mehr die Frage, welche Rolle der oder die *Nächste* im Geschehen dieser inkarnations-theologisch vermittelten Gottesbeziehung spielt.

Levinas', Einwand gegen Kierkegaard könnte man vielleicht wie folgt formulieren: Ein Gott, der sich als Inkarnierter präsentiere und in der Re-präsentation *dieser* Inkarnation erfahren werde, erlaube letztlich eine intime dialogische Beziehung zwischen Gott und Mensch, aus der der Nächste ausgeschlossen bleibe. Levinas fordert dagegen: Religiöse Begriffe dürfen nicht verstanden werden als Aussagen über Gott oder über *mein* Verhältnis zu Gott, sondern sie sind erst konkret verstanden in der asymmetrischen Beziehung zwischen mir und dem Anderen²⁰⁹. Was bedeuten Begriffe wie „Offenbarung", „Gnade", „Heil" usw. in *diesem* Sinne? Dabei liegt auf der *Asymmetrie* die Betonung. Denn selbstverständlich ‚impliziert' auch jede christliche Theologie eine Ethik, die die Beziehung *der* Menschen untereinander beschreibt. Aber zumeist wurde diese Ethik doch vom Grundsatz der Symmetrie und der Gegenseitigkeit aus entworfen, die sich als Implikation der Gleichheit *der* Menschen *vor Gott* ergaben. Die Levinassche Pointe liegt demgegenüber darin, daß es religiöse Begriffe nicht mit Aussagen über *den* Menschen zu tun haben, auch nicht über *mich* als Einzelnen, sondern über *mich in meiner Verpflichtung gegenüber der absoluten Andersheit des Nächsten*. In diesem Ereignis habe ich es mit Gott zu

---

²⁰⁸ M. Westphal stellt im zweiten Teil seines oben erwähnten Textes – im Sinne Kierkegaards (?) – *christliche* Anfragen an Levinas' Theologie: *The Transparent Shadow*, 272-278. Es geht dabei um die Fragen, ob denn Levinas' Bindung der Gotteserfahrung an das Antlitz des Anderen überhaupt so etwas wie ein *Gebet* zulasse, ob Levinas ‚Hoffnung auf Erlösung' denken könne, oder ob sein Denken nicht ein Festlegen des Menschen auf sein *sündiges* Getrenntsein von Gott darstelle. In der Tat sind das die entscheidenden Fragen, die die Differenz zwischen Kierkegaards und Levinas' Denken markieren. Aber mir kommt es hier weniger darauf an, die ‚Positionen' gegeneinander zu stellen, sondern die Logik zu beobachten, die solche Differenzen ermöglicht; kurz gesagt: Alles scheint sich um zwei Lesarten des Satzes ‚Tout autre est tout autre' zu drehen.

²⁰⁹ Vgl. dazu M. Poorthuis: *Die Bedeutung von Emmanuel Levinas für die Christologie*, 205.

tun.[210] D.h.: Die Gottesbeziehung kann nie dazu herangezogen werden, mich *gegen* diese Andersheit zu versichern, sie zu relativieren. Der jüdische Messianismus – der die Vorstellung umfaßt, daß man es in jedem Menschen mit dem (zukünftigen) Messias zu tun haben könnte[211] – habe, nach Levinas, die Aufgabe, genau diese Situation zu beschreiben.

5.4. Kierkegaard an den Grenzen der Wahrheit

Anstelle einer Zusammenfassung in bezug auf Kierkegaard, den *christlichen Denker*, lese ich noch einmal in dem von „H. H." herausgegebenen Buch *Zwo kleine ethisch-religiöse Abhandlungen* von 1847.

Kierkegaard schreibt dort am Schluß der Abhandlung *Über den Unterschied zwischen einem Genie und einem Apostel*:

„*Im Bereich der Immanenz läßt Vollmacht sich überhaupt nicht denken.* [...] Man hat es so zu denken, daß jeglichem Verhältnis zwischen Mensch und Mensch als Mensch nichts anderes zu Grunde liegt als eine Verschiedenheit innerhalb der Identität der Immanenz, d.h. also, eine wesentliche Gleichheit. Es läßt sich nicht denken (alsdann würde alles Denken aufhören, wie es dies durchaus folgerichtig im Bereich des Paradox-Religiösen und des Glaubens auch tut), daß ein Mensch durch eine spezielle Qualität von allen andern verschieden ist. [...] *Zwischen Gott und Mensch jedoch ist da ein ewiger wesentlicher qualitativer Unterschied* [...]. *Das paradox-religiöse Verhältnis* (welches nun ganz gewiß sich nicht denken sondern lediglich glauben läßt) *tritt also zutage, wenn Gott einen einzelnen Menschen dazu bestellt, göttliche Vollmacht zu haben, wohl zu merken in bezug auf das ihm von Gott Anvertraute.*" (ZKA 124-126)

Es geht um die Frage, inwiefern ein Apostel (z.B. Paulus) eine besondere Vollmacht für sich beanspruchen könne, ein Genie dagegen (z.B. Platon) keinerlei *teleologisches* Verhältnis zu seiner Mitwelt einnehmen darf. Kierkegaard hält sich lediglich für ein Genie. Und den Magister Adler – um den es hier letztlich geht – nicht einmal dafür.

---

[210] E. Levinas: *Zwischen uns*, 82. Natürlich finden sich auch in der Christologie viele Momente, die diesen Aspekt herausstellen. Etwa im Anschluß an Mt 25,31-46, wo alles darauf zielt, daß erst mit Hilfe des Unterschiedes Ich-Anderer der ungeheure Gedanke der Anwesenheit des Menschensohns expliziert werden kann. Oder in Phil 2,3, wo die (scheinbar?) exklusive Christologie des Hymnus eingeleitet wird durch: „Sondern in Demut schätze einer den Anderen höher ein als sich selbst ...". Vgl. dazu Poorthuis, a.a.O., 210f. Entscheidend aber ist, ob und wie diese Motive auf das Ganze der christlichen Theologie ausstrahlen.

[211] Vgl. dazu die Auseinandersetzung mit dem Levinasschen Messianismus bei J. Wohlmuth (Hrsg.): *Emmanuel Levinas. Eine Herausforderung für die christliche Theologie*, 175ff.

Wahrscheinlich könne „unsere Zeit" überhaupt keine *Apostel* mehr ertragen. Kierkegaard sucht also in Auseinandersetzung mit dem „Fall Adler" nach einer Argumentation, mit der *unberechtigte* Ansprüche in Fragen der Wahrheit abgewehrt werden können: Für einen Apostel gilt (bzw. galt) es durchaus, daß er sich im Verhältnis Mensch zu Mensch „paradox" verhalte, „sofern er eine spezifische Qualität hat, welche keine Immanenz in die Gleichheit der Ewigkeit zurückholen kann; denn sie ist wesentlich paradox und steht *hinter* dem Denken (nicht dem Denken voraus) wider das Denken. [...] Die Bestimmung ‚ein Apostel' gehört in den Bereich der Transzendenz" (ZKA 126). Im alltäglichen Verhältnis zwischen Mensch und Mensch dürfe sich allerdings niemand derartig über den anderen stellen.

Aber welche Rolle spielt hier Kierkegaards Bestehen auf jene ‚wesentliche Gleichheit' (vgl. ZKA 125) der Menschen? Es leistet natürlich das, was es bezweckt: nämlich in Fragen der ‚letzten Dinge', Gottes Offenbarung vor jeder ideologischen Vereinnahmung durch selbsternannte ‚Apostel' zu schützen. In diesen Dingen steht jede(r) Einzelne, wenn nicht unmittelbar vor Gott, so doch mittelbar vor dem apostolischen Zeugnis.[212] Aber hat nicht die hier konstruierte Gegenüberstellung von ‚Apostel' und ‚Genie' bei Kierkegaard auch die Funktion, genau das auszuschließen bzw. zu begrenzen, was im Zentrum der Levinasschen und Derridaschen Anfragen an den ‚christlichen Denker' Kierkegaard stand: nämlich jenes *tout autre est tout autre* – mit seinen weitreichenden Implikationen? Was wäre, wenn das „Verhältnis Mensch zu Mensch als Mensch" ebenfalls von jener paradoxen Verwirrung eines Denkens der Immanenz lebte? Wenn diese Verwirrung sich im alltäglichen Umgang mit d. Nächsten ereignete? Dies zumindest wäre die Frage, die Levinas an Kierkegaard richtet. Nicht daß d. Andere deswegen „Vollmacht" bekäme im „apo-

---

[212] Aus diesem Grunde kann ich mich J. Hoffs Anleihen bei Kierkegaards Apostelbegriff – im Anschluß an Lacan und S. Žižek – nicht anschließen, vgl. *Spiritualität und Sprachverlust*, 304 ff.: M.E. läßt er sich gerade *nicht* zur gegenwärtigen Begründung einer „Unhintergehbarkeit ‚apostolischer' Autoritätsstrukturen" in Form eines ‚apostolischen Stuhls' heranziehen. Apostolische Autorität wird von Kierkegaard in erster Linie der *Heiligen Schrift* zugesprochen bzw. in ekklesiologischer Perspektive gerade als *kritische Instanz* gegenüber falschen ‚bischöflichen' Ansprüchen konstruiert, wie sein Verhältnis zu Bischof Münster belegt. Gleichwohl stimmt es, daß „Apostolizität" für Kierkegaard die Funktion hat, das Evangelium vor der „Wut des Verstehens" zu bewahren. Aber das ‚Supplement' Christi, das dessen Exteriorität *hier und jetzt* vertritt (vgl. Hoff, a.a.O., 310), ist – für den Protestanten Kierkegaard – eben die Schrift und kein Bischofsstuhl!

stolischen" Sinne. Für Levinas ginge es gar nicht um die Konstruktion und Absicherung einer solchen. Wäre das, was sich in der Begegnung mit d. Anderen ereigne, nicht schon genug? Genug um das Denken und Leben durcheinander zu bringen und für das Wesen des Religiösen aufzuschließen? Vielleicht würde auch in einer solchen Begegnung „alles Denken aufhören", wie es dies „im Bereich des Paradox-Religiösen und des Glaubens auch tut". Bei Kierkegaard aber wird diese Situation der „Transzendenz" *christologisch* eingeschränkt auf die Gleichzeitigkeit mit Christus, die immer wieder vom Apostel – und nur von diesem – in Vollmacht vergegenwärtigt werden muß. Warum liegt es für Kierkegaard außerhalb des Denkbaren, daß sich diese Situation außerhalb einer solchen ‚Bestellung' ereignen kann? Und welche Konsequenzen hat es auf der anderen Seite, die Stellung des Apostels (und des apostolischen Zeugnisses) soweit von dem alltäglichen Verhältnis von Mensch zu Mensch zu unterscheiden, ja diesem *entgegenzusetzen*? Zur Beantwortung dieser Fragen möchte ich etwas genauer auf die andere der *Zwo kleinen ethisch-religiösen Abhandlungen* eingehen. Nicht zuletzt deshalb, weil es sich um so etwas wie ein ‚Testament' handelt.[213] Anders gesagt: um einen Versuch, *sich den Tod zu geben*. Die Abhandlung trägt den Titel *Hat ein Mensch das Recht, sich für die Wahrheit totschlagen zu lassen? Hinterlassenschaft eines alleinstehenden Menschen. Dichterischer Versuch von H. H.*

Vom Recht auf Wahrheit

Der Text ist von einer eigenwilligen Kompliziertheit – was seine Fragestellung und was die Art ihrer Behandlung betrifft. Kurz vor Ende der Abhandlung notiert H. H.

„Für die meisten wäre sicherlich das, was ich hier niederschreibe, auch dann, wenn ich es ihnen vorlegte, so gut wie ungeschrieben, so gut wie nicht da. Ihr Denken ist, wie dargetan, genau da zu Ende, wo das meinige anhebt." (ZKA 112)

Den Tagebüchern kann man entnehmen, daß Kierkegaard den Text (von immerhin 32 Druckseiten in der ersten Ausgabe der *Samlede Værker*!) in einer Nacht, „im Lauf von etwa acht Stunden" niedergeschrieben habe, gewissermaßen in einem Zuge.[214] Kierkegaard arbei-

---

[213] Vgl. dazu auch die Tagebuchäußerungen Kierkegaards über dieses Buch: Pap. X¹ A 328 / T III 228ff. und Pap. X¹ A 551 / T III 265ff.: „Dieses kleine Buch hat große Bedeutung. Es enthält den Schlüssel zur höchsten Möglichkeit meiner gesamten Schriftstellerei; aber diese habe ich nicht verwirklichen wollen."

[214] Vgl. Pap. VIII 2 B 135. Dazu E. Hirsch in der Geschichtlichen Einleitung ZKA xiv.

tet sich an einer einzigen Frage ab. Er versucht eine Antwort, ist mit dieser unzufrieden, fängt noch einmal an, verwirft das Geschriebene, wiederholt sich in immer neuen Kreisbewegungen des Denkens und bricht am Ende erschöpft zusammen: „Dennoch aber, dennoch: es macht mich so sehr wehmütig, dies Ergebnis." (ZKA 110) Wenn man irgendwo förmlich *miterleben* will, was für Kierkegaard *schreiben* bedeutet: dann hier. Um welche Frage handelt es sich, die ihn so eine Nacht lang in ihren Bann zieht?

Wie *Furcht und Zittern* beginnt H. H. mit der Erzählung von einem Mann, der als Kind streng erzogen wurde in der christlichen Religion. Auch dieser Mann habe von Kindheit an eine Geschichte gehört, die ihm ein Bild vor Augen stellte, das ihn durch sein ganzes Leben begleitete: nämlich den gekreuzigten Heiland. Und je älter er wurde, habe dieses Bild eine umso größere Gewalt über ihn bekommen. Mit unerklärlicher Gewalt fühlte er sich mehr und mehr dazu gedrängt, „Ihm gleich sein zu wollen, soweit denn ein Mensch es vermag, Ihm gleich zu sein" (ZKA 79). Freilich sei Jener Gott – er selbst: ein Sünder. „Darin aber, daß man für die gleiche Sache leiden wollte, bis in den Tod, darin lag doch nichts Vermessenes." (ZKA 80) Je mehr er sich aber in diesen Gedanken vertiefte, und je mehr die Bereitwilligkeit und Zuversicht dazu in ihm wuchs, desto dringlicher wurde ein ganz anderer Zweifel in ihm wach: und zwar der Zweifel, ob denn ein *Mensch* überhaupt das Recht dazu habe, sich für die Wahrheit totschlagen zu lassen: „Über diesem Zweifel grübelte er nun von früh bis spät. Seine vielen Gedanken sind, gleichsam in kurzem Inbegriff, der Inhalt dieser Abhandlung." (ZKA 81)

Die stilistischen Parallelen sind nur allzu deutlich: Wir haben es auch hier mit einer Nachschrift zu *Furcht und Zittern* zu tun. Dem Opfer Isaaks wird das Opfer Jesu an die Seite gestellt, und wieder ringt Kierkegaard mit den Problemata des Glaubens. Doch diesmal heißt es: *Läßt sich das, was Christus tat, wiederholen?*

Worin liegt das eigentliche Problem des alten Mannes? Jenes Problem, das sich den meisten Menschen gar nicht stelle, denn, wie H. H. immer wieder beteuert, es geht nicht um die Frage, ob denn ein Mensch die *Kraft* oder den *Mut* dazu habe, sich für die Wahrheit totschlagen zu lassen. Sondern:

„Mein Zweifel lautet folgendermaßen: wie konnte der Liebevolle es über sich gewinnen, die Menschen dermaßen schuldig werden zu lassen, daß sie den Mord an Ihm auf ihr Gewissen bekamen; hätte Er nicht, als der Liebevolle, dies auf jegliche Weise verhindern müssen, und somit lieber ein bißchen nachgeben, wo Er es doch leicht genug hatte, in jedem Augenblick, da Er nur wollte, sie für sich zu gewinnen?" (ZKA 88)

Und wenig später wird H. H. dies in bezug auf *seine* Nachfolge Christi präzisieren:

„hat ein Mensch das Recht, es um der Wahrheit willen zuzulassen, daß andre eines Mordes schuldig werden? Ist es *meine Pflicht gegen die Wahrheit*, so zu tun, oder aber gebietet mir *meine Pflicht gegen meine Mitmenschen* nicht eher, ein wenig nachzugeben? Wie weit geht meine Pflicht gegen die Wahrheit, und wie weit geht meine Pflicht gegen andre?" (ZKA 93)

Denn damit, daß man andere dazu *provoziere*, eine solche Schuld auf sich zu laden, einen unschuldigen Menschen zu töten – und jeder Märtyrer habe dies in der eigenen Hand! –, verhalte man sich den ‚Tätern' gegenüber viel „grausamer" (ZKA 101), als die meisten Menschen meinen:

„Ich spreche von einer ganz andern Gewalt, die da, falls sie tötet, auf ewig tötet, ich spreche von einer ganz andern Gewalt, mit der er vielleicht unbesonnen in einen Konflikt sich wagt, nämlich von der *Verantwortung*: hat ein *Mensch* das Recht, so weit zu gehen, hat er selbst in dem Falle, daß er Recht hat und die Wahrheit auf seiner Seite ist, das Recht, andre derart in Schuld zu verstricken, hat er das Recht, andre einer solchen Strafe auszusetzen?" (ZKA 93)

Was Christus anbelangt, lasse sich dieses Problem allerdings leicht lösen: Gleich im ersten Anlauf läßt H. H. seine Erörterung bei der Versicherung Ruhe finden, daß bei Christi Tod der Fall anders liege. Denn einerseits *war* Christus die Wahrheit. Er konnte nicht anders, als die sündige Welt an seinem Tod schuldig werden zu lassen. Hier kann von einem Nachgeben keine Rede sein, „ohne daß sie von selbst Unwahrheit ist" (ZKA 89). Und andererseits ist ja Christi Tod gerade die Versöhnung gewesen, „und tut somit genug auch für die Schuld, Ihn zu kreuzigen; Sein Tod hat rückwirkende Kraft" (ebd.).

Aber diese Argumente gelten eben nicht für denjenigen *Menschen*, der Christus nachzufolgen gedenkt. Darin liegt die eigentliche Pointe des Titels der Abhandlung: Ein *Mensch* hat *nicht* das Recht, sich für die Wahrheit töten zu lassen. Christus war Wahrheitszeuge im strengen Sinne. Für Christen aber ist dieser Weg (eigentlich) nicht gangbar. Weder könne ein Mensch sich so sicher im Besitze der Wahrheit wähnen wie Christus, noch habe der Tod eines Menschen irgendeine sühnende Kraft. Wenn Christus seinen Tod *will*, so steht das in „ewiger Übereinstimmung mit dem Willen des Vaters. Wenn ein bloßer Mensch seinen Tod will, so heißt das Gott versuchen, denn kein Mensch darf sich des vermessen, eine solche Übereinkunft mit Gott zu haben." (ZKA 90)

Dies wäre die ‚These' der Abhandlung. Sie ist provozierend genug, um eine lange Tradition christlicher Martyrologie durcheinanderzubringen – und auch Kierkegaards Begriff des ‚Wahrheitszeugen', der ihn von nun an nicht mehr loslassen wird.[215] Die eigentümliche Wirkung, die von dieser nächtlichen Schreibübung ausgeht, und der Grund, weshalb sie mich hier im besonderen interessiert, liegt aber noch auf einer anderen Ebene: Denn eigentlich hatte H. H. dieses Ergebnis schon im ersten Kapitel, nach wenigen Seiten des Textes, erreicht. Warum also schreibt er weiter? Warum findet er zu keinem Ende? Warum fügt er unentwegt hinzu und umkreist in einer eigentümlichen Unruhe dieses ‚Ergebnis'?

1. Kierkegaard scheint zunächst einmal mit der Begründung seiner These noch unzufrieden zu sein. Obwohl er schon mehrfach eine Antwort auf seine Frage gegeben hatte, wirft er sie immer wieder von neuem auf, als müßte er sie immer neu verteidigen gegen selbstgemachte Einwände. Und tatsächlich gewinnt er im Laufe des Textes dem Problem immer neue Seiten ab, die nun um so nachhaltiger zu einer negativen Beantwortung der Ausgangsfrage nötigen. Dies gilt vor allem von dem Punkt an, wo er – etwa in der Mitte des Textes – der Frage ausdrücklich „eine andere Wendung" gibt:

„Gibt es für den einzelnen *Menschen* in dem Verhältnis zu anderen *Menschen* – streitend – eine unbedingte Pflicht in bezug auf die Wahrheit? Statt eine Antwort zu geben, muß ich die Antwort in eine neue Frage kleiden, welche zugleich der Sache eine andre Wendung gibt [...] Die Frage ist: darf man annehmen, daß ein einzelner Mensch in dem Verhältnis zu andern Menschen in schlechthin unbedingtem Besitz der Wahrheit ist?" (ZKA 98)

Und H. H. fügt gleich noch einige weitere Wendungen hinzu:

„Doch alsdann kann ja der Wahrheitszeuge, sobald er sieht, daß jetzt der Augenblick, wo es sein Tod wird, eingetreten ist, alsdann kann er ja von diesem Augenblick an *schweigen*. Hat er dazu das Recht? Hat er nicht der Wahrheit gegenüber die Pflicht zu reden – was es auch kosten möge? [...] Und gesetzt nun, man zwinge ihn zum Reden [...], hat er dann wohl das Recht, eine Unwahrheit zu sagen? [...] Indes, *wenn sie ihn nun nicht zu verstehen vermögen*, braucht er es dann nicht zu bereuen, daß er sie schuldig hat werden lassen. [...] Oder hat ein Mensch das Recht zu sprechen: ‚sie *wollen* mich nicht verstehen'? [...] Vermag ein *Mensch* in andrer Herzen zu blicken, und zu sehen? Das kann er doch wohl nicht; [...]" (ZKA 99f)

(Nur am Rande sei hier noch einmal auf Kierkegaards Variation von Mt 6,4.6.18 hingewiesen! Nur Gott vermag ins Verborgene zu sehen.)

---

[215] Nach E. Hirsch handle es sich bei diesem Text um die älteste Stelle in Kierkegaards schriftstellerischem Werk, an welcher die „Märtyrer" und „Wahrheitszeugen" erwähnt werden, vgl. ZKA 141, Anm. 82. Im Grunde arbeitet sich das gesamte Spätwerk Kierkegaards an diesem Dilemma ab: Hat ein Christ nicht die Pflicht, Märtyrer werden zu wollen? – Aber hat er andererseits *das Recht* dazu?

Kierkegaard läßt sich in dieser Climax von Fragen bis zu einem Punkt leiten, wo es eigentlich keinen Weg zurück mehr gibt zu irgendeiner Sicherheit in Fragen der Wahrheit, wo ihm der Begriff von ‚Wahrheit' unter der Hand entgleitet:

„Oder ist denn nicht etwa das Dialektische in dem Verhältnis zwischen Mensch und Mensch (eben deshalb, weil kein Mensch das Absolute ist) derart relativ, daß es umschlägt und der Umstand, daß sie ihn erschlagen wollen, für ihn die Nötigung bedeutet, sich zweifelnd wider sich selbst zu kehren und daran, ob er wirklich Recht habe, wirklich die Wahrheit habe, zu zweifeln, dieweil doch die anderen ihn umbringen wollen; denn diese können doch hinsichtlich der Wahrheit als Menschen von ihm nicht absolut verschieden sein." (ZKA 100f.)

Wohl fällt sich H. H. immer wieder ins Wort, daß bei Christus die Sache anders liege. Sein Verhältnis zu den Menschen müsse mit ganz anderen Kategorien erfaßt werden: Hier wäre Irrtum Sünde und Unwissenheit Verstockung. Aber habe dies „Christliche" auch „Giltigkeit im Verhältnis zwischen Mensch und Mensch" (ZKA 101)? H. H. sieht durchaus, daß zu guter Letzt „die Wahrheit selber etwas Unbestimmtes, etwas Schwebendes" (ZKA 103) wird, so daß schließlich der ursprünglichen Frage vor allem von dem vorausgesetzten Wahrheitsbegriff her jede Aussicht auf eine positive Beantwortung genommen wird: „hab ich das Recht, mich für die Wahrheit totschlagen zu lassen? Will heißen: hab ich [...] das Recht [...] zu der Annahme, ich stünde hinsichtlich der Wahrheit andern Menschen so ferne, so hoch über ihnen, sei so weit ihnen voraus, daß zwischen uns beinahe keine Verwandschaft mehr besteht?" (ZKA 103)

2. Aber statt einer abschließenden Antwort beginnt Kierkegaard ein neues Kapitel (Kap. C) und tut so, als wäre noch alles offen. Zunächst erläutert er ein weiteres Mal, wie man es anstellen müsse, in jenem Sinne ein Wahrheitszeuge zu werden. Als treibe ihn eine leise *Sehnsucht* danach – ungeachtet all der vorgetragenen argumentativen Bedenken. Und genau diese Sehnsucht, dem Problem vielleicht doch noch eine andere Wendung geben zu können, durchzieht schließlich auch das folgende Kapitel D. H .H. setzt noch einmal ganz grundsätzlich ein:

„Die Beantwortung der Frage wird davon abhängen, welches Verhältnis zwischen Mensch und Mensch besteht in Beziehung auf die Wahrheit; alles dreht sich um den folgenden Punkt: welche Beschaffenheit kann die Verschiedenartigkeit (Heterogenität) im Verhältnis zur Wahrheit zwischen Mensch und Mensch haben, wie verschiedenartig darf man sich in dieser Hinsicht den einen Menschen andern gegenüber vorstellen?" (ZKA 108)

Aber auch aus dieser Perspektive ergibt sich die bekannte Alternative: entweder ein bißchen nachgeben oder andre an einem Mord schuldig werden lassen. Im ersten Falle bestünde die Schuld darin, das Wahre etwas zu modifizieren oder zu „akkomodieren" (ZKA 109). Im anderen Falle aber wäre die Schuld wesentlich größer und die „Anmaßung" unverzeihbar. Und hier folgt endlich das „Ergebnis" der Abhandlung – aber man achte vor allem darauf, *wie* dieses kommentiert wird:

> „Ich bin mithin der Meinung, daß ein *Mensch* nicht das Recht hat, sich für die Wahrheit totschlagen zu lassen. Dennoch aber, dennoch: es macht mich so sehr wehmütig, dies Ergebnis. Es macht so wehmütig, daß man von diesem Gedanken als von einer nimmer wiederkehrenden Erinnerung Abschied nehmen muß, – von dem Gedanken nämlich, ein Mensch könne in so hohem Maße überzeugt sein, daß es ihm das Natürliche wäre und er also es zu wagen sich getraute, sich für seine Überzeugung totschlagen zu lassen, ja, das zu wagen, wozu die Überzeugung sich getrieben fühlt, daß man ihr auf eine dem Maß dieser Überzeugung entsprechende Weise einen sinnfälligen Ausdruck gibt. – Und dies Ergebnis hat für mich etwas Trostloses. Immer lauer und verschlafener wird ja die Menschheit, weil sie immer verständiger wird; [...] das Unbedingte kommt immer mehr aus dem Brauch; Erweckung wird immer mehr eine Notwendigkeit [...] Und o, ist es denn etwa nicht ein *absoluter* Unterschied, der da besteht zwischen Lauheit, Verschlafenheit, Geistlosigkeit – und Eifer, Begeisterung! Doch nein, ich meine, ein *Mensch* hat dazu nicht das Recht." (ZKA 109f.)

Es handelt sich um ein Ergebnis, welches als außerordentliche Zumutung empfunden wird. Alles in H. H. wehrt sich, eine solche These zu akzeptieren. Sie nötigt ihn dazu, seinen ‚Lieblingsgedanken' zu verabschieden, jenen Gedanken, der seinem ganzen Denken Leidenschaft und Begeisterung gegeben hatte. Von daher versteht man die merkwürdige, das Fazit immer wieder aufschiebende Bewegung des Textes. Der Text ist geschrieben, hat sich in gewisser Weise selbst geschrieben, *gegen* den Lieblingsgedanken des Autors. Die innere Logik des Textes besteht nicht so sehr im Begründen der These, sondern in immer neuen Versuchen, ihr auszuweichen. Und das Fazit wäre so etwas wie eine Kapitulation: vom *ethischen* Gesichtspunkt aus gibt es für jene Leidenschaft der Wahrheit keine Berechtigung. So bedauerlich dies auch sein mag.

Daß dieser ‚ethische Gesichtspunkt', d.h. die Frage nach dem *Recht* auf Wahrheit, aber überhaupt in eine so dominante Rolle gerät, ist freilich ebensowenig selbstverständlich, ja im Grunde erstaunlich. Denn H. H.s Lieblingsgedanken verstanden sich ja offenbar innerhalb einer ganz anderen Wertordnung: daß „Eifer und Begeisterung" einen *absoluten* Vorzug gegenüber „Lauheit und Verschlafenheit" genießen, schien für ihn außer Frage. Mit der Frage nach dem *Recht* auf Begeisterung kommt aber hier ein Kriterium der Urteilsbildung ins Spiel, das, wie H. H. zugesteht, einen noch höheren Wert darstellt. Die „Verantwortung" gegenüber dem andern steht höher als die Pflicht zur Wahrheit. Und keine Verschuldung gegenüber der Wahrheit ist so schlimm wie die Schuld, andere in Schuld zu verstricken – durch das Bestehen auf Wahrheit. Daß damit der Begriff der Wahrheit selbst „etwas Schwebendes" (ZKA 103) wird, ist H. H. durchaus bewußt. Die ganze Abhandlung findet vielleicht hier, in dieser *Umstellung* des Denkens von einem Diskurs über die Wahrheit zu einem Diskurs über die Verantwortung, ihre eigentliche Pointe. Und nicht nur das Denken von H. H. sträubt sich gegen eine solche Umstellung – denn schließlich ist es eine lange, eine sehr lange Tradition, auch noch die Frage nach dem Guten der nach dem Wahren zu *subsumieren*.

H. H. hatte seiner Abhandlung folgende Vorrede vorangestellt:

„Dies Vorwort enthält nichts weiter als die beschwörende Bitte, der Leser möge sich zuerst einmal üben, einem Teil seines gewöhnlichen Gedankengangs zu entsagen. Denn sonst wird das Problem, wie es hier dargestellt worden, für ihn schlechthin nicht vorhanden sein – und, sonderbar genug, eben deshalb, weil er mit ihm schon längst fertig geworden ist, jedoch in umgekehrter Stellung." (ZKA 78)

Und in einer später gestrichenen Bemerkung fügt er hinzu:

„Der Unterschied zwischen dem Problem hier und dem Problem, wie es für ihn steht, gleicht dem Unterschied beim Umdrehen einer Zeichnung."[216]

Als wollte H. H. jene klassischen Ordnungen *umdrehen*, die von jeher das Wahre, das Gute, Gott und den Tod aufeinander zu beziehen versuchten, oder als wollte er jene Texte noch einmal von rechts nach links lesen – wie man es z.B. im Hebräischen tut.

3. Doch die Abhandlung ist auch hier noch nicht zu Ende. H. H. fügt noch ein Kapitel hinzu: einen letzten Versuch, dem Gesagten ein „indes" entgegenzusetzen:

„Indes, hat das Christentum denn nicht in Beziehung auf mein Problem (ob ein *Mensch* das Recht hat, sich für die Wahrheit totschlagen zu lassen) die Sachlage wesentlich geändert? Denn mit *Christus* ist es, wie gesagt, ein für allemal ein ander Ding. Er war nicht ein *Mensch*, Er war die Wahrheit; Er konnte darum nicht anders als die sündige Welt an Seinem Tode schuldig werden lassen. / Mithin denn das abgeleitete Verhältnis zu Christus: wenn jemand Christ ist und zu Heiden in Beziehung steht, ist er dann nicht im Verhältnis zu ihnen in unbedingter Wahrheit? Hat aber ein Mensch im Verhältnis zu andern Menschen die Stellung, daß er mit Wahrheit behaupten kann, die absolute Wahrheit zu besitzen, so ist er im Recht, wenn er sich für die Wahrheit totschlagen läßt. [...] / Nach meinen Begriffen läßt sich dies nicht ableugnen. Meine Theorie würde ansonst auch in die Verlegenheit geraten, die Apostel und alle die, welche gleichartig gestellt waren, zu verurteilen. Und dies würde denn ein großer Irrtum sein. Eben weil das

---

[216] Vgl. Pap. VIII 2 B 133, I.

Christentum die Wahrheit ist, ist es seine eigentümliche Erfindung geworden, sich für die Wahrheit totschlagen zu lassen [...]." (ZKA 111)

H. H. sucht nach einer Ausnahme – und er findet sie im Verhältnis eines Christen zu einem „Heiden". Nur hier könne von einer solchen Heterogenität in bezug auf die Wahrheit die Rede sein, daß der ethische Vorbehalt keine Gültigkeit mehr besitze: Gegenüber einem Heiden weiß sich der Christ offenbar zu Recht im Besitz einer Wahrheit, die ihm nicht nur keinerlei Akkomodationen auferlegt, sondern diese geradezu verbietet. Ein solche Gewißheit in bezug auf die Wahrheit sei sogar die „eigentümliche Erfindung" des Christentums!

Man kann das, was H. H. hier als mögliche Ausnahme seiner Theorie vorträgt, gar nicht ernst genug nehmen. Sie variiert auf ihre Weise die These von der Absolutheit des Christentums. Warum wird durch die Unterscheidung von ‚Christen' und ‚Heiden' plötzlich der Vorbehalt aufgehoben, der oben in Blick auf die Verantwortung für den Anderen gemacht wurde? Warum sollte nicht auch das Verhältnis zwischen Christ und ‚Heide' Auslöser dafür sein, „daran, ob er wirklich Recht habe, wirklich die Wahrheit habe, zu zweifeln"? Und dies um so mehr, als H. H. ausdrücklich die ‚Juden' der Kategorie der ‚Heiden' zu subsumieren scheint: Wenig später nämlich sagt er: „Ja, ganz allein im Verhältnis zwischen Christentum und Nichtchristentum kann es in Wahrheit geschehen, daß man für die Wahrheit totgeschlagen wird." (ZKA 111). H. H. denkt in einer *dualen* Ordnung, die natürlich besonders geeignet ist, in Sachen Wahrheit und Unwahrheit klare Verhältnisse herrschen zu lassen. Und es liegt (selbstverständlich) außerhalb seines Horizontes, gerade im Verhältnis der Religionen untereinander ein wesentliches Paradigma für das „Verhältnis von Mensch zu Mensch" zu sehen. Es wäre anachronistisch, ihm daraus einen ‚Vorwurf' zu machen, aber *heute* darauf aufmerksam zu sein, könnte weitreichende Folgen für die Beurteilung der Kierkegaardschen Axiomatik haben – und nicht nur seiner.

Allerdings macht nun H. H. letztlich von der eben gefundenen Ausnahmeregelung doch keinen *Gebrauch*:

„Jedoch wo es sich um das Verhältnis zwischen Christ und Christ handelt, bekommt meine Theorie wieder Giltigkeit. Als Christ im Verhältnis zu andern Christen darf ich nicht in so hohem Maße den Anspruch erheben, im Besitz der Wahrheit zu sein; in Entgegensetzung wider sie darf ich nicht den Anspruch erheben, im absoluten Besitz der Wahrheit zu sein. [...] Jemand, welcher Menschen gegenüber, die sich selbst Christen nennen, nicht leugnen darf, daß sie es sind (und darf denn das ein Mensch? Gehört denn dazu nicht, was allein der Allwissende hat, ein Kennen der Herzen?), der darf auch nicht sich töten lassen oder die andern an seinem Tod schuldig werden lassen." (ZKA 111f.)

Mit anderen Worten: Im Kopenhagen des Jahres 1847 kann *niemand* den Anspruch erheben, im absoluten Besitz der Wahrheit zu sein:

„Tut er es doch, so geschieht es eigentlich nicht *für die Wahrheit*, es ist vielmehr etwas *Unwahres* darin. Das Unwahre liegt alsdann darin, daß der auf diese Art Kämpfende sich rein polemisch zu den andern verhält, daß er bloß an sich denkt, und nicht in Liebe die Sache der andern bedenkt." (ZKA 113)

Aber dies gelte wiederum nicht für Christus, denn Christus ist die „Einheit der ‚Wahrheit' und der ‚Liebe'" (ZKA 114). Damit enden die Grübeleien des Mannes, von denen H. H. uns berichtet.

Seemarken

Indes: H. H. ist nicht Kierkegaard. Kierkegaard hat, folgt man den *Schriften über sich selbst*, den *Zwo kleinen ethisch-religiösen Abhandlungen* eine ganz eigentümliche und besondere Stellung innerhalb (oder besser: außerhalb) seines schriftstellerischen Werkes zugedacht. In einer Anmerkung heißt es dort:

„Die Bedeutung dieses kleinen Buches (welches nicht so sehr *innerhalb* des schriftstellerischen Werks als vielmehr *zum* schriftstellerischen Werk in seiner Ganzheit seine Beziehung hat, und aus diesem Grunde auch völlig anonym gewesen ist, um aus allem ganz herausgehalten zu werden) ist nicht gar so leicht anzugeben ohne auf das Gesamtwerk einzugehen. Es ist wie eine Seemarke, *nach der gesteuert wird, wohl zu merken, derart, daß der Steuernde versteht, daß er sich gerade in einem gewissen Abstande von ihr halten solle*. Sie bestimmt die Grenze des schriftstellerischen Werks." (SS 4 Anm.)[217]

Worin besteht der „Abstand", in dem sich Kierkegaards Schriftstellerei von jenen Erörterungen H. H.s zu halten gedenkt? Möchte er sich vielleicht das „Ergebnis" der eben gelesenen Abhandlung *nicht* zu eigen machen? Behält sich Kierkegaard vor, ungeachtet der Frage nach dem Recht dazu, aufs Äußerste gehen zu wollen? *Oder* ist umgekehrt jener Ausblick H. H.s auf das ‚Äußerste' – den Tod, die Wahrheit – für Kierkegaard nur' in dem Maße richtungweisend, wie er diesem Äußersten *nicht zu nahe* zu kommen gedenkt? Im letzten Moment gälte es, das Ruder herumzureißen, käme es darauf an, sich *nicht* den Tod zu geben. Und gleiches gälte für die Wahrheit, die nur ‚Wahrheit' bliebe, wo sie sich im Aufschub befindet, wo sie sich in einer gewissen *Differenz* hält zu ihrer äußersten Konsequenz. *Oder* lag Kierkegaard

---

[217] Vgl. auch Kierkegaards Tagebuchnotiz über eine Anzeige des Buches in der „Dansk Kirketidende" vom 22. Juli 1849, wo er schreibt: „Dieses kleine Buch hat große Bedeutung. Es enthält den Schlüssel zur höchsten Möglichkeit meiner gesamten Schriftstellerei; aber diese habe ich nicht verwirklichen wollen." (*Pap.* X^1 A 551 / T III 265f.)

einfach daran, sich für seine Person das Recht vorzubehalten, sich lediglich als Genie verstehen zu *dürfen*? Auch wenn die Abhandlungen den besonderen Rang des Apostels herausstellen – mit viel Sympathie für diesen sind sie nicht geschrieben. Nicht zufällig endet die Abhandlung *Über den Unterschied zwischen einem Genie und einem Apostel* mit einer geradezu ausgelassenen und erleichterten *Recht*fertigung des Genies – und zwar gerade dort, wo ihm sein Mangel gegenüber dem Apostel bescheinigt wird (vgl. ZKA 134)!

Die *Zwo kleinen ethisch-religiösen Abhandlungen* markieren zweifellos so etwas wie die Grenzen des Kierkegaardschen Diskurses. Sie stellen jene Fragen, die Kierkegaard *im eigenen Namen* so nicht stellen würde, die sich aber gewissermaßen dort aufdrängen, wo man seine Axiome weiterzudenken versucht. Wo man sie weiterdenkt bis zu dem Punkt, wo sie sich selbst zu begrenzen scheinen, sich dekonstruieren. Denn die Abhandlungen belegen: Die hier gezogenen Differenzen sind, so absolut sie auch daherkommen, äußerst fragil, durchlässig, nicht problemlos handhabbar, nicht ohne weiteres ethisch zu rechtfertigen. Freilich: Man *kann* so denken, man kann auf diese Weise den Wahrheitsanspruch des christlichen Glaubens verantworten. Man kann diese Wahrheit *leidenschaftlich* vertreten. Man *muß* dann allerdings zwischen einem Genie und einem Apostel – den es nicht mehr gibt – unterscheiden, zwischen der wesentlichen Immanenz im Verhältnis von Mensch zu Mensch und der Transzendenz, die sich nur in der Gleichzeitigkeit mit Christus ereignet, man muß unterscheiden zwischen „Christen" und „Nichtchristen", und man muß schließlich konzidieren, daß „heute", in einem „christlichen Land", die „Theorie" eigentlich nicht anwendbar ist.

Man *kann* sich innerhalb solcher „Seemarken" orientieren. Aber wie alle Seemarken sind auch diese *gesetzt*.

Teil III: Derridas Wiederholung

6. ‚Religion ohne Religion'

6.1. Die Religion jenseits der Grenzen der bloßen Vernunft

Donner la mort ist ein Versuch, im Anschluß an Patocka und Kierkegaard das zu *denken*, was in der europäischen Tradition ‚Religion' genannt wird. Aber natürlich ist so etwas wie ‚die Religion' in jeder Hinsicht eine äußerst fragwürdige Abstraktion. Werfen wir noch einmal einen Blick in Derridas Text *Foi et savoir. Les deux sources de la ‚religion' aux limites de la simple raison*.[1] Derrida nimmt dort seinen Ausgangspunkt bei der Rede von einer angeblichen „Rückkehr der Religion" (vgl. FS 10). Was meint man oder tut man, wenn man sich so auf ‚die Religion' bezieht? Was steckt hinter dieser spätmodernen Wieder-holung, Wiederkehr und gleichzeitigen Zerstörung traditionsgeleiteter Formen von ‚Religion'? Wenn Derrida gleich zu Beginn fragt: Wie kann man heute von Religion reden „ohne Furcht und Zittern" (FS 9), dann deutet das auf den zutiefst *ambivalenten* Charakter, den diese ‚Rückkehr der Religion' im Projekt der Moderne ebenso wie in der internationalen Politik des ausgehenden 20. Jahrhunderts bedeu-

---

[1] Es handelt sich dabei um einen Vortrag, den Derrida 1992 auf einem Kolloquium zum Thema *Sur la religion* gehalten hat. Offenbar geht es um eine Art ‚Geistergespräch' zwischen den Religionsphilosophien Hegels (*Glauben und Wissen*), Bergsons (*Les deux source de la moral et de la* religion) und natürlich Kants (*Religion innerhalb der Grenzen der bloßen Vernunft*). Derrida erinnert in seinem Vortrag daran, daß sich alle Gesprächsteilnehmer in einer gewissen Analogie zu der Situation Kants befänden. Schon indem man miteinander rede, das Forum der Öffentlichkeit und das Licht des Tages suche, tendiere man zu einer bestimmten *epoché*, die darin bestünde, die Religion zu *denken*, sie erscheinen zu lassen „in den Grenzen der bloßen Vernunft". Derridas Frage: „*Quoi de ce geste ‚kantien' aujourd'hui?*" (FS 16) ist vielleicht die Grundfrage, die alle Texte, denen ich mich in dieser Arbeit zuwende, heimsucht bzw. inspiriert. „A quoi ressemblerait aujourd'hui un livre intitulé, comme celui de Kant?" (Ebd.)

tet. Und offenbar steht Kierkegaards Theologie als Synonym für eine solche Ambivalenz. Ebenso wie bei Buber, Fackenheim, Levinas – oder auch Lyotard[2] – bilden die Worte *Furcht und Zittern* auch bei Derrida eine Art *Geheimcode*, ein Schibboleth, für eine durch und durch zweideutige Berufung auf Religion, auf das Geheimnis des Religiösen.[3]

Religion als double bind

Diese Zweideutigkeiten einer *gegenwärtigen* Berufung auf eine ‚Rückkehr der Religion' hängen für Derrida mit einer spezifisch modernen Erscheinung ‚des Bösen' zusammen: mit dem „mal d'abstraction" (FS 10), der radikalen *Abstraktion* oder *Entkörperlichung* („désincarnation" ebd.), die alle religiösen Phänomene mehr und mehr heimsucht. Und dies verdankt sich nicht nur dem neuzeitlichen Siegeszug des abstrakten Denkens der Wissenschaften, sondern ebenso der modernen Medienwelt mit ihrer Tendenz, alles Eigentümliche und Partikulare als beliebig austauschbare Beispiele von allgemein Bekanntem zu präsentieren. Die Nivellierungstendenzen eines weltweiten Marktes, die mediale Globalisierung und die Konvertierung aller ‚Daten' in ein einheitliches ‚Format' gehen notwendig einher mit einer Marginalisierung von gewachsenen Bindungen, die den Gesten, Worten und Handlungen eines Individuums ihre unverwechselbare Signatur verliehen. Besonders die Tradierung kulturellen und religiösen ‚Wissens' bleibt von diesem Abstraktionsprozeß nicht verschont. Die aktuellen ethnisch-religiösen Kriege erscheinen Derrida als eine Protestreaktion gegen dieses Phänomen, doch sie verwickeln sich in einen *double bind*[4] : Auf der einen Seite träume man den Traum von einer Rückkehr zu lokalen Traditionen und verkünde den Bruch mit der Weltgemeinschaft, aber gleichzeitig bediene man sich dazu genau der Medien, die einen solchen Traum zunichte machten. Indem man unter Ausschöpfung ökonomisch-technischer und informationeller Ressourcen gegen die Abstraktionstendenzen des Marktes und der Medien ankämpfe, verstärke man, was man zu kritisieren glaubt:

---

[2] Ich verweise hier nur auf die schwierige und irritierende Bezugnahme Lyotards auf Kierkegaard in *Der Widerstreit*, 183: „[...] Dennoch könnte der spekulative Un-Sinn von ‚Auschwitz' ein Paradoxon des Glaubens bergen (Kierkegaard. *Furcht und Zittern*)".

[3] Vgl. zum folgenden auch die sehr textnahen Analysen zu *Foi et savoir* bei J. Hoff: *Spiritualität und Sprachverlust*, 109 ff.

[4] Zu diesem an die Psychoanalyse anknüpfenden Begriff vgl. z.B. PS 162 ff.

„déracinement, délocalisation, désincarnation, formalisation, schématisation universalisante" (FS 10). Die Berufung auf „Religion" habe es stets mit diesem *double bind* zu tun.

Nach Derrida würde sich diese Zweideutigkeit schon in der Etymologie des Wortes *religio* verbergen, das entweder auf *relegere* oder *religare* zurückgeführt wird: Denn Religion meine einerseits die Erfahrung des *Unversehrten (l'indemne)*, der Heiligkeit, der Sakralität, des Respekts, der Scheu, der sorgfältigen Beobachtung von Kultvorschriften. Religion wäre demnach das Versammelnde, rückkehrende Bewahren des Heil(ig)en bzw. das ‚immer wieder durchgehen' (*relegere*) einer Überlieferung. Nach Derrida ließe sich diese alt-römische Traditionslinie bis hin zu ihren radikalsten Zuspitzungen bei Heidegger verfolgen. Andererseits beruft sich ‚Religion' aber auch auf die Erfahrung des *Glaubens* (la croyance), des Vertrauens im Akt des Glaubens (foi), das Sich-Öffnen gegenüber dem ganz Anderen. Hierbei ginge es um eine absolute *Verpflichtung*, die gerade keine Sammlung und Rückkehr meint. Sie beruft sich auf die von Laktanz eingeführte Definition von *religio* als *religare* und versteht Religion als ‚Bindung' oder ‚Fesselung' des Menschen an eine ‚Obligation' höherer Art als das Überlieferte.[5] Nach Derrida findet diese Tradition ihren modernen Erben z.B. in Kant, insofern es bei ihm – wie auch bei allen atheistischen Überbietungen der überlieferten Religion – das Bemühen gebe, den Kult, das Opfer, das Gebet im Namen einer höheren moralischen Bestimmung des Menschen zu opfern: aus ‚Pflicht'. Auf ganz andere Weise aber erscheint für Derrida auch Levinas als Exponent dieser Tradition – im besonderen in bezug auf seine Unterscheidung der Sakralität („sacralité") vom Heiligen („saint").[6]

Zweifellos könne man diese beiden Quellen des Religiösen zusammendenken und bestimmte Komplikationen hervorheben, aber man könne nicht die eine auf die andere reduzieren:

„Es ist im Prinzip möglich, das Unversehrte zu heiligen und zu sakralisieren oder sich auf verschiedenste Weise *in der Gegenwart* des Sakro-Sankten zu halten, ohne einen Akt des Glaubens zu vollziehen; zumindest wenn glauben (croyance, foi ou fidélité) hier bedeutet: Einwilligung in das Zeugnis des anderen – des *ganz anderen*, unerreichbar in seiner absoluten Quelle. Und da, wo jeder andere *ganz anders* ist. (*Et là, où tout autre est tout autre*)." (FS 46)

---

[5] Vgl. FS 50: „liant la religion au *lien*, précisément, à l'obligation, au ligament, donc au devoir et donc à la dette, etc. entre hommes ou entre l'homme et Dieu."

[6] Zur genaueren Derridaschen Interpretation dieser ‚Beispiele' (Heidegger, Kant, Levinas) vgl. J. Hoff: *Spiritualität und Sprachverlust*, 126ff.

Solch ein Akt des Glaubens dagegen geht immer mit dem Aufs-Spiel-Setzen des *Unversehrten* einher. Es gibt einen Bruch mit dem Sakralen, der sich immer als Quelle des *authentischen* Glaubens verstanden und ausgegeben hat.

Für Derrida gibt es daher, wenn man überhaupt davon reden kann, nur einen geteilten *Ursprung* der Religion, also eine ‚ursprüngliche' Differenz, die jeden Diskurs über die Religion in jene eigentümliche ‚Logik der Wiederholung'[7] verstrickt: Jede der beiden Quellen oder Axiome der Religion („la fiduciarité de la confiance" und „l'indemnité de l'indemne") machen so etwas wie Religion möglich und unmöglich zugleich. Denn die beiden ‚Quellen' repräsentieren die beiden Momente, die dem Begriff der Wiederholung immer eigen sind: nämlich zum einen das Moment von Identität, im Sinne einer technischen Reproduzierbarkeit[8], einer Gedächtniskunst – und zum anderen das Moment von Alterität, das mit dem Automatismus bricht, die Identität transzendiert und sich an ein unverfügbares Gesetz bindet. Beide Momente zusammen machen das aus, was Derrida die „responsabilité de la répétition" (FS 27) nennt. Und dieses Gesetz der Wiederholung schließt von vornherein aus, daß es einen Begriff geben kann, der das ‚Wesen' einer bestimmten Religion oder gar aller Religionen umfassen könnte. Selbst wenn man die ‚wesentlichen' Merkmale einer Religion addieren würde, wäre damit zu rechnen, daß die Selbstrepetition einer Religion unkalkulierbare Abweichungen produziert und daß es gerade diese kontingenten Abweichungen sind, die

---

[7] Derrida vergleicht diese ‚Logik' hier auch mit einer Art „Auto-Immunreaktion": Religion richtet sich gewissermaßen immer wieder gegen ihre eigenen Schutzmechanismen. Je nachdem, von welchem Axiom aus man blickt, kommt es zu einer Abwehrreaktion gegen das Eigene als etwas Fremden. Die Immunität, die für die Unversehrheit des Heilen sorgt, wendet sich gegen die Kräfte der Suspension und Infragestellung – die die Religion andererseits selber hervorbringt. So wie auch das Axiom des ungesicherten *Glaubens* auto-destruktive Formen annimmt, sobald es zur Durchbrechung der ‚normalen Immuntoleranz' kommt. (vgl. FS 59f.). Die Artikulationen des Religiösen sind von daher immer immunisierend und autoimmunisierend zugleich. Diese innere Teilung gehöre zum „Eigentlichen" der Religion.

[8] Zum Zusammenhang zwischen Technik und Religion verweise ich auf die sehr instruktive Analyse religiöser Kulttechnologien bei J. Hoff: *Spiritualität und Sprachverlust*, 141 ff. Entgegen der tief verwurzelten abendländischen Skepsis gegenüber dem Technik-Begriff unterstreicht Hoff die – wenn auch ambivalente – Unverzichtbarkeit von *Techniken* der Kodifizierung und Kanonisierung von Erinnerung für jede Religion: „Es sind nicht die Charismatiker, sondern die ‚Teletechnologen' und ‚Mnemotechniker', die den Botschaften und Lehren der Weltreligionen eine über Jahrtausende währende ‚Ausstrahlung' verliehen." A.a.O., 143. Vgl. dazu auch Derridas Auseinandersetzung mit Heideggers *Frage nach der Technik* in VG 17 ff.

6. ‚Religion ohne Religion'

über die Eigenart einer Religion entscheiden. Johannes Hoff resümiert zutreffend:

„Denn es sind bestimmte, scheinbar kontingente ‚Supplemente' (wie das Isaakopfer)[9], die den Religionen eine Spur von Eigenkörperlichkeit gewähren – einen idiomatischen Zug, der den Abstraktionstendenzen einer alles und jedes ‚aufklärenden' Vernunft entgleitet. Die ‚ontotheologische' Perspektive einer ‚Vernunftreligion' verleitet dazu, das Gewicht derartiger nicht-integrierbarer Supplemente zu unterschätzen. Doch sie können nicht als ein ‚Hinzukommendes' (eine ‚Akzidenz') behandelt werden, sondern repräsentieren jenen ‚Mehrwert', der eine Religion zu einer Religion werden läßt – die ‚Akzidenzien' ihrer Religiosität sind ursprünglicher als das, was man als ihre ‚Wesen' bezeichnen würde."[10]

Daher ergibt sich aber auch das Problem der *Verständigung* zwischen den Religionen. Denn es sind nicht nur die unterschiedlichen Berufungen auf ‚ursprüngliche Offenbarung' sondern ebenso diese kontingenten Supplemente, die dazu nötigen an der Religion des anderen etwas zu respektieren, das *per definitionem* nicht allgemein gerechtfertigt werden kann. Das, was einer Religion ihre unverwechselbare Signatur verleiht, läßt sich niemals ‚innerhalb der Grenzen der bloßen Vernunft' erfassen. Und vor allem: Wer dürfte über diese ‚Grenzen' befinden? Gibt es sie überhaupt? „Ein Christ – und ebenso ein Jude oder ein Muslime – wäre jemand, der den Zweifel in Hinblick auf diese Grenze kultiviert, in bezug auf die *Existenz* dieser Grenze [...]." (FS 23)

Insofern bergen beide ‚Quellen' der Religion eine bestimmte *Gewalt* in sich: Nicht nur die Selbsteinschließung in eine polemisch behauptete ‚Identität', sondern auch die „pazifikatorische Geste" (FS 57), die in der Suche nach *gemeinsamen Antworten* auf die Frage nach dem Heil eine Versöhnung unter den Religionen herzustellen versucht. Nicht nur weil sie unter der Hand immer schon ein spezifisch *europäisches* und *christliches* Leitbild von Religion – ‚vernünftig', ‚moralisch', ‚universal' – voraussetzt und zu befördern scheint[11], sondern ebenso weil sie die *Frage* nach der Religion einer noch grundlegenderen Axiomatik unterwirft: nämlich daß es sich bei der Religion in erster Linie um eine „Antwort" zu handeln habe: Die Religion hat Antwor-

---

[9] Auch für Hoff repräsentiert das Isaakopfer gerade nicht das Verbindende unter den abrahamitischen Religionen sondern den „nicht-integrierbaren *Bruch*" zwischen ihnen. Denn das Opfer Abrahams ist auf keine allgemeine Weise *verantwortbar*! Vgl. *Spiritualität und Sprachverlust*, 123f.
[10] A.a.O., 130.

ten zu geben auf die Frage nach ihrem Sinn. Sie sei *die* Antwort auf *die* Frage nach dem Wesen des Menschen:

„*Die* Religion? Antwort: ‚Die Religion, das ist *die Antwort*.' Ist es nicht das, was man sich vielleicht verpflichten müßte zu antworten um anzufangen. Außerdem müßte man wissen, was *antworten* besagen will und damit einher: *Verantwortung*." (FS 39)

Doch diese scheinbar tautologische Antwort ist sehr voraussetzungsreich. Sie unterstellt, daß der ‚religiöse Mensch' über die Möglichkeit verfügt, in kalkulierter Weise Rechenschaft zu geben von einem Mysterium, das sich jedem Kalkül entzieht, von einer Eigentümlichkeit, die sich jeder allgemeinen Repräsentation widersetzt. Und schon der Versuch, die ‚Verständigung' unter den Religionen unter dieses Axiom der ‚Verantwortbarkeit des Glaubens' und dem ‚Geben gemeinsamer Antworten'[12] zu stellen, impliziert eine bestimmte Gewalt im Aufrichten von Grenzen, innerhalb derer jener Glaube zu erscheinen habe.

Die Öffnung gegenüber dem *ganz Anderen* – die Derrida im Anschluß an Abraham und auch diesen noch überbietend zu denken versucht – wäre im Falle einer solchen Voraussetzung nicht mehr *absolut*. Aber kann sie das überhaupt sein? Ist eine ‚absolute Öffnung' nicht

---

[11] Daß jeder Diskurs über ‚die Religion', allein schon durch das Wort *religio* an die Geschichte des christlich-europäischen Denkens gebunden ist, wird bei Derrida immer wieder hervorgehoben. Sobald man über ‚Religion' redet, spricht man *Latein*. Die Frage nach *der* Religion verbindet sich sofort mit der Frage nach der Dominanz und der quasi ‚universalsprachlichen' Funktion der lateinischen Kultur, m.a.W. mit dem ‚Primat Roms'. Dem Effekt nach durchaus vergleichbar mit der heutigen *Globalisierung* und Schematisierung der Diskurse durch die Tele-Technologie, stellt auch die spezifisch christliche Prägung des Begriffs der ‚Religion(en)' ein erhebliches Problem für ein tatsächliches ‚Gespräch der Religionen' dar. Derrida spricht von einer „*Mondialatinisation*" (Vgl. FS 42f. 58f. u.ö.), die gerade *heute* bei einem Diskurs über die ‚Religion' in ihren weitreichenden Folgen zu bedenken ist (vgl. FS 42. 57f.).

[12] J. Hoff hebt zurecht hervor, daß eine solche Überlegung auch erhebliche Folgen für die innerchristliche *Ökumene* besitzt. Schon in der Einleitung heißt es dazu: „Die starke Akzentuierung kulttheoretischer Fragestellungen soll dazu anleiten, sich der Auseinandersetzung mit historisch tief verwurzelten Brüchen in bezug auf die unterschiedlichen Existenzstile der Kirchen zu stellen und ihre Bedeutung für die damit unlösbar verflochtenen theologischen Differenzen einer kritischen Analyse zu unterziehen. Diesseits dogmatischer Kontroversen wird eine unvoreingenommene Diskussion der auf dieser prädiskursiven Ebene zutage tretenden Differenzen gerade dann als unausweichlich erscheinen, wenn das Ringen um die Ökumene sich nicht in der Formulierung weltanschaulicher ‚Konsenspapiere' erschöpfen soll." *Spiritualität und Sprachverlust*, 24. Insofern rechnet Hoff – im Anschluß an Derrida – einen bestimmten „Ökumenismus" zu den Symptomen der modernen Krise der Religion, vgl. a.a.O., 122.

das *Unmögliche*? Genau dies heißt jedoch für Derrida „Dekonstruktion". Derridas Lektüre von *Furcht und Zittern* wäre dann der Versuch, die abrahamitische(n) Religion(en) auch noch über ihren *abrahamitischen* (sei er nun jüdisch oder christlich oder moslemisch) Horizont hinauszuführen: in Richtung auf eine ‚Religion ohne Religion', einen ‚Messianismus ohne Messias'.[13]

Messianische Öffnungen

In *Force de loi* hatte Derrida ‚Dekonstruktion' mit dem Verlangen nach Gerechtigkeit identifiziert, mit der „wahnsinnigen" Verantwortung dem ganz Anderen gegenüber. Diese Gerechtigkeit, diese Dekonstruktion, sei im Recht oder in der Geschichte des Rechts am Werk, lange bevor sie sich als jener Diskurs präsentiert, den man als „Dekonstruktionismus" betitelt. Sie sei vor allem aber auch dort am Werk, wo es um die verschiedenen Weisen *messianischer Versprechen* geht. Messianismus, gleich welchen *Typs*, ist angetrieben von einem ganz ähnlichen Verlangen nach Gerechtigkeit und Erwartung des *ganz Anderen*. Derrida zögert in *Force de loi* aber, die Dekonstruktion in einen *Horizont solchen Typs* einzuordnen:

„Das Besondere des geschichtlichen Orts (der vielleicht unser geschichtlicher Ort ist, der in jedem Fall der ist, auf den ich mich hier dunkel beziehe) erlaubt es uns, den Typ(us) selber zu erahnen, und zwar als Ursprung, Bedingung, Möglichkeit und Versprechen all seiner Exemplifikationen (Messianismus jüdischen, christlichen oder islamischen Typs, Idee im Kantischen Sinne, Eschato-teleologie neohegelianischen, marxistischen oder postmarxistischen Typs usw.). Er erlaubt es uns ebenfalls, das Gesetz des irreduktiblen Wetteiferns wahrzunehmen oder begrifflich festzuhalten; er erlaubt uns dies aber von einem Rand aus, [...] da einige unter uns nicht mehr wetteifern, nicht mehr konkurrieren, sich dem Wettrennen nicht mehr zugehörig fühlen." (GK 52f.)

Damit ist ein Thema angeschlagen, das in den folgenden Arbeiten Derridas einen breiten Raum einnimmt: In welchem Verhältnis steht

---

[13] Auch J.D. Caputo liest *Donner la mort* als Hinführung zu einem „universalen Messianismus" jenseits des jüdischen *und* des christlichen/Kierkegaardschen Abraham: „By giving us [...] a reading of Kierkegaard's *Fear and Trembling*, Derrida supplies an exemplary example of how the movement from Abrahamic messianism to the universal messianic can be carried out. For deconstruction represents a certain desert-ification of Abraham, of Kierkegaard's Abraham, of Kierkegaard, of the Kierkegaardian religious [...]. *Donner la mort* takes us by the hand up to Moriah and shows us how to put the torch to the particular messianisms in order to get to the messianic in general, to learn how to read *Fear and Trembling*, the Kierkegaardian rendering of this famous story, as a story for everyman and everywoman, with or without a determinable faith, even if one rightly passes for an atheist." *Prayers*, 189f.

das, was Derridas Dekonstruktion in Atem hält, zu den messianischen Erwartungen der drei großen Buchreligionen, aber auch zu den säkularisierten Formen ‚messianischen' Denkens in der philosophischen Tradition? In dem eben gelesenen Abschnitt ist davon die Rede, daß die Dekonstruktion so etwas wie die ‚Bedingung der Möglichkeit' des Messianischen zu denken versucht. Andererseits hieß es aber, daß die Dekonstruktion selbst dieses Verlangen nach Gerechtigkeit *ist*, daß sie mithin nicht ‚aus dem Rennen', nicht nur bloßer Zuschauer ist, sondern davon besessen ist, vielleicht noch schneller und intensiver ‚zu laufen'.

Sehr ausführlich ist Derrida in seinem Buch *Spectres de Marx / Marx' Gespenster*[14] auf dieses Problem eingegangen. Seine Marx-Interpretation läuft dort – in Auseinandersetzung mit Fukuyamas Buch *Das Ende der Geschichte. Wo stehen wir?* – darauf hinaus, daß die Marxistische Kritik, Marxens „messianische Eschatologie", so sehr sie auch an eine ganz unzureichende Ontologie und Metaphysik gebunden ist, nicht einfach ‚dekonstruiert' werden kann. Das Messianische an ihr, die Idee der Gerechtigkeit und die Idee der Demokratie, eine bestimmte emanzipatorische Verheißung übersteigt jene Ontologie und liegt ihr voraus. Dahin müsse man den Marxismus führen, „indem man ihn interpretiert" (MG 101).[15] Worum es Derrida nun u.a. geht, ist jene Formalität eines „strukturellen Messianismus, eines Messianismus ohne Religion, eines Messianischen ohne Messianismus sogar" (ebd.) – und das, was Marx daran gehindert hat, *dies* zu denken. Gemäß Derridas Begriff der Gerechtigkeit gegenüber dem *ganz Anderen* wäre jenes „Messianische ohne Messianismus" bezogen auf ein Ereignis einer nicht antizipierbaren Andersheit:

„Erwartung ohne Erwartungshorizont, Erwartung dessen, was man noch nicht oder nicht mehr erwartet, vorbehaltlose Gastfreundschaft und Willkommensgruß, die der absoluten Überraschung des *Eintreffenden* im vorhinein gewährt werden, ohne das Verlangen einer Gegenleistung oder einer Verpflichtung gemäß den Hausverträgen irgendeiner Empfangsmacht [...], *gerechte* Öffnung, die auf jedes Besitzrecht verzichtet, messianische Öffnung für das, was kommt, das heißt für das Ereignis, das man nicht *als solches* erwarten und also auch nicht im voraus erkennen kann, für das Ereignis als das

---

[14] Eine Buchveröffentlichung, die auf einen Vortrag aus dem Jahr 1993 zurückgeht. Vgl. dazu U. Kösser: *Vor, zwischen, nach – über den Umgang mit Gespenstern*, pass. und J.D. Caputo: *Prayers*, 118ff.

[15] Derrida untersucht in einer raffinierten Lektüre verschiedener Marxtexte, welche Funktion das ‚Gespenstische' bei Marx spielt, besonders auch in Hinblick auf seine Interpretation der Religion.

Fremde selbst, für jemanden [ihn oder sie], für den man im Eingedenken der Erwartung immer einen Platz freihalten muß." (MG 110)

Solche vorbehaltlose Gastfreundschaft ist das Unmögliche selbst und dennoch die Bedingung des Ereignisses und also von so etwas wie *Geschichte* – und von *Gerechtigkeit*. Ohne dieses Verlangen nach dem Unmöglichen wäre es besser, auf die Rede von ‚Gerechtigkeit' zu verzichten. Es wäre besser, die ökonomischen Kalküle einzugestehen „und alle Zölle anzugeben, die die Ethik, die Gastfreundschaft oder die diversen Messianismen noch an den Grenzen des Ereignisses erheben, um das Eintreffende abzuschrecken" (MG 111). Ein solcher *Messianismus ohne Inhalt* aber ist das, was die Dekonstruktion in Atem hält[16], was Derrida „den Blinden gleich"[17] (MG 110) führt.

Viele Derridainterpreten sind geneigt, in diesem Messianismus *ohne* eine *bestimmte* Messiaserwartung eine spezifisch ‚jüdische' Denkfigur wiederzuerkennen.[18] Das Messianische ohne jeden *bestimmten* Erwartungshorizont oder zumindest mit einem prinzipiell *offen* gehaltenen Erwartungshorizont ist zweifellos eine alte Anfrage des jüdischen Glaubens an die christliche Eschatologie. Das ‚Jüdische' stünde hier für eine Weise der Erwartung, die alle *teleologischen* Abschließungen der Geschichte ‚dekonstruiert' – gerade auch immer wieder die ‚christlichen' Versuche, das ‚Ende der Geschichte'[19] vorweggenommen zu sehen.[20] Es liefe darauf hinaus, bei Derrida eine Philosophie,

---

[16] J.D. Caputo läßt seine Derridalektüre von Beginn an auf diese ‚messianische' Struktur der Dekonstruktion zulaufen: „it is this messianic or prophetic passion that impassions deconstruction, and it is in messianic or prophetic religion – beyond classical negative theology – that the central point of convergence and interaction between deconstruction and religion and theology is to be found." *Prayers*, 118.

[17] Vgl. dazu Derridas Buch *Aufzeichnungen eines Blinden: das Selbstportrait und andere Ruinen*, pass.

[18] Vgl. z.B. J. Valentin: *Atheismus*, 266 oder J.D. Caputo: *Prayers*, 137. Tatsächlich hat Derrida dieses Denken des Messianischen wesentlich bei seinen Levinaslektüren gelernt. Vgl. dazu schon in SD 128. Auch in seinem Nachruf auf Levinas hat Derrida diesen (jüdischen) Messianismus von Levinas mit viel Sympathie nachgezeichnet vgl. AEL 100ff. Allerdings mündet seine Lektüre auch dort in die Überlegungen zu einem Messianismus *vor* jedem bestimmten Messianismus: vgl. AEL 148f.

[19] Es ist charakteristisch, daß Fukuyama seiner ‚westlichen, d.h. christlichen (?) – Sicht auf die Geschichte genau diesen Titel gibt. Derrida untersucht denn auch minutiös die „neo-evangelische" Rhetorik, die Fukuyamas „gute Nachricht" (Fukuyama: *Das Ende der Geschichte*, 14) an die Leser durchzieht, vgl. MG 97ff.

[20] Vgl. J. Valentins Überlegungen zu jüdischen Anfragen an die christliche Eschatologie im Anschluß an Derrida: *Atheismus*, 266-271.

wenn nicht ‚aus den Quellen'[21], dann doch vielleicht zumindest aus dem Geist des Judentums zu entdecken.[22] Die allgemeine Struktur des Messianischen, als Struktur einer Erfahrung, wäre etwas, was die europäische Philosophie neu vom ‚jüdischen Denken' zu lernen hätte. Dies ist zumindest der Anspruch von Levinas, und Derrida erklärt in *Adieu* ausdrücklich, dieser Geste zu folgen. Allerdings *übersetzt* er sie dabei auf eigentümliche Weise in sein Denken – und das bedeutet hier: Übersetzung in eine Sprache und ein Gesetz *vor* jedem offenbarten Gesetz, auch der jüdischen Thora. Diese Passage sei hier im Zusammenhang zitiert, weil sie überraschenderweise wieder auf Kierkegaard anspielt:

„Doch ist es nicht Lévinas selber, der uns in mehr als einem Sinne von einer Offenbarung der Tora noch vor Sinai[23] träumen ließ? Oder genauer noch von einer *Anerkennung* der Tora noch vor jener Offenbarung? Und Sinai, der Eigenname *Sinai*, ist er Träger einer Metonymie? oder einer Allegorie? oder ist er der Nominalkörper einer kaum zu entziffernden Auslegung, die, ohne daß sie unsere Gewißheit nötigen würde, uns an das erinnert, was noch *vor* Sinai eingetroffen ist, gleichzeitig das Antlitz, der Rückzug des Antlitzes und das, was im Namen des Dritten, das heißt der Gerechtigkeit, im Sagen dem Sagen widerspricht? Sinai: die Kontradiktion selber. Was ich alles in allem nahelegen wollte, kommt hier zum Erzittern und kommuniziert vielleicht zitternd eine Beunruhigung, etwas wie Furcht und Zittern vor dem, was ‚Sinai', der Eigenname, bedeutet, was sich so nennt und uns ruft, was von diesem Namen aus für diesen Namen nahesteht. [...] Doch dem wäre so nur kraft eines Übersetzungsereignisses." (AEL 148f.)

In diesem Falle verhielte es sich so, kraft der „Übersetzung" Derridas, „einer *anderen Übersetzung*, eines anderen Übersetzungsdenkens" (ebd.) – kraft Derridas Wieder-holung.

Auch in den Texten, von denen ich ausging, also *Spectres de Marx* bzw. *Foi et savoir*, liegt Derrida bei seiner Struktur eines *Messianismus ohne Messias* nicht an der Kennzeichnung einer spezifisch ‚jüdischen' Erfahrung. Er unterstreicht ausdrücklich, daß es ihm darum

---

21 Derrida hat sich übrigens mit Cohens *Religion der Vernunft aus den Quellen des Judentums* in *Interpretations at war. Kant, der Jude, der Deutsche*, 77ff., auseinandergesetzt. Derrida untersucht dort eine von Cohen behauptete „innerste Verwandschaft" zwischen Judentum und Kantianismus und einem bestimmten Deutschtum: und zwar bei Cohen selbst und Rosenzweig. Es handelt sich also um zwei Weisen, sich *als Philosoph* seines Judentums zu vergewissern. Der Text gehört insofern unmittelbar in den hier behandelten Kontext.

22 Vgl. dazu J.D. Caputos Kapitel: „Is Deconstruction really a Jewish Science" (*Prayers*, 263-280), wo er auf Derridas Auseinandersetzung mit Freuds Judentum eingeht.

23 Ich erinnere daran, daß das Kolloquim unter dem Titel „Visage et Sinaï" stand. Derrida nimmt das zum Anlaß, die verschiedenen Bezüge zwischen dem Ort Sinai, der Gabe der Thora und dem ethischen Gebot des Von-Angesicht-zu-Angesicht in Levinas' Werk zu verfolgen, vgl. bes. AEL 87ff.

6. ‚Religion ohne Religion'

geht, von *allen* biblischen Messianismen zu abstrahieren. Keine Figur des Ankommenden dürfte vorherbestimmt, präfiguriert, d.h. mit einem *Vor*namen versehen werden. Derrida spricht selbst von einer „beinahe atheistischen Trockenheit", einer „Wüste", die noch unfruchtbarer und *unheimlicher* erscheint als die, durch die „sich die lebenden Figuren aller Messiasse gemüht haben" (MG 265).

In welchem Verhältnis steht aber dann Derridas ‚Messianismus' zu jenen „diversen Messianismen"? Wie soll man ihn, so fragt Derrida selbst, „*mit* den Figuren des abrahamitischen Messianismus *denken*? Stellt er seine abstrakte Verödung oder seine ursprüngliche Bedingung dar?" (MG 264) Anders gefragt: Ist Derridas *Messianismus ohne Messias* selbst eine ‚Religion'? Eine *neue*, ‚post-abrahamitische' Religion? Gibt es eine Art „atheologisches Erbe des Messianismus" (MG 264)? Oder handelt es sich um die ‚ursprüngliche Bedingung' der anderen Messianismen, um deren universale Struktur – im Sinne der Unterscheidung von ‚Form' und ‚Inhalt', ‚Wesen' und ‚Beispiel' usw.? Ist das ‚Messianische' ein *Abkömmling* der konkreten Messianismen oder deren *Ursprung*? Diese Alternative verdient, genauer betrachtet zu werden.

Am naheliegendsten wäre es, das, was Derrida hier vorschlägt, im letztgenannten Sinne eines ‚klassischen' Fundierungsprogramms in Richtung auf das Allgemeine, Universelle, ‚Ontologische' (gemäß Heideggers Gegenüberstellung zum ‚Ontischen') zu lesen. Das ‚Messianische' wäre dasjenige, was in allen (messianischen) Religionen am Werke ist, das diese zugleich immer wieder dazu treibt, *über sich hinauszugehen*, sich gegen die eigenen Abgrenzungen zu wehren – und dies doch aber immer *im Namen* einer bestimmten ‚Ursprünglichkeit', die über ‚Wesen' und ‚Identität' der jeweiligen Religion entscheidet. Es sieht so aus, als folge Derrida einer bestimmten *via negativa* und entkleide die biblischen Formen der Erwartung aller dieser *bestimmbaren* Figuren von ‚Identität', um auf das ihnen allen Gemeinsame zu stoßen. *Absolut* ist das Messianische nur, wenn es Erwartung ohne Erwartungshorizont ist, wenn es infolge dessen über seine „eigene Universalität wacht" (MG 265). Zwar ließe sich diese Universalität nur im Anschluß an Offenbarung(en) formulieren, doch gerade die Abstraktion von allen konkreten *religiösen* Überzeugungen sichere die Allgemeinheit einer *philosophischen* Wahrheit.

Aber eine solche Geste paßt offensichtlich überhaupt nicht in Derridas Denken. Sind es nicht gerade die klassischen Denkschemata von Inhalt und Form, Wesen und Beispiel, Allgemeinem und Besonderem usw., die immer wieder dekonstruiert werden? Derrida spricht an anderer Stelle davon, daß er dazu neigt, die jüdische, die christliche und die islamische Tradition als „absolute Ereignisse, nicht aufeinander reduzierbare Ereignisse"[24] zu sehen. Das aber heißt, daß diese Ereignisse nicht ein ‚Fall' von etwas Allgemeinerem sind, nicht ‚Beispiele' im klassischen Sinne. Sie sind eben singuläre ‚Ereignisse' und keine ‚Momente' in einer teleologischen oder eschatologischen Bewegung. Es gibt kein neutrales, metalinguistisches und universales Medium, in das alle verschiedenen messianischen Sprachen ‚übersetzt' werden könnten.[25]

Worum es Derrida beim ‚Messianischen' geht, ist gerade, wie es in *Foi et savoir* heißt, die Hoffnung

„auf eine universalisierbare Kultur der Singularitäten, eine Kultur, in welcher die abstrakte Möglichkeit der unmöglichen Übersetzung sich dennoch anzeigen kann. Sie schreibt sich im voraus ein in das Versprechen, in den Akt des Glaubens oder in den Appell an den Glauben, der allen Sprechakten und jeder Hinwendung zum anderen innewohnt. Die universalisierbare Kultur *dieses* Glaubens, und nicht eines anderen oder vor jedem anderen, erlaubt erst einen ‚rationalen' und universalen Diskurs über das Thema der ‚Religion'." (FS 28)

In der Tat nimmt Derrida diese *Aufklärungs*-Geste für sich in Anspruch. Der Kampf der verschiedenen Messianismen um die ‚Weltherrschaft' – und Derrida hat dabei z.B. den Golfkrieg oder das Buch von Fukuyama vor Augen – verlange geradezu nach einem ‚universalen Diskurs' über die ‚Religion'. Aber diese ‚Universalität' und die sie garantierende ‚Rationalität' hätten anderen Rationalitätsstandards zu folgen, als sie für das klassische Aufklärungsprojekt prägend waren.

Aufklärung – heute

Was würde es also heute bedeuten, ‚in den Grenzen der bloßen Vernunft' *Religion* zu denken – und zwar im Wissen um die oben angedeutet Gewaltsamkeit, die schon in diesem Projekt steckt? Diese Kantische Geste bildete ja, nach Derrida, das Thema des Kolloquiums auf Capri (vgl. FS 16). Derrida erinnert daran, daß Kant in der

---

[24] In einer Podiumsdiskussion über *Spectre de Marx* an der Villanova University 1994, zitiert bei Caputo: *Prayers*, 136f.

[25] Vgl. J.D. Caputos Diskussion dieser Frage in *Prayers*, 134-143. Er rückt dort Derridas ‚Struktur' zunächst in die Nähe von Heideggers „formaler Anzeige". Den Unterschied zwischen Derrida und Heidegger sieht Caputo dagegen wie folgt: „But a formal indication, on Heidegger,s accounting, has the status of an empty schema which lacks existential *engagement* whereas Derrida's ‚messianic' is the very structure of urgence and engagement. [...] The messianic, I am arguing all along, is deconstruction's passion and deconstruction is impassioned by this impossible." (*Prayers*, 141)

ersten „Allgemeinen Anmerkung" sein eigenes Verfahren mit einem „reflektierenden Glauben" in Verbindung gebracht hatte. Insofern dieser sich mit der Möglichkeit des „Übernatürlichen" auseinandersetzt, überschreitet dieser Glaube zwar die Grenzen der bloßen Vernunft. Er kann deswegen lediglich als ein „Nebengeschäft (Parergon)" der Vernunft bezeichnet werden. Aber als ein „reflektierender" unterscheidet er sich auch von jedem „dogmatischen" Glauben, „der sich als ein Wissen ankündigt", und insofern den Unterschied zwischen Glauben und Wissen zu ignorieren versucht.[26]

Gleichzeitig aber lasse Kant keinen Zweifel daran, daß vor allem der christlichen Religion als „*moralischer*, d.i. die Religion des *guten Lebenswandels*"[27], die Mission zukomme, einen ‚reflektierenden Glauben' aus sich heraus freizusetzen. Welche Grenzen ergeben sich seitdem – und wer würde bestreiten, daß diese Denkfigur Kants epochal wurde – für alle Diskurse über das Verhältnis von Glauben und Vernunft, von Moral und Religion, von Christentum und den anderen Religionen? Wie läßt sich innerhalb *dieser* ‚Grenzen der bloßen Vernunft' ein Begriff von Religion denken, der nicht immer schon ‚christlich' wäre? Was wäre heute das Projekt eines solchen Buches wie desjenigen Kants, fragt Derrida (vgl. FS 23)? Hat ein solches Projekt heute eine Chance oder einen geopolitischen Sinn?

Für Derrida scheint es einzig im Hinweis auf jene „culture universalisable des singularités" zu bestehen. Ein solcher ‚Glaube', „jene Wüste in der Wüste", erlaube es vielleicht, einen neo-aufklärerischen Diskurs über die Religion zu führen, der die mörderischen Kriege unter den bestimmten Messianismen und historischen Religionen in ihren Gewißheiten untergräbt:

„Die Chance dieser Wüste in der Wüste [...] besteht darin, daß diese Abstraktion, indem sie die Tradition, die sie trägt, entwurzelt, sie atheologisiert, ohne den Glauben zu verleugnen eine universelle Rationalität und eine politische Demokratie, die davon nicht zu trennen ist, befreit." (FS 29)[28]

Worauf diese „universelle Rationalität" hinausliefe, wäre jedoch nicht die Universalität Kants, sondern eine „andere ‚Toleranz'" (FS 33). Eine Toleranz, die nicht mehr innerhalb ihres wesentlich christlich-moralischen Horizonts über *ihre* Grenzen wacht, sondern die sich jener immer wieder anderen, unübertragbaren, unübersetzbaren Erfah-

---

[26] Vgl. I. Kant: *Die Religion innerhalb der Grenzen der bloßen Vernunft*, 58.
[27] I. Kant: a.a.O., 56f.

rung des ganz Anderen – namentlich in den anderen Religionen – auszusetzen versucht:

„Sie würde die Distanz der unendlichen Andersheit als Singularität respektieren. Und dieser Respekt wäre noch *religio, religio* als Skrupel, als Zurück-haltung (*re-tenue*), Distanz, Dissoziation, Trennung (*disjonction*), an der Schwelle jeder Religion als Bezug der Wiederholung auf sich selbst (*lien de la répétition à elle-même*) [...]." (FS 33)

„Eine universalisierbare Kultur der Singularitäten", eine Verallgemeinerung des Nicht-Verallgemeinerbaren: Wie läßt sich so etwas denken und wie läßt sich darüber ‚kommunizieren'?

Eine mögliche Antwort Derridas würde vielleicht lauten: indem man die „Möglichkeit der unmöglichen Übersetzung" zumindest *anzeigt*, auf sie *aufmerksam* macht. Ich möchte daher abschließend nun noch auf jenen schwierigen und vielleicht ‚unverständlichsten' Text Derridas eingehen, wo er versucht, über ‚seine Religion' zu schreiben.

6.2. ‚Meine Religion'

Was es bedeutet, von sich selbst zu erzählen, sich selbst zu umkreisen, sein Geheimnis zu gestehen, und auf diese Weise von / zu Gott zu reden – das führt Derrida in dem Text *Circonfession* (1991) vor.[29]

---

[28] J.D. Caputo sieht hierin in der Tat die entscheidende Herausforderung Derridas an die konkreten Religionen (und die Chancen, die in seinen Texten liegen): „For the believer in the conventional sense, the believing Jews or Christian, for example, deconstruction provides a saving apophatics, a certain salutary purgation of the possibility of belief, which reminds us all that we do not know what is comming, what is *tout autre*. Although deconstruction is not far removed from a certain religious faith, although it is consituted through and through by a believing affirmation of the impossible, it reminds us that we do not know what God is, or whether we believe in God or not, or whether what we believe in is God or not, or what we love when we love our God. For deconstruction, it would be enough, rather a lot really, to be impassioned by the impossible, to pray and weep over a spectral figure of a justice to come, of which we must learn how not to speak. The prayers and tears of Jacques Derrida are trying [...] to ‚keep hope alive.' *Viens!" Prayers*, 150f.

[29] Vgl. zu diesem Buch die sehr minutiöse und einfühlsame Kommentierung bei J.D. Caputo *Prayers*, 281-307. Aber man muß Caputos Bemerkung unterstreichen (a.a.O., 285): Dieser Text disseminiert in so viele Richtungen, daß jede Idee eines ‚Kommentars' *ad absurdum* geführt wird. In dem Text werden autobiographische, philosophische, theologische, psychoanalytische, literarische und politische Anspielungen ohne jede Abgrenzung ineinander verflochten – und nur *mein* Blick auf den Text, im Zusammenhang *meiner* Argumentation erlaubt es, einen ‚roten Faden' in diesem Text zu ‚sehen'. Von einem ‚*roten* Faden' allerdings spricht Derrida selbst: nämlich vom Blutrinnsal seiner *Beschneidung*.

Confessions

Circonfession ist gemäß einer Art ‚Wette' geschrieben: als Begleittext zu einer Einführung in Derridas Denken durch Geoffrey Bennington.[30] Derrida geht es darum, das „theologische Programm" durcheinander zu bringen, das einen solchen ‚Überblick' über sein Denkens unweigerlich leitet[31]. Letztlich gehe es dabei um eine „‚Logik' dessen, was ich bis heute zu schreiben vermochte, ja noch dessen, was ich in Zukunft über welchen Gegenstand auch immer schreiben mag" (CIR 23). So, als stünde jener Kommentator in der Position Gottes, der alles übersieht und im voraus weiß. Immer wenn sich Derrida auf diesen Kommentar von G. (Geoffrey) Bennington bezieht, der vom oberen Rand der Seiten, also von oben herab auf den unten entlanglaufenden Text Derridas blickt, nennt er ihn einfach G. (Die Originalversion erschien in englischer Sprache, so daß G. für *God* stehen kann)[32]. Dieser G. steht also beinahe in der Rolle des Adressaten, an den sich der Heilige Augustinus in seinen *Confessionen* richtet, in denen er sich immer wieder fragt, ob es irgendeinen Sinn mache, Ihm, Gott, der doch alles weiß, irgend etwas noch zu gestehen. Scheint es nicht aber so, als wollte auch Augustin dafür sorgen, daß Gott selbst noch etwas widerfährt, „daß ihm *einer* begegnet, der die Wissenschaft von Gott in eine gelehrte Unwissenheit verwandelt", einer, der behauptet, es tun zu müssen, „*indem er schreibt*" (CIR 25)? Derrida will Beninngton überraschen und zwar damit, daß er ihm etwas *bekennt*, über sich selbst, über ein ursprüngliches Schuldigsein[33], und wie dies mit einer bestimmten Erfahrung des Schreibens zusammenhängt – „man bittet stets um Vergebung, wenn man schreibt" (CIR 56). Was er ihm – und

---

[30] G. Bennington: *Derridabase*. Bennington versucht dort anhand von 31 wichtigen Sichwörtern (l'écriture, la différance, la signature, la traduction, la littérature, le don usw.) eine Art *Software* für die Erschließung von Derridas Texten anzubieten.

[31] Man muß Bennington allerdings zugestehen, daß er sich mit seinem Kommentar auf der Höhe von Derridas Problembewußtsein hält. Und Derrida erkennt dies auch an. Es geht ihm eher darum, die *Gattung* von Bennigtons Text zu dekonstruieren.

[32] Derrida nennt Benningtons *Software* auch *théologiciel*: denn *logiciel* ist das französische Wort für *software* und außerdem klingt in diesem Wort das ‚von oben herab' (*au ciel*) von Benningtons *logie-ciel* an.

[33] Schuld gegenüber seinem früh verstorbenen Bruder; das Schuldgefühl des kleinen jüdischen Jungens, der aufgrund seines Judentums 1942 vom französischem Gymnasium verwiesen wurde (was ihm seine Nichtzugehörigkeit zur französischen Kultur prägend bewußt gemacht hat); des Mannes, der in Prag unter dem Verdacht des Drogenschmuggels verhaftet wurde (vgl. zu diesem Erlebnis AP 138); gegenüber seiner im Sterben liegenden Mutter, der er all dies schreibt; gegenüber ‚seinem' Gott – all dies verweist auf das, was Derrida in LS über das Schreiben als *pardonner* sagt.

zugleich ‚seinem Gott' – bekennt, ist die Tatsache seiner Beschneidung – seiner späteren Trennung vom Judentum – und seiner ‚Conversion' zu einem bestimmten ‚Glauben', zu ‚seiner Religion'.

Derridas Text ist zum Teil eine Collage aus Notizen zu einem nie geschriebenen Buch „*Elie*" oder „*Das Buch der Beschneidung*".[34] Elie ist Derridas zweiter Rufname, den er nie getragen hat, den er selbst erst zufällig später entdeckte, der verschwiegen wurde, wie sein Judesein überhaupt. Diese Auszüge aus seinen ‚Papieren' werden nun neu kommentiert und mit Zitaten aus den *Confessiones* des Heiligen Augustinus verflochten. Derrida gibt sich als ein quasi-jüdischer *bekennender* Augustinus, ein quasi-Augustinischer Jude.

Augustinus ist Derridas (nordafrikanischer) Landsmann. Wie Augustinus ist Derrida Grenzgänger zwischen verschiedenen Kulturen.[35] Von einer arabischen Jüdin geboren und beschnitten, wächst er in der frankophonen Kultur Algeriens auf, lebt seit dem 19. Lebensjahr in Frankreich, heiratet eine Nichtjüdin und läßt seine Söhne nicht beschneiden[36]. Er vollzieht damit gewissermaßen eine ‚paulinische' Konversion: zur christlich-lateinischen Welt. Und nun bekennt er vor G. und am Sterbebett seiner Mutter – in Erinnerungen an seine Mutter: wie Augustins Erinnerungen an Monika – diese seine Trennung vom Judentum. Sein Abgeschnittensein von der Wahrheit, von der absoluten Wahrheit, wie sie für Augustinus sich im Bekenntnis noch herzustellen schien. Derrida redet von *St.* Augustinus als sA (*savoir absolu*). Aber was bedeutet es, wenn Augustinus schreibt: *eam [veritatem] facere in corde meo coram te in confessione, in stilo autem meo coram multis testibus* (vgl. CIR 58)? Was heißt es, *die Wahrheit herzustellen*, im Akt des Schreibens, als Autobiographie, im Bekenntnis zu Gott, vor G. und all den anderen Leser(inne)n? *Circonfession* ist nicht ein Bekenntnis *der* Wahrheit, sondern ein Bekenntnis *ohne* Wahrheit (im christlich – augustinischen Sinn). Das Gestehen eines Geheimnis-

---

[34] Derrida hat diese Notizen im Anschluß an *Glas* begonnen. Sie sind datiert in die Zeit zwischen 1976 und 1981.

[35] Valentin liest *Circonfession* daher als Derridas „Bekenntnis zum Marranentum, zum Nicht-Eindeutigen, zum Oszillierenden, Zitternden, die Seiten zwischen Judentum und Christentum Wechselnden. [...] Er bekennt keine Wahrheit, sondern zweifelt an der Möglichkeit von ‚reiner' Wahrheit. Um der Wahrheit der Unbeschreibbarkeit, der Unbegreiflichkeit auch der eigenen Biographie willen wird die Beichte verweigert" (*Atheismus*, 84). Über ein solches *Zittern* findet Derrida auch in *Donner la mort* die Brücke hin zu *Furcht und Zittern*, vgl. TG 380ff.

[36] Vgl. CIR 182f.

ses ohne einen im voraus fixierten Sinn. Ein Bekenntnis, das gesteht, daß es *wie alle Literatur* begonnen hat, ohne ein geheimes Wissen, ohne zu sehen in das Geheimnis, ohne Bestimmung und Ausrichtung, kurz: was *veritatem facere* heißen könnte. Es wäre in diesem Sinne die „Autobiographie von Jedermann" (CIR 320).

Circoncision

Circonfession ist ein Text über die Beschneidung.[37] Beschneidung, das bedeutet über die Kennzeichnung als Jude hinaus: die Umkreisung, die Markierung, die Absonderung, die Ausschließung, aber auch die symbolische Kastration[38]. Und nun führt Derrida vor, was es bedeutet, ein Thema einzukreisen, es auszusondern, von einem nie abschließbaren Kontext abzugrenzen. Was solcher Art markiert wird, ist keine Identität, sondern ein Nichts, das sich von der Ausschließung her definiert. Dieses *Umkreisen* heißt *Schreiben,* und in dieser Beschneidung ruft sich Gott ins Gedächtnis:

„das ist es, was sie nicht ertragen, daß ich nichts, daß ich niemals etwas sage, das Bestand oder Geltung hätte, keine These, die man widerlegen könnte, nichts Wahres und nichts Falsches, nicht einmal das, ungesehen, unergriffen [...], darum schreibe ich, das ist das Wort, wie geschaffen um zu vergessen, man kann stets kommen und gehen [...],

---

[37] Zum Thema der Beschneidung bei Derrida vgl. auch J. Valentins Kapitel „Beschnittenes Bekenntnis. Bekenntnis zur Beschneidung" in: *Atheismus,* 75ff. und J.D. Caputo: *Prayers,* 250ff.

[38] Derrida hat – in Auseinandersetzungen mit Lacan und Freud – in unzähligen Varianten auf diesen Zusammenhang zwischen einem ‚phallischen' Stadium der Vernunft und dessen Kastrationsängsten hingewiesen. Jedes rückhaltlose Streben nach Wahrheit, das den *Schleier* zerreißen und in das Geheimnis der Realität selbst *eindringen* möchte, könne als eine Art Kompensation männlicher Kastrationsängste gelesen werden. Vgl. z.B. PK II, 185ff., SPO pass. oder APO 43ff. Dies gilt auch in Hinblick auf die Aneignung der eigenen Biographie als Autobiographie. Sich das eigene Leben als Wahrheit erschreiben zu wollen, die Schrift des Unbewußten komplett zu entschleiern, zu entziffern, es seines Geheimnisses zu berauben – diese Bewegung hatte Derrida auch bei Lacan als ein phallogozentrisches Paradigma der Psychoanalyse beschrieben (vgl. PK II 259ff.). Die jüdische Beschneidung verweist demgegenüber auf das, was sich als solches niemals *erinnern* läßt: Valentin schreibt dazu: „Versteht man die jüdische Institution der Beschneidung als ‚symbolische Kastration', als Nacktheit des Phallus und Sichtbarmachung der männlichen Kastrationsangst, wäre sie als fleisch- (oder besser: narbe-) gewordener Verweis auf ein unaussprechliches Geheimnis, auf die Vorgängigkeit der Realität vor jeder sprachlichen Äußerung, zu lesen." (*Atheismus,* 78f.) Vgl. dazu auch die Arbeiten in dem Derrida gewidmeten Sammelband M.-L. Mallet (Hrsg.): *L'animal autobiographique.*

und all das kreist um nichts, kreist um ein Nichts, in dem Gott sich mir ins Gedächtnis ruft, das einzige Gedächtnis, das ich besitze [...]" (CIR 282)[39].

Derridas Texte sind schon oft um die Beschneidung gekreist.

1. So etwa in *Glas*[40] im Zusammenhang mit Hegels Charakterisierung des Judentums.[41] Der Jude steht für Hegel unter dem Zeichen der Absonderung, d.h. des Schnitts. Er hat in Abraham mit dem Zusammenleben der Liebe gebrochen, er hat sich dazu verurteilt, abseits aller festen Behausung in der Wüste umherzuirren. Das Zeichen der Beschneidung markiert diese Absonderung, und als Beschnittener steht der Jude bei Hegel für das endliche Sein, das sich dem unbegreiflichen Unendlichen unterwirft. Der Jude bleibt ins Endliche eingelassen. Er steht nicht in Beziehung zu einer transzendenten Wahrheit, sondern zu einem unbegreiflichen, nicht ‚vernünftigen' Gesetz des Buchstabens. Er hat keinen Geist. [42]

Derrida nun setzt diese Vorwürfe Hegels buchstäblich und sichtbar in Szene.[43] So wie nach Hegel die Juden zu einem „geblendeten, also geteilten, stereoskopischen und damit schielenden Blick" (Gl 130b-131b) verurteilt sind, so wird auch der Leser/die Leserin von *Glas* gezwungen, den Blick ständig zwischen den zwei Kolumnen hin und her springen zu lassen.[44] Derrida selbst spielt ‚den Juden': verurteilt zur unabschließbaren Ausarbeitung eines stets entzogenen *ganz Anderen*, deren Verpflichtung wir folgen müssen, ohne daß uns jemals eine gegenwärtige Anschauung oder Erfahrung verheißen wäre (vgl. Gl 240a), markiert sich hier auch Derrida als ‚beschnitten'. Auch in formaler Hinsicht ist *Glas* beschnitten: am Anfang – beide Kolumnen beginnen mitten im

---

[39] Zur Erläuterung sei vermerkt, daß diese Zitate hier natürlich aus dem Zusammenhang gerissen scheinen. Aber auch im Text ist der Kontext der einzelnen Wortgruppen jeweils nur zu erahnen: Derrida schreibt innerhalb der einzelnen Abschnitte, die sich als Anmerkungen zu Bennington geben, *ohne* Abgrenzung einzelner Sätze. Der Text fließt ohne Interpunktion über die verschiedenen Zitate hinweg, wie ein Assoziationsstrom von zahllosen mit „und" verketteten immer neuen Formulierungsversuchen, eine Art philosophischer *écriture automatique*.

[40] Eine kurze Einführung in dieses schwierige Buch bieten H. Biel: *Derridas Hyperkarte: Glas*, H. Kimmerle: *Derrida*, 54ff.

[41] Vgl. dazu auch den Abschnitt bei J.D. Caputo: *Prayers*, 230ff.: „Hegel and the Jews".

[42] Interessanterweise nimmt innerhalb des Hegelschen Systems Kant strukturell diese Position des Juden ein. Derrida spielt mit seiner Hegelkritik gewissermaßen einen „Kant Hegels". Vgl. Bennington: *Derridabase,* 302 und dazu die Kapitel *Der Jude,* und *Die Striktion* in *Derridabase,* 298-308.

[43] Die Seiten von *Glas* sind unterteilt in zwei Spalten: in der einen kommentiert Derrida u.a. Hegels *Der Geist des Christentums und sein Schicksal,* die andere bietet einen Text über Jean Genet. Vgl. zum folgenden E. Weber: *Gedächtnisspuren,* 469ff.

Satz –, am Ende und immer wieder im Text. Das Buch kommt ohne einen ‚Kopf' aus und ohne das *caput* einzelner Kapitel. Und auch die beiden Spalten werden immer wieder unterbrochen von ‚Textfenstern' mit Zitaten, Kommentaren und Einschüben. Solche Textfenster heißen im Französischen „*judas*": (Tür-)Spione.[45] Die Hegel- bzw. Genet-Referate werden unterbrochen von Spionen, Einwürfen, Assoziationen und Fragen, die sich in Hegels Argumentation ‚einschneiden'. Derrida spricht in einer Textbeilage von „Einschnitten, Tätowierungen, Intarsien" (Gl 1). Sie markieren brüchige Stellen im Hegelschen System, das innerhalb seiner Kolumne kein Außen und kein Anderes zulassen kann, ohne es sofort in sich einzuverleiben. „In *Glas* wird der Text Hegels wie auch Derridas buchstäblich dem Judas, den *judas*, unterworfen."[46] Diese ‚Einkerbungen' unterminieren die Hegelsche Polemik gegen die Beschneidung. Sie *beschneiden* den Hegelschen Text. Sie markieren ihn auf das hin, was von ihm ausgeschlossen wird. In diesem Fall die Öffnung auf den ganz Anderen hin, den Juden bzw. den Gott der Juden, den der Hegelsche ‚Geist' zu begreifen versucht.

2. Eine ähnlich eigentümliche Art von Beschneidung umkreist *Schibboleth*[47]. Im Anschluß an Paul Celan[48] denkt Derrida dort nach

---

[44] Noch eine Steigerung dieses Verfahrens plante Derrida für das Projekt „Elie". In *Circonfession* heißt es: „[...] selbst wenn – *Élie wie ein Roman in 4 Kolumnen, auf 4 Diskursebenen geschrieben werden müßte [...], dürfte deren Unterscheidung zweifellos nicht in einer typographischen oder topographischen Form kenntlich gemacht werden, vom einem zum anderen Satz desselben und scheinbar kontinuierlichen Gewebes, aber strengen internen Kriterien zufolge müßten vielmehr die 4 Atemzüge einander ablösen.*" (CIR 283) An anderer Stellte verweist Derrida darauf, diese „Partitur" auch in den vier Weisen der rabbinischen Bibelauslegung entdeckt zu haben, die unter dem Akrostichon PaRDeS zusammengefaßt werden: als „Modell eines paradiesischen Diskurses der jüdischen Rationalität". „Obschon sich das PaRDeS dieser Partition, und ich habe es ‚im Blut' nicht mit jenem deckt, das sich mir aufdrängt, ist eine beschwerliche Übersetzung desselben nicht verboten" (CIR 122f.).

[45] Vgl. dazu Gl 8b-9b.

[46] E. Weber: *Gedächtnisspuren*, 473.

[47] Der Text war ursprünglich ein Beitrag Derridas zum internationalen Paul Celan Symposium der Universität Washington im Oktober 1984. Zum Begriff des ‚Schibboleths', der auch bei Celan eine große Rolle spielt, sei hier noch angemerkt: Auch die Beschneidung ist ein Schibboleth. Sie ist wie die Parole in Ri 12 dazu bestimmt zu scheiden, einzuschließen in eine Gemeinschaft und Leben zu geben – oder den Tod. Denn wie die Aussprache des ‚Schibboleths' stigmatisiert die Beschneidung ihren Träger. Als ‚rite de passage' verschafft sie Eintritt in die Gemeinschaft der Juden, aber sie kann sich genauso gegen sie wenden und ihnen das Leben kosten. Vor allem aber steht das *Schibboleth* für jene Markierung (in) der Sprache, die keine ‚Bedeutung' hat, aber als solche beherrscht werden muß, um *identifiziert* werden zu können. Vgl. dazu auch J. Valentin: *Atheismus*, 116ff.

über die Beschneidung als Figur eines *Mals (fois)*, einer Markierung, die nur *ein einziges Mal* stattfindet, gebunden an ein bestimmtes *Datum*, an die Singularität eines Ereignisses und das Geheimnis des Unwiederholbaren. Diese ‚Beschneidung' ereignet sich bei Celan als *Beschneidung der Sprache* – und zwar im *Gedicht*. Indem Derrida bestimmten *Datierungen* in Celans Gedichten nachgeht, kreist er um das, was ein Gedicht an Nicht-Offenbarem, chiffriert Einzigartigem, Kryptischem *zu lesen aufgibt* (vgl. SCH 72). Und zwar dadurch, daß in ihm eine Markierung ‚eingeritzt' ist, etwas Idiomatisches, das sich jeder hermeneutischen Aneignung entzieht. Das Geheimnis und die Gabe des Gedichts bestehen darin, dieses Unlesbare lesbar zu machen: *als Unlesbares* (SCH 86). Freilich öffnet dies „dem Wahnsinn Tür und Tor" (SCH 83). Aber „gibt es überhaupt ein anderes Verlangen als datieren? ein Datum zu hinterlassen?" (SCH 87) Dem Gedicht wohnt demnach eine Wirksamkeit inne, die keineswegs auf ein ‚Bedeuten' rückführbar ist. Es spricht selbst dann noch, wenn keinerlei ‚Bezug' in ihm erkennbar wäre, „kein anderer als d. Andere (*l'Autre*), als jener, an den es sich richtet (*s'adresse*) und zu dem es spricht, indem es ihm sagt, daß es zu ihm spricht. Selbst wenn es den Anderen nicht erreicht, so ruft es ihn doch an. Die Anrede findet satt." (SCH 72f). Die *religiöse* Dimension eines solchen Sagens liegt hier offen zu Tage.[49]

Dieses Kryptische findet jedoch überall statt, wo ein einzigartiger Einschnitt die Sprache markiert, sie *beschneidet*. ‚Alle Dichter sind Juden' – dieser Ausspruch von Marina Zwetajewa, auf den sich Celan beruft[50] – rührt an diese eigentümliche Kennzeichnung ‚des Juden':

---

[48] Paul Celan, dessen Umgang mit Sprache aus verständlichen Gründen von Derrida aufs Höchste bewundert wird, ist ein weiterer ‚Fall' jener Juden, deren ganze schriftstellerische Existenz um ihr problematisches Verhältnis zu ihrem Judentum kreist, und zu denen sich Derrida – vielleicht deshalb – so hingezogen zu fühlen scheint: Jabès, Blanchot, Kafka, Benjamin, Rosenzweig, Cohen, Freud und schließlich Celan (übrigens ist Derrida in den letzten Lebensjahren von Celan – seit 1968 – diesem auch persönlich nahe gekommen). Zu Derridas weit beachteter Celan-Interpretation vgl. H. de Vries: *Das Schibboleth der Ethik. Derrida und Celan*, 57ff.; J. Valentin: *Atheismus*, 111ff.

[49] Derrida scheint diese hier aber – wie auch Celan selbst – bewußt zurückzuhalten, um jenes ‚Gebet' oder jene ‚Segnung' (Celan) vor jeder theologischen Vereinnahmung zu schützen. J. Valentin: „Die Theologie steht immer in der Versuchung, die freigehaltene Leerstelle zu besetzen, das Geheimnis dingfest zu machen und an seine Stelle die Tradition der instrumentalisierenden anthropomorphen Gottesrede [...] zu implantieren." *Atheismus*, 115.

[50] Vgl. dazu SCH 106.

„Zeuge des Universalen, jedoch im Rahmen des absoluten, datierten, markierten, durch Einschnitt gekennzeichneten, zäsurierten Einzigartigen – im Rahmen und im Namen des Anderen" (SCH 108). In diesem figurativen Sinne gilt allerdings: Jeder Mensch ist beschnitten – „auch jede Frau" (SCH 117). Jede Singularität verdankt sich einer Markierung, einer Kennzeichnung oder Einschreibung, einer différance: *il faut la circoncission*. Und diese Beschneidung, als Idiomatisierung, ist keineswegs Abgrenzung und Abschließung, sondern vielleicht ihr Gegenteil: nämlich *Öffnung* gegenüber dem Anderen. Gerade das Individuelle, das sich *als solches* kennzeichnet, zerschneidet die immer ausschließende Macht des Allgemeinen und Selben.

In diesem Sinne zumindest liest Derrida folgendes Gedicht Celans:

„EINEM DER VOR DER TÜR STAND, eines / Abends: / ihm / tat ich mein Wort auf –: [...] Rabbi, knirschte ich, Rabbi / Löw / Diesem / beschneide das Wort / diesem / schreib das lebendige / Nichts ins Gemüt / diesem / spreize die zwei Krüppelfinger zum heil- / bringenden Spruch. / Diesem. / ... / Wirf auch die Abendtür zu, Rabbi. / ... / Reiß die Morgentür auf, Ra- -"[51].

Es geht darum, das Wort zu beschneiden. Die Aufforderung geht an einen Rabbiner, den Mohel. Und diese Beschneidung gilt *jemandem*, der vor der Tür steht. *Diesem* gilt die Öffnung des Sprache[52]:

„Klaffend wie eine Wunde, werden Sie sagen Ja und Nein. Offen zunächst wie eine Tür, offen für den Fremden, für den Anderen, für den Nächsten, für den Gast oder für wen auch immer. Offen für wen auch immer in Gestalt des absolut Zukünftigen". (SCH 121)

Vielleicht auch in Gestalt des Propheten Elias, der nach einer auf das Buch Sohar zurückgehenden Überlieferung bei jeder Beschneidung, *jedes Mal*, anwesend ist.[53] (Von hierher ergibt sich auch die zentrale Bedeutung des Namens Elia in *Circonfession*.)

Das beschnittene Wort ist ein Öffnungswort (*parole d'ouverture*). Es ist dazu bestimmt, *Jenen* in die Gemeinschaft des Hauses, das hier das Haus der Sprache ist, aufzunehmen. Diese Beschneidung besiegelt den Zugang zum Bund, zur Teilnahme an der Sprache: *in* der Sprache. Ein solches Wort ist ein Versprechen, eine Verpflichtung,

---

51 Paul Celan, *Gedichte I*, 242f.
52 Zum Bild der *Tür* (Schwelle, Willkommen, Empfang, Gastlichkeit) vgl. auch AEL 45, wo Derrida die Figur der „offenen Tür" als eine „Art zu reden" bei Levinas beobachtet.
53 Derjenige, der den zu Beschneidenden hält, sitzt auf dem ‚Stuhl Elias' (*Kise Eliyahu*).

eine Unterzeichnung[54], Anrede an den Anderen, d.h. ein *gegebenes* Wort ohne Aussicht auf Rückkehr und jenseits der ‚Vernunft'. Denn diese Öffnung gegenüber *Jenem* bedeutet zugleich Ent-Identifizierung, eine Art Enteignung des ‚Sinns': „*diesem schreib das lebendige / Nichts ins Gemüt*". Nur als solche Enteignung bleibt die Beschneidung davon verschont, Ausschluß, Verurteilung und Abgrenzung zu sein. Nur wenn die Beschneidung nichts „als das lebendige Nichts" einschreibt, kann sie Zeugnis ablegen für das Universale – „im Namen des Anderen" (SCH 108).

In *Schibboleth* und *Ulysses Gramophone* ist ‚Beschneidung' nicht der sich selbst kastrierende Schnitt, den Hegel denunzierte, sondern der Schnitt, der die Bande der Selbsteinschließung im Selben zerschneidet und das (Hinein-)Kommen des Anderen ermöglicht. Damit wird das Thema weit hinausgetragen über seinen spezifisch *jüdischen* Sinn. Die Beschneidung ist ‚jüdisch' nur im Sinne einer archi-jüdischen Erfahrung, die das Judentum ‚exemplarisch' repräsentiert. Aber was heißt es, Exempel zu sein für etwas Universelles?

3. *Circonfession* ist Derridas Versuch, „durch Jahrtausende des Judentums hindurch[,] mein Geschlecht (*mon sexe*) [zu] beschreiben" (CIR 166 / 145). Die Markierung an seinem Körper und das Judentum als ‚Geschlecht'. Ihm liegt daran, „nichts, wenn möglich, im Dunkeln zu lassen, was mich mit dem Judentum verbindet" (ebd.). Das Fazit kann nur lauten, daß es ein „in heterogenen Modi gebrochenes Bündnis" ist: „der letzte der Juden, was ich bin (*le dernier des Juif, que suis je*)" (ebd.). Derrida erklärt andernorts, daß dies in verschiedenem Sinne verstanden werden kann[55]. Sicherlich könne man darunter verstehen: ‚ich bin ein schlechter Jude', der letzte, der den Namen ‚Jude' verdient. Aber man könne es auch lesen, als: ‚ich bin das Ende des Judentums' oder auch seine einzigartige Überlebenschance. Denn nicht zuletzt könnte es auch heißen: ‚Ich bin der beste Jude', das Urbild, das letzte und beste Beispiel der Juden.

Aber in all diesen Sätzen liegt natürlich eine Art Hybris. Für wen hielte man sich, so etwas sagen zu dürfen? Unterschreiben könnte man dies nur als ‚Zitat', als eine zitathafte Inszenierung des Spotts

---

[54] Im einem ähnlichen Sinne steht in *Ulysses Gramophone* das Ereignis der Signatur für eine solche Art von Beschneidung, und zwar im Anschluß an James Joyce. Bei der Beschneidung wird der Eigenname vergeben. Die Beschneidung, die individuelle Markierung, macht so etwas, wie Unterschrift möglich, und jede Unterschrift steht für jene individuelle *Beschneidung der Sprache*. Vgl. dazu auch J.D. Caputo: *Prayers*, 252-263; G. Bennington: *Derridabase*, 156-174.

[55] Vgl. zum folgenden ZG 66f. und 86.

über sich selbst. Als eine Ironie des Juden, der von sich selbst spricht, „der sich zuhört, wie er über sich selbst spricht, der sich jüdische Witze erzählt [...]: Der größte Ernst und so wenig Ernst wie möglich liegt also in allen Sätzen dieser Art; das gilt von allen Sätzen in *Circonfession*" (ZG 86).

Auf jeden Fall könne man ‚Ich bin Jude' nur dann sagen, wenn man auch dazu sagt, wie schwierig es ist, ‚Ich bin Jude' zu sagen. *Circonfession* als ein ‚Um- oder Einkreisen' seiner Beschneidung ist für Derrida vor allem die Erfahrung der unmöglichen Aneignung ‚seiner Identität':

„Man kreist um etwas, weil man den Kreis nicht anhalten kann. Dieses Um-kreisen kann nicht zu sich [...]. Die Unmöglichkeit des Zu-sich-Kommens und des Sich-zu-Kommens, im Sinne der Wieder-Aneignung, aber ebensogut im Sinne des Bewußtseins – man sagt auf französisch ‚revenier à soi', ‚zu sich kommen' für ‚wieder zu Bewußtsein kommen' –, die Unmöglichkeit, zurückzunehmen, sich zurückzunehmen, zu sich zu kommen und sich zuzukommen, dies ist die Öffnung der Gabe, wenn es Gabe gibt [...]: Diese paradoxen Motive des Judeseins, der Gabe und der Beschneidung sind für mich untrennbar. Damit sie es sind, damit sie gewissermaßen eine Kette bilden, ist vor allem nötig, daß der Kreis nicht anhält und daß man keinem dieser Begriffe eine Identität, eine stabile eigene Identität anweisen kann." (ZG 69)

Auch in *Schibboleth* besteht für Derrida das Judesein darin, „weder eine Eigenschaft noch ein Wesen zu besitzen. Jüdisch ist nicht jüdisch (*le Juif a en propre de n'avoir pas de propriété ni d'essence. Juif n'est pas juif*)." (SCH 76 / 64) Neben dem Offenhalten der eigenen Identität bedeutet das für Derrida aber auch die unmögliche Benennung in bezug auf den *Anderen*. Anstelle des dialektisch-ontologischen ‚Todesurteils' gegenüber ‚dem Juden', wie es das christliche Denken (und das Hegels in *Glauben und Wissen*) durchzieht, bringt die Wesens- und Eigenschaftslosigkeit des ‚Juden' die Logik der Entgegensetzungen und ‚Aufhebungen' zum Implodieren. Die „unmögliche Bewegung, das ‚Jüdische', die jüdische Sache" zu bezeichnen betrifft nach Derrida zunächst immer die Sache des anderen, der nicht angeeignet werden kann: „Deine und nicht nur meine" (SCH 109).[56]

---

[56] Valentin beschreibt die Dekonstruktion solcher zugeschriebenen Identitäten in CIR wie folgt: „Das Feld der Dualismen Bekenntnis / Beschneidung, Realität / Fiktion, Phallus / Kastration, (katholisches) Christentum / Judentum wird in diesem Text aufgespannt, um sie abzuschreiten und als einander ausschließende unbrauchbar zu machen. Was sich zuvor unversöhnlich gegenüberstand wird angesichts eines ausgeschlossenen ‚ursprünglichen' und unsagbaren Dritten für das jeweils Konträre transparent." (*Atheismus*, 86)

Randbemerkung: Im Anschluß an die Rede von der *Hybris* in bezug auf einen Satz wie „*le dernier des Juif, que suis je*" sagt Derrida: „Christus hätte das sagen können! Christus war in gewisser Hinsicht der letzte der Juden, in jedem Sinne dieses Ausdrucks" (ZG 86). Das ist zweifellos mehr als eine Bemerkung am Rande. Sie betrifft die Frage nach dem Verhältnis von Christentum und Judentum überhaupt. Erschöpft sich die Frage nach ‚Jesus, dem Juden', tatsächlich in der Alternative, in ihm *entweder* den ‚Bruch' mit dem Judentum *oder* dessen ‚Erfüllung' zu finden? Entzündet sich der exegetische und systematisch-theologische Streit um diese Frage nicht an der klassischen Fixierung auf so etwas wie eine noch ‚jüdische' oder schon ‚christliche' *Identität*? Und wenn Jesu *Judesein* darin bestünde, diese ‚Identität' aufs Spiel zu setzen und sie dadurch zu ‚erfüllen'? Um wieviel schwieriger müßte es dann sein, eine ‚christliche' Identität einzukreisen? Eine Entgegensetzung als *opposita iuxta se posita* wäre auf jeden Fall die in dieser Hinsicht fragwürdigste, voreiligste und gewaltsamste Konstruktion.

Wenn es eine Beschreibung des ‚Christlichen' gibt, die sich in dieses Schema *nicht* fügt, so schien es mir allerdings gerade die von Kierkegaard zu sein – die jüdischen Kierkegaardlektüren belegten dies je auf ihre Weise. Zumindest könnte vielleicht auch Kierkegaard auf seine Weise gesagt haben: ‚Ich bin der letzte der Christen'?

Mein Gott

Der ganze Text *Circonfession* hat die Form eines *Gebets*. Und wie könnte es anders sein, wenn Derrida von dem redet, wofür es keinen anderen Zeugen gibt – außer Gott:

> „... und darum richte ich mich hier an Gott, den einzigen, den ich zum Zeugen nehme (*le seul que je prenne à témoin*), bevor ich noch wüßte, was diese erhabenen Worte in dieser französischen Grammatik bedeuten mögen, *à* und *témoin* und *Dieu* und *prendre*, Gott nehmen, und ich bete nicht allein, wie ich es mein Leben lang getan habe, und bete zu ihm, nein ich nehme ihn hier und nehme ihn zum Zeugen, ich gebe mir, was er mir gibt ..." (CIR 68 / *56f.*)

Derrida gibt zu verstehen, daß er in *seiner* Sprache, seiner „absolvierten, absolut privaten Sprache" (CIR 168) immer schon von und zu Gott geredet hat, zu ‚seinem Gott', wenn auch unter vielen anderen Namen. Aus der Perspektive eines jüdischen (oder christlichen) Glaubens betrachtet, müsse er sicherlich als ein ‚Atheist' angesehen werden. Aber andererseits bekennt Derrida, daß der Name Gottes für ihn immer einer der Namen gewesen ist, der am meisten ‚gerettet' werden müßte. Letztlich wird es in *Circonfession* um nichts anderes gegangen sein, als Augustinus, Satz *Quid ergo amo, cum Deum meum amo?* in seine, Derridas, Sprache zu übersetzen, „*jenen Wandel des Sinnes oder vielmehr der Referenz – in ein und demselben, zugleich unermeßlichen und gänzlich leeren Satz –, der die eine und einzige Differenz des ‚meum' bestimmt: was liebe ich, wen liebe ich, wen oder was liebe ich über alles.*" (CIR 135) An wen glaube ich, wenn ich an Gott glaube? Zu wem bete ich, wenn ich zu meinem Gott bete? Für Derrida ist der Name Gottes eine Weise, diese Fragen offen zu halten[57], sie dahin zu öffnen, wo es um eine Hoffnung und einen Glauben an das Unmögliche geht. Wo es darum geht, um das Kommen des ganz Anderen zu bitten. Auch dann noch, wenn der Name ‚Gott' allzu oft der Name der gewaltsamsten Abschließungen und Ausschließungen des Anderen war.

Der Name Gottes ist für Derrida nicht ‚etwas' Identifizierbares, kein höchstes Seiendes, „weder transzendentes Gesetz noch immanente *Schechina*" (CIR 168). Vielleicht handle es sich überhaupt nicht um ein Thomistisches „quod omnes dicunt deum", sondern um das Geheimnis höchster Subjektivität. Genau in diesem Sinne hatte Derrida ja auch in *Donner la mort* eine Quasi-Definition ‚Gottes' vorgeschlagen. Die schon oben – in bezug auf seine Kierkegaardlektüre – zitierte Passage wurde dort eingeleitet:

„Vielleicht muß man, dem jüdisch-christlich-islamischen Gebot folgend, aber auch, indem man es wagt, sich gegen jene Tradition zu wenden, Gott und den Namen Gottes ohne diese Vorstellung [eines auf uns sehenden Gottes, T.B.] [...] denken – und nunmehr behaupten: Gott ist der Name der Möglichkeit für mich, ein Verborgenes, ein Geheimnis zu wahren, das im Inneren sichtbar ist, aber nicht im Äußeren. Sobald es diese Struktur eines Bewußtseins, eines Mit-Sich-Seins, eines Sprechens, das heißt einer Hervorbringung unsichtbaren Sinns gibt, sobald ich, *dank dem unsichtbaren Sprechen als solchem*, einen Zeugen in mir habe, den die anderen nicht sehen, und der folglich *zugleich anders ist als ich und mir innerlich näher als ich selbst*, sobald ich eine geheime Beziehung mit mir bewahren und nicht alles sagen kann, sobald es Geheimnis und einen geheimen Zeugen in mir gibt, gibt es das, was ich Gott nenne [...]" (TG 434)

In *Circonfession* geht Derrida so weit zu erwägen, ob diese Art von *confession* ‚seines Geheimnisses' nicht dazu führen müßte, die Be-

---

[57] Im Gegensatz zu Heidegger würde Derrida niemals davon ausgehen, daß das *Fragen* im *Glauben* keinen Platz habe. Derridas Philosophie ist im ganzen der Versuch, Heideggers ‚Frömmigkeit des Denkens' gerade von der ‚Seinsfrage' weg zur Frage nach *dem* Anderen hin zu verschieben. Allerdings hat auch die fragende Haltung des Denkens bei Derrida nicht das letzte Wort, vgl. die berühmte Anmerkung in VG 148ff., Anm. 105.

schneidung „aus eigener Kraft zu erfinden, wie ich es hier tue, und eine neue Religion zu stiften, oder sie vielmehr alle zu seinem Vergnügen neuzugründen" (CIR 233f.). Ähnlich wie Augustin? Oder wie Kierkegaard? In allen Formen dieser ‚Theologie als Autobiographie' gilt es,

„diese Form des Geheimnisses zu analysieren, dieses ‚mein Leben', das weder ein geheimzuhaltender Inhalt noch die Innerlichkeit eines einsamen Ich ist, sondern von der Scheidewand zwischen zwei absoluten Subjektivitäten, zwei ganzen Welten herrührt, in denen alles ausgesprochen und vorbehaltlos aufs Spiel gesetzt ist, mit Ausnahme – nicht dieser Tatsache, sondern des bodenlosen Einsatzes der anderen Welt, ich schreibe, indem ich die abgeschiedene, abgeteilte und transzendente Struktur der Religion wiederherstelle [...]." (CIR 239)

Alles, was Derrida hier schreibt, „das Exerzitium, dem G. und ich uns hier widmen", mimt auf paradoxe Weise jenes „leise Gemurmel, eine beiseitegesprochene Mitteilung in der Abgeschiedenheit eines Beichtstuhls" (CIR 243). Derrida ist für niemanden zu sprechen. Warum auch sollte man so etwas bekannt*geben*? Müßte doch gerade die *Gabe* des Bekenntnisses ein Unbewußtes sein. Der Leser kommt sich daher in gewisser Hinsicht als *störend* vor. Besonders für ‚Außenstehende', in Derridas Texten nicht Eingelesene, ist dies alles in einem nur schwer lesbaren Idiolekt hingeworfen – aber genau das heißt ja: *(allein) Gott zum Zeugen nehmen*. Derrida schreibt von nichts anderem als ‚seiner Religion', „von der niemand das geringste begreift" (CIR 167).

Was solche *Confessiones* darüber hinaus für die Leser(innen) bedeuten können, wird vielleicht sehr schön an einer flüchtigen Bezugnahme Derridas auf einen Satz von Proust deutlich. Ein Satz, der auch von Kierkegaard stammen könnte. Bei Proust heißt es: „Ein Werk, das Theorien enthält, ist wie ein Gegenstand, auf dem man das Preisschild vergessen hat."[58] Derrida – und Kierkegaard! – geht es darum, so zu schreiben, daß der/die Leser(in) genau auf dieses Problem *aufmerksam* wird. „[Ich] schreibe, ich gestehe es, indem ich den Preis kenntlich mache, ihn ausschildere, was nicht heißen soll, daß er auf den ersten Blick lesbar wäre." (CIR 74f. / 63) Diese Verwirrung des „ersten Blicks" gehört mit dazu: „man muß den Preis zahlen, um den ausgeschilderten Preis zu lesen, man schreibt einzig in dem Augenblick, da man die Zeitgenossen im Stich läßt [...], das ist die Bedingung dafür, daß es greift, anzieht, verfängt *(pour que ça prenne)*" (ebd.).

Derrida schreibt *Circonfession* gewissermaßen am Sterbebett seiner Mutter. Es ist ein *Adieu* und eine *Wake*, eine Totenwacht, die alle

---

[58] Vgl. CIR 74.

Themen von *Donner la mort* in eigentümlicher Weise variiert. Dieses Bekenntnis wird nichts dazu beigetragen haben, die Wahrheit über die Religion zu finden oder über das Judentum oder über die *fides quae creditur* von Derridas ‚Glauben'. Dieser Text kreist um nichts: „ich werde mir nichts gefunden oder gegeben haben, außer den Tod (*je ne me serai rien trouvé ou donné, sauf la mort*)." (CIR 244 / 217)[59]

6.3. Chancen – Derridas Herausforderung der Theologie

Eine neue Religion?

Derridas Texte über ‚seine Religion' erlauben es offenbar nicht, einzustimmen in eine Art ‚neue Religion'. Vielleicht trägt dies zu dem merkwürdigen Charakter bei, den John D. Caputos Studie letztendlich hat. Caputos Buch hat über weite Strecken einen ‚missionarischen' Ton. Derridas Passion für das Unmögliche, Unvorhersehbare, Überhaupt-*nicht*-Sichtbare, sein Verrücktsein nach dem *ganz Anderen*: ist das nicht das, so fragt Caputo in seiner *Conclusion*, ist das nicht das, was auch „wir" meinen, wenn wir sagen ‚mein Gott'? „Is that not a name that we would bend every effort to save, with or without religion?"[60] Derridas „Jewish Augustinianism"[61] stellt für Caputo den entschiedensten derzeitigen Versuch dar[62], durch die Dekonstruktion der hellenistischen Tradition hindurch an einem *biblischen* Denken anzuknüpfen. Indem Derrida die griechische *Diskursivität* unterbreche, wiederhole sein Denken etwas von jener *prophetischen* Leidenschaft, wie sie im Alten Testament und von Jesus überliefert ist. Wenn Amos (5,21 ff.) Gerechtigkeit statt Gottesdienst fordert: hieße das nicht, daß Jahwe nicht an ‚Religion' gelegen ist, sondern an einer „religion without religion, or before religion", d.h. an ‚Derridas Religion'? Denn auch Augustins Frage *Quid ergo amo, cum deum meum amo?* kann – im Sinne Derridas – offen und unbe-

---

[59] Vgl. auch CIR 293: „[...] wo meine Schrift [...] sich jubelnd, vor Zeugen, jene Sterblichkeit als ein Geschenk überreicht, [...] denn *ich gebe mir hier den Tod*". An mehreren Stellen ist auch ein deutlicher Bezug auf das Opfer Isaaks zu spüren: „[...] mich zu erfinden, ist Sache des anderen, ich weine darüber, mit den Händen auf dem Rücken, noch nicht geopfert, aber schon gefesselt, [...]" CIR 302, vgl. 308f.
[60] J.D. Caputo: *Prayers*, 332.
[61] A.a.O., 333.
[62] Nach Caputo überträfe Derrida hierin sogar Levinas, der noch zu stark an einer Einführung des jüdischen in das *griechische Denken* bemüht sei, vgl. a.a.O., 337.

antwortet bleiben: „Who I am, Yahweh, told a nosey Moses, is none of your business; your business is justice. Undecidability does not mean the apathy of indecision but the passion of faith, the urgency of forging ahead where one does not see [...] where what is at issue is nothing to be seen, is not a matter of *eidos* and *eidein* at all, but a matter of giving, of giving witness, of responding to a call that addresses us in the blind, the call of something *tout autre*, something out of sight, with the passion of God."[63]

Macht es aber wirklich Sinn, aus Derridaschen Texten so etwas wie eine zeitgemäße ‚Theologie' zusammenzusetzen? Wo doch Derrida selbst immer wieder betont, daß es ihm lediglich darum ginge, einige Randbemerkungen – z.B. zu *Furcht und Zittern* – zu machen, wo möglich, einige Fragen zu stellen und ansonsten über sein ganz und gar *privates* Verhältnis zu den religiösen Traditionen, in denen er groß geworden ist, nachzudenken? Läßt sich so etwas ‚wiederholen'? Caputos Darstellung der Derridaschen ‚Thesen' ist zumeist außerordentlich erhellend. Aber vielleicht käme es zunächst darauf an, damit Ernst zu machen, daß Derrida alles mögliche zu lesen geben will – aber keine *Thesen*.

Eine Eigenart, die ihn, wie oben gezeigt, mit Kierkegaard verbindet. Freilich liegen die Dinge bei Kierkegaard insofern anders, als er selbstverständlich *christlicher* Denker sein wollte, Anregungen geben wollte, den christlichen Glauben anders und ‚angemessener' zu verstehen, und insofern sehr wohl eine christliche Theologie geschrieben hat. Alle Kierkegaardinterpreten, die Kierkegaards Denken von daher nicht nur wissenschaftlich rekonstruieren, sondern sich dann – mit mehr oder weniger großen Einschränkungen – auf ihn *berufen*, um Theologie zu treiben, haben ein ganz anderes ‚Recht' dazu auf ihrer Seite – als z.B. jemand, der mit Derrida in die Theologie hineinreden möchte. Allerdings muß sich auch jede Kierkegaardrezeption fragen, inwieweit sie tatsächlich Ernst macht mit der *Indirektheit* von Kierkegaards Kommunikation. Einfach dasselbe zu sagen wie Kierkegaard – aber wer ist ‚Kierkegaard'? –, wäre zweifellos alles andere als eine *Wiederholung* in seinem Sinne.

Ist Derridas Denken ‚fundamental'?

Was Derrida ebensowenig bietet, ist eine religionsphilosophische ‚Fundierung' der Theologie à la Heidegger. Derridas Denken ver-

---

[63] A.a.O., 338f.

sucht gerade, sich dieser klassischen Verhältnisbestimmung von Philosophie und Theologie zu entziehen.[64]

Dies ist ja immer ein durchaus respektables Modell gewesen, sich als Theologe auf einen Philosophen zu berufen. Namentlich im Falle Heideggers und dessen Versuch, im Rückgang in die *Frühe* des abendländischen Denkens eine ‚Offenbarkeit', ein ‚Göttliches' usw. zu denken, die bzw. das ‚ursprünglicher' wäre als alle konkreten Offenbarungen und Götter. In der Tat scheint bei Derrida einiges an Heideggers Suche nach einer Theo-logie zu erinnern, die eine unversehrte Erfahrung des *Heiligen* zurückgewinnen helfen sollte, eine quasi-transzendentale Struktur des ‚Gebets', des ‚Messianischen', ja ‚Gottes' usw. Macht nicht Derrida etwas ganz Ähnliches wie Heidegger, wenn er, wie oben gesehen, eine Art des ‚Glaubens' beschreibt, die noch ‚vor' jedem historischen Glauben und ‚vor' der Unterscheidung von ‚Glauben und Wissen' überhaupt beide Diskurse trägt und ‚begründet'? Wiederholt Derrida nicht Heidegger, nur *noch ein wenig ‚ursprünglicher'*?

Derrida hat jedoch viel dafür getan, eine solche Denkfigur zu vermeiden und jener Heideggerschen „Versuchung" zu widerstehen. (Vgl. FS 77ff). Die Theologie tut daher gut daran, mit Derrida nicht das gleiche Gespräch wiederholen zu wollen wie das mit Heidegger. Übrigens hat Derrida ein solches Gespräch zwischen Philosophie und Theologie am Schluß von *De l'esprit. Heidegger et la question / Vom Geist. Heidegger und die Frage*[65] ausdrücklich in Szene gesetzt. Es ist interessant, einfach die Art und Weise dieser Inszenierung zu beobachten. Sie sagt viel über Derridas Rolle in einem solchen *Gespräch*[66]:

---

[64] Insofern tut J. Hoff gut daran, bei seinem Projekt einer „‚Grundlegung' des Glaubens im Anschluß an die Dekonstruktion" immer wieder die Anführungszeichen mitzusezten, vgl. *Spiritualität und Sprachverlust*, 24.

[65] Ein viel diskutierter Essay über Heideggers Verwendung des Wortes ‚Geist' aus dem Jahr 1987. Viel diskutiert wurde der Text vor allem, weil er gewissermaßen Derridas Beitrag zum Thema *Heidegger und der Nationalsozialismus* darstellt. Zur Heideggerinterpretation, die Derrida hier bietet vgl. J. Sallis: *Heidegger und die Dekonstruktion*, S. Critchley: *The Ethics of Deconstruction*, 76ff. 190ff., H. Kimmerle: *Derrida*, 132ff. Derridas bzw. Heideggers Verhältnis zur Theologie vergleicht M. Boss: *Jacques Derrida et l'événement du don*, 116ff.

[66] Das Wort „Gespräch" ist hier insofern bedeutsam, als Heidegger in dem von Derrida diskutierten Text über Trakl wesentlich von dem *Gespräch* zwischen Denker und Dichter redet, mit dem alles Denken anhebt. *De l'esprit* ist also wesentlich ein Text über die Frage: Was ist ein ‚Gespräch'? Dieses Gespräch sei „kein Dialog, kein Meinungsaustausch, auch keine Diskussion, vor allem aber nicht ein Akt der Kommunikation. [...] Die Sprache spricht *in* der Sprache, im Wort. Sie spricht von sich selbst, sie bezieht sich auf sich selbst und schiebt sich auf." (VG 98)

Im Vorhergehenden hatte Derrida dort das letztlich gewaltsame Vorgehen Heideggers analysiert, mit dem dieser die Dichtung Trakls dem christlichen Denken zu entreißen versuche. Trakls Gedicht dürfte, so Heidegger, nicht als ‚christliches' verstanden werden. Es führe zu einem *Geist*, der weder christliche Geistlichkeit noch platonisch-metaphysische Geistigkeit meine. Er sei *ursprünglicher* als der des *pneuma* und des *spiritus*, vgl. VG 98 ff.[67]

„Man kann sich nun folgende Szene vorstellen: Heidegger trifft mit bestimmten christlichen Theologen zusammen, vielleicht mit den anspruchsvollsten, mit den geduldigsten, mit den ungeduldigsten. Ihrem Programm, ihrem Typus nach hat eine solche Begegnung stattgefunden. Ihre ‚Logik' scheint auf jeden Fall vorgeschrieben zu sein. Es handelt sich um einen eigenartigen *Austausch*. Unter ‚Austausch' verstehe ich, daß man manchmal die Plätze tauscht, daß sich die Stellungen hin und wieder vertauschen, was verwirrend und beunruhigend ist." (VG 127)

Die Theologen würden demnach zu Heidegger sagen:

„Der ur-ursprüngliche Geist, von dem Sie behaupten, er sei dem Christentum fremd, ist das Wesentlichste des Christentums. Genau wie Sie, möchten auch wir dieses Wesentliche wiederentdecken und es unter den geläufigen Theologemen, Philosophemen und Repräsentationen hervortreten lassen. Wir sind ihnen dankbar, für das, was Sie dartun, [...] Es ist genau das, was wir stets gesucht haben. [...]" (VG 128)

Solche Theologen würden also im Denken Heideggers das wiedererkennen, was sie als das *eigentlich* Christliche erneuern wollen, indem sie – mit Heidegger – gegen jene ontotheologischen Theologeme angehen, mit denen Heidegger um jeden Preis das Christentum verwechseln möchte. Aber Heidegger spreche damit lediglich den radikalsten Gedanken aus, den man aussprechen könne, wenn man heute Christ sein wolle.[68] Was würde Heidegger erwidern? Hier Derridas Vermutung:

---

[67] Derrida findet diese Lektüre übrigens wenig überzeugend. Am Rande verweist Derrida auch auf die merkwürdige und bezeichnende Abschließung, die Heideggers Genealogie der *Geschichte* des europäischen Denkens gegenüber dem *jüdischen* Einfluß – in diesem Falle der *ruah* – aufweise. Die Frage nach diesem ‚Ausschluß' betrifft nicht nur ein bestimmtes persönliches oder *geschichtliches* Vermeiden, „als vielmehr die Bestimmung der Geschichte überhaupt, der Geschichte, deren Grenzen von jener Vermeidung festgelegt werden" (VG 118).

[68] Was Derrida hier fiktiv andeutet, hat bekanntlich tatsächlich zumindest die deutschsprachige evangelische Theologie der 60er und 70er Jahre maßgeblich geprägt. Ich zitiere hier stellvertretend eine Passage aus Bultmanns Aufsatz *Zur Frage einer ‚philosophischen Theologie'*: „Ich wage nur zu fragen, ob in den Gedanken des späten Heideggers über das *Sein* vielleicht die Möglichkeit einer formalen Bestimmung des Gottesgedankens enthalten ist. Ich weiß natürlich, daß Heidegger es bestimmt ablehnt, das „Sein" mit Gott gleichzusetzen ... Aber in seiner Destruktion des Gottes

6. ‚Religion ohne Religion'

„Wenn ich sage, daß Trakls *Gedicht** – und alles, was ich selbst im Zusammenhang damit behaupte – weder metaphysisch noch christlich ist, so gibt es nichts, dem ich mich entgegensetze [...] Ich versuche bloß, in aller Bescheidenheit, mit der gebotenen Diskretion, das zu denken, *was* all das ermöglicht. Das, was all das ermöglicht, ist von jeher verborgen, verhüllt, und *selbst noch nicht das, was es ermöglicht*. Das Ermöglichende, das, von dem aus oder aufgrund dessen etwas möglich ist, diese frühere *Frühe**, ursprünglicher als der Ursprung, ist noch nicht denkbar, sie bleibt noch im Kommen. [...]" (VG 130)

Und nun läßt Derrida die theologischen Gesprächspartner wieder zu Wort kommen. „Ja, genau", würden sie entgegnen, „das ist genau das, was auch wir sagen, auf derselben Wegkreuzung" (VG 132). Auch sie würden sich auf das ganz Andere berufen, das sie anrufen „im Andenken an ein Versprechen". Sie würden ein „Mißverständnis" in Heideggers Ablehnung aller Theologie vermuten und darauf bestehen, daß es einzig darauf ankäme, „das Gespräch fortzusetzen". „Es genügt, daß das Kolloquium nicht abgebrochen wird, auch wenn es schon sehr spät ist." (ebd.)

Für Derrida illustriere dieses Gespräch nichts anderes als die *différance*. In dem Interview *Zeugnis, Gabe* heißt es unter Bezugnahme auf diese Szene:

„Das ist der Spielraum, die Öffnung, die den drei Theologen[69] das unendliche gegenseitige Sich-Überbieten erlaubt, in dem der eine über den anderen springt und auf mehr Andersheit und mehr Transzendenz, mehr Ursprünglichkeit Anspruch erhebt. Das ist

---

der Philosophie, sofern dieser in der Tradition der Metaphysik bleibt und Gott als die Causa sui definiert, sagt er ‚Demgemäß ist das gottlose Denken, das den Gott der Philosophie, den Gott als Causa sui preisgeben muß, dem göttlichen Gott vielleicht näher' (ID, 71) Vor allem aber legt sich mir die Frage nahe, ob – bzw. wieweit in Heideggers Anschauung vom Sein die Möglichkeit einer formalen Bestimmung des Gottesbegriffs gegeben ist, nahe durch seine Bestimmung des Verhältnisses von Sein und Nichts. Vielleicht gelingt es mir, darüber einmal mehr zu sagen." A.a.O., 106. Bezeichnend könnte hier sein, daß sich dieses ‚Gespräch' nur im Modus des *Wagnisses*, der *Frage* des *Vielleicht* und des *Versprechens* ankündigt.

[69] In dem Interview redet Derrida von „Heidegger im Gespräch mit einem Rabbiner, einem christlichen und einem mohamedanischen Theologen" (ZG 82). Diese interreligiöse Diskussion ist in VG eigentlich nicht ausdrücklich inszeniert. Die „christlichen Theologen" verweisen dort lediglich gegenüber Heidegger darauf, daß er vielleicht „eine ähnliche Antwort vom messianischen Juden, unserem Freund und Glaubensgenossen" erhalten werde, und daß „der Mohamedaner und sogar manch anderer" vielleicht „ebenfalls in dieses Konzert, in diesen Lobgesang" einstimmen könnte. „Zumindest ist es denkbar, daß sich uns all jene zugesellen, die in ihren Religionen und in ihren Philosophien von *ruah*, von *pneuma*, von *spiritus* und – warum nicht? – von *Geist** sprechen." (129f.) Zweifellos läßt sich diese Logik des Überbietens und des Ursprung-Supplements auf das Gespräch der Religionen *untereinander* übertragen.

die *différance* des Ursprungs und die Tatsache, daß der Ursprung immer different und aufschiebend [différe/ante] ist; er ist von sich selbst getrennt, er ist nicht, was er ist. Wenn es dieses Auseinanderfallen des Ursprungs, diese Differenz des Ursprungs zu sich selbst [...] nicht gäbe, so gäbe es nichts! Keine Sprache, keine Diskussion, kein Überbieten, keine Transzendenz." (ZG 84)

Das Buch bzw. der Vortrag endet, ohne das man ausmachen könnte, ob es Derrida ist, der hier noch einmal das Wort nimmt – ohne daß in diesem fiktiven Gespräch ein letztes Wort gesprochen oder ein Kommentar gegeben würde. Wenige Seiten zuvor hatte Derrida seinen Zuhörern bzw. Lesern jedoch versichert: „Es ist zu spät, und ich möchte Sie nicht bis in die Frühe zurückhalten." (VG 125) Bedenkt man die maßlosen Überlängen von Derridas Vorträgen, so könnte dies als Aufmunterung für den Schlußteil verstanden werden. Aber diese Formulierung kann auch als Derridas Kommentar zu Heideggers Suche nach dem *Frühesten der Frühe* gelesen werden: es ist immer schon „zu spät", immer beginnen wir zu denken, *auch wenn es schon sehr spät ist*. Die Wiederholung der Frühe ist immer ein Produkt dieser *späten* Reflexionen angesichts einer *späten Moderne*. Derrida will seine Leser(innen) nicht in irgendeine *Frühe* zurückversetzen, und daher gibt es auch keinen Anspruch Derridas gegenüber jenem Gespräch noch einmal das *letzte Wort* zu haben. Das offene Ende des Gespräches und das scheinbare Einstimmen Derridas in diese Szene macht aber vor allem deutlich, daß es Derrida nicht einfach darum geht, alle Gesprächsteilnehmer des Irrtums zu überführen und ihnen nachzuweisen, daß sie alle in demselben Phantasma befangen seien. Eine solche ‚Formalisierung' des Programms jenes Gesprächs wäre letztlich genauso in diesen Bann eines ‚Höherbietens' verstrickt. In dem Interview sagt Derrida:

„Es geht darum herauszustellen, daß es hier gerade keinen Schiedsrichter gibt, und folglich ist es richtig zu sagen, daß meine Stimme einstimmt. Ich glaube nicht an die Möglichkeit, im Verhältnis zu diesen drei Stimmen und noch anderen mehr eine übergeordnete Stellung einnehmen zu können." (ZG 81)

Mit anderen Worten: Es genügt, daß das ‚Gespräch' fortgesetzt wird – *auch wenn es schon sehr spät ist*.

Derrida liest Kierkegaard: Eine Bilanz

Derridas Texte wollen vor allem gelesen werden als eine *Störung* unserer Denk- und Lesegewohnheiten im Umgang mit den klassischen Texten der europäischen Tradition. In bezug auf Derridas Auseinandersetzung mit Kierkegaard wird man hinzufügen müssen: Diese *Stö-*

rung betrifft vor allem die Grenzziehungen, durch die die christliche Theologie über ihre ‚Identität' wacht. Eine theologische Auseinandersetzung mit Derrida regt daher das an, was Joachim Valentin eine „dekonstruktive Durcharbeitung der gründenden Aussagen des christlichen Glaubens" genannt hat.[70]

In diesem Sinne wollen auch die hier vorgelegten Derrida- und Kierkegaardlektüren verstanden werden. Ich versuche, diese im folgenden noch einmal zu resumieren.

1. Ist Glauben wiederholbar?

Läßt sich der Glaube Abrahams wiederholen? So hatte Kierkegaard-de-Silentio in *Furcht und Zittern* gefragt. Es ging Kierkegaard um Möglichkeiten der Aneignung der christlichen Glaubensüberlieferung unter den Bedingungen seiner Zeit: unter der Bedingung eines Staatskirchentums, einer ‚modernen' Gesellschaft mit ihren neuen Kommunikationsformen und politischen Konstellationen, unter der Dominanz einer an Hegel geschulten Theologie und einer bürgerlich-christlichen Moral. Wenn Kierkegaard in diesem Kontext gerade an die Erzählung von der Opferung/Bindung Isaaks erinnert, um von hier aus den Maßstab des wahren Glaubens zu gewinnen, dann hatte dies zweifellos etwas ungemein Provozierendes. Die Indirektheit von Kierkegaards Kommunikation fordert aber dazu heraus, diese Provokation vor allem als die Eröffnung neuer Deutungs*möglichkeiten* des Glaubens zu verstehen. Die Eindrücklichkeit und die Herausforderung von *Furcht und Zittern* liegen ja nicht zuletzt darin, daß nach wie vor *offenbleibt*, was Glauben heute bedeuten könnte, ob jener Glauben wiederholbar sei. Doch diese Öffnung schafft genau jene Freiheit zur *Wiederholung*, um die es Kierkegaard vor allem geht. Denn seine ‚Wiederholung' ist nicht die ‚Erinnerung' an das Ursprüngliche, Originäre und daher Wahre – wie es die meisten Versuche der Wesensbestimmung des ‚eigentlich' Christlichen leitet –, sondern die Kierkegaardsche Wiederholung fordert auf zur selbstverantworteten Wiedererfindung des Glaubens in der je eigenen Zeit und vor allem: in der je eigenen Existenz. Was Kierkegaards Texte bieten, sind keine versichernden Auskünfte über das Wesen des Christentums. Aber er setzt – so könnte man die Formulierung aus der *Rechenschaft* auf sein ganzes Werk übertragen – bestimmte Anhaltspunkte zur *Orientierung*, eine „Seemarke", nach der „gesteuert wird, wohl zu merken

---

[70] Vgl. J. Valentin: *Atheismus*, 274.

derart, daß der Steuernde versteht, daß er sich gerade *in einem gewissen Abstande von ihr halten solle*" (SS 4 Anm.). Kierkegaard *gibt* in *Furcht und Zittern* etwas zu lesen. Und wie jede echte Gabe erhebt auch Kierkegaard Text keinerlei Anspruch darauf, darüber mitzubestimmen, was aus ihr bzw. ihm beim Empfänger wird.

Wenn sich Derrida bei seiner Frage nach dem Verhältnis von Verantwortung und Religion von Patočka über Heidegger und Levinas zu Kierkegaard führen läßt, dann geht es ihm u.a. darum, diese *Eröffnung von Deutungsspielräumen als solche* mit dem Phänomen der Religion in Verbindung zu bringen. So sehr ‚Religion' für das Festhalten an der Überlieferung stehen mag, ebensosehr ist sie auch *Sinn für Neudeutung und Neubeschreibung von Tradition*.[71] Und dies gilt gerade dort, wo man sich an der Normativität des ‚Ursprünglichen' orientiert. Das hängt schon mit ihrer konstitutiven Bezogenheit auf Heilige *Schriften* zusammen, die – im Sinne von Derridas Theorie der Schrift – keineswegs Neuinterpretationen des Glaubens stillstellen, sondern – im Gegenteil – gerade erzeugen.[72] Das hängt weiterhin zusammen mit der ganz eigenen *Kommunikationsform* des Glaubens, die davon lebt, dem ‚Unaussprechlichen' ständig neue Deutungsmöglichkeiten *offenzuhalten*. Und dies hängt schließlich zusammen mit dem Geheimnis von *Individualität*, deren Anwalt die Religion ist.

---

[71] Vgl. auch A. Grözingers Beschreibung des Umgangs mit Traditionalität in ‚postmodernen Gesellschaften': In der Postmoderne würde die Sicherungsfunktion von Tradition abgelöst durch eine „Funktion der Innovation durch Tradition": „Aus der Begegnung mit der Tradition, die ja in der nachtraditionalen Gesellschaft immer mehr zu einer Erst-Begegnung wird, ertönt jetzt nicht mehr die Stimme des Vertrauten, sondern des Fremden, des Un-gehörten und Un-erhörten. Kurz gesagt: In der Postmoderne ist die Tradition revolutionär geworden." *Die Kirche – ist sie noch zu retten?*, 81. Auch J. Hoffs Beschreibung der Kirche als Produktivkraft zur Generierung spiritueller Praktiken bewegt sich – unbeschadet ihrer ‚streng' katholischen, am Lehramt orientierten Pointen! – in diesem Horizont. Vgl. v.a. *Spiritualität und Sprachverlust*, 304ff. Demnach habe ein ‚Glaubensinstitut' immer jene zwei widerstreitenden Momente gegeneinander auszutarieren: „Ein konservatives Moment mnemotechnischer Verknappung und ein poetisches Moment von Alterität." A.a.O., 321.
[72] Vgl. dazu auch K. Huizings Buch *Homo legens. Vom Ursprung der Theologie im Lesen*, pass. bzw. N. Luhmanns Beschreibung religiöser Kommunikation, der das Verhältnis von Orthodoxie und Neubeschreibung jedoch entgegengesetzt gewichtet: „Sie [die Religion] kann ein Ausbrechen aus einem vorgegebenen Rahmen, aus sanktionierten ‚Skrips' nicht verhindern. Die bloße Tatsache, daß sie Kommunikation benutzt, reproduziert diese Möglichkeit. Aber sie behauptet, gewissermaßen obstinat und fanatisch, daß dies Ausbrechen verhindert werden muß [...]. Aber jede ihrer Kommunikationen reproduziert auch diese Möglichkeit – auf sehr unterschiedlichen Niveaus der Konkretionen und der Raffinesse." *Religion als Kommunikation*, 139.

Kierkegaards Wiederholungsbegriff wird so von Derrida bezogen auf das, was er die Logik des Supplements bzw. der différance nennt: Jede Vergegenwärtigung des Ursprünglichen fügt hinzu, verschiebt dessen Bedeutung und macht das angeblich ‚Ursprüngliche' zum Supplement eines Supplements. Und gerade so erhält sich der Glaube die Chance, *Glaube* zu bleiben: nämlich Wagnis, Entscheidung und Verantwortlichkeit vor Gott, dem ganz Anderen. Derridas Kierkegaardlektüre läßt so dessen Frage nach der Wiederholung des Glaubens hinüberspielen in die Frage nach der Möglichkeit der Aneignung der jüdisch-christlichen Glaubensüberlieferung am Ende des 20. Jahrhunderts – und zwar vor allem im Kontext der Wirkungsgeschichte Kierkegaards bei Heidegger und Levinas. Was bedeutet es *heute*, sich auf die Geschichte vom ‚Opfer Isaaks' zu beziehen und auf ihre Auslegung bei Kierkegaard? Heute, das heißt auch: im Gedenken der Opfer des Holocausts und angesichts des anhaltenden (symbolischen und tatsächlichen) Krieges der drei abrahamitischen Monotheismen um die Verfügung über jenen Ort Moria. „Die Lektüre, die Interpretation, die Tradition des Opfers von Isaak sind selbst blutige und holocaustische Opferstätten." (TG 397) Was bedeutet es heute, sich auf Abrahams Glauben zu berufen? Welche Chancen eröffnet Kierkegaard für ein Nachdenken über die Religion unter den Bedingungen einer ‚späten Moderne'?

2. Gott und Geheimnis

In der biblischen Erzählung von der Bindung Isaaks beruht die Beispielhaftigkeit Abrahams auf seinem absolutem Gehorsam gegenüber Gottes Befehl. Daß sich Abraham in einer solch extremen ‚Prüfung' bewährt hat, macht ihn zum Vater des Glaubens. In Kierkegaards Lektüre bekommt dieser Glaubensgehorsam Abrahams jedoch seinen besonderen Ernst vor allem dadurch, daß Abraham ganz *alleine* handelt, ohne jede Absicherung durch das ‚Allgemeine', ja im radikalen Bruch mit dem, was als sittlich und gottgefällig gilt. Die Folge davon ist, daß Abraham mit niemandem über seine Gottesbeziehung *reden kann*. Zumindest würde ihn niemand verstehen. Religion und Glauben beginnen für Kierkegaard dort, wo man die Kraft und den Mut besitzt, ein solches Geheimnis zwischen sich und Gott zu wahren.

Diese Pointe von *Furcht und Zittern* verstand sich als Korrektiv gegenüber einer Auffassung von Religion, der es vor allem um das *gemeinsame* Teilen von Glaubensüberzeugungen bzw. um den Öffentlichkeitscharakter von Kirche ging. Religion hat bei Kierkegaard demgegenüber primär nicht die Funktion, eine bestimmte *Gemeinschaft* zu begründen, sondern sie dient vielmehr der *Individualisierung* des Einzelnen. Da Individualität nicht vorausgesetzt werden kann, gilt die Aufgabe der Theologie zuallererst der Hervorbringung und dem Geltenlassen von Individualität und Andersheit. Religion ist vor allem ein Anwalt dafür, daß es Nicht-Teilbares und daher auch Nicht-Mitteilbares gibt. Daß *Glauben* bei Kierkegaard noch mehr in sich schließt, ist damit keineswegs bestritten, aber diese Individualisierung des Glaubens scheint dasjenige Moment in Kierkegaards Theologie zu markieren, mit dem er sich am meisten querstellt zur Tradition[73]: weil es die Traduktibilität des Glaubens überhaupt berührt (vgl. den *Epilog* zu FZ).

Auf noch radikalere Weise versucht nun Derrida in seiner Auslegung Kierkegaards die Frage nach Gott und das Geheimnis von Individualität aufeinander zu beziehen. *Glauben* steht bei Derrida für eine Weise, sich auf „Gott" zu beziehen, die offenläßt, *wer* dieser Gott ist, dem ich glaube und zu dem ich bete. Für Derrida ist der *Name* Gottes gerade dieser Platzhalter für dasjenige, was sich der Verallgemeinerung, der Intersubjektivität, dem Phänomenalen, der R*epräsentation* entzieht: „Gott ist der Name der Möglichkeit für mich, ein Verborgenes, ein Geheimnis zu wahren" (TG 434). Bzw. „... sobald es Geheimnis und einen geheimen Zeugen in mir gibt, gibt es das, was ich Gott nenne" (ebd.). Die Gottesbeziehung ist ein Ausdruck für eine bestimmte Struktur von Subjektivität „im Kierkegaardschen Sinne" (ebd.), die nicht nur dem Geheimnis der Individualität stattgibt, sondern dem Phänomen des Geheimnisses überhaupt. Sie gibt ihm einen Namen und eine Möglichkeit der Kommunizierbarkeit. Freilich handelt es sich dabei um eine Kommunikation, die davon lebt, daß es ‚Unkommunizierbares' gibt.

---

[73] Freilich ist Kierkegaard damit andererseits auch ein Exponent einer allgemeinen Tendenz neuzeitlich protestantischer Theologie. Alle modernen „Religionstheologien" (F. Wagner) thematisieren die Individualität des religiösen Bewußtseins als Subjekt der Religion. Kierkegaard ließe sich hier durchaus einreihen in anderweitige Bemühungen im 19. Jahrhundert, kirchlich vorgegebene dogmatisch-theologische Lehraussagen im Interesse des Aufbaus einer religiösen Individualität umzuformen. Vgl. dazu J. Dierken: *Glaube und Lehre im modernen Protestantismus*. Besonders charakteristisch für Kierkegaard ist jedoch die Tatsache, daß er die Vermittlung dieser religiösen Individualität mit der Sozialität in Kirche und Gesellschaft weitaus problematischer sieht als z.B. Schleiermacher, und daß er von daher eine ganz andere Theorie religiöser Kommunikation entwirft.

6. ‚Religion ohne Religion'

Damit weist Derrida der Religion gerade unter den Bedingungen einer ‚postmodernen' säkularen Gesellschaft eine ganz entscheidende Rolle zu: Religion ist der *priviligierte Ort der Reflexion* von Differenzerfahrung (Différance-Erfahrungen) und der Erfahrung von nichtanzueignender Andersheit überhaupt.[74] Eine moderne Gesellschaft, die gerade im Umgang mit Pluralität und Inhomogenität ihre entscheidenden Herausforderungen sieht, ist geradezu angewiesen auf jene Reflexion auf Individualität und Eigentümlichkeit, wie sie der Religion – zumindest in ihrer europäisch neuzeitlichen Form – eigen ist. Und dies vor allem angesichts der gleichzeitigen massiven Entdifferenzierungstendenzen einer massenmedialen Gesellschaft und einer alles dominierenden Ökonomie. Religiöse Kommunikation kann als Ausdruck des Bemühens gelten, diesen Nivellierungen von Eigentümlichkeit entgegenzuwirken. Als solche ist sie privilegiert dazu, sich keineswegs lediglich einen Sonderbezirk zur Befriedigung ‚religiöser Bedürfnisse' vorzubehalten, sondern Anwalt von Andersheit und Differenz inmitten der verschiedenen Vollzüge sozialer Kommunikation zu sein. Denn das, was Derrida im Anschluß an Levinas *eine Politik der Gastfreundschaft* nennt, ist Inbegriff von Religion *und* Sozialität zugleich. Derrida setzt seine Hoffnung auf eine „universelle Kultur der Singularitäten, eine Kultur, in welcher die abstrakte Möglichkeit der unmöglichen Übersetzung sich wenigstens anzeigen kann" (FS 28). Und dabei denkt er vor allem daran, daß ein Diskurs über die Religion zu einer solchen ‚Kultur' beitragen könnte und müßte. Daß zu dieser Differenzerfahrung dann gerade auch die Begegnung mit *anderen Religionen* gehört, markiert eine der spezifischen Bedingungen eines Nachdenkens über Religion am Ende des 20. Jahrhunderts.

3. Glaube: zwischen Gabe und Ökonomie

Eines der zentralen Motive in Kierkegaards Denken war seine Kritik an jeder Art von *Zweckrationalismus* in Sachen des Glaubens. Glauben bedeutet den Verzicht auf jegliche *Ökonomie* im Verkehr mit Gott – so wie Gott von Abraham Gehorsam zu fordern scheint, ohne

---

[74] Ähnlich sieht auch F. Wagner die Funktion der Religion in der modernen Gesellschaft: „Indem die Religion im Unterschied zu den anderen sozialen Systemen nicht für Zwecksetzungen der individuellen Lebenserhaltung zuständig ist, sich vielmehr auf die Individuen als solche bezieht, kann sie sich innerhalb der Lebenswelt der modernen Individualitätskultur als ein sozialer Ort der Reflexion der das Individuum auszeichnenden Differenz von Personalität und Sozialität, von psychischem Bewußtsein und sozialer Kommunikation empfehlen." *Religion*, 538.

jede Aussicht auf Belohnung, ja ohne jede Angabe von Gründen. Wer glaubt, *tauscht* in keinerlei Hinsicht, sondern er gibt ohne jedes *um zu*.

Derridas Kierkegaardlektüre besteht nun vor allem darin, daß er diese Struktur des Kierkegaardschen Glaubens konsequent mit Hilfe eines Denkens der *Gabe* interpretiert. Nicht nur *gibt* der wahre Glaube ohne jede Spekulation auf Vergeltung; nicht nur ist die Verpflichtung Gott gegenüber absolut asymmetrisch, wie es für jede Gabe gilt, sondern auch noch die Thematisierung des Glaubens, d.h. die Möglichkeit, so etwas wie Theologie zu treiben, folgt jener Logik der Gabe – und unterliegt ihren Aporien. Denn wie die Gabe, sobald sie *als solche* bemerkt und zum Thema wird, Gefahr läuft, in einen Tausch umzuschlagen oder rückwirkend in ein bestimmtes Kalkül eingeordnet zu werden, so läuft auch das *Bekenntnis* des Glaubens Gefahr, sobald es fixiert wird und sich seiner selbst vergewissert, einer bestimmten ‚Ökonomie' unterworfen zu werden und sich damit *als Glaube* aufzuheben. Sobald sich der Glaube einschreibt in eine bestimmte Heilsökonomie, einen bestimmen Erwartungshorizont, und sobald er sich als *verbindlich und verbindend* empfiehlt und seine *Tradierbarkeit* und *Identität* (d.h. seine Zirkulation!) sicherstellt, hört er auf, *absoluter* Glaube zu sein: Glaube an Gott, den ganz Anderen.

Derrida bezieht sich dabei auf die Schlußwendung von *Furcht und Zittern*, wo Kierkegaard – durch ein verstecktes Zitat aus der Bergpredigt (vgl. FZ 138 mit Mt 6,4.6.18) – Abrahams Opferbereitschaft auf die Verheißung eines ‚himmlischen Lohns' zu beziehen scheint. ‚Spekuliert' Kierkegaards Abraham zu guter Letzt doch noch? Opfert er lediglich im Namen einer höheren, sublimeren ‚Ökonomie': nämlich derjenigen, die nach Matthäus das Christentum für sich reklamiert – und zwar in Abgrenzung von den irdischen Ökonomien der ‚Heiden' und ‚Pharisäer'?

Und welche Rolle spielt hierbei im besonderen die Beziehung auf den eigenen Tod, die von jeher den eigentlichen Bezugspunkt aller Denkökonomien bildet? Derrida stellt Kierkegaards *Furcht und Zittern* ausdrücklich in den Kontext einer solchen Denkgeschichte des Todes in Europa: Inwiefern ist das europäische Denken seit Sokrates und Christus bis hin zu Heidegger und Levinas der immer neue Versuch, sich *den Tod zu geben*, d.h. ihn sich auszulegen, ihm einen Sinn zu *geben*? Dabei handelt es sich bei der Formulierung „donner la mort" offenbar um eine äußerst prägnante Formel, denn sie bezieht das Denken des Todes *per se* auf eine Problematik der *Gabe*: Immer geht es bei der Beziehung zum (eigenen) Tod notwendig um eine Verausgabung ohne Wiederkehr, ohne Aussicht auf das, was kommt, ohne alle Bere-

6. ‚Religion ohne Religion'

chenbarkeit, also um eine *Gabe*. Aber gleichzeitig versucht alles Denken des Todes, dieses Unberechenbare wieder einzuschreiben in ein bestimmtes „Sterben ist mein Gewinn!", d.h. in eine Ökonomie.

Das Phänomen des Glaubens an eine Logik der Gabe zu knüpfen, ist zunächst einmal nichts Ungewöhnliches. Selbstverständlich bedient sich namentlich die reformatorische Rechtfertigungslehre – in deren Tradition Kierkegaard steht – genau dieser Logik, um die ‚guten Werke' und alles, was der Mensch *tun* kann, jeder ökonomischen Kalkulation in Fragen des Heils zu entziehen: Gott gibt sola gratia. Ungewöhnlich mutet einem dagegen Derridas Ausdehnung dieser Logik der Gabe auch noch auf das *Denken* des Glaubens an. Denn dies betrifft die *soteriologische* Struktur der christlichen Theologie überhaupt: Was bedeutet es, so könnte man im Anschluß an Derridas Kierkegaardlektüre fragen, das gesamte Begriffsgefüge der Theologie um die Frage nach dem *zu gewinnenden Heil* – sei es im Himmel und / oder auf Erden – zu organisieren? Hat es der Glaube tatsächlich notwendig mit der Frage nach einem – und sei es auch „schlechthin überlegenen"[75] – *Gewinn* zu tun? Sind nicht solche Fragen von Beginn an auf eine Heils*ökonomie* hin orientiert, die den Glauben einem bestimmten Zweckrationalismus unterwirft? Derridas Kierkegaardlektüre macht demgegenüber auf all das aufmerksam, was sich bei Kierkegaard einer solchen Logik zu entziehen versucht. Daß Kierkegaard ihr dennoch regelmäßig dort erliegt, wo er das Eigentümliche des christlichen Glaubens – im Gegensatz zum jüdischen – hervorzuheben versucht, weist auf eine Fragestellung hin, die auch im christlich-jüdischen Dialog unserer Tage eine entscheidende Rolle spielen könnte. Nicht zuletzt geht es hierbei um die Deutung des *Todes Jesu*, und zwar im Horizont der Wirkungsgeschichte von Gen 22![76]

---

[75] Vgl. dazu E. Jüngels Aufsatz *Gewinn im Himmel und auf Erden*, pass.

[76] Einige der Herausforderungen, die hier liegen, hat F.-W. Marquardt in seiner *Christologie* zu durchdenken versucht: Vor allem die traditionelle Deutung des Todes Jesu als stellvertretendes *Sühnopfer* müsse sich fragen lassen, ob sie das eigentliche Wesen des *Glaubens* nicht eher verdunkle: „Daß Jesu Tod überhaupt etwas ‚bedeutet', nicht die nichtige Sinnlosigkeit sonstigen Todes ist, können wir nicht einleuchtend machen, am wenigsten durch Opfertheorien. Ihm entspricht darum die *logische Grundlosigkeit, Nicht-Evidenz von Glaube*" (*Das christliche Bekenntnis zu Jesus dem Juden*, 213, Hervorhebung von mir). Gerade im Kontrast mit der jüdischen Auslegung der „*Nicht*-Opferung Isaaks" gibt Marquardt zu bedenken: „Und nun mag es ja sein, daß theologische Dialektik gerade in der Todfeindschaft Gottes den paradoxen Grund für ein Opfer- und Todesverlangen gegenüber dem ihm so nahen Jesus zu denken in der Lage ist [...] – etwas anderes ist, ob wir es denken *sollen* und ob wir es *verantworten* können, es (weiterhin) zu denken." A.a.O., 201.

4. Das Ethisch-Religiöse

Schließlich steht im Zentrum von Derridas Kierkegaardlektüre vor allem die Problematisierung der von Kierkegaard gezogenen Grenze zwischen ‚dem Ethischen' und ‚dem Religiösen'. In Kierkegaards Schrift „*Furcht und Zittern*" beginnt *Glaube* dort, wo die *Ethik* aufhört, nämlich wo der Einzelne – wie Abraham – nicht mehr im Namen *allgemein* anerkannter Normen handelt, sondern ohne jede Absicherung *alleine* vor Gott steht.

Für Derrida jedoch beginnt auch schon ‚das Ethische' jenseits des ‚Allgemeinen': Überall, wo wir es mit dem Anspruch ‚des Anderen' zu tun haben, sind wir in das Paradox Abrahams verstrickt. Derrida kann daher das Verhältnis zu *jedem Anderen* in den Kategorien beschreiben, die Kierkegaard allein der Gottesbeziehung vorbehalten hatte. Wenn *jede(r) Andere ganz anders ist* („Tout autre est tout autre"), dann befindet sich auch die Verantwortung gegenüber dem Nächsten in einer absoluten Verpflichtung, die jede Kalkulation auf Gegenseitigkeit, jeden ethischen Zweckrationalismus, aber auch jede allgemeine Kommunizierbarkeit von *Verantwortung* in Frage stellt. Denn in einer solchen Ethik beginnt die Gerechtigkeit dem Anderen gegenüber genau dort, wo die Maßstäbe des allgemein ‚Vernünftigen' durch die Andersheit des Anderen durcheinandergebracht und suspendiert werden. Diese Überschreitung und Infragestellung des ‚Selben' durch den Anderen markiert nun für Derrida *die* Bewegung der Dekonstruktion. „Die Dekonstruktion ist die Gerechtigkeit" (GK 30).

Auf der anderen Seite illustriere Derrida zufolge die Erzählung von Abraham dann jedoch auch die Aporie, in die eine so verstandene Gerechtigkeit notwendig führt. Denn eine absolute Verantwortung dem Anderen gegenüber bedeute, im gleichen Augenblick all die anderen Anderen zu opfern. Denn natürlich habe man es niemals nur mit *dem* Anderen zu tun, sondern mindestens noch mit einem *Dritten*. Im Falle Abrahams: mit Isaak. Jede Berufung auf eine ‚besondere Verantwortung' hat es offenbar mit Opfern zu tun, ist in diese Aporie Abrahams verwickelt, bereit zu sein, *den Tod zu geben*. Und auch dort – vielleicht gerade dort – wo man sich davor zu schützen versucht, wo man *vergleicht* und allgemeine Begründungen sucht, wird ‚geopfert'. Auch die philosophischen Ethiken sind nur der Versuch, diese Konsequenz zu verdecken. Durch Begründungen würde die Ausschließung des ‚Anderen' lediglich *unsichtbar* gemacht: Dieses „Opfer Isaaks währt alle Tage fort" (TG 397).

Das ‚Opfer Isaaks' steht bei Derrida daher für so etwas wie die *Moral der Moral*. Verantwortung und Gerechtigkeit sind ihrem Wesen nach *aporetisch*: Es gibt keine Gerechtigkeit ohne jene unbedingte, unkalkulierbare, allgemein nicht zu rechtfertigende Öffnung gegenüber dem *ganz* Anderen. Aber zugleich birgt die Berufung auf eine solche *absolute* Verpflichtung in sich die Gefahr einer noch größeren Gewalt. Es bleibt lediglich die Suche nach der ‚geringstmöglichen Gewalt' – ohne die unvermeidlich destruktiven Züge meines Verhältnisses zum Anderen zu *vergessen*.

Derrida liefert damit offenbar keine Ethik als ‚Theorie zur Begründung von Moral'. Vielmehr geht es ihm darum, das Begründungsprogramm der klassischen Ethik als solches zu hinterfragen. In bestimmter Hinsicht handelt es sich eher um Beobachtungen der (immer äußerst ambivalenten) *Funktion von Moralbegründungen*, und zwar nicht nur in genealogischer (Nietzsche, Foucault) oder soziologischer (Luhmann)[77] Hinsicht, sondern vor allem in Hinblick darauf, welche Rolle die Berufung auf das ‚Ethische' innerhalb bestimmter *textueller Strategien* spielt. Allerdings ist für Derrida klar, daß man es dabei keineswegs mit unschuldigen Begriffen zu tun hat.

In dieser Hinsicht läd gerade Derridas Interpretation von Gen 22 dazu ein, Kierkegaards Ethik und seine Verhältnisbestimmung von Ethik und Religion noch einmal zu lesen. Denn die Derridasche Formel *Tout autre est tout autre* mit ihren *beiden* Lesarten ist durchaus auch in Kierkegaards Texten am Werk. Und meine Kierkegaardlektüren haben dies unterstrichen: Im Gegensatz zu Johannes de Silentios strikter Festlegung des Ethischen auf „das Allgemeine" wird in anderen Texten Kierkegaards – vor allem in *Der Liebe Tun* – die Beziehung zum Nächsten regelmäßig heimgesucht von diesen Aporien, in die die Anerkennung der radikalen Andersheit des Anderen führt. Kierkegaards Denken kreist nicht nur – wie ihm oft vorgeworfen wurde – um die Inkommensurabilität des eigenen Ichs, sondern Kierkegaard ist wie wenige andere Denker aufmerksam gewesen auf die Inkommensurabilität des *Anderen* – und ihren weitreichenden Folgen für das, was ‚Nächstenliebe' genannt zu werden verdient, bis hin zu Kierkegaards Theorie indirekter Kommunikation. Insofern entwirft auch Kierkegaard eine *Ethik der Gabe*, die ganz von der Logik der Nichtreziprozität und Asymmetrie her gedacht wird.

Allerdings kann man bei Kierkegaard auch beobachten, wie diese Auslieferung an den anderen Nächsten dann regelmäßig wieder begrenzt und eingeschränkt wird – und zwar in dem Maße, wie es Kierke-

---

[77] Auch N. Luhmann erwägt, daß es vielleicht „die vordringlichste Aufgabe der Ethik [sei], vor Moral zu warnen" (N. Luhmann: *Paradigm lost*, 41).

gaard um eine dezidiert *christliche* Nächstenliebe geht: Insofern nämlich diese christliche Nächstenliebe in erster Linie darauf ziele, jenem Nächsten bei dessen Gottesliebe behilflich zu sein, müsse man bereit sein, seiner Liebe einen Ausdruck zu geben, der dem, was im weltlichen Sinne Liebe genannt wird, zu widersprechen scheint. „Daraus folgt, daß das Liebesverhältnis als solches das Opfer sein kann, das gefordert wird." (LT 145) Das christlich verstandene *Ethische* führt in einer entscheidenden Hinsicht über das „weltlich" Gebotene hinaus, ja läuft diesem zuwider. Diese Grenzziehung strukturiert wesentlich Kierkegaards Denken. Was aber bedeutet diese Denkfigur für das Verhältnis von Nächstenliebe und Gottesliebe, anders gesagt: von Ethik und Religion? Und was bedeutet es, daß sich Kierkegaard gerade hier von einem *jüdischen* Verständnis dieses Verhältnisses abgrenzen möchte?

Die von mir referierten jüdischen Kierkegaardlektüren von Buber, Fackenheim und Levinas zielen genau auf diese Frage.

5. Jüdisch-christlich

Daß Derridas Denken vor allem eine außerordentliche Herausforderung im christlich-jüdischen Dialog bedeutet, liegt insofern auf der Hand. Derridas Texte eröffnen auf ganz eigentümliche Weise der christlichen Theologie eine Anschlußmöglichkeit an jüdisches Denken. Nicht nur sein Umgang mit Schrift, seine Wahrung der Unthematisierbarkeit des *ganz Anderen*, die schier unmögliche Gerechtigkeitsforderung, sondern auch jene Anfragen an eine christliche Heils*ökonomie* lassen sich in diesem Sinne lesen. Meine Einordnung von Derridas Kierkegaardlektüre in den Horizont von Buber, Fackenheim und Levinas wollte dies unterstreichen. Allerdings muß gesehen werden, daß Derrida – anders als jene – eben nicht von der Positivität des jüdischen Glaubens aus argumentiert. Seine Position ist die eines ‚jüdischen Augustinus', eines Maranen, eines Übersetzers zwischen der jüdischen und christlichen Tradition. Aber darin besteht gerade die besondere Chance der Lektüre Derridas. Gerade weil Derrida nicht einfach als ein ‚jüdischer Denker' angesehen werden kann, hat man es in seinen Texten selbst mit dem schwierigen Dialog zwischen beiden Traditionen zu tun. So wie sich Derrida selbst an seine jüdische Herkunft zu ‚erinnern' scheint und die großen Texte abendländischer Philosophie auf etwas in ihnen Verdrängtes und Ausgeschlossenes hin transparent werden läßt, lädt er auch die christliche Theologie dazu ein, ihren Kanon von Texten in diesem Sinne *noch einmal* zu lesen. Z.B. Kierkegaard.

6. Vom Umgang mit Sprache

Man mag solchen ‚Anfragen' und ‚Störungen des Diskurses' vorwerfen, daß sie im Programmatischen steckenbleiben, in den Prolegomena zu einer jeden zukünftigen Theologie, die als (spät)modern wird auftreten können. Und vielleicht ist es schon zuviel gesagt, Texten wie denen von Derrida etwas ‚Programmatisches' zu entnehmen. Ihre Stärke liegt an einer anderen Stelle. Denn Derrida geht es um eine Verunsicherung unserer Erwartungen an Texte und sprachliche Kommunikation überhaupt. Er weigert sich beharrlich, Thesen, Antworten und Ergebnisse zu produzieren. Und dies hängt schon damit zusammen, daß Derrida lediglich die Texte *anderer* liest, sie in ein bestimmtes Licht rückt – und es dem Leser überläßt, etwaige Schlußfolgerungen daraus zu ziehen. Derrida hat sein Denken selbst als *parasitär*[78] bezeichnet. *Es käme in diesem Zusammenhang jedoch darauf an, diesem Begriff die negative Konnotation zu nehmen, die er gewöhnlich hat.*[79]

Damit zieht Derrida zweifellos in potenzierter Weise den Vorwurf auf sich, der auch schon gegenüber Kierkegaards *korrektivischem* Denken von ‚wissenschaftlicher' Seite aus oft erhoben wurde: Eine Position disqualifiziere sich wissenschaftlich, wenn sie *nur* Korrektiv sein will.[80] Aber es gilt andererseits ernst zu nehmen, daß dieses korrektivische oder parasitäre Denken gerade zum Ziel hat(te), an dem Begriff der ‚Wissenschaftlichkeit' eine *Korrektur* anzubringen: so daß sich die Bedeutung des Korrektivseins nicht ohne weiteres vom Vokabular der ‚Wissenschaft' aus beherrschen und *(dis)qualifizieren* ließe.[81]

Vor allem geht es beiden – je auf ihre Weise – darum, auf die enormen *ethischen* Implikationen eines solchen anderen Umgangs mit Sprache und mit Texten überhaupt aufmerksam zu machen. Dies

---

[78] Vgl. dazu Derridas Text *Die Signatur aushöhlen. Eine Theorie des Parasiten.*
[79] Vgl. dazu auch M. Serres: *Parasitologie*, pass.
[80] Z.B. schreibt W. Dietz: „Inwiefern ist das Korrektivsein eine legitime und befriedigende Weise, sich selbst in die theologische und philosophische Diskussion einzubringen? [...] Wer nur derart als Korrektiv wirkt, setzt erstens das Woran seines Korrektivseins im Grunde schon positiv voraus (ist also im Prinzip ‚konservativ'), dispensiert sich zweitens selber von einer (systematischen) Darstellung des Ganzen und macht sich drittens implizit zu dessen Richter. Diese drei Problemanzeigen bedeuten, daß es in wissenschaftlicher Hinsicht nicht voll befriedigend sein kann, nur oder primär ‚korrektiv' wirksam sein zu wollen. [...] Historisch hat das Korrektiv die höchste Berechtigung; wissenschaftlich disqualifiziert es sich selbst, zumindest, wenn es *nur* Korrektiv sein will." *Sören Kierkegaard*, 56.
[81] Dazu wie Kierkegaards *hypothetisches* Denken „dem Denken selber zugute kommt", vgl. E. Jüngel: „... *Du redest wie ein Buch ...* ", 88f.

hängt damit zusammen, welche Rolle dem *Anderen* im Prozeß der Kommunikation zugespielt wird. Denn sosehr das Mit-einander-sprechen-Können apriorisch ein Element des Versöhnlichen impliziert, sosehr tritt Sprache immer auch als Gewalt auf: als Verteidigung der eigenen Wirklichkeitswahrnehmung, als Marginalisierung der Nicht-zu-Wort-Kommenden und als Nivellierung von Andersheit unter der behaupteten Allgemeingültigkeit des Begriffs. Religiöse Sprache – und im besonderen die der akademischen Theologie – teilt zumeist genau diese Ambivalenz. Denn auch wenn sie von Hause aus dafür steht, eine *Sprache der Versöhnung* zu sein[82], so sehr neigen ‚theologische' Wahrheiten dazu, eine ganz eigentümliche, folgenreiche Gewalt zu entwickeln bzw. zu legitimieren. Eine Sprache, die dagegen in ihrem Urteil weniger rigide ist, die sich dem Anderen aussetzt, die dem Anderen *die Chance zum Andersverstehen läßt*[83]*, die das Sprachgeschehen nicht auf das agonale* Wesen der wissenschaftlichen Disputation reduzieren möchte, ist leicht dem Vorwurf der fehlenden Entschiedenheit oder auch der ‚Verspieltheit' ausgesetzt. Aber gerade in dieser Hinsicht ist es außerordentlich lehrreich, sich von Texten wie denen Kierkegaards oder Derridas darauf aufmerksam machen zu lassen, daß es eben auch einen *spielerischen* Umgang mit den großen Problemen der Theologie (und Philosophie) gibt, der keineswegs der *Ernsthaftigkeit* entbehrt. Die Spielmetapher, die bei Kierkegaard und Derrida eine so entscheidende Rolle spielt, verknüpft nämlich den Ernst des persönlichen Engagements mit dem Geltenlassen des Unvorhersehbaren, Irregulären und der unhintergehbaren Differenz. Theologische Kommunikation auch als eine Art von Spiel zu begreifen, könnte zu den Grundtugenden des Glaubens gehören![84]

---

[82] Vgl. C. Gestrich: *Die Sprache der Versöhnung*, 502ff.
[83] Es liegt auf der Hand, welche Herausforderungen gerade im ökumenischen Dialog in dieser Hinsicht bestehen. In diesem Zusammenhang müßte man gerade die jüngsten Debatten um die *Gemeinsame Erklärung zur Rechtfertigungslehre* einmal daraufhin untersuchen, welche Sprache hier jeweils gesprochen wird, was man für Erwartungen an ‚Gemeinsame Erklärungen' hat, was überhaupt ‚Gemeinsamkeit' im Gebrauch von Sprache bedeuten könnte, was ein ‚Konsens' eigentlich heißt usw. Dagegen zu protestieren, daß die ‚andere Seite' einen ‚gemeinsamen' Text *anders* versteht als man selbst, zeugt auf jeden Fall davon, daß man *zu viel will*. Freilich kommt es ebenso darauf an, mißtrauisch gegenüber jeder Konsens-Rhetorik zu bleiben. Nicht der Konsens ist ein ökumenischer Wert an sich. (Ein solcher ließe sich natürlich jederzeit *sowohl* finden *als auch* bestreiten.) Vgl. hierzu I. Dalferth: *Spielraum zum Missverständnis*, pass.
[84] Vgl. hierzu den schönen Aufsatz von Ph. Stoellger: *Das Spiel der Hermeneutik und der Kampf.*

6. ‚Religion ohne Religion'

Denn für Kierkegaard und Derrida steht fest, daß dieser andere Umgang mit Sprache besonders an die ‚Sache' der Theologie geknüpft ist, ja von dieser gefordert wird. Kierkegaards Anspruch, daß religiöse Schriftstellerei nur dann, wenn sie als *indirekte Mitteilung* funktioniert, ihrem ‚Gegenstand' angemessen ist, ist nicht damit abgegolten, daß man ihm zugesteht, eben ein begnadeter *Dichter* gewesen zu sein, während die Schultheologie sich auf die Arbeit des Begriffs zurückziehen könne. Kierkegaards *literarische* Ambitionen betreffen das Grundverständnis einer auf Texte beruhenden religiösen Tradition. Denn die Überlieferung des Glaubens hat es – wie im Falle von Kierkegaards Abraham – mit einem Geheimnis zu tun, das sich jeder unmittelbaren *Repräsentation* entzieht. Es kann nur weitergegeben werden *als Geheimnis*, und das heißt: als *Literatur*, die sich einer immer neuen Deutung ausliefert. Kierkegaards Text *Furcht und Zittern* wollte nichts anderes als diese ‚Unleserlichkeit' vor Augen führen, sie wiederholen: *als* Text von dieser Unausdeutbarkeit eines Grundtextes des Glaubens zeugen. Derrida sieht darin die entscheidende Pointe unserer Schriftkultur: Alle „Literatur" ist „abrahamitischen Ursprungs" (LS 177). Die jüdisch-christlich-islamische Tradition lebt davon, Gott, den ganz Anderen, auf eine Weise zur Sprache kommen zu lassen, die *in* seiner ‚Offenbarung' seine Unverfügbarkeit, Unaussprechlichkeit und Nicht-Thematisierbarkeit wahrt.

Kierkegaard und Derrida haben dies nicht nur *gesagt*, sondern dementsprechend *geschrieben*. Darauf aufmerksam zu werden und einen Sinn dafür zu entwickeln, ist das Entscheidende, was es bei ihnen zu lernen gilt. Nicht daß sich ihre Texte nachahmen ließen. Aber sie zeigen uns, daß es keineswegs selbstverständlich ist, Texte zu produzieren, die auf ‚Ergebnisse' und ‚Antworten' zulaufen, die in Thesen sprechen, die über ihre eigene Interpretation mißtrauisch wachen und die darauf aus sind, möglichst leicht referierbar und zitierbar zu sein. Vor allem nicht, wenn man es mit ‚Religion' zu tun hat.

Bei Emmanuel Levinas heißt es:

„Aber die Hermeneutik des Religiösen – kann sie auf unausgewogene Gedanken verzichten? Und besteht die Philosophie selbst nicht darin, ‚verrückte' Gedanken mit Weisheit zu behandeln oder darin der Liebe Weisheit beizubringen? Die Erkenntnis, die Antwort, das Ergebnis gehören möglicherweise zu einem seelisch-geistigen Leben, das noch nicht zu Gedanken fähig ist, in denen das Wort *Gott* Sinn gewinnt."[85]

---

[85] E. Levinas: *Wenn Gott ins Denken einfällt*, 149.

Nachschrift:
Vom Drang weiterzugehen

Angenommen, Kierkegaard oder Derrida zu lesen, würde uns etwas *geben*. Aber kann man bei Kierkegaard oder Derrida *stehen bleiben*? Käme es nicht darauf an, doch einen Schritt *weiter zu gehen*?

Dies ist eine Rhetorik mit einer langen Geschichte. Und sie skandiert auch die Wirkungsgeschichte Kierkegaards. Nehmen wir das Beispiel Karl Barths. In *Dank und Referenz*, einem Vortrag von 1963 in Kopenhagen (!), sah dieser sich bekanntlich herausgefordert, nicht nur zu versichern, wieviel er Kierkegaard tatsächlich *verdanke*, sondern auch seine deutliche Abwendung von Kierkegaard dem Kopenhagener Auditorium gegenüber gewissermaßen zu *entschuldigen*. Im Stil einer bloß rhetorischen Frage fragt er sich und die anderen: dürfe die Theologie tatsächlich auf die Länge damit fortfahren, „die in dieser Sache wahrhaft notwendigen *Negationen* zum Thema der Theologie zu machen"?[1] Während der frühe Barth – im Anschluß an Kierkegaard – leidenschaftlich erklärt: „Theologie ist auf der ganzen Linie und im besten Fall *Prolegomenon*"[2], dringt er später immer wieder darauf, doch endlich weiter zu gehen, doch endlich *zur Sache* zu reden.[3] Barth hat immer wieder betont, inwiefern er bei dem stark unter dem Einfluß Kierkegaards geschriebenen *Römerbrief* „doch *nicht einfach stehen bleiben konnte*. Ich hatte Jesus Christus zu begreifen und *vom Rande* in die Mitte meines Denkens zu rücken. Indem ich die Subjektivität nicht für die Wahrheit halten kann, habe ich mich von

---

[1] K. Barth: *Dank und Referenz*, 340.
[2] K. Barth: *Kirche und Theologie*, 322. Vgl. auch Ders.: *Das Wort Gottes und die Theologie*, 178: „Ob die Theologie über die Prolegomena zur Christologie je hinauskommen kann und soll? Es könnte ja auch sein, daß mit den Prolegomena *Alles* gesagt ist."
[3] Z.B. gegenüber Bultmann, dem ‚Kierkegaardianer', der offensichtlich nicht *weiter komme*: Wann komme nach all den Erörterungen über die Voraussetzungen des Verstehens eigentlich „die Sache selbst einmal zur Sprache"? Zitiert nach E. Busch: *Karl Barths Lebenslauf*, 207f.

Kierkegaard nach kurzer Berührung wieder entfernen *müssen*."[4] Aber was heißt es eigentlich, ‚vom Rande in die Mitte' zu rücken, nicht beim Prolegomenon, bei den *Vorworten* ‚stehen bleiben' zu wollen, ja zu *können*? Was heißt es, weitergehen zu *müssen*?

Kierkegaard-de-Silentio hat sich zu solch einer Rhetorik im Epilog zu *Furcht und Zittern* geäußert:

„‚Man muß weiter gehen; man muß weiter gehen.' Dieser Drang, weiter zu gehen, ist alt in der Welt. Der dunkle Heraklit, der seine Gedanken in seinen Schriften und seine Schriften im Tempel der Artemis niederlegte (denn seine Gedanken waren sein Harnisch im Leben gewesen, und darum hängte er sie im Tempel der Gottheit auf), der dunkle Heraklit hat gesagt, man könne nicht zu zweien Malen durch den gleichen Fluß gehen. Der dunkle Heraklit hatte einen Schüler, und der blieb nicht dabei stehen, er ging weiter und fügte hinzu: man kann es auch nicht *einmal* tun. Unglücklicher Heraklit, so einen Schüler zu haben! Der Satz des Heraklit wurde durch diese Verbesserung verbessert zu einem eleatischen Satz, der die Bewegung leugnet, und doch begehrte jener Schüler nichts als Heraklit-Schüler zu sein, der weiter ging, nicht etwa zurück zu dem, was Heraklit hinter sich gelassen hatte." (FZ 141f., d.h. der Epilog des *Epilogs*)

Auch Barth sah sich als *Schüler* Kierkegaards.[5] Aber die ‚Schule Kierkegaards'[6] sei eben nur ein unverzichtbares Durchgangsstadium für jeden Theologen. Man dürfe in dieser Schule ‚nicht sitzen bleiben'. Wer zulange bei Kierkegaard verweile, schicke sich in jene „lustige Betrübtheit" der Ironie, deren Botschaft lediglich „die Fülle des wieder und wieder zu reinigenden Vakuums" sei. Jene ewigen Schüler Kierkegaards haben es „aufs Schweben abgesehen", und zwar so sehr, „daß es sie tief verstimmt, wenn ihre Umgebung es nicht ebenfalls mit dem Schweben versucht". Barth zählt sich (und *seine* Schüler) dagegen zu jenen mündigeren Theologen, die durch die Schule Kierkegaards „hindurchgegangen" sind. „Schweben zu wollen, war für sie kein Bedürfnis mehr. Dafür durften sie gehen lernen. Eben dazu mußten sie aber noch andere Schulen besuchen als die Kierkegaards."[7]

Nun hat Kierkegaard tatsächlich ein bestimmtes Schweben als *die* Grundsituation des Glaubens angesehen. Aber zu schweben bedeutet für ihn alles andere als ein vorläufiges, unverbindliches, infantiles, den Eintritt ins ‚wirkliche Leben' scheuendes Stadium, sondern einen Zustand äußerster Mündigkeit, Verantwortlichkeit und Wachheit. Ge-

---

[4] K. Barth: *Selbstdarstellung* (1964), zitiert bei E. Busch: *Karl Barths Lebenslauf*, 186f. (Hervorhebungen von mir).
[5] Vgl. K. Barth: *Kierkegaard und die Theologie*.
[6] Vgl. E. Jüngel: *Von der Dialektik zur Analogie. Die Schule Kierkegaards und der Einspruch Petersons*.
[7] A.a.O., 7-9.

nauso wie er schon in seiner Dissertation den, laut Aristophanes, in einem Korb schwebenden Sokrates gegen dessen *Schüler* Platon – der weiter ging – meinte verteidigen zu müssen[8], so hätte er sich vermutlich auch von Barths Stolz auf das „Gehen-lernen-Dürfen" wenig beeindruckt gezeigt:

„ [...] denn glauben ist ja eben dieses dialektische Schweben, welches ständig in Furcht und Zittern doch niemals verzweifelt [...]" (Pap. IX A 32 / T III 9)

Für Kierkegaard war es selbstverständlich, daß erst ein gewisses Schweben allem Theologietreiben den richtigen *Ton*, die richtige *Stimmung* verleiht. Die *Vorläufigkeit* von so etwas wie Theologie aufheben zu wollen, kann man in der Tat nicht bei Kierkegaard *lernen*.

Aber was heißt es überhaupt, bei Kierkegaard etwas *lernen* zu wollen? Gibt es eine ‚Schule Kierkegaards'? Oder ist nicht zumindest die Alternative von ‚Sitzenbleiben' und ‚Weitergehen' hier unangemessen? Daß Kierkegaard allenfalls *en passant* gehört und gelesen werden will, daß er „im Vorbeigehen einem Vorbeigehenden etwas sagen" (AUN I 271) wollte, das hat er in allen seinen Texten betont. Sicherlich geht es darum, nach dem Lesen solcher *Passagen*, „seinen eigenen Weg zu gehen" (ebd.). Natürlich nötigt sein Text dazu, etwas *hinzuzufügen* – so wie Barth und die vielen anderen originellen Kierkegaardleser es taten. Aber die Frage ist, was hier ‚hinzufügen' heißt, was hier eine ‚Verbesserung' darstellen würde. Sagen wir einfach, es geht um eine bestimmte *Wiederholung*, um eine bestimmte Logik des *Supplements*. Und vielleicht könnte man gerade dazu bei Derrida etwas lernen.

---

[8] Vgl. BI 156f.

Literaturverzeichnis

1. Schriften von Kierkegaard

Kierkegaards Schriften werden zitiert nach der deutschen Ausgabe der *Gesammelten Werke*, übersetzt und hrsg. von E. Hirsch, H. Gerdes und H.M. Junghans, und zwar nach den im folgenden aufgeführten Siglen. Kierkegaards Tagebücher werden nach der deutschen Ausgabe von H. Gerdes, 5 Bde. (T I-V), in den *Gesammelten Werken* zitiert. Zur besseren Orientierung wird die entsprechende Archivnummer der dänischen Ausgabe der *Papirer* (P) mitgenannt.

SV   *Søren Kierkegaards Samlede Værker.* Udg. af A.B. Drachmann, J.L. Heiberg og H.O. Lange. 14 Bde. Kopenhagen ^{1}1901-1906; 15 Bde. ^{2}1920-1936; 20 Bde. ^{3}(1962-1964) 1982.

Pap.   *Søren Kierkegaards Papirer.* Anden forøgede Udgave ved N. Thulstrup. Bd. I-XII (22 Einzelbde.) Kopenhagen 1969-1970; Bd. XIV-XVI ved N.J. Cappelørn, 1975-1978.

GW   *Gesammelte Werke* / übers. u. hrsg. v. E. Hirsch, H. Gerdes u. H.M. Junghans, 2. Aufl., 36 Abtlg. in 30 Bdn., Gütersloh 1986-1995.

T   *Gesammelte Werke. Die Tagebücher* / übers. u. hrsg. v. H. Gerdes. 5 Bde., Düsseldorf / Köln 1962-1974.

A   *Der Augenblick*, GW 28.
AUN   *Abschließende Unwissenschaftliche Nachschrift zu den Philosophischen Brocken*, GW 13-14.
BA   *Der Begriff Angst*, GW 9.
BI   *Über den Begriff der Ironie mit ständiger Rücksicht auf Sokrates*, GW 25.
BÜA   *Das Buch über Adler*, GW 30.
DRG   *Drei Reden bei gedachten Gelegenheiten 1845*, GW 10.
EC   *Einübung im Christentum*, GW 22.
EO I-II   *Entweder/Oder*, 1. und 2. Teil, GW 1-4.

ES	*Erstlingsschriften*, GW 24.
FZ	*Furcht und Zittern*, GW 5.
KT	*Die Krankheit zum Tode*, GW 21.
LA	*Eine literarische Anzeige*, GW 15.
LT	*Der Liebe Tun*, GW 17-18.
PB	*Philosophische Brocken*, GW 8.
3R3	*Drei erbauliche Reden 1843*, GW 4.
2R4	*Zwei erbauliche Reden 1844*, GW 7.
3R4	*Drei erbauliche Reden 1844*, GW 7.
4R4	*Vier erbauliche Reden 1844*, GW 10.
SLW	*Stadien auf des Lebens Weg*, GW 11-12.
SS	*Die Schriften über sich selbst*, GW 27.
V	*Vorworte*, GW 9.
W	*Die Wiederholung*, GW 6.
ZKA	*Zwei kleine ethisch-religiöse Abhandlungen*, GW 20.

2. Schriften von Derrida

Derridas Schriften werden in deutscher Übersetzung entsprechend der im folgenden aufgeführten Siglen zitiert. (Bei Texten, die nur selten erwähnt werden, wird auf eine eigene Sigle verzichtet.) Bei den bislang noch nicht ins Deutsche übersetzen Schriften gebe ich eine eigene Übersetzung. Dabei beziehen sich die Siglen und die Seitenzahlen auf die *deutschen* Ausgaben, sofern solche vorliegen. Wo notwendig wird in Klammern auf die entsprechenden französischen Formulierungen verwiesen. Deren Seitenangaben stehen dann nach einem Schrägstrich.

AB	*Aufzeichnungen eines Blinden. Das Selbstporträt und andere Ruinen. Bild und Text.* / übers. v. M. Wetzel, München 1997 (frz. Or.: *Mémoires d'aveugle. L'autoportrait et autres ruines*, Paris 1990).
AEL	*Adieu. Nachruf auf Emmanuel Lévinas* / übers. v. R. Werner, München; Wien 1999 (frz. Or.: *Adieu à Emmanuel Lévinas*, Paris 1997).
AK	*Das andere Kap. Die vertage Demokratie. Zwei Essays zu Europa* / übers. v. A. G. Düttmann, Frankfurt a.M. 1992 (frz. Or.: *L'autre cap* suivi de *La démocratie ajournée*, Paris 1991).
APO	*Apokalypse. Von einem neuerdings erhobenen apokalyptischen Ton in der Philosophie* / übers. v. M. Wenzel, Wien 1985 (frz. Or.: *D'un tone apocalyptique adopté naguère en philosophie*, Paris 1983).

APU   *Auslassungspunkte. Gespräche* / hrsg. v. P. Engelmann, übers. v. K. Schreiner u. D. Weissmann, Wien 1998 (frz. Or.: *Points de Suspension: Entretiens*, Paris 1992).

AS   *Aporien. Sterben – Auf die ‚Grenzen der Wahrheit, gefaßt sein* / übers. v. M. Wetzel, München 1998 (frz. Or.: *Apories. Mourir – s'attendre aux ‚limites de la verité'*, Paris 1996).

CIR   *Circonfession*, in: Jacques Derrida. Ein Portrait von G. Bennington und J. Derrida / übers. v. S. Lorenzer, Frankfurt a.M. 1994, 11-323 (frz. Or.: *Circonfession*, Paris 1991).

D   *Dissemination* / übers. v. H.-D. Gondek, Wien 1995 (frz. Or.: *La dissémination*, Paris 1972).

EDM   *Eben in diesem Moment in diesem Werk findest du mich* / übers. v. E. Weber, in: M. Mayer / M. Hentschel (Hrsg.): *Lévinas. Zur Möglichkeit einer prophetischen Philosophie* (Parabel. Schriftenreihe des evangelischen Studienwerks Villigst, 12), Gießen 1990, 42-83 (frz. Or. : *En ce moment même dans cet ouvrage me voici*, in: *Psyché. Invention de l'autre*, 159-202).

FA   *Feuer und Asche* / übers. v. M. Wetzel, Berlin 1988 (frz. Or.: *Feu la cendre*, Paris 1987).

FG   *Falschgeld. Zeit geben I* / übers. v. A. Knop u. M. Wetzel, München 1993 (frz. Or.: *Donner le temps I. La fausse monnaie*, Paris 1991).

FS   *Foi et Savoir. Les deux sources de la ‚religion aux limites de la simple raison,*, in: J. Derrida / G. Vattimo (Hrsg.): *La Religion*, Paris 1996, 9-86.

GL   *Glas*, Paris 1974.

GK   *Gesetzeskraft. Der „mystische Grund der Autorität"* / übers. v. A.G. Düttmann, Frankfurt a.M. 1991 (frz. Or.: *Force de loi: Le ‚Fondement mystiques de l'autorité'*, Paris 1994; die ursprüngliche engl. Fassung ‚The force of Law: ‚The mystical foudation of Autority, ist enthalten in: Cardazo Law Review, Bd. 11, New York 1990, S. 920-1045).

GR   *Grammatologie* / übers. v. H.-J. Rheinberger u. H. Zischler, Frankfurt a.M. 1974 (frz. Or.: *De la grammatologie*, Paris 1967).

GS   *Gestade* / übers. v. M. Buchgeister u. H.W. Schmidt, Wien 1994 (frz. Or.: *Parages*, Paris 1986).

LS   *La littérature au secret. Une filiation impossible*, in: *Donner la mort*, Paris 1999, 159-209.

MG   *Marx' Gespenster. Der verschuldete Staat, die Trauerarbeit und die neue Internationale* / übers. v. S. Lüdemann,

Frankfurt a.M. 1995 (frz. Or.: *Spectres de Marx. État de la dette, le travail du deuil, et la nouvelle Internationale*, Paris 1993).
PAS *Passions*, Paris 1993.
POL *Politiques de l'amitié*, Paris 1994.
POS *Positionen*. Gespräche mit H. Rose, J. Kristeva, J.L. Hondebine, G. Scarpetta / übers. v. D. Schmidt, Wien 1986 (*Positions*, Paris 1972).
PK *Die Postkarte. Von Sokrates bis Freud und jenseits* / übers. v. H.-J. Metzger, Berlin 1982. 1987 (frz. Or.: *La Carte postale. De Socrates à Freud et au-dela*, Paris 1980).
PR *Préjugés. Vor dem Gesetz* / übers. v. D. Otto u. A. Witte, Wien 1992 (frz. Or.: *Préjugés. Devant la loi*, Paris 1983).
PS *Psyché. Invention de l'Autre*, Paris 1987.
RG *Randgänge der Philosophie* / übers. v. G.R. Sigl, J.K. Schreiner, M. Fischer, E. Pfaffenberger-Brücker, G. Ahrens, H. Beese, D.W. Tuckwiller, Wien 1988 (frz. Or.: *Marges. De la philosophie*, Paris 1972).
SCH *Schibboleth. Für Paul Celan* / übers. v. W.S. Baur, Wien 1986 (frz. Or.: *Schibboleth – pour Paul Celan*, Paris 1986).
SD *Schrift und Differenz* / übers. v. R. Gasché u. U. Köppen, Frankfurt a.M. 1976 (frz. Or.: *L'Ecriture et la différence*, Paris 1967).
SN *Sauf le nom*, Paris 1993.
SP *Die Stimme und das Phänomen. Ein Essay über das Problem des Zeichens in der Philosophie Husserls* / übers. v. J. Hörisch, Frankfurt a.M. 1979 (frz. Or.: *La voix et le phénomèn*, Paris 1967).
SPO *Sporen. Die Stile Nietzsches* / übers. v. R. Schwaderer, überarb. v. W. Hamacher, in: W. Hamacher (Hrsg.): *Nietzsche aus Frankreich*, Frankfurt a.M. / Berlin 1986 (frz. Or.: *Éperous. Les styles de Nietzsche*, Paris 1978).
TB *Türme Babels. Wege, Umwege, Abwege* / übers. v. A.G. Düttmann, in: A. Hirsch (Hrsg.): *Übersetzung und Dekonstruktion*, Frankfurt a.M. 1997, 119-165 (frz. Or.: *Des Tours de Babel* in: *Psyché. Invention de l'autre,* 203-235).
TG *Den Tod geben* / übers. v. H.-D. Gondek, in A. Haverkamp (Hrsg.): *Gewalt und Gerechtigkeit. Derrida – Benjamin*, Frankfurt a.M. 1994 (frz. Or.: Donner la mort, in: J.-M. Rabaté und M. Wetzel (Hrsg.): *L'Éthique du don. Jacques Derrida et la pensée du don*, Paris 1992, S. 11-108).

VG *Vom Geist. Heidegger und die Frage* / übers. v. A.G. Düttmann, Frankfurt a.M. 1988 (frz. Or.: *De l'esprit. Heidegger et la question*, Paris 1987).
WNS *Wie nicht sprechen. Verneinungen* / übers. v. H.-D. Gondek, Wien 1989 (frz. Or.: *Comment ne pas parler. Dénégation*, in: *Psyché. Invention de l'autre*, 535-595.)
ZG *Zeugnis und Gabe* / übers. v. E. Weber, in: E. Weber (Hrsg.): *Jüdisches Denken in Frankreich*. Frankfurt a.M. 1994, 63-91 (Originalbeitrag).

Texte ohne eigene Siglen:

- *Alterité*, Paris 1986 (Zusammen mit J.-P. Labarrière).
- *Am Nullpunkt der Verrücktheit. Jetzt auch die Architektur*, in: Welsch, W. (Hrsg.): Wege aus der Moderne. Schlüsseltexte der Postmoderne-Diskussion, Berlin 1994, 215-232.
- *Die Bewunderung Nelson Mandelas oder Die Gesetze der Reflexion* / übers. v. G. Ricke u. R. Vouillié, in: D. Lecoq u.a. (Hrsg.): Für Nelson Mandela, Reinbeck 1987, 11-45 (frz. Or.: *Admiration de Nelson Mandela ou Les Lois de la réflexion*, in: *Psyché*).
- *Chora* / übers. v. H.-D. Gondek, Wien 1990 (frz. Or.: *Chora*, in: Poikilia. Etudes offertes à J.P. Vernant, Paris 1987).
- *Geschlecht (Heidegger)* / übers. v. H.-D. Gondek, Wien 1988 (frz. Or.: *Geschlecht: différence sexuelle, différence ontologique / La main de Heidegger (Geschlecht II)*, in: *Psyché*).
- *Guter Wille zur Macht (II). Die Unterschriften interpretieren (Nietzsche / Heidegger)* / übers. v. A. Kittler, in: Ph. Forget (Hrsg.): *Text und Interpretation*, München 1984, 62-77.
- *Ich vertraue der Utopie, ich will das Un-Mögliche*. Ein Gespräch mit dem Philosophen Jacques Derrida über die Intellektuellen, den Kapitalismus und die Gesetze der Gastfreundschaft / von Thomas Assheuer, in: *DIE ZEIT* vom 5.3.1998, 47-49.
- *Interpretations at war. Kant, der Jude, der Deutsche* / übers. v. E. Weber, in: E. Weber / G.C. Tholen (Hrsg.): Das Vergessen(e). Anamnesen des Undarstellbaren, Wien 1997, 71-139.
- *Labyrinth und Archi/Textur* (zusammen mit E. Meyer), in: *Das Abenteuer der Ideen. Architektur und Philosophie seit der industriellen Revolution*. Ausstellungskatalog Berlin 1984, 95-106.
- *Limited Inc.*, Paris 1990.
- *Nietzsches Otobiographie oder Politik des Eigennamens. Die Lehre Nietzsche*, in: *Fugen. Deutsch-Französisches Jahrbuch für Text-Analytik* / hrsg. v. M. Frank u.a. Freiburg i.Br. 1980, 64-98.

- *Mémoires: Für Paul de Man* / übers. v. H.-D. Gondek, Wien 1988 (frz. Or.: *Mémoires: Pour Paul de Man*, Paris 1988).
- *Punktierungen. Die Zeit der These*, in: H.-D. Gondek / B. Waldenfels (Hrsg.): Einsätze des Denkens, Frankfurt a.M. 1997, 19-39.
- *Die Signatur aushöhlen. Eine Theorie des Parasiten* / übers. v. P. Krapp, in: H. Pfeil / H.-P. Jäck (Hrsg.): Eingriffe im Zeitalter der Medien, Rostock 1995, 29-42 (engl. Or.: *Subverting the Signature. A Theory of the Parasit*, in: Blast Unltd., Bosten 2/1990).

3. Sekundärliteratur

Zitiert wurde in den Fußnoten jeweils unter Angabe von Autorennamen, eines abgekürzter Titel des Werkes und der Seitenzahl. Die verwendeten Kurztitel sind im folgenden Titelverzeichnis durch Kursivschreibungen gekennzeichnet. Abkürzungen folgen: S. Schwertner: *Internationales Abkürzungsverzeichnis für Theologie und Grenzgebiete* (IATG), Berlin / New York 1974.

3.1. Sekundärliteratur zu Kierkegaard

ADORNO, TH.W.: *Kierkegaard. Konstruktion des Ästhetischen*, in: Ders.: Gesammelte Schriften Bd. 2, Frankfurt a.M. 1979, 1-215.
- *Kierkegaards Lehre von der Liebe*, in: Ders.: Gesammelte Schriften Bd. 2, Frankfurt a.M. 1979, 217-238.
- *Kierkegaard noch einmal*, in: Ders.: Gesammelte Schriften Bd. 2, Frankfurt a.M. 1979, 239-258.

AGACINSKY, S.: *Aparté. Conceptions et morts de Søren Kierkegaard*, Paris 1977.

ANDERSON, R.E.: *Kierkegaards Theorie der Mitteilung*, in: M. Theunissen / W. Grewe (Hrsg.): Materialien zur Philosophie Kierkegaards, 437-460.

ANZ, W.: *Die platonische Idee des Guten und das sokratische Paradox bei Kierkegaard*, in: R. Wiehl (Hrsg.): Die antike Philosophie in ihrer Bedeutung für die Gegenwart. Kolloquium zu Ehren des 80. Geburtstag von H.-G. Gadamer, Heidelberg 1981, 23-36.

BAUMGARDT, D.: *Unlösbare moralische Konflikte. Ihre Auslegung im Judentum, Christentum und der Existenzphilosophie*, in: Zeitschrift für Religions- und Geistesgeschichte 11 (1959), 297ff.

BERGMANN, H.: *Die dialogische Philosophie von Kierkegaard bis Buber*, Heidelberg 1976.

BIRKENSTOCK, E.: *Heißt Philosophieren sterben lernen?* Antworten der Existenzphilosophie: Kierkegaard, Heidegger, Sartre, Rosenzweig, Freiburg i.Br. 1997.

CLAIR, A.: *Pseudonomie et Paradox. La pensée dialectique de Kierkegaard*, Paris 1976.

COLETTE, J.: *Kierkegaard et la non-philosophie*, Paris 1994.

DEUSER, H.: *Dialektische Theologie. Studien zu Adornos Metaphysik und zum Spätwerk Kierkegaards*, Grünewald 1980.

– *Kierkegaard. Die Philosophie des religiösen Schriftstellers*, Darmstadt 1985.

– *Kierkegaard in der kritischen Theorie*, in: Die Rezeption Sören Kierkegaards in der deutschen und dänischen Philosophie und Theologie (Text und Kontext, Bd. 15), Kopenhagen / München 1983, 101-113.

– *Sören Kierkegaard. Die paradoxe Dialektik des politischen Christen. Voraussetzungen bei Hegel. Die Reden von 1847/48 im Verhältnis von Politik und Ästhetik*, München / Mainz 1974.

– *Die Taten der Liebe: Kierkegaards wirkliche Ethik*, in: Marburger Jahrbuch Theologie V, Marburg 1993, 117-132.

DIETZ, W.: *Sören Kierkegaard. Existenz und Freiheit*, Frankfurt a.M. 1993.

DUNCAN, E.H.: *Kierkegaards teleologische Suspension des Ethischen*, in: M. Theunissen / W. Grewe (Hrsg): Materialien zur Philosophie Kierkegaards, 262-279.

ERIKSEN, N.N.: *Kierkegaard's Catagory of Repetition. A Reconstruction*, Berlin / New York 2000.

FAHRENBACH, H.: *Kierkegaards existenzdialektische Ethik*, Frankfurt a.M. 1968.

FAUTECK, H.: *Kierkegaard – ein konservativer Revolutionär. Zum Abschluß der deutschen. Ausgabe seiner Tagebücher*, in: Neue Rundschau 1 (1975), 141-151.

FERREIRA, M.J.: *Asymmetrie and Self-Love: The Challenge to Reciprocity and Equality*, in: Kierkegaard studies: Yearbook 1998, 41-59.

FIGAL, G.: *Religion nach Kierkegaard*, in: Ders.: Für eine Philosophie von Freiheit und Streit. Politik, Ästhetik, Metaphysik, Stuttgart 1994, 166-180.

GARFF, J.: *Johannes de silentio: Rhetorician of Silence*, in: Kierkegaard-Studies Yearbook 1996, 186-210.

– *„Den Søvnløse". Kierkegaard læst æstetisk/biografisk*, København 1995.

GELLMAN, J.I.: *The Fear, the Trembling, and the Fire: Kierkegaard and Hasidic Masters on the Binding of Isaac*, Boston 1994.

GERDES, H.: *S. Kierkegaards „Einübung im Christentum"*. Einführung und Erläuterung, Darmstadt 1982.
GLÖCKNER, D.: *‚Die glückliche Liebe' – Sören Kierkegaards spezifisches Verständnis der Wiederholung als Zugang zu seinem Versöhnungsdenken*, in: Kierkegaard studies. Yearbook 1996, 240-254.
– *Kierkegaards Begriff der Wiederholung*. Eine Studie zu seinem Freiheitsverständnis, Berlin / New York 1998.
GRAU, G.-G.: *Vernunft, Wahrheit, Glaube: neue Studien zu Nietzsche und Kierkegaard*, Würzburg 1997.
GREWE, W.: *Kierkegaard und der Nationalsozialismus*, in: Skandinavistik 15/1 (1985), 29-49.
GRØN, A.: *Kierkegaards ‚zweite' Ethik*, in: Kierkegaard Studies. Yearbook 1998, 358-368.
HAUSCHILD, F.: *Die Ethik Søren Kierkegaards* (Studien zur evangelischen Ethik), Gütersloh 1982.
HENNINGSEN, B.: *Die Politik des Einzelnen*. Studien zur Genese der skandinavischen Ziviltheologie. Holberg – Kierkegaard – Grundtvig, Göttingen 1977.
JÜNGEL, E.: *„... Du redest wie ein Buch ..."*: Zum Verständnis der ‚Philosophischen Brocken, des J. Climacus, herausgegeben von Sören Kierkegaard (1833-1855), in: Ders.: Wertlose Wahrheit. Zur Identität und Relevanz des christlichen Glaubens. Theologische Erörterungen III, München 1990, 78-89.
JÜNGEL, E.: *Von der Dialektik zur Analogie. Die Schule Kierkegaards und der Einspruch Petersons*, in: Ders.: Barthstudien, Zürich u.a. 1982, 127-179.
KING, G.H.: *Existenz, Denken, Stil*: Perspektiven einer Grundbeziehung. Dargestellt am Werk Sören Kierkegaards, Berlin / New York 1986.
KIEFHABER, M.: *Christentum als Korrektiv*. Untersuchungen zur Theologie Sören Kierkegaards, Mainz 1997.
KODALLE, K.-M.: *Die Eroberung des Nutzlosen*. Kritik des Wunschdenkens und der Zweckrationalität im Anschluß an Kierkegaard, Paderborn 1988.
LEVY-VALENSI, E.A.: *Kierkegaard et Abraham ou le non-scrifice d'Isaac*, in: Obliques: Kierkegaard, Paris 1979, 119-129.
LOHNER, A.: *Der Tod im Existentialismus*. Eine Analyse der fundamentaltheologischen, philosophischen und ethischen Implikationen, Paderborn u.a. 1997.
MACKEY, L.: *Kierkegaard: A kind of Poet*, Philadelphia 1971.
MATUŠTÍK, M.J. / WESTPHAL, M. (Hrsg.): *Kierkegaard in Post/Modernity*, Indiana 1995.

MERLEAU-PONTY, M.: *Philosophie et non-philosophie depuis Hegel*, in: Textures 8/9 (1974), 88.
NORDENTOFT, K.: *‚Hvad siger Brand-Majoren?'*, Kierkegaards opgør med sin samtid, Kopenhagen 1973.
NORRIS, CH.: *The ethics of reading and the limits of Irony: Kierkegaard among the postmodernists*, in: Southern Humanities Review Vol. 23 (1989), 1-35.
– *Fictions of authority: narrative and viewpoint in Kierkegaard's writing*, in: Ders.: The Deconstructive Turn. Essays in the rhetoric of philosophy, London / New York 1983, 85-106.
PEPPER, TH.: *Abraham: Who could possibly understand him?*, in: Kierkegaard Studies. Yearbook 1996, 211-239.
– *Male Midwifery: Maieutics in ‚The concept of Irony' and ‚Repetition'*, in: N.J. Cappelørn / J. Stewart (Hrsg.): Kierkegaard Revisited. Proceeding from the Conference ‚Kierkegaard and the Meaning of Meaning it', Copenhagen May 5-9, 1996, Berlin / New York 1997, 460-480.
PERKINS, R.L. (Hrsg.): *Kierkegaards Fear and Trembling:* Critical Appraisals, Alabama 1981.
PERKINS, R.L.: *The Politics of Existence.* Buber and *Kierkegaard*, in: Matuštík / Westphal, Kierkegaard in Post/Modernity, 167-181.
PULMER, K.: *Die dementierte Alternative.* Gesellschaft und Geschichte in der ästhetischen Konstruktion von Kierkegaards ‚Entweder-Oder', Frankfurt a.M. / Bern 1982.
REIMER, L.: *Die Wiederholung als Problem der Erlösung bei Kierkegaard*, in: M. Theunissen / W. Grewe: Materialien zur Philosophie Kierkegaards, 302-346.
RINGLEBEN, J.: *Kierkegaards Begriff der Wiederholung*, in: Kierkegaard Studies. Yearbook 1998, 318-344.
ROSENAU, H.: *Die Erzählung von Abrahams Opfer (Gen 22) und ihre Deutung bei Kant, Kierkegaard und Schelling*, in: NZSTh 27 (1985), 251-261.
SCHÄFER, K.: *Hermeneutische Ontologie* bei Sören Kierkegaard, in: H.H. Schrey (Hrsg.): Kierkegaard, Darmstadt 1971, 428-450.
SCHMIDINGER, H.: *Das Problem des Interesses* und die Philosophie Sören Kierkegaards, Freiburg i.Br. / München 1983.
SCHRÖER, H.: *Sokrates der Postmoderne.* Individualist. Die Bedeutung des dänischen Theologen Sören Kierkegaard für unsere Zeit, in: Christ und Welt, Nr. 18 vom 3.5.1996, 23.
SCHULZ, H.: *Eschatologische Identität.* Eine Untersuchung über das Verhältnis von Vorsehung, Schicksal und Zufall bei Sören Kierkegaard, Berlin / New York 1994.

SØLTOFT, P.: *The Presence of the Absent Neighbor in* Works of Love, in: Kierkegaard Studies: Yearbook 1998, 113-129.

STEGMAIER, W.: *Denkprojekte des Glaubens.* Zeichen bei Kierkegaard und Wittgenstein, in: Wittgenstein Studies 2 (1997) (Internetversion: 21-2-97.txt)

– *Hauptwerke der Philosophie.* Von Kant bis Nietzsche, hrsg. v. W. Stegmaier unter Mitarbeit v. H. Frank, Stuttgart 1997.

STEWART, J.: *Hegel als Quelle für Kierkegaards Wiederholungsbegriff,* in: Kierkegaard Studies. Yearbook 1998, 302-317.

STROWICK, E.: *Passagen der Wiederholung*: Kierkegaard – Lacan – Freud, Stuttgart u.a. 1999.

TAYLOR, M.: *Kierkegaard's Pseudonymous Authorship. A study of time and the Self,* Princeton / New Jersey 1975.

THEUNISSEN, M. / GREVE, W. (Hrsg.): *Materialien zur Philosophie Sören Kierkegaards,* Frankfurt a.M. 1979.

– *Der Andere.* Studien zur Spzialontologie der Gegenwart, Berlin 1965.

– *Der Begriff Ernst bei Sören Kierkegaard,* Freiburg i.Br. / München 1978.

– *Das Menschenbild in der ‚Krankheit zum Tode',* in: Theunissen / Grewe (Hrsg.): Materialien zur Philosophie Sören Kierkegaards, Frankfurt a.M. 1979, 496-510.

– *Negative Theologie der Zeit,* Frankfurt a.M. 1992.

TSCHUGGNALL, P.: *Das Abraham-Opfer als Glaubensparadox,* Frankfurt a.M. 1990.

VERGOTE, H.-B.: *Sens et Répétition. Essai sur l'ironie kierkegaardienne Tome I et II,* Paris 1982.

WESTPHAL, M.: *Commanded Love and Moral Antonomy*: The Kierkegaard-Habermas Debate, in: Kierkegaard Studies. Yearbook 1998, 1-22.

– *The Transparent Shadow: Kierkegaard and Levinas in Dialog,* in: M.J. Matuštík / M. Westphal (Hrsg.): Kierkegaard in Post/Modernity, 265-282.

3.2. Sekundärliteratur zu Derrida

ALTIZER, TH.J.J. (Hrsg.): *Deconstruction and Theology,* New York 1982.

ANDREW, I.: *Deconstructing faith: a study of the complementary method in Karl Barth and Jacques Derrida,* (Studies in the intercultural history of christianity; 99) Frankfurt a.M. u.a. 1996.

ANGLET, K.: *Die Erschöpfung der Wörter.* Jacques Derridas Abbruch der philosophischen Methodik, in: ThPh 64 (1989), 397-408.
BAUKE-RUEGG, J.: *Gott und Kontingenz bei Jacques Derrida.* Hasensprünge und Igelein, oder: Das Spiel der différance, in: I.U. Dalferth / Ph. Stoellger (Hrsg.): Vernunft, Kontingenz und Gott. Konstellationen eines offenen Problems, Tübingen 2000, 355-382.
– *‚Nur ein paar Deut'* – Andeutungen zum Verhältnis von Gott und Postmoderne, in: H.J. Luibl (Hrsg.): Spurensuche im Grenzland, 85-132.
BEARDSWORTH, R.: *Derrida and the Political*, London / New York 1996.
BEHLER, E.: *Derrida – Nietzsche Nietzsche – Derrida*, München u.a. 1988.
BENNINGTON, G.: *Derridabase*, in: ders. / J. Derrida: Jacques Derrida. Ein Portrait, Frankfurt a.M. 1994 (franz. Or.: Jacques Derrida, Paris 1991).
BERNASCONI, R.: *The trace of Levinas in Derrida*, in: Ders. / D. Wood (Hrsg.): Derrida and différance, Warwick 1985, 13-29.
– *Ethische Aporien:* Derrida, Levinas und die Genealogie des Griechischen, in: H.-D. Gondek / B. Waldenfels (Hrsg.): Einsätze des Denkens, 345-384.
BLECHINGER, G.: *Apophatik und Politik.* Zu einer Dekonstruktion des Rhetorischen bei Jacques Derrida, Wien 1997.
BOSS, J.: *Jacques Derrida et l'événement du don*, in: RThPh 128 (1996), 113-127.
BRIEL, H.: *Derridas Hyperkarte: Glas*, in: Weimarer Beiträge 38 (1992), 485-505.
BRIEL, M.: *Adorno und Derrida oder wo liegt das Ende der Moderne?*, New York 1993.
CAPUTO, J.D.: *Against Ethics.* Contributions to a Poetics of Obligation with Constant Reference to Deconstruction, Bloomington / Indianapolis 1993.
– *Hyperbolic Justice: Deconstruktion, Myth an Politics*, in: Research in Phenomenology 21 (1991), 3-20.
– *Instant, Secret, and Singularities.* Dealing Death in Kierkegaard and Derrida, in: M.J. Matuštík / M. Westphal (Hrsg.): Kierkegard in Post/Modernity, Bloomington / Indianapolis 1995, 217-238.
– The *Prayers* and Tears of Jacques Derrida. Religion without Religion, Bloomington / Indianapolis 1997.
COBB, J.B., Jr.: *Deconstruction and Reconstruction of „God"*, in: Ph.E. Devenish / G.L. Goodwin (Hrsg.): Witness and Existence. Essays in Honor of Schubert M. Ogden, Chicago 1989, 162-176.
– *Theologie in den Vereinigten Staaten: Woher und Wohin?*, in: EvTh 49 (1989), 200-213.

CORNELL, D.: *Vom Leuchttum her*: Das Erlösungsversprechen und die Möglichkeit der Auslegung des Rechts, in: A. Haverkamp (Hrsg.): Gewalt und Gerechtigkeit. Derrida – Benjamin, Frankfurt a.M., 60-96.
COWARD, H. / FOSHAY, T. (Hrsg.): *Derrida and Negative Theology*, Albany 1992.
CRITCHLEY, S.: *The Ethics of Deconstruction*. Derrida & Levinas, Cambridge/Mass. 1992.
– *Überlegungen zu einer Ethik der Dekonstruktion*. Zum Verhältnis von Derrida und Levinas, in: H.-D. Gondek / B. Waldenfels (Hrsg.): Einsätze des Denkens. Zur Philosophie von Jacques Derrida, Frankfurt a.M. 1997, 308-344.
CULLER, J.: *Dekonstruktion*. Derrida und die poststrukturalistische Literaturtheorie, Hamburg 1988.
DETWEILER, R. (Hrsg.): *Derrida and biblical studies* (Semeia 23), Chicago 1982.
DREISHOLTKAMP, U.: *Jacques Derrida*, München 1999.
DÜTTMANN, A.G.: *Die Dehnbarkeit der Begriffe*. Über Dekonstruktion, Kritik und Politik, in: J. Georg-Lauer (Hrsg.): Postmoderne und Politik, Tübingen 1992, 57-77.
ENGELMANN, P. (Hrsg.): *Postmoderne und Dekonstruktion*. Texte französischer Philosophen der Gegenwart, Stuttgart 1990.
FORGET, PH. (Hrsg.): *Text und Interpretation*, München 1984.
FRANK, M.: *Die Entropie der Sprache. Überlegungen zur Debatte Searle-Derrida*, in: Ders.: Das Sagbare und das Unsagbare. Studien zur deutsch-französischen Hermeneutik und Texttheorie, Frankfurt a.M. 1990.
– *Was ist Neostrukturalismus?*, Frankfurt a.M. 1984.
GADAMER, H.-G.: *‚Dekonstruktion und Hermeneutik'*, in: Ders.: Gesammelte Werke, Bd. 10, Tübingen 1995, 138-147.
GANDER, H.-H. (Hrsg.): *Europa und die Philosophie*, Frankfurt a.M. 1993.
GASCHÉ, R.: *Inventions of difference*. On Jacques Derrida, Cambridge/ Mass. / London 1994.
– *The tain of the mirror*. Derrida and the philosophy of reflection, Cambridge/Mass. / London 1986.
GEFFRÉ, C.: *Le christianism au risque d'interprétation*, Paris 1983.
GEHRING, P.: *Gesetzeskraft und mystischer Grund*. Die Dekonstruktion nähert sich dem Recht, in: H.-D. Gondek / B. Waldenfels (Hrsg.): Einsätze des Denkens, 226-255.
GONDEK, H.-D. / WALDENFELS, B.: *Derridas performative Wende*, in: Dies.: Einsätze des Denkens, Frankfurt a.M. 1997, 7-18.

GONDEK, H.-D. / WALDENFELS, B. (Hrsg.): *Einsätze des Denkens.* Zur Philosophie von Jacques Derrida, Frankfurt a.M. 1997.
– *Gesetz, Gerechtigkeit und Verantwortung bei Levinas,* in: A. Haverkamp (Hrsg.): Gewalt und Gerechtigkeit. Derrida – Benjamin, Frankfurt a.M. 1994, 315-330.
– *Jacques Derridas Recht auf (Zugehörigkeit zur) Philosophie,* in: PhR 40 (1993), 161-193.
– *Zeit und Gabe,* in: H.-D. Gondek / B. Waldenfels (Hrsg.): Einsätze des Denkens, Frankfurt a.M. 1997, 183-225.
GREISCH, J.: *Herméneutique et grammatologie,* Paris 1977.
GRIFFIN, D.R.: *Postmodern Theology and A/theology. A Reponse to Marc C. Taylor,* in: Ders. u.a. (Hrsg.): Varieties of Postmodern Theology, Albany 1989, 29-61.
GÜNTER, A. (Hrsg.): *Feministische Theologie und postmodernes Denken:* zur theologischen Relevanz der Geschlechterdifferenz, Stuttgart u.a. 1996.
HABERMAS, J.: *Nachmetaphysisches Denken.* Philosophische Aufsätze, Frankfurt a.M. 1992.
– *Der philosophische Diskurs der Moderne.* Zwölf Vorlesungen, Frankfurt a.M. 1985.
HANDELMAN, S.: *The Slayers of Moses.* The Emergence of Rabbinic Interpretations in Modern Literary Theory, New York 1982.
HART, K.: *The Trespass of the sign.* Deconstruction, theology and philosophy, Cambridge/Mass. 1989.
HAVERKAMP, A. (Hrsg.): *Gewalt und Gerechtigkeit. Derrida – Benjamin,* Frankfurt a.M. 1994.
HIRSCH, A.: *Die geschuldete Übersetzung.* Von der ethischen Grundlosigkeit des Übersetzens, in: Ders. (Hrsg.): Übersetzung und Dekonstruktion, 396-428.
HIRSCH, A. (Hrsg.): *Übersetzung und Dekonstruktion,* Frankfurt a.M. 1997.
HÖHN, H.J.: *Rezension* zu: Valentin, Joachim: Atheismus in der Spur Gottes, in: ThLZ 124 (1999), 1273-1275.
HÖLZLE, P.: *Delirium des Denkens.* Aktuelle Tendenzen in der französischen Philosophie, in: EvKomm 21 (1988), 73-76.
HOFF, J.: *Spiritualität und Sprachverlust.* Theologie nach Foucault und Derrida, Paderborn u.a. 1999.
HONNETH, A.: *Das Andere der Gerechtigkeit.* Habermas und die ethische Herausforderung der Postmoderne, in: DZfPh 42 (1994), 195-220.
HORSTMANN, U.: *Parakritik und Dekonstruktion. Eine Einführung in den amerikanischen Poststrukturalismus,* Darmstadt 1991.

HUNTER, J.H.: *Deconstruction and Biblical Texts:* Introduction and critique, in: Neotestamentica 21/2 (1987), 125-140.
KEARNEY, R. (Hrsg.): *Dialogues with Contemporary Thinkers*, Manchester 1984.
KIMMERLE, H.: *Derrida*. Zur Einführung, Hamburg 1992.
KLINGER, C.: *Eine Fallstudie zum Thema postmoderne Philosophie der Weiblichkeit:* Jacques Derrida, Sporen: Die Stile Nitzsches, in: N. Amsturtz / M. Kuoni (Hrsg.): Theorie, Geschlecht, Fiktion, Basel 1994, 205-234.
KOFMAN, S.: *Derrida lesen*, Wien 1988.
KÖPPER, A.: *Dekonstruktive Textbewegungen*: zu Lektüreverfahren Derridas, Wien 1999.
KÖSSER, U.: *Vor, zwischen, nach – über den Umgang mit Gespenstern.* Zu Derridas „Marx' Gespenster", in: Weimarer Beiträge 42 (1996), 267-288.
LA FARGUE, M.: *Are Texts determinate?* Derrida, and Barth, and the Role of biblical Scholar, in: the Harvard Theologiscal Review 81/3 (1988), 341 ff.
LESCH, W.: *Fragmente einer Theorie der Gerechtigkeit.* Emmanuel Lévinas im Kontext zeitgenössischer Versuche einer Fundamentalethik (Habermas, Lyotard, Derrida), in: M. Mayer / M. Hentschel (Hrsg.): Lévinas. Zur Möglichkeit einer prophetischen Philosophie, Gießen 1990, 164-176.
- *Wer hat Angst vor Dekonstruktion?* Jacques Derridas Herausforderung der Theologie, in: W. Lesch / G. Schwind (Hrsg.): Das Ende der alten Gewißheiten, 27-47.
LESCH, W. / SCHWIND, G. (Hrsg.): *Das Ende der alten Gewißheiten.* Theologische Auseinandersetzungen mit der Postmoderne, Mainz 1993.
LEVY, Z.: *Der Begriff der Spur bei E. Lévinas und J. Derrida.* Einflüsse und Rückwirkungen, in: Ders.: Probleme moderner jüdischer Hermeneutik und Ethik, Cuxhaven; Dartford 1997, 89-108.
LISSE, M.: *‚Zu lesen geben'*, in: M. Wetzel / J.-M. Rabaté: Ethik der Gabe, 19-38.
LUIBL, H. J. (Hrsg.): *Spurensuche im Grenzland.* Postmoderne Theorien und protestantische Theologie, Wien 1996.
MALLET, M.-L. (Hrsg.): *L'animal autobiographique.* Autour de Jacques Derrida, Paris 1999.
MENKE, B.: *Dekonstruktion – Lektüre: Derrida literaturtheoretisch*, in: K.-M. Bogdal (Hrsg.): Neue Literaturtheorien. Eine Einführung, Opladen 1990, 235-259.

- *'Absolute Interrogation'* – *Metaphysikkritik und Sinnsubversion bei Jacques Derrida*, in: Philosophisches Jahrbuch 97 (1990), 351-368.
MUNKER, ST.: *Ästhetische Perspektiven philosophischer Praxis: Adorno, Derrida, Wittgenstein*, Berlin 1994.
NAUMANN-BEYER, W.: *Annährungen an Derrida oder Wer spät kommt, den belohnt das Lesen*, in: DZPh 42 (1994), 15-33.
NEU, D.: *Die Notwendigkeit der Gründung im Zeitalter der Dekonstruktion*. Zur Gründung in Heideggers „Beiträgen zur Philosophie" unter Hinzuziehung der Derridaschen Dekonstruktion, Berlin 1997.
NORRIS, CH.: *Derrida*, Cambridge/Mass. 1987.
NOUSS, A.: *Texte et traduction: du sacré chez J. Derrida*, in: Religiologiques 5 (1992), 71-92.
PRICKETT, ST. (Hrsg.): *Reading the Text. Biblical Criticism and Literary Theory*, Oxford / Cambridge/Mass. 1991.
RABATÉ, J.-M.: *Von der Gabe des Gedichts zur Vergebung für den Dichter? Der Sagetrieb Ezra Pounds*, in: M. Wetzel / J.-M. Rabaté (Hrsg.): *Ethik der Gabe*, 81-90.
RAPAPORT, H.: *Derridas Gaben*, in: H.-D. Gondek / B. Waldenfels (Hrsg.): Einsätze des Denkens, Frankfurt a.M. 1997, 40-60.
RORTY, R.: *Kontingenz, Ironie und Solidarität*, Frankfurt a.M. 1992.
- *Remarks on Deconstruction and Pragmatism*, in: Ch. Mouffe (ed.): *Deconstruction and pragmatism*, New York 1996, 13-18.
SALLIS, J.: *Heidegger und die Dekonstruktion*, in: D. Papenfuss / O. Pöggeler (Hrsg.): Zur philosophischen Aktualität Heideggers. Bd. 2: Im Gespräch der Zeit, Frankfurt a.M. 1990, 257-272.
SCHARLEMANN, R.P. (Hrsg.): *Negation and Theology*, Charlottsville / London 1992.
- *The Being of God When Got Ist Not Being God. Deconstruction the History of Theism*, in: J.J. Altizer u.a.: Deconstruction and Theology, New York 1982, 79-108.
SCHNELL, M.: *Die Herausforderung der Postmoderne-Diskussion für die Theologie der Gegenwart*, Tübingen (Univ., Diss.) 1995.
SCHULZ, V.R. / FRIED, L.B. (Hrsg.): *Jacques Derrida. An annotet primary and secondary bibliography*, New York / London 1992.
STEGMAIER, W.: *Die Zeit und die Schrift. Berührungen zwischen Levinas und Derrida*, in: AZP 21 (1996), 3-25.
- *Philosophieren als Vermeiden einer Lehre. Inter-individuelle Orientierung bei Sokrates und Platon, Nietzsche und Derrida*, in: J. Simon (Hrsg.): Distanz im Verstehen. Zeichen und Interpretation II, Frankfurt a.M. 1995, 213-238.
STEINMETZ, R.: *Les styles de Derrida*, Brüssel 1994.

TAURECK, B.: *Philosophie in Frankreich im 20. Jahrhundert. Analysen, Texte, Kommentare*, Reinbek bei Hamburg 1988.
TAYLOR, M.: *Erring. A Postmoderne A/theology*, Chicago / London 1984.
– *Deconstructing Theology*, New York 1982.
TEPE, P.: *Postmoderne/Poststrukturalismus*, Wien 1992.
THIEL, D.: *Über die Genese philosophischer Texte.* Studien zu Jacques Derrida, Freiburg i.Br. / München 1990.
TONN, R.: *Zwischen Rezeption und Revision.* Derrida in der amerikanischen Literaturwissenschaft; mit besonderer Berücksichtigung der „Yale critics", Frankfurt a.M. u.a. 2000.
TRACY, D.: *The Analogical Imagination.* Christian Theology and the Culture of Pluralism, New York 1981.
– *Theologie als Gespräch.* Eine postmoderne Hermeneutik. Mit einer Einführung v. W.G. Jeanrond, Mainz 1993.
VALENTIN, J.: *Die Einheit der Kirche in der Vielfalt ihrer Stimmen.* Glaubenserfahrung zwischen Beliebigkeit und Authentizität, in: J. Homeyer / G. Steins (Hrsg.): Kirche – postmodern ‚überholt'? Erfahrungen und Visionen in einer Zeit des Umbruchs, München 1996.
– *Atheismus* in der Spur Gottes. Theologie nach Jacques Derrida, Mainz 1997.
– *Dekonstruktion. Theologie.* Eine Anstiftung, in: W. Lesch / G. Schwind (Hrsg.): Das Ende der alten Gewißheiten. Theologische Auseinandersetzungen mit der Postmoderne, Mainz 1993, 13-26.
VINKEN, B. (Hrsg.): *Dekonstruktiver Feminismus.* Literaturwissenschaft in Amerika, Frankfurt a.M. 1992.
VISMANN, C.: *Das Gesetz der Dekonstruktion*, in: Rechtshistorisches Journal 11 (1992), 250-264.
VRIES, H. DE: *Das Schibboleth der Ethik. Derrida und Celan*, in: M. Wetzel / J.-M. Rabbaté (Hrsg.): Ethik der Gabe, 57-80.
WALDENFELS, B.: *Das Un-ding der Gabe*, in: H.-D. Gondek / B. Waldenfels (Hrsg.): Einsätze des Denkens, Frankfurt a.M. 1997, 385-410.
WARD, G.: *Why is Derrida important for Theology?*, in: Theology 95 (1992) Nr. 765/766, 263-279.
– *Barth, Derrida* and the language of theology, Cambridge 1995.
WEBER, E.: *Gedächtnisspuren* u. Jacques Derrida und die jüdische Tradition, in: W. Stegmaier (Hrsg.): Die philosophische Aktualität der jüdischen Tradition, Frankfurt a.M. 2000, 461-487.
WEBER, E. / THOLEN, G.C. (Hrsg.): *Das Vergessen(e). Anamnesen des Undarstellbaren*, Wien 1997.

WETZEL, M. / RABATÉ, J.-M. (Hrsg.): *Ethik der Gabe*. Denken nach Jacques Derrida, Berlin 1993.
WYSCHOGROD, D.: *Derrida, Levinas, and Violence*, in: H.J. Silverman (Hrsg.): Derrida and Deconstruction, New York / London 1982.
ZIMA, P. VON: *Die Dekonstruktion*, Tübingen 1994.

4. Sonstige benutzte Literatur

ARIÈS, PH.: *Studien zur Geschichte des Todes im Abendland* / übers. v. H.-H. Henschen, München 1981.
AUGUSTINUS: *Confessiones / Bekenntnisse*, lateinisch und deutsch, eingel., übers. u. erläut. v. J. Bernhart, Frankfurt a.M.1987.
BARTH, H.-M.: *Der Protestantismus und die Pluralitätskonzeption der Postmoderne*, in: Materialdienst des Konfessionskundlichen Instituts Bensheim 40 (1989), 108-113.
BARTH, K.: *Dank und Referenz,* in: EvTh 23 (1963), 337-342.
- *Kierkegaard und die Theologie*, in: U.A. Wolf (Hrsg.): Sine vi – sed verbo. (Festschrift Hermann Diem) Aufsätze – Vorträge – Voten. Aus Anlaß der Vollendung seines 65. Lebensjahrs am 2. Feb. 1965, Tübingen 1965.
- *Kirche und Theologie*, in: Ders.: Die Theologie und die Kirche. Gesammelte Vorträge, Bd. 2, München 1928, 302-328.
- *Das Wort Gottes und die Theologie*, Gesammelte Vorträge, Bd. 1, München 1925.
BARTHES, R.: *La mort de l'auteur*, in: Ders.: Le bruissement de la langue, Paris 1984, 63-70.
BAUDELAIRE, CH.: *Sämtliche Werke / Briefe*, hrsg. v. F. Kemp / Cl. Pichois, Bd. 8, München 1985, 221ff. (Die Ausgabe folgt der Pléiadeausgabe, hrsg. v. Cl. Pichois 1975, B. 1)
BAUDRILLARD, J.: *L'échange symbolique et la mort*, Paris 1976.
BAUMAN, Z.: *Postmoderne Ethik*, Hamburg 1995.
BEHLER, E.: *Ironie und literarische Moderne,* Paderborn u.a. 1997.
BENJAMIN, W.: *Die Aufgabe des Übersetzers*, in: ders.: Gesammelte Schriften, hrsg. v. R. Tiedemann / H. Schweppenhäuser, Bd. IV.I, Frankfurt a.M. 1972, 16ff.
BERGSON, H.: *Die beiden Quellen der Moral und der Religion* / übers. v. E. Lesch, Berlin 1992.
BLANCHOT, M.: *Das Unzerstörbare*. Ein unendliches Gespräch über Sprache, Literatur und Existenz / übers. v. Hans-Joachim Metzger u. Bernd Wilczek, München / Wien 1991.

BLUMENBERG, H.: *Die Lesbarkeit der Welt*, Frankfurt a.M. 1981.
BROWN, D.: *Art. Postmoderne II.* Systematisch-theologisch, TRE 27, 87-89.
BROCKE, M. / JOCHUM, H. (Hrsg.): *Wolkensäule und Feuerschein. Jüdische Theologie des Holocaust*, Gütersloh 1993.
BUBER, M.: *Begegnung.* Autobiographische Fragmente, Heidelberg 1986.
- *Das dialogische Prinzip*, Gerlingen ⁶1992.
- *Gottesfinsternis*, Gerlingen ²1994.
- *Der Jude und sein Judentum.* Gerlingen ²1993.
- *Das Problem des Menschen*, Heidelberg 1954.
- *Der Weg des Menschen.* Nach der chassidischen Lehre. Heidelberg 1962.
- *Zwei Glaubensweisen*, Gerlingen 1994.
- *Zu einer neuen Verdeutschung der Schrift.* Beilage zum ersten Band ‚Die fünf Bücher der Weisung', verdeutscht von Martin Buber gemeinsam mit Franz Rosenzweig, Gerlingen ¹²1997.
BUCHER, R.M.: *Die Theologie in postmodernen Zeiten.* Zu Wolfgang Welschs bemerkenswertem Buch ‚Unsere postmoderne Moderne', in: Theologie und Glaube, 79 (1989), 178-191.
BULTMANN, R.: *Zur Frage einer ‚philosophischen Theologie,*, in: Ders.: Glauben und Verstehen. Gesammelte Aufsätze, Bd. IV, Tübingen ⁴1993, 104-107.
BUSCH, E.: *Karl Barths Lebenslauf.* Nach seinen Briefen und autobiographischen Texten, Gütersloh ⁵1993.
CELAN, P.: *Gedichte I,* Frankfurt a.M. 1975.
CURTIUS, E.R.: *Europäische Literatur und lateinisches Mittelalter*, Bern / München (1948) ⁵1965.
DALFERTH, I.U. : *Spielraum zum Mißverständnis. Hermeneutische Anmerkungen zum Projekt einer Ökumenischen Hermeneutik*, in: Marburger Jahrbuch Theologie XII. Ökumene, Marburg 2000, 71-100.
DELEUZE, G.: *Differenz und Wiederholung*, München 1992.
DESCOMBES, V.: *Les institution du sens*, Paris 1996.
DICKMANN, U.: *Subjektivität als Verantwortung.* Die Ambivalenz des Humanum bei Emmanuel Levinas und ihre Bedeutung für die theologische Anthropologie, Tübingen 1999.
DIERKEN, J.: *Glaube und Lehre im modernen Protestantismus.* Studien zum Verhältnis von religiösem Vollzug und theologischer Bestimmtheit bei Barth und Bultmann sowie Hegel und Schleiermacher, Tübingen 1996.

DIRSCHERL, E.: *Das inspirierte Subjekt bei Emmanuel Levinas – eine Inspiration für die christliche Theologie?*, in: J. Wohlmuth (Hrsg.): Emmanuel Levinas. Eine Herausforderung für die christliche Theologie, Paderborn u.a. 1998, 163-174.
FACKENHEIM, E.: *Encounters* between Judaism and modern Philosophy. A Preface to Future Jewish Thought, New York 1973.
– *Die gebietende Stimme von Auschwitz*, in: M. Brocke / H. Jochum (Hrsg.): Wolkensäule und Feuerschein, 73-110.
– *God's Presence in History. Jewish Affirmations and Philosophical Reflections*, New York 1970.
FLUSSER, D.: *Bubers ‚zwei' Glaubensweisen*, in: M. Buber: Zwei Glaubensweisen, Gerlingen 1994, 185-248.
FUKUYAMA, F.: *Das Ende der Geschichte. Wo stehen wir?* / dt. übers. v. H. Dierlamm, U. Mihr u. K. Dürr, München 1992.
GABRIEL, K.: *Christentum zwischen Tradition und Postmoderne*, Freiburg i.Br. u.a. 1992 (Questiones disputatae; 141).
GESTRICH, C.: *Die Sprache der Versöhnung*. Theologie und Sprachphilosophie in Begegnung. Erwägungen zu G.W.F. Hegel und W. von Humboldt über die Frage der Verhinderung destruktiver Gewalt, in: ZThK 94 (1997), 488-510.
GODELIER, M.: *L'énigme du don*, Paris 1996.
GOLDMANN, M.: *„Die große ökumenische Frage ... "*. Zur Strukturverschiedenheit christlicher und jüdischer Tradition und ihrer Relevanz für die Begegnung der Kirche und Israel, Neukirchen-Vluyn, 1997.
GRIPP, H.: *Th. W. Adorno*. Erkenntnisdimensionen negativer Dialektik, Paderborn / München 1986.
GRÖZINGER, A.: *Die Kirche – ist sie noch zu retten?* Anstiftungen für das Christentum in postmoderner Gesellschaft, Gütersloh 1998.
HABBEL, T.: *Der Dritte stört*. Emmanuel Levinas – Herausforderung für die politische Theologie und Befreiungsphilosophie, Mainz 1994.
HEGEL, G.W.F.: *Der Geist des Christentums und sein Schicksal*, in: Werke 1. Frühe Schriften, Frankfurt a.M. 1986, 274-419.
– *Grundlinien der Philosophie des Rechts* / hrsg. v. J. Hoffmeister, Hamburg ^{4}1955.
– *Phänomenologie des Geistes* / hrsg. v. H.-F. Wessels u. H. Clairmont, Hamburg 1988.
HEIDEGGER, M.: *Sein und Zeit*, Tübingen ^{14}1977.
– *Was heißt Denken?*, Tübingen 1971.
– *Zeit und Sein*, in: Ders.: Zur Sache des Denkens, Tübingen 1976, 2ff.

- *Zur Seinsfrage* (1955), in: Ders: Wegmarken, Frankfurt a.M. ²1978, 379-419.
HONECKER, M.: *Popanz Postmoderne*. Theologische Kritik an einem inflationierten Begriff, in: EvKomm 25 (1992), 263-266.
HUIZING, K.: *Homo legens. Vom Ursprung der Theologie im Lesen*, Berlin; New York 1996.
JÜNGEL, E.: *Gewinn im Himmel und auf Erden*. Theologische Bemerkungen zum Streben nach Gewinn, in: ZThK 97 (1994), 532-552.
KANT, I.: *Die Religion innerhalb der Grenzen der bloßen Vernunft* / hrsg. v. K. Vorländer, Hamburg ⁹1990.
- *Der Streit der Fakultäten*, in: Akademie Textausgabe Bd. VII, Berlin 1968.
KILIAN, R.: *Isaaks Opferung. Zur Überlieferungsgeschichte von Gen 22*, Leipzig 1979.
KÖRTNER, U.H.J.: *Weltangst und Weltende*. Eine theologische Interpretation der Apokalyptik, Göttingen 1988.
KOSLOWSKI, P.: *Supermoderne oder Postmoderne?* Dekonstruktion und Mystik in den zwei Postmodernen, in: G. Eiffler / O. Saame (Hrsg.): Postmoderne. Anbruch einer neuen Epoche?, Wien 1990, 73-99.
KRUPP, M.: *Den Sohn opfern?*, Gütersloh 1995.
KÜNG, H. / TRACY, D. (Hrsg.): *Theologie – wohin?*, Auf dem Weg zu einem neuen Paradigma, Gütersloh 1984.
KUNDERT, L.: *Die Opferung, Bindung Isaaks*, Bd. 1: Gen 22,1-19 im Alten Testament, im Frühjudentum und im Neuen Testament; Bd. 2: Gen 22,1-19 in frühen rabbinischen Texten, Neukirchen-Vluyn 1998.
KUSCHEL, K.-J.: *Streit um Abraham*. Was Juden, Christen und Muslime trennt – und was sie eint, München ²1997.
LACAN, J.: *Sem. IV* (Die Objektbeziehung), unveröffentlichte Übersetzung von Gerhard Schmitz.
- *Sem. XI* (Die vier Grundbegriffe der Psychoanalyse), Weinheim / Berlin 1987.
LEGENDRE, P.: *Die Juden interpretieren verrückt*, in: PSYCHE. Zeitschrift für Psychoanalyse und ihre Anwendungen 43 (1989), 20-39.
Lenzen, V.: *Jüdisches Leben und Sterben im Namen Gottes*, München 1995.
LERCH, D.: *Isaaks Opferung christlich gedeutet*. Eine auslegungsgeschichtliche Untersuchung, Tübingen 1950.
LESCH, W. / SCHWIND G.: *Das Ende der alten Gewißheiten*. Theologische Auseinandersetzungen mit der Postmoderne, Mainz 1993.
LESCH, W. / BONDOLFI, A. (Hrsg.): *Theologische Ethik im Diskurs: eine Einführung*, Tübingen / Basel 1995.

LEVINAS, E.: *Ethik und Unendliches*, Wien ²1992 (Éthique et Infinie, Paris 1982).
- *Gott der Tod und die Zeit*, Wien 1996 (Dieu, la mort et le temps, Paris 1993).
- *Humanismus des anderen Menschen*, Hamburg 1989 (Humanisme de l'autre homme, Paris 1972).
- *Jenseits des Seins* oder anders als Sein geschieht, Freiburg; München 1992 (Autrement qu'être ou au-dela de l'essence, Paris 1974).
- *Martin Buber und die Erkenntnistheorie*, in: P.A. Schilpp / M. Friedmann (Hrsg.): *Martin Buber*, Stuttgart 1963, 119-134.
- *Noms Propres*, Paris 1976.
- *Schwierige Freiheit*. Versuch über das Judentum, Frankfurt a.M. 1992 (Difficile liberté. Essais sur le judaïsme, Paris 1963).
- *Die Spur des Anderen*. Untersuchungen zur Phänomenologie und Sozialphilosophie, Freiburg i.Br. / München ²1987.
- *Totalität und Unendlichkeit*. Versuch über die Exteriorität, Freiburg i.Br. / München 1993 (Totalité et Infini. Essai sur l'exteriorité, Paris 1971).
- *Wenn Gott ins Denken einfällt*. Diskurse über die Betroffenheit von Transzendenz, Freiburg i.Br. / München 1988 (De Dieu qui vient à l'idee, Paris 1982).
- *Zwischen uns*. Versuche über das Denken an den Anderen, München 1995 (Entre nous. Essais sur le peuser-à-l'autre, Paris 1991).
LICHTENBERG, G.CH.: *Aphorismen*, hrsg. v. M. Rychner, Zürich 1958.
LIENKAMP, CH.: *Denken nach Auschwitz in der Philosophie Jean Francois Lyotards*. Eine Herausforderung für die Politische Theologie? in: W. Lesch / G. Schwind (Hrsg.): Das Ende der alten Gewißheiten, Mainz 1993, 115-134.
LUHMANN, N.: *Paradigm lost*: Über die ethische Reflexion der Moral. Rede anläßlich der Verleihung des Hegel-Preises 1989, Frankfurt a.M. 1990.
- *Religion als Kommunikation*, in: Tyrell, H. u.a. (Hrsg.): Religion als Kommunikation (Religion in der Gesellschaft, Bd. 4), Würzburg 1998, 135-145.
LUIBL, H.J.: *Europa verstehen*. Eine Skizze, in: I.U. Dalferth / H.J. Luibl / H. Weder (Hrsg.): Europa verstehen. Zum europäischen Gestus der Universalität, Zürich 1997, 95-130.
LUIBL, H.J.: (Hrsg.): *Spurensuche im Grenzland*. Postmoderne Theorien und protestantische Theologie, Wien 1996.
LUTHER, H.: *Religion und Alltag*. Bausteine zu einer Praktischen Theologie des Subjekts, Stuttgart 1992.

LYOTARD, J.F.: *Ein Bindestrich zwischen „Jüdischem" und „Christlichem"*, gem. mit Eberhard Gruber, Düsseldorf / Rom 1995
- *Heidegger und „die Juden"*, Wien 1988.
- *Streitgespräche oder: Sprechen „nach Auschwitz"*, Bremen 1993.
- *Vor dem Gesetz, nach dem Gesetz*, in: E. Weber (Hrsg.), Jüdisches Denken in Frankreich, Frankfurt a.M. 1994, 157-182.
- *Der Widerstreit*, München ²1989.

MARION, J.-L.: *Dieu sans l'être*, Paris 1982.

MARQUARDT, F.-W.: *Das christliche Bekenntnis zu Jesus, dem Juden.* Eine Christologie, Bd. 1 u. 2, Gütersloh 1990f.
- *Von Elend und Heimsuchung der Theologie.* Prolegomena zur Dogmatik, München ²1992.

MAUSS, M.: *Die Gabe.* Form und Funktion des Austauschs in archaischen Gesellschaften, in: Ders.: Soziologie und Anthropologie, Bd. II, übers. v. E. Moldenhauer, hrsg. v. W. Lepenies / H.H. Ritter, Frankfurt a.M. u.a. 1978.

MAYER, M. / HENTSCHEL, M. (Hrsg.): *Lévinas. Zur Möglichkeit einer prophetischen Philosophie*, Gießen 1990.

MÜLLER, W.E.: *Der Begriff der Verantwortung* in der gegenwärtigen theologischen und philosophischen Diskussion, in: H. Fkreß / W.E. Müller: Verantwortungsethik heute. Grundlagen und Konkretionen einer Ethik der Person, Stuttgart u.a. 1997, 11-113.

NIETZSCHE, F.: *Nachgelassene Fragmente 1869-1874*, (KSA 7), Berlin / New York 1988.
- *Über Wahrheit und Lüge im außermoralischen Sinne*, in: Sämmliche Werke, Bd. 5 (KSA 1), Berlin / New York 1988, 873-890.
- *Zur Genalogie der Moral*, in: Sämtliche Werke, Bd. 5 (KSA 5), Berlin / New York 1988, 245-412.

OUAKNIN, M.-A.: *Das verbrannte Buch. Den Talmud lesen*, Weinheim; Berlin 1986 (frz. Orig.: Le Livre brûlé. Lire le talmud, Paris 1986).

PATOČKA, J.: *Ist die technische Zivilisation zum Verfall bestimmt?* in: Ders: Ketzerische Essais zur Philosophie der Geschichte und ergänzende Schriften, Stuttgart 1988, 121-145.
- *Ketzerische Essais* zur Philosophie der Geschichte und ergänzende Schriften, übersetzt aus dem Tschechischen von P. Sacher, Stuttgart 1988.

PLATON: *Werke in acht Bänden;* griechisch und deutsch hrsg. v. G. Eigler, Darmstadt 1990.

POORTHUIS, M.: *Die Bedeutung von Emmanuel Levinas für die Christologie*, in: J. Wohlmuth (Hrsg.), Emmanuel Levinas. Eine Herausforderung für die christliche Theologie, Paderborn u.a. 1998, 201-214.

Rabanus, Ch.: *Geschichte, Sinn und Sinn der Geschichte in den Ketzerischen Essais Jan Patočka*, in: H. Wetter (Hrsg.): Siebzig Jahre *Sein und Zeit*. Wiener Tagungen zur Phänomenologie 1997, Frankfurt a.M. 1999, 207-222.
Ricoeur, P.: *Temps et récit*, Paris 1983ff.
Rolfes, H.: *Ars moriendi. Eine Sterbekunst aus der Sorge um das ewige Heil*, in: H. Wagner / Th. Kruse (Hrsg.): Ars moriendi. Erwägungen zur Kunst des Sterbens, Freiburg i.Br u.a. 1989 (Questiones disputatae 118), 15-44.
Salman, E.: *Der geteilte Logos*. Zum offenen Prozeß von neuzeitlichem Denken und Theologie, Rom 1992.
Sanders, E.P.: *Paul and Rabbinic Judaism*. A Comparison of Patterns of Religion, Philadelphia 1977.
Sandherr, S.: *Eine Religion für Erwachsene*. Versuch über das Subjekt im Ausgang von Emmanuel Levinas, in: J. Wohlmuth (Hrsg.): Emmanuel Levinas. Eine Herausforderung für die christliche Theologie, Paderborn u.a. 1998, 97-110.
Scharlemann, R.P.: *Inscriptions and Reflections*. Essays in Philosophical Theology, Charlottsville 1989.
Scherer, G.: *Das Problem des Todes in der Philosophie*, Darmstadt ²1989, 49-59.
- *Sinnerfahrung und Unsterblichkeit*, Darmstadt 1985.
Schmitt, C.: *Der Begriff des Politischen*, Berlin ⁶1963.
Schmitz, R.-P.: *Aqedat Jishaq. Die mittelalterliche jüdische Auslegung von Gen 22 in ihren Hauptlinien*, Hildesheim / New York 1979.
Schönherr-Mann, H.-M.: *Postmoderne Perspektiven des Ethischen*. Politische Streitkultur – Gelassenheit – Existentialismus, München 1997.
Scholem, G.: *Zum Verständnis der messianischen Idee im Judentum*, in: Ders.: Über einige Grundbegriffe des Judentums, Frankfurt a.M. 1970, 121-170.
Shearson, W.A.: *The Fragmented Middle. Hegel and Kierkegaard*, in: L. Greenspan / G. Nicholson (Hrsg.): Fackenheim. German Philosophy and Jewish Thought, Toronto u.a. 1992, 64-89.
Sommer, A.U.: *Friedrich Nietzsches „Der Antichrist'*. Ein philosophisch-historischer Kommentar, Basel 2000.
Spiegel, Sh.: *The Last Trial*, New York 1979.
Stegmaier, W.: *Ethischer Widerstand*. Zum Anfang der Philosophie nach der Schoa im Denken von Emmanuel Levinas, in: Trumah 6 (1997), 37-59.

– *Das Gute inmitten des Bösen.* Ethische Orientierung aus Zeichen in der jüdischen Tradition, in: J. Simon (Hrsg.): Orientierung in Zeichen. Zeichen und Interpretation III, Frankfurt a.M. 1997, 107-138.

STEINER, G.: *Von realer Gegenwart. Hat unser Sprechen Inhalt?* / aus dem Englischen übers. v. J. Trobitius, München / Wien 1990.

STOELLGER, PH.: *Das Spiel der Hermeneutik und der Kampf*, in: Theologica 1 (1999), 3-12.

– *„Zur Sache ..."*. *Sinn und Unsinn der Rhetorikkritik*, in: Hermeneutische Blätter 2/97, Zürich 1997, 19-28.

TRACY, D.: *The Analogical Imagination.* Christian Theology and the Culture of Pluralism, New York 1981.

– *Theologie als Gespräch*, Mainz 1993.

TÜRK, H.J.: *Postmoderne*, Mainz 1990.

WAGNER, F.: Art.: *Religion* II, in: TRE 28, 538.

WEINRICH, M.: *Grenzgänger.* Martin Bubers Anstöße zum Weitergehen, München 1987.

WELKER, M.: *Die Kirche im Pluralismus*, Gütersloh 1994.

WIEMER, TH.: *Die Passion des Sagens.* Zur Deutung der Sprache bei Emmanuel Levinas und ihre Realisierung im philosophischen Diskurs, Freiburg i.Br. 1988.

WILLIAMS, R.D.: *Postmodern Theology and the Judgment of the World*, in: F.B. Burnham (Hrsg.): Postmodern Theology. Christian faith in a pluralist world, San Francisco 1989, 92-112.

WITTGENSTEIN, L.: *Tractatus logico-philosophicus*, Werkausgabe, Bd. 1, Frankfurt a.M. ^{6}1989.

WOHLMUTH, J. (Hrsg.): *Emmanuel Levinas. Eine Herausforderung für die christliche Theologie*, Paderborn u.a. 1998.

– *Herausgeforderte Christologie*, in: Ders. (Hrsg.): Emmanuel Levinas. Eine Herausforderung für die christliche Theologie, Paderborn u.a. 1998, 215-229.

– *Jüdischer Messianismus und Christologie*, in: EvTh 59 (1999), 286-303.

WYCHOGROD, M.: *The Body of Faith.* Judaism as Corporeal Election, Minneapolis, 1983.

ZUIDEMA, W. (Hrsg.): *Isaak wird wieder geopfert.* Die „Bindung Isaaks" als Symbol des Leidens Israels. Versuche einer Deutung, Neukirchen-Vluyn 1987.

Personenregister

Adorno, Th. W.   19, 115, 160f., 193, 288
Agacinsky, S.   7, 16, 25, 28, 37f., 41, 78, 194, 277
Anderson, R. E.   40, 52, 60, 190
Andrew, I.   13
Anz, W.   79
Aris, Ph.   139
Augustinus   1, 335f., 345, 362

Barth, H.M.   2
Barth, K.   13, 74, 87, 89, 115, 120, 367-369
Barthes, R.   113
Baudelaire, Ch.   98, 106, 109, 130, 255-258, 260f.
Baudrillard, J.   99, 192
Bauke-Ruegg, J.   11
Bauman, Z.   166
Baumgardt, D.   272
Beardsworth, R.   216
Behler, E.   43, 62f., 73
Benjamin, W.   63, 93, 127, 193, 197f., 211, 288, 340
Bennington, G.   9, 62, 97f., 126, 335, 338, 342
Bergmann, H.   288
Bernasconi, R.   19, 197, 212f.
Birkenstock, E.   153f.
Blanchot, M.   63, 115, 138, 214, 288, 340
Blechinger, G.   216
Blumenberg, H.   61
Boss, J.   97, 349
Briel, M.   161
Brown, D.   2
Buber, M.   18f., 46, 226, 288-294, 298f., 322, 362
Bultmann, R.   367
Busch, E.   367f.

Caputo, J.D.   11, 13-15, 86f., 97, 99, 115, 117, 178, 183, 197, 199, 212f., 237, 246-248, 254, 258, 261, 327-329, 332, 334, 337f., 342, 347
Celan, P.   63, 283, 339-341
Clair, A.   190
Cobb Jr., J.B.   13, 115
Colette, J.   6, 16
Cornell, D.   198, 208
Critchley, S.   19, 197, 210, 216, 349
Culler, J.   10, 62f.
Curtius, E.R.   61

Dalferth, I.U.   364
Deleuze, G.   78, 83
Derrida, J.
- als jüdischer Denker   122-127, 334-344, 362
- der Andere im Denken Derridas   76f., 88-96, 120f., 163-168, 180-183, 197-216, 239f., 360-362
- Derrida und Hegel   61-67, 78, 123
- Derrida und Heidegger   102-106, 115f., 130, 141ff., 211, 323, 348-352
- Derrida und Levinas   87-96, 130, 137-142, 165-183, 211-216, 323
- Derrida und Nietzsche   62, 69, 258-261
- Derrida und Platon   62f., 67-79, 139-142
- sein Messianismus   120f., 183f., 116-118, 327-332
- sein Stil   5-8, 61-64, 77-80, 84-96, 122-132, 219-221, 242-247, 334-347
- sein Verhältnis zur Theologie   11-16, 111-128, 321-365
- zu Abraham   77, 163-183, 229-252
- zu *Adieu*   214-216, 232-234
- zu *Circonfession*   126f., 334-347
- zu *Comment ne pas parler*   115f.

- zu *D'un tone apocalyptique* ... 117f.
- zu *De l'esprit* 348-352
- zu *Des tours de Babel* 119f.
- zu *Dissémination* 63-75
- zu *Donner la mort* 129-144, 163-183, 229-261, 353-365
- zu *Donner le temps I* 96-110
- zu *En ce moment* ... 87-96
- zu *Foi et savoir* 321-334
- zu *Force de loi* 197-218
- zu *L'autre cap* 218-221
- zu *La littérature au secret* 235-247
- zu *Spectres de Marx* 121, 218, 328-332
- zum Begriff ‚Gott' 115f., 119f., 229-242, 344-347, 355-357
- zum Begriff des Politischen 216-221
- zum Begriff Gerechtigkeit 197-216
- zum Begriff Ökonomie 73-75, 96-110, 204-208, 248-261, 357-359
- zum Begriff Verantwortung 82-84, 132-137, 163-168, 180-183, 210-221, 239-242
- zum Wesen von ‚Literatur' 87-96, 106-110, 235-247, 335-342
- zur Bedeutung von ‚Adieu' 232-234
- zur Formulierung ‚donner la mort' 137-142, 180-183
- zur Logik der différance 64-87, 112-115
- zur Logik der Gabe 96-110, 137-142, 248-261
- zur Wiederholung 8, 67-87, 142-144, 199-204, 242-247, 324f., 353-355

Descombes, V. 99
Deuser, H. 6f., 30, 32, 39, 45, 79f., 160, 184, 187f., 190, 192-194, 244, 268, 283
Dickmann, U. 240, 306
Dierken, J. 356
Dietz, W. 40, 56, 79, 153, 155, 363
Dirscherl, E. 302
Dreisholtkamp, U. 9
Düttmann, A.G. 197, 216
Duncan, E.H. 164

Fackenheim, E. 19, 288, 294-300, 322, 362
Fauteck, H. 194
Ferreira, M.J. 168, 188, 226
Figal, G. 241
Foucault, M. 11f., 205, 361, 383

Frank, M. 10, 64, 114, 220
Freud, S. 16, 78f., 93, 95, 127, 138, 240, 337, 340
Fukuyama, F. 329, 332

Gadamer, H.-G. 10, 63, 114
Garff, J. 17, 51, 147, 152, 275
Gasché, R. 9, 121f., 198
Gehring, P. 198, 208f.
Gerdes, H. 56, 277, 286
Gestrich, C. 364
Glöckner, D. 47, 79
Godelier, M. 99
Goldmann, M. 273f., 287f.
Gondek, H.D. 9, 97, 101f., 104, 122, 197, 212, 257
Grau, G.-G. 25, 259
Greisch, J. 10, 114
Grewe, W. 19, 193, 248
Griffin, D.R. 13
Gripp, H. 161
Grøn, A. 185

Habbel, T. 167, 212
Habermas, J. 64, 122, 161, 191f., 196, 220
Handelman, S. 125
Hart, K. 13, 115, 119
Hegel, G.W.F. 6, 22, 24-27, 31, 44, 61, 63-67, 78, 80, 82f., 85, 87, 92, 105, 123, 142f., 166, 184, 221, 227, 240, 247, 250, 272, 276, 295, 301, 321, 338f., 342f., 353
Heidegger, M. 19, 63, 78f., 90, 95, 98f., 102-106, 116, 121, 125, 130, 139, 141-143, 155, 166, 211, 237f., 240, 291, 323f., 331f., 345, 348-352, 354f., 358, 385
Henningsen, B. 193
Hirsch, A. 19, 22, 120, 158, 204f., 264, 310, 313
Hoff, J. 11f., 178-180, 234, 260, 306, 309, 322-326, 349
Honneth, A. 217, 220
Horstmann, U. 12
Huizing, K. 11
Hunter, J.H. 114

Jüngel, E. 7, 359, 363, 368

Kafka, F. 63, 83, 93, 127, 244, 288, 294, 340

Kant, I.   63, 105, 115, 117, 119, 143, 147, 149, 184, 188, 295f., 321, 323, 330, 332f., 338
Kiefhaber, M.   19, 49f., 184f., 190, 192, 268, 280, 282
Kierkegaard, S.
- als Falschmünzer   46-52, 58-60, 106-110, 255-258
- als Texttheoretiker   24-40, 52-58, 84-86, 109-111, 235-237
- als Thanatologe   153-162, 189f., 262-267, 310-319
- der Andere im Denken Kierkegaards   58-60, 109-111, 155-159, 221-228, 308-310
- Kierkegaard und Hegel   21-33, 78f., 155-159, 267-270, 272f.
- Kierkegaard und Levinas   155f., 165-180, 300-308
- Kierkegaard und Nietzsche   49, 62, 79, 223, 259
- Kierkegaard und Sokrates   1-10, 43-52, 187, 290-293, 364-366, 369
- sein Stil   21-60, 109-111, 145-148, 153-155, 242-246, 318f., 360-363
- sein Verhältnis zum Judentum   18-20, 175-177, 247f., 251-254, 271-288
- seine Christologie   52-58, 159-162, 302f., 310-319
- seine politische Theologie   193-196
- seine Texte als Gabe   110-112
- seine Zeichentheorie   52-58, 162, 318f.
- Vernunft und Wahnsinn   204-208
- zu Abraham   143-153, 163-168, 171-180, 229-232, 235-237, 242f., 248-252, 284-288, 290-300, 353-362
- zu *An einem Grabe*   154f.
- zu *AUN*   34-41, 155-159, 186-190, 267-270
- zu *Der Liebe Tun*   153, 188-190, 222-228
- zu *Die Wiederholung*   77-86, 153
- zu *Eine literarische Anzeige*   187, 193-196
- zu *Einübung im Chistentum*   52-58
- zu *Furcht und Zittern*   21-24, 144-153, 163-168, 180-183, 229-232, 235-237, 242-255, 284-300, 311, 353-362

- zu *Hat ein Mensch das Recht ...*   310-319
- zu *Philosophische Brocken*   161f., 204, 207
- zu *Schriften über sich selbst*   36f., 40f., 45f., 318
- zu *Seminarpredigt*   262-267
- zu *Über den Begriff der Ironie ...*   43, 46, 50, 369
- zu *Vorworte*   24-41
- zum Recht auf Wahrheit   310-318
- zur Logik des Opfers   159-162, 180-183, 249-255, 284-288, 297f., 310-318
- zur Ökonomie / Spekulation   41-52, 155-162, 186-190, 227f., 248-270, 284-288
- zur Wiederholung   34-37, 48-50, 77-87, 142-144, 146f., 242-247
Kimmerle, H.   9, 338, 349
King, G.H.   7, 10, 28, 30f., 48, 245
Klinger, C.   63
Kodalle, K.-M.   3-5, 160, 186, 192f., 195, 262
Kofman, S.   240
Köpper, A.   10
Körtner, U.H.J.   11
Kösser, U.   328
Krupp, M.   274
Kundert, L.   274
Kuschel, K.-J.   275

La Fargue, M.   114
Lacan, J.   16, 78, 82, 93, 309, 337
Lenzen, V.   297
Lerch, D.   286
Lesch, W.   2, 11f., 112, 119, 198
Levinas, E.   1, 15, 19f., 63, 87-96, 117, 124, 127, 130, 139, 142f., 165-180, 185, 188, 201, 203, 211-216, 218, 221, 224, 226, 229, 232f., 236, 238, 240f., 272, 274f., 278, 280, 284, 288, 290f., 298, 300-310, 322f., 329f., 341, 347, 354f., 357f., 362, 365
Levy-Valensi, E.A.   172
Lichtenberg, G.Ch.   48
Lienkamp, Ch.   125
Lisse, M.   96
Lohner, A.   153
Luhmann, N.   361

Luibl, H.J.   2
Luther, H.   50, 241, 279-281
Lyotard, J.F.   125, 322

Mackey, L.   30f.
Marion, J.-L.   99, 116
Marquardt, F.-W.   176, 281, 359
Mauss, M.   98-102, 106
Menke, B.   10, 125, 216-218
Merleau-Ponty, M.   6
Müller, W.E.   164, 186

Naumann-Beyer, W.   220
Neu, D.   116
Nietzsche, F.   42, 49, 62f., 69, 78f., 130, 223, 258-261, 277, 361
Nordentoft, K.   194
Norris, Ch.   16, 37, 46, 58, 63, 117, 216
Nouss, A.   120

Ouaknin, M.-A.   124

Patočka, J.   129-144, 152, 163, 238, 247f., 253, 260f., 321, 354
Pepper, Th.   17, 146, 271
Perkins, R.L.   288
Platon   3, 42-44, 50, 62f., 67-79, 87, 109, 130, 134, 137, 139f., 142, 204, 206, 237, 240, 301, 308, 369
Poorthuis, M.   306-308
Pulmer, K.   45

Rabanus, Ch.   133
Rabaté, J.-M.   9, 101, 105
Rapaport, H.   97
Reimer, L.   78f.
Ringleben, J.   79f., 82, 85
Rolfes, H.   267
Rorty, R.   8, 96, 216
Rosenau, H.   147

Salman, E.   122
Sanders, E.P.   287
Sandherr, S.   300, 302
Schäfer, K.   10, 38, 188, 190
Scharlemann, R.P.   13, 115f.
Scherer, G.   140
Schmidinger, H.   81
Schmitt, C.   19, 130, 193, 211, 253

Schmitz, R.-P.   274
Schnell, M.   2, 112
Schönherr-Mann, H.-M.   197
Scholem, G.   287f.
Schröer, H.   1f.
Schulz, H.   48
Shearson, W.   295
Søltoft, P.   189
Sokrates   1f., 43f., 50, 52, 63, 68f., 71-74, 95, 109, 138f., 187, 358, 371, 385
Sommer, A.U.   47, 49, 260
Spiegel, Sh.   55, 177, 285
Stegmaier, W.   8, 19, 28, 33, 39, 42, 52, 63, 69, 87, 90, 162, 169, 201, 259, 274, 300
Steiner, G.   137
Stewart, J.   78, 80
Stoellger, Ph.   33, 364
Strowick, E.   7, 11, 16, 78, 82, 86, 93, 179f., 286

Taylor, M.   13, 114
Theunissen, M.   221, 248
Thiel, D.   9
Tonn, R.   12
Tracy, D.   13
Tschuggnall, P.   18
Türk, H.J.   2

Valentin, J.   11, 13, 19, 62, 87, 89, 91, 112, 114f., 117, 122-126, 138, 161, 169, 234, 237, 254, 329, 336f., 339f., 343, 353
Vergote, H.-B.   78
Vismann, C.   209
Vries, H. de   340

Wagner, F.   356f.
Waldenfels, B.   97, 197
Ward, G.   13, 74, 87, 89, 114f., 120
Weber, E.   122, 186, 338f.
Weinrich, M.   288
Westphal, M.   16, 168, 188, 196, 301, 307
Wiemer, Th.   233
Williams, R.D.   19
Wittgenstein, L.   39, 105, 132, 237
Wohlmuth, J.   306, 308
Wyschogrod, D.   274, 287

Zima, P.V.   9